DEUTSCH SII

Kompetenzen ▪ Themen ▪ Training

Qualifikationsphase
Nordrhein-Westfalen

Schroedel

DEUTSCH SII
Kompetenzen • Themen • Training

Qualifikationsphase
Nordrhein-Westfalen

Diese Ausgabe wurde erarbeitet von
Dr. Peter Bekes, Marina Dahmen,
Dr. Wolfgang Fehr, Katrin Jacobs,
Martin Kottkamp, Helmut Lindzus,
Ina Rogge

> Diese Aufgaben dienen der Differenzierung. Sie können je nach Lerninteresse und Lernbedarf unter mehreren Aufgaben wählen.
>
> Die Aufgaben helfen Ihnen, Ihren individuellen Lern- bzw. Kompetenzzuwachs festzustellen und zu reflektieren. Zugleich können Sie Ihren persönlichen Lernbedarf feststellen und entsprechende Lernaufgaben wählen.
>
> **INFO**
> Die Info-Kästen stellen zentrale Fachmethoden und Fachbegriffe vor. Sie können sie zum einen als Nachschlagewerk nutzen, um sich über wichtige Fachbegriffe und Fachmethoden zu informieren. Zum anderen dienen sie als Handlungsanweisung, um eine bestimmte Fachmethode zu erproben/einzuüben.

© 2015 Bildungshaus Schulbuchverlage
Westermann Schroedel Diesterweg Schöningh Winklers GmbH, Braunschweig
www.schroedel.de

Das Werk und seine Teile sind urheberrechtlich geschützt.
Jede Nutzung in anderen als den gesetzlich zugelassenen Fällen bedarf der vorherigen schriftlichen Einwilligung des Verlags. Hinweis zu § 52a UrhG: Weder das Werk noch seine Teile dürfen ohne eine solche Einwilligung gescannt und in ein Netzwerk eingestellt werden. Dies gilt auch für Intranets von Schulen und sonstigen Bildungseinrichtungen.
Auf verschiedenen Seiten dieses Buches befinden sich Verweise (Links) auf Internet-Adressen. Haftungshinweis: Trotz sorgfältiger inhaltlicher Kontrolle wird die Haftung für Inhalte der externen Seiten ausgeschlossen. Für den Inhalt dieser externen Seiten sind ausschließlich deren Betreiber verantwortlich. Sollten Sie bei dem angegebenen Inhalt des Anbieters dieser Seite auf kostenpflichtige, illegale oder anstößige Inhalte treffen, so bedauern wir dies ausdrücklich und bitten Sie, uns umgehend per E-Mail davon in Kenntnis zu setzen, damit beim Nachdruck der Verweis gelöscht wird.

Druck A^2 / Jahr 2015
Alle Drucke der Serie A sind im Unterricht parallel verwendbar.

Redaktion: Sandra Wuttke-Baschek, Recklinghausen
Herstellung: Udo Sauter
Illustrationen: Christiane Grauert
Typografie und Layout: Farnschläder & Mahlstedt, Hamburg
Satz: KCS GmbH · Verlagsservice & Medienproduktion, Stelle/Hamburg
Umschlaggestaltung: Christiane Grauert
Druck und Bindung: westermann druck GmbH, Braunschweig

ISBN 978-3-507-**69926**-7

Inhalt

Kompetenz-Kapitel

Sprechen und Zuhören ... 10
Kommunikationsprozesse verstehen und gestalten ... 12
Sprechen in Face-to-face-Situationen ... 12
- Gespräch im Büro; Interpretation zum Bürogespräch ... 13
- Aufgabeninsel: Sprechen in Face-to-face-Situationen ... 15

Gesprächsanalyse ... 16
- Gesprächstypen ... 16
- Sprechakte ... 18

Sprechen in der Öffentlichkeit ... 19
- Bundeswettbewerb Jugend debattiert ... 19
- Reden vorbereiten und halten ... 21
- Reden = überzeugend argumentieren? ... 21

Nachdenken: Die Kunst des Zuhörens ... 23
- Aufgabeninsel: Die Kunst des Zuhörens ... 25
- Beratungsgespräch in der Schule ... 26
- G. Lehnert: Mit dem Handy in die Peepshow … ... 27

Schreiben ... 28
- Mind-Map: Schreibfunktionen ... 29

Schreiben als Lern- und Kommunikationsmedium ... 30
- Mind-Map: Lernen durch Schreiben ... 30
- Vorwissen klären ... 30
- Schreiben an und für andere ... 31
- Die eigene Meinung sachkundig vertreten ... 40
- Arbeitsergebnisse schriftlich festhalten ... 41

**Referat – Facharbeit – Präsentation:
Einen umfangreichen Text verfassen** ... 32
- Den Schreibprozess planen ... 32
- Ein Zeitraster erstellen ... 33
- Ideen finden ... 33
- Thema einkreisen und präzisieren ... 34
- Material suchen und Material bearbeiten ... 34
- Bibliografieren ... 35
- Exzerpieren und Zitieren ... 36
- Eine Gliederung anlegen ... 37
- Eine Rohfassung schreiben ... 37
- Feedback einholen – Feedback geben ... 38
- Textsorten und ihre Merkmale kennen und richtig einsetzen ... 39
- Checkliste »Leserbrief« ... 39
- Texte abschließend bearbeiten ... 40
- Was zeichnet einen gelungenen Text aus? ... 40
- Aufgabeninsel: Von der Idee zum fertigen Text ... 42

Schreibschwierigkeiten bewältigen ... 43

Lesen ... 44
- Ihr Selbstporträt als Leserin/Leser ... 44
- J. Bisky: Angefressen vom Analogkäse … ... 45

Lesestrategien zielführend einsetzen ... 46
Lesestrategie und Leseziel aufeinander abstimmen ... 47
- Martin T. Weber: Warum Fernsehen unglücklich macht ... 47
Kooperative Lesestrategien einsetzen ... 49
- Aufgabeninsel: Lesestrategien gezielt einsetzen ... 50
- R. Erlinger: Die Gewissensfrage ... 50

Erzähltexte analysieren und interpretieren ... 52
- F. Kafka: Großer Lärm ... 53

Textnahes Lesen und analytisches Arbeiten ... 54
- Mind-Map: Erzähltexte erschließen ... 54
- T. Fontane: Effi Briest ... 54
- Das Sonnenuhr-Motiv ... 56
- H.-U. Treichel: Der Verlorene ... 57
- Th. Mann: Buddenbrooks ... 58
- Aufgabeninsel: Das Was und Wie des Erzählens ... 61
- A. Schnitzler: Leutnant Gustl ... 61
- F. Kafka: Das Urteil ... 62
- R. Schneider: Schlafes Bruder ... 62
- Aufgabeninsel: Analyse eines Textauszugs ... 63
- Th. Fontane: Irrungen, Wirrungen ... 63

Gestaltendes Interpretieren ... 65
- F. C. Delius: Der Sonntag, an dem ich Weltmeister wurde ... 65

Über Epik reflektieren ... 67
- Th. Fontane: Was soll ein Roman? ... 67
- K. Migner: Theorie des modernen Romans ... 68

Dramen analysieren und interpretieren ... 70
- H. Müller: Kleinbürgerhochzeit ... 70

Elemente und Strukturen des Dramas erkennen ... 72
- G. E. Lessing: Nathan der Weise ... 73
- Sophokles: Antigone ... 76
- Aristoteles: Tragödientheorie ... 78

Strukturell unterschiedliche Dramen analysieren und vergleichen ... 79
Ein Drama aus dem 19. Jahrhundert ... 79
- G. Büchner: Woyzeck ... 79
Das epische Theater ... 81
- B. Brecht: Was ist mit dem epischen Theater gewonnen? ... 81
- B. Brecht: Leben des Galilei ... 82
- Aufgabeninsel: Eine Szene analysieren ... 84
Das moderne Drama ... 85
- F. Dürrenmatt: Theaterprobleme ... 85
- F. Dürrenmatt: Die Physiker ... 86

Gedichte analysieren und interpretieren 88
- *J. v. Eichendorff:* Der Abend 88
- *B. Oleschinski:* »Wie eng; wie leicht« 88

Verse und Versmaße untersuchen **90**
- *C. Brentano:* Sprich aus der Ferne 91
- *U. Hahn:* Ars poetica 91

Formen der Lyrik **93**
- *A. Gryphius:* Abend 93
- *S. Kirsch:* Die Luft riecht schon nach Schnee 93
- *C. Brentano:* Wiegenlied 94

Bildsprache und Sprache der Bilder beschreiben **95**
- *L. C. H. Hölty:* Mainacht 95
- *J. v. Eichendorff:* Mondnacht 95
- *E. Mörike:* Um Mitternacht 96

Lyrische Texte vergleichend analysieren und interpretieren **97**
- *A. Lichtenstein:* Der Winter 97
- *G. Heym:* Die Stadt 97
- Aufgabeninsel: Gedichte analysieren und interpretieren 98

Gedichte vergleichen 99
- *B. Köhler:* Guten Tag 99
- *S. Jacobs:* Begegnung 99

Umgang mit Sachtexten 100
- Mind-Map: Sachtexte 100

Strategien zur Erschließung von Sachtexten **102**
- Plastikmüll und seine Folgen 103
- Grafik, Schaubild 104

Reden analysieren **105**
- *J. Gauck:* Rede nach seiner Vereidigung 106

Sachtexte analysieren, vergleichen und für das materialgestützte Schreiben nutzen **109**
- Aufgabeninsel: Eine Sachtextanalyse verfassen 109
- *A. Kreye:* Die Ich-Erschöpfung 110
- Informationsflut 112
- Interview mit F. Schirrmacher 113
- Den Computer nutzen 115
- Das Internet nutzen 115
- Ältere Menschen sind mit Informationsflut überfordert 116
- *K. Dämon:* So bringen Sie Ihr Gehirn auf Zack 116

Literaturgeschichtlich arbeiten 118

Literaturgeschichte definieren **120**
- *H. Schlaffer:* Geschichte der Literatur 120

Literaturgeschichte ordnen **121**
- *B. Jeßing/R. Köhnen:* Epochenbegriffe 122
- Mind-Map: Einteilung in Literaturepochen 123
- Die deutsche Literaturgeschichte im Überblick 124

Epochen und Epochenumbrüche untersuchen **125**

Romantik und Realismus 125
- *H. Heine:* Wahrhaftig 125

Epochenumbruch um 1900 126
- *R. M. Rilke:* Die Aufzeichnungen des Malte Laurids Brigge 126

Themen- und literaturgeschichtliche Kapitel

Bezüge zwischen Sprache – Denken – Wirklichkeit reflektieren –
Sprache als Instrument und Ausdruck der Wirklichkeitsauffassung **128**

| SPRACHE | TEXTE | **KOMMUNIKATION** | MEDIEN |

- *G. Anders:* Der Löwe 128
- Unwörter des Jahres 128
- »Das kommt mir spanisch vor« 128
- Auszug aus einem Chat 129

Sprache, Denken, Wirklichkeit **130**
- *G. Orwell:* Kleine Grammatik 130
- *D. Crystal:* Sprache und Denken 131
- *B. L. Whorf:* Die Strukturverschiedenheit der Sprachen und ihre Folgen 132
- *U. Schmitz:* Kompetente Sprecher …, … und Denker 133

Sprache als Spiegel des historischen und kulturellen Wandels verstehen: Verständnis für andere Zeiten und Kulturen **135**
- *E. R. Curtius:* Rhetorische Naturschilderung im Mittelalter 136
- *D. von Aist:* »Slâfest du, friedel ziere?« 136

Sprachgeschichte 137
- *P. Eisenberg:* Der Begriff »Frau« im Wandel der Zeiten 138
- *O. F. Bollnow:* Die Sprache als Weltansicht 139
- *J. Macheiner:* Übersetzen 140
- Übersetzer brauchen auch Gefühl für Sprache und Kultur 141
- *H. Sagawe:* Translatologie oder Übersetzungswissenschaft 142

Sprache als Gegenstand der Reflexion begreifen und beurteilen: Sprachkritik, Sprachskepsis und Sprachpflege **143**
- Sprachkritik 143
- *W. Petschko:* Sprachkritik 144
- *R. M. Rilke:* Ich fürchte mich so vor der Menschen Wort 145
- *H. v. Hofmannsthal:* Der Brief des Lord Chandos 145
- *J. Wittke:* Sprachpflege – Sprachkultur 147

- *G. P. Harsdörffer:* Ziele für eine »Teutsche Spracharbeit« ... 148
- Satzung der Gesellschaft für deutsche Sprache ... 148
- Grundlagen der neuen deutschen Rechtschreibung ... 149

Sprachprobleme als Reflex auf die Wirklichkeit begreifen: Sprachskepsis und Sprachnot der Dichter der Nachkriegszeit ... **150**
- Aufgabeninsel: Ein Plakat / Eine Stellwand zusammenstellen ... 150
- *H. Bender:* Heimkehr ... 151
- *G. Eich:* Der Schriftsteller vor der Wahrheit ... 151
- *W. Borchert:* Das Letzte ... 151
- *V. Klemperer:* Zur Sprache des Dritten Reichs ... 152
- *N. Sachs:* Chor der Geretteten ... 153
- Lyrik nach 1945 ... 153

Entwürfe und Gegenentwürfe in der Aufklärung und Klassik begreifen –
Menschen- und Gesellschaftsbilder ... **154**

SPRACHE **TEXTE** KOMMUNIKATION **MEDIEN**

- *F. Schiller:* Der Handschuh ... 154
- Epochen der deutschen Literatur ... 157

Selbstverständnis und Folgen der Aufklärung: Die neue Sicht des Menschen ... **158**
- Aufgabeninsel: Leitaspekte der Aufklärung erarbeiten ... 159
- *G. E. Lessing:* Nathan der Weise ... 160
- *I. Kant:* Beantwortung der Frage: Was ist Aufklärung? ... 162
- Die Grundrechte von Virginia 1776 ... 163
- *G. E. Lessing:* Der Besitzer des Bogens, Der Löwe mit dem Esel, Der Esel mit dem Löwen ... 164
- *G. E. Lessing:* Von einem besondern Nutzen der Fabeln in den Schulen ... 165
- Aufgabeninsel: Utopien in literarischen Texten untersuchen ... 166
- *J. G. Schnabel:* Insel Felsenburg ... 167
- *F. Schiller:* Die Räuber ... 170

Klassik und Humanität ... **172**
- *J. W. v. Goethe:* Iphigenie auf Tauris ... 172
- *F. Schiller:* Über die ästhetische Erziehung des Menschen in einer Reihe von Briefen ... 174
- Aufgabeninsel: Einen zentralen Text der Klassik erarbeiten und verstehen ... 176
- *F. Schiller:* Maria Stuart ... 177
- Aufgabeninsel: Text und Inszenierung untersuchen ... 181

Rezeption und Wirkung der Klassik ... **182**
- *F. Nietzsche:* Unzeitgemäße Betrachtungen ... 182
- *K. O. Conrady:* Anmerkungen zum Konzept der Klassik ... 182
- *S. Greif:* Klassik als Moderne ... 183

Texte der Romantik, des Expressionismus und der Gegenwart verstehen –
Das Lebensgefühl der Menschen verstehen ... **184**

SPRACHE **TEXTE** KOMMUNIKATION **MEDIEN**

- *F. Opitz:* Speed ... 184

Romantische Weltwahrnehmung ... **186**
- *J. v. Eichendorff:* Sehnsucht, Aus dem Leben eines Taugenichts ... 186
- *H. v. Kleist:* Empfindungen vor Friedrichs Seelandschaft ... 188
- *Novalis:* Heinrich von Ofterdingen ... 189
- *F. Schlegel:* 116. Athenäumsfragment ... 190
- *J. v. Eichendorff:* Wünschelrute ... 190
- *Novalis:* »Wenn nicht mehr Zahlen und Figuren« ... 190
- *Novalis:* Die Lehrlinge zu Sais ... 191
- *H. Heine:* Ich weiß nicht, was soll es bedeuten ... 192
- *J. v. Eichendorff:* Waldgespräch ... 192
- *C. Brentano:* Zu Bacharach am Rheine ... 193
- Aufgabeninsel: Vergleichende Untersuchung der romantischen Loreley-Darstellung ... 194

Weltwahrnehmung um 1900: Großstadtbilder ... **195**
- *W. Bölsche:* Die Mittagsgöttin ... 195
- *K. Pinthus:* Die Überfülle des Erlebens ... 196
- *G. Simmel:* Die Großstädte und das Geistesleben ... 197
- *H. v. Hofmannsthal:* Siehst du die Stadt ... 198
- *G. Heym:* Der Gott der Stadt ... 198
- *A. Wolfenstein:* Städter ... 199
- *A. Döblin:* Berlin Alexanderplatz ... 200
- *A. Döblin / H. Wilhelm:* Berlin Alexanderplatz (Drehbuch) ... 201
- *K. Edschmid:* Die Aufgabe der Kunst ... 202
- Aufgabeninsel: Einen Ort in Texten und Bildern aus verschiedenen Zeiten untersuchen ... 203
- *P. Boldt:* Auf der Terrasse des Café Josty ... 203
- *S. Kirsch:* Naturschutzgebiet ... 204
- *R. Gernhardt:* Erich Kästner – Wiedergelesen: »Besuch vom Lande« ... 204

Was ist ein Naturgedicht?
- *E. Mörike:* Im Park ... 205
- *R. M. Rilke:* Herbst ... 205
- *R. Malkowski:* Schöne seltene Weide ... 205
- *N. Mecklenburg:* Naturlyrik und Gesellschaft ... 206
- *B. Brecht:* Der Rauch ... 206
- *U. Hahn:* Schöne Landschaft ... 206
- *R. D. Brinkmann:* Landschaft ... 207
- *I. Bachmann:* Freies Geleit (Aria II) ... 208
- *S. Scheuermann:* Die Ausgestorbenen ... 209
- *D. Grünbein:* Robinson in der Stadt ... 210

- *S. Kirsch:* Bei den weißen Stiefmütterchen 211
- *F. Roth:* Mimosen 211

Erzählen, auch filmisches, in Realismus, Neuer Sachlichkeit und Gegenwart vergleichen – Frauen- und Männerrollen im Wandel 212

SPRACHE TEXTE KOMMUNIKATION MEDIEN

- *T. Denecken:* Die traditionelle Geschlechterrolle im Wandel der Zeit 212

Darf sie das? Muss er so sein? Das Frauen- und Männerbild im Realismus am Beispiel Effi Briest und filmische Rezeptionen 214
- *T. Fontane:* Effi Briest 214
- *T. Trunk:* »Weiber weiblich, Männer männlich« Frauen in der Welt Fontanes 217
- Aufgabeninsel: Effi Briest im Film – Rezeptionen einer Romanfigur vergleichen 219
- Szenenprotokolle 220

Die neue Frau – ein Phänomen der (Literatur der) Neuen Sachlichkeit? 224
- Aufgabeninsel: Frauenfiguren des Typus der neuen Frau miteinander vergleichen 225
- *I. Keun:* Das kunstseidene Mädchen 226
- *E. Kästner:* Fräulein Battenberg 227
- *M. Fleißer:* Mehlreisende Frieda Geier 228
- Schriftstellerinnen gestalten einen neuen Typus Frau 230
- *B. Jürgs:* Die Kunstbewegung der Neuen Sachlichkeit 230

Mann-o-Mann – Geschlechterrolle(n) im Dauerkonflikt heute 233
- *N. Pauer:* Geschlechterrollen: Die Schmerzensmänner ... 233
- *H. Martenstein:* Ein Macho zieht sein Ding durch und lässt sich nicht reinreden 235
- *A. Steinbauer:* Oh Mann 236
- Wissenschafts- und Gesellschaftsthemen um Frau und Mann: Projektvorschläge 237

Medienvermittelte Kommunikation analysieren und beurteilen – Vorwissen zum Thema Kommunikation und Medien aktivieren 238

SPRACHE TEXTE KOMMUNIKATION MEDIEN

Vorwissen zum Thema Kommunikation und Medien aktivieren: Analyse eines Streitgesprächs 240
- Streitgespräch zur Wirkung der Medien 240

Kommunikations- und medientheoretische Positionen reflektieren: Kontroverse Positionen vergleichen 243
- *B. Brecht:* Der Rundfunk als Kommunikationsapparat 243
- *H. M. Enzensberger:* Baukasten zu einer Theorie der Medien 244
- *N. v. Festenberg:* Mutter Beimers News – Niklas Luhmann entdeckt »Die Realität der Massenmedien« 246
- *P. Kruse:* Wie verändern die neuen Medien die gesellschaftliche Wirklichkeit? 248

Filmische Umsetzung einer Textvorlage analysieren und beurteilen: Franz Kafka: Die Verwandlung 250
- *F. Kafka:* Die Verwandlung 250
- *U. Grund:* Franz Kafka, Die Verwandlung 250
- Aufgabeninsel: Literaturverfilmungen untersuchen 253

Über Spracherwerb und Sprachentwicklung nachdenken – Sprache in der Diskussion 254

SPRACHE TEXTE KOMMUNIKATION MEDIEN

Spracherwerb = Instinkt, Imitation oder Kreativität? 256
- *J. G. Herder:* Über den Ursprung der Sprache 256, 258
- *M. Schlesewsky:* Sprache – Bioprogramm oder kulturelle Errungenschaft 259
- Geschwätzige Zebrafinken 261
- *H. Leuniger:* Entstehung von Versprechern und das innere Lexikon 262
- Die Stufen des Spracherwerbs 265
- Aufgabeninsel: Sprache erlernen 265
- *F. Mens:* Das A und O des neuen Lebens 266
- *M. Spitzer:* Robuste Kinder und Spracherwerb 267

Sprachvarietäten und ihre gesellschaftliche Bedeutung untersuchen und reflektieren – Sprache verrät etwas über die Sprechenden 269
- *Brings:* Kölsche Jungs 269
- Dialekte in Deutschland – eine Übersicht 270
- *L. Schnabel:* »Griaß di, griaß di. Mei di mog I gean« 271
- *D. E. Zimmer:* RedensArten – ein Auszug zur Jugendsprache 273
- *M. Heine:* In Wahrheit ist Kiezdeutsch rassistisch 274
- Kennzeichen des gleichzeitigen Erwerbs mehrerer Sprachen 276
- *J. Friedmann:* »Das Gehirn lernt mehrere Sprachen gleichzeitig« 276
- Mehrsprachig in der Kita 278
- Sprachkenntnisse halten Gehirn länger fit 279
- Sprache im Netz 279
- Englische Schule schafft slangfreie Zonen 281

Die Darstellung von Wissenschaft und Technik in der Literatur untersuchen –
Auf der Suche nach Wissen, Wahrheit oder Macht? **282**

SPRACHE **TEXTE** KOMMUNIKATION MEDIEN

- Zitate 282

Die Stoff- und Entstehungsgeschichte des »Faust« erfassen **284**
- *F.-M. Wohlers:* Die Volksbücher vom Doktor Faust 284

Möglichkeiten und Grenzen der Wissenschaft am Beispiel des Homunkulus reflektieren **287**
- *J. W. v. Goethe:* Faust. Der Tragödie Zweiter Teil 287

Literarische Spiegelungen von Faust-Motiven untersuchen **289**
- *G. Keller:* Ein Naturforscher 289
- *K. Mann:* Mephisto 290
- *Th. Mann:* Doktor Faustus 292
- Aufgabeninsel: Literarische Spiegelungen untersuchen 293

Die Figur des Technikers und Wissenschaftlers in Prosatexten untersuchen **294**
- *M. Frisch:* Homo faber 294
- *D. Kehlmann:* Die Vermessung der Welt 298

Die Frage nach der Verantwortung der Wissenschaft untersuchen **300**
- *G. Ruebenstrunk:* Das Wörterbuch des Viktor Vau 300
- *S. Offergeld:* Muss Wissenschaft alles dürfen? 304

Wissenschaft und Technik und ihre Bedeutung für die deutsche Sprache **305**
- Aufgabeninsel: Grenzen und Möglichkeiten einer Fachsprache erfassen 305
- Fachsprache in der Diskussion 306
- Medizinische Terminologie 306
- Medizinische Fachsprache für DaF-Dozenten 307
- Englisch als Wissenschaftssprache 308
- Rede des Medizin-Nobelpreisträgers Prof. Dr. Thomas Südhof 308
- *A. Kekulé:* Die Welt als Schulhof … 308
- *P. Fischer:* Sprache der Wissenschaft. Say it in broken English. 308

Ein Thema bearbeiten in der Literatur vom 18. Jahrhundert bis heute –
Familienbilder **310**

SPRACHE **TEXTE** KOMMUNIKATION MEDIEN

- *G. E. Lessing:* Emilia Galotti 310
- Zur Frage der »Schuld« in Lessings »Emilia Galotti« 315

Schwierige Töchter – Töchter in Schwierigkeiten **316**
- *H. Scheuer:* Väter und Töchter – Konfliktmodelle im Familiendrama des 18. und 19. Jahrhunderts 316
- *Th. Mann:* Buddenbrooks 317

Väter und Sohne – eine konfliktreiche Beziehung **319**
- *Th. Mann:* Buddenbrooks 319
- *H. Hesse:* Unterm Rad 321
- *W. Hasenclever:* Der Sohn 322
- *F. Kafka:* Brief an den Vater 323
- *E. v. Keyserling:* Schwüle Tage 327
- *C. Gansel:* Jugend- und Adoleszenzroman 328

Krise der Familie – Familie in der Krise? **329**
- *B. Vanderbeke:* Das Muschelessen 329
- *Z. Jenny:* Das Blütenstaubzimmer 330
- *W. Herrndorf:* Tschick 331
- Aufgabeninsel: Generationenkonflikte in der Gegenwartsliteratur untersuchen 335
- *K. M. Bogdal:* Generationskonflikte in der Literatur 336

Trainings-Kapitel

Den eigenen Lern- und Arbeitsprozess planen und organisieren **338**
- Fragebogen zur Selbsteinschätzung 338

Lerntechniken anwenden **340**
- Wie funktioniert unser Gedächtnis? 340

Den Lernstoff einüben und wiederholen **341**
- Mit Lernkarteien arbeiten 341
- Begriffsnetzwerke bilden 341

Der Blick über den Tellerrand **342**
- Mind-Map: Der Blick über den Tellerrand 342

Zeitinventur – Wie gehe ich mit meiner Zeit um? **343**
- Ein gutes Zeitmanagement 343

Lerntagebuch und Portfolio – über das eigene Lernen nachdenken **344**

Prüfungsaufgaben bewältigen **346**

Klausur- und Prüfungstraining **347**

Aufgabenart I A: Analyse eines literarischen Textes (Drama) **348**
- *H. v. Kleist:* Der Prinz von Homburg 348

Aufgabenart I A: Analyse eines literarischen Textes (Roman) **352**
- *D. Kehlmann:* Die Vermessung der Welt 352

Aufgabenart I A: Analyse eines literarischen Textes (Gedicht) **356**

- U. Hahn: Mit Haut und Haar 356

Aufgabenart I B: Vergleichende Analyse literarischer Texte **358**
- K. Tucholsky: Berliner Bälle 358
- E. Stadler: Ballhaus 359

Aufgabenart II A: Analyse eines Sachtextes mit weiterführendem Schreibauftrag **364**
- I. Bachmann: Frankfurter Vorlesungen 364

Aufgabenart II B: Vergleichende Analyse von Sachtexten **368**
- R. Michaelis: Der schöne Mut zur Menschlichkeit 368
- A. Schäfer: Iphigenie als Rasenschach 370

Aufgabenart III A: Erörterung von Sachtexten **374**
- J. Leffers: Denglisch in der Werbung 374

Aufgabenart III B: Erörterung von Sachtexten mit Bezug auf einen literarischen Text **377**
- Ankündigung einer Diskussion um Bernhard Schlinks »Der Vorleser« in der »kulturzeit« des Senders 3sat 377

Aufgabenart IV: Materialgestütztes Verfassen eines Textes mit fachspezifischem Bezug **379**
- Herrndorf überholt Goethe und Schiller 379
- Eine Inszenierung von Wolfgang Herrndorfs »Tschick« .. 380
- Pressestimmen 380
- Goethe, Faust I. Das grandiose Schauspielsolo mit Peter Vogt 381
- Pressestimmen 381
- »Tschick« wird verfilmt 381
- Schule, Jugend und Theater 382

Training: Mündliche Prüfung und Präsentation **384**
Die mündliche Abiturprüfung **384**
- J. W. v. Goethe: Die Leiden des jungen Werthers 385

Präsentieren **389**
Vom Gegenstand zum Thema – problem- und adressatenbezogenes Präsentieren 390
Das Thema steht fest: Von der Recherche zur Gliederung 391
Darbietungsformen und Präsentationsmedien 392
Visualisierung und Präsentationsmedien 393
Den Einstieg in die Präsentation als Lernhilfe nutzen 394
Begleitmaterial adressatengerecht erstellen 395

Die Präsentation üben, durchführen und Adressaten gewinnen 396
- Aufgabeninsel: Entwickeln und Vorstellen einer Präsentation 397

Den Vortrag üben 398
Bewerten von Präsentationen 399

Training: Literaturgeschichtlich arbeiten **400**
Barock **401**
Vergänglichkeit des Lebens 403
- A. Gryphius: Ebenbild unseres Lebens 403
Vergänglichkeit und Lebenslauf 405
- M. Opitz: Ach Liebste, lass uns eilen … 405
Aufklärung **407**
Sturm und Drang **408**
Klassik **409**
Romantik **410**
Realismus **411**
Literaturgeschichtliche Vielfalt um 1900 412
Expressionismus und Dadaismus **413**
Expressionismus 413
- J. v. Hoddis: Weltuntergang 414
- A. Stramm: Sturmangriff 416
Dadaismus 417
- H. Ball: Karawane 417
Neue Sachlichkeit **419**
Literatur im Exil **420**
Nachkriegszeit und Wirtschaftswunder **421**
- G. Kunert: Über einige Davongekommene 421
- W. Borchert: Lesebuchgeschichten 422
- G. Eich: Inventur 423
- H. M. Enzensberger: Bildzeitung 424
- B. Brecht: Die Rückkehr 425
- I. Bachmann: Reklame 425

Sachregister 426
Textsortenverzeichnis 427
Textquellenverzeichnis 429
Bildquellenverzeichnis

Übersicht über die Info-Kästen

»Advance Organizer«, (Der) 394
Aktives Zuhören 24
Alltagskommunikation 12
Argumentieren 21
Aufklärung 158, 407

Barock 401
Betonte und unbetonte Silben 90
Bibliografieren 35

Checkliste Gedichtanalyse 356

Drama
– episches Theater 81
– Konflikt und Problemlösung 75
– modernes Drama 87
– offene und geschlossene Form 80
– Szenisches Interpretieren 77

Emblem 404
Episches Theater 81
Expressionismus 413
Exzerpieren 36

Familienbild, das bürgerliche 319
Faust, vom historischen Faust bis zu Goethes Drama 284
Feedback 396
Feedback einholen – Feedback geben 38
Feedbackverfahren 38
Figur und Charakter entwickeln 128
Figuren und Figurenkonstellation 60
Filmische Mittel 252
Folien, gute 390
Frauenbild im bürgerlichen Realismus 217
Frauentyp, der neue 224
Französische Revolution in den Umbrüchen des 18. Jahrhunderts 156

Gespräche, Begriffe zur Beschreibung der Makrostruktur 17
Gestaltendes Interpretieren 66

Homunkulus, der künstliche Mensch 288
Humanität und ästhetische Bildung 175

Ideenfindung, Methoden zur 33
Informationsgehalt von Texten, Strategien zur Erschließung 103

Konflikt und Problemlösung 75

Kurzvorträge, Tipps für die Vorbereitung 20

Lesestrategien zielführend einsetzen 46
Literarische Strömungen um 1900 412
Literaturverzeichnis 35
Lyrik,
– Begriffe zur Beschreibung der Lautung lyrischer Texte 92
– Formen unterscheiden 94
– Gedichtvergleich 99
– lesen und verstehen 89
– operative Verfahren 97
– Sprachliche Bilder, Funktionen und Bedeutung 96

Magische Orte in der Literatur der Romantik 194
Materialgestütztes Schreiben 112
Mehrsprachigkeit 275
Menschenversuche oder Humanmedizin 299
Minutepaper schreiben 30
Modernes Theater 87
Motive und Leitmotive 56
Mündlichkeit, konzeptionelle 281

Natur 191

Ordnungs- und Orientierungssysteme der Literaturgeschichte 121
Operative Verfahren im Umgang mit Lyrik 97

Phylogenese und Ontogenese 256
Präsentationen
– Darbietungsformen 392
– Gegenstand – Thema – Adressat 390
– Orientieren – Recherchieren – Verarbeiten – Gliedern 391
– Präsentationsmedien 393
– Was sind Präsentationen? 389

Räume und Schauplätze 55
Rechtschreibreformen, Verbindlichkeit von 149
Rede
– Analyse 105
– Fünf-Satz-Gliederung 22
– Vorbereitung 22

Sachtexte 102
– vergleichen 111
Schreibgespräch 298

Sprachliche Bilder, Funktion und Bedeutung 96
Sprachentwicklung 264
Sprachvarietät 270
Strategien zur Beeinflussung der Hörer 242
Szenenanalyse, Leitfragen 350
Szenisches Interpretieren 77

Technik 296
Textüberarbeitung, Methoden 41
Thema
– Strategien zur Präzisierung 34
Titel und Personenverzeichnis untersuchen 72
Tipps für das passive Zuhören bei längeren Sprechbeiträgen 23

Überleitungen 40

Väter und Familie in der Literatur des 18. Jahrhunderts 171
Verhältnis zwischen verbalen und nonverbalen Elementen der Kommunikation 11
Vortrag, Tipps für den guten 398

Wissenschaft und Wissenschaftsverständnis seit dem Mittelalter 283

Zeit- und Zeitstrukturen 58
Zitieren 36

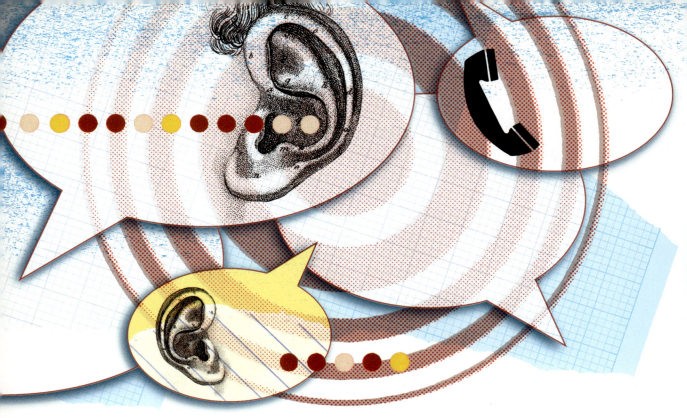

Sprechen und Zuhören

A

Der Lehrer hat einen Schüler gebeten, nach dem Unterricht in der Klasse zu bleiben, da er mit ihm über seinen Leistungsabfall in den letzten Wochen sprechen möchte.

Lehrer Ich meine, es ist an der Zeit, dass wir beide einmal ganz in Ruhe über dein Verhalten sprechen. Jetzt sind wir ungestört und haben Zeit, uns einmal so richtig auszutauschen. Willst du anfangen?
Schüler *(schweigt)*
Lehrer Na gut! Was glaubst du denn, warum du jetzt hier sitzt?
Schüler *(bockig)* Weiß ich doch nicht!
Lehrer So kommen wir nicht weiter. Wenn du dich stur stellst, hat es gar keinen Sinn, dass wir miteinander sprechen.
Schüler *(schweigt)* …

B

Grelle Lasereffekte, harte Bässe und eine tosende Menge auf der Tanzfläche in der Disco. Mira und Max haben sich in eine Ecke neben dem langen Tresen zurückgezogen

Max *(laut)* Ist was mit dir?
Mira Mir geht es nicht so gut.
Max *(laut)* Was?
Mira *(etwas lauter)* Mir geht es nicht so gut!
Max *(noch lauter)* Du findest es hier nicht gut? Warum nicht?
Mira *(brüllt)* Quatsch! Mir geht es nicht gut! …

A ■ Erläutern Sie vergleichend unter Rückgriff auf Ihr Vorwissen zum Thema »Kommunikation« die kommunikativen Strukturen der beiden Kurzdialoge.

Sprechen und Zuhören

A ■ Reaktivieren Sie Ihr kommunikationstheoretisches Vorwissen, indem Sie sich mit folgenden Fragen auseinandersetzen:
1. Stellen Sie die zentralen Unterschiede der durch die vier Bilder angedeuteten Gesprächssituationen heraus und reflektieren Sie, welche spezifischen Anforderungen sie an die kommunikativen Kompetenzen der Beteiligten stellen.
2. Erläutern Sie die nebenstehende Abbildung, indem Sie Bezüge zu den oben abgedruckten vier Fotos herstellen.

B ■ Unsere moderne Gesellschaft stellt besondere Anforderungen an die Kompetenzen Sprechen und Zuhören. Tragen Sie tabellarisch zusammen, wo und in welcher Weise diese Kompetenzen im Alltag besonders gefordert werden.

C ■ Wie verstehen und beurteilen Sie das Sprichwort »Reden ist Silber, Schweigen ist Gold«. Führen Sie vor der Beantwortung der Frage eventuell eine Internetrecherche zum Sprichwort durch.

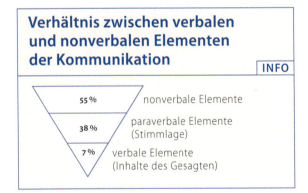

Verhältnis zwischen verbalen und nonverbalen Elementen der Kommunikation
INFO

- 55 % nonverbale Elemente
- 38 % paraverbale Elemente (Stimmlage)
- 7 % verbale Elemente (Inhalte des Gesagten)

In diesem Kapitel lernen Sie(,) …
- Grundbegriffe und Erklärungsmodelle für menschliche Kommunikation kennen, um kommunikative Strukturen besser verstehen und beurteilen zu können,
- Gesprächen im privaten und öffentlichen Bereich differenziert wahrzunehmen, zu analysieren und zu bewerten,
- Leistung und Wirkung argumentativer Strukturen und sprachlich-stilistischer Mittel zu erkennen, um sie bei der Analyse fremder Texte bzw. bei der Produktion eigener Reden oder Gesprächsbeiträge anwenden zu können,
- eigene Rede- oder Gesprächsbeiträge sach- und adressatengerecht zu gestalten und vorzutragen,
- Zuhören als ein wesentliches Element menschlicher Kommunikation zu begreifen.

Sprechen und Zuhören

Kommunikationsprozesse verstehen und gestalten

> **Was kann ich nach der Bearbeitung dieses Unterkapitels?**
> - Kommunikationstheoretische Grundkenntnisse und Fachtermini bei der Beschreibung und Analyse von literarischen Texten einbeziehen
> - Gesprächssituationen des Alltags aufgrund typischer Strukturen klassifizieren
> - Methoden und Begrifflichkeiten der Gesprächsanalyse bei der analytischen Auseinandersetzung mit Face-to-face-Situationen anwenden

Sprechen und Zuhören sind wesentliche Elemente der Kommunikation im privaten und im öffentlichen Bereich. Grundkenntnisse im Bereich der Kommunikationstheorie sowie die Beherrschung grundlegender Fachterminologie sind die Voraussetzung, um Kommunikationsprozesse bewusst gestalten zu können und kommunikative Strukturen beschreiben und analysieren zu können. Im Folgenden soll zunächst bereits vorhandenes Vorwissen durch Bildimpulse, einen kurzen Text und Info-Kästen aktiviert werden, um dieses dann bei der Auseinandersetzung mit Gesprächssituationen des Alltags (Face-to-face-Kommunikation) und im öffentlichen Bereich anzuwenden und zu vertiefen.

Sprechen in Face-to-face-Situationen

> **Alltagskommunikation (nach Hein Retter)** INFO
>
> Alltagskommunikation ist der Austausch von Informationen unmittelbarer wechselseitiger Wahrnehmung der Kommunikanten (Face-to-face-Situationen) mit relativ hoher Erwartungsgewissheit über das allgemeine Verhaltensmuster der Beteiligten auf Grund der Bekanntheit der Standards derartiger Austauschsituationen.
> Alltagskommunikation ist zu kennzeichnen durch …
> - direkte Kommunikation bei nahem Abstand der Kommunikanten;
> - geringe Zahl der Kommunikanten (optimal: zwei oder drei);
> - wechselseitige Wahrnehmung, deren Fokus mit dem wechselseitig gerichteten Aufmerksamkeitszentrum der Kommunikation zusammenfällt;
> - einen gemeinsamen Erwartungshorizont des Alltäglichen der Kommunikanten, der sich aus dem funktionalen Bezügen (z. B. dem gemeinsamen Warten auf den Bus) und situationsspezifischen Kontexten (in der Familie, am Arbeitsplatz, beim Gespräch mit Nachbarn u. a.) ergibt.

A ■ Erläutern Sie den Begriff »Face-to-face-Situation«, indem Sie ihn von anderen Formen der Kommunikation abgrenzen (z. B. schriftliche Kommunikation).

B ■ Sammeln Sie typische »Face-to-face-Situationen« aus dem Alltag und versuchen Sie, diese je nach Art der Kommunikation zu klassifizieren.

Sprechen und Zuhören

Text 1

Gespräch im Büro (1999)

Herr Kleinschmidt und Herr Müller arbeiten als gleichrangige Mitarbeiter in der Speditionsabteilung eines Konzerns. Beide beanspruchen Frau Rutnik als Sekretärin. Herr Müller betritt das Arbeitszimmer von Herrn Kleinschmidt, um eine gerechte Arbeitsverteilung für Frau Rutnik zu besprechen, da sie für ihn einige Schreibaufträge erledigen muss, die er als dringend betrachtet. Auf dem Schreibtisch von Herrn Kleinschmidt türmen sich Papier und Akten. (Kleinschmidt = K, Müller = M)

Müller kommt herein.

K Ah, der Herr Kollege! Nett, Sie mal wieder zu sehen!
M Guten Morgen, Herr Kleinschmidt!
K Morgen!
M Na, bei Ihnen schwappt' s mal wieder ganz schön über.
K Das sieht nur so aus. Sie kennen doch Kleinschmidt, der hat alles im Griff!
M Hm.
K Man sieht, dass hier gearbeitet wird. Na, und wie läuft's so bei Ihnen?
M Ja, es läuft so.
K Hm.
M Nur manchmal steht es einem bis oben hin. Diese Zollabfertigung nach Italien. Es ist immer das Gleiche.
K *lacht* Ja, ja, ich kenn' die Jungs, wollen ab und zu mal gebauchpinselt werden, sonst werden sie hundertfünfzigprozentig. Wissen Sie, was da hilft? Vorbeugende Kontaktpflege nennt man so was. Naja, Sie wissen schon, was sie haben wollen, oder?
M Sicher. Nur jedermanns Sache ist es nicht. Aber das kann man doch lernen! Ist doch alles halb so schlimm!
K Ja vermutlich. Wenn ich mal Zeit habe, komme ich auf Sie zu. Im Augenblick leider …
M Übrigens, ich wollte mit Ihnen da was besprechen.
K Bitte nehmen Sie Platz. Na wo drückt denn der Schuh? Wenn Kleinschmidt helfen kann …
M Och, das ist eigentlich nichts Besonderes.
K Also was ham Se auf dem Herzen?
M Es geht um Fräulein Rutnik, genauer gesagt um ihre Arbeitsverteilung.
K Was haben wir denn damit am Hut? Ist doch ihre Sache, wie sie sich die Arbeit einteilt. Soll sie doch zu Herrn Schulze gehen, wenn's ihr zu viel ist. Der ist ja schließlich der Boss!
M Herr Kleinschmidt … Sie werden doch zugeben, dass Fräulein Rutnik ne ganze Menge Arbeit bekommt.
K Hm.
M Von allen. Von Schulze, von Meier, von Wiersma, von mir … und natürlich auch von Ihnen!
K Das ist mir bekannt – und?
M Sie hat also fünf Leute, die ihr Aufträge geben und jeder hält seine Sache für die wichtigste.
K Ach, und da hat sie Ihnen was vorgeweint? Die Ärmste. *ironisch* Aber Sie werden das jetzt schon deichseln!
M Ich glaube nicht, dass das der richtige …
K Ja, ja, schon gut, schon gut. Was sagt denn Fräulein Rutnik?

Text 2

Interpretation zum Bürogespräch (1999)

1 **K** Ah, der Herr Kollege! *Oh, Gott, der fehlt mir gerade noch* Nett, Sie mal wieder zu sehen!
1 **M** *Wie der das sagt, da könnte man …* Guten Morgen, Herr Kleinschmidt!
2 **K** Morgen!
2 **M** *Hm, ganz schön im Stress!* Na, bei Ihnen schwappt' s mal wieder ganz schön über.
3 **K** *Mensch, halt den Rand!* Das sieht nur so aus. *Was will der überhaupt?* Sie kennen doch Kleinschmidt, der hat alles im Griff!
3 **M** Hm.
4 **K** Man sieht, dass hier gearbeitet wird. *Blöder Hund. Soll sich an die eigene Nase fassen* Na, und wie läuft's so bei Ihnen?
4 **M** *Eigentlich wollt' ich –* Ja, es läuft so.
5 **K** Hm.

Sprechen und Zuhören

5 **M** Nur manchmal steht es einem bis oben hin. Diese Zollabfertigung nach Italien. Es ist immer das gleiche.

6 **K** *An wem liegt's denn? lacht* Ja, ja, ich kenn' die Jungs, wollen ab und zu mal gebauchpinselt werden, sonst werden sie hundertfünfzigprozentig. *Tja, ich weiß, wie man das macht* Wissen Sie, was da hilft? Vorbeugende Kontaktpflege nennt man so was. *Siehst du Jüngelchen!* Naja, Sie wissen schon, was sie haben wollen, oder? *Natürlich weißt du's nicht*

6 **M** Sicher. *Angeber* Nur jedermanns Sache ist es nicht. *Waschlappen* Aber das kann man doch lernen! Ist doch alles halb so schlimm!

7 **K** *Nee, ist nicht mein Stil* Ja vermutlich. Wenn ich mal Zeit habe, komme ich auf Sie zu. *Hättest Du wohl gerne, was?* Im Augenblick leider ... *Ich will eigentlich was ganz anderes*

7 **M** Übrigens, ich wollte mit Ihnen da was besprechen. […]

Sachebene: Herr Kleinschmidt beansprucht die Sekretärin stärker als Herr Müller (Vermutlich gibt Herr Kleinschmidt an Frau Rutnik auch Arbeiten ab, die er selbst erledigen müsste). Herr Müller möchte im Gespräch mit Herrn Kleinschmidt eine gerechtere Verteilung der Arbeit für die Sekretärin erreichen.

Beziehungsebene: Müller und Kleinschmidt sind gleichrangige Mitarbeiter in der Speditionsabteilung eines Konzerns, insofern auch Konkurrenten, allerdings mit unterschiedlichen Charaktereigenschaften und Fähigkeiten, die zu einem eher gespannten Verhältnis zwischen beiden geführt haben. *Müller* repräsentiert den korrekten, fleißigen, in formalen Fragen kompetenteren Mitarbeiter mit einer Neigung zu einer gewissen forschen Direktheit, ja sogar Überheblichkeit, die ihn in Distanz zur sozialen Mitwelt bringt. *Kleinschmidt* ist in formal-juristischen Fragen Müller unterlegen und sogar auf seine Unterstützung angewiesen, gleicht dies aus durch lange Erfahrung im praktischen Umgang mit den zuständigen Stellen; er ist ein »Kumpel-Typ« und kann andere Menschen für sich einnehmen. Hat von daher gute Beziehungen sowohl zur Sekretärin als auch zum Chef. Kleinschmidt verfügt offenbar über größeren persönlichen Einfluss und größere soziale Kontrolle, hat aber geringere Fachkompetenz als Müller; von daher ist Kleinschmidt hinter der Fassade von Leutseligkeit und Kollegialität über Müllers mögliche Aktivitäten beunruhigt und hat ihm gegenüber ein schlechtes Gewissen. Gleichzeitig versucht Kleinschmidt dem Musterknaben Müller, der offenbar irgendein Anliegen hat (dessen Ursache Kleinschmidt allerdings nicht gleich erkennt), eins auszuwischen.

1. Eröffnungsphase:

1 **K:** Begrüßung = Inkongruente Botschaft (Diskrepanz zwischen Inhalts- bzw. Selbstoffenbarungsaspekt einerseits, Beziehungsaspekt andererseits), von Müller auch als inkongruent wahrgenommen. In den ersten Gesprächssequenzen wird deutlich, dass beide mit dem »Beziehungsohr« wahrnehmen, wobei Müller gleichzeitig zu diagnostizieren versucht, ob die Situation für sein Anliegen günstig ist!

3–4 **K:** »Sie kennen doch K., hat alles im Griff« und »Man sieht das hier gearbeitet wird!«
a) Selbstoffenbarung mit verdecktem Appell: Kümmere dich um deine eigenen Angelegenheiten,
b) fassadenhafte Reaktion: Tatsächlich lässt das Durcheinander auf dem Schreibtisch von Kleinschmidt eher das Gegenteil schließen.

5 **M:** »Nur manchmal steht es einem bis oben hin.« (Selbstoffenbarung im Sinne von Ich-Verkleinerung, um für das eigene Anliegen eine Hilfe-Bereitschaft bei Kleinschmidt zu erzeugen)

6 **K:** »Ja, ja, ich kenn die Jungs.« Selbstoffenbarung als verdeckter Appell: Du kannst von mir lernen!

7 **M:** Müller geht auf Distanz, erkennt die Anbiederungstaktik von K., versucht dennoch Bereitschaft zu signalisieren, dies führt zu einer inkongruenten Reaktion.

2. Das Anliegen: missglückte Versuche, es anzubringen – Missverständnisse und Abwehr auf der Gegenseite

9 **M:** Müller hat mit dem Begriff »Arbeitsverteilung für Frl. Rutnik« sein zentrales Problem genannt, doch Kleinschmidt missversteht, wobei Müller vermutlich denkt »der will mich nicht verstehen«, aber K. hat Müllers Anliegen tatsächlich noch nicht verstanden und meint, M. beschwere sich, darüber dass sich Frl. Rutnik ihre Arbeit falsch einteile.

10 **M:** Zweiter Anlauf von Müller: Versuch auf der Sachebene: Analyse der Situation von Frl. Rutnik, die von fünf Personen Schreibarbeiten bekommt, »jeder hält seine Sache für die wichtigste«

13 **K:** Kleinschmidt nun beißend-ironisch zu Müller, wobei K. erneut dem Missverständnis unterliegt, Fräulein Rutnik habe sich bei Müller »ausgeweint«.

Sprechen und Zuhören

Sprechen in Face-to-face-Situationen
Aufgabeninsel

A ▪ Stellen Sie Vermutungen über die Beziehungsebene der beiden Gesprächspartner im Text »Gespräch im Büro« (**T1**).

B ▪ Verfassen Sie ein mögliches Gesprächsende, das Ihnen aufgrund Ihrer Vermutungen zu Aufgabe A wahrscheinlich erscheint und begründen Sie Ihren Ansatz.

C ▪ Setzen Sie die Interpretation zum Gespräch im Büro (**T1** und **T2**) fort, indem Sie in **T1** weitere Subtexte ergänzen.

D ▪ Komplettieren Sie Ihre Interpretation durch Berücksichtigung des selbst gestalteten Gesprächsendes (vgl. Aufgaben A und B).

Informieren Sie sich im folgenden Material (Seite 20 ff.) über zentrale Begrifflichkeiten und Ansätze der Gesprächsanalyse.

E ▪ Erläutern Sie die im Schaubild auf der nächsten Seite aufgeführten Faktoren, die im Zusammenhang mit **T3** nicht explizit erklärt werden.

F ▪ Vergleichen Sie die drei im Folgenden skizzierten Gesprächssituationen und klassifizieren Sie den jeweiligen Gesprächstyp durch Bezug auf die im Schaubild genannten Faktoren.

1	Zwei Schüler streiten sich im Kreis ihrer Mitschüler wegen einer Beleidigung, die einer der beiden Kontrahenten ausgesprochen haben soll.
2	Ein Abiturient führt ein Einstellungsgespräch in einer Firma.
3	An der Bushaltestelle verkürzen sich zwei fremde Personen die Wartezeit, indem sie sich über die Pünktlichkeit der Verkehrsbetriebe, das Wetter und Ähnliches unterhalten.

G ▪ Erläutern Sie das Schaubild auf S. 18 zu den »Sprechakten«.

H₁ ▪ Beschreiben und analysieren Sie vergleichend die Gesprächssituationen, die in den beiden Abbildungen deutlich werden. Berücksichtigen Sie dabei besonders die nonverbalen Elemente der jeweiligen Kommunikationssituation..

H₂ ▪ Methoden und Begrifflichkeiten der Gesprächsanalyse sind auch zur Vertiefung der Dialoganalyse in literarischen Texten (Drama, wörtliche Rede in Romanen etc.) geeignet. Analysieren Sie einen ausgewählten Text (z. B. **T40**, **T50** oder **T128**), indem Sie die Fachbegriffe der Gesprächsanalyse verwenden.

Gesprächsanalyse

Die Gesprächsanalyse oder Diskursanalyse ist eine empirisch fundierte Forschungsrichtung. Untersucht werden mündliche Texte, an deren Entstehung mehrere Personen beteiligt sind und bei denen die Sprecher-Hörer-Rolle wechselt.

In der Gesprächsanalyse wird sprachliches Handeln anhand authentischer und aufgezeichneter Gespräche systematisch (vor allem auf der Grundlage der Sprechakttheorie und der Konversationsanalyse) untersucht und beschrieben. Dabei werden die Aktivitäten der am Gespräch Beteiligten und die Merkmale von Gesprächsstrukturen (auf verschiedenen Ebenen) festgehalten und beschrieben. Die Analyse der Gespräche folgt häufig anderen Kriterien als denen bei der Untersuchung schriftlicher Texte, da z. B. auch sprachbegleitende und nichtsprachliche Mittel besonders berücksichtigt werden.

Henne/Rehbock, zwei Sprachwissenschafter, die gegenwärtig im Bereich der Gesprächsanalyse sehr engagiert sind, entwickelten folgende Systematik von Analysekategorien für die Gesprächsanalyse:
- die Makroebene von Gesprächen (z. B. Gesprächseröffnung, Gesprächsbeendigung, Gesprächsmitte),
- die mittlere Ebene (z. B. Sprecherwechsel, Gesprächsschritt und -sequenz),
- die Mikroebene, sprechaktinterne Elemente (die syntaktische, lexikalische, prosodische Struktur.

■ Text 3
Gesprächstypen (2006)

Gespräche finden nicht im luftleeren Raum statt, sondern sind immer durch eine Reihe von außersprachlichen Faktoren bestimmt. In der Wissenschaft ist man bemüht, bestimmte **Gesprächstypen** aufgrund bestimmter Faktoren zu klassifizieren. Helmut Henne und Helmut Rehbock entwickelten 1995 auf der Basis soziologisch fundierter Gesprächsbereiche zehn »kommunikativ-pragmatisch bedeutsame Kategorien« zur Klassifizierung konkreter Gespräche.

Zum besseren Verständnis werden die in der Abbildung genannten Faktoren, die sich nicht aus der Bezeichnung erschließen lassen, genauer erläutert:

Die Gesprächsgattungen stellen *natürliche, fiktive/fiktionale* und *inszenierte* **Gespräche** dar. Dabei lassen

sich die natürlichen Gespräche noch unterteilen in *natürliche spontane* und *natürliche arrangierte* Gespräche.

Das **Raum-Zeit-Verhältnis** bzw. der situative Kontext von Gesprächen lässt sich danach differenzieren, ob die Kommunikation *nah* (zeitlich simultan und räumlich nah, Face-to-face-Kommunikation) oder *fern* verläuft (z. B. Telefongespräch oder Chat im Internet).

Die **soziale Beziehung bzw. das soziale Verhältnis der Gesprächspartner** kann *symmetrisch* oder *asymmetrisch* bzw. *komplementär* sein. Die Unterschiede können *anthropologisch* bedingt (z. B. Erwachsener-Kind-Beziehung), *soziokulturell* bedingt (institutionell und gesellschaftlich bedingt, z. B. sozialer Status und Rang, Teilhabe an Macht), *fachlich oder sachlich* bedingt (Fachwissen, Kompetenzen, Qualifikationen) oder *gesprächsstrukturell* bedingt sein (Sonderrechte in bestimmten prototypischen Gesprächsformen wie **Interview**, Befragung).

Berücksichtigt man die **Handlungsdimensionen eines Gesprächs** so kann man direktive Gespräche mit Anweisungs- und Hinweischarakter (meist Gespräche in der Arbeitswelt, aber auch Arzt-Patient- oder Seelsorger-Gläubiger-Gespräche), narrative Gespräche mit dominierender Kontaktfunktion (z. B.

Gespräche über den Gartenzaun, Partygespräche, Smalltalk) und diskursive Gespräche des Alltags (z. B. Streitgespräche über bestimmte Themen) und in der Wissenschaft voneinander unterscheiden.

Das **Verhältnis von Kommunikation und nichtsprachlichem Handeln** kann empraktisch oder apraktisch sein. Empraktisch wird das Verhältnis genannt, wenn ein Gespräch seinen Sinn sehr stark durch die außersprachliche Handlung erhält (z. B. Gespräche bei Konferenzen, bei der Visite des Arztes usw.). Apraktisch stellt das Gegenteil dazu dar und bezeichnet Gespräche, die von solchen gesprächsbegleitenden Faktoren entlastet sind.

Wichtige Begriffe der Gesprächsanalyse: Um Gespräche bzw. Gesprächsteile analysieren zu können, ist ein begriffliches Instrumentarium erforderlich. Von den in der wissenschaftlichen Gesprächsanalyse sehr differenzierten verwendeten Begrifflichkeiten wird in der folgenden Übersicht nur eine Grundauswahl genannt, die für eigene Gesprächsanalysen ausreichend ist:

Begriffe zur Beschreibung der Makrostruktur von Gesprächen | INFO

Gesprächsschritt (turn): Äußerungseinheit in einem Gesprächstext; meist begrenzt durch Sprecherwechsel (siehe unten *Sprecherwechsel*)

Gesprächseröffnung: wie das *Gesprächsende* eine Phase der Makroebene des Gesprächstextes, in der der Kontakt zwischen den Gesprächspartner hergestellt und die Gesprächssituation definiert wird

Gesprächsmitte (Kernphase): Das Gesprächsthema wird inhaltlich entfaltet und das *Hauptziel des Gesprächs* wird realisiert. In der Überleitung von der Gesprächseröffnung zur Gesprächsmitte wird im Allgemeinen das Gesprächsthema festgelegt.

Gesprächsende: Abgesehen von Gesprächen, die abrupt abgebrochen werden, wird das Gesprächsende in dieser Phase durch eine Beendigungsinitiative (z. B.: »Wir sollten jetzt erst mal abwarten …«) eingeleitet, der eine Zustimmung durch den Gesprächspartner folgt.

Sprechen und Zuhören

Gesprächsthema: Zentrum des Gesprächsinhalts in Abhängigkeit von der Funktion des gesamten Gesprächs (siehe *Gesprächstypen*). Unterschieden werden die deskriptive, narrative, die explikative und die argumentative Themenentfaltung in den Gesprächsschritten.

Sprecherwechsel (turntaking): Sprecher-Hörer-Rollenwechsel, der in der Gesprächsanalyse die Grenzen eines Gesprächsschritts markiert (siehe Gesprächsschritt). Beim Wechsel kann es sich um einen *Wechsel durch Unterbrechung* (selbst gewählt oder durch andere eingeleitet) handeln. Zu unterscheiden sind der *glatte Wechsel* (fugenlos, überlappend oder zäsuriert) bzw. der *Wechsel nach einer Pause*.

Gesprächsgliederungssignale: Signale, durch die vom Sprecher oder Hörer das Gespräch bzw. einzelne Gesprächsschritte strukturiert werden. Gesprächsgliedernde Signale (wie z. B. »das sehe ich anders …«) werden meist durch nichtsprachliche Zeichen ergänzt oder auch durch sie ersetzt. Solche nichtsprachlichen Zeichen sind z. B. Kopfnicken, Kopfschütteln oder auch Pausen des Sprechers.

	Partnerbezogene Sprechakte					Sprecher-bezogene Sprechakte
Mit-teilungs-akte	Ausgleichs-akte	Personen festlegende Akte				
		den Sprecher festlegend	den Partner festlegend	Sprecher und Partner festlegend	Beliebige Personen festlegend	
Mitteilung im engeren Sinne	Dank	Ver-sprechen	Auf-forderung	Angebot	Wunsch	Schimpfen
Zu-stimmung	Entschuldi-gung		Autorisie-rung	Drohung	Vorschlag	Über-raschung
Ablehnung	Aufhebung		Ratschlag	Kontakt-umgren-zung	Ankündi-gung	Resignation
Intensivie-rung	Billigung		Vorwurf			
Generali-sierung	Gratulation		Beschimp-fung			
Kommen-tierung	Kondola-tion		Warnung Frage			
Ein-schränkung						
Paraphrase						
Kontakt-signal (Hörer)						

Sprechen und Zuhören

Sprechen in der Öffentlichkeit

Was kann ich nach der Bearbeitung dieses Unterkapitels?
- An Gesprächen in der Öffentlichkeit situationsangemessen teilnehmen und diese orientiert an Kriterien bewerten
- Eigene Sprechbeiträge in der Öffentlichkeit strukturiert und wirkungsvoll gestalten

Der Austausch von Meinungen und Standpunkten spielt in Alltagsgesprächen eine wichtige Rolle. Die Gründe für entsprechende Kommunikation können variieren, je nachdem, ob die Absicht, Gefühlen Luft zu machen, zu informieren, zu überzeugen oder zu unterhalten im Vordergrund steht. Ergebnis und Qualität eines solchen Austauschs von Meinungen und Standpunkten sind ganz wesentlich abhängig von der Gesprächsführung: spontaner Streit – organisierte Diskussion bzw. Debatte.

■ Text 4
Bundeswettbewerb Jugend debattiert

Vierer-Debatte: Es debattieren immer vier Personen in einer *Jugend debattiert*-Runde. Einen Gesprächsleiter gibt es nicht. Jede Debatte dauert 24 Minuten.

Dreiteilige Debatte: Jede *Jugend debattiert*-Debatte
5 gliedert sich in drei Teile:
- Eröffnungsrunde
- Freie Aussprache und ■ Schlussrunde

Eröffnungsrunde: In der Eröffnung hat jeder die Debattenfrage aus seiner Sicht begründet zu beantwor-
10 ten, ungestört durch die anderen. Zwischenfragen sind nicht erlaubt. Redezeit jeweils 2 Minuten, d. h. Gesamtdauer 4 × 2 = 8 Minuten.

Freie Aussprache: In der Freien Aussprache wird die *Jugend debattiert*-Debatte in freiem Wechsel fortge-
15 setzt, die Reihenfolge der Debattenbeiträge müssen die Debattanten unter sich aushandeln. Gesamtdauer: 12 Minuten.

Schlussrunde: In der Schlussrunde reden die Debattanten in der gleichen Reihenfolge wie in der Er-
20 öffnungsrunde. Zwischenfragen sind nicht erlaubt. Redezeit jeweils 1 Minute, d. h. Gesamtdauer 4 × 1 = 4 Minuten.

Soll-Fragen: Debattiert werden Fragen, die vorher festgelegt worden sind. Jede Frage ist so gestellt, dass
25 sie nach einer konkreten Maßnahme fragt und nur mit »Ja« (= pro) oder »Nein« (= contra) beantwortet werden kann. Beispiel: Sollen Lehrer durch Schüler benotet werden?

Freiheit der Meinungsänderung: Zwei sprechen sich für, zwei gegen das Gefragte aus. In der Schlussrunde 30 hat jeder die Streitfrage noch einmal, jetzt im Lichte der eben geführten Aussprache zu beantworten. Dabei darf er seine Meinung ändern.

Zeitnehmer: Die Redezeiten werden durch einen Zeitnehmer überwacht. Er zeigt das Ende einer Re- 35 dezeit durch ein zweimaliges Klingelzeichen an. 15 Sekunden vor dem Ende einer Redezeit wird ein-

Sprechen und Zuhören

mal geklingelt. Das Überschreiten der Redezeit wird durch Dauerklingeln unterbunden. Die Gesamtdauer der *Jugend debattiert*-Debatte beträgt 24 Minuten.

Wertung: Wann ist eine Debatte eine gute Debatte? Wenn sich die »richtige« Meinung gegen die »falsche« durchsetzt? Nein. In einer guten Debatte wird die Streitfrage von verschiedenen Seiten betrachtet. Wenn dabei deutlich wird, was für die eine und was für die andere Seite spricht, liegt darin ein Gewinn für alle. Dazu kann jeder Teilnehmer beitragen, indem er seinen Standpunkt stark macht und ihn gegen Einwände verteidigt. Ebenso wichtig ist, dass er die Meinungen der anderen Teilnehmer ernst nimmt und sich mit ihnen gründlich auseinandersetzt. Die Leistung eines Debattenredners enthält viele Aspekte. Die wichtigsten sind: Sachkenntnis, Ausdrucksvermögen, Gesprächsfähigkeit und Überzeugungskraft. Sie bilden zugleich die »Kriterien« (= Prüfsteine) der Wertung bei *Jugend debattiert*.

- **Sachkenntnis:** Was hat der Redner gesagt?
- **Ausdrucksvermögen:** Wie hat er es gesagt?
- **Gesprächsfähigkeit:** Hat er zugehört und das Gehörte berücksichtigt?
- **Überzeugungskraft:** Waren seine Beiträge überzeugend?

A ■ Reflektieren Sie die Bedeutung, die das Üben des freien Vortrags für das spätere Berufsleben haben könnte.

B ■ Warum wird »Jugend debattiert« offiziell gefördert und welche Absicht verfolgt das klare Regelwerk für »Jugend debattiert«?

C ■ In anderen Ländern (vor allem in den Vereinigten Staaten) gibt es Debattier-Clubs, in denen man um die Wette debattiert. Recherchieren Sie im Internet zu solchen Debattier-Clubs.

D ■ Trainieren Sie das freie Sprechen in der Öffentlichkeit, indem Sie Kurzvorträge bzw. kleinere Reden zu vorher vereinbarten Themen vorbereiten und halten.

Tipps für die Vorbereitung von Kurzvorträgen INFO

Ein Vortrag/Kurzvortrag (etwa 5 bis 10 Minuten) ist eine Form der mündlichen Kommunikation. Von daher sind folgende Aspekte zu beachten:

Anlage und Gliederung des Vortrags
- Der Vortrag sollte die vereinbarte Zeit nicht wesentlich überschreiten.
- Der Vortrag sollte übersichtlich gegliedert und geordnet sein. Er sollte einen klar definierten Anfang und ein deutlich markiertes Ende haben (z. B. durch eine deutlich formulierte Aufforderung, ein Schlussresümee usw.).
- Der Vortrag sollte nicht viel mehr als drei bis fünf unterschiedliche Gedankengänge entfalten.

Sprachliche Gestaltung des Vortrags
- Es sollte keine Schriftsprache verwenden werden und lange Gliedsatzkonstruktionen sind zu vermeiden, da die Zuhörer sonst nicht folgen können.
- Aussagen sollten durch Metaphern und Beispiele veranschaulicht werden.
- Wiederholungen, Rückverweise, Zusammenfassungen sind im Interesse der Verständlichkeit bewusst einzusetzen.

Das mündliche Vortragen
- Der Vortrag sollte möglichst frei gesprochen werden. Karteikarten mit Stichworten können als »Spickzettel« verwendet werden, um selbst nicht den »roten Faden« zu verlieren.
- Beim Vortragen ist regelmäßig Blickkontakt mit den Zuhörern zu suchen und auf eine klare und deutliche Aussprache zu achten, um Aufmerksamkeit zu wecken und zu erhalten.
- Während des Vortrages sollten keine Zwischenfragen zugelassen werden, um nicht aus dem Konzept gebracht zu werden. Zwischenfragen können nach dem Vortrag gestellt und beantwortet werden.
- Zur Unterstützung des Vortrages können in begrenztem Umfang (!) auch Folien u. Ä. genutzt werden. Achtung! Dadurch dürfen keine neuen Probleme entstehen (Folien z. B. müssen leicht lesbar, einfach und klar gestaltet sein).

(→ **Funktionen der Visualisierung**, S. 187)

Reden vorbereiten und halten

Das Sprechen und Gesprächssituationen des Alltags (→ **Alltagskommunikation**, S. 12) unterscheiden sich vom Sprechen in der Öffentlichkeit in der Regel vor allem dadurch, dass diese Kommunikation einseitig ist (Einwegkommunikation) und dass entsprechende Sprechakte meistens vorbereitet sind. Dies trifft in erster Linie auf Referat, Präsentation, Vortrag und Rede zu.

Reden, nicht als Synonym für »Sprechen« oder »Gespräch«, sondern im Sinne einer intentional und bewusst gesteuerten Kundgabe zu einem Thema in einer Gemeinschaft oder vor einem Publikum, werden je nach Anlass und Zielsetzung folgenden Formen zugeordnet:

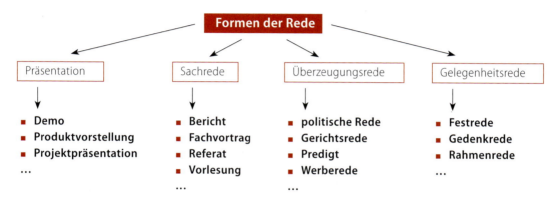

Reden = überzeugend argumentieren?

Reden in der Öffentlichkeit (speziell die Überzeugungsrede – siehe Abbildung) dienen häufig der Herstellung eines Konsenses zwischen Redner und Zuhörer über einen Sachverhalt. Ganz im Sinne der klassischen Rhetorik kommt es darauf an, im Rahmen eines bestimmten Themas schlüssig zu argumentieren, um die Zuhörer zu überzeugen. Von daher besteht ein enger Bezug zur schriftlichen Stellungnahme bzw. zur Erörterung: Sachlicher Gehalt, Ausgestaltung und Anordnung der Argumente entscheiden über die Qualität einer Erörterung und eines Kurzvortrags bzw. einer Rede.

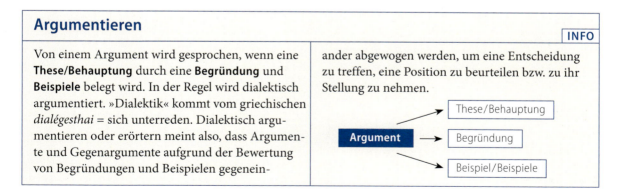

Anders als bei der schriftlichen Erörterung kann man aber bei der Rede nicht im gleichen Maße »Schlüssigkeit der Beweisführung« erwarten, da Kriterien wie »Klarheit der Darstellung«, »Genauigkeit« und vor allem auch »Anschaulichkeit« je nach Art der Rede eine mehr oder weniger große Rolle spielen. Auch wenn ein guter Redner seine Behauptungen für die Zuhörer begründet und stützt.

Sprechen und Zuhören

> »Eine gute Rede hat einen guten Anfang und ein gutes Ende – und beide sollten möglichst dicht beieinander liegen.« *Mark Twain*

A ■ Erläutern Sie, was Mark Twain mit dieser Äußerung über die Qualität von Reden aussagen will und überlegen Sie, welche Kriterien für Sie eine gute Rede erfüllen sollte.

Vorbereitung einer Rede   INFO

Die Vorbereitung einer eigenen Rede kann sich an fünf Phasen orientieren, die schon in der antiken Rhetorik unterschieden wurden.

1. Ideen-Sammlung (Inventio)
Sammlung der wesentlichen Gedanken und der Argumente zu einem Thema. Gesammelt wird, was von der Sache her notwendig und im Hinblick auf die Zuhörer wirkungsvoll ist.

2. Gliederung (Dispositio)
Gezielte Anordnung der einzelnen Redeteile (siehe Info-Kasten unten), die sich vor allem daran orientiert, was die Sache erfordert und wie der Zuhörer am besten erreicht werden kann.

3. Sprachgestaltung (Elocutio)
Ausformulieren der Rede (schriftlich, mündlich oder nur in Gedanken). Wortwahl, Satzbau und Stil werden der Situation (Thema, Publikum und Örtlichkeit) angepasst. Der Redner sucht in Wortwahl, Satzbau und Stil nach der angemessenen und wirkungsvollen Ausdrucksweise. Übergeordnete Ziele dabei sind: Verständlichkeit und Anschaulichkeit.

4. Merkphase (Memoria)
Die Rede wird anhand des vorbereiteten Stichwortzettels gelernt. Besonders wichtig ist dabei, sich Anrede und Einleitung, einzelne Höhepunkt der Rede und den gezielten Schluss genau einzuprägen.

5. Probesprechen (Actio)
Lautstärke, Betonung und Pausentechnik sowie Gestik, Mimik und Haltung werden geübt (das kann vor dem Spiegeln stattfinden). Das Ausprobieren ergänzender Medien und eine Zeitkontrolle gehören zu dieser letzten Vorbereitungsphase.

Fünf-Satz Gliederung   INFO

1. Satz (Satz meint hier eine größere inhaltliche Einheit)	Einleitung: Was liegt vor?	Beschreibung des Status quo, Anknüpfen an eine Situation/Person usw.	Die Hauptaussage wird bei diesem Schema bis zum Schluss aufgespart, damit die Zuhörer der Entwicklung des Gedankengangs aufmerksam folgen. Je nach Art der Rede kann der Mittelteil unterschiedlich gestaltet werden.
2.–4. Satz	Hauptteil: Gedankenweg	3 argumentative Schritte: Begründungen, Beispiele	
5. Satz	Schluss: Zwecksatz	Hauptaussage, Schlussfolgerung	

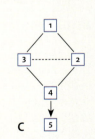

A ■ Erläutern Sie, wie sich die drei dargestellten Varianten des Fünf-Satz-Modells auf die Gestaltung von Reden auswirken und welche Variante zu welchem Zweck geeignet ist.

B ■ Bereiten Sie zu einem selbst gewählten Thema eine Rede unter Anwendung des oben skizzierten Fünf-Phasen-Modells vor. Üben Sie den freien Vortrag.

C ■ Diskutieren Sie, welche Vor- bzw. Nachteile es mit sich bringen kann, wenn man einen eigenen Redebeitrag nach bekannten Aufbauschemata strukturiert. Berücksichtigen Sie dabei besonders den Adressatenbezug und die Wirkung.

Nachdenken: Die Kunst des Zuhörens

Was kann ich nach der Bearbeitung dieses Unterkapitels?
- Passives Zuhören situationsangemessen und zielgerichtet steuern
- Die Methode des Aktiven Zuhörens als wichtiges Element der Gesprächsführung bewusst einsetzen

> Ich konnte die Aufgabe nicht erledigen, da ich sie nicht verstanden habe.

> Da hast du wohl wieder nicht richtig zugehört!!

A ■ Erläutern Sie genau, was die Aussage »Da hast du wohl wieder nicht richtig zugehört!!« für Sie im angedeuteten Kontext bedeutet.

B ■ Was meint »Zuhören«? Verständigen Sie sich im Kurs über die Bedeutung des Begriffs.

Im Zusammenhang der menschlichen Kommunikation kommt dem Zuhören eine ebenso wichtige Bedeutung zu wie dem Sprechen. Nicht nur die Analyse des Gesprochenen und das gestaltende Sprechen müssen geübt und trainiert werden, sondern auch das Zuhören. Die Anforderungen an das Zuhören variieren, je nachdem, ob es sich z. B. um die passive Informationsaufnahme bei einem längeren Vortrag oder die aktive Teilnahme an einem Gespräch handelt.

Tipps für das passive Zuhören bei längeren Sprechbeiträgen   INFO

- Bereiten Sie sich auf den Vorgang des Zuhörens vor, indem Sie z. B. Papier und Schreibwerkzeug bereitlegen, um sich Notizen machen zu können.
- Sorgen Sie für raumakustische Verhältnisse, die das ungestörte Zuhören ermöglichen und nicht anstrengend werden lassen.
- Entwickeln sie eine Fragehaltung und halten sie diese im Verlauf des Zuhörens aufrecht
- Signalisieren Sie dem Gesprächspartner bzw. dem Sprechenden durch Ihre Körperhaltung und den Augenkontakt Ihre Aufmerksamkeit.
- Stellen Sie Fragen, wenn Sie etwas nicht verstanden haben.

In bestimmten öffentlichen Situationen (z. B. Konzert, Vortrag etc.) konzentriert man sich im Allgemeinen bewusst auf das Zuhören, indem man seine Aufmerksamkeit ganz auf die Darbietung richtet. Beim Fernsehen oder Musikhören im privaten Bereich ist das Zuhören nicht immer so konzentriert und gerichtet, da man sich im Hintergrund »berieseln« lässt und vielleicht nur einzelne Passage genauer wahrnimmt, indem man sich punktuell der Sache wieder stärker zuwendet. In der zwischenmenschlichen Kommunikation im Alltag kommt dem Zuhören eine besondere Bedeutung zu, wenn Gespräche mehr als nur Smalltalk oder belanglose Plauderei sein sollen. Ein guter Zuhörer gibt seinem Gegenüber Raum und Zeit zum Sprechen und konzentriert sich auf das, was er sagt. Besonders von Beratern und Therapeuten erwartet man eine hohe Kompetenz im Bereich des Zuhörens. Im Verlauf ihrer Ausbildung lernen sie das professionelle Zuhören, das man auch als **aktives Zuhören** bezeichnet. Dabei handelt es sich nicht nur um eine besonders geschulte Aufmerksamkeit, sondern um eine Methode der Gesprächsführung.

Die Methode des Aktiven Zuhörens

INFO

Das Zuhören, speziell das professionelle Zuhören, will gelernt sein. Eine Methode, die auch im Rahmen der Lehrgänge für Streitschlichter (Mediation) Anwendung findet, ist das Aktive Zuhören.

Das Aktive Zuhören ist eine Methode, mit der der Gesprächspartner »geöffnet« und zum Reden gebracht wird, indem der Zuhörende ihm das Gefühl gibt, verstanden zu werden. Der Gesprächspartner kann sich aussprechen und der Zuhörende erhält dabei die Informationen, die er für die Gesprächsführung benötigt. Der Zuhörende ist also nicht passiv, sondern derjenige, der den Gesprächsverlauf strukturiert und lenkt, indem er bestimmte Techniken der Gesprächsführung einsetzt.

Gesprächsverlauf beim Aktiven Zuhören

Beim Aktiven Zuhören sollten bestimmte Schritte eingehalten werden, um dem Gespräch eine klare Struktur zu geben. Schulz von Thun schlägt dazu ein Dreistufigkeit vor:

1. Stufe (Beziehungsebene)	Auf der Beziehungsebene soll dem Gesprächspartner signalisiert werden, dass man »ganz Ohr ist«. Dazu ist es nötig, dass Störquellen (Telefon, andere Personen usw.) ausgestellt werden und dass man sich dem Gesprächspartner durch Blickkontakt und Körperhaltung zuwendet. »Telefonlaute« wie »Ja« oder »Hm« sind hörbarer Ausdruck der eigenen Aufmerksamkeit.
2. Stufe (Inhaltliches Verständnis)	Der Zuhörende fasst an wichtigen Stellen des Gesprächs die Kernaussagen zusammen und überprüft dadurch sein inhaltliches Verständnis. Bei Gesprächspartnern, die sehr flüssig und viel sprechen, muss der Zuhörende von Zeit zu Zeit freundlich unterbrechen. Z. B. *»Darf ich Sie kurz unterbrechen, um noch einmal zusammenzufassen, was ich bisher verstanden habe?«*
3. Stufe (Gefühle verbalisieren)	Der Zuhörende versucht dem Gesprächspartner »aus dem Herzen zu sprechen«, indem er die Gefühle, die sein Gegenüber ausgesprochen oder die er selbst wahrgenommen hat (Tonfall, Körperhaltung, Mimik), zum Ausdruck bringt. Der Zuhörende versucht die Gefühle seines Gegenübers damit zu spiegeln, um dem Gesprächspartner sein Verständnis zu bekunden bzw. Gelegenheit zur Präzisierung zu geben.
	Tipps für die Gesprächsführung beim Aktiven Zuhören Als derjenige, der die Methode des Aktiven Zuhörens im Gespräch anwendet, sollten Sie folgendermaßen auf den Gesprächspartner eingehen:
paraphrasieren	Aussagen des Gesprächspartner werden mit eigenen Worten wiederholt.
verbalisieren	Erkannte oder vermutete Gefühle und Emotionen des Gegenübers werden gespiegelt. Z. B.: *»Das hat Sie ziemlich gestört …«*
nachfragen/ klären	Durch das Nachfragen bekunden Sie Ihr Interesse und der Gesprächspartner wird zum Sprechen aufgefordert. Z. B.: *»Können Sie mir das etwas genauer erklären?«*
zusammenfassen	Um dem Gespräch eine Struktur zu geben, sollten Sie von Zeit zu Zeit das Gehörte mit eigenen Worten zusammenfassen.
weiterführen	Aussagen, die vom Gesprächspartner nicht zu Ende geführt werden, können von Ihnen weitergeführt werden. Z. B.: *»Ihr Freund hat Sie also im Krankenhaus besucht. Wie hat er sich denn dort verhalten?«*
abwägen	Sie können Impulse geben, bestimmte Aussagen im weiteren Gespräch abzuwägen. Z. B.: *»War für Sie sein Zuspätkommen oder sein freches Auftreten unangenehmer?«*

Die Kunst des Zuhörens

Aufgabeninsel

A ■ Überlegen Sie, in welchen Situationen das Zuhören für Sie eine besondere Bedeutung hat. Wann ist es für Sie wichtig, dass man Ihnen aufmerksam zuhört? In welchen Situationen fühlen Sie sich als Zuhörer besonders gefordert?

B ■ Gibt es in der Schule Unterrichtsfächer bzw. Formen des Unterrichts, bei denen das Zuhören eine besonders wichtige Rolle spielt?

C ■ Unterschiedliche Situationen (z. B. Hören eines Referats, Teilnahme an einer Diskussion, Hören einer längeren Rede usw.) stellen unterschiedliche Anforderungen an das Zuhören. Übertragen Sie folgendes Raster und ergänzen Sie es:

Art des Sprechens	Faktoren, die das Zuhören erleichtern	Faktoren, die das Zuhören erschweren	Möglichkeiten zur Vorbereitung
Referat	*Thema bekannt, Zeit begrenzt, vertraute Umgebung*		
Diskussion (selbst beteiligt)			
Politische Rede im Fernsehen			
Vorlesung in der Universität			
…			

D ■ Bei den nachfolgenden Texten (**T5** und **T6**) handelt es sich um zwei verschiedene Versionen derselben Beratungssituation in einer Schule. Vergleichen Sie die beiden Gesprächsausschnitte und überprüfen Sie, wo und in welcher Weise die Methode des Aktiven Zuhörens Anwendung findet.

E₁ ■ Informieren Sie sich in Lexika und im Internet über den Begriff »Zuhören« und führen Sie eine Recherche (z. B. im Internet, BIZ usw.) zum Anforderungsprofil von Berufsgruppen durch, bei denen das Zuhören wesentlicher Teil der beruflichen Professionalität ist.

E₂ ■ Üben Sie die Methode des Aktiven Zuhörens in Kleingruppen anhand konkreter Beispiele. Geeignet dazu sind z. B. kleinere Rollenspiele, in denen Konflikte im Gespräch gelöst werden sollen (z. B. Gespräch mit einer Lehrperson wegen einer als ungerecht empfundenen Bewertung). Bilden Sie eine Beobachtergruppe, um den Verlauf der Gespräche auf der Metaebene reflektieren zu können.

F ■ Trainieren Sie das passive Zuhören, indem Sie verabreden, sich im Anschluss an ausgewählte Gespräche oder Vorträge (z. B. Referate, Diskussionsrunden etc.) darüber auszutauschen, was sie genau gehört haben und wodurch das Zuhören vielleicht erschwert wurde.

Text 5

Beratungsgespräch in der Schule (Variante I)

Lehrerin Tja, der Lars, der stört ständig.
Mutter Ja, er ist ein bisschen unruhig.
Lehrerin Es macht ihm regelrecht Spaß, andere zu ärgern. Ich will nicht sagen, dass er bösartig ist, aber dass er ständig irgendwie jemanden ärgern muss ...
Mutter Er setzt sich oft aber nur zur Wehr. Sein Sitznachbar zum Beispiel, der lenkt ihn ab, und da wird er natürlich manchmal auch ärgerlich.
Lehrerin Aber das war ja vorher auch schon so. Ich habe ihn vor zwei Wochen umgesetzt, und nichts hat sich geändert.
Mutter Ja, äh.
Lehrerin Und neulich hat er in der Pause auch einen Schüler geschlagen. Das kann nicht so weitergehen.
Mutter Also, das war so, dass dieser Klassenkamerad, das war der Heiner Schulz, den Lars provoziert hat. Der Heiner Schulz ist ja auch nicht gerade ein Engel. Das wissen Sie ja auch.
Lehrerin Wie dem auch sei. Es geht nicht an, dass der Lars Schüler regelrecht zusammenschlägt.
Mutter In der Pause, gibt es da nicht eine Aufsicht?
Lehrerin Also wir können schließlich nicht unsere Augen überall haben. Wir müssen von den Schülern erwarten, dass sie nicht über ihre Mitschüler herfallen.
Mutter Ich versteh' das gar nicht. Zu Hause ist er ganz friedlich. Gut, er ist schon manchmal etwas bockig. Aber dass er aus bösem Willen ...
Lehrerin Es ist ja nicht nur das. Er gibt sich ja überhaupt keine Mühe. Er passt im Unterricht nicht auf, und seine Hefte sind so schlampig geführt, dass es einen graust.
Mutter Ich sage ihm immer: Schreib sauber, und wenn er seine Hausaufgaben schlampig macht, lasse ich sie noch einmal abschreiben.
Lehrerin Manchmal hat er auch die Hausaufgaben überhaupt nicht.
Mutter Er vergisst sie manchmal. Er ist halt ein bisschen schusselig.

Text 6

Beratungsgespräch in der Schule (Variante II)

Lehrerin In letzter Zeit ist der Lars des Öfteren unruhig, und er stört auch den Unterricht. Bevor ich näher darauf eingehe, möchte ich aber sagen, was mir positiv bei ihm aufgefallen ist: Er ist sehr hilfsbereit, und er hat auch einen ausgeprägten Sinn für Gerechtigkeit.
Mutter Ja, das finde ich auch. Wenn jemand ungerecht behandelt wird, das kann er gar nicht vertragen.
Lehrerin Er ist vielseitig interessiert, und er kann auch sehr charmant sein.
Die Mutter schmunzelt.
Lehrerin Weniger erfreulich ist, dass er mit anderen Schülern nicht so gut auskommt.
Mutter Ja, da hat er ein Problem.
Lehrerin Ja.
Mutter Er ist so eigensinnig.
Lehrerin Es fällt ihm schwer nachzugeben.
Mutter Ja, er lässt sich überhaupt nichts sagen.
Lehrerin Ja.

Mutter Vor allem bei den Hausaufgaben. Er will meist gar nicht erst anfangen. Er weigert sich einfach, und dann muss ich regelrecht massiv werden.

Lehrerin Das ist dann für Sie eine schwierige Situation, wenn Sie so massiv werden müssen.

Mutter Ja, ich möchte es nicht. Ich habe es schon so oft im Guten versucht, habe es ihm erklärt. Aber er will einfach nicht.

Lehrerin Sie haben schon vieles ausprobiert und das Einzige, was geholfen hat, war, dass Sie massiv geworden sind. Und das ist ausgerechnet das, was Sie eigentlich nicht wollen.

Mutter Ja, manchmal habe ihm schon einmal eine hinter die Ohren gegeben. Aber ich hatte dann ein schlechtes Gewissen und habe mich gleich bei ihm entschuldigt.

Lehrerin Sie möchten gerne vermeiden, dass es so weit kommt, dass Sie ihm eins hinter die Ohren geben.

Mutter Ja, wenn ich nur wüsste, wie ich das machen soll.

Lehrerin Eine Patentlösung weiß ich da auch nicht, aber vielleicht fällt uns zusammen etwas ein.

■ Text 7
Mit dem Handy in die Peepshow – Die Inszenierung des Privaten im öffentlichen Raum (1999) *Gertrud Lehnert*

Der in der letzten Dekade möglich gewordene globale Austausch des Privatesten und Banalsten hat die Intimität selbst endgültig durch die permanente Inszenierung von Intimität ersetzt. Privatheit findet auf der Straße oder im Internet statt, und das Publikum ist allgegenwärtig. Selbst wenn wir in unseren vier Wänden sind, können via Telefon, Fernsehen oder auf anderen Wegen jederzeit andere Menschen (und auch deren Intimität) in unsere Privatsphäre eindringen. Ein grundlegender Wandel hat sich damit in den Lebensbedingungen der Industriestaaten vollzogen: Die ursprünglich nur für Großstädte charakteristische Situation ist zur universellen Lebenssituation geworden. [...]

Da wir jederzeit mit Zuschauern rechnen müssen, fühlen wir uns unaufhörlich beobachtet. Das liegt daran, dass wir die Zuschauerinstanz in unsere Köpfe verlagern, sodass wir auf unserer imaginären Bühne, selbst wenn wir tatsächlich allein sind, doch immer auch von (mindestens) einem imaginären Zuschauer beobachtet werden: von uns selbst, und unser Verhalten dementsprechend einrichten. Wir inszenieren uns, selbst wenn wir allein sind. So könnten wir jederzeit von realen Zuschauer überrascht werden, ohne je auf dem linken Fuß erwischt zu werden. [...]

Die Inflation der Handys in unserem Alltag ist ein besonders anschauliches Beispiel dafür, wie wenig sich heute noch (vermeintlich) »authentisches« Verhalten und Inszenierung unterscheiden lassen. Tatsächlich jedoch findet die Inszenierung der Intimität im öffentlichen Raum auf hunderte von unterschiedlichen Weisen statt. In nachmittäglichen Talkshows schwatzen »Menschen wie du und ich« vor einem Millionenpublikum ganz schamlos über ihre intimsten Gefühle und über ihre sexuellen Praktiken und Probleme. Zeitungen und Zeitschriften berichten ausführlich über das offizielle oder heimliche Liebesleben von Prominenten. [...] Diese Inszenierung der fremden Intimität im öffentlichen Raum in der allgegenwärtigen Bilderflut vermag im Extremfall unser eigenes Leben zu vertreten und überflüssig zu machen, solange wir mit Bildern von anderen gefüttert werden. Unsere privaten Räume scheinen fast ausnahmslos zu mehr oder weniger öffentlichen Bühnen mutiert zu sein. Niemals zuvor haben Menschen ihr Innerstes so konsequent nach außen gekehrt. Alles scheint jederzeit und überall sagbar und zeigbar zu sein. Ist das die »Tyrannei der Intimität«, wie der Untertitel eines Buches von Richard Sennett lautet? Oder ist unsere Kultur an dem Punkt angekommen, an dem Intimität nur noch eine Maskerade ist, hinter der sich nichts verbirgt, weil nichts mehr geheim ist?

A ■ Erläutern und beurteilen Sie G. Lehnerts These, dass unsere gegenwärtige Gesellschaft die Inszenierung des Privaten in der Öffentlichkeit sucht.

B ■ Reflektieren Sie vor dem Hintergrund des in diesem Teilkapitel Gelernten erneut über das Sprichwort »Reden ist Silber. Schweigen ist Gold«.

Schreiben

Über das Schreiben nachdenken

A ■ Nehmen Sie sich fünf Minuten Zeit. Denken Sie an den vergangenen Tag. Listen Sie alles möglichst genau auf, was Sie in dieser Zeit geschrieben haben, mit der Hand, am PC.
 – E-Mail an …
 – Notiz für meine Mutter, wo ich nachmittags bin …
 – SMS an …
 – Mitschrift im Deutschunterricht …
 – Stichwörter für einen Kurzvortrag in Physik …

B ■ Tauschen Sie sich mit einem Partner über folgende Aspekte aus: Worüber schreiben Sie, welche Ziele verfolgen Sie mit Ihren Texten, welche Textsorten benutzen Sie, wer sind Ihre Adressaten etc.?

Schreiben

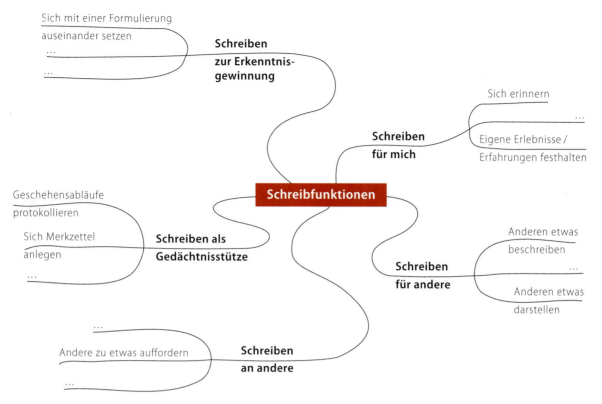

C ■ Machen Sie sich mit der Mind-Map zum Thema »Schreibfunktionen« vertraut. Ordnen Sie Ihre Schreibprodukte den einzelnen Schreibfunktionen zu.

D ■ Welche Textsorten nutzen Sie für Ihre Schreibprodukte? Ordnen Sie diese in die Mind-Map ein.

E ■ Schreiben ist eine Kommunikationsmöglichkeit. Worin unterscheiden sich schriftliche und mündliche Kommunikation?
(vgl. Kapitel »Sprechen und Zuhören«, S. 10 ff.)

> **In diesem Kapitel lernen Sie(,) …**
> - verschiedene Funktionen des Schreibens kennen und anzuwenden,
> - den eigenen Schreibprozess gezielt zu steuern,
> - Schreibstrategien in den verschiedenen Phasen des Schreibprozesses effektiv einzusetzen,
> - Grundzüge wissenschaftlicher Textproduktion zu erproben,
> - über das eigene Schreibverhalten nachzudenken und die individuelle Schreibkompetenz zu optimieren, z. B. beim Verfassen von Klausuren, Hausarbeiten und Präsentationen,
> - kooperative Formen der Textproduktion zu nutzen,
> - Gespräche über eigene und fremde Schreibprozesse und -produkte zu führen.

Schreiben

Schreiben als Lern- und Kommunikationsmedium

Was kann ich nach der Bearbeitung dieses Unterkapitels?
- Das Schreiben als Lernmedium oder Kommunikationsmedium nutzen
- Schreibstrategien entwickeln und anwenden

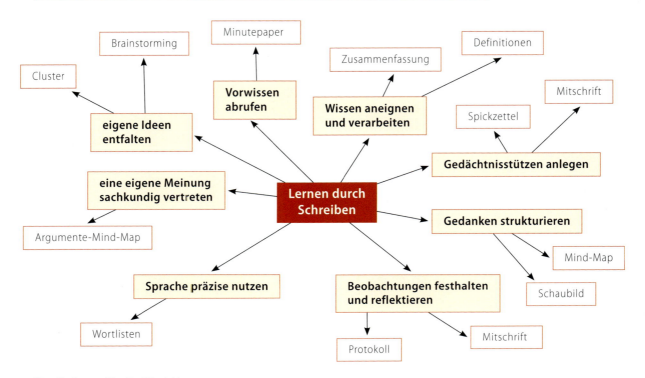

A ■ Ergänzen Sie die Mind-Map.
B ■ Erstellen Sie eine eigene Methodenkartei. Orientieren Sie sich an der Vorlage für ein Minutepaper.

Vorwissen klären

Ein Minutepaper schreiben	INFO
Ziel: Vorwissen abrufen **Produkt:** Notizen in Form von Stichwörtern, Satzteilen oder kurzen Sätzen **Vorgehen:** Nehmen Sie sich drei Minuten Zeit und schreiben Sie alles auf, was Ihnen zu einem bestimmten Thema einfällt. Schreiben Sie so,	wie die Gedanken Ihnen in den Sinn kommen. Lesen Sie das Minutepaper noch einmal durch und markieren Sie die Aspekte, die Ihnen besonders wichtig sind. **Anmerkungen:** eignet sich auch dazu, um erste Ideen zu entwickeln

Schreiben an und für andere

Will man einen Text an oder für andere Leserinnen und Leser schreiben, sollte man über folgende Fragen nachdenken:
- Was weiß ich über das Thema?
- Was will ich anderen über das Thema mitteilen?
- Wie kann ich mein Wissen so präsentieren, dass es für andere Leserinnen und Leser interessant ist?

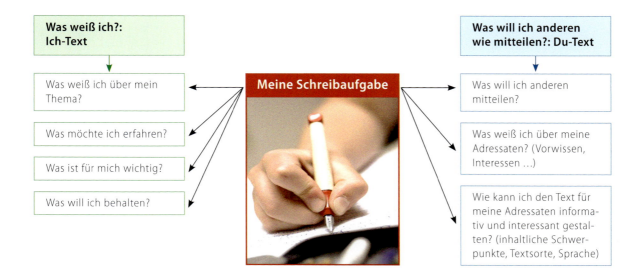

A ■ Wählen Sie zwei der folgenden Schreibaufträge aus. Notieren Sie für jede der beiden Aufgaben: Was müssen Sie beachten, damit Sie anderen Ihr Wissen informativ und interessant präsentieren können? Orientieren Sie sich bei Ihren Notizen an der Grafik.
  – Verfassen Sie ein Vorwort für eine Werbebroschüre Ihres Sportvereins.
  – Gestalten Sie eine Einladung für eine Jahrgangsstufenfete.
  – Schreiben Sie eine Bedienungsanleitung für computerinteressierte Senioren, die das Einfügen von Bildern in einen Text erklärt.
  – Stellen Sie in Ihrem Kurs einen Literaturnobelpreisträger vor.
  – Informieren Sie auf der Homepage Ihrer Schule über den »Film des Monats«.
  – Analysieren Sie den Textauszug aus einem literarischen Text, den Sie gerade im Unterricht behandeln.
  – Nehmen Sie in einem Leserbrief zu einem Bericht der Lokalzeitung über eine aktuelle Theaterinszenierung Stellung.

B ■ Ergänzen Sie Ihre Methodenkartei »Schreiben« um die Methoden »Ich-Text« und »Du-Text«. Nehmen Sie Textsorten und ihre Funktionen in die Kartei auf.

Schreiben

Referat – Facharbeit – Präsentation: Einen umfangreichen Text verfassen

Was kann ich nach der Bearbeitung dieses Unterkapitels?
- Den Schreibprozess inhaltlich und zeitlich planen
- Ideen zu einem Thema entwickeln und das Thema benennen
- Material recherchieren, systematisieren und bearbeiten
- Bibliografieren und ein Literaturverzeichnis anlegen
- Exzerpieren und Zitieren
- Eine Gliederung und eine Rohfassung verfassen
- Mich mit anderen über die Arbeitsergebnisse austauschen
- Texte selbstständig überarbeiten

A ■ Denken Sie an den letzten umfangreichen Text, den Sie geschrieben haben (Referat, Facharbeit, Präsentation usw.). Notieren Sie, wie Sie dabei vorgegangen sind. Tauschen Sie sich über die Arbeitsschritte mit anderen Lernenden aus.

Den Schreibprozess planen

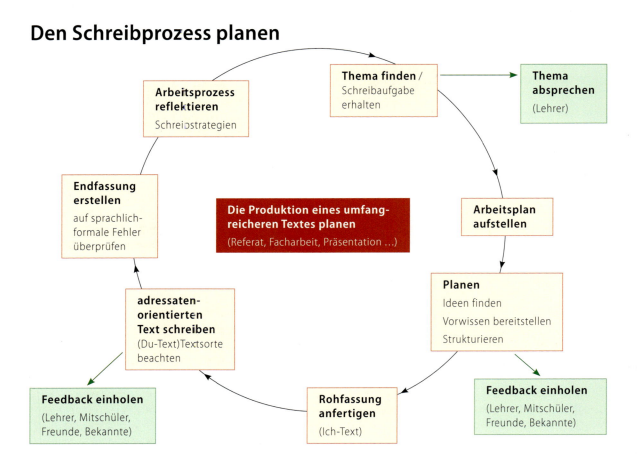

B ■ Das Schaubild gibt Ihnen einen Überblick über den idealtypischen Entstehungsprozess umfangreicher Texte. Vergleichen Sie die Arbeitsschritte mit Ihrem eigenen Vorgehen.

C ■ Nutzen Sie das Prozessmodell als Gliederung für Ihren Schreibordner.

Schreiben

Ein Zeitraster erstellen

A ■ Fertigen sie für den Zeitraum, in dem Sie an Ihrer Arbeit arbeiten werden, eine Zeitleiste an.
Tragen Sie in diese Zeitleiste zunächst die offiziellen Termine ein (Themenabgabe, Gespräche mit dem jeweiligen Fachlehrer, Abgabetermin). Ergänzen Sie persönliche Termine, die in diese Zeit fallen und die Sie unbedingt wahrnehmen wollen (Geburtstagsfeier am Wochenende, Karneval, Fußballspiel etc.).

B ■ Markieren Sie nun folgende Daten:
– Wann will ich mit der Materialrecherche fertig sein?
– Wann liegen evtl. Gespräche mit Personen, die ich für meine Arbeit befragen will?
– Wann müssen die Vorarbeiten abgeschlossen sein?
– Wann will ich ein erstes Konzept fertig gestellt haben?
– Wann muss ich mit der Ausformulierung der Arbeit beginnen, damit noch genügend Zeit für Korrekturen bleibt?

Planen Sie gezielt Pufferzonen ein. Hängen Sie die Zeitleiste gut sichtbar an Ihrem Arbeitsplatz auf. Das Zeitraster hilft Ihnen, Ihre Arbeitszeit zu überblicken.

Zeitleiste

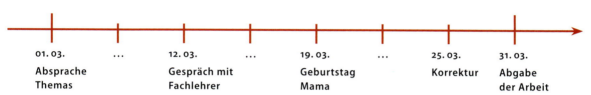

Ideen finden

Bevor man mit der Materialrecherche beginnt, ist es wichtig, sich zunächst klarzumachen: Was weiß ich bereits über das Thema und was will ich wissen? Dabei helfen die folgenden Methoden:

Methoden zur Ideenfindung INFO

Brainstorming

Sie haben 3 Minuten Zeit: Schreiben Sie alles, was Ihnen zu einem Thema einfällt, vertikal untereinander (einzelne Wörter, Satzteile).

Schauen Sie nicht auf das zurück, was Sie geschrieben haben.

Wenn Ihnen nichts mehr einfällt, wiederholen Sie das letzte Wort so lange, bis sich neue Ideen einstellen.

Beispiel: »**Denglisch**«
Anglizismen
Sprachschützer
cool
clean

Freewriting

Sie haben 3 Minuten Zeit: Wählen Sie ein Wort, einen Satz oder – wenn sie ein Thema haben – das Thema als Überschrift.

Schreiben Sie spontan, was Ihnen in den Sinn kommt in Einzelwörtern, Satzteilen oder ganzen Sätzen.

Beispiel: »**Poetry Slam**«
was bedeutet das Wort genau, keine Ahnung, muss ich nachgucken. »youtube« hat Filme dazu, teilweise ganz lustig, Alltagsthemen, gibt auch in Köln Veranstaltungen …

Lesen Sie im Anschluss Ihr Schreibergebnis durch, markieren Sie die Ideen, die Ihnen bei einer weiteren Ausarbeitung des Themas besonders wichtig wären.

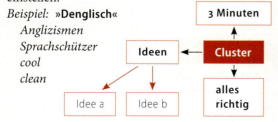

Schreiben

Thema einkreisen und präzisieren

Je genauer Sie Ihr Thema formulieren, desto effektiver können Sie arbeiten. Versuchen Sie, Ihr Thema zu präzisieren. Folgende Strategien können Ihnen helfen:

Strategien zur Präzisierung des Themas | INFO

Fragenkatalog
Beantworten Sie folgende Fragen:
- Welcher Gegenstand steht im Mittelpunkt meiner Arbeit?
- Welcher Aspekt interessiert mich besonders? Was ist das Herzstück?
- Welche Fragen möchte ich beantworten?

E-Mail an einen interessierten Laien
Schreiben Sie eine E-Mail an eine vertraute Person. Nennen Sie Ihr Thema und bitten Sie um eine kurze Rückmeldung, was die Person von einem Text mit diesem Thema erwartet.

Gleichen Sie die genannte »Erwartung« mit Ihren ersten Schreibideen ab.

Präzisieren Sie – wenn notwendig – daraufhin Ihr Thema.

Material suchen bearbeiten

Wenn man über ein Thema etwas schreiben will, reicht das eigene Wissen meist nicht aus. Man muss weiteres Material suchen und dieses bearbeiten. Die Materialsuche kann sehr zeitaufwändig sein. Deshalb muss man sie gut vorbereiten. Das gilt sowohl für die Suche im Internet als auch für das Recherchieren in der Bibliothek.

A ■ Notieren Sie: Welche dieser Recherchemöglichkeiten haben Sie bisher genutzt und welche Erfahrungen haben Sie damit gemacht?

Bibliografieren

Bibliografieren — INFO

Korrektes Bibliografieren gehört zu den grundlegenden wissenschaftlichen Arbeitsweisen. Mit Hilfe exakter bibliografischer Angaben kann man Informationen schnell auffinden und nachprüfen. Bibliografische Angaben folgen festen Regeln. Dabei gibt es unterschiedliche Möglichkeiten in Bezug auf die Reihenfolge und die Zeichensetzung innerhalb der bibliografischen Angaben. Wichtig ist, dass die einmal gewählte Form / Regel für alle Angaben innerhalb einer Arbeit beibehalten wird.

Vorschlag für die bibliografischen Angaben bei Büchern

Autor bzw. Herausgebername (Familienname, Vorname): Titel. Untertitel (ggf. Angabe des Übersetzers). Ort: Verlag Erscheinungsjahr (ggf. Auflage) (ggf. Angabe des Bandes bei mehrbändigen Ausgaben). Seitenangabe.

Beispiel:
Pennac, Daniel: Wie ein Roman. Aus dem Französischen von Uli Aumüller. Köln: Kiepenheuer & Witsch 1994. S. 27.

Vorschlag für die bibliografischen Angaben bei Aufsätzen aus Zeitschriften bzw. bei Zeitungsbeiträgen

Autor des Beitrags (Familienname, Vorname): Titel des Beitrags. Untertitel. Aus: Name der Zeitschrift oder Zeitung. Nummer der Zeitschrift oder Zeitung (Erscheinungsdatum und Jahrgang). Seitenangabe.

Beispiel:
Haas, Gerhard: Kinder- und Jugendliteratur im Unterricht. Aus: Praxis Deutsch. Sonderheft 1995. S. 1–3.

Vorschlag für die bibliografischen Angaben bei Beiträgen aus Sammelwerken

Autor des Beitrags (Familienname, Vorname): Titel. Untertitel. Aus: Titel. Untertitel. Herausgeber des Sammelwerks. Erscheinungsort: Verlag Jahr. Seitenangabe.

Beispiel:
Hurrelmann, Bettina: Was ist klassisch? Aus: Klassiker der Jugendliteratur. Hrsg. von Bettina Hurrelmann. Frankfurt a. M.: Fischer 1993. S. 12.

Vorschlag für die bibliografischen Angaben aus dem Internet

Autor (Familienname, Vorname): Titel. Aus: Internetadresse. Datum des Eintrags. Achtung: Nicht die Suchmaschine als bibliografische Angabe verzeichnen.

Ein Literaturverzeichnis anlegen — INFO

Das Literaturverzeichnis steht im Anhang der Facharbeit. Dort gibt man alle Texte und Materialien an, die man bei der Arbeit benutzt hat.

Literaturverzeichnisse werden in alphabetischer Reihenfolge der Nachnamen der Autoren angelegt.

Einige Schreiber unterteilen das Literaturverzeichnis in einen Teil, in dem sie Primärtexte anführen, und einen Teil, in dem sie Sekundärtexte auflisten.

A ■ Untersuchen Sie die bibliografischen Angaben im Anhang des Lehrbuchs. Welche Regeln gelten hier?

B ■ Wie ist das Literaturverzeichnis in diesem Lehrbuch angelegt?

Schreiben

Exzerpieren und Zitieren

Exzerpieren

INFO

Das Exzerpieren (lat. »Herauspflücken«) ist eine unumgängliche Tätigkeit im Rahmen wissenschaftlichen Arbeitens. Ein **Exzerpt** ist ein Auszug aus einem größeren Text. Es empfiehlt sich, solche Auszüge von wichtigen Stellen aus der Literatur zu machen, damit man beim Zusammenstellen der eigenen Arbeit auf möglichst genaues Material zurückgreifen kann. Das bedeutet:
- beim Übernehmen auf Genauigkeit großen Wert legen – auch Zeichensetzung, Rechtschreibung und Hervorhebungen exakt kopieren;
- eigene Gedanken von Übernommenem klar trennen;
- nicht unzulässig bzw. sinnentstellend verkürzen;
- keine falschen Verbindungen herstellen.

Beim Exzerpieren überlegt man:
- Welches Stichwort könnte den Gedanken, das Argument, die Überlegung usw. zusammenfassen und repräsentieren?
- Unter welchem Aspekt bzw. in welchem Zusammenhang der Arbeit wird dieser Gedanke heranzuziehen sein?
- Gibt es Zusammenhänge zu schon gesammeltem Material? Verstärkt die neu aufgefundene Textstelle eine These? Widerlegt sie eine These?
- In welchem Zusammenhang werde ich selbst die Textstelle wahrscheinlich gebrauchen?
- Welche Auffassung habe ich selbst von dem zitierten Gedanken?
- Zu welchem Bereich oder Teilbereich gehört das gerade Notierte?

Für das Festhalten von Exzerpten bieten sich am besten Karten an. Sie können auch elektronisch gespeichert sein.

Schlagwort: Erwachsenenempfehlungen

Zitat	Kommentar
»... die Kinder selbst seien es gewesen, die statt des vielen albernen, hohlen und pedantischen Zeugs, das ihnen die ›großen‹ Leute zu lesen aufdrängten, das wahrhaft Nährende und Kongeniale gewählt hätten.« *Paul Hazard*	Pädagogen haben keinen Einfluss auf Lieblingslektüre für Kinder, stimmt das auch für Jugendliche unseres Alters?

Zitieren

INFO

Zum wissenschaftlichen Arbeiten gehört es, die Ausführungen mit **Zitaten** zu **belegen**. Hierfür gibt es folgende Möglichkeiten:
- Das Zitat wird in den Satz integriert.
- Ein umfangreiches Zitat wird selbstständig angeführt.
- Das Gelesene wird in Form der indirekten Rede wiedergegeben.

Wörtliche Textübernehmen werden durch Anführungsstriche gekennzeichnet, Auslassungen durch runde oder eckige Klammern und drei Auslassungspunkte (...) / [...], Hinzufügungen durch eckige Klammern [ ] markiert. Die Orthografie und die Zeichensetzung der Quelle werden beibehalten.

Schreiben

Eine Gliederung anlegen

Für einen gelungenen Text ist ein gut strukturierter Bauplan eine wichtige Voraussetzung. Mit seiner Hilfe kann eine plausible gedankliche Reihenfolge angelegt werden. Es gibt verschiedene Möglichkeiten, einen Textplan auszuarbeiten.

Eine **Mind-Map** entsteht auf der Basis einer Ideensammlung. Es handelt sich um eine strukturierte grafische Darstellung der Ideen und Gedanken. Sie dient als Gliederung für den späteren Text. Dafür werden die einzelnen Äste der Mind-Map durchnummeriert.

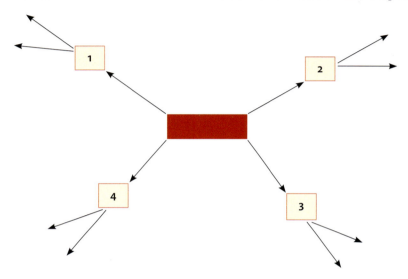

Ein **Stichpunktgerüst mit Ober- und Unterpunkten** lässt sich leicht erstellen, wenn man ein DIN-A4-Blatt in der Mitte teilt und links die Oberpunkte, rechts die jeweiligen Unterpunkte dazuschreibt.

Elektronische Textverarbeitungsprogramme bieten Unterstützung bei der Gliederung.

zentraler Gedanke 1	Unterpunkte zu 1
	a)
	b)
zentraler Gedanke 2	Unterpunkte zu 2
	a)
	b)
	c)
zentraler Gedanke 3	…

Eine Rohfassung schreiben

Routinierte Schreiber wissen: Schreiben ist ein Prozess. Fast alle Texte sind das Ergebnis mehrerer Arbeitsgänge. Das heißt, ein Text entwickelt sich. Dabei können nicht jeder Satz und jedes Wort auf Anhieb sitzen. Dementsprechend ist eine **Rohfassung** ein **erster Textentwurf, kein perfekter Text**. In einer Rohfassung schreiben Sie, was **Sie bei Ihren Vorarbeiten** für Ihr Thema bzw. für die Lösung der Schreibaufgabe **erfahren bzw. gelernt haben**. Der Feinschliff, die Orientierung an Adressaten und Textsorte, das präzise Formulieren, erfolgen in der nächsten Arbeitsphase.

Setzen Sie sich einen Zeitrahmen. Schreiben Sie schnell, und ohne zu zögern, einen zusammenhängenden Text. Achten Sie darauf, dass Sie im Schreibfluss bleiben. Wenn Sie ins Stocken geraten, wiederholen Sie das letzte Wort oder malen Kringel, bis sich der Schreibfluss wieder einstellt.

Achten Sie darauf, das Thema mit eigenen Worten zu entwickeln. Schreiben Sie in der Ich-Form. Sie können folgende Formulierungen als Hilfestellungen nutzen: *Ich schreibe über … Dabei möchte ich auf folgende Punkte eingehen … Besonders wichtig ist mir …*

Feedback einholen – Feedback geben

Schreibforscher sind davon überzeugt, dass ein effektives Feedback die Qualität von Texten verbessert. Dabei ist wichtig, dass das Feedback sich nicht nur auf den fertigen Text richtet, sondern in verschiedenen Phasen des Schreibprozesses eingebaut wird: Ideenfindung, Gliederung, Rohfassung, Überarbeitung, Endfassung. Der Schreiber erfährt durch das Feedback, was er bisher schon geschafft hat und welches seine nächsten Arbeitsschritte sein können.

Dabei orientiert sich das Feedback an vorgegebenen Fragen oder Kriterien.

Feedback einholen – Feedback geben   INFO

Wie hole ich Feedback ein?
- Ich formuliere die Punkte, zu denen ich eine Rückmeldung haben will, möglichst präzise.
  Statt: Wie findest du meinen Text? Führt die Einleitung präzise zum Thema der Arbeit?
  Statt: Ist mein Text gut strukturiert? Kannst du die zentralen Abschnitte meines Textes benennen?
- Ich verwende die Rückmeldungen, die ich für wichtig halte.
- Ich arbeite die Rückmeldungen möglichst schnell in meinen Text ein.

Wie gebe ich Feedback?
- Ich konzentriere mich auf den Text, nicht auf die Person.
- Ich formuliere Stärken und verbesserungswürdige Aspekte.
- Ich beginne mit den Stärken des Textes.
- Ich orientiere mich – wenn möglich – an den Fragen der Person, die Feedback einholt.
- Ich gebe kriterienorientiert Feedback.
- Ich formuliere mein Feedback sachlich.

Feedbackverfahren   INFO

Bushaltestellen-Verfahren: Sind mein Thema und die Schwerpunktsetzung verständlich?
Suchen Sie sich einen Partner. Stellen Sie sich vor, Sie stehen an der Bushaltestelle, in drei Minuten kommt der Bus. Sie haben diese drei Minuten Zeit, Ihr Thema zu erklären.
  Bitten Sie ihn anschließend, die wesentlichen Gedanken Ihrer Darstellung zu wiederholen. Hören Sie zu und prüfen Sie: Ist Ihr Denkansatz präzise oder eher schwammig?

Fragebogen-Verfahren: Habe ich meine Gedanken klar gegliedert?
Erklären Sie einer Mitschülerin/einem Mitschüler Ihre Mind-Map. Nutzen Sie folgenden Leitfaden:
- Was ist das Thema Ihres Textes?
- Was wollen Sie mit dem Text erreichen?
- Wie wollen Sie Ihren Text aufbauen?
  Welche Teile soll Ihr Text umfassen?
  Welchen Bezug haben die einzelnen Teile zu Ihrem Thema?
- Was ist für Sie noch ungeklärt?
  Welche Fragen sind offen?

Bitten Sie Ihren Zuhörer um ein Feedback zu folgenden Punkten:
- Hat er Ihre Ausführungen verstanden?
  Wenn nicht, was ist für ihn unklar?
- Wie würde er Ihre offenen Fragen beantworten?

Textsorten und ihre Merkmale kennen und richtig einsetzen

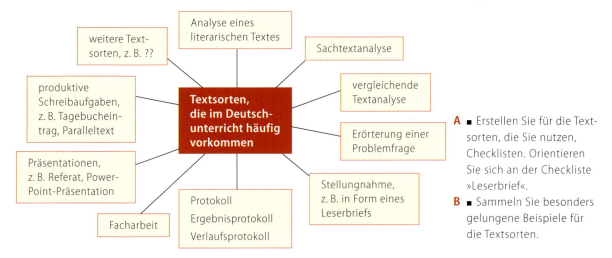

A ▪ Erstellen Sie für die Textsorten, die Sie nutzen, Checklisten. Orientieren Sie sich an der Checkliste »Leserbrief«.

B ▪ Sammeln Sie besonders gelungene Beispiele für die Textsorten.

Checkliste »Leserbrief«

	Merkmale der Textmuster »Leserbrief«
Funktion z. B. unterhalten, anleiten, informieren	Argumentieren, eine eigene Position vertreten
Adressaten z. B.: Mitschüler, interessierte Laien …	Leser der jeweiligen Zeitung, in der der Leserbrief erscheint
Äußere Merkmale z. B. Briefkopf	offizieller Briefkopf (Name der Zeitung, Redaktion, Redakteur, Adresse) *Anrede:* Sehr geehrte(r) Frau, Herr … *Betreff:* Artikel, auf den sich der Leserbrief bezieht, Erscheinungsort und -zeit Grußzeile
Textaufbau: Gestaltung von Einleitung, Hauptteil und Schluss	*Einleitung:* Angabe des Artikels, auf den sich der Leserbrief bezieht (Autor, Titel, Erscheinungsort, -zeit, Thema) Formulierung einer eigenen Position zu der Position des Autors oder zu einem Argument *Hauptteil:* Entfaltung der eigenen Position mit Argumenten, Veranschaulichung mit Beispielen *Schluss:* knappe Zusammenfassung, Schlussfolgerung
Tempus	Präsens
Sprache z. B. sachlich	sachlich, auf die Adressatengruppe abstimmen
Lay-out z. B. Absätze, Zwischenüberschriften	Form eines offiziellen Briefs
eigene Erfahrungen mit der Textsorte	

Texte abschließend überarbeiten

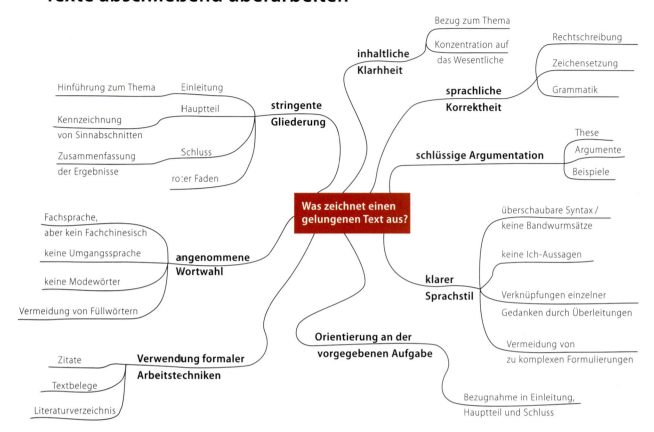

A ■ Haben Sie Ihren Text für Ihre Adressaten angemessen dargestellt? Überprüfen Sie Ihren Text mit Hilfe der Mind-Map.

B ■ Ergänzen Sie Ihre Methodensammlung »Schreiben« um den Bereich Überarbeitungsmethoden. Nutzen Sie die folgenden Hinweise als Muster.

Mit Überleitungen arbeiten			INFO
Um die gedanklichen Zusammenhänge in einem Text für den Leser deutlich zu machen, ist es		wichtig, Aussagen mit Hilfe von Überleitungen miteinander zu verbinden.	
Funktion der Überleitungen	Beispiele	Funktion der Überleitungen	Beispiele
Aneinanderreihung von Aussagen oder Argumenten	zunächst, darüber hinaus, weiterhin, ergänzend, diese unterstützend, ferner, auch …	Verweise auf Gegenargumente / Einschränkungen	andererseits, im Gegensatz dazu, demgegenüber ist zu bedenken, auf der anderen Seite, zwar …
allgemeine logische Verknüpfungen	dabei, hier, in diesem Zusammenhang, so, da, weil, obwohl, dennoch, indem …	Schlussfolgerungen / Sicherung von Ergebnissen	zusammenfassend, aus alledem ist zu ersehen, man kann also festhalten

Schreiben

Methoden der Textüberarbeitung

INFO

Grundsätzlich empfiehlt sich, vor einer Überarbeitung den gerade verfassten Text eine Weile ruhen zu lassen, um ihn dann aus der Distanz »neu« zu lesen und zu bearbeiten.

Individuelle Textüberarbeitung

- Lesen Sie den Text selbst laut und leise. Achten Sie auf Stolpersteine. Versuchen Sie, durch Umformulierungen den Text von Stolpersteinen zu befreien.
- Schreiben Sie den Kernsatz aus jedem Absatz heraus. Überprüfen Sie, ob dadurch das Gerüst Ihrer Arbeit deutlich wird.

Diese Methoden eignen sich besonders bei Hausaufgaben und Klausuren.

- Lesen Sie die Einleitung, den Schlussteil sowie die ersten und letzten Sätze der einzelnen Abschnitte Ihrer Arbeit. Überprüfen Sie, ob durch diesen Lesevorgang klar wird, worum es in der Arbeit geht und wie die einzelnen Teile zusammenhängen.
- Wenn Sie am PC arbeiten, verändern Sie vor der Textüberarbeitung die Textgestalt (Schriftart, Schriftgröße, Zeilenabstand, evtl. Spaltenbreite). Der eigene Text wird Ihnen durch den Gestaltwechsel fremd, was eine Voraussetzung für eine effektive Überarbeitung ist. Die Textüberarbeitung kann direkt am PC erfolgen, der Text muss nicht ausgedruckt werden.

Diese Methoden sind besonders effektiv bei Referaten und Facharbeiten.

Textüberarbeitung mit Unterstützung durch Fremdleser

- Bitten Sie jemanden, Ihren fertigen Text ohne Vorbereitungszeit laut vorzulesen. Achten Sie auf den Lesefluss und mögliche Stolpersteine beim Lesen. Alle die Stellen, an denen der Vorleser unsicher wirkt, sollten Sie markieren und bei der Überarbeitung noch einmal in den Blick nehmen.
- Geben Sie Ihren fertigen Text vor der Überarbeitung einem Fremdleser. Bitten Sie den Fremdleser zusammenzufassen, was Sie geschrieben haben. Unterbrechen Sie den Fremdleser nicht, geben Sie keine zusätzlichen Erklärungen. Versteht der Fremdleser den Text in einigen Punkten anders, als sie ihn gemeint haben, wissen Sie, an welchen Stellen Sie Ihren Text nochmals überarbeiten müssen.

Diese Methoden sind besonders geeignet für die Beschäftigung mit Hausaufgaben und zur Klausurvorbereitung.

Textüberarbeitung im Team (Schreibkonferenz)

Lesen Sie die Texte, die die Mitglieder Ihrer Gruppe zu einem bestimmten Thema verfasst haben. Entscheiden Sie sich in einer Gruppe, welchen Text Sie unter welchen Kriterien gemeinsam überarbeiten wollen. Kleben Sie den ausgewählten Text in die Mitte eines DIN-A3-Bogens. Jedes Gruppenmitglied (mit Ausnahme des Autors) markiert mit einer Farbe, welche Aspekte des Textes ihm mit Blick auf die Aufgabenstellung besonders gelungen erscheinen, und begründet seine Meinung knapp am Rande des Blattes. Ebenfalls markiert jedes Gruppenmitglied mit einer zweiten Farbe einen Aspekt, der ihm verbesserungswürdig erscheint, und kommentiert seine Markierung am Rand des Blattes.

Der Autor erhält nun Zeit, sich mit den Anmerkungen zu beschäftigen. Versteht er einzelne Anmerkungen nicht, kann er sich diese erklären lassen. Der Autor entscheidet nun, welche Verbesserungsvorschläge er aufgreift, und überarbeitet seinen Text. Der überarbeitete Text kann der Gruppe erneut vorgestellt werden.

Diese Methode eignet sich besonders gut zur Besprechung von Klausuren (auch einzelner Teile) sowie zur Überarbeitung fiktionaler Texte.

Hilfreich für die Überarbeitung von Texten sind: Rechtschreibwörterbuch, Fremdwörterlexikon und evtl. ein Lexikon sinnverwandter Begriffe (Synonymlexikon).

A ■ Tauschen Sie sich mit einem Lernpartner über Ihre bisherigen Erfahrungen mit den Methoden der Textüberarbeitung aus.

B ■ Nehmen Sie die Methoden, die Sie für besonders geeignet halten, in Ihre Methodensammlung auf.

Schreiben

Von der Idee zum fertigen Text

Aufgabeninsel

Wählen Sie zwischen einer der beiden nachfolgenden Aufgaben:
A₁ ■ Worüber möchten Sie gern einmal schreiben?

A₂ ■ Wie lautet das Thema Ihres nächsten Referats, Ihrer Hausarbeit oder Ihrer PowerPoint-Präsentation?
B ■ Erstellen Sie einen Zeit- und Arbeitsplan.

Schritt 1: Eine Wissensbasis aufbauen – einen Ich-Text schreiben

C₁ ■ Wenn Sie noch kein festes Thema haben, nutzen Sie die Möglichkeiten der Ideenfindung.
 – Wählen Sie als Ausgangspunkt den Satz: *»Ich würde gern einmal etwas schreiben über …«* Führen Sie den Prozess mehrfach durch.
 – Wählen Sie einen Gedanken, einen Begriff oder ein Thema, die in Ihren Notizen immer wieder auftauchen oder die Sie für besonders wichtig halten. Das ist der Ausgangspunkt für Ihren Text. Versuchen Sie eine erste Themenformulierung.

C₂ ■ Wenn Sie ein festes Thema haben, nutzen Sie die Methode Freewriting (vgl. S. 33).

Feedback einholen:
Stellen Sie einer oder mehreren Personen Ihr Thema vor. Bitten Sie sie, ihre Erwartungen an das Thema zu formulieren.
 Vergleichen Sie Ihre Ideen mit den Erwartungen Ihrer Gesprächspartner.

D ■ Planen Sie den Aufbau Ihrer Wissensbasis:
 – Was wissen Sie bereits über Ihren Gegenstand / Ihr Thema? (vgl. S. 31)
 – Was möchten Sie gern wissen?
 – Wo und wie könnten Sie recherchieren?
 – Wer könnte noch etwas über Ihren Gegenstand / Thema wissen?

E ■ Halten Sie Ihre neuen Kenntnisse fest:
 – Erstellen Sie Exzerpte (vgl. S. 36).
 – Legen Sie eine Literaturliste an.

F ■ Gliedern Sie Ihre bisher erstellten Materialien (vgl. S. 37).

Feedback einholen:
Stellen Sie einem Lernpartner Ihr Konzept anhand Ihrer Mind-Map vor. Bitten Sie um ein Feedback:
■ Passen Thema und die inhaltlichen Schwerpunkte zusammen?
■ Bauen die einzelnen Abschnitte logisch aufeinander auf?

G ■ Lesen Sie Ihre Vorarbeiten noch einmal gründlich durch. Legen Sie alles beiseite. Nehmen Sie sich eine Stunde Zeit und verfassen Sie eine Rohfassung, ohne noch einmal in Ihre Unterlagen zu sehen (vgl. S. 37).

Schritt 2: Anderen etwas mitteilen – einen Du-Text schreiben

H ■ Wer sind Ihre Adressaten? Erstellen Sie ein Adressatenporträt: Interessen, Vorkenntnisse, Erwartungen … (vgl. S. 31)
I ■ Welche Textsorte wählen Sie bzw. welche Textsorte ist vorgegeben (vgl. S. 39)? Welche Textmerkmale kennzeichnen die Textsorte (Checkliste)?
Schreiben Sie eine Erstfassung Ihres Textes. Berücksichtigen Sie dabei Ihre Vorarbeiten, die Adressaten und die Textsorte.

Feedback einholen (vgl. S. 38):
Holen Sie Feedback ein:
– Passt Ihr Text inhaltlich und sprachlich zu Ihrer Adressatengruppe?
– Haben Sie die Textsortenmerkmale berücksichtigt?
J ■ Kontrollieren Sie Ihren Text auf sprachliche Korrektheit (Rechtschreibung, Zeichensetzung, Grammatik). Ihr Text ist fertig!

K ■ Überdenken Sie Ihren Arbeitsprozess.
– Welche Arbeitsphasen sind Ihnen besonders leichtgefallen?
– Welche Strategien haben sich bewährt? Warum?

Schreiben

Schreibschwierigkeiten bewältigen

Was kann ich nach der Bearbeitung dieses Unterkapitels?
- Schreibschwierigkeiten erkennen und benennen
- Hilfestellungen bei Schreibschwierigkeiten entwickeln

Schüleräußerungen

»Das klingt irgendwie blöd. Ich kann mich einfach nicht ausdrücken.«

»Mir fällt immer so viel auf einmal ein und ich kriege dann gar nicht alles unter.«

»Irgendwie kriege ich das Thema nie richtig in den Griff.«

»Ich hätte noch so viel schreiben können, aber ich hatte einfach zu wenig Zeit.«

»Ich weiß nie, was ich überhaupt schreiben soll.«

»Ich finde keinen Anfang.«

»Ich weiß oft nicht, ob man das so sagen kann / ob das so richtig formuliert ist.«

»Mir fällt nichts ein. Ich weiß nicht, was / worüber ich schreiben soll.«

»Manchmal fange ich auch einen Satz an und kann ihn einfach nicht zu Ende bringen.«

»Ich weiß nie sicher, ob das auch richtig ist, was ich schreibe.«

»Ich komme immer unheimlich langsam voran und überlege erst zehnmal hin und her, dadurch werde ich oft nicht fertig.«

»Ich wiederhole mich ständig.«

»Ich weiß meistens nicht, was ich an meinen Texten noch verbessern kann. Ich finde nichts, was ich anders schreiben könnte. Ich weiß auch oft gar nicht, was da falsch sein könnte.«

»Zu Anfang geht es meistens ganz gut, aber dann komme ich nicht weiter.«

A ■ Welche Schreibschwierigkeiten kennen Sie?
B ■ Wie versuchen Sie, diese Schreibschwierigkeiten zu überwinden? Tauschen Sie sich mit Mitschülerinnen und Mitschülern darüber aus.

Meine Schreibschwierigkeit	Meine Lösung	Tipps von anderen
Ich finde keinen Anfang.	Einleitung am Schluss schreiben	Einleitungen ähnlicher Texte lesen (alte Klausuren)
…		

Lesen

Ihr Selbstporträt als Leserin / als Leser

**Hbn Si gnwuszt, daz ain Lesr dri Augn ht?
Ncmliah zvei öüssre and ain inres?**

»Als guter Leser kann man verstehen, was mit diesem Satz gemeint ist, auch wenn kein einziges Wort richtig geschrieben ist.«

A ■ Welche Fähigkeiten und Einstellungen zeichnen Ihrer Meinung nach eine kompetente Leserin / einen kompetenten Leser aus? Notieren Sie mögliche Anforderungen.

B ■ Über welche dieser Anforderungen verfügen Sie in besonderem Maß? Welche Anforderungen stellen für Sie besondere Herausforderungen dar? Konkretisieren Sie Ihre Selbsteinschätzung anhand von Beispielen.

C ■ Tauschen Sie sich über Ihre Notizen mit einer Lernpartnerin / einem Lernpartner aus.

D ■ Was können Sie selbst unternehmen, um Ihre persönliche Lesekompetenz zu erweitern?

Text 8

Angefressen vom Analogkäse – 100. Todestag von Konrad Duden (2011)
Jens Bisky

Als Konrad Duden am 1. August 1911 starb, hatte der seit Jahren pensionierte Gymnasialdirektor das Manuskript für die neunte Auflage seines »Orthographischen Wörterbuchs« beinahe vollendet. Sie erschien 1915 unter dem neuen Namen »Duden – Rechtschreibung der deutschen Sprache und der Fremdwörter«. Bis heute weiß jedes Schulkind in Deutschland, was ein »Duden« ist. [...]

Kurz vor seinem 100. Todestag hat der Dudenverlag nun ein schmales Wörterverzeichnis veröffentlicht, das die Aufmerksamkeit nicht auf orthographische Streitfälle, sondern auf den Sprachwandel lenkt. (*Unsere Wörter des Jahrzehnts. 2000–2010. Chai-Latte, Ego-Googeln und Ich-AG. Dudenverlag, Mannheim, Zürich 2011. 80 Seiten, 5 Euro*) Von »abfrühstücken« bis »zwischenparken« sind hier Wörter verzeichnet, die im zurückliegenden Jahrzehnt Aufnahme in den »Duden« fanden. Sprache wandelt sich zwar ständig, aber doch meist im Schneckentempo. Nur im Wortschatz geht es einigermaßen zügig voran: Neologismen entstehen, andere Wörter versinken allmählich und werden zu Archaismen wie das »Beinkleid« und die »Jungfer«.

Die Neologismen des vorigen Jahrzehnts dienen, wie die neuen Wörter der Neunzigerjahre des 20. Jahrhunderts, überwiegend der Benennung neuer Realitäten. Die digitale Revolution hat ebenso ihre Spuren hinterlassen (»App«, »E-Book«, »Ego-Googeln«) wie die Wiedervereinigung (»Ampelmännchen«, »Ostalgie«) und Veränderungen im Lebensstil (»Billigflieger«, »Caffè Latte«, »Hüftgold«, »Lebenspartnerschaft«).

Ausgewählt werden die Wörter, indem große Textmengen nach bislang unbekannten durchsucht werden. Treten sie häufig, über einen längeren Zeitraum und in verschiedenen Textsorten auf, gilt dies als Beleg, dass sie »in aller Munde« seien. Man fragt sich beim Blättern, wie lange der »Heuschreckenkapitalismus« und die »Abwrackprämie« sich halten werden und ob »Alcopops« ihre beste Zeit nicht schon hinter sich haben – so wie das »Weichei« und der »Warmduscher«.

Unschönes, nicht sehr kräftiges Vokabular

Die neuen Wörter sind überwiegend Substantive, häufig aus dem Englischen entlehnt – ein meist unschönes, nicht sehr kräftiges Vokabular. Das ist anders in Fällen wie »fluffig« – aus dem Englischen, aber beinahe lautmalerisch und mithin reizvoll – oder »wuschig«. »Dissen« – im Sinne von schmähen, verächtlich machen – würde man ungern vermissen, und das »Schnackseln« wohl auch. »Austicken« ist so schwer zu ersetzen wie »angefressen«. Aber warum sind »quarzen« (stark rauchen) und »ratzfatz« (sehr schnell) erst so spät in den »Duden« gekommen? Und wer bitte benutzt das in jeder Hinsicht schwache Verb »austillen«? Das soll so etwas wie »durchdrehen« bedeuten. Da hätte man gern erfahren, von wannen dieses Wort uns zugeflogen. »Meine Bekannte ist seit heute Morgen am Toben und Austillen« – der Beispielsatz reizt dazu, sich ihr anzuschließen.

A ■ Setzen Sie sich mit Ihrer Lesekompetenz auseinander:
– Erschließen Sie den Text im Hinblick auf die Frage, wie sich das Phänomen des Sprachwandels in den letzten zehn Jahren im »Duden« niedergeschlagen hat.
– Erläutern Sie einer Lernpartnerin / einem Lernpartner in wenigen Sätzen, wie Sie bei der Texterschließung mit Blick auf die Aufgabenstellung vorgegangen sind.

In diesem Kapitel lernen Sie, …
- über Ihre Kompetenzen als Leserin/als Leser zu reflektieren,
- Lesestrategien zielgerichtet und effektiv einzusetzen,
- verschiedene Anforderungsniveaus bei der Erschließung von Texten zu erfassen und zu berücksichtigen.

Lesen

Lesestrategien zielführend einsetzen

> **Was kann ich nach der Bearbeitung dieses Unterkapitels?**
> - Lesestrategien für die Teilphasen des Leseprozesses anwenden
> - Lesestrategien mit Blick auf das Leseziel und die Aufgabenstellung auswählen
> - Mit anderen Leserinnen und Lesern bei der Texterschließung zusammenarbeiten

Der Einsatz von Lesestrategien erleichtert Leserinnen und Lesern das Verständnis eines Textes. Lesestrategien können vor, während und nach der Lektüre eines Textes eingesetzt werden.

Lesestrategien zielführend einsetzen

INFO

Vor der Lektüre: Vorwissen zum Test aktivieren

- Was verbinde ich mit dem Titel und Untertitel?
- Was weiß ich bereits über das Thema?
- Welche zusätzlichen Informationen könnte der Text mir bieten?
- Was könnte ich lernen?
- Was weiß ich evtl. über den Autor? Kenne ich andere Texte, die er verfasst hat?
- Welche Schlussfolgerungen lassen sich aus Entstehungszeit, Textsorte und Veröffentlichungsort ziehen?

Während der Lektüre des Textes

Schritt 1: Erstes überfliegendes Lesen des Textes

- Welche Hinweise auf den Inhalt geben mir der Einleitungs- und Schlusssatz sowie die ersten Sätze der einzelnen Abschnitte?
- Welche Hinweise geben mir der Klappentext, das Inhaltsverzeichnis und – wenn vorhanden – eine vorangestellte Zusammenfassung?
- Wie kann ich das Thema nach einer ersten Lektüre in einem Satz zusammenfassen?
- Welche Schlüsselwörter fallen beim ersten Lesen auf?
- Welche Gliederung erkenne ich?
- Welche Stolpersteine muss ich in dem vorliegenden Text beseitigen, z. B. unbekannte Wörter, unklare Formulierungen oder Sätze?

Schritt 2: vertiefendes Lesen

- Welches sind die zentralen Wörter/Formulierungen in einem Abschnitt?
- Wie lassen sich die Aussagen der einzelnen Abschnitte in einem Satz zusammenfassen?
- Wie ist der Text aufgebaut?
- Wie lassen sich die zentralen Gedanken veranschaulichen (z. B. in einer Mind-Map, einem Schaubild)?
- Welche sprachlichen Mittel (Satzbau, rhetorische Mittel usw.) unterstützen die Textaussagen?
- Welcher Zusammenhang besteht zwischen Lay-out und Textaussagen?

Nach der Lektüre des Textes

- Wie halte ich mein Leseergebnis fest (Exzerpt, Zusammenfassung …)?
- Was wusste ich schon? Was war neu für mich? Was habe ich nicht verstanden? Worüber möchte ich sprechen?
- Worin unterscheidet sich der vorliegende Text von anderen Texten, die sich mit dem Thema beschäftigen?
- Welche Lesestrategien haben mir bei der Erarbeitung des Textes besonders geholfen?

A ■ Machen Sie sich mit den Anforderungen an den Leser in den verschiedenen Phasen des Leseprozesses vertraut.

B ■ Erläutern Sie einem Lernpartner, welche Lesestrategien in den einzelnen Phasen besonders wichtig sind.

Leseziel und Lesestrategien aufeinander abstimmen

Die Wahl der Lesestrategie ist abhängig
- vom Leseziel: Was will ich aus dem Text erfahren?
- von der Aufgabenstellung: Was soll ich erarbeiten?

Textmarkierungen helfen Ihnen, einen Text im Hinblick auf ein Leseziel bzw. eine vorgegebene Aufgabenstellung zu erschließen.

Beispiel 1:

Leseziel: Die zentralen Aussagen eines Textes erfassen

Lesestrategie: Markierung von 10–12 Schlüsselwörtern bzw. Formulierungen, mit deren Hilfe der rote Faden des Textes deutlich wird

Text 9

Warum Fernsehen unglücklich macht (2011) *Martin T. Weber*

Vielseher vergleichen sich häufig mit schönen und reichen TV-Helden und finden ihr eigenes Leben deshalb oft frustrierend. Das ist das Ergebnis mehrerer Studien. Die Suggestivkraft ist stärker als der rationale Verstand.

Zu viel Fernsehen macht dick und dämlich – davon sind zahlreiche Medienexperten, Psychologen und Pädagogen überzeugt. Doch ein hoher TV-Konsum macht auch unzufrieden, wie neue Studien jetzt herausgefunden haben. Der Grund: Wer viel in die Glotze guckt, vergleicht den materiellen Wohlstand oder das gute Aussehen von Fernsehfiguren automatisch mit seinen persönlichen finanziellen Verhältnissen und seinem eigenen Äußeren – und das verursacht häufig Frust.

»Wenn das Fernsehen die Welt der Schönen und (Erfolg-)Reichen präsentiert, fällt für die Zuschauer der Vergleich mit dem eigenen Leben meist negativ aus«, schreibt der Medienwissenschaftler Uli Gleich, der für den ARD-Forschungsdienst neue Untersuchungen zum Thema ausgewertet hat.

Tatsächlich herrscht vor allem in fiktionalen Formaten wie Spielfilmen oder Serien häufig ein beachtlicher materieller Wohlstand, zudem wird nicht selten eine soziale Realität vorgegaukelt, die es gar nicht gibt: Da wohnt der Hauptkommissar aus dem TV-Krimi im teuren Designerappartement, der jobsuchende und völlig abgebrannte Held der Seifenoper fährt einen flotten Sportwagen, und die geschiedene alleinerziehende Mutter auf der Suche nach ihrem Mr. Right trägt in der romantischen US-Komödie das todschicke Seidenkleid eines Edelschneiders. [...]

Mehrere vom Medienexperten Gleich ausgewertete amerikanische Studien, für die Hunderte Personen befragt wurden, wiesen jetzt nach, dass viele Fernsehzuschauer den dargebotenen Luxus häufig mit den eigenen finanziellen Möglichkeiten abgleichen – und wegen der Diskrepanz zwischen Alltag hier und Glamour dort verständlicherweise unzufrieden sind. Personen mit geringem Einkommen und Zuschauer, die sich mit Haut und Haaren auf das gezeigte Geschehen einlassen, sind freilich wesentlich anfälliger für den vom Fernsehen verursachten Frust als besser situierte oder distanziertere Zuseher, die das Ganze etwas gelassener sehen.

Doch nicht nur auf Haus, Auto und Jacht so mancher Fernsehfigur sind Zuschauer unbewusst neidisch, sondern auch auf das gute Aussehen von TV-Stars. Die amerikanische Psychologin Angela Kay Belden etwa befragte 310 Zuschauer im Durchschnittsalter von knapp 40 Jahren zu ihren TV-Gewohnheiten und ihren Einstellungen gegenüber dem eigenen Aussehen. »Es zeigte sich ein deutlicher Zusammenhang zwischen hohem Fernsehkonsum und der Unzufriedenheit mit dem eigenen Körper«, fasst Uli Gleich das Ergebnis der Studie zusammen.

Besonders frustanfällig waren in diesem Zusammenhang Zuschauerinnen, die sich etwa regelmäßig die langbeinigen jungen Schönheiten in Casting-Shows wie »America's Next Topmodel«, der amerikanischen Entsprechung zu Heidi Klums »Germany's Next Topmodel«, anschauten. Ausgesprochen unzu-

Lesen

frieden mit dem eigenen Äußeren waren der Studie zufolge auch die Anhängerinnen von Hochglanzserien wie »Sex and the City« mit Sarah Jessica Parker, in denen topmodisch gekleidete und gut aussehende Damen die Hauptrolle spielen.

Natürlich wissen die allermeisten Fernsehzuschauer, dass es sich bei den schicken Serienladys aus Manhattan und anderen Fernsehheldinnen und -helden um fiktionale Figuren handelt, die mit der eigenen Lebenswelt zunächst einmal überhaupt nichts zu tun haben.

Doch die Suggestivkraft des Fernsehens bewirkt, dass es in vielen Fällen trotzdem zum verhängnisvollen Abgleich kommt, denn: »Soziale Urteile und Prozesse in Bezug auf die Darsteller im Fernsehen und die sich daraus ergebenden Konsequenzen ähneln denen, die auch in der wirklichen Welt stattfinden«, schreibt Uli Gleich.

So zeigen Studien, dass für Menschen mit einem ausgeprägten Fernsehkonsum die Unterschiede zwischen realen Menschen aus dem nächsten sozialen Umfeld und fiktiven Figuren häufig verschwimmen. Zum Glück aber gibt es ein probates Gegenmittel,

das sich mit Hilfe jeder Fernbedienung problemlos anwenden lässt: Den wohlhabenden TV-Schönheiten einfach öfter mal den Saft abdrehen und dafür lieber einen Abend mit echten Menschen verbringen.

A ■ Nutzen Sie die Markierungen, um die zentralen Aussagen des Textes wiederzugeben.

Beispiel 2:

Leseziel: Textaussagen gegenüberstellen

Lesestrategie: Begriffsnetze zu bestimmten Inhaltsfeldern mit unterschiedlichen Farben markieren

■ **Text 10**

Warum Fernsehen unglücklich macht (2011)   *Martin T. Weber*

Vielseher vergleichen sich häufig mit schönen und reichen TV-Helden und finden ihr eigenes Leben deshalb oft frustrierend. Das ist das Ergebnis mehrerer Studien. Die Suggestivkraft ist stärker als der rationale Verstand.

Zu viel Fernsehen macht dick und dämlich – davon sind zahlreiche Medienexperten, Psychologen und Pädagogen überzeugt. Doch ein hoher TV-Konsum macht auch unzufrieden, wie neue Studien jetzt herausgefunden haben. Der Grund: Wer viel in die Glotze guckt, vergleicht den materiellen Wohlstand oder das gute Aussehen von Fernsehfiguren automatisch mit seinen persönlichen finanziellen Verhältnissen und seinem eigenen Äußeren – und das verursacht häufig Frust.

»Wenn das Fernsehen die Welt der Schönen und (Erfolg-)Reichen präsentiert, fällt für die Zuschauer der Vergleich mit dem eigenen Leben meist negativ aus«, schreibt der Medienwissenschaftler Uli Gleich, der für den ARD-Forschungsdienst neue Untersuchungen zum Thema ausgewertet hat.

Tatsächlich herrscht vor allem in fiktionalen Formaten wie Spielfilmen oder Serien häufig ein beachtlicher materieller Wohlstand, zudem wird nicht selten eine soziale Realität vorgegaukelt, die es gar nicht gibt: Da wohnt der Hauptkommissar aus dem TV-Krimi im teuren Designerappartement, der jobsuchende und völlig abgebrannte Held der Seifenoper fährt einen flotten Sportwagen, und die geschiedene alleinerziehende Mutter auf der Suche nach ihrem Mr. Right trägt in der romantischen US-Komödie das todschicke Seidenkleid eines Edelschneiders. [...]

Mehrere vom Medienexperten Gleich ausgewertete amerikanische Studien, für die Hunderte Personen befragt wurden, wiesen jetzt nach, dass viele Fernsehzuschauer den dargebotenen Luxus häufig mit den eigenen finanziellen Möglichkeiten abgleichen – und wegen der Diskrepanz zwischen Alltag hier und Glamour dort verständlicherweise unzufrieden sind. Personen mit geringem Einkommen und Zuschauer, die sich mit Haut und Haaren auf das gezeigte Geschehen einlassen, sind freilich wesentlich anfälliger für den vom Fernsehen verursachten Frust als besser situierte oder distanziertere Zuseher, die das Ganze etwas gelassener sehen.

Doch nicht nur auf Haus, Auto und Jacht so mancher Fernsehfigur sind Zuschauer unbewusst neidisch, sondern auch auf das gute Aussehen von TV-Stars. Die amerikanische Psychologin Angela Kay Belden etwa befragte 310 Zuschauer im Durchschnittsalter von knapp 40 Jahren zu ihren TV-Gewohnheiten und ihren Einstellungen gegenüber dem eigenen Aussehen. »Es zeigte sich ein deutlicher Zusammenhang zwischen hohem Fernsehkonsum und der Unzufriedenheit mit dem eigenen Körper«, fasst Uli Gleich das Ergebnis der Studie zusammen.

Besonders frustanfällig waren in diesem Zusammenhang Zuschauerinnen, die sich etwa regelmäßig die langbeinigen jungen Schönheiten in Casting-Shows wie »America's Next Topmodel«, der amerikanischen Entsprechung zu Heidi Klums »Germany's Next Topmodel«, anschauten. Ausgesprochen unzufrieden mit dem eigenen Äußeren waren der Studie zufolge auch die Anhängerinnen von Hochglanzserien wie »Sex and the City« mit Sarah Jessica Parker, in denen topmodisch gekleidete und gut aussehende Damen die Hauptrolle spielen.

Natürlich wissen die allermeisten Fernsehzuschauer, dass es sich bei den schicken Serienladys aus Manhattan und anderen Fernsehheldinnen und -helden um fiktionale Figuren handelt, die mit der eigenen Lebenswelt zunächst einmal überhaupt nichts zu tun haben.

Doch die Suggestivkraft des Fernsehens bewirkt, dass es in vielen Fällen trotzdem zum verhängnisvollen Abgleich kommt, denn: »Soziale Urteile und Prozesse in Bezug auf die Darsteller im Fernsehen und die sich daraus ergebenden Konsequenzen ähneln denen, die auch in der wirklichen Welt stattfinden«, schreibt Uli Gleich.

So zeigen Studien, dass für Menschen mit einem ausgeprägten Fernsehkonsum die Unterschiede zwischen realen Menschen aus dem nächsten sozialen Umfeld und fiktiven Figuren häufig verschwimmen. Zum Glück aber gibt es ein probates Gegenmittel, das sich mit Hilfe jeder Fernbedienung problemlos anwenden lässt: Den wohlhabenden TV-Schönheiten einfach öfter mal den Saft abdrehen und dafür lieber einen Abend mit echten Menschen verbringen.

A ■ Wie nehmen Fernsehzuschauer mit hohem Fernsehkonsum nach Aussagen des Autors die Welt der TV-Stars wahr, wie erleben sie ihr eigenes Lebensumfeld?
Greifen Sie für die Beantwortung der Aufgabe die markierten Begriffsnetze auf.

B ■ Wählen Sie aus der aktuellen Tagespresse einen Artikel, der Sie besonders interessiert. Formulieren Sie Ihr Leseziel. Wählen Sie eine geeignete Lesestrategie aus, um Ihr Ziel zu erreichen.

Kooperative Lesestrategien einsetzen

Kompetente Leser sprechen mit anderen Lesern über Texte, die sie lesen, und Lesestrategien, die sie anwenden.

Die folgende Grafik gibt einen Überblick über kooperative Lesestrategien:

Lesestrategie	Einsatzmöglichkeiten	Durchführung in Partnerarbeit oder in Kleingruppen
Fragen an einen Text stellen Auf welche Fragen gibt der Text eine Antwort?	Informationen ermitteln Aufbau und sprachlich formale Gestaltung ermitteln Stellung nehmen	Jeder formuliert 3–4 Fragen an den Text. Die Fragen werden einem anderen Leser beantwortet.

Lesen

Partnerinterview	Informationen ermitteln Aufbau und sprachlich formale Gestaltung ermitteln Stellung nehmen	Der Text wird in Abschnitte aufgeteilt, die Abschnitte werden durchnummeriert. Beide Partner lesen den Text. Partner A entwickelt Fragen zu den Abschnitten 1, 3, 5 etc., Partner B zu den Abschnitten 2, 4, 6 etc. Der jeweils andere beantwortet die Fragen.
Textzusammenfassungen austauschen	Zentrale Informationen entnehmen Textverständnis klären Wichtiges von Unwichtigem unterscheiden	Jeder schreibt zu einem Text eine Zusammenfassung. Ein anderer Leser liest die Zusammenfassung unter folgenden Aspekten: Ist klar, worum es in dem Text geht? Sind alle wichtigen Aussagen enthalten? Was könnte gestrichen werden?
Wortgitter aufstellen	Zentrale Aussagen erfassen Textaufbau klären	Zwei Partner lesen den Text. Jeder notiert 8–10 Schlüsselbegriffe, mit deren Hilfe der Textinhalt erfasst wird. Die Partner stellen sich die Begriffe vor. Die Begriffe werden auf 8–10 Begriffe reduziert. Auf der Basis dieser reduzierten Begriffe wird ein Schaubild zum Text erstellt.

Vorhersagen zum Text machen	Genaues textnahes Lesen
	Erfassen von Textzusammenhängen
	Gedankengänge nachvollziehen
		Ein Text wird abschnittsweise gelesen. Die Partner tauschen sich darüber aus, welche Informationen der Abschnitt erhält und welche Aussagen als Nächstes zu erwarten sind.
		Erarbeitet wird eine Checkliste zu Vorhersagen von Textinhalten:
		Beispiel:
		  Frage: Antwort
		  Doppelpunkt: Aufzählung
		  das heißt: Definition
		  deshalb: Schlussfolgerung
		  andererseits: Gegenüberstellung ...

Lesestrategien gezielt einsetzen

Aufgabeninsel

Überlegen Sie vorab:
- Wollen Sie den Text allein oder gemeinsam mit einem Lernpartner erarbeiten?

- Wenn Sie mit einem Partner arbeiten: An welchen Stellen des Leseprozesses wollen Sie sich austauschen?

Text 11

Die Gewissensfrage (2011) *Dr. Dr. Rainer Erlinger*

Der Jurist und Arzt Dr. Dr. Rainer Erlinger schreibt seit 2002 wöchentlich die Kolumne »Gewissensfrage« im Magazin der Süddeutschen Zeitung. Er beantwortet Fragen von Leserinnen und Leser, die ein moralisches Problem haben.

Ist es in Ordnung, bei Zeitungskästen mal zu viel, mal zu wenig Geld einzuwerfen, wenn unterm Strich dabei der richtige Betrag herauskommt?

Vor der Lektüre

Welche Angaben kann ich für ein besseres Textverständnis nutzen?

Welche Informationen erhalte ich, welche Schlussfolgerungen kann ich ziehen?

Lesen

»Wenn ich mich in der Münchner Innenstadt aus den Zeitungskästen, den stummen Verkäufern, bediene, werfe ich immer so viel Kleingeld hinein, wie mein Geldbeutel gerade hergibt. Mal 40 Cent, mal 25 Cent, oft aber auch einen Euro, jedenfalls eher selten exakt die 60 Cent, die die Zeitung kostet. Dabei leitet mich die – zugegeben grob überschlagene – Einschätzung, statistisch in der Summe nicht zu betrügen. Als ich neulich wieder einmal zu wenig gab, wurde ich von verdeckten Kontrolleuren erwischt. Meine Erklärungen interessierten sie natürlich wenig. Strafrechtlich mögen sie recht haben, aber bin ich auch moralisch im Unrecht?«
Franziska P., München

Ist das nicht lediglich eine Frage der Sichtweise? Betrachtet man – wie der Kontrolleur – den einzelnen Kauf mit dem zu geringen Einwurf, haben Sie in diesem Moment nicht nur rechtlich, sondern auch moralisch falsch gehandelt. Betrachtet man dagegen einen längeren Zeitraum, könnte man – wie auch Sie – sagen, Sie haben nichts Unrechtes getan, weil Sie ja in der Summe genug bezahlen. Im Gegenteil: Durch Ihren unkomplizierten Ausgleich bescheren Sie dem Zeitungshändler sogar mehr Umsatz, weil Sie auch dann kaufen, wenn Sie gerade zu wenig Kleingeld dabeihaben, und es das nächste Mal ausgleichen. Insofern wären Sie moralisch im Recht. Jedoch, obwohl eine umfassendere Betrachtung tendenziell besser ist, vernachlässigt sie hier einen wichtigen Aspekt.

In Bob Dylans Song *Absolutely Sweet Marie* findet sich der Satz »But to live outside the law, you must be honest« – »Aber um außerhalb des Gesetzes zu leben, musst du ehrlich sein«. Wo ist da das Problem?, können Sie nun fragen. Nach dem, was Sie schreiben, meinen Sie ja, übers Jahr gesehen ehrlich zu sein – vorausgesetzt, Sie runden nicht zu Ihren Gunsten. Dennoch weist Dylan auf den schwierigen Punkt hin, wenn man sein Zitat andersherum liest: Um richtig zu finden, dass jemand außerhalb des Gesetzes lebt – in diesem Fall also nicht immer korrekt einwirft, sondern den Betrag von Mal zu Mal selbst bestimmt –, muss sein Gegenüber wissen, dass er ehrlich ist. Das kann aber der Zeitungsverkäufer bzw. sein Kontrolleur nicht wissen. Er kennt Sie nicht und hört das Argument »gestern erst einen Euro eingeworfen« vermutlich mehrmals am Tag, ohne dass am Vortag die Münzbox übergelaufen wäre.

Was ich damit zeigen möchte, ist, dass die rechtliche Betrachtungsweise, die sich am Einzelfall orientiert, nicht nur eine rein formale Betrachtung darstellt, sondern auch einen inhaltlichen Kern hat. Durch das Einhalten der Form wird für beide Beteiligten Sicherheit geschaffen, die selbst wieder einen Wert darstellt. Das – und nicht ein Form- oder Gesetzesfetischismus – ist der Grund, warum ich einseitigen Aufrechnungen wie hier sehr skeptisch gegenüberstehe. Deshalb: Man kann Sie nicht auf eine Stufe stellen mit jemandem, der insgesamt zu wenig bezahlt, aber vollkommen richtig ist Ihr Verhalten auch nicht.

Während der Lektüre

Auf welche Aspekte konzentriere ich mich bei der ersten Textlektüre?

Wie lautet das Problem?

Wie lautet die Antwort auf das Problem?

Wie sieht der Gedankengang von R. Erlinger aus?

Wie kann ich den Gedankengang eventuell veranschaulichen?

Welche sprachlich-formalen Mittel nutzt Erlinger, um seine Aussage zu unterstützen?

Nach der Lektüre

Nutzen Sie Ihre Arbeitsergebnisse für eine eigene Antwort an die Fragestellerin.

Erzähltexte analysieren und interpretieren

Die Aufgabe zu dem Text lautet: *Analysieren Sie Franz Kafkas Erzählung »Großer Lärm« unter besonderer Berücksichtigung der Eindrücke des Erzählers im Hinblick auf sein Leben innerhalb seiner Familie.*

A ■ Überprüfen Sie, ob Sie die folgenden Notizen zu dieser Schreibaufgabe nachvollziehen können.

B ■ Reflektieren Sie im Anschluss Ihre eigenen Kompetenzen im Bereich epischer Texte.

Kompetenz	Das kann ich gut:	Hieran sollte ich noch arbeiten:
■ unterschiedliche Formen der Kurzprosa durch bestimmte poetische Merkmale bestimmen und voneinander unterscheiden		
■ Bausteine von kurzen epischen Texten, wie z. B. Handlung, Konflikte, Figuren, Raum, Zeit und Leitmotive, kennen und deren Funktion für die Gestaltung der fiktiven Wirklichkeit erfassen		
■ die Funktionen erzählerischer Gestaltungsformen, wie z. B. Erzählsituation, Erzählhaltung, Erzählperspektive, kennen und deren Wirkungen auf den Leser erläutern		
■ epische Texte unter Berücksichtigung inhaltlicher, struktureller und sprachlicher Aspekte schriftlich erschließen		
■ epische Texte als literarische Möglichkeiten von Selbst- und Fremderfahrungen verstehen und beurteilen		

Erzähltexte analysieren und interpretieren

Untersuchung der Erzähltechnik

Kurzgeschichte? Erzählung?
Lärm – Leitmotiv im Text

Ich-Erzähler(in)
personales Erzählverhalten
Erzählstandort: ohne innere Distanz, er/sie erlebt die Handlung (innere Handlung)

innerer Monolog? erlebte Rede? Bewusstseinsstrom?

Raum: eigener Lebensraum der Figur, Spiegel seiner familiären Situation

Figuren: Vater, Valli, weitere Schwester(n), eine weitere Frau (Mutter?), Fräulein der Schwester

Z. 16: Beginn eines neuen Abschnitts nach dem Weggehen des Vaters

Zeitbehandlung: dehnend? – das Erlebte wirkt sehr lang und intensiv – durchgängig?

■ Text 12
Großer Lärm (1911/12) *Franz Kafka*

Ich sitze in meinem Zimmer im Hauptquartier des Lärms der ganzen Wohnung. Alle Türen höre ich schlagen, durch ihren Lärm bleiben mir nur die Schritte der zwischen ihnen Laufenden erspart, noch das Zuklappen
5 der Herdtüre in der Küche höre ich. Der Vater durchbricht die Türen meines Zimmers und zieht im nachschleppenden Schlafrock durch, aus dem Ofen im Nebenzimmer wird die Asche gekratzt, Valli fragt, durch das Vorzimmer Wort für Wort rufend, ob des Vaters Hut schon geputzt ist,
10 ein Zischen, das mir befreundet sein will, erhebt noch das Geschrei einer antwortenden Stimme. Die Wohnungstüre wird aufgeklinkt und lärmt, wie aus katarrhalischem[1] Hals, öffnet sich dann weiterhin mit dem Singen einer Frauenstimme und schließt sich endlich mit einem dumpfen,
15 männlichen Ruck, der sich am rücksichtslosesten anhört.
  Der Vater ist weg, jetzt beginnt der zartere, zerstreutere, hoffnungslosere Lärm, von den Stimmen der zwei Kanarienvögel angeführt. Schon früher dachte ich daran, bei den Kanarienvögeln fällt es mir von Neuem ein, ob ich nicht
20 die Türe bis zu einer kleinen Spalte öffnen, schlangengleich ins Nebenzimmer kriechen und so auf dem Boden meine Schwestern und ihr Fräulein um Ruhe bitten sollte.

1 *katarrhalisch:* wie bei einer Entzündung der Schleimhäute / Atemwege

Untersuchung der Sprache

Vergleich mit einem Kriegszustand

Rücksichtslosigkeit des Vaters

Wortfeld „Geräusche": zuklappen, kratzen, zischen, schreien, singen, aufklinken, …

Personifikation der Tür – selbst die Gegenstände machen menschliche Geräusche

weitere sprachliche Mittel?

Bewertung des Erzählers

es wird ruhiger, dennoch findet der Erzähler keinen Halt

Zeichen des geringen Selbstbewusstseins des Erzählers, seiner Unterwürfigkeit

---

In diesem Kapitel lernen Sie(,) …

- einen Text mit Hilfe seiner Strukturelemente und seiner erzählerischen Mittel zu erschließen und zu interpretieren,
- thematische Grundkonstellationen des Erzählens kennen,
- strukturell unterschiedliche erzählende Texte unter besonderer Berücksichtigung der Entwicklung der gattungstypischen Gestaltungsform und ihrer poetologischen Konzepte zu analysieren und zu reflektieren,
- mündliche und schriftliche Beiträge unter Verwendung der angemessenen Fachterminologie zu formulieren,
- epische Texte in grundlegende literarhistorische und historisch-gesellschaftliche Entwicklungen begründet einzuordnen,
- die Mehrdeutigkeit von Texten sowie ihre Zeitbedingtheit zu reflektieren,
- das traditionelle Erzählen im 19. Jahrhundert mit dem modernen Erzählen im 20. Jahrhundert zu analysieren und zu vergleichen,
- Ihr Textverständnis durch Formen produktionsorientierten Schreibens darzustellen,
- bekannte Autoren sowie Romananfänge und Textauszüge des 19. und 20. Jahrhunderts kennen.

Erzähltexte analysieren und interpretieren

Textnahes Lesen und analytisches Arbeiten

Was kann ich nach der Bearbeitung dieses Unterkapitels?
- Die zentralen Aspekte der Epik und ihrer Funktionen kennen und vertiefen
- Die zentralen Aspekte der Epik miteinander verbinden und aufeinander beziehen, sodass sich eine Gesamtanalyse eines Textauszugs ergibt
- Durch Vergleiche relevante Unterschiede der Darbietungsformen in ihrer Wirkung erkennen

Die folgende Mind-Map stellt einige zentrale Aspekte epischer Texte zusammen.

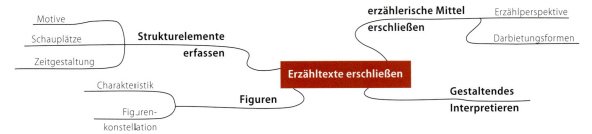

A ■ Rekapitulieren Sie gemeinsam die einzelnen Kategorien und Unterbegriffe: Was verstehen Sie jeweils darunter? Was verbinden Sie mit ihnen?

B ■ Ergänzen Sie in Partnerarbeit Ihre Mind-Map mit weiteren Aspekten/Unterbegriffen (»Ästen«) nach Durcharbeiten des folgenden Unterkapitels.

C ■ Vergleichen Sie Ihre Mind-Maps mit denen Ihrer Mitschülerinnen und Mitschüler.

■ **Text 13**

Effi Briest (1894) *Theodor Fontane*

In Front des schon seit Kurfürst Georg Wilhelm von der Familie von Briest bewohnten Herrenhauses zu Hohen-Cremmen fiel heller Sonnenschein auf die mittagsstille Dorfstraße, während nach der Park- und
5 Gartenseite hin ein rechtwinklig angebauter Seitenflügel einen breiten Schatten erst auf einen weiß und grün quadrierten Fliesengang und dann über diesen hinaus auf ein großes, in seiner Mitte mit einer Sonnenuhr und an seinem Rande mit Canna indica[1]
10 und Rhabarberstauden besetztes Rondell warf. Einige zwanzig Schritte weiter, in Richtung und Lage genau dem Seitenflügel entsprechend, lief eine ganz in kleinblättrigem Efeu stehende, nur an einer Stelle von einer kleinen weißgestrichenen Eisentür unterbrochene Kirchhofsmauer, hinter der der Hohen-Cremmener 15 Schindelturm mit seinem blitzenden, weil neuerdings erst wieder vergoldeten Wetterhahn aufragte. Fronthaus, Seitenflügel und Kirchhofsmauer bildeten ein einen kleinen Ziergarten umschließendes Hufeisen, an dessen offener Seite man eines Teiches mit Wasser- 20 steg und angekettetem Boot und dicht daneben einer Schaukel gewahr wurde, deren horizontal gelegtes Brett zu Häupten und Füßen an je zwei Stricken hing – die Pfosten der Balkenlage schon etwas schief stehend. Zwischen Teich und Rondell aber und die 25 Schaukel halb versteckend standen ein paar mächtige alte Platanen. Auch die Front des Herrenhauses – eine mit Aloe-Kübeln und ein paar Gartenstühlen besetzte Rampe – gewährte bei bewölktem Himmel

[1] *Canna indica:* tropische Zierpflanze, 1570 nach Europa eingeführt

54

Erzähltexte analysieren und interpretieren

einen angenehmen und zugleich allerlei Zerstreuung bietenden Aufenthalt; an Tagen aber, wo die Sonne niederbrannte, wurde die Gartenseite ganz entschieden bevorzugt, besonders von Frau und Tochter des Hauses, die denn auch heute wieder auf dem im vollen Schatten liegenden Fliesengange saßen, in ihrem Rücken ein paar offene, von wildem Wein umrankte Fenster, neben sich eine vorspringende kleine Treppe, deren vier Steinstufen vom Garten aus in das Hochparterre des Seitenflügels hinaufführten.

Beide, Mutter und Tochter, waren fleißig bei der Arbeit, die der Herstellung eines aus Einzelquadraten zusammenzusetzenden Altarteppichs galt; ungezählte Wollsträhnen und Seidendocken[2] lagen auf einem großen, runden Tisch bunt durcheinander, dazwischen, noch vom Lunch her, ein paar Dessertteller und eine mit großen, schönen Stachelbeeren gefüllte Majolikaschale.

Effi trug ein blau- und weißgestreiftes, halb kittelartiges Leinwandkleid, dem erst ein fest zusammengezogener, bronzefarbener Ledergürtel die Taille gab; der Hals war frei, und über Schulter und Nacken fiel ein breiter Matrosenkragen In allem, was sie tat, paarte sich Übermut und Grazie, während ihre lachenden braunen Augen eine große, natürliche Klugheit und viel Lebenslust und Herzensgüte verrieten. Man nannte sie die »Kleine«, was sie sich nur gefallen lassen musste, weil die schöne, schlanke Mama noch um eine Handbreit höher war.

Eben hatte sich Effi wieder erhoben, um abwechselnd nach links und rechts ihre turnerischen Drehungen zu machen, als die von ihrer Stickerei gerade wieder aufblickende Mama ihr zurief: »Effi, eigentlich hättest du doch wohl Kunstreiterin werden müssen. Immer am Trapez, immer Tochter der Luft. Ich glaube beinah, dass du so was möchtest.« »Vielleicht, Mama. Aber wenn es so wäre, wer wäre schuld? Von wem hab' ich es? Doch nur von dir. Oder meinst du von Papa? Da musst du nun selber lachen. [...] Du bist schuld. Warum kriege ich keine Staatskleider? Warum machst du keine Dame aus mir?«

»Möchtest du's?« »Nein.« Und dabei lief sie auf die Mama zu und umarmte sie stürmisch und küsste sie.

2 *Seidendocken:* Rollen von augewickelten Seidenfäden

A ■ Informieren Sie sich über den Inhalt des Romans.

B ■ Überprüfen Sie, inwieweit der Fachbegriff der »Schauplatzexposition« auf den Romananfang von »Effi Briest« zutrifft: Welche Informationen erhält der Leser direkt oder indirekt hinsichtlich der historischen Zeit, des Milieus, der Atmosphäre, der Figuren? Notieren Sie aussagekräftige Textstellen.

C ■ Gibt es in dem Textauszug Motive, (→ **Motive und Leitmotive**, S. 56) die auf die kommende Handlung / auf mögliche Konflikte hindeuten?

Räume und Schauplätze
INFO

Ein epischer Text wird auch durch die Gestaltung des Raumes bzw. Schauplatzes geprägt, in dem sich die Handlung abspielt. Bei den Romanen Fontanes spricht man von einer **Schauplatzexposition**. Dabei spiegelt die Raum-/Schauplatzgestaltung keine reale Topographie wider. Selbst wenn das fiktive Geschehen an einem in der Realität wiederfindbaren und konkret benannten Ort spielt, dient dieser vor allem dazu, die Atmosphäre zu vermitteln, in denen die Figuren leben und handeln und das sie prägt. Der Text kann von daher ein hohes Maß an Authentizität gewinnen sowie eine Wiedererkennungs- und Identifikationsmöglichkeit für den Leser (besonders im historischen Roman bzw. im Zeitroman). Die so entstehende **fiktive Topographie** einer Erzählung weist vielseitige gestalterische Funktionen auf, da sie immer in Bezug zum Handeln der Protagonisten entsteht und dieses z. B. beeinflussen, konterkarieren, motivieren kann. Im realistischen Zeit- und Gesellschaftsroman des 19. Jahrhunderts können topografische Besonderheiten **leitmotivische Funktion** innerhalb des Textes übernehmen. Die Raumgestaltung kann durchaus auch jeden realen Bezug verlieren und der Spiegelung und Vergegenständlichung innerer Zustände dienen.

Analyse der Raum-/Schauplatzgestaltung:
Konzentrieren Sie sich auf die Darstellung des Schauplatzes und dessen Ausgestaltung. Markieren Sie alle Textstellen, die Aufschlüsse über den Ort des Geschehens geben, unterstreichen Sie Schlüsselbegriffe, die zur Charakterisierung des Schauplatzes, der Atmosphäre, des sozialen Milieus beitragen. Achten Sie auf Einzelheiten und Kontraste, Farbgebung etc. Überlegen Sie, welche Beziehung zwischen dem Ort und den Figuren besteht.

Erzähltexte analysieren und interpretieren

■ Text 14
Das Sonnenuhr-Motiv in »Effi Briest«

Anhand von Fontanes Roman »Effi Briest« lässt sich ein **zentrales Motiv**, das bereits im Romananfang erwähnt wird, nämlich das der **Sonnenuhr** (S. 70, Z. 9), durch den Roman verfolgen. Trotz der scheinbar statischen Unveränderlichkeit der Szenerie im Hinblick auf die Raumkonzeption wird dieses Motiv modifiziert, je nach Kenntnis des Schicksals der Protagonistin Effi, mit der es untrennbar verknüpft ist; somit wird es zu einem **Leitmotiv** innerhalb des Romans:

Zweite Wiederaufnahme:
»Es war ein wunderschöner Tag; der in einem zierlichen Beet um die Sonnenuhr herumstehende Heliotrop blühte noch und die leichte Brise, die ging, trug den Duft davon zu ihnen hinüber.«

Dritte Wiederaufnahme:
»Effi und Frau von Briest aber rückten ans offene Fenster und sahen, während sie sprachen, auf den Park hinunter, auf die Sonnenuhr oder auf die Libellen, die beinahe regungslos über dem Teich standen, oder auch auf den Fliesengang, wo Herr von Briest neben dem Treppenvorbau saß und die Zeitungen las.«

Vierte Wiederaufnahme:
»Frau von Briest hatte den Brief ihrem Manne vorgelesen; beide saßen auf dem schattigen Steinfliesengange, den Gartensaal im Rücken, das Rondell mit der Sonnenuhr vor sich. Der um die Fenster sich rankende wilde Wein bewegte sich leise in dem Luftzuge, der ging, und über dem Wasser standen ein paar Libellen im hellen Sonnenschein.«

Fünfte Wiederaufnahme:
»Es war einen Monat später und der September ging auf die Neige. Das Wetter war schön, aber das Laub im Parke zeigte schon viel Rot und Gelb, und seit den Äquinoktien, die die drei Sturmtage gebracht hatten, lagen die Blätter überallhin ausgestreut. Auf dem Rondell hatte sich eine kleine Veränderung vollzogen, die Sonnenuhr war fort, und an der Stelle, wo sie gestanden hatte, lag seit gestern eine weiße Marmorplatte, darauf stand nichts als ›Effi Briest‹ und darunter ein Kreuz.«

Motive und Leitmotive   INFO

Als **Motiv** bezeichnet man die kleinste strukturbildende und bedeutungstragende Einheit im Werk eines Autors oder in einem Text. Eine spezielle Form ist das **Leitmotiv**, das aus der Musik entlehnt wurde. So können Farben, Stimmungen, Symbole, Personen, Sätze, Redewendungen und vieles mehr als Leitmotiv verwendet werden. Ein Leitmotiv kann als sprachliches Bild eine ordnende oder verbindende Funktion innerhalb eines Textes haben oder durch seine häufige Wiederholung die Charakteristika einer Figur, eines Ortes, eines Konflikts betonen.

A ■ Welche Verbindung besteht zwischen der Hauptfigur Effi und der Sonnenuhr? Greifen Sie zurück auf Ihre Arbeitsergebnisse (Aufgabe A und C, S. 55) hinsichtlich des Romananfangs.

B ■ Sind Ihnen weitere Motive und Leitmotive aus anderen Lektüren bekannt? Welche?

Erzähltexte analysieren und interpretieren

■ Text 15

Der Verlorene (1998) *Hans-Ulrich Treichel*

Mein Bruder hockte auf einer weißen Wolldecke und lachte in die Kamera. Das war während des Krieges, sagte die Mutter, im letzten Kriegsjahr, zuhaus. Zuhaus, das war der Osten, und der Bruder war im Osten geboren worden.

Während die Mutter das Wort »Zuhaus« aussprach, begann sie zu weinen, so wie sie oft zu weinen begann, wenn vom Bruder die Rede war. Er hieß Arnold, ebenso wie der Vater. Arnold war ein fröhliches Kind, sagte die Mutter, während sie das Foto betrachtete. Dann sagte sie nichts mehr, und auch ich sagte nichts mehr und betrachtete Arnold, der auf einer weißen Wolldecke hockte und sich freute. Ich weiß nicht, worüber Arnold sich freute, schließlich war Krieg, außerdem befand er sich im Osten, und trotzdem freute er sich. Ich beneidete den Bruder um seine Freude, ich beneidete den Bruder um die weiße Wolldecke, und ich beneidete ihn auch um seinen Platz im Fotoalbum. Arnold war ganz vorn im Fotoalbum, noch vor den Hochzeitsbildern der Eltern und den Porträts der Großeltern, während ich weit hinten im Fotoalbum war. Außerdem war Arnold auf einem ziemlich großen Foto abgebildet, während die Fotos, auf denen ich abgebildet war, zumeist kleine, wenn nicht winzige Fotos waren. […] Während mein Bruder Arnold schon zu Säuglingszeiten nicht nur wie ein glücklicher, sondern auch wie ein bedeutender Mensch aussah, war ich auf den meisten Fotos meiner Kindheit zumeist nur teilweise und manchmal auch so gut wie überhaupt nicht zu sehen. […] Nun hätte ich mich mit der nur teilweisen Anwesenheit meiner Person im Familienalbum abfinden können, hätte es sich die Mutter nicht zur Angewohnheit gemacht, immer wieder nach dem Album zu greifen, um mir die darin befindlichen Fotos zu zeigen. Was jedes Mal darauf hinauslief, dass über die kleinen und winzigen und mit der Box geschossenen Fotos, auf denen ich beziehungsweise einzelne Körperteile von mir zu sehen waren, ziemlich schnell hinweggegangen wurde, während das mir gleichsam lebensgroß erscheinende Foto, auf dem mein Bruder Arnold zu sehen war, Anlass zu unerschöpflicher Betrachtung bot. Das hatte zur Folge, dass ich zumeist mit verkniffenem Gesicht und misslaunig neben der Mutter auf dem Sofa saß und den fröhlichen und gutgelaunten Arnold betrachtete, während die Mutter zusehends ergriffener wurde. In den ersten Jahren meiner Kindheit hatte ich mich mit den Tränen der Mutter zufriedengegeben und mir keine weiteren Gedanken darüber gemacht, warum die Mutter beim Betrachten des fröhlichen Arnold so häufig zu weinen begann. Und auch die Tatsache, dass Arnold wohl mein Bruder war, ich ihn aber noch niemals leibhaftig zu Gesicht bekommen hatte, hatte mich die ersten Jahre nur beiläufig beunruhigt, zumal es mir nicht unlieb war, mein Kinderzimmer nicht mit ihm teilen zu müssen. Irgendwann aber klärte mich die Mutter insoweit über Arnolds Schicksal auf, als sie mir offenbarte, dass Arnold auf der Flucht vor dem Russen verhungert sei. »Verhungert«, sagte die Mutter, »in meinen Armen verhungert. « […] Arnold war also tot, was wohl sehr traurig war, mir aber den Umgang mit seinem Foto erleichterte. Der fröhliche und wohlgeratene Arnold war mir nun sogar sympathisch geworden, und ich war stolz darauf, einen toten Bruder zu besitzen, der zudem noch so fröhlich und wohlgeraten ausschaute. Ich trauerte um Arnold, und ich war stolz auf ihn, ich teilte mit ihm mein Kinderzimmer und wünschte ihm alle Milch dieser Welt. Ich hatte einen toten Bruder, ich fühlte mich vom Schicksal ausgezeichnet. Von meinen Spielkameraden hatte kein einziger einen toten und schon gar nicht einen auf der Flucht vor den Russen verhungerten Bruder.

A ■ Entwickeln Sie vor dem Lesen des Romananfangs Titelassoziationen. Vergleichen Sie Ihre Assoziationen mit Deutungshypothesen, die Sie nach dem ersten Lesen aufstellen können, und diskutieren Sie diese im Plenum.

B ■ Verfassen Sie eine strukturierende Inhaltswiedergabe: Was wird erzählt? Wie wird erzählt? Welche Funktionen haben die einzelnen Abschnitte für den Text? Beachten Sie hierbei die Gestaltung des Schauplatzes, das Foto-Motiv, die Zeitgestaltung, die Haltung des Ich-Erzählers zum Geschehen.

Erzähltexte analysieren und interpretieren

Zeit und Zeitstrukturen

INFO

Jede Handlung eines epischen Textes ereignet sich innerhalb eines bestimmten Zeitablaufs und weist damit eine bestimmte Dauer auf. Unterschieden wird dabei zwischen der **Erzählzeit**, die das Lesen bzw. Vortragen des Textes fordert, und der **erzählten Zeit**, dem Zeitraum, über den sich die erzählte Handlung erstreckt. Drei Möglichkeiten lassen sich unterscheiden:
- **Zeitdeckung** liegt vor, wenn Erzählzeit und erzählte Zeit annähernd deckungsgleich sind;
- **Zeitraffung** liegt vor, wenn die Erzählzeit kürzer ist als die erzählte Zeit;
- **Zeitdehnung** liegt vor, wenn die Erzählzeit länger ist als die erzählte Zeit.

Modernere und experimentellere Umgangsformen mit der Zeit in epischen Texten zielen z. T. auf eine Auflösung der chronologischen Struktur ab. Erreicht wird dieses vor allem in der Darstellung subjektiv empfundener Zeit, wenn etwa innerhalb des Bewusstseins einer Figur unterschiedliche Zeitebenen gleichzeitig präsent sein können (z. B. in der **erlebten Rede**, im **inneren Monolog** oder im **stream of consciousness**). Auch bei der Montagetechnik, mit deren Hilfe z. B. verschiedene Erzählperspektiven überlagert werden können, wird die lineare Zeitstruktur aufgelöst.

■ Text 16

Buddenbrooks (1901) *Thomas Mann*

Der Roman vom Aufstieg und Niedergang einer Lübecker Kaufmannsfamilie umfasst vier Generationen und einen Zeitraum von über 40 Jahren. In dem vorliegenden Auszug aus dem ersten Drittel des Romans sitzen die zweite und dritte Generation der Buddenbrooks, der Konsul Jean mit seiner Frau Bethsy sowie einer Nichte und den Kindern Tony, Thomas und Christian im Garten ihres Hauses in der Mengstraße beim Kaffee und empfangen einen Geschäftsfreund des Vaters aus Hamburg, Herrn Bendix Grünlich.

Durch den Garten kam, Hut und Stock in derselben Hand, mit ziemlich kurzen Schritten und etwas vorgestrecktem Kopf, ein mittelgroßer Mann von etwa zweiunddreißig Jahren in einem grüngelben, wolligen und langschößigem Anzug und grauen Zwirnhandschuhen. Sein Gesicht unter dem hellblonden, spärlichen Haupthaar war rosig und lächelte; neben dem einen Nasenflügel aber befand sich eine auffällige Warze. Er trug Kinn und Oberlippe glattrasiert und ließ den Backenbart nach englischer Mode lang hinunterhängen; diese Favoris waren von ausgesprochen goldgelber Farbe. Schon von weitem vollführte er mit seinem großen, hellgrauen Hut eine Gebärde der Ergebenheit ... Mit seinem letzten, sehr langen Schritte trat er heran, indem er mit dem Oberkörper einen Halbkreis beschrieb und sich auf dies Weise vor allen verbeugte.

»Ich störe, ich trete in einen Familienkreis«, sprach er mit weicher Stimme und feiner Zurückhaltung. »Man hat gute Bücher zur Hand genommen, man plaudert ... Ich muß um Verzeihung bitten!«

»Sie sind willkommen, mein werter Herr Grünlich!«, sagte der Konsul, der sich, wie seine beiden Söhne, erhoben hatte und dem Gaste die Hand drückte. Herr Grünlich hatte wiederum auf jeden Namen mit einer Verbeugung geantwortet.

»Wie gesagt«, fuhr er fort, »ich habe nicht die Absicht, den Eindringling zu spielen. Ich komme in Geschäften, und wenn ich den Herrn Konsul ersuchen dürfte, einen Gang mit mir durch den Garten zu tun ...«

Die Konsulin antwortete: »Sie erweisen uns eine Liebenswürdigkeit, wenn Sie nicht sofort mit meinem Manne von Geschäften reden, sondern ein Weilchen mit unserer Gesellschaft fürlieb nehmen wollten. Nehmen Sie Platz!« »Tausend Dank«, sagte Herr Grünlich bewegt. [...] Die Konsulin eröffnete den Hauptteil der Unterhaltung. »Sie sind in Hamburg zu Hause?« fragte sie, indem sie den Kopf zur Seite neigte und ihre Arbeit im Schoße ruhen ließ. »Allerdings, Frau Konsulin«, entgegnete Herr Grünlich mit einer neuen Verbeugung. »Ich habe meinen Wohnsitz in Hamburg, allein ich bin viel unterwegs, ich bin stark beschäftigt, mein Geschäft ist ein außerordentlich reges., hä-ä-hm, ja, das darf ich sagen.« [...] »Wir haben Verwandte in Hamburg«, bemerkte Tony, um etwas zu sagen. »Die Duchamps«, erklärte der Konsul, »die Familie meiner seligen Mutter.« »Oh, ich bin vollkommen orientiert!« beeilte sich Herr Grünlich zu erwidern. »Ich habe die Ehre, ein wenig bei den Herrschaften bekannt zu sein. Es sind ausgezeichnete Menschen insgesamt, Menschen von Herz und Geist, hä-ä-hm. In der Tat, wenn in allen Familien ein Geist herrschte wie in dieser, so stünde es besser um die Welt. Hier findet man Gottesglaube, Mildherzigkeit, innige Frömmigkeit, kurz, die wahre Christlichkeit, die mein Ideal ist; und damit verbinden diese Herrschaften eine edle Weitläufigkeit, eine Vornehmheit, eine glänzende Eleganz, Frau Konsulin, die mich persönlich nun einmal charmiert!«

Tony dachte: Woher kennt er meine Eltern? Er sagt ihnen, was sie hören wollen ... »Welch reizender Garten«, unterbrach er [= Herr Grünlich] sich, während er sich dankend mit einer Zigarre des Konsuls bediente, »– doch, für einen Stadtgarten ist er ungewöhnlich groß! Und welch farbiger Blumenflor ... oh, mein Gott, ich gestehe meine Schwäche für Blumen und für die Natur im allgemeinen! Diese Klatschrosen dort drüben putzen ganz ungemein ... «

Herr Grünlich lobte die vornehme Anlage des Hauses, er lobte die ganze Stadt überhaupt, er lobte auch die Zigarre des Konsuls und hatte für jeden ein liebenswürdiges Wort.

»Darf ich es wagen, mich nach Ihrer Lektüre zu erkundigen, Mademoiselle Antonie?« fragte er lächelnd. Tony zog aus irgendeinem Grunde plötzlich die Brauen zusammen und antwortete, ohne Herrn Grünlich anzublicken: »Hoffmanns ›Serapionsbrüder‹.« »In der Tat! Dieser Schriftsteller hat Hervorragendes geleistet«, bemerkte er. [...] »Und Sie lesen, Herr Buddenbrook? Ah, Cicero! Eine schwierige Lektüre, die Werke dieses großen römischen Redners. Quousque tandem, Catilina ... Eh, ja ich habe mein Latein gleichfalls noch nicht völlig vergessen!« Der Konsul sagte: »Ich habe, im Gegensatze zu meinem seligen Vater, immer meine Einwände gehabt gegen diese fortwährende Beschäftigung der jungen Köpfe mit dem Griechischen und Lateinischen. Es gibt so viele ernste und wichtige Dinge, die zur Vorbereitung auf das praktische Leben nötig sind.« »Sie sprechen meine Meinung aus, Herr Konsul«, beeilte sich Herr Grünlich zu antworten, »bevor ich ihr Worte verleihen konnte! Eine schwierige, und, wie ich hinzuzufügen vergaß, nicht unanfechtbare Lektüre. Von allem abgesehen, erinnere ich mich einiger

Die Familie Buddenbrook in der Verfilmung von Heinrich Breloer

direkt anstößiger Stellen in diesen Reden ...« Als eine Pause entstand, dachte Tony: »Jetzt komme ich an die Reihe.« Denn Herrn Grünlichs Blicke ruhten auf ihr. Und richtig, sie kam an die Reihe. Herr Grünlich nämlich schnellte plötzlich ein wenig auf seinem Sitze empor, machte eine kurze krampfhafte und dennoch elegante Handbewegung nach der Seite der Konsulin und flüsterte heftig: »Ich bitte Sie, Frau Konsul, beachten Sie? – Ich beschwöre Sie, mein Fräulein«, unterbrach er sich laut, als ob Tony nur dies verstehen sollte, »bleiben Sie noch einen Moment in dieser Stellung ...! – Beachten Sie«, fuhr er wieder flüsternd fort, »wie die Sonne in dem Haare Ihres Fräulein Tochter spielt? – Ich habe niemals schöneres Haar gesehen!« sprach er plötzlich ernst vor Entzücken in die Luft hinein, als ob er zu Gott oder seinem Herzen redete.

Die Konsulin lächelte wohlgefällig, der Konsul sagte: »Setzen Sie der Deern keine Schwachheiten in den Kopf!« und Tony zog wiederum stumm die Brauen zusammen. Einige Minuten darauf erhob sich Herr Grünlich.

»Aber ich inkommodiere nicht länger, nein, bei Gott, Frau Konsulin, ich inkommodiere nicht länger! Ich kam in Geschäften ... allein wer könnte widerstehen ... Nun ruft die Tätigkeit! Wenn ich den Herrn Konsul ersuchen dürfte ...« [...]

Herr Grünlich küßte der Konsulin die Hand, wartete einen Augenblick, daß auch Antonie ihm die ihrige reiche, was aber nicht geschah, beschrieb einen Halbkreis mit dem Oberkörper, trat einen großen Schritt zurück, verbeugte sich nochmals, setzte dann mit einem Schwunge und indem er das Haupt zurückwarf, seinen grauen Hut auf und schritt mit dem Konsul davon ... »Ein angenehmer Mann!« wiederholte der letztere, als er zu seiner Familie zurückkehrte und seinen Platz wieder einnahm. »Ich finde ihn albern«, erlaubte sich Antonie zu bemerken, und zwar mit Nachdruck. »Tony! Mein Gott! Was für ein Urteil!« rief die Konsulin ein wenig entrüstet. »Ein so christlicher junger Mann!« »Ein so wohlerzogener und weltläufiger Mann!« ergänzte der Konsul. »Du weißt nicht, was du sagst.« 135

Figuren und Figurenkonstellation

INFO

Im Rahmen der Dimensionen von Zeit und Raum wird die Handlung eines epischen Textes dadurch geführt, dass Hauptfiguren (Protagonisten) und Nebenfiguren agieren. Ihr Handeln ist geprägt von einer bestimmten **Figurenkonzeption**, die sowohl das Auftreten des einzelnen Akteurs als auch das Zusammenspiel aller am Geschehen Beteiligten umfasst. Dabei unterscheidet man einerseits **statische**, sich nicht verändernde, von **dynamischen**, sich verändernden Figuren, andrerseits **Typus** (eine auf wenig verallgemeinerbare Züge konzentrierte Figur) und **Individuum** (eine Figur mit individuell ausgestaltetem Persönlichkeitsprofil). Die individuelle Gestalt einer Figur wird durch deren **Charakterisierung** bestimmt. Diese kann **direkt** erfolgen, wenn innerhalb der Erzählung die Charakterisierung einer Figur durch den Erzähler selbst (in der Außensicht) oder von anderen Figuren (in der Innensicht) vorgenommen wird, indem z. B. ihr Äußeres näher beschrieben, ihre Beziehungen zu anderen Personen dargestellt, ihr Handeln vor dem Hintergrund bestimmter Situationen thematisiert wird. Eine **indirekte** Charakterisierung liegt dort vor, wenn sich die Figuren durch Inhalt und Form ihrer eigenen Äußerungen (z. B. wörtliche Rede, Gedanken) und ihr erzähltes Verhalten selbst charakterisieren.

Das Zusammenwirken der Figuren und ihr Verhältnis zueinander bezeichnet man als **Figurenkonstellation**. Diese wird geprägt von
- der Art der Beziehung der Personen / Figuren zueinander je nach: Geschlecht, Alter, Verwandtschaft, Bildung, beruflicher Stellung, Herkunft / Milieu, sozialem Status, Werthaltung, Normorientierung, charakterlicher Einstellung und psychischem Verhalten (z. B. Interessen, Gefühle, Wünsche, Bedürfnisse, Antriebe);
- der kompositorischen Konstellation der Figuren: **Parallelfiguren** (Wiederholung bestimmter Figurengruppen, z. B. auf einer anderen sozialen Ebene), **Kontrastfiguren** (z. B. bei Entgegensetzung von Lebensentwürfen).

Aus der Figurenkonstellation ergibt sich meist der zentrale **Konflikt** des epischen Textes, weshalb sie im Rahmen einer Textinterpretation in besonderem Maße berücksichtigt werden muss.

A ■ Untersuchen Sie mit Hilfe des Info-Kastens die Figurenkonstellation dieser Szene im Hinblick auf sozialen Status, Werthaltung und Normorientierung. Erarbeiten Sie mögliche Konflikte anhand Ihrer Ergebnisse.

B ■ Fertigen Sie eine literarische Charakteristik von Herrn Grünlich an. Erstellen Sie eine Tabelle, in die Sie die direkten und indirekten Aussagen über die Figur eintragen. Achten Sie auch auf seine Sprache.

C₁ ■ Analysieren Sie den Gesprächsverlauf in dieser Szene. Rekapitulieren Sie hierfür Ihre Kenntnisse bzgl. der Kommunikationstheorie (vgl. »Sprechen und Zuhören«, S. 10–27)

C₂ ■ Gestalten Sie die Fortsetzung des Dialogs über Herrn Grünlich zwischen den Buddenbrooks-Kindern Tony, Thomas und Christian.

Erzähltexte analysieren und interpretieren

Das Was und Wie des Erzählens

Aufgabeninsel

Die folgenden Textauszüge sind drei Anfänge von Romanen bzw. Erzählungen des 20. Jahrhunderts. Konzentrieren Sie sich beim Lesen auf das **WAS** des Erzählens und auf die jeweilige Erzählperspektive und ihre Darbietungsform(en), auf das **WIE** des Erzählens.

A ■ Ordnen Sie sich einer von drei Gruppen zu (ggf. bei großen Gruppen je eine Kontrollgruppe). Jede Gruppe analysiert je einen Erzählanfang. Folgende Fragen sollten Sie gemeinsam bearbeiten, am Text nachweisen sowie Ihre Ergebnisse in übersichtlicher, angemessener Form dem Kurs präsentieren:

– **Wer** erzählt wann? Klären Sie Ihr Vorwissen hinsichtlich …
  … des Autors (Vorkenntnisse? Kenntnisse anderer Texte desselben Autors?);
  … des Erscheinungsjahres (→ literarhistorischer Hintergrund?).
– **Was** wird erzählt? Untersuchen Sie …
  … den Titel (Titelassoziationen → Leserlenkung);
  … die Raum- bzw. Schauplatzgestaltung;
  … mögliche (Leit-)Motive;
  … die Figuren bzw. Figurenkonstellationen und ihre Sprache; direkte bzw. indirekte Charakteristik;
  … mögliche zentrale Konflikte.
– **Wie** wird erzählt? Untersuchen Sie
  … die Erzählperspektive;
  … die Besonderheit/Leistung der gewählten Perspektive;
  … die Lenkung des Lesers durch die gewählte Perspektive.

B ■ Nehmen Sie – nach Wahl – jeweils eine andere Perspektive als die vom Autor gewählte ein und schreiben Sie den Text neu:
  – für **Text 17**: aus der Außensicht einer nicht in die Handlung eingebundenen Figur, die aber alles weiß (auktoriale Erzählsituation);
  – für **Text 18**: aus der Ich-Perspektive;
  – für **Text 19**: aus der Ich-Perspektive.

C ■ Bilden Sie eine Schreibkonferenz. Vergleichen Sie Ihre jeweiligen Texte und überarbeiten Sie sie gemeinsam. Entscheiden Sie sich in Ihrer Gruppe für eine Modelllösung und präsentieren diese im Kurs.

D ■ Was bringt die jeweils andere Perspektive für das Textverständnis, für die Leserlenkung, für die Wirkung des Textes? Halten Sie in einer Tabelle fest, was Sie zu den unterschiedlichen Erzählperspektiven und den vorherrschenden Darbietungsformen erarbeitet haben.

■ Text 17

Leutnant Gustl (1900)   *Arthur Schnitzler*

Wie lang' wird denn das noch dauern? Ich muss auf die Uhr schauen … schickt sich wahrscheinlich nicht in einem so ernsten Konzert. Aber wer sieht's denn? Wenn's einer sieht, so passt er gerade so wenig auf, wie ich, und vor dem brauch' ich mich nicht zu genieren … Erst Viertel auf zehn? … Mir kommt vor, ich sitz' schon drei Stunden in dem Konzert. Ich bin's halt nicht gewohnt … Was ist es denn eigentlich? Ich muss das Programm anschauen … Ja, richtig: Oratorium! Ich hab' gemeint: Messe. Solche Sachen gehören doch nur in die Kirche! Die Kirche hat auch das Gute, dass man jeden Augenblick fortgehen kann. – Wenn ich wenigstens einen Ecksitz hätt'! – Also Geduld, Geduld! Auch Oratorien nehmen ein End'! Vielleicht ist es sehr schön, und ich bin nur nicht in der Laune. Woher sollt' mir auch die Laune kommen? Wenn ich denke, dass ich hergekommen bin, um mich zu zerstreuen … Hätt' ich die Karte

Erzähltexte analysieren und interpretieren

lieber dem Benedek geschenkt, dem machen solche Sachen Spaß; er spielt ja selber Violine. Aber da wär' der Kopetzky beleidigt gewesen. Es war ja sehr lieb von ihm, wenigstens gut gemeint. Ein braver Kerl, der Kopetzky! Der Einzige, auf den man sich verlassen kann … Seine Schwester singt ja mit unter denen da oben. Mindestens hundert Jungfrauen, alle schwarz gekleidet; wie soll ich sie da herausfinden? Weil sie mitsingt, hat er auch das Billett gehabt, der Kopetzky … Warum ist er denn nicht selber gegangen? – Sie singen übrigens sehr schön. Es ist sehr erhebend – sicher! Bravo! Bravo! … Ja, applaudieren wir mit. Der neben mir klatscht wie verrückt. Ob's ihm wirklich so gut gefällt? – Das Mädel drüben in der Loge ist sehr hübsch. Sieht sie mich an oder den Herrn dort mit dem blonden Vollbart? … Ah, ein Solo! Wer ist das?

■ **Text 18**

Das Urteil (1913)   *Franz Kafka*

Es war an einem Sonntagvormittag im schönsten Frühjahr. Georg Bendemann, ein junger Kaufmann, saß in seinem Privatzimmer im ersten Stock eines der niedrigen, leichtgebauten Häuser, die entlang des Flusses in einer langen Reihe, fast nur in der Höhe und Färbung unterschieden, sich hinzogen. Er hatte gerade einen Brief an einen sich im Ausland befindenden Jugendfreund beendet, verschloss ihn in spielerischer Langsamkeit und sah dann, den Ellbogen auf den Schreibtisch gestützt, aus dem Fenster auf den Fluss, die Brücke und die Anhöhen am anderen Ufer mit ihrem schwachen Grün.

Er dachte darüber nach, wie dieser Freund, mit seinem Fortkommen zu Hause unzufrieden, vor Jahren schon nach Russland sich förmlich geflüchtet hatte. Nun betrieb er ein Geschäft in Petersburg, das anfangs sich sehr gut angelassen hatte, seit Langem aber schon zu stocken schien, wie der Freund bei seinen immer seltener werdenden Besuchen klagte. So arbeitete er sich in der Fremde nutzlos ab, der fremdartige Vollbart verdeckte nur schlecht das seit den Kinderjahren wohlbekannte Gesicht, dessen gelbe Hautfarbe auf eine sich entwickelnde Krankheit hinzudeuten schien. Wie er erzählte, hatte er keine rechte Verbindung mit der dortigen Kolonie seiner Landsleute, aber auch fast keinen gesellschaftlichen Verkehr mit einheimischen Familien und richtete sich so für ein endgültiges Junggesellentum ein.

■ **Text 19**

Schlafes Bruder (1992)   *Robert Schneider*

Das ist die Geschichte des Musikers Johannes Elias Alder, der zweiundzwanzigjährig sein Leben zu Tode brachte, nachdem er beschlossen hatte, nicht mehr zu schlafen.

Denn er war in unsägliche und darum unglückliche Liebe zu seiner Cousine Elsbeth entbrannt und seit jener Zeit nicht länger willens, auch nur einen Augenblick lang zu ruhen, bis dass er das Geheimnis der Unmöglichkeit seines Liebens zugrunde geforscht hätte. Tapfer hielt er bis zu seinem unglaublichen Ende bei sich, dass die Zeit des Schlafs Verschwendung und folglich Sünde sei, ihm dereinst im Fegefeuer aufgerechnet werde, denn im Schlaf sei man tot, jedenfalls lebe man nicht wirklich. Nicht von ungefähr vergliche ein altes Wort Schlaf und Tod mit Brüdern. Wie, dachte er, könne ein Mann reinen Herzens behaupten, er liebe sein Weib ein Leben lang, tue dies aber nur des Tags und dann vielleicht nur über die Dauer eines Gedankens? Das könne nicht von Wahrheit zeugen, denn wer schlafe, liebe nicht.

So dachte Johannes Elias Alder, und sein spektakulärer Tod war der letzte Tribut dieser Liebe. Die Welt dieses Menschen und den Lauf seines elenden Lebens wollen wir beschreiben.

Szene aus dem Film »Schlafes Bruder« von J. Vilsmaier (1994)

Erzähltexte analysieren und interpretieren

Analyse eines Textauszugs

Aufgabeninsel

Die Aufgabenstellung zu dem folgenden Romananfang lautet: *Analysieren Sie den folgenden Textauszug.*

A ■ Überlegen Sie: 1. Was ist mit dem Operator »analysieren« gemeint? 2. Welche Aspekte der Epik (→ s. Mind-Map, S. 54, → s. Info-Kästen, S. 55, 56, 58, 60) lassen sich untersuchen? Einige Kategorien werden Ihnen vorgegeben, weitere sollten Sie gemeinsam erarbeiten:

I Vor-Denken/Vorwissen aktivieren

Welche Vorkenntnisse haben Sie bereits oder können Sie schnell recherchieren bzw. welche Assoziationen liegen nahe?
- **Autor:** Theodor Fontane, berühmtester deutscher Romanautor des 19. Jahrhunderts …

- **Zeit/Epoche:** 1887: Deutsches Kaiserreich; Realismus (am Schluss der Analyse sollte eine begründete Einordnung des Romans unter Zuhilfenahme der eigenen Analyseergebnisse in die Epoche des Realismus geleistet werden) …
- **Titel:** Redensart, Wortspiel …

II Mit-Denken/Analyse

Wie ist der Raum gestaltet? Welche Informationen erhält der Leser über den Schauplatz der Handlung bzw. darüber hinaus in Bezug auf Figuren/Zeittypisches/Milieus/Konflikte?
- Schauplatzexposition – Schauplatz- und Raumgestaltung, Milieu …
- Zoom: Perspektivverengung: von außen (Straße – Gärtnerei) nach innen (Haus der Frau Nimptsch) …
- detaillierte Beschreibungen:
  a) historisch verbürgte Topografie Berlins (→??);
  b) Schnittpunkt von Kurfürstendamm und Kurfürstenstraße (→??);

c) es ist dem Leser möglich, eine Skizze von der Lage der Gärtnerei und dem Haus darin anzufertigen;
d) offen stehende Haustür: (→??);
e) kleines Häuschen: bescheiden ….; Diminutive verweisen auf …; Idylle, s. auch schönes Wetter …;
f) Brüche in der märchenhaften Kulisse (→ Verweise auf ….)

Können Sie innerhalb des Romananfangs Motive/Leitmotive festmachen?
- Leitmotive: märchenhafte Kulisse: Diminutive unterstreichen …; Kulisse heißt …; Bruch der Idylle …

III Nach-Denken/Kontextualisieren

Was ist die Aufgabe eines Romans laut Theodor Fontane? (→ s. S. 67).
Überprüfen Sie, inwieweit sich Fontanes Aussagen zur Thematik, zur Figurengestaltung und -konstellation, zum historischen Hintergrund, zur Wirkung auf den Leser in diesem Romananfang wiederfinden. Fassen Sie abschließend zusammen, was Sie bisher erarbeitet haben hinsichtlich …
- des Maßes an Authentizität als Identifikationsangebot an den Leser,

- der Beschreibungen des Schauplatzes, der Figuren und ihres Milieus,
- der Sprache der Figuren im Bezug zu ihrer sozialen Schicht, ihrem Wohnort,
- der Motive als Vorausdeutungen für mögliche Konflikte,
- des Konfliktpotentials der Zeit um 1880,
- der Brüche innerhalb der Schauplatzexposition als mögliche implizite Gesellschaftskritik.

Erörtern Sie abschließend, ob der Roman ein typischer Zeitroman des Realismus ist.

■ Text 20

Irrungen, Wirrungen (1. Kapitel) (1887) *Theodor Fontane*

An dem Schnittpunkte von Kurfürstendamm und Kurfürstenstraße, schräg gegenüber dem »Zoologischen«, befand sich in der Mitte der Siebzigerjahre noch eine große, feldeinwärts sich erstreckende Gärtnerei, deren kleines, dreifenstriges, in einem Vorgärtchen um etwa hundert Schritte zurückgelegenes Wohnhaus, trotz aller Kleinheit und Zurückgezogenheit, von der vorübergehenden Straße her sehr wohl erkannt werden konnte. Was aber sonst noch zu dem Gesamtgewese der Gärtnerei gehörte, ja die recht eigentliche Hauptsache derselben ausmachte, war durch ebendies kleine Wohnhaus wie durch eine Kulisse versteckt, und nur ein rot und grün gestrichenes Holztürmchen mit einem halb weggebrochenen Zifferblatt unter der Turmspitze (von Uhr selbst keine Rede) ließ vermuten, dass hinter dieser Kulisse noch etwas anderes verborgen sein müsse, welche Vermutung denn auch in einer von Zeit zu Zeit aufsteigenden, das Türmchen umschwärmenden Taubenschar und mehr noch in einem gelegentlichen Hundegeblaff ihre Bestätigung fand. Wo dieser Hund eigentlich steckte, das entzog sich freilich der Wahrnehmung, trotzdem die hart an der linken Ecke gelegene, von früh bis spät aufstehende Haustür einen Blick auf ein Stückchen Hofraum gestattete. Überhaupt schien sich nichts mit Absicht verbergen zu wollen, und doch musste jeder, der zu Beginn unserer Erzählung des Weges kam, sich an dem Anblick des dreifenstrigen Häuschens und einiger im Vorgarten stehenden Obstbäume genügen lassen.

Es war die Woche nach Pfingsten, die Zeit der langen Tage, deren blendendes Licht mitunter kein Ende nehmen wollte. Heut' aber stand die Sonne schon hinter dem Wilmersdorfer Kirchturm, und statt der Strahlen, die sie den ganzen Tag über herabgeschickt hatte, lagen bereits abendliche Schatten in dem Vorgarten, dessen halb märchenhafte Stille nur noch von der Stille des von der alten Frau Nimptsch und ihrer Pflegetochter Lene mietweise bewohnten Häuschens übertroffen wurde. Frau Nimptsch selbst aber saß wie gewöhnlich an dem großen, kaum fußhohen Herd ihres die ganze Hausfront einnehmenden Vorderzimmers und sah, hockend und vorgebeugt, auf einen rußigen alten Teekessel, dessen Deckel, trotzdem der Wrasen[1] auch vorn aus der Tülle quoll, beständig hin und her klapperte. Dabei hielt die Alte beide Hände gegen die Glut und war so versunken in ihre Betrachtungen und Träumereien, dass sie nicht hörte, wie die nach dem Flur hinausführende Tür aufging und eine robuste Frauensperson ziemlich geräuschvoll eintrat. Erst als diese Letzte sich geräuspert und ihre Freundin und Nachbarin, eben unsre Frau Nimptsch, mit einer gewissen Herzlichkeit bei Namen genannt hatte, wandte sich diese nach rückwärts und sagte nun auch ihrerseits freundlich und mit einem Anfluge von Schelmerei: »Na, das is recht, liebe Frau Dörr, dass Sie mal wieder rüberkommen. Und noch dazu vons ›Schloss‹. Denn ein Schloss is es und bleibt es. Hat ja 'nen Turm. Un nu setzen Sie sich ... Ihren lieben Mann hab' ich eben weggehen sehen. Und muss auch. Is ja heute sein Kegelabend.«

Die so freundlich als Frau Dörr Begrüßte war nicht bloß eine robuste, sondern vor allem auch eine sehr stattlich aussehende Frau, die, neben dem Eindruck des Gütigen und Zuverlässigen, zugleich den einer besonderen Beschränktheit machte. [...] Und nu rücken Sie ran hier, liebe Frau Dörr, oder lieber da drüben auf die Hutsche[2] ... Lene, na Sie wissen ja, is ausgeflogen un hat mich mal wieder in Stich gelassen.« »Er war woll hier?« »Freilich war er. Und beide sind nu ein bisschen auf Wilmersdorf zu; den Fußweg lang, da kommt keiner. Aber jeden Augenblick können sie wieder hier sein.« »Na, da will ich doch lieber gehn.« »O nich doch, liebe Frau Dörr. Er bleibt ja nich. Und wenn er auch bliebe, Sie wissen ja, der is nicht so.« »Weiß, weiß. Und wie steht es denn?« »Ja, wie soll es stehn? Ich glaube, sie denkt so was, wenn sie's auch nich wahrhaben will, und bildet sich was ein.« »O du meine Güte«, sagte Frau Dörr, während sie, statt der ihr angebotenen Fußbank, einen etwas höheren Schemel heranschob. »O du meine Güte, denn is es schlimm. Immer wenn das Einbilden anfängt, fängt auch das Schlimme an. Das is wie Amen in der Kirche. [...] Und wenn ich mir nu der Lene ihren Baron ansehe, denn schämt es mir immer noch, wenn ich denke, wie meiner war. Und nu gar erst die Lene selber. Jott, ein Engel is sie woll grade auch nich, aber propper und fleißig un kann alles und is für Ordnung un fürs Reelle. Und sehen Sie, liebe Frau Nimptsch, das is grade das Traurige. Was da so rumfliegt, heute hier un morgen da, na, das kommt nicht um, das fällt wie die Katz immer wieder auf die vier Beine, aber so'n gutes Kind, das alles ernsthaft nimmt und alles aus Liebe tut, ja, *das* ist schlimm ...« [...]

»Gott, da kommen sie. Und bloß in Zivil, un Rock un Hose ganz egal. Aber man sieht es doch! [...] Frau Dörr sprach noch weiter, bis Lene kam und die beiden Frauen begrüßte.

1 *Wrasen:* Wasserdampf
2 *Hutsche:* Fußbank

Gestaltendes Interpretieren

> **Was kann ich nach der Bearbeitung dieses Unterkapitels?**
> - Durch produktionsorientierte Auseinandersetzung mit Texten die Wirkungsmöglichkeiten und Grenzen von Darbietungsformen erfahren

■ Text 21

Der Sonntag, an dem ich Weltmeister wurde (1996)   *Friedrich Christian Delius*

Der Roman spielt am Endspieltag der Fußballweltmeisterschaft 1954 in der Zeit von 7 Uhr morgens bis ca. 17 Uhr nachmittags. Erzählt wird chronologisch aus der Ich-Perspektive eines elfjährigen Pfarrerssohnes aus der Provinz. Die Fußballreportage am Nachmittag im Radio erlaubt ihm, aus dem »Käfig« seines Elternhauses zu entkommen.

Der Sonntag, an dem ich Weltmeister wurde, begann wie jeder Sonntag: Die Glocken schlugen mich wach, zerhackten die Traumbilder, prügelten auf beide Trommelfelle, hämmerten durch den Kopf und droschen den Körper, der sich wehrlos zur Wand drehte. Nur wenige Meter von meinem Bett stand der Kirchturm, da half keine Decke, kein Kissen, die Tonschläge drangen durch Fenster und Türen, durch Balken und Wände, füllten das Zimmer, vibrierten in Lampen, Gläsern, Spiegeln, und obwohl sie das ganze Dorf, das Tal und die Wälder ringsum beschallten, schienen sie kein anderes Ziel zu haben als meine Ohren und keinen anderen Zweck, als jedes Geräusch zu vernichten und jeden Gedanken zu zertrümmern. Von oben herab schickten sie schwingende, wuchtige Schläge gegen mich, rissen das blasse Gesicht fort, das ich in einer Hügellandschaft schweben sah, und zerfetzten es unbarmherzig mit ihrem Lärm, als sollte mir etwas Verbotenes, etwas Zartes mit Gewalt aus dem Kopf gestoßen werden.

Früh um sieben wurde der Sonntag eingeläutet, fünfzehn lange Minuten war ich den Glocken ausgeliefert. […] Es war der einzige Tag in der Woche, an dem ich nicht früh um sechs geweckt wurde, der einzige Tag, an dem die Glocken mich aus dem Schlaf rissen und nicht die auf Fröhlichkeit eingestellte Stimme der Mutter mit ihrem »Guten Morgen!«, gedehnt betont auf dem U und dem O. Der einzige Tag, an dem ich nicht spätestens beim Frühstück an die lateinischen oder mathematischen Schrecken des anbrechenden und wie ein riesiges Hindernis vor mir liegenden Schultags denken musste, an mein schlechtes Vokabelgedächtnis, an die halbverdauten Formeln und mein erbärmliches Rechengedächtnis, an die mühsam eingepaukten Unterschiede zwischen Laubmoosen und Lebermoosen oder mein störrisches Biologiegedächtnis. Der einzige Tag in der Woche, an dem ich halbwegs geschützt blieb vor der Entdeckung, wie schlecht und schwach ich in allem war oder mich zu fühlen gezwungen war, schnell in der Angst gefangen, auf alle Fragen dieser Welt, wenn sie von Erwachsenen mit einer bestimmten herrischen Erwartung gestellt wurden, nur mit Stocken und Stottern reagieren zu können. Ich tauchte fort von all den gewöhnlichen Gefangenschaften der Woche und freute mich auf die Erleichterungen des Sonntags, obwohl auch dieser Tag abgesteckt war von milderen Drohungen und Geboten, Gebeten und Regeln, die schon am Sonnabendnachmittag anfingen, wenn mein Bruder und ich für fünf Groschen Taschengeld Straße und Hof zu fegen hatten. […] Der Sonntag war nicht für mich da oder für die Familie, sondern für jenen bärtigen Vater über dem Vater, dem wir alles zu danken hatten. Ein Leben ohne Glocken, ohne den Feiertag, ohne christlichen Stundenplan voller Gebete und Gesänge konnte ich mir nicht vorstellen. Noch weniger, jemals dem alles überragenden, allgegenwärtigen Auge Gottes zu entkommen, das irgendwo im Himmel hing und alles sah und nicht gesehen wurde. Ich konnte versuchen, mich dem Blick zu entziehen, aber damit entlastete ich das Gewissen nicht, denn das Auge Gottes spiegelte sich in den Augen des Vaters, der Mutter, der Großeltern, ihre Augen flankierten und vervielfachten das Gottesauge, zu viele Augen sahen auf mich herab.

Erzähltexte analysieren und interpretieren

Gestaltendes Interpretieren

INFO

Neben der analytischen Herangehensweise gibt es vielfältige Möglichkeiten der kreativen und produktiven Auseinandersetzung mit literarischen Texten. Allen ist gemein, dass ihr Schwerpunkt nicht auf einer erklärenden und erläuternden Beschreibung des Textes liegt, sondern auf einem gestalterischen und künstlerischen Schreibprozess.

Beim **gestaltenden Interpretieren** liegt ein Text vor, der jedoch nicht nur als Anregung zum Schreiben dient, sondern über den Weg des kreativen Schreibens eine Interpretation, eine Deutung erfahren soll. Damit ist auch die Qualität der gestaltenden Interpretation niemals nur allein Ergebnis ihrer literarisch-künstlerischen Form, sondern abhängig von einem plausiblen und differenzierten Bezug zum Originaltext. Folgende Herangehensweise an eine gestaltende Interpretation ist empfehlenswert (s. auch Schaubild):

1. Analyse des Textes
Die Erstbegegnung mit dem literarischen Text, der Vorlage zur gestaltenden Interpretation, erfolgt zunächst nach »klassischem Muster« und entspricht den Regeln zur Erschließung des Textes.

2. Entwickeln einer Deutungshypothese
Je präziser die Deutung des Originaltextes ausfällt, umso differenzierter lässt sich diese in der Gestaltungsaufgabe berücksichtigen.
- **Die Figurenkonzeption:** Häufig fordert die Aufgabenstellung im Rahmen einer gestaltenden Interpretation das Sichhineinversetzen in eine Figur und die Kommentierung des Geschehens aus ihrer Sicht (vgl. Arbeitsschritt 3).
- **Der zentrale Konflikt der Handlung:** Um diesen Konflikt herum lässt sich am geschicktesten die kreative Interpretation aufbauen. Dabei empfiehlt es sich, zentrale Motive und prägnante sprachliche Bilder für eine Fortschreibung besonders zu berücksichtigen.
- **Die Erzählhaltung:** Gerade bei modernen Texten ergibt sich durch Standort und Haltung des Erzählers oft ein perspektivisch zugespitztes oder verzerrtes Bild, etwa wenn er den subjektiven Blickwinkel eines Protagonisten übernimmt.
- **Die Beziehung von Inhalt und Form:** Das gestaltende Interpretieren fordert nicht zwangsläufig die Übernahme des Stils der Vorlage. Dieser muss aber insofern beachtet werden, als etwa die Veränderung des Sprachstils einer Figur deren gesellschaftliche Position umdeuten kann.

3. Das Umsetzen der Gestaltungsaufgabe:
Aufgaben zum gestaltenden Interpretieren lassen sich in zwei Hauptgruppen untergliedern:
- **Innertextliche Ergänzungen:** Hierbei handelt es sich um Fortschreibungen des Textes innerhalb des vorgegebenen Handlungsrahmens, z. B.
  - das Füllen von Leerstellen,
  - der Wechsel der Perspektive zu einer anderen Figur,
  - die Ergänzung eines inneren Monologs …
- **Außertextliche Ergänzungen:** Die hier geforderten Texte sind in der Regel nachträgliche Kommentare zu den im Originaltext geschilderten Ereignissen. Dazu gehören etwa
  - das Verfassen eines Tagebucheintrags oder eines Briefes,
  - die Gestaltung einer Parallelszene, eines Gegentextes,
  - die Fortsetzung der Erzählung unter veränderten Bedingungen …

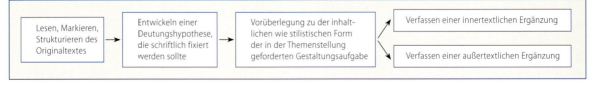

A₁ ■ Schreiben Sie den Text weiter. Bemühen Sie sich um die Diktion des Elfjährigen, der unter den sonntäglichen Ritualen innerhalb der Familie und seinem eloquenten Vater leidet.

A₂ ■ Beschreiben Sie denselben Sonntagmorgen aus der Perspektive der Mutter, die ihren Sohn beobachtet.

Erzähltexte analysieren und interpretieren

Über Epik reflektieren

Was kann ich nach der Bearbeitung dieses Unterkapitels?
- Grundlegende Unterschiede der Erzähltheorie des ausgehenden 19. Jahrhunderts sowie der Gegenwartsliteratur erkennen
- Die Ursachen für den Wandel des Erzählens erklären
- Die damit verbundene Veränderung der Rolle des Lesers einschätzen
- Die Abhängigkeit der Erzählweise von gesellschaftlichen Rahmenbedingungen herstellen

■ Text 22
Was soll ein Roman? (1875) *Theodor Fontane*

Was soll ein Roman? Er soll uns, unter Vermeidung alles Übertriebenen und Hässlichen, eine Geschichte erzählen, an die wir *glauben*. Er soll zu unserer Fantasie und unserem Herzen sprechen, Anregung geben, ohne aufzuregen; er soll uns eine Welt der Fiktion auf Augenblicke als eine Welt der Wirklichkeit erscheinen, soll uns weinen und lachen, hoffen und fürchten, am Schluss aber empfinden lassen, teils unter lieben und angenehmen, teils unter charaktervollen und interessanten Menschen gelebt zu haben, deren Umgang uns schöne Stunden bereitete, uns förderte, klärte und belehrte. […]

Der Roman soll ein Bild der Zeit sein, der wir selber angehören, mindestens die Widerspiegelung eines Lebens, an dessen Grenze wir selbst noch standen, oder von dem uns unsere Eltern noch erzählten. […] Noch einmal also: Der moderne Roman soll ein Zeitbild sein, ein Bild *seiner* Zeit. Alles Epochemachende, namentlich alles Dauernde, was die Erzählungsliteratur der letzten 150 Jahre hervorgebracht hat, entspricht im Wesentlichen dieser Forderung. Die großen englischen Humoristen dieses und des vorigen Jahrhunderts schilderten *ihre* Zeit; der französische Roman trotz des älteren Dumas ist ein Sitten- und Gesellschaftsroman; Jean Paul, Goethe, ja Freitag selbst (in »Soll und Haben«) haben aus *ihrer* Welt und *ihrer* Zeit heraus geschrieben.

So die Regel. Aber, wie schon angedeutet, die Regel erleidet Ausnahmen. Wir zählen dahin den *dramatischen* Roman, den *romantischen* Roman und unter Umständen (aber freilich mit starken Einschränkungen) auch den *historischen* Roman. Diese haben das Vorrecht, die Frage nach dem Jahrhundert ignorieren und ihre Zelte allerorten und allerzeiten aufschlagen zu dürfen.

Aufgabe des modernen Romans scheint mir die zu sein, ein Leben, eine Gesellschaft, einen Kreis von Menschen zu schildern, der ein unverzerrtes Wiederspiel *des* Lebens ist, das wir führen. Das wird der beste Roman sein, dessen Gestalten sich in die Gestalten des wirklichen Lebens einreihen, sodass wir in Erinnerung an eine bestimmte Lebensepoche nicht mehr genau wissen, ob es gelebte oder gelesene Figuren waren, ähnlich wie manche Träume sich unserer mit gleicher Gewalt bemächtigen, wie die Wirklichkeit.

Also noch einmal: Darauf kommt es an, dass wir in den Stunden, die wir einem Buche widmen, das Gefühl haben, unser wirkliches Leben fortzusetzen und dass zwischen dem erlebten und erdichteten Leben kein Unterschied ist als der jener Intensität, Klarheit, Übersichtlichkeit und Abrundung und infolge davon jener Gefühlsintensität, die die verklärende Aufgabe der Kunst ist.

Erzähltexte analysieren und interpretieren

■ Text 23
Theorie des modernen Romans (1970) *Karl Migner*

Wesentlich sind zwei Tendenzen, die für die Romangestaltung im 20. Jahrhundert bestimmend werden. Erstens: Die Erringung einer nahezu uneingeschränkten Freiheit für den Erzähler, für die Gestaltung des Helden, des Geschehens, der Komposition des Romans und für die Hereinnahme der unterschiedlichsten Darstellungsmittel, Stilelemente und Sprechformen. Und zweitens: die in verschiedenen Spielarten erkennbar werdende Absicht, zu einer möglichst unmittelbaren Darstellung der ganzen komplexen Wahrheit über Mensch und Welt zu kommen. Das geschieht notfalls unter Verzicht auf äußere Realitätstreue, im Extrem in allen Einzelaspekten des Romans. [...]

Das bedeutet für Autor und Leser des modernen Romans: Der von souveräner Überlegenheit abgerückte Erzähler benutzt alle denkbaren Spielformen erzählerischer Haltung und erzählerischen Vorgehens mit dem Ziel, möglichst viele Aspekte oder eine möglichst intensive Schau der gewählten Thematik zu erschließen. Das reicht von dem Eingeständnis des Autors, alles erfunden zu haben, bis zu seinem völligen Aufgehen in einer Figur, aus deren Perspektive die Welt gesehen wird. [...] Das bedeutet für das Helden- und Menschenbild des modernen Romans: Der Einzelne ist weder als individueller Charakter noch als Typus, sondern vielmehr in seiner menschlichen Substanz interessant, die wesentlich mehr von seiner Beziehung zur Gesellschaft oder Außenwelt überhaupt abhängig erscheint als von Familie und Tradition. Der Einzelne wird stärker von seinem Innenleben, von Bewusstsein und Lebensgefühl her gesehen als von möglichen Aktivitäten. Und er ist eher ein Versager, ein Scheiternder, eine Don-Quijote-Figur als ein großer Held oder Schurke.

Und das bedeutet für die Struktur des modernen Romans: Konstruktion und Montageformen beherrschen die Szene. Der Raum und vor allem die Zeit haben häufig genug ihre strukturierende Funktion verloren, aufgegeben zugunsten einer Wirklichkeit, die die verschiedensten zeitlichen Ebenen mischt. Damit ist auch der Erzählvorgang in Einzelteile zerbrochen, die nur noch beispielsweise durch Personen oder Motive zusammengehalten werden. [...]

Das bedeutet für den Weltgehalt des modernen Romans: Zur Wirklichkeit des menschlichen Lebens gehört in hohem Maße der Innenraum des Menschen, vor allem sein Bewusstsein von Zeit, Welt und Ich. Die dichterische Wirklichkeit verzichtet eher auf unwesentliche Details der Realität als auf selbst unrealistisch anmutende Erfahrung von Realität [...]

Die Figur
Die Frage nach dem Menschen als mehr oder weniger genau bestimmbarem Wesen ist eines der zentralen Probleme des modernen Romans. Das gilt sowohl inhaltlich wie formal, denn die Struktur des Ganzen ist entscheidend von der Konzeption dieses im Mittelpunkt stehenden Dichtungsgegenstandes abhängig. Historisch gesehen gehört der Romanheld als vorbildhafte, bestimmten Normvorstellungen verpflichtete Figur vergangenen Epochen an und wirkt bis ins 18. Jahrhundert hinein. Er entspricht einem statischen Bild vom Menschen und von der Welt, das in einer festen Ordnung begründet liegt. Im 18. Jahrhundert setzt sich der unverwechselbare individuelle Mensch als Romanheld durch, der erstmals im Don Quijote in Erscheinung trat. Mit ihm ziehen das psychologische Interesse in den Roman ein und eine Gestaltungsweise, die nach dem Prinzip von Ursache und Wirkung vorgeht und etwa erkennbar vom Charakter einer Figur auf ihre Handlungen schließt und umgekehrt. Diese Sicherheit, den Menschen durch Beschreibung und Analyse durchschaubar machen zu können, geht im 20. Jahrhundert endgültig verloren. Auch das Interesse am Einzelschicksal eines Menschen verblasst. Und so dient die Gestaltung der Heldenfigur in zunehmendem Maße der Frage nach den Möglichkeiten und Grenzen des Menschen in der gegenwärtigen Zeitsituation. [...] Die Heldenfigur inmitten einer ihr keineswegs mehr selbstverständlich vertrauten Umwelt, die Heldenfigur in unter Umständen keineswegs mehr schlüssig erklärbaren Aktionen, die Heldenfigur in oftmals unvollständiger, beispielsweise auf bestimmte Verhaltensweisen reduzierter Gestaltung tritt immer mehr in den Mittelpunkt des modernen Romans. Versucht man eine Kategorisierung der Erscheinungsformen des Helden von der Konzeption der Figur – und nicht von der an ihr dargestellten Problematik – her, so lassen sich drei sehr stark ineinander übergehende Heldenbilder entwerfen. Sie alle sind zumindest tendenziell auf die Verkürzung

des Menschen angelegt. Das gilt ganz besonders für den auf bestimmte Inhalte reduzierten Helden, dessen Bewusstsein oder dessen Weltverständnis allein interessieren.

Das gilt für den verfremdeten Helden, der als Anti-Held, als Don-Quijote-Figur oder als verkrüppelter Außenseiter erscheint. Und das gilt ganz ausgesprochen für den Helden als Kunstfigur, als Homunculus-Gestalt etwa oder als Phänotyp unserer Epoche.

Die Struktur

Neben der neuen Position, die Erzähler und Held im modernen Roman einnehmen, ist vor allem die veränderte Rolle zu nennen, die die Geschichte, die Fabel spielt. In dem Maße, in dem der Erzähler nicht mehr primär um der Unterhaltung willen erzählt und in dem der Held nicht mehr als singuläres Individuum interessant ist, kommt es auch nicht mehr darauf an, eine in größerem oder geringerem Umfang abenteuerliche – und vor allem: geschlossene – Geschichte zu erzählen. Zweifellos kann auch das individuelle Schicksal eines Einzelnen genügend allgemeine Repräsentanz gewinnen, aber insgesamt ist die Gefahr, dass eine solche Darstellung stark verengt, sehr groß. Dabei kommt es heute immer mehr darauf an, die Frage nach dem Menschen, nach seiner Stellung in der Welt prinzipiell zu stellen. Dadurch rückt eine Zuständlichkeit eher in den Mittelpunkt als ein chronologischer Ablauf, ein Einzelproblem eher als eine Folge von Geschehnissen und prinzipiell die offene Frage, der Zweifel, die Unsicherheit eher als die gläubige Hinnahme der vorgefundenen Gegebenheiten. Für die Bauform eines Romans hat das eine grundsätzliche Konsequenz: Die strukturierende Funktion von Held und Fabel, die durch ihre Konstitution und durch ihren Fortgang gewissermaßen »organisch« für eine gegliederte Form sorgen, fällt ebenso aus wie ordnende Kategorien Raum, Zeit und Kausalität. Artistische Konstruktion, Montage unterschiedlicher Elemente müssen eine sehr viel kunstvollere Bauform herstellen. [...]

Das heißt, dass an die Stelle von Anschaulichkeit, Geschlossenheit und Kontinuität des Erzählens andere Kriterien zur Wertung eines Romans treten müssen: die Intensität des Erzählten sowie die Faszination, die von der Formgebung, von der Komposition auszugehen vermag.

Honore Daumier: Don Quichotte, 1868 / 70

A ■ Fassen Sie in einem Thesenpapier zusammen, welche Forderungen Fontane an einen Roman stellt.

B ■ Definieren Sie den Typus des »Zeitromans«. Ergänzen Sie Fontanes Aussagen durch weitere Rechercheergebnisse aus einschlägigen Sachwörterbüchern zur Literatur.

C ■ Bereiten Sie einen strukturierten Kurzvortrag (→ **Tipps für die Vorbereitung von Kurzvorträgen**, S. 20) zu dem Textauszug Karl Migners vor, in welchem Sie die wichtigsten Inhalte des Textes zusammenfassend darstellen. Ihr Vortrag sollte nicht länger als fünf Minuten dauern. Überlegen Sie sich eine geeignete Form der schriftlichen Fixierung, auf die Sie sich während Ihres Vortrages stützen können, z. B. Stichworte auf Karteikarten, eine Mind-Map, eine tabellarische Gegenüberstellung u. a. sein.

D₁ ■ Arbeiten Sie grundsätzliche Unterschiede zwischen dem traditionellen Erzählen und dem modernen Roman heraus und legen Sie eine Tabelle an.

D₂ ■ Nennen Sie Ursachen für die Veränderungen des Erzählens vom 19. Jahrhundert zur Gegenwartsliteratur. Inwiefern ändert sich auch die Rolle des Lesers?

Dramen analysieren und interpretieren

■ Text 24

Kleinbürgerhochzeit (1974) *Heiner Müller*

Mann, Frau, Tochter, Hitlerbild.
Mann Meine Lieben, es ist fünf Minuten vor zwölf
    Zeit, daß ich uns aus dem Leben helf
    Nach dem Beispiel, das der Führer gegeben hat
5   Denn morgen steht der Feind in der Stadt
    Und wer will in der Schande leben.
Tochter Ich.
Mann Nimm das zurück oder ich verstoße dich.
    Ein deutsches Mädchen. Ich kann es kaum
10 fassen.
Tochter Verstoß mich, Papa.
Mann Das könnte dir passen.
    Das ist nicht meine Tochter, ich weiß es genau.
    Mit wem hast du mich betrogen, Frau.
15 **Frau** Ich will auf der Stelle tot umfallen hier.
Mann Das wirst du herleben.
    Zur Tochter: Und jetzt zu dir:
    Hast du mir etwas zu sagen.
Tochter Ja.
20 Bitte austreten zu dürfen, Papa.

Mann Man muß sich beherrschen können, der
    Mensch ist kein Tier.
    Es wird nicht ausgetreten. Nicht bei mir.
    Was sollen unsre tapferen Feldgrauen sagen.
    Die müssen sich noch ganz anderer Dinge 25
    entschlagen.
    Aus dir bellt der innere Schweinehund.
    Da heißt es hart bleiben. Aus diesem Grund –
    Frau, hol die Leine – werd ich dich jetzt
    An den Stuhl binden. 30
    Tochter heult. Maul halten und hingesetzt.
Tochter Aber, Papa, wenn ich muß.
Mann Das wird sich finden.
    Zur Frau: Wir müssen der Person das Maul
    verbinden. 35
    Ein Handtuch. – Und jetzt zur Tat.
    Der Führer ist tot, leben ist Hochverrat.
    *Setzt der Tochter den Revolver an die Schläfe,
    drückt ab. Kein Schuß.*
    Verdammt, ich hab sie vergessen zu laden. 40

Lädt und erschießt die Tochter.
Weg mit Schaden.
Frau *schreit:* Nein.
Mann Hör auf zu schrein.
Denk an den Führer: lieber tot als rot.
Das Schönste im Leben ist der Heldentod.
Gleich bist du hinüber. Ich komme nach.
Erschießt die Frau. Setzt sich den Revolver an die Schläfe, setzt ihn wieder ab, blickt in die Mündung, auf die Toten, dreht sich weg, setzt wieder an und wieder ab usw. Aus dem Hitlerbild tritt Hitler. Gruß.
Mein Führer. Er ist es. Mir werden die Knie schwach.
Versteckt den Revolver vor Hitler. Hitler droht mit dem Finger.
Wo ist mein Revolver. – Ich weiß wie ich's mach.
Dreht das Hitlerbild um. Hitler verschwindet.
Wo ein Ende war wird ein Anfang sein.
Der Starke ist am mächtigsten allein. *Ab.*

A ■ Sammeln Sie Aspekte, die im Hinblick auf die Inszenierung eines Dramas auf der Bühne von Bedeutung sind. Beziehen Sie auch das Foto zu einer Inszenierung des Dramas »Woyzeck« und andere Inszenierungsbilder in diesem Kapitel mit ein.

In diesem Kapitel lernen Sie(,) …
- die besonderen Merkmale eines dramatischen Textes kennen,
- Elemente und Strukturen als Möglichkeiten der Handlungsführung erarbeiten und raumzeitliche Verhältnisse zu analysieren,
- Absichten, Haltungen und Verhaltensweisen von Figuren zu erschließen,
- unterschiedliche Redeformen (Dialoge, Monologe) unter Berücksichtigung kommunikativer und sprachlicher Aspekte untersuchen,
- ein Inventar an Begriffen und Methoden zur Untersuchung von dramatischen Texten kennen und anzuwenden,
- verschiedene Formen des Dramas zu bestimmen und zu unterscheiden.

Dramen analysieren und interpretieren

Elemente und Strukturen des Dramas erkennen

Was kann ich nach der Bearbeitung dieses Unterkapitels?
- Bedeutung und Funktion von Titel, Untertitel und Personenverzeichnis erfassen
- Ursachen von Konflikten erkennen und Konfliktverläufe antizipieren
- Die Dialoggestaltung in einer antiken Tragödie mit Hilfe szenischer Verfahren erschließen

Titel und Personenverzeichnis untersuchen

INFO

Man unterscheidet im Drama **Haupt-** und **Nebentext**. Der Haupttext ist der auf der Bühne gesprochene Text, zum Nebentext gehören die Textanteile, die nicht gesprochen werden, wie z. B. Titel, Untertitel, Personenverzeichnis, Sprechernamen, Regieanweisungen etc. Diese sind für die Untersuchung des Dramas sehr aufschlussreich. Mit dem **Titel** verbindet der Zuschauer/Leser möglicherweise erste Vorstellungen und Erwartungen im Hinblick auf den Handlungsverlauf des Stückes. Mit Hilfe des **Personenverzeichnisses**, das dem gedruckten Text normalerweise vorangestellt ist oder sich im Programmheft findet, kann er sich darüber informieren, welche Figuren im Stück vorkommen und welche Rollenbesetzung der Regisseur vorgenommen hat. Die Anordnung der Figuren im Verzeichnis und (eventuell) knappe Hinweise zu ihrem Status machen vielleicht deutlich, welche Rolle sie im Stück spielen und in welcher Beziehung sie zueinander stehen.

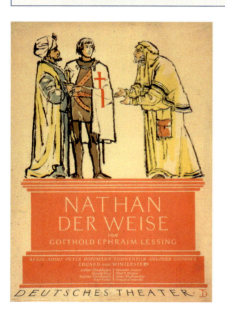

Personenverzeichnis

Sultan *Saladin*
Sittah, dessen Schwester.
Nathan, ein reicher Jude in Jerusalem.
Recha, dessen angenommene Tochter.
Daja, eine Christin, aber in dem Hause des Juden, als Gesellschafterin der Recha.
Ein junger *Tempelherr*.
Ein *Derwisch*.
Der *Patriarch* von Jerusalem.
Ein *Klosterbruder*.
Ein *Emir* nebst verschiedenen *Mameluken* des Saladin.
Die Szene ist in Jerusalem.

A ■ Welche Vorstellungen und Erwartungen verbinden Sie mit dem Titel des Stückes?
B ■ Beschreiben Sie das Bild, das anlässlich einer Aufführung des Stückes für das Programmheft gestaltet worden ist.

A ■ Wie ist das Personenverzeichnis aufgebaut?
B ■ Was sagt es über die Figuren und ihre Beziehungen, mögliche Themen und Konflikte im Stück aus?
C ■ Welche Vorstellungen und Erwartungen verbinden Sie heute mit dem Namen des Handlungsortes?
D ■ Skizzieren Sie anhand des Personenverzeichnisses mögliche Handlungsentwürfe für das Stück.

Text 25

Nathan der Weise (1779) *Gotthold Ephraim Lessing*

Erster Aufzug
Erster Auftritt
Szene: Flur in Nathans Hause.
Nathan von der Reise kommend. Daja ihm entgegen.

Daja Er ist es! Nathan! – Gott sei ewig Dank,
   Dass Ihr doch endlich einmal wiederkommt.
Nathan Ja, Daja; Gott sei Dank! Doch warum *endlich*?
   Hab ich denn eher wiederkommen wollen?
   Und wiederkommen können? Babylon
   Ist von Jerusalem, wie ich den Weg,
   Seitab bald rechts, bald links, zu nehmen bin
10 Genötigt worden, gute zweihundert Meilen;
   Und Schulden einkassieren, ist gewiss
   Auch kein Geschäft, das merklich fördert, das
   So von der Hand sich schlagen lässt.
Daja   O Nathan,
15 Wie elend, elend hättet Ihr indes
   Hier werden können! Euer Haus …
Nathan   Das brannte.
   So hab ich schon vernommen. – Gebe Gott,
   Dass ich nur alles schon vernommen habe!
20 **Daja** Und wäre leicht von Grund aus abgebrannt.
Nathan Dann, Daja, hätten wir ein neues uns
   Gebaut; und ein bequemeres.
Daja   Schon wahr! –
   Doch *Recha* wär' bei einem Haare mit
25 Verbrannt.
Nathan Verbrannt? Wer? meine Recha? sie? –
   Das hab' ich nicht gehört. – Nun dann! So hätte
   Ich keines Hauses mehr bedurft. – Verbrannt
   Bei einem Haare! Ha! sie ist es wohl!
30 Ist wirklich wohl verbrannt! – Sag' nur heraus!
   Heraus nur! – Töte mich: und martre mich
   Nicht länger. – Ja, sie ist verbrannt.
Daja   Wenn sie
   Es wäre, würdet Ihr von mir es hören?
35 **Nathan** Warum erschreckest du mich denn? –
   O Recha! O meine Recha!
Daja   Eure? Eure Recha?
Nathan Wenn ich mich wieder je entwöhnen müsste,
   Dies Kind mein Kind zu nennen!
40 **Daja**   Nennt Ihr alles,
   Was Ihr besitzt, mit ebensoviel Rechte
   Das Eure?
Nathan   Nichts mit größerm! Alles, was
   Ich sonst besitze, hat Natur und Glück
   Mir zugeteilt. Dies Eigentum allein
45 Dank' ich der Tugend.
Daja   O wie teuer lasst
   Ihr Eure Güte, Nathan, mich bezahlen!
   Wenn Güt', in solcher Absicht ausgeübt,
   Noch Güte heißen kann!
50 **Nathan**   In solcher Absicht?
   In welcher?
Daja   Mein Gewissen …
Nathan   Daja, lass
   Vor allen Dingen dir erzählen …
Daja   Mein
   Gewissen, sag' ich …
Nathan   Was in Babylon
   Für einen schönen Stoff ich dir gekauft.
   So reich, und mit Geschmack so reich! Ich bringe
60 Für Recha selbst kaum einen schönern mit.
Daja Was hilft's? Denn mein Gewissen, muss ich Euch
   Nur sagen, läßt sich länger nicht betäuben.
Nathan Und wie die Spangen, wie die Ohrgehenke,
   Wie Ring und Kette dir gefallen werden,
65 Die in Damascus ich dir ausgesucht:
   Verlanget mich zu sehn.
Daja   So seid Ihr nun!
   Wenn Ihr nur schenken könnt! nur schenken könnt!
Nathan Nimm du so gern, als ich dir geb': – und schweig!
70 **Daja** Und schweig! – Wer zweifelt, Nathan, dass Ihr nicht
   Die Ehrlichkeit, die Großmut selber seid?
   Und doch …
Nathan   Doch bin ich nur ein Jude. – Gelt,
   Das willst du sagen?
75 **Daja**   Was ich sagen will,
   Das wisst Ihr besser.
Nathan   Nun so schweig!
Daja   Ich schweige.
   Was Sträfliches vor Gott hierbei geschieht,
80 Und ich nicht hindern kann, nicht ändern kann, –
   Nicht kann, – komm' über Euch!
Nathan   Komm' über mich! –
   Wo aber ist sie denn? wo bleibt sie? – Daja,
   Wenn du mich hintergehst! – Weiß sie es denn,
85 Dass ich gekommen bin?
Daja Das frag' ich Euch!
   Noch zittert ihr der Schreck durch jede Nerve.
   Noch malet Feuer ihre Fantasie
   Zu allem, was sie malt. Im Schlafe wacht,

Dramen analysieren und interpretieren

    Im Wachen schläft ihr Geist: bald weniger
    Als Tier, bald mehr als Engel.
Nathan   Armes Kind!
    Was sind wir Menschen!
95 **Daja**   Diesen Morgen lag
    Sie lange mit verschlossnem Aug', und war
    Wie tot. Schnell fuhr sie auf, und rief: »Horch! horch!
    Da kommen die Kamele meines Vaters!
    Horch! seine sanfte Stimme selbst!« – Indem
100 Brach sich ihr Auge wieder: und ihr Haupt,
    Dem seines Armes Stütze sich entzog,
    Stürzt auf das Kissen. – Ich, zur Pfort' hinaus!
    Und sieh: da kommt Ihr wahrlich! kommt Ihr wahrlich! –
    Was Wunder! ihre ganze Seele war
105 Die Zeit her nur bei Euch – und ihm. –
Nathan   Bei ihm?
    Bei welchem Ihm?
  Daja   Bei ihm, der aus dem Feuer
    Sie rettete.
110 **Nathan**   Wer war das? wer? – Wo ist er?
    Wer rettete mir meine Recha? wer?
  Daja Ein junger Tempelherr, den, wenig Tage
    Zuvor, man hier gefangen eingebracht,
    Und Saladin begnadigt hatte.
115 **Nathan**   Wie?
    Ein Tempelherr, dem Sultan Saladin
    Das Leben ließ? Durch ein geringres Wunder
    War Recha nicht zu retten? Gott!
  Daja   Ohn' ihn,
120 Der seinen unvermuteten Gewinst
    Frisch wieder wagte, war es aus mit ihr.
  Nathan Wo ist er, Daja, dieser edle Mann? –
    Wo ist er? Führe mich zu seinen Füßen.
    Ihr gabt ihm doch vors erste, was an Schätzen
125 Ich euch gelassen hatte? gabt ihm alles?
    Verspracht ihm mehr? weit mehr?
  Daja   Wie konnten wir?
  Nathan Nicht? nicht?
  Daja   Er kam, und niemand weiß woher.
130 Er ging, und niemand weiß wohin. Ohn' alle
    Des Hauses Kundschaft, nur von seinem Ohr
    Geleitet, drang, mit vorgespreiztem Mantel,
    Er kühn durch Flamm' und Rauch der Stimme
                                                             nach,
    Die uns um Hilfe rief. Schon hielten wir
135 Ihn für verloren, als aus Rauch und Flamme
    Mit eins er vor uns stand, im starken Arm
    Empor sie tragend. Kalt und ungerührt
    Vom Jauchzen unsers Danks, setzt seine Beute
    Er nieder, drängt sich unters Volk und ist –
140 Verschwunden!
  […]
Nathan   Ich überdenke mir,
    Was das auf einen Geist, wie Rechas, wohl
    Für Eindruck machen muss. Sich so verschmäht
    Von dem zu finden, den man hochzuschätzen
145 Sich so gezwungen fühlt; so weggestoßen,
    Und doch so angezogen werden; – Traun,
    Da müssen Herz und Kopf sich lange zanken,
    Ob Menschenhass, ob Schwermut siegen soll.
    Oft siegt auch keines; und die Fantasie,
150 Die in den Streit sich mengt, macht Schwärmer,
    Bei welchen bald der Kopf das Herz, und bald
    Das Herz den Kopf muss spielen. – Schlimmer
                                               Tausch! –
    Das letztere, verkenn ich Recha nicht,
    Ist Rechas Fall: sie schwärmt.
155 **Daja**   Allein so fromm,
    So liebenswürdig!
Nathan   Ist doch auch geschwärmt!
Daja Vornehmlich eine – Grille, wenn Ihr wollt,
    Ist ihr sehr wert. Es sei ihr Tempelherr
160 Kein irdischer und keines irdischen;
    Der Engel einer, deren Schutze sich
    Ihr kleines Herz, von Kindheit auf, so gern
    Vertrauet glaubte, sei aus seiner Wolke,
    In die er sonst verhüllt, auch noch im Feuer,
165 Um sie geschwebt, mit eins als Tempelherr
    Hervorgetreten. – Lächelt nicht! – Wer weiß?
    Lasst lächelnd wenigstens ihr einen Wahn,
    In dem sich Jud' und Christ und Muselmann
    Vereinigen; – so einen süßen Wahn!
170 **Nathan** Auch mir so süß! – Geh, wackre Daja, geh; Sieh
    was sie macht; ob ich sie sprechen kann. –

Recha und Nathan in einer Inszenierung von »Nathan der Waise« bei den Luisenburg-Festspielen.

Dramen analysieren und interpretieren

A ■ Im Untertitel heißt das Stück »Ein dramatisches Gedicht in 5 Aufzügen«. Damit verweist Lessing darauf, dass er das Drama in Versform, und zwar in Blankversen, geschrieben hat. Bei dieser Versform handelt es sich um einen ungereimten jambischen Vers. Bestimmen Sie die Betonungsverhältnisse der Anfangsverse des Stückes. Lesen Sie dann die Szene mit verteilten Rollen.

B ■ Insgesamt fünf Figuren werden in dieser Eingangsszene des »Nathan« exponiert. Was erfährt der Leser/Zuschauer über ihren Charakter und ihre Verhaltensweisen? Entspricht das Auftreten Nathans in dieser Szene Ihren Vorstellungen von einem Weisen?

C ■ Welche Konflikte deuten sich in der Szene an? Skizzieren Sie Handlungsentwürfe für mögliche Stücke. Beziehen Sie auch das Inszenierungsbild auf S. 74 in Ihre Überlegungen mit ein.
Vergleichen Sie Ihre Überlegungen mit einer Inhaltsangabe zum Stück von Lessing.

D ■ Welcher Szene des Stücks würden Sie das Inszenierungsfoto unten zuordnen?

Konflikt und Problemlösung

INFO

Kernstück des Dramas ist in der Regel der **Konflikt**, der Widerstreit der Meinungen und Wertevorstellungen, der Gegensatz der Charaktere oder das Gegeneinander im Handlungsspiel. Zwar spielt der Konflikt auch in anderen literarischen Texten eine Rolle, doch ist er wesensmäßig mit dem Drama verbunden. Er kann sich im Inneren einer Person abspielen, aber auch als offene Auseinandersetzung den Handlungsverlauf des Stückes prägen.

Jedes Drama hat einen **Schluss**. Die Tragödie endet häufig mit dem Tod des Protagonisten; in der Komödie wird der Konflikt oft mit einem Schlag gelöst und die Handlung zu einem glücklichen Ende geführt. Dem geschlossenen Ende des klassischen Dramas, dem das Vertrauen auf eine feste Weltordnung eingeschrieben ist, kontrastiert im modernen Theater vielfach ein »offenes« Ende, das Problemlösungen an die Zuschauer delegiert.

Inszenierungsfoto aus »Nathan der Weise« am Wiener Burgtheater 2004 mit Klaus Maria Brandauer (r) als Nathan

Dramen analysieren und interpretieren

■ Text 26

Antigone (441 v. Chr.) *Sophokles*

Die Tragödie thematisiert den Konflikt zwischen einer an der Staatsräson und einer an religiösen, moralischen und humanen Werten orientierten Handlungsweise. Eteokles und Polyneikes, beide Brüder der Antigone, töten sich gegenseitig im Kampf um die Herrschaft in der Stadt Theben. Kreon, ihr Onkel und nun neuer König der Stadt, bestimmt, dass Polyneikes als Landesverräter nicht bestattet werden dürfe, da er die Stadt angegriffen hat, während Eteokles als Verteidiger ein Begräbnis zustehe. Während Ismene, eine weitere Schwester, diesen Befehl Kreons zwar entsetzlich findet, aber als Frau keine Möglichkeit sieht, sich dem Gebot zu widersetzen, handelt Antigone und beerdigt Polyneikes trotz der dafür angedrohten Todesstrafe.

Zweiter Auftritt […]
Kreon *zu Antigone*
    Du nun, du, die zu Boden neigt das Haupt:
    Sagst oder leugnest du, dass du's getan?
5 **Antigone** Ich sag es, ja! ich hab's getan und leugn
                                es nicht.
Kreon *zu dem Wachtmann*
    Du packst dich fort von hier, wohin du willst,
    Entlastet von dem schweren Vorwurf, frei!
    Zu Antigone
10 Du aber sage mir, nicht lange, sondern kurz gefasst:
    Hast du gewusst, dass ausgerufen war,
    Dies nicht zu tun?
Antigone   Ich wusste es!
    Wie sollt ich nicht? war es doch offenkundig.
15 **Kreon** Und hast gewagt, dieses Gesetz zu übertreten?
Antigone *sehr schlicht*
    Es war nicht Zeus, der mir dies ausgerufen,
    Noch sie, die mitwohnt bei den unteren Göttern,
                              Dike[1],
    Die beide dies Gesetz den Menschen aufgestellt.
20 Auch meint ich nicht, dass deine Ausgebote
    So mächtig seien, dass die ungeschriebenen
    Und wankenlosen Satzungen der Götter
    Einer, der sterblich wäre, überholen könnte.
    Denn nicht seit heut und gestern sind sie: diese leben
25 Von je her, und weiß niemand, woher sie ge-
                                kommen.
    Indem ich diese bräche, mocht ich nicht, aus Furcht
    Vor irgendeines Mannes Dünkel, vor den Göttern
    Strafe erleiden. – Dass ich sterben würde:
    Ich wusst es wohl – wie nicht? –, auch wenn du nicht

    Es öffentlich verkündigt hättest. Aber sterbe
    Ich vor der Zeit: ich acht es als Gewinn.
30 Denn wer, wie ich, in vielen Übeln lebt,
    Wie fände der im Tode nicht Gewinn?
    So ist für mich, dass ich dies Schicksal leide,
    In nichts ein Schmerz. Doch meiner Mutter Sohn
    Im Tode dulden ohne Grab, den Toten,
35 Das schmerzte mich. Dies aber schmerzt mich nicht. –
    Schein ich dir aber töricht jetzt in meinem Tun,
    Mag mich ein wenig wohl ein Tor der Torheit zeihen.
Ältester Es zeigt des harten Vaters harte Art
    Sich an dem Kind. Kein Nachgeben kennt sie
                              im Üblen.
Kreon Doch merke wohl, dass allzu starrer Sinn
40 Am ehesten zusammenbricht, und stärkstes Eisen,
    Kommt es gekocht zu spröde aus dem Feuer,
    Siehst du am meisten bersten und zerspringen,
    Mit kurzem Zügel, weiß ich, bringt man störrische
    Pferde zurecht. Da ist kein Raum für hochfliegendes
                              Denken,
45 Wenn einer seiner Nächsten Sklave ist. –
    Doch die da hat genau gewusst: Auflehnung war es
    Zuerst, als sie die offen ausgestellten Gesetze
                         übertrat, und Auflehnung,
    Nachdem sie es getan, ist dies die zweite,
    Dass sie sich rühmt, dass sie's getan, und lacht!
50 Wahrhaftig! da bin ich kein Mann, nein, sie der Mann,
    Wenn man ihr straflos hier die Oberhand beließe.
    Nein, sei sie meiner Schwester Kind, sei gleichen Bluts
    Sie mehr mit uns als alle, die der Zeus des Hauses
                              schirmt:
    Sie wie die Schwester sollen beide nicht entgehn
    Dem schlimmsten Tod. Denn auch die andre klag
                              ich an,
55 Dass sie in gleicher Weise dieses Grab geplant. –
    Ruft her auch sie! Denn eben sah ich drinnen
    Sie rasen, nicht der Sinne mächtig. Pflegt die Seele
    Im voraus doch, die diebische, ertappt zu werden,
    Wenn man im Finsteren nichts Gutes spinnt!
    Doch hass ich auch, wenn einer, über schlimmen
                              Dingen
    Gefasst, dann daraus noch ein Schönes machen will.
Antigone Wünschst du noch mehr als mich zu
                              nehmen und zu töten?

---

1 *Dike:* Göttin des Rechts, herrscht auch in der Unterwelt

Kreon Ich weiter nichts! Denn hab ich dies, so hab ich alles!

65 **Antigone** Was also zögerst du? Wie mir an *deinen* Reden
Gefällig nichts ist – und niemals gefallen möge! –,
So muss auch dir das Meinige missfällig sein.
Und doch, wie hätt ich rühmlicheren Ruhm
70 Erlangt als dadurch, dass ich meinen Bruder
Im Grabe beigesetzt. Bei allen diesen
Würde es heißen, dass es ihnen so gefiele,
Wenn ihnen Furcht die Zunge nicht versperrte!
Allein, Gewaltherrschaft hat vielen Segen
75 Und – sie darf tun und sagen, was sie will!

Kreon Das *siehst* nur du so unter Kadmos' Volk².

Antigone Auch *diese* sehen's, doch es duckt vor dir ihr Mund.

Kreon Und schämst du dich nicht, dass du anders
80 denkst als sie?

Antigone Es ist kein Schimpf, sein eigen Blut zu ehren.

Kreon War deines Blutes nicht auch er, der für uns fiel?

85 **Antigone** Des gleichen Bluts: von Einer Mutter und dem gleichen Vater.

Kreon Was schenkst du *dem* dann eine Gunst, die ihn beleidigt?

Antigone Das wird der Tote dir im Hades nicht
90 bezeugen!

Kreon Wenn du ihn gleich dem Gottverächter ehrst?

Antigone Kein Sklave war's, der Bruder war's, der umgekommen!

Kreon Dies Land verheerend! aber *der* trat für es ein.

Antigone: Gleichwohl! Hades erfordert einmal diese 95 Bräuche.

Kreon Der Rechte aber nicht die gleichen wie der Schlechte!

Antigone Wer weiß, ob dies dort unten heilige Regel ist?

Kreo Der Feind wird nie, auch nicht im Tod, zum 100 Freund!

Antigone *einfach*: Aber nicht mithassen, mitlieben muss ich!

Kreon So geh hinunter, wenn du lieben musst, und liebe
Die unten! Mir, in meinem Leben, herrscht kein Weib!

2 *Kadmos' Volk:* gemeint sind die Thebaner

A ■ Stellen Sie die Positionen von Kreon und Antigone stichpunktartig einander gegenüber. Wie rechtfertigt Antigone im Gespräch mit Kreon ihre Tat? Wie argumentiert Kreon dagegen?

B₁ ■ Analysieren Sie Verlauf und Ergebnis des Gesprächs.

B₂ ■ Stellen Sie die Beziehung von Kreon und Antigone zu Beginn und am Ende in Form von Standbildern dar. Welche Fragen könnte man den Figuren in der jeweiligen Phase stellen?

C ■ Informieren Sie sich über den weiteren Verlauf des Stückes und erörtern Sie dann eine der beiden Thesen:
 – »Kreon hat doch auch wieder nicht ganz unrecht und Antigone nicht ganz recht. Im Gegenteil: Es ist ja so, dass beide gerade dadurch, dass jeder ganz recht haben will, ins Unrecht geraten.« (J. Latacz);
 – »Das Stück ist ein Zweifigurendrama, und ohne dass wir den Akzent einseitig verlagern dürfen, haben wir eine Tragödie des Kreon und eine solche der Antigone anzuerkennen.« (A. Lesky)

Szenisches Interpretieren

INFO

Stellungen von Dialogpartnern im Raum erarbeiten

Erproben Sie nun Stellungen und Bewegungen zueinander, bis Sie überzeugt sind: Stehen oder sitzen die Figuren, sind sie parallel zueinander oder diagonal, Rücken an Rücken oder einander abgewandt, gehen Sie im Raum, bewegen Sie sich aufeinander zu oder voneinander weg, haben Sie Körper- oder Blickkontakt, schauen Sie ins Publikum oder kehren Sie ihm den Rücken zu?

Innere Vorgänge der Figuren bewusst machen

Wählen Sie eine für die Figur markante Textstelle. Sprechen Sie in einer Art innerer Monolog an das Publikum gerichtet in Ihrer »privaten« Sprache, was Ihre Figur empfindet, bei dem, was sie laut Rollentext sagt. Dies kann auch auf Aufforderung aus dem Zuschauerkreis erfolgen: Der Spieler erstarrt in seiner Bewegung und sagt, was er fühlt, denkt oder welche Absicht er hat. Eine weitere Möglichkeit besteht darin, hinter die Spielfiguren einen Schatten (eine Art Hilfs-Ich) zu stellen, der die inneren Vorgänge dieser Figur artikuliert.

Dramen analysieren und interpretieren

■ Text 27

Tragödientheorie (367–347 v. Chr.) *Aristoteles*

Die Poetik des Aristoteles ist kein Text, den er selbst publiziert hat. Der Philosoph hat in dieser Schrift über die grundlegenden Merkmale und Wirkungen der poetischen Gattungen, der Tragödie und des Epos' geschrieben. Der Text ist unvollständig; die Kapitel über die Komödie sind vermutlich verloren gegangen. Um seine Überlegungen zu verdeutlichen, bezieht sich Aristoteles mehrfach auf die Tragödien des Sophokles.

Die Tragödie ist die Nachahmung einer guten und in sich geschlossenen Handlung von bestimmter Größe, in anziehend geformter Sprache, [...] – Nachahmung von Handelnden und nicht durch Bericht, die Jammer (éleos) und Schaudern (phóbos) hervorruft und hierdurch eine Reinigung (kátharsis) von derartigen Erregungszuständen bewirkt. Ich bezeichne die Sprache als anziehend geformt, die Rhythmus und Melodie besitzt, ich meine [...], dass einiges nur mit Hilfe von Versen und anderes wiederum mit Hilfe von Melodien ausgeführt wird. [...]

Die Nachahmung von Handlung ist der Mythos. Ich verstehe hier unter Mythos die Zusammensetzung der Geschehnisse, unter Charakteren das, im Hinblick worauf wir den Handelnden eine bestimmte Beschaffenheit zuschreiben. [...]

Der wichtigste Teil ist die Zusammenfügung der Geschehnisse. Denn die Tragödie ist nicht Nachahmung von Menschen, sondern von Handlung und Lebenswirklichkeit. (Auch Glück und Unglück beruhen auf Handlung, und das Lebensziel ist eine Art Handlung, keine bestimmte Beschaffenheit, und infolge ihrer Handlungen sind sie glücklich oder nicht.) Folglich handeln die Personen nicht, um die Charaktere nachzuahmen, sondern um der Handlungen willen beziehen sie Charaktere ein. Daher sind die Geschehnisse und der Mythos das Ziel der Tragödie. [...] Das Fundament und gewissermaßen die Seele der Tragödie ist also der Mythos. An zweite Stelle treten die Charaktere. Demnach muss [...] auch die Fabel, da sie Nachahmung von Handlung ist, die Nachahmung einer einzigen, und zwar einer ganzen Handlung sein. Ferner müssen die Teile der Geschehnisse so zusammengefügt sein, dass sich das Ganze verändert und durcheinandergerät, wenn irgendein Teil umgestellt oder weggenommen wird. Denn was ohne sichtbare Folgen vorhanden sein oder fehlen kann, ist gar nicht ein Teil des Ganzen. [...]

Da nun die Zusammensetzung einer möglichst guten Tragödie nicht einfach, sondern kompliziert sein und da sie hierbei Schaudererregendes und Jammervolles nachahmen soll [...] ist Folgendes klar:

1. Man darf nicht zeigen, wie makellose Männer einen Umschlag vom Glück ins Unglück erleben; dies ist nämlich weder schaudererregend noch jammervoll, sondern abscheulich.
2. Man darf auch nicht zeigen, wie Schufte einen Umschlag vom Unglück ins Glück erleben; dies ist nämlich die untragischste aller Möglichkeiten, weil sie keine der erforderlichen Qualitäten hat: sie ist weder menschenfreundlich noch jammervoll noch schaudererregend.
3. Andererseits darf man auch nicht zeigen, wie der ganz Schlechte einen Umschlag vom Glück ins Unglück erlebt. Eine solche Zusammenfügung erhielte zwar Menschenfreundlichkeit, aber weder Jammer noch Schaudern. [...]

So bleibt der Held übrig, der zwischen den genannten Möglichkeiten steht. Dies ist bei jemandem der Fall, der nicht trotz seiner sittlichen Größe und seines hervorragenden Gerechtigkeitsstrebens, aber auch nicht wegen seiner Schlechtigkeit und Gemeinheit einen Umschlag ins Unglück erlebt, sondern wegen eines Fehlers.

A ■ Erläutern Sie zentrale Kategorien der aristotelischen Tragödientheorie.

B ■ Lässt sich die Tragödientheorie von Aristoteles auf die »Antigone« von Sophokles anwenden?

C ■ Wie wirken lösen die Handlungen von Kreon und Antigone auf Sie? Lassen sie sich mit den aristotelischen Wirkungsformen charakterisieren?

Strukturell unterschiedliche Dramen analysieren und vergleichen

> **Was kann ich nach der Bearbeitung dieses Unterkapitels?**
> - Die Entwicklung und Stationen des Dramas vom Drama der Aufklärung und des Sturm und Drang bis zur Gegenwart nachvollziehen
> - Offene und geschlossene Form des Dramas unterscheiden
> - Eine Szene analysieren
> - Dramen in vergleichender Weise analysieren
> - Moderne Formen des Dramas von tradionellen Dramentypen unterscheiden

Ein Drama aus dem 19. Jahrhundert

■ Text 28

Woyzeck (1836/37) *Georg Büchner*

Woyzeck, Hauptfigur des gleichnamigen, fragmentarisch überlieferten Schauspiels, muss als einfacher Soldat mit geringem Einkommen für sein uneheliches Kind sorgen, das er zusammen mit der von ihm sehr geliebten Marie hat. Um nebenbei noch Geld dazuzuverdienen, rasiert er den Hauptmann jeden Morgen und stellt sich für so genannte wissenschaftliche Versuche einem Arzt zur Verfügung.

Hauptmann auf dem Stuhl, Woyzeck rasiert ihn.
Hauptmann Langsam, Woyzeck, langsam; eins nach dem andern! Er macht mir ganz schwindlig. Was soll ich dann mit den 10 Minuten anfangen, die Er heut zu früh fertig wird? Woyzeck, bedenk Er, Er hat noch seine schönen dreißig Jahr zu leben, dreißig Jahr! Macht dreihundertsechzig Monate! und Tage! Stunden! Minuten! Was will Er denn mit der ungeheuren Zeit all anfangen? Teil Er sich ein, Woyzeck!
Woyzeck Jawohl, Herr Hauptmann.
Hauptmann Es wird mir ganz angst um die Welt, wenn ich an die Ewigkeit denke. Beschäftigung, Woyzeck, Beschäftigung! Ewig: das ist ewig, das ist ewig – das siehst du ein; nur ist es aber wieder nicht ewig, und das ist ein Augenblick, ja ein Augenblick – Woyzeck, es schaudert mich, wenn ich denke, dass sich die Welt in einem Tag herumdreht. Was ‹n Zeitverschwendung! Wo soll das hinaus? Woyzeck, ich kann kein Mühlrad mehr sehen, oder ich werd melancholisch.
Woyzeck Jawohl, Herr Hauptmann.
Hauptmann Woyzeck, Er sieht immer so verhetzt aus! Ein guter Mensch tut das nicht, ein guter Mensch, der sein gutes Gewissen hat. – Red er doch was Woyzeck! Was ist heut für Wetter?
Woyzeck Schlimm, Herr Hauptmann, schlimm: Wind!
Hauptmann Ich spür's schon. ‹s ist so was Geschwindes draußen: so ein Wind macht mir den Effekt wie eine Maus. – *Pfiffig:* Ich glaub', wir haben so was aus Süd-Nord?
Woyzeck Jawohl, Herr Hauptmann.
Hauptmann Ha, ha ha! Süd-Nord! Ha, ha, ha! Oh, Er ist dumm, ganz abscheulich dumm! – *Gerührt:* Woyzeck, Er ist ein guter Mensch – aber – *Mit Würde:* Woyzeck, Er hat keine Moral! Moral, das ist, wenn man moralisch ist, versteht Er. Es ist ein gutes Wort. Er hat ein Kind ohne den Segen der Kirche, wie unser hocherwürdiger Herr Garnisionsprediger sagt – ohne den Segen der Kirche, es ist ist nicht von mir.
Woyzeck Herr Hauptmann, der liebe Gott wird den armen Wurm nicht drum ansehen, ob das Amen drüber gesagt ist, eh er gemacht wurde. Der Herr sprach: Lasset die Kleinen zu mir kommen.

Dramen analysieren und interpretieren

Hauptmann Was sagt Er da? Was ist das für eine kuriose Antwort? Er macht mich ganz konfus mit seiner Antwort. Wenn ich sag': Er, so mein' ich Ihn, Ihn –

50 **Woyzeck** Wir arme Leut – Sehn Sie, Herr Hauptmann: Geld, Geld! Wer kein Geld hat – Da setz einmal eines seinesgleichen auf die Moral in der Welt! Man hat auch sein Fleisch und Blut. Unsereins ist doch einmal unselig in der und der an-
55 dern Welt. Ich glaub', wenn wir in Himmel kämen, so müssten wir donnern helfen.

Hauptmann Woyzeck, Er hat keine Tugend! Er ist kein tugendhafter Mensch! Fleisch und Blut? Wenn ich am Fenster lieg', wenn's geregnet hat,
60 und den weißen Strümpfen nachseh', wie sie über die Gassen springen – verdammt, Woyzeck, da kommt mir die Liebe! Ich hab' auch Fleisch und Blut. Aber, Woyzeck, die Tugend! Die Tugend! Wie sollte ich dann die Zeit rumbringen? Ich sag' mir immer: du bist ein tugendhafter Mensch – ge-
65 rührt: –, ein guter Mensch, ein guter Mensch.

Woyzeck Ja, Herr Hauptmann, die Tugend – ich hab's noch nit so aus. Sehn Sie: wir gemeine Leut, das hat keine Tugend, es kommt nur so die Natur; aber wenn ich ein Herr wär und hätt' ein' Hut und
70 eine Uhr und eine Anglaise und könnt' vornehm rede, ich wollt' schon tugendhaft sein. Es muss was Schönes sein um die Tugend, Herr Hauptmann. Aber ich bin ein armer Kerl!

Hauptmann Gut, Woyzeck. Du bist ein guter Mensch,
75 ein guter Mensch. Aber du denkst zu viel, das zehrt; du siehst immer so verhetzt aus. – Der Diskurs hat mich ganz angegriffen. Geh jetzt, und renn nicht so; langsam, hübsch langsam die Straße hinunter!

Offene und geschlossene Form des Dramas *Gegenüberstellung nach Volker Klotz* **INFO**

	Geschlossene Form: Ausschnitt als Ganzes	**Offene Form:** Das Ganze in Ausschnitten
Handlung	Einheit, Einsträngigkeit, Geschlossenheit der Handlung: keine wesentlichen Lücken oder Sprünge	Vielfalt und Offenheit der Handlung: schlaglichtartig, bruchstückhaft
Zeit	Einheit der Zeit, geringe Zeiterstreckung	weite, z. T. unbestimmte Zeiterstreckung, dramatischer Augenblick wichtiger als Entwicklung
Raum	Einheit des Ortes; Raum typisiert, Rahmen, kein Handlungsfaktor	Vielfalt der Orte; Raum charakteristisch für Stand, Milieu, Atmosphäre
Personen	Einheit des Standes, Personal sozial einheitlich, mit gemeinsamem geistigen Bezugssystem; mündige, verantwortlich handelnde, reflektierte Persönlichkeiten	Vielfalt der gesellschaftlichen Schicht, unterschiedliche, auch entgegengesetzte Weltanschauungen; auch unreife, getriebene, unreflektierte und reflexionsunfähige Menschen
Sprache	hoher Stil, Vers; Kommunikation auf Auseinandersetzung angelegt	Vielfalt der Sprechweisen, Prosa; gescheiterte Kommunikation
Aufbau	geschlossene, straffe Komposition, schlüssig und zielstrebig geführte Handlung, Fünf-Akt-Schema	offene, lockere Komposition, reigen-, stationen-, mosaikartig; Kreisbewegung, Einteilung in Szenen

A ■ Informieren Sie sich über den Handlungsverlauf.
B ■ Untersuchen Sie die Beziehungen der beiden Figuren im Verlauf des Gespräches. Charakterisieren Sie dabei ihre Redeweisen.
C ■ Arbeiten Sie die unterschiedlichen Vorstellungen beider Figuren in Hinblick auf Moral und Tugend heraus.
D ■ Was kennzeichnet den »Woyzeck« als Drama der offenen Form?

Das epische Theater

■ Text 29

Was ist mit dem epischen Theater gewonnen? (1939) *Bertolt Brecht*

Damit ist gewonnen, daß der Zuschauer die Menschen auf der Bühne nicht mehr als ganz unveränderbare, unbeeinflußbare, ihrem Schicksal hilflos ausgelieferte dargestellt sieht. Er sieht: dieser Mensch ist so und so, weil die Verhältnisse so und so sind. Und die Verhältnisse sind so und so, weil der Mensch so und so ist. Er ist aber nicht nur so vorstellbar, wie er ist, sondern auch anders, so wie er sein könnte, und auch die Verhältnisse sind anders vorstellbar, als sie sind. Damit ist gewonnen, daß der Zuschauer im Theater eine neue Haltung bekommt. Er bekommt den Abbildern der Menschenwelt auf der Bühne gegenüber jetzt dieselbe Haltung, die er als Mensch dieses Jahrhunderts der Natur gegenüber hat. Er wird auch im Theater empfangen als der große Änderer, der in die Naturprozesse und die gesellschaftlichen Prozesse einzugreifen vermag, der die Welt nicht mehr nur hinnimmt, sondern sie meistert. Das Theater versucht nicht mehr, ihn besoffen zu machen, ihn mit Illusionen auszustatten, ihn die Welt vergessen zu machen, ihn mit seinem Schicksal auszusöhnen. Das Theater legt ihm nunmehr die Welt vor zum Zugriff.

A ■ Welche Haltung wünscht sich Brecht vom Zuschauer?

B ■ Überlegen Sie, wie ein Drama inszeniert werden müsste, um die gewünschte Haltung beim Publikum zu erzeugen. Beziehen Sie **T30** mit ein.

Aufführung: »Das Leben des Galilei« im Theater Lüneburg mit P. Bause als Galilei und A. Beyer als Sagredo

Episches Theater INFO

»Wir sehn betroffen den Vorhang zu und alle Fragen offen. [...] Verehrtes Publikum, los, such dir selbst den Schluss!« (»Der gute Mensch von Sezuan«) – Dieses Zitat zeigt, was Brecht mit seiner Spielart des modernen Dramas erreichen möchte: Durch die Aufführung soll beim Zuschauer nicht die Illusion entstehen, in eine spannende Bühnenhandlung hineinversetzt zu werden, sondern er soll zu neuen Erkenntnissen gebracht werden. Nicht den dem Ausgang der Handlung entgegenfiebernden Zuschauer wünscht sich Brecht, sondern den das Geschehen mit der nötigen Distanz reflektierend betrachtenden, auf den Gang der Handlung achtenden kritischen Zeitgenossen. Die Bühne wird zum Modell der Wirklichkeit.

Das entscheidende Mittel dafür ist der **Verfremdungseffekt** (oft V-Effekt abgekürzt). Durch ihn soll die Illusion einer in sich abgeschlossenen Bühnenhandlung, die der Zuschauer passiv und sich mit einer Figur identifizierend aufnimmt, durchbrochen werden. Damit verstößt Brecht bewusst gegen die Grundsätze des traditionellen oder aristotelischen Theaters – und nennt deshalb sein Theater episches Theater, da die Spannungseffekte oft aus dem erzählenden (= epischen) Bereich übernommen werden: Auftreten eines Erzählers, der nicht zur eigentlichen Handlung gehört, Kommentierung des Geschehens durch Chöre, Songs, eingeblendete Tafeln, Epigramme an Szenenanfängen, Prolog und Epilog, Aneinanderreihung einzelner Bilder statt fünf Akte, Aus-der-Rolle-Treten von Schauspielern, direktes Ansprechen des Publikums. Das epische Theater soll in einer lockeren Szenenfolge präsentiert letztlich das kritische Bewusstsein des Zuschauers wecken und ihm die Veränderbarkeit der gesellschaftlichen Bedingungen deutlich machen.

Dramen analysieren und interpretieren

■ Text 30

Leben des Galilei (Fassung 1955/1956) Bertolt Brecht

I
Galileo Galilei, Lehrer der Mathematik zu Padua,
will das neue Kopernikanische Weltsystem beweisen.

In dem Jahr sechzehnhundertundneun
5 Schien das Licht des Wissens hell
Zu Padua aus einem kleinen Haus.
Galileo Galilei rechnete aus:
Die Sonn steht still, die Erd kommt von der Stell.

Hinweise zur Charakterisierung Gs:
Armut, Unwichtigkeit materieller Dinge, Wissenschaft wichtiger als Geld
Ironischer Umgang mit den Geldsorgen, G. verwendet sie als geometrisches Anschauungsmaterial

10 *Das ärmliche Studierzimmer des Galilei in Padua. Es ist morgens. Ein Knabe, Andrea, der Sohn der Haushälterin, bringt ein Glas Milch und einen Wecken.*

Regieanweisung: Altersunterschied, Sohn der Angestellten von G.

Galilei *sich den Oberkörper waschend, prustend und fröh-*
15 *lich:* Stell die Milch auf den Tisch, aber klapp kein Buch zu.

Dialogführung: eine Art Befehl

Andrea Mutter sagt, wir müssen den Milchmann bezahlen. Sonst macht er bald einen Kreis um unser Haus, Herr Galilei.
Galilei Es heißt: er beschreibt einen Kreis, Andrea.

Anrede als »Herr«
Verbesserung der Ausdrucksweise des Jungen

20 **Andrea** Wie Sie wollen. Wenn wir nicht bezahlen, dann beschreibt er einen Kreis um uns, Herr Galilei.
Galilei Während der Gerichtsvollzieher, Herr Cambione, schnurgerade auf uns zu kommt, indem er was für eine Strecke zwischen zwei Punkten wählt?
25 **Andrea** *grinsend* Die kürzeste.

Frage-Antwort-Spiel

1. Abschnitt: Alltagsgespräch, Lebenshaltungskosten

Galilei Gut. Ich habe was für dich. Sieh hinter den Sterntafeln nach.
Andrea fischt hinter den Sterntafeln ein großes hölzernes Modell des Ptolemäischen Systems hervor.
30 **Andrea** Was ist das?
Galilei Das ist ein Astrolab; das Ding zeigt, wie sich die Gestirne um die Erde bewegen, nach Ansicht der Alten.
Andrea Wie?
Galilei Untersuchen wir es. Zuerst das erste: Beschreibung.
35 **Andrea** In der Mitte ist ein kleiner Stein.
Galilei Das ist die Erde.
Andrea Drum herum sind, immer übereinander, Schalen.
Galilei Wie viele?
Andrea Acht.
40 **Galilei** Das sind die kristallnen Sphären.
Andrea Auf den Schalen sind Kugeln angemacht ...
Galilei Die Gestirne. [...]
Und jetzt laß die Sonne laufen.
Andrea *bewegt die Schalen:* Das ist schön. Aber wir sind
45 so eingekapselt.

Lehrer-Schüler-Verhältnis
→ Asymmetrische Kommunikation

Sprachl. Mittel: Fachsprache (Astronomie)

2. Abschnitt: Unterweisung des Jungen über das alte Weltbild

82

3. Abschnitt: Monolog Gs, Kritik am alten Weltbild

Galilei *sich abtrocknend:* Ja, das fühlte ich auch, als ich das Ding zum ersten Mal sah. Einige fühlen das. *Er wirft Andrea das Handtuch zu, daß er ihm den Rücken abreibe.* Mauern und Schalen und Unbeweglichkeit! Durch zwei-
50 tausend Jahre glaubte die Menschheit, daß die Sonne und alle Gestirne des Himmels sich um sie drehten. Der Papst, die Kardinäle, die Fürsten, die Gelehrten, Kapitäne, Kaufleute, Fischweiber und Schulkinder glaubten, unbeweglich in dieser kristallenen Kugel zu sitzen. Aber
55 jetzt fahren wir heraus, Andrea, in großer Fahrt. Denn die alte Zeit ist herum, und es ist eine neue Zeit. Seit

Polysyndeton, Betonung der Unbeweglichkeit

Asyndeton, absteigende Linie »Papst« → »Fischweiber« Wirkung: Herabsetzung, Lächerlichmachen dieses Glaubens

hundert Jahren ist es, als erwartete die Menschheit etwas.
  Die Städte sind eng, und so sind die Köpfe.
60 Aberglauben und Pest. Aber jetzt heißt es: da es so ist, bleibt es nicht so. Denn alles bewegt sich, mein Freund. […] Und es ist eine große Lust aufgekommen, die Ursachen aller Dinge zu erforschen: warum der Stein fällt, den man losläßt,
65 und wie er steigt, wenn man ihn hochwirft. Jeden Tag wird etwas gefunden. […]
Denn wo der Glaube tausend Jahre gesessen hat, eben da sitzt jetzt der Zweifel. Alle Welt sagt: ja, das steht in den Büchern, aber laßt uns jetzt
70 selbst sehn. Den gefeiertsten Wahrheiten wird auf die Schulter geklopft; was nie bezweifelt wurde, das wird jetzt bezweifelt. Dadurch ist eine Zugluft entstanden, welche sogar den Fürsten und Prälaten die goldbestickten Röcke lüftet, so
75 daß fette und dürre Beine darunter sichtbar werden, Beine wie unsere Beine. Die Himmel, hat es sich herausgestellt, sind leer. Darüber ist ein fröhliches Gelächter entstanden. […] Unsere Schiffe fahren weit hinaus, unsere Gestirne be-
80 wegen sich weit im Raum herum, selbst im Schachspiel die Türme gehen neuerdings weit über alle Felder. Wie sagt der Dichter? »O früher Morgen …«
Andrea »O früher Morgen des Beginnens!
85 O Hauch des Windes, der
Von neuen Küsten kommt!«
Und Sie müssen Ihre Milch trinken, denn dann kommen sofort wieder Leute.
Galilei Hast du, was ich dir gestern sagte, in-
90 zwischen begriffen?
Andrea Was? Das mit dem Kippernikus seinem Drehen?
Galilei Ja.
Andrea Nein. Warum wollen Sie denn, daß ich es begreife? Es ist sehr schwer, und ich bin im Oktober erst elf.
Galilei Ich will gerade, daß auch du es begreifst. Dazu, daß man es begreift, arbeite ich und kaufe die teuren Bücher, statt den Milchmann zu bezahlen.
Andrea Aber ich sehe doch, daß die Sonne abends woanders hält als morgens. Da kann sie doch nicht stillstehen! Nie und nimmer.
Galilei Du siehst! Was siehst du? Du siehst gar nichts. Du glotzt nur. Glotzen ist nicht sehen. *Er stellt den eisernen Waschschüsselständer in die Mitte des Zimmers.* Also das ist die Sonne. Setz dich. *Andrea setzt sich auf den einen Stuhl. Galilei steht hinter ihm.* Wo ist die Sonne, rechts oder links?
Andrea Links.
Galilei Und wie kommt sie nach rechts?
Andrea Wenn Sie sie nach rechts tragen, natürlich.
Galilei Nur so? *Er nimmt ihn mitsamt dem Stuhl auf und vollführt mit ihm eine halbe Drehung.* Wo ist jetzt die Sonne?
Andrea Rechts.
Galilei Und hat sie sich bewegt?
Andrea Das nicht.
Galilei Was hat sich bewegt?
Andrea Ich.
Galilei *brüllt* Falsch! Dummkopf! Der Stuhl!
Andrea Aber ich mit ihm!
Galilei Natürlich. Der Stuhl ist die Erde. Du sitzt drauf.
Frau Sarti *ist eingetreten, das Bett zu machen. Sie hat zugeschaut:* Was machen Sie eigentlich mit meinem Jungen, Herr Galilei?
Galilei Ich lehre ihn sehen, Sarti.
Frau Sarti Indem Sie ihn im Zimmer herumschleppen?
Andrea Laß doch, Mutter. Das verstehst du nicht. […]

Dramen analysieren und interpretieren

Eine Szene analysieren

Aufgabeninsel

A ■ Informieren Sie sich über Leben und Wirken der Titelfigur.

B ■ Recherchieren Sie Daten zur Entstehung des Stückes und informieren Sie sich über dessen Handlungsverlauf.

C ■ Schauen Sie sich die Markierungen und Randbemerkungen an. Worauf beziehen Sie sich? Was verdeutlichen sie? Welche Funktion haben sie?

D ■ Kopieren Sie die Szene und führen Sie die Erschließung der Szene mit Randbemerkungen fort.

E ■ Untersuchen Sie, wie Brecht die Figuren in der Szene exponiert. Wie unterscheidet sich die Exposition Brechts von der Lessings?

F ■ Wie stellen Sie sich Galilei oder Andrea (Erscheinungsbild, Kostüm, Maske, Frisur) vor? Charakterisieren Sie durch Hinzufügung weiterer Regieanweisungen seine Sprech- und Verhaltensweisen sowie seine Mimik und Gestik.

G ■ In welchen Beziehungen stehen Galilei, Andrea und seine Mutter zueinander. Erläutern Sie die Figurenkonstellation mit Hilfe einer Grafik.

H ■ Welche Wirkungen will Brecht mit dieser Szene beim Publikum erzeugen? Beziehen Sie in Ihre Überlegungen den Vorspruch zur Szene und seine Vorstellungen vom epischen Theater mit ein.

I₁ ■ Nach Ende der Szene erklärt Andrea seiner Mutter, was er von Galilei gelernt hat. Schreiben Sie dazu eine Szene.

I₂ ■ Nach Ende der Szene kommt der Milchmann zu Galilei und möchte für die Waren, die er ihm geliefert hat, Geld. Schreiben Sie dazu eine Szene.

Inhaltliche Sicherung
■ Welche Schwierigkeiten hatten Sie beim Lesen und Verstehen des Textes? Welche Wörter sind Ihnen unbekannt? Welche Äußerungen verstehen Sie nicht? Was ist Ihnen aufgefallen?
■ Welche Informationen über Figuren, Zeit, Ort und Handlung kann man dem Szenenbeispiel entnehmen? Worum geht es in der Szene?

Regieanweisungen
■ Wie groß ist der Anteil an außersprachlicher Handlung? Was erfährt man über Gestik und Mimik der Figuren?
■ In welcher Beziehung stehen Galilei und Andrea zueinander?

Aufbau des Gesprächs
■ Wie groß sind die Redeanteile der Figuren? Dominiert eine Figur?
■ Welche Figur ergreift die Initiative? Welche beendet das Gespräch? Kann man Gesprächsphasen unterscheiden?
■ Welche Konflikte prägen das Gespräch? Gibt es einen Wendepunkt?

Sprechakte
■ Welche Sprechakte dominieren? Gehen Galilei und Andrea aufeinander ein?
■ Welche Absichten verfolgen sie? Lassen sich argumentative Strategien erkennen?
■ Welchem Gesprächstyp könnte man die Szene zuordnen?

Sprachlich-stilistische Mittel
■ Auf welchem Sprachniveau entwickelt sich das Gespräch?
■ Welchen Wortschatz verwenden die Figuren; wie sind die Sätze in ihren Reden aufgebaut?
■ Welche Wörter werden wiederholt? Welche Bilder werden verwendet?
■ Arbeitet Brecht mit Figuren des Kontrastes bzw. der Steigerung?
■ Wie sind die Sätze in den Reden der beiden Figuren gebaut?

Resultate
■ Zu welchem Ergebnis führt das Gespräch zwischen Galilei und Andrea? Gibt es eine Problemlösung?
■ Welche Konsequenzen könnten sich aus dem Gespräch ergeben?

Nur bei Kenntnis des gesamten Dramas
■ Wie beeinflusst die Szene den weiteren Handlungsverlauf des Stückes?
■ Welche Funktion hat die Szene im Gesamtgefüge des Stückes?

Das moderne Drama

■ Text 31

Theaterprobleme (1955) *Friedrich Dürrenmatt*

Läßt sich die heutige Welt etwa, um konkret zu fragen, mit der Dramatik Schillers gestalten, wie einige Schriftsteller behaupten, da ja Schiller das Publikum immer noch packe? Gewiß, in der Kunst ist alles möglich, wenn sie stimmt, die Frage ist nur, ob eine Kunst, die einmal stimmte, auch heute noch möglich ist. Die Kunst ist nie wiederholbar, wäre sie es, wäre es töricht, nun nicht einfach mit den Regeln Schillers zu schreiben.

Schiller schrieb so, wie er schrieb, weil die Welt, in der er lebte, sich noch in der Welt, die er schrieb, die er sich als Historiker erschuf, spiegeln konnte. Gerade noch. War doch Napoleon vielleicht der letzte Held im alten Sinne. Die heutige Welt, wie sie uns erscheint, läßt sich dagegen schwerlich in der Form des geschichtlichen Dramas Schillers bewältigen, allein aus dem Grunde, weil wir keine tragischen Helden, sondern nur Tragödien vorfinden, die von Weltmetzgern inszeniert und von Hackmaschinen ausgeführt werden. Aus Hitler und Stalin lassen sich keine Wallensteine mehr machen. Ihre Macht ist so riesenhaft, daß sie selber nur noch zufällige, äußere Ausdrucksformen dieser Macht sind, beliebig zu ersetzen, und das Unglück, das man besonders mit dem ersten und ziemlich mit dem zweiten verbindet, ist zu weitverzweigt, zu verworren, zu grausam, zu mechanisch geworden und oft einfach auch allzu sinnlos.

Die Macht Wallensteins ist eine noch sichtbare Macht, die heutige Macht ist nur zum kleinsten Teil sichtbar, wie bei einem Eisberg ist der größte Teil im Gesichtslosen, Abstrakten versunken. Das Drama Schillers setzt eine sichtbare Welt voraus, die echte Staatsaktion, wie ja auch die griechische Tragödie. Sichtbar in der Kunst ist das Überschaubare. Der heutige Staat ist jedoch unüberschaubar, anonym, bürokratisch geworden, und dies nicht etwa nur in Moskau oder Washington, sondern auch schon in Bern, und die heutigen Staatsaktionen sind nachträgliche Satyrspiele, die den im Verschwiegenen vollzogenen Tragödien folgen. Die echten Repräsentanten fehlen, und die tragischen Helden sind ohne Namen. Mit einem kleinen Schieber, mit einem Kanzlisten, mit einem Polizisten lässt sich die heutige Welt besser wiedergeben als mit einem Bundesrat, als mit einem Bundeskanzler. Die Kunst dringt nur noch bis zu den Opfern vor, dringt sie überhaupt zu Menschen, die Mächtigen erreicht sie nicht mehr. Kreons Sekretäre erledigen den Fall Antigone. Der Staat hat seine Gestalt verloren, und wie die Physik die Welt nur noch in mathematischen Formeln wiederzugeben vermag, so ist er nur noch statistisch darzustellen. Sichtbar, Gestalt wird die heutige Macht nur etwa da, wo sie explodiert, in der Atombombe, in diesem wundervollen Pilz, der da aufsteigt und sich ausbreitet, makellos wie die Sonne, bei dem Massenmord und Schönheit eins werden. Die Atombombe kann man nicht mehr darstellen, seit man sie herstellen kann. Vor ihr versagt jede Kunst als eine Schöpfung des Menschen, weil sie selbst eine Schöpfung des Menschen ist. Zwei Spiegel, die sich ineinander spiegeln, bleiben leer.

Aufführung: »Die Physiker« im Deutschen Theater Berlin 2005

85

Dramen analysieren und interpretieren

Die Tragödie setzt Schuld, Not, Maß, Übersicht, Verantwortung voraus. In der Wurstelei unseres Jahrhunderts, in diesem Kehraus der weißen Rasse, gibt es keine Schuldigen und auch keine Verantwortlichen mehr. Alle können nichts dafür und haben es nicht gewollt. Es geht wirklich ohne jeden. Alles wird mitgerissen und bleibt in irgendeinem Rechen hängen. Wir sind zu kollektiv schuldig, zu kollektiv gebettet in die Sünden unserer Väter und Vorväter. Wir sind nur noch Kindeskinder. Das ist unser Pech, nicht unsere Schuld: Schuld gibt es nur noch als persönliche Leistung, als religiöse Tat. Uns kommt nur noch die Komödie bei. Unsere Welt hat ebenso zur Groteske geführt wie zur Atombombe, wie ja die apokalyptischen Bilder des Hieronymus Bosch auch grotesk sind. Doch das Groteske ist nur ein sinnlicher Ausdruck, ein sinnliches Paradox, die Gestalt nämlich einer Ungestalt, das Gesicht einer gesichtslosen Welt, und genau so wie unser Denken ohne den Begriff des Paradoxen nicht mehr auszukommen scheint, so auch die Kunst, unsere Welt, die nur noch ist, weil die Atombombe existiert: aus Furcht vor ihr.

Doch ist das Tragische immer noch möglich, auch wenn die reine Tragödie nicht mehr möglich ist. Wir können das Tragische aus der Komödie heraus erzielen, hervorbringen als einen schrecklichen Moment, als einen sich öffnenden Abgrund [...].

Nun liegt der Schluss nahe, die Komödie sei der Ausdruck der Verzweiflung, doch ist dieser Schluss nicht zwingend. Gewiss, wer das Sinnlose, das Hoffnungslose dieser Welt sieht, kann verzweifeln, doch ist diese Verzweiflung nicht eine Folge dieser Welt, sondern eine Antwort, die er auf diese Welt gibt, und eine andere Antwort wäre sein Nichtverzweifeln, sein Entschluss etwa, die Welt zu bestehen, in der wir oft leben wie Gulliver unter den Riesen [...]. Die Welt [die Bühne somit, die diese Welt bedeutet] steht für mich als ein Ungeheures da, als ein Rätsel an Unheil, das hingenommen werden muss, vor dem es jedoch kein Kapitulieren geben darf. Die Welt ist größer denn der Mensch, zwangsläufig nimmt sie so bedrohliche Züge an [...].

Endlich: Durch den Einfall, durch die Komödie wird das anonyme Publikum als Publikum erst möglich, eine Wirklichkeit, mit der zu rechnen, die aber auch zu berechnen ist. Der Einfall verwandelt die Menge der Theaterbesucher besonders leicht in eine Masse, die nun angegriffen, verführt, überlistet werden kann, sich Dinge anzuhören, die sie sich sonst nicht so leicht anhören würde. Die Komödie ist eine Mausefalle, in die das Publikum immer wieder gerät und immer noch geraten wird.

A ■ Warum kann nach Meinung Dürrenmatts der moderne Dramatiker die Welt nicht mehr mit den Mitteln Schillers darstellen? Welche weiteren Veränderungen könnte man zur Stützung der These Dürrenmatts noch mit heranziehen?

B ■ Welche Lösung der Gestaltungsproblematik sieht Dürrenmatt?

C ■ Inwiefern ist nach Meinung Dürrenmatts die Komödie geeignet, das moderne Publikum zu erreichen?

D ■ Schlagen Sie die Definition von Tragödie und Komödie nach sowie eine Begriffserklärung der Wörter »grotesk« und »paradox«. Welche besondere Vorstellung von Komödie hat Dürrenmatt?

E ■ Setzen Sie sich ausgehend von den Thesen Dürrenmatts mit Brechts »Leben des Galilei« auseinander.

F ■ Vergleichen Sie die Hauptfigur (den »Helden«) eines klassischen Dramas mit der Hauptfigur eines modernen Dramas.

G ■ Untersuchen Sie, ob die Thesen Dürrenmatts auf klassische Dramen wie »Maria Stuart«, »Iphigenie« oder »Wallenstein« zutreffen.

■ Text 32

Die Physiker (1961) *Friedrich Dürrenmatt*

Möbius, ein genialer Physiker, versteckt sich in einer geschlossenen psychiatrischen Anstalt, da er eine Formel gefunden hat, deren Anwendung ungeheure Energien freisetzen würde; er fürchtet die Anwendung dieser Erkenntnisse für militärische Zwecke. Außer ihm leben dort zwei weitere Physiker, die sich wie er als geisteskranke Physiker (»Newton«, »Einstein«) tarnen, in Wirklichkeit aber Agenten eines östlichen und westlichen Geheimdienstes sind, die an die Formel von Möbius herankommen wollen. Alle drei Physiker ermorden nacheinander eine Krankenschwester, die sich in sie verliebt hat und sie aus dem Krankenhaus herausholen will. Als dann die Sicherheitsvorkehrungen verschärft werden, spitzt sich die Situation zu. Die Agenten geben sich zu erkennen und versuchen, Möbius zu zwingen, die Formel preiszugeben.

Möbius Es gibt Risiken, die man nicht eingehen darf: Der Untergang der Menschheit ist ein solches. Was die Welt mit den Waffen anrichtet, die sie schon besitzt, wissen wir, was sie mit jenen anrichten würde, die ich ermögliche, können wir uns denken. Dieser Einsicht habe ich mein Handeln untergeordnet. Ich war arm. Ich besaß eine Frau und drei Kinder. Auf der Universität winkte Ruhm, in der Industrie Geld. Beide Wege waren zu gefährlich. Ich hätte meine Arbeiten veröffentlichen müssen, der Umsturz unserer Wissenschaft und das Zusammenbrechen des wirtschaftlichen Gefüges wären die Folgen gewesen. Die Verantwortung zwang mir einen anderen Weg auf. Ich ließ meine akademische Karriere fahren, die Industrie fallen und überließ meine Familie ihrem Schicksal. Ich wählte die Narrenkappe. Ich gab vor, der König Salomo erscheine mir, und schon sperrte man mich in ein Irrenhaus.

Newton Das war doch keine Lösung!

Möbius Die Vernunft forderte diesen Schritt. Wir sind in unserer Wissenschaft an die Grenzen des Erkennbaren gestoßen. Wir wissen einige genau erfassbare Gesetze, einige Grundbeziehungen zwischen unbegreiflichen Erscheinungen, das ist alles, der gewaltige Rest bleibt Geheimnis, dem Verstande unzugänglich. Wir haben das Ende unseres Weges erreicht. Aber die Menschheit ist noch nicht so weit. Wir haben uns vorgekämpft, nun folgt uns niemand nach, wir sind ins Leere gestoßen. Unsere Wissenschaft ist schrecklich geworden, unsere Forschung gefährlich, unsere Erkenntnis tödlich. Es gibt für uns Physiker nur noch die Kapitulation vor der Wirklichkeit. Sie ist uns nicht gewachsen. Sie geht an uns zugrunde. Wir müssen unser Wissen zurücknehmen, und ich habe es zurückgenommen. Es gibt keine andere Lösung, auch für euch nicht.

Einstein Was wollen Sie damit sagen?

Möbius Ihr müßt bei mir im Irrenhaus bleiben.

Newton Wir?

Möbius Ihr beide. *(Schweigen)*

Newton Möbius! Sie können doch von uns nicht verlangen, daß wir ewig –

Möbius Ihr besitzt Geheimsender?

Einstein Na und?

Möbius Ihr benachrichtigt eure Auftraggeber. Ihr hättet euch geirrt. Ich sei wirklich verirrt.

Einstein Dann sitzen wir hier lebenslänglich. Gescheiterten Spionen kräht kein Hahn mehr nach.

Möbius Meine einzige Chance, doch noch unentdeckt zu bleiben. Nur im Irrenhaus sind wir noch frei. Nur im Irrenhaus dürfen wir noch denken. In der Freiheit sind unsere Gedanken Sprengstoff.

A ■ Fassen Sie den Standpunkt von Möbius zusammen und vergleichen Sie ihn mit den Vorstellungen von Wissenschaft / vom Wissenschaftler bei Brecht (**T30**).

B ■ Inwiefern findet sich Dürrenmatts Vorstellung vom modernen Drama in diesem Ausschnitt wieder?

C ■ Wie unterscheiden sich die Dramenausschnitte von Brecht und Dürrenmatt von der Anfangsszene aus Lessings »Nathan der Weise«?

Das moderne Drama

INFO

Moderne Dramen lassen sich nicht auf einen gemeinsamen Nenner bringen, außer in der Ablehnung der bloßen Nachahmung der Wirklichkeit auf der Bühne. Abkehr von der Nachahmung bedeutet Ablehnung der seit Aristoteles dominierenden Vorstellung vom Drama als der Nachahmung einer dramatischen Handlung – ein tiefer Bruch also. Büchner gilt, u. a. mit seinem »Woyzeck«-Fragment, rückblickend als einer der entscheidenden Vorläufer des modernen Dramas.

An die Stelle des traditionellen »aristotelischen« Theaters treten nun **Experiment** und **Formenvielfalt**.

Die zentralen Kategorien des traditionellen Dramas verlieren an Bedeutung zugunsten politisierender, provozierender und irritierender Strategien und den immer wieder neuen Versuchen, **experimentell** die Erwartung an Dramen zu sprengen, neue Erfahrungen oder neue Sichtweisen auf die Realität zu ermöglichen, etwa in der Aufsprengung der Kontinuität von Zeit und Raum, dem völligen Verzicht auf Handlung und Psychologie oder dem Verzicht auf Szenen- und Sprechereinteilung, sodass nur noch ein Textkonglomerat übrig bleibt oder eine Montage disparater Elemente.

Gedichte analysieren und interpretieren

■ Text 33

Der Abend (1826)
Joseph von Eichendorff

Schweigt der Menschen laute Lust:
Rauscht die Erde wie in Träumen
Wunderbar mit allen Bäumen,
Was dem Herzen kaum bewusst,
5 Alte Zeiten, linde Trauer,
Und es schweifen leise Schauer
Wetterleuchtend durch die Brust.

■ Text 34

»Wie eng; wie leicht« (1997)
Brigitte Oleschinski

Wie eng; wie leicht: ein Tankflügel-

stutzen, weil in den Tankstutzengriff sich eine staubweiche Falte
schmiegt, Fühler und Augen

5 und das meilenweite

Summen rundum, das tief in der Hitze
sich entspannt

wie in der Hand der Bügel
der Zapfpistole

A ■ Die beiden Gedichte repräsentieren unterschiedliche Formen lyrischer Texte aus verschiedenen literaturgeschichtlichen Zusammenhängen.
Prüfen Sie Ihre (Vor-)Kenntnisse zum Lesen, Verstehen und Analysieren von Lyrik, indem Sie ...
– allgemeine Merkmale von Lyrik an den beiden Texten aufzeigen,
– die jeweiligen Besonderheiten der Gedichte beschreiben,
– die Sprech-/Redesituation sowie Motive und Themen bestimmen,
– eine literaturgeschichtliche Zuordnung vornehmen,
– Wissen und Können erläutern, das zum Lesen, Verstehen und Analysieren der Gedichte gefordert ist.

Gedichte analysieren und interpretieren

B ■ Überprüfen Sie Ihre Ergebnisse zu A mit Hilfe der Lösungshinweise. Notieren Sie, was Sie wissen und können, und bestimmen Sie Ihren Wiederholungs- und Vertiefungsbedarf.

B ■ Fassen Sie die Besonderheiten lyrischer Texte in einem Satz zusammen.

T 33 J. v. Eichendorff: Der Abend
- traditionell
- Endreime (a umarmt bb und cc)
- Alliterationen (laute Lust, Wunderbar …, Was … bewusst)
- trochäische Betonungsverhältnisse
- (Spät-)Romantik
- allegorische Personifikationen (die laute Lust schweigt, die Erde träumt, Schauer schweifen, Herzen sind sich bewusst)
- Stimmung an der Grenze (Tag – Nacht / Leben – Tod / Vergangenheit – Zukunft)

T 34 B. Oleschinski: Wie eng; wie leicht
- ungewöhnlich
- reimlos
- Vokalassonanzen und Alliterationen (wie … wie; stutzen … Tankstutengriff … staubweiche; Summen … rundum)
- freie Rhythmen und Zeilensprünge
- Gegenwartsliteratur
- Personifizierung (Tankstutzengriff mit Fühler und Augen)
- Mensch – Maschine – Natur

Lyrik lesen und verstehen

INFO

Gedichte sind von Sach- und Gebrauchstexten abzugrenzen, sie sind aber auch anders als erzählende Prosa oder Dramentexte. Sie zeichnen sich vor anderen Texten und Sprechformen durch besondere Qualitäten aus, die sich in einem **kreativen, oft ungewöhnlichen Sprachgebrauch** äußern.

Lyrische Texte gestalten Aussagen in ganz eigener Weise, sie lenken die Aufmerksamkeit vor allem auf die sinnliche Seite der Sprache, den Klang der Worte, die Folge der Worte in einem Sprechzusammenhang, die Verhältnisse von betonten und unbetonten Silben, die besondere Wortwahl, die Satzstruktur und die Art und Weise der Bedeutungsbildung in einer oft bildlichen, metaphorischen Darstellungsweise.

Daher müssen Leser einen **sinngebenden Rahmen** für die Aussagen in der Regel selbst setzen, sie müssen mit sprachlich erzeugten Zeichen umgehen, die mehrfachen Sinn bilden und auf verschiedenen Ebenen Bedeutung erzeugen können (Überstrukturierung).

In diesem Kapitel lernen Sie(,) …
- Aufmerksamkeit für bestimmte Elemente und Wirkungen lyrischer Texte zu entwickeln,
- Begriffe zur Beschreibung dieser Elemente und Funktionen anzuwenden,
- verschiedene Formen der Lyrik kennen,
- Gedichte zielgerichtet zu untersuchen und zu interpretieren,
- lyrische Schreib- und Darstellungsformen zu erproben.

Gedichte analysieren und interpretieren

Verse und Versmaße untersuchen

> **Was kann ich nach der Bearbeitung dieses Unterkapitels?**
> - Betonungen als Gestaltungselement von Versen verstehen
> - Betonungsverhältnisse beschreiben und deuten
> - Verschiedene Versformen erkennen

Betonte und unbetonte Silben

INFO

In Gedichten werden durch die besondere Gestaltung der **sprachlichen Lautungen** Wirkungen erzeugt.

Zum Kampf der Wagen und Gesänge,
der auf Korinthus' Landesenge
der Griechen Stämme froh vereint,
zog Ibykus, der Götterfreund.
    (aus: Die Kraniche des Ibykus,
    Friedrich Schiller)

xxxxxxxx
xxxxxxxx
xxxxxxx́
xxxxxxx́

Die Regelmäßigkeit (eines vierhebigen Jambus) verleiht dem Text eine bestimmte Lebendigkeit und Impulsivität.

Nacht ist wie ein stilles Meer,
Lust und Leid und Liebesklagen
Kommen so verworren her
In dem linden Wellenschlagen.
    (aus: Die Nachtblume,
    von Joseph von Eichendorff)

xxxxxx
xxxxxxxx
xxxxxxx́
xxxxxxxx

Die **(trochäischen) Betonungsverhältnisse** verstärken das Getragene und Schwere und ihre Bedeutungen.

Nicht immer ergänzen sich die Aussage der Worte und die Gestaltung der Betonungsverhältnisse.

Die (jambische) Betonung in der ersten Zeile steht in Spannung zu den Formulierungen. Diese Spannung trägt zur ironischen Brechung der Aussage des lyrischen Ich bei.

Mein Herz, mein Herz ist traurig,
doch lustig leuchtet der Mai;
    (Heinrich Heine)

xxxxxx
xxxxxx́

Während die ganz regelmäßig wiederholten Betonungsverhältnisse als **Metrum** oder Versmaß der Verse begriffen werden, bezeichnet der **Rhythmus** eines Gedichts das Sprechen in dieser Gleichmäßigkeit, aber mit Rücksicht auf Betonungen nach dem Sinn der Worte und Sätze.

In den oben angeführten Versen von Heinrich Heine müsste in der zweiten Verszeile nach dem Metrum »der« betont werden und »Mai« unbetont bleiben, doch im sinnbetonten Lesen wird eher »Mai« betont und »der« nicht.

Für die Beschreibung des sich wiederholenden Metrums ist es sinnvoll, das sinnbezogene Betonen zu meiden und die sich ergebenden Betonungen besonders hervorzuheben. Eine Hilfe kann sein, sich der Betonungen eines Wortes beim Sprechen zu vergewissern.

Gedichte analysieren und interpretieren

■ Text 35

Sprich aus der Ferne (1801)   *Clemens Brentano*

Sprich aus der Ferne,
Heimliche Welt,
Die sich so gerne
Zu mir gesellt!

5 Wenn das Abendrot niedergesunken,
Keine freudige Farbe mehr spricht
Und die Kränze still leuchtender Funken
Die Nacht um die schattichte Stirne flicht:

Wehet der Sterne
10 Heiliger Sinn
Leis durch die Ferne
Bis zu mir hin.

Wenn des Mondes still lindernde Tränen
Lösen der Nächte verborgenes Weh;
15 Dann wehet Friede. In goldenen Kähnen
Schiffen die Geister im himmlischen See.

Glänzender Lieder
Klingender Lauf
Ringelt sich nieder,
20 Wallet hinauf.

Wenn der Mitternacht heiliges Grauen
Bang durch die dunklen Wälder hinschleicht
Und die Büsche gar wundersam schauen,
Alles sich finster, tiefsinnig bezeugt:

25 Wandelt im Dunkeln
Freundliches Spiel,
Still Lichter funkeln
Schimmerndes Ziel.

Alles ist freundlich wohlwollend verbunden,
30 Bietet sich tröstend und trauernd die Hand,
Sind durch die Nächte die Lichter gewunden,
Alles ist ewig im Innern verwandt.

Sprich aus der Ferne,
Heimliche Welt,
35 Die sich so gerne
Zu mir gesellt.

A ■ Untersuchen Sie die Betonungsverhältnisse im Gedicht von Brentano und stellen Sie das Metrum mit Hilfe der Zeichen x́ = betont und x = unbetont dar.

■ Text 36

Ars poetica (1981)   *Ulla Hahn*

Danke ich brauch keine neuen
Formen ich stehe auf
festen Versesfüßen und alten
Normen Reimen zu Hauf

5 zu Papier und zu euren
Ohren bring ich was klingen soll
klingt mir das Lied aus den
Poren rinnen die Zeilen voll

und über und drüber und drunter
10 und drauf und dran und wohlan
und das hat mit ihrem Singen
die Loreley getan.

A ■ Beschreiben Sie mögliche Funktionen der Enjambements in diesem Gedicht.

B ■ Das Gedicht enthält auch weitere Reimfassungen: Stellen Sie eine weitere mögliche Reimfassung des Gedichts her und vergleichen Sie diese mit dem Original.

C ■ In dem Gedicht wird das Schreiben von Lyrik selbst thematisiert. Die Autorin spielt dabei auf verschiedene Positionen der Tradition an, um ihre eigene zu bestimmen. Welche Gemeinsamkeiten und Unterschiede zu Horaz (»Ars poetica«) und Heine (»Ich weiß nicht, was soll es bedeuten«) werden so erkennbar?

Gedichte analysieren und interpretieren

Begriffe zur Beschreibung der Lautung lyrischer Texte *INFO*

Enjambement	»Zeilensprung« eines Satz- und Sinnzusammenhangs über das Vers-/Strophenende hinaus	Lust und Leid und Liebesklagen / kommen so verworren her / in dem linden Wellenschlagen
Reim	Übereinstimmung von Lauten zweier oder mehrerer Wörter, man unterscheidet u. a. a) **Alliterationen bzw. Stabreime** (gleichlautender Anlaut betonter Stammsilben) b) **Assonanzen** (gleichlautende Vokale) c) **Binnenreime** (Reime innerhalb eines Verses) d) **Endreime** (Gleichklang der betonten Vokale und der ihnen folgenden Laute am Versende) e) **Schlagreime** (Reim zweier in einem Vers aufeinanderfolgender Wörter) f) **unreine Reime** (Kombinationen von langen und kurzen Vokalen, von Vokalen und Umlauten, von verschiedenen Diphthongen oder konsonantische Abweichungen von harten und weichen, von stimmhaften und stimmlosen Lauten) g) **Waise** (reimlose Zeile in gereimter Dichtung – wird mit x oder y bezeichnet)	a) komm kurzer kräftiger Kerl b) Buch – Wut c) er schlief und lief d) Band – Hand e) Ihm ist, als ob es tausend Stäbe gäbe ... (R. M. Rilke, Der Panther) f) ruft – Luft/Liebe – trübe/leide – Freude/melden – gelten/rasen – saßen
Reimschema	Darstellung der verschiedenen Endreimformen (meist) durch Kleinbuchstaben	**Paarreim** (aa bb cc) **Haufenreim** (aaaa bbbb) **Kreuzreim** (ab ab) **verschränkter Reim** (abc abc) **Schweifreim** (aa bccb) **umarmender Reim** (a bb a)
Kadenzen	Form des Versendes: klingende Kadenz mit betonter und unbetonter Silbe (auch: weiblicher Reim), stumpfe Kadenz mit betonter Silbe (auch: männlicher Reim).	Aug, mein Aug, was sinkst du nieder? / Goldne Träume, kommt ihr wieder? / Weg du Traum! so gold du bist, / Hier auch Lieb und Leben ist.
Metrum	Versmaß mit den Versfüßen als kleinsten Einheiten	betonte Silbe: ´ unbetonte Silbe: ˆ

A ■ Wählen Sie zwei unterschiedliche Gedichte und beschreiben Sie deren Form mit Hilfe der Begriffe.

B ■ Erörtern Sie folgende These: »Für Gedichte gilt: Form = Inhalt«.

Gedichte analysieren und interpretieren

Formen der Lyrik

> **Was kann ich nach der Bearbeitung dieses Unterkapitels?**
> - Verschiedene Formen der Lyrik erkennen
> - Die lyrische Form in ihrer Funktion für die Bedeutung des Gedichts beschreiben

■ Text 37

Abend (1650)   *Andreas Gryphius*

Der schnelle Tag ist hin / die Nacht schwingt ihre Fahn /
Und führt die Sternen auff. Der Menschen müde Scharen
Verlassen Feld und Werck / Wo Thier und Vögel waren
Traurt itzt die Einsamkeit. Wie ist die Zeit verthan!
5 Der Port naht mehr und mehr sich / zu der Glieder Kahn.
Gleich wie diß licht verfiel / so wird in wenig Jahren
Ich / du / und was man hat / und was man siht / hinfahren.
Diß Leben kömmt mir vor als eine Renne-Bahn.
Laß höchster Gott / mich doch nicht auff dem Laufplatz gleiten/
10 Laß mich nicht Ach / nicht Pracht / nicht Lust / nicht Angst verleiten!
Dein ewig-heller Glantz sei von und neben mir /
Laß / wenn der müde Leib entschläfft / die Seele wachen
Und wenn der letzte Tag wird mit mir Abend machen /
So reiß mich aus dem Thal der Finsterniß zu dir.

Bernardo Strozzi: Die alte Kokotte vor dem Spiegel

■ Text 38

Die Luft riecht schon nach Schnee (1974)
Sarah Kirsch

Die Luft riecht schon nach Schnee, mein Geliebter
Trägt langes Haar, ach der Winter, der Winter der uns
Eng zusammenwirft steht vor der Tür, kommt
Mit dem Windhundgespann. Eisblumen
5 Streut er ans Fenster, die Kohlen glühen im Herd, und
Du Schönster Schneeweißer legst mir deinen Kopf in den Schoß
Ich sage das ist
Der Schlitten der nicht mehr hält, Schnee fällt uns
Mitten ins Herz, er glüht
10 Auf den Aschekübeln im Hof Darling flüstert die Amsel

Gedichte analysieren und interpretieren

■ Text 39

Wiegenlied (1818) *Clemens Brentano*

Singet leise, leise, leise,
Singt ein flüsternd Wiegenlied,
Von dem Monde lernt die Weise,
Der so still am Himmel zieht.

5 Singt ein Lied so süß gelinde,
Wie die Quellen auf den Kieseln,
Wie die Bienen um die Linde
Summen, murmeln, flüstern, rieseln.

Formen der Lyrik unterscheiden

INFO

In der Lyrik findet man ganz unterschiedliche Gedichtformen. Mit der gewählten Form wird dem Gedicht eine bestimmte Bedeutung zugewiesen.

Das aus der romanischen Tradition kommende **Sonett** (vgl. Dante und Petrarca) erlangt in der deutschsprachigen Lyrik zunächst im 17. Jahrhundert (Barock) und wieder zu Beginn des 20. Jahrhunderts (Expressionismus) einen besonders großen Stellenwert. Es erfreut sich aber bis in die Gegenwart großer Beliebtheit. Die 14 Zeilen des Sonetts werden meist in **zwei Quartette** (Vierzeiler) und **zwei Terzette** (Dreizeiler) gegliedert und realisieren sehr oft ein typisches Reimschema (traditionell: *abba abba cdc dcd*). Der asymmetrische Aufbau erzeugt eine besondere, formale und inhaltliche Spannung und, so die Theorie, befördert eine eher argumentative Erörterung (These – Antithese – Synthese) von Themen und Sachverhalten sowie die Reflexion von Befindlichkeiten des lyrischen Ichs.

Das **Lied** ist jene Form der Lyrik, die die Nähe des Gedichts zur **Musik** direkt erfahrbar macht: **Volkslieder** werden gesungen und **gedichtete Lieder** sind oft vertont worden. Liedverse sind einfach und leicht verständlich, meist mit drei bis vier Betonungen und in der Regel mit (alternierenden) Endreimen. Dieser recht freien Form entsprechen eine eher reihende Darstellung und die Wiederholung. Höhepunkte der Lieddichtung sind der mittelalterliche Minnesang und die Zeit um 1800. Vorbereitet durch J. G. Herders Plädoyer für das Volkslied, wenden sich vor allem Autoren der Romantik dem Lied zu. So werden Volkslieder gesammelt, und das Lied wird zur vorherrschenden Gedichtform der Zeit.

Gedichte in **freien Rhythmen** weisen weder regelmäßige Betonungsverhältnisse noch Reime oder Strophenformen auf. Dennoch sind Satzbau und Versgestaltung nicht willkürlich, sondern gehorchen einem **individuellen Sprach-** und **Sprechrhythmus** mit eigener Dynamik, Spannungen und Brüchen. Viele der lyrischen Texte in freien Rhythmen entwickeln dabei einen hymnischen Stil.

A ■ Ordnen Sie **T 37 – T 39** begründet einer Gedichtform zu.

B ■ Erarbeiten Sie den jeweiligen Zusammenhang zwischen gewählter Form und Gestaltung des Themas.

C ■ Auch solch traditionelle Formen wie Sonett und Lied sind nach wie vor aktuell. Erklären Sie diesen Umstand.

Bildersprache und Sprache der Bilder beschreiben

> **Was kann ich nach der Bearbeitung dieses Unterkapitels?**
> - Sprachliche Bilder in Gedichten analysieren und als Teil der Bedeutungsbildung erörtern
> - Differenzbeobachtungen zur Analyse nutzen

■ Text 40

Die Mainacht (1775)
Ludwig Christoph Heinrich Hölty

Wenn der silberne Mond durch die Gesträuche blickt,
Und sein schlummerndes Licht über den Rasen geußt,
    Und die Nachtigall flötet,
      Wandl ich traurig von Busch zu Busch.

5 Selig preis ich dich dann, flötende Nachtigall,
Weil dein Weibchen mit dir wohnet in einem Nest,
    Ihrem singenden Gatten
      Tausend trauliche Küsse gibt.

Überschattet von Laub, girret ein Taubenpaar
10 Sein Entzücken mir vor; aber ich wende mich,
    Suche dunkle Gesträuche,
      Und die einsame Träne rinnt.

Wann, o lächelndes Bild, welches wie Morgenrot
Durch die Seele mir strahlt, find ich auf Erden dich?
15   Und die einsame Träne
      Bebt mir heißer die Wang herab!

■ Text 41

Mondnacht (1837)
Joseph von Eichendorff

Es war, als hätt der Himmel
Die Erde still geküsst,
Dass sie im Blütenschimmer
Von ihm nun träumen müsst.

5 Die Luft ging durch die Felder,
Die Ähren wogten sacht,
Es rauschten leis die Wälder,
So sternklar war die Nacht.

Und meine Seele spannte
10 Weit ihre Flügel aus,
Flog durch die stillen Lande
Als flöge sie nach Haus.

Ralph Albert Blakelock: Mondlicht, 1885

Gedichte analysieren und interpretieren

■ Text 42

Um Mitternacht (1827)   *Eduard Mörike*

Gelassen stieg die Nacht an Land,
Lehnt träumend an der Berge Wand;
Ihr Auge sieht die goldne Waage nun
Der Zeit in gleichen Schalen stille ruhn;
5   Und kecker rauschen die Quellen hervor,
     Sie singen der Mutter, der Nacht, ins Ohr
        Vom Tage,
        Vom heute gewesenen Tage.

Das uralt alte Schlummerlied,
10 Sie achtets nicht, sie ist es müd;
Ihr klingt des Himmels Bläue süßer noch,
Der flüchtgen Stunden gleichgeschwungnes Joch.
     Doch immer behalten die Quellen das Wort,
     Es singen die Wasser im Schlafe noch fort
15   Vom Tage,
        Vom heute gewesenen Tage.

Funktionen und Bedeutung sprachlicher Bilder

INFO

Das sprachliche Bild in den folgenden Zeilen eines Gedichts von R. Huch wird mit **metonymischen** und **metaphorischen Formulierungen** erzeugt: »Mein Herz, mein Löwe, hält seine Beute fest, / Sein Geliebtes fest in den Fängen.« Während »Herz« an die Stelle von Empfindungen und Gefühlen tritt, wird es, als »Löwe« bezeichnet, als etwas angesprochen, das seine Beute erkämpft und für sich behält: Die dem Raubtier zugeschriebene Kraft und Macht werden auf die Emotionen des lyrischen Ichs bezogen. Was zunächst wie Formulierungen eines Liebesgedichts erscheint, zeigt sich in diesem Bild ergänzt und modifiziert durch Bedeutungen, die Gewalt und Aggression andeuten. Diese Aspekte werden im weiteren Verlauf des (gegen Ende des 2. Weltkriegs entstandenen) Gedichts entfaltet und münden in ein (eher politisches) Bekenntnis, das die leidvollen Erfahrungen von Verfolgung und Krieg benennt, festhält und sich gegen die verbrecherische Herrschaft des Regimes wendet: »Mein Herz hält fest seine Beute, / Dass keiner dran künstle und deute, / Dass kein Lügner schminke das Böse, / Verfluchtes vom Fluche löse.«

In dem Vers eines expressionistischen Gedichts heißt es: »Ein Kinderwagen schreit und Hunde fluchen.« Neben der metonymischen Ersetzung (Kinderwagen für Kind) ist eine **Personifizierung** der Subjekte durch die Zuordnung bestimmter Verben zu erkennen. Eine weitere Möglichkeit, sprachliche Bilder zu erzeugen, ist die **Allegorie**. Hier werden oft Personifikationen zu Handlungszusammenhängen erweitert (gelassen steigt die Nacht ans Land) oder zu gleichnishaften Situationen oder Vorgängen weiterentwickelt.

Darüber hinaus findet man als lyrisches Stilmittel ab der Romantik auch die **Chiffre**. Es handelt sich hierbei um einfache, meist bildhaft-sinnfällige Wörter oder Wortverbindungen, die ihren selbstverständlichen Bedeutungsgehalt verloren haben und von der Wirklichkeit losgelöst sind. Während in der Romantik die Chiffre noch als Geheimzeichen verstanden wird, dessen Entschlüsselung zum Verstehen des Sinns der Welt verhilft, will sie im Expressionismus Assoziationen und Stimmungen hervorrufen oder eine neue, schöpferische Wirklichkeit schaffen (z. B. die Farbe »Blau« in der Lyrik des Expressionismus).

Wahl und Konstruktion sprachlicher Bilder sind immer bezogen auf den jeweiligen Sprech- und Schreibzusammenhang mit seinen individuellen, thematischen, historischen und kulturellen Aspekten.

A ■ Klären Sie die jeweiligen Funktionen und Bedeutungen der sprachlichen Bilder in den drei Gedichten mit Hilfe des Info-Kastens oben.

B ■ Finden Sie jeweils ein Beispiel für die unterschiedliche Verwendung der Chiffre als lyrisches Stilmittel in der Romantik und im Expressionismus.

Lyrische Texte vergleichend analysieren und interpretieren

> **Was kann ich nach der Bearbeitung dieses Unterkapitels?**
> - Operative Verfahren zur Analyse von Gedichten nutzen
> - Gedichte analysieren, interpretieren und vergleichen

■ Text 43

Der Winter (1913) *Alfred Lichtenstein*

Von einer Brücke schreit vergrämt ein Hund
Zum Himmel ... der wie alter grauer Stein
Auf fernen Häusern steht. Und wie ein Tau
Aus Teer liegt auf dem Schnee ein toter Fluss.

5 Drei Bäume, schwarzgefrorne Flammen, drohn
Am Ende aller Erde. Stechen scharf

Mit spitzen Messern in die harte Luft,
In der ein Vogelfetzen einsam hängt.

Ein paar Laternen waten zu der Stadt,
10 Erloschne Leichenkerzen. Und ein Fleck
Aus Menschen schrumpft zusammen und ist bald
Ertrunken in dem schmählich weißen Sumpf.

■ Text 44

Die Stadt (1911) *Georg Heym*

Sehr weit ist diese Nacht. Und Wolkenschein
Zerreißet vor des Mondes Untergang.
Und tausend Fenster stehn die Nacht entlang
Und blinzeln mit den Lidern, rot und klein.

5 Wie Aderwerk gehn Straßen durch die Stadt,
Unzählig Menschen schwemmen aus und ein.
Und ewig stumpfer Ton von stumpfem Sein
Eintönig kommt heraus in Stille matt.

Gebären, Tod, gewirktes Einerlei,
10 Lallen der Wehen, langer Sterbeschrei,
Im blinden Wechsel geht es dumpf vorbei.

Und Schein und Feuer, Fackeln rot und Brand,
Die drohn im Weiten mit gezückter Hand
Und scheinen hoch von dunkler Wolkenwand.

A ■ Wählen Sie einzelne Verfahren, um **T 44** (besser) zu erkennen und zu beschreiben.

Operative Verfahren im Umgang mit Lyrik **INFO**

Klangprobe: Den Text mehrfach laut lesen und dabei Betonungs- und Pausenzeichen setzen. Unterschiedliche Weisen des Vorlesens hören, vergleichen und mögliche Akzentuierungen in der Bedeutung und Wirkung beschreiben.

Ergänzungsprobe: Mögliche Untertitel und weitere Zeilen bzw. Strophen als Erweiterung des Textes ergänzen und dabei prüfen, ob und inwiefern diese Ergänzungen schlüssig sind (z. B.: »Der Winter« – Kälte einer Stadt ...).

Umstellprobe: Verändern des Originals durch eine andere Reihenfolge der Strophen oder Umstellungen im Satz und Beschreibung der Unterschiede zwischen den Fassungen (z. B.: »Von einer Brücke schreit vergrämt ein Hund«: vergrämt ein Hund von einer Brücke schreit / ein vergrämter Hund schreit von einer Brücke ...).

Weglassprobe: Gezieltes Kürzen von Worten oder Wortgruppen.

Ersetzungsprobe: Ersetzen einzelner Worte oder Wortgruppen durch andere, die ähnliche oder synonyme Bedeutungen haben (z. B.: »Von einer Brücke schreit vergrämt ein Hund«: Von einer Brücke ruft verstimmt ein Tier).

Gedichte analysieren und interpretieren

A ■ Wählen Sie einzelne operative Verfahren aus dem Info-Kasten auf S. 97, um das Gedicht von Heym (**T70**) (besser) zu verstehen und zu beschreiben.

B ■ Notieren Sie Ihre Erfahrungen mit den operativen Verfahren zur Gedichtuntersuchung und erläutern Sie deren Funktion und Nutzen einem Lernpartner.

Gedichte analysieren und interpretieren
Aufgabeninsel

Die Untersuchung und Beschreibung von Textstrukturen, Motiven, Thema und Sprachgebrauch von Gedichten dient dem Lesen und Verstehen. Zugleich ist ein verstehendes Lesen Grundlage jeder Analyse. Während die Lektüre immer persönlich und subjektiv sein muss, soll die Analyse für andere (intersubjektiv) nachvollziehbar Form, Inhalt und Bedeutung darstellen.

A ■ Wählen Sie ein Gedicht aus und analysieren Sie es, indem Sie wie folgt vorgehen:

Schritt I: Vorklärungen
- Genau und wiederholt lesen
- (zunächst) unverständliche bzw. auffallende Stellen markieren
- Vorwissen und erste Eindrücke festhalten zu Form, Motiven und Thema

Arbeitsschritt II: Arbeit am Text
- *Rede- und Sprechsituation im Gedicht bestimmen:* Wer spricht? Wie kann die Redeinstanz bestimmt werden? Gibt sie sich direkt zu erkennen oder bleibt sie verdeckt (im Off)? Kann eine Sprechhaltung bestimmt werden? Zu wem wird gesprochen? Wer sind die Adressaten? Gehören sie zur Welt des Gedichts oder werden die Leser direkt oder indirekt angesprochen?
- *Motiv und Thema erfassen:* Was wird direkt angesprochen in der Welt des Gedichts? Was sieht man als Leser gleichsam vor sich (Motiv)? Wozu dienen die Motive? Zu welchem Thema werden die Aussagen gemacht?
- *Sprachliche Gestaltung und Form beschreiben:* Wie sollte das Gedicht zu Gehör gebracht und vorgelesen oder vorgetragen werden? Welche Gedicht-, Vers- und Strophenformen liegen vor? Kann man ihnen Bedeutung zusprechen? Welche sprachlichen Mittel fallen auf? Wie ist die Art und Weise des Sprachgebrauchs (Wortwahl, Satzformen, Wortstellung)? Was ergeben die operativen Verfahren?
- *Funktion sprachlicher Bilder klären:* Welche Metaphern bzw. Metonymien (Personifizierungen, Allegorien) erzeugen wie Bedeutung? Welche Symbole oder Chiffren fallen auf?
- *Form-Inhalts-Bezüge in den Blick nehmen:* Welche Wirkungen hat die sprachliche Gestaltung? Wie lassen sich Aussagen, Thema und formale Gestaltung aufeinander beziehen?
- *Über den Text hinausgehen und Kontexte heranziehen:* Bezieht sich das Gedicht auf andere Texte? Was sagt es zu dem Thema im Vergleich mit anderen Gedichten aus? Was sagt das Gedicht im Zusammenhang seiner Entstehungszeit oder der Lebensgeschichte des Verfassers?

Arbeitsschritt III: Gliederung und Ausformulierung
Einleitung: Angabe zu äußeren Textmerkmalen (Textsorte, Titel, Autor, Entstehungszeit/-ort, Epochenzugehörigkeit); prägnante Formulierung des Themas bzw. inhaltlicher Schwerpunkte (1 bis 2 Sätze); grundlegende Angaben zur Form: Gedichttyp, Strophenform und -zahl, Metrum etc.
Hauptteil: Übersicht über inhaltliche Gesamtstruktur; Sinnabschnitte; detaillierte Textanalyse (Verknüpfung von Form und Inhalt) auf der Basis der erarbeiteten Notizen im Hinblick auf die Arbeitshypothese: Schwerpunktsetzungen, Streichung von Wiederholungen, Aufzeigen von Zusammenhängen, Belege am Text in korrekter Zitierweise.
Schlussteil (Reflexion): kurze Zusammenfassung der Ergebnisse mit Rückbezug auf die Arbeitshypothese; evtl. Einordnung in ideengeschichtliche Grundtendenzen der Epoche (zeitgeschichtlicher, politischer, weltanschaulicher oder religiöser Kontext), Herstellen von biografischen Bezügen, Ausweitung durch Vergleich mit weiteren Gedichten oder Texten (des Autors), die inhaltliche/motivische Parallelen aufweisen.

Gedichte analysieren und interpretieren

Gedichte vergleichen

■ Text 45
Guten Tag (1995)   *Barbara Köhler*

immer hinterher im regen stehen
gelassen bleiben als ob gehen
die frage sei: dahingestellt
& was aus allen wolken fällt

5 mir zu betrifft mich offenherzig
verheult verlacht den rest verschmerz ich
vergeh verkomme auf dich zu
entferne mich was bleibt bist du

bei trost bei dir beizeiten
10 JUST TRAVELLIN' es kommt nicht an
auf Sprüche soviel ist versprochen

und haltlos was ich sagen kann
verstummt verspielt zwischen uns beiden
der regen nass bis auf die knochen

■ Text 46
Begegnung (1996)   *Steffen Jacobs*

Zwischen uns ist was. Das bringts:
Zwei Körper aufs schärfste verzahnt.
Gleich als ich dich sah, habe ich es geahnt:
Zwischen uns ist was. Da wird noch was draus.

5 Zwischen uns war was. Das wars:
Wir haben uns kaum in die Augen geschaut.
Nur unter den Nägeln ein Abrieb von Haut.
Zwischen uns war was. Das war dann wohl nichts.

War da noch etwas? Ach was.
10 Wer redet mir hier ins Gewissen?
Ich weiß nichts von dir und will auch nichts wissen.
Da wär was gewesen? Das wüsste ich aber.

Gedichtvergleich   INFO

Ein Gedichtvergleich ist grundsätzlich ausgerichtet auf **Gemeinsamkeiten** und **Unterschiede**. Dabei müssen die jeweiligen Aussagen und ihre sprachliche Gestaltung heraus- und gegenübergestellt werden:
- Welche Themen oder Motive sind erkennbar?
- Wie werden Themen und Motive behandelt?
- Welche Funktion hat die sprachliche Gestaltung (Verse, Reime, Bilder)?
- In welchen historischen und kulturellen Zusammenhängen stehen die Gedichte?

Für die Darstellung der Vergleichsergebnisse gibt es folgende Möglichkeiten:
Linearer Textvergleich: Die zu vergleichenden Gedichte werden jeweils für sich im Hinblick auf die zentralen Aspekte analysiert. Dieses eher additive Vorgehen hat den Vorteil, dass die Gliederung der Textanalyse vorgegeben ist und dass die Eigenarten der jeweiligen Einzeltexte sehr genau herausgearbeitet werden können. Dieses Verfahren verleitet aber auch zu inhaltlichen und sprachlichen Wiederholungen, sodass die Vernetzungen einer vergleichenden Untersuchung verloren gehen können.
Vernetzter Textvergleich: Die Gedichte werden parallel im Hinblick auf die jeweiligen Vergleichsaspekte beschrieben. Somit steht der Vergleich deutlich im Vordergrund, Unterschiede und Gemeinsamkeiten werden sofort erkennbar. Dabei können aber auch wichtige Einzelaspekte eines Gedichts unberücksichtigt bleiben, und auch der Überblick kann bei diesem Verfahren leichter verloren gehen. In beiden Verfahrensweisen bildet eine zusammenfassende Darstellung den Abschluss des Vergleichs.

A ■ Vergleichen Sie die Gedichte wie folgt:
- Die Gedichte thematisieren die Trennung eines Paares. Wie gehen die Sprecher innerhalb des Gedichtes damit um? Unterscheiden sich hier männliche und weibliche Perspektive?
- Welche Form wählen die Autoren für die Gedichte? Welche Wirkungen erreichen sie damit?
- Werden hier für die heutige Zeit typische Episoden dargestellt?

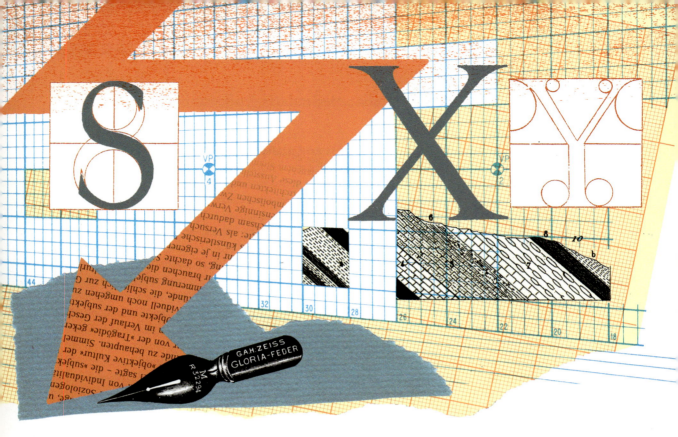

Umgang mit Sachtexten

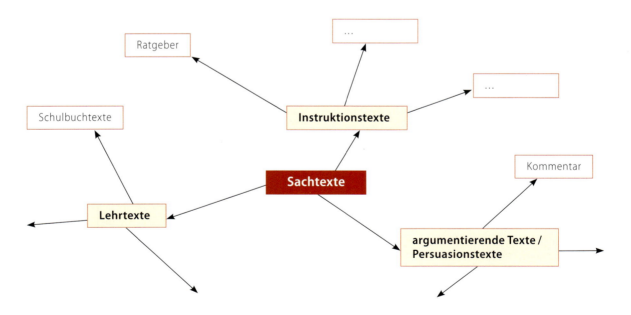

A ■ Ergänzen Sie die Mind-Map, indem Sie den einzelnen Kategorien weitere sachtextspezifische Textsorten zuordnen, z. B. Erörterung, Karikatur, Protokoll, Säulendiagramm, Textanalyse. Unterscheiden Sie dabei kontinuierliche/diskontinuierliche Texte durch unterschiedliche Farbwahl.

B ■ Erläutern Sie Ihre Zuordnungen und beachten Sie dabei Textfunktion, Situation und Adressat.

Umgang mit Sachtexten

| Bestimmung von Thema benennen | | Ziehen von Schlüssen |

Untersuchungsbereich bestimmen, Benennung des Titels, Herausgebers, Zeichners o. Ä.

Gewinnen eines Überblicks (Form, Art, Quelle, Erhebungsdatum, grafische Mittel, Bezugsgröße)

Beschreibung unter Beachtung der Zuordnungen

Vergleichen der Ergebnisse

A ■ Bringen Sie die oben genannten Arbeitsschritte der Erschließung diskontinuierlicher Texte in die richtige Reihenfolge.

B ■ Vergleichen Sie die Erschließung diskontinuierlicher Texte mit der kontinuierlicher Texte. Inwiefern unterscheidet sich das Vorgehen? Welche Strategien gibt es jeweils?

Ich kann …	Stellen Sie Ihr Wissen/Können durch ein Beispiel dar.	Schätzen Sie Ihr eigenes Wissen und Können ein.
unterschiedliche Formen von Sachtexten unterscheiden		sehr gut ─────────── ungenügend
komplexe kontinuierliche Sachtexte erschließen		sehr gut ─────────── ungenügend
komplexe diskontinuierliche Sachtexte erschließen		sehr gut ─────────── ungenügend
Ergebnisse einer Erschließung grafisch durch textgestaltende Schreibverfahren darstellen	Flussdiagramm: Darstellung einer zeitlichen Abfolge von Ereignissen Venn-Diagramm: Vergleich zweier Texte	sehr gut ─────────── ungenügend
unterschiedliche sprachliche Elemente im Hinblick auf ihre Funktion und Wirkung erläutern		sehr gut ─────────── ungenügend

In diesem Kapitel lernen Sie, …
- Sachtexte mit Blick auf ihre Zielsetzung und Funktion zu unterscheiden,
- inhaltliches Vorwissen mit neu erworbenem Wissen bei der Rezeption von Sachtexten miteinander zu vernetzen,
- Textsortenwissen bei der Erschließung und beim Verfassen von Sachtexten zu nutzen,
- Texterschließungsverfahren textsortenspezifisch einzusetzen,
- Sachtexte im Hinblick auf ihre inhaltlichen Aussagen und ihre sprachlich formale Gestaltung miteinander zu vergleichen.

Umgang mit Sachtexten

Strategien zur Erschließung von Sachtexten

> **Was kann ich nach der Bearbeitung dieses Unterkapitels?**
> - Mein fachliches Vorwissen bei der Erschließung von Sachtexten nutzen
> - Strategien zur Erschließung informativer Texte einsetzen
> - Strategien zur Erschließung argumentativer Texte einsetzen
> - Mein bisheriges Wissen mit meinem neu gewonnenen Wissen verknüpfen

Was sind Sachtexte? Wie erschließe ich sie mir? `INFO`

Sachtexte stellen andere Anforderungen an einen Leser als fiktionale Texte. Sachtexte beziehen sich in der Regel auf bestimmte Ausschnitte der bestehenden Wirklichkeit. So informiert der Reisebericht über ein bestimmtes Land, eine Landschaft oder einen Ort, der Zeitungskommentar nimmt Stellung zu einem politischen Ereignis, die Gebrauchsanweisung gibt Anweisungen, wie man etwas nutzen, gebrauchen kann.

Sachtexte lassen sich dementsprechend in drei Kategorien einteilen:
- **Lehrtexte:** Hier steht die Wissensvermittlung im Vordergrund.
- **argumentierende Texte:** Der Leser soll von einer bestimmten Meinung überzeugt werden.
- **Instruktionstexte:** Es werden Anweisungen für bestimmte Handlungen gegeben.

Häufig enthält ein Sachtext Elemente aus allen drei Kategorien. Ein guter Kommentar stützt seine Argumentation zum Beispiel auf fundiertes Wissen.

Im Sinne eines erweiterten Textbegriffs zählen sowohl **kontinuierliche Texte** in Form von Fließtexten und **diskontinuierliche Texte**, z. B. Grafiken und Schaubilder, als auch Hör- und Sehtexte in Gestalt von Nachrichten, Dokumentationen oder Features zu Sachtexten.

Sachtexte verlangen vom Rezipienten sowohl Vorkenntnisse in bestimmten Wissensgebieten als auch Textsortenkenntnisse. Beim Verstehen und Analysieren eines Sachtextes wird das neu gewonnene Wissen in das bisherige eingeordnet.

Zur Erschließung von Sachtexten gibt es unterschiedliche Lesestrategien. Die Wahl der **Lesestrategie** ist immer abhängig von der Lesekompetenz, von der Textsorte und nicht zuletzt auch von der Zeit, die dem Leser zur Verfügung steht.

Als Faustregel gilt: Sachtexte wie auch andere Texte erschließt man am besten durch mehrmaliges Lesen.

A ■ In den folgenden Sachtexten geht es um Umweltverschmutzung und die daraus resultierende Gefährdung der Artenvielfalt und des Menschen. Klären Sie für sich:
- Welche Fachkenntnisse könnten Ihnen das Verständnis dieses Sachtextes erleichtern?
- Welche Möglichkeiten gibt es, sich vorab schnell über das Thema zu informieren?

B ■ Notieren Sie vor der Lektüre: Was wissen Sie über Plastikmüll im Meer (Herkunft, Folgen, rechtliche Grundlagen, Lösungsmöglichkeiten)?

C ■ Wählen Sie eine der Strategien aus dem Kasten auf Seite 103 und erschließen Sie den Text.

D ■ Tauschen Sie sich mit einer Partnerin / einem Partner über folgende Aspekte aus:
- Analyseergebnis,
- Effektivität der Methode.

E ■ Beantworten Sie im Anschluss an die Lektüre folgende Fragen und planen Sie Ihr weiteres Vorgehen:
Was war für mich hinnsichtlich der Verschmutzung unserer Meere neu?
Welche Wissenslücken bleiben, wie kann ich meine Fragen lösen?

Umgang mit Sachtexten

Strategien zur Erschließung des Informationsgehalts von Texten

INFO

Strategie 1: Fragen an den Text stellen
Lesen Sie den Text. Formulieren Sie im Anschluss mindestens fünf Fragen, auf die der Text eine Antwort gibt.

Achten Sie darauf, dass die Fragen keine Ja-/Nein-Antworten zulassen und nicht ausschließlich Einzelinformationen abgefragt werden.

Strategie 2: Die Aussagen visualisieren
Lesen Sie den Text. Entwickeln Sie ein Struktur- oder Flussdiagramm, das die zentralen Aussagen des Textes wiedergibt.

Ein Strukturdiagramm benennt nicht nur die einzelnen Aussagen, sondern zeigt auch die Zusammenhänge zwischen den Aussagen auf.

Ein Flussdiagramm veranschaulicht den Inhalt des Textes und den linearen Ablauf der Aussagen.

Ausgangspunkt für ein Strukturdiagramm

Wie sieht die Bedrohung bei Plastikmüll aus?

- Entwicklung der Bedrohung → ...
- Folgen für den Lebensraum Meer → ...
- Bedeutung für den Menschen → ...

Strategie 3: Eine Kurzfassung erstellen
Lesen Sie den Text. Erstellen Sie eine Kurzfassung, indem Sie den Text auf ca. ein Drittel des Originalumfangs kürzen. Dabei müssen die zentralen Aussagen sowie der rote Faden erkennbar bleiben.

Arbeiten Sie am PC. Scannen Sie den Text ein und nehmen Sie entsprechende Kürzungen vor. Speichern Sie verschiedene Fassungen.

■ Text 47

Plastikmüll und seine Folgen
Abfälle bedrohen Vögel, Delfine und Co

12. Mai 2014 – Kaum eine Bedrohung der Meere ist heute so sichtbar wie die Belastung durch Plastikabfälle. In knapp 100 Jahren hat das anfänglich vielgelobte Material unseren blauen Planeten unwiederbringlich verändert. Wurden in den 1950er-Jahren knapp 1,5 Millionen Tonnen Plastik pro Jahr produziert, sind es heute fast 300 Millionen Tonnen. Und ein viel zu großer Teil davon landet im Meer.

Etwa 75 Prozent der bis zu 10 Millionen Tonnen Müll, die jährlich in die Meere gespült werden, besteht aus Kunststoff. Nach Angaben des Umweltprogramms der vereinten Nationen (UNEP) treiben inzwischen auf jedem Quadratkilometer Meeresoberfläche bis zu 18.000 Plastikteile unterschiedlichster Größe. Doch, was wir sehen, ist nur die Spitze des Eisbergs, mehr als 70 Prozent der Abfälle sinken auf den Meeresboden und bleiben unserem Auge verborgen. Plastik ist im Meer nahezu unvergänglich, nur langsam zersetzt es sich durch Salzwasser und Sonne und gibt nach und nach kleinere Bruchstücke an die Umgebung ab.

Die Überbleibsel unserer Wegwerfgesellschaft kosten jedes Jahr bis zu 100.000 Meeressäuger und eine Million Meeresvögel das Leben. Die Tiere verhungern mit vollen Mägen, da Plastik den Verdauungsapparat verstopft, Wale und Delfine, aber auch Schildkröten, verfangen sich in alten Fischernetzen, ertrinken oder erleiden schwere Verletzungen bei Befreiungsversuchen. Ein besonderes Phänomen sind die so genannten Müllstrudel.

Hydrographische Wirbel sammeln hier gigantische Müllteppiche an. Der wohl bekannteste ist der »Great Pacific Garbage Patch« im Nordpazifik. Er hat inzwischen die Größe Mitteleuropas erreicht.

Doch nicht nur physische Gefahren lauern. Bei den Zersetzungsprozessen werden gefährliche Inhaltsstoffe wie Bisphenol A, Phtalate oder Flammschutzmittel freigesetzt, die sich in der Nahrungskette anreichern und nachhaltig das Erbgut und den Hormonhaushalt mariner Lebewesen beeinflussen können. Auch sind in der Langzeitfolge schädliche Auswirkungen auf den Menschen nicht auszuschließen. Die kleinen Plastikpartikel ziehen dabei im Meerwasser gelöste Umweltgifte wie das Insektizid DDT oder PCBs an

Umgang mit Sachtexten

wie ein Magnet. Eine tödliche Mahlzeit für Filtrierer wie Muscheln oder Korallen. Erst in den letzten Jahren wurde bekannt, dass auch viele Kosmetikprodukte Plastikpartikel enthalten. Die internationale Kampagne »Beat the Microbeads«, der auch der NABU angehört, geht dagegen vor.

In Europa werden Jahr für Jahr Millionen Tonnen Plastik ganz selbstverständlich nach einmaligem Gebrauch weggeworfen. Plastiktüten, Plastikflaschen und auch Zigarettenkippen gehören zu den häufigsten Fundstücken am Strand. Der meiste Abfall kommt dabei vom Land, achtlos weggeworfen und über Flüsse und den Wind ins Meer getragen. Daneben spielen regional auch die Einträge aus der Schifffahrt, der Fischerei und der Offshore-Industrie eine große Rolle. So gelangen Jahr für Jahr mehr als 20.000 Tonnen Müll allein in die Nordsee.

Jeder von uns kann helfen, die Meere sauberer zu machen – Meeresschutz fängt zu Hause an. Unser Konsum und Wegwerfverhalten kann helfen, das Überleben der vielfältigen Meereswelt zu sichern.

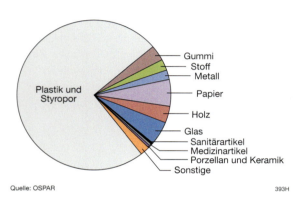

Müllzusammensetzung im Meer

Verschmutzung am Strand in Tunesien

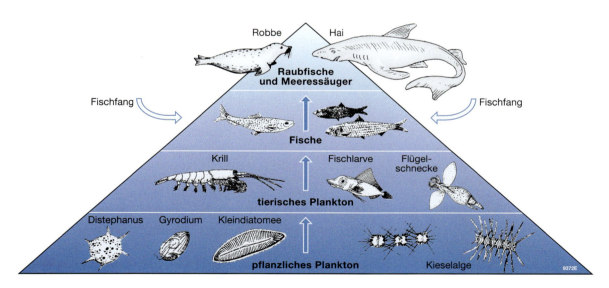

Die Nahrungskette im Meer

Reden analysieren

> **Was kann ich nach der Bearbeitung dieses Unterkapitels?**
> - Strategien für die Analyse von Reden einsetzen
> - Die sprachlich-formale Gestaltung einer Rede untersuchen

Die Analyse von Reden orientiert sich grundsätzlich an dem Modell »Analyse von Sachtexten« (s. S. 109). Zusätzlich müssen jedoch weitere Aspekte gezielt herangezogen werden:

Strategien für die Analyse von Reden
INFO

1 Untersuchung der äußeren Faktoren
Redesituation:
- Wann und wo wird die Rede gehalten?
- In welchem historisch-politischen Kontext wird die Rede gehalten?
- Worin besteht der Anlass für die Rede?

Person des Redners und dessen Redeabsicht:
- Welcher Personengruppe lässt sich der Redner zuordnen?
- Welche Zusammenhänge gibt es zwischen der Person des Redners und dem Thema der Rede und dem Adressatenkreis?
- Welche Redeabsicht wird verfolgt? (informieren, belehren, angreifen, manipulieren etc.)

Adressatenkreis:
- Wer sind die Zuhörer, welche Kenntnisse und Einstellungen haben sie?
- Was erwarten die Zuschauer von der Rede?

2 Redeaufbau
Zeitgenössische Reden orientieren sich in ihrem Aufbau häufig an der so genannten AIDA-Formel:

A = Attention (Aufmerksamkeit wecken);
I = Interest (Interesse wecken);
D = Desire = Wunsch (Wunsch nach Problemlösung);
A = Action = Handlung (gewünschte Handlung als Reaktion der Zuhörer).

3 Einsatz rhetorischer Mittel
Redner setzen gezielt sprachlich-formale Mittel ein, um ihre Redeabsicht zu verdeutlichen. Mit Hilfe dieser rhetorischen Strategien versuchen sie, Einfluss auf die Zuhörer zu gewinnen.

4 Redeweise
Reden sind zunächst einmal mündlich vorgetragene Texte, dementsprechend muss bei der Analyse von Reden – wenn möglich – die Redeweise in den Blick genommen werden:
- Wie wird die Rede vorgetragen? (flüssige oder stockende Sprechweise, Verwendung von Gestik und Mimik etc.)
- Werden Reaktionen des Publikums in die Rede einbezogen?

A ■ Sehen Sie sich im Internet ein Video der ersten Rede Joachim Gaucks als neuer Bundespräsident an. Machen Sie sich zu folgenden Punkten Notizen:
Wie wirkt die Rede auf Sie?
Welche Aussagen sind für Sie besonders wichtig?

B ■ Analysieren Sie die Rede mit Hilfe der Analysestrategie. Berücksichtigen Sie dabei auch die Funktion der sprachlich-formalen Gestaltung.

Umgang mit Sachtexten

Text der Rede	Sprachlich-formale Gestaltung und ihre Funktion
■ Text 48 **Rede von Bundespräsident Joachim Gauck nach seiner Vereidigung bei einer gemeinsamen Sitzung der Mitglieder des Deutschen Bundestages und des Bundesrates**	

Berlin, 23. März 2012

Herr Präsident des Deutschen Bundestages! Meine sehr verehrten Damen und Herren! Liebe verehrte Mitbürgerinnen und Mitbürger aus dem In- und Ausland!

Zunächst Ihnen, Herr Präsident, meinen allerherzlichen Dank für die unnachahmliche Führung dieser Sitzung und für das leuchtende Beispiel in unser Land hinein, dass Politik Freude machen kann. Herr Bundesratspräsident, Sie haben Worte gefunden, die bei mir und sicher auch bei Herrn Bundespräsidenten Wulff ein tiefes und nachhaltiges Echo hinterlassen haben. Ich danke Ihnen.

Liebe Mitbürgerinnen und Mitbürger, wie soll es denn nun aussehen, dieses Land, zu dem unsere Kinder und Enkel einmal sagen sollen »unser Land«? Geht die Vereinzelung in diesem Land weiter? Geht die Schere zwischen Arm und Reich weiter auf? Verschlingt uns die Globalisierung? Werden Menschen sich als Verlierer fühlen, wenn sie an den Rand der Gesellschaft geraten? Schaffen ethnische oder religiöse Minderheiten in gewollter oder beklagter Isolation Gegenkulturen? Hat die europäische Idee Bestand? Droht im Nahen Osten ein neuer Krieg? Kann ein verbrecherischer Fanatismus in Deutschland wie in anderen Teilen der Welt weiter friedliche Menschen bedrohen, einschüchtern und ermorden?

Jeder Tag, jede Begegnung mit den Medien bringt eine Fülle neuer Ängste und Sorgen hervor. Manche ersinnen dann Fluchtwege, misstrauen der Zukunft, fürchten die Gegenwart. Viele fragen sich: Was ist das eigentlich für ein Leben, was ist das für eine Freiheit? Mein Lebensthema »Freiheit« ist dann für sie keine Verheißung, kein Versprechen, sondern nur Verunsicherung. Ich verstehe diese Reaktion, doch ich will ihr keinen Vorschub leisten. Ängste – so habe ich es gelernt in einem langen Leben – vermindern unseren Mut wie unser Selbstvertrauen, und manchmal so entscheidend, dass wir beides ganz und gar verlieren können, bis wir gar Feigheit für Tugend halten und Flucht für eine legitime Haltung im politischen Raum.

Stattdessen – da ich das nicht will – will ich meine Erinnerung als Kraft und Kraftquelle nutzen, mich und uns zu lehren und zu motivieren. Ich wünsche mir also eine lebendige Erinnerung auch an das, was in unserem Land nach all den Verbrechen der nationalsozialistischen Diktatur und nach den Gräueln des Krieges gelungen ist. In Deutschlands Westen trug es, dieses Gelungene, als Erstes den Namen »Wirtschaftswunder«.

Verwendung der 1. Person Plural: Bilden einer Einheit

rhetorische Fragen: Gliederung und Einbezug der Zuhörer durch Denkanstöße

Deutschland kam wieder auf die Beine. Die Vertriebenen, gar die Ausgebombten erhielten Wohnraum. Nach Jahren der Entbehrung nahm der Durchschnittsbürger teil am wachsenden Wohlstand, freilich nicht jeder im selben Maße.

Allerdings sind für mich die Autos, die Kühlschränke und all der neue Glanz einer neuen Prosperität nicht das Wunderbare jenes Jahrzehnts. Ich empfinde mein Land vor allem als ein Land des »Demokratiewunders«.

Anders als es die Alliierten damals nach dem Kriege fürchteten, wurde der Revanchismus im Nachkriegsdeutschland nie mehrheitsfähig. Es gab schon ein Nachwirken nationalsozialistischer Gedanken, aber daraus wurde keine wirklich gestaltende Kraft. Es entstand stattdessen eine stabile demokratische Ordnung. Deutschland West wurde Teil der freien westlichen Welt.

Die Auseinandersetzung mit der eigenen Geschichte in dieser Zeit blieb allerdings defizitär. Die Verdrängung eigener Schuld, die fehlende Empathie mit den Opfern des Naziregimes prägten den damaligen Zeitgeist. Erst die 68er-Generation hat das nachhaltig geändert. Damals war meine Generation konfrontiert mit dem tiefschwarzen Loch der deutschen Geschichte, als die Generation unserer Eltern sich mit Hybris, Mord und Krieg gegen unsere Nachbarn im Inneren wie im Äußeren vergingen. Es war und blieb das Verdienst dieser Generation, der 68er: Es war ein mühsam errungener Segen, sich neu, anders und tiefer erinnern zu können. Trotz aller Irrwege, die sich mit dem Aufbegehren der 68er auch verbunden haben, hat sie die historische Schuld ins kollektive Bewusstsein gerückt.

Diese auf Fakten basierende und an Werten orientierte Aufarbeitung der Vergangenheit wurde nicht nur richtungsweisend für uns nach 1989 in Ostdeutschland. Sie wird auch als beispielhaft von vielen Gesellschaften empfunden, die ein totalitäres oder despotisches Joch abgeschüttelt haben und nicht wissen, wie sie mit der Last der Vergangenheit umgehen sollen.

Das entschlossene Ja der Westdeutschen zu Europa ist ein weiteres kostbares Gut der deutschen Nachkriegsgeschichte, ein Erinnerungsgut, das uns wichtig bleiben sollte. […]

Wie soll es nun also aussehen, dieses Land, zu dem unsere Kinder und Enkel »unser Land« sagen? Es soll »unser Land« sein, weil »unserLand« soziale Gerechtigkeit, Teilhabe und Aufstiegschancen verbindet. Der Weg dazu ist nicht der einer paternalistischen Fürsorgepolitik, sondern der eines Sozialstaates, der vorsorgt und ermächtigt. Wir dürfen nicht dulden, dass Kinder ihre Talente nicht entfalten können, weil keine Chancengleichheit existiert. Wir dürfen nicht dulden, dass Menschen den Eindruck haben, Leistung lohne sich für sie nicht mehr und der Aufstieg sei ihnen selbst dann verwehrt, wenn sie sich nach Kräften bemühen. Wir dürfen nicht dulden, dass Menschen den Eindruck haben, sie seien nicht Teil unserer Gesellschaft, weil sie arm oder alt oder behindert sind. […]

Umgang mit Sachtexten

Wie kann es noch aussehen, dieses Land, zu dem unsere Kinder und Enkel „unser Land" sagen sollen? Nicht nur bei uns, sondern auch in Europa und darüber hinaus ist die repräsentative Demokratie das einzig geeignete System, Gruppeninteressen und Gemeinwohlinteressen auszugleichen.

Das Besondere dieses Systems ist nicht seine Vollkommenheit, sondern dass es sich um ein lernfähiges System handelt.

Neben den Parteien und anderen demokratischen Institutionen existiert aber eine zweite Stütze unserer Demokratie: die aktive Bürgergesellschaft. Bürgerinitiativen, Ad-hoc-Bewegungen, auch Teile der digitalen Netzgemeinde ergänzen mit ihrem Engagement, aber auch mit ihrem Protest die parlamentarische Demokratie und gleichen Mängel aus. Und: Anders als die Demokratie von Weimar verfügt unser Land über genügend Demokraten, die dem Ungeist von Fanatikern, Terroristen und Mordgesellen wehren. Sie alle bezeugen – aus unterschiedlichen politischen oder religiösen Gründen: Wir lassen uns unsere Demokratie nicht wegnehmen, wir stehen zu diesem Land.

Wir stehen zu diesem Land, nicht weil es so vollkommen ist, sondern weil wir nie zuvor ein besseres gesehen haben. Speziell zu den rechtsextremen Verächtern unserer Demokratie sagen wir mit aller Deutlichkeit: Euer Hass ist unser Ansporn. Wir lassen unser Land nicht im Stich.

Wir schenken Euch auch nicht unsere Angst. Ihr werdet Vergangenheit sein und unsere Demokratie wird leben. [...]

Zum Schluss erlaube ich mir, Sie alle um ein Geschenk zu bitten: um Vertrauen. Zuletzt bitte ich Sie um Vertrauen in meine Person. Davor aber bitte ich Sie um Vertrauen zu denen, die in unserem Land Verantwortung tragen, wie ich diese um Vertrauen zu all den Bewohnern dieses wiedervereinigten und erwachsen gewordenen Landes bitte. Und davor wiederum bitte ich Sie alle, mutig und immer wieder damit zu beginnen, Vertrauen in sich selbst zu setzen. Nach einem Wort Gandhis kann nur ein Mensch mit Selbstvertrauen Fortschritte machen und Erfolge haben. Dies gilt für einen Menschen wie für ein Land, so Gandhi.

Ob wir den Kindern und Enkeln dieses Landes Geld oder Gut vererben werden, das wissen wir nicht. Aber dass es möglich ist, nicht den Ängsten zu folgen, sondern den Mut zu wählen, davon haben wir nicht nur geträumt, sondern das haben wir gelebt und gezeigt. Gott und den Menschen sei Dank: Dieses Erbe dürfen sie erwarten.

A ■ Erstellen Sie eine Lernkarteikarte mit Tipps zur Analyse von Reden.

B ■ Suchen Sie nach weiteren Reden, die Sie analysieren.

Sachtexte analysieren, vergleichen und für das materialgestützte Schreiben nutzen

> **Was kann ich nach der Bearbeitung dieses Unterkapitels?**
> - Kriterien der Textsorte »Sachtextanalyse« beim Verfassen eigener Texte anwenden
> - Verschiedene Aufgabenarten zur Sachtextanalyse und das materialgestützte Verfassen eines Textes unterscheiden und bearbeiten
> - Sachtexte kriterienorientiert auswählen, untersuchen und vergleichen

Eine Sachtextanalyse verfassen

Aufgabeninsel

Die Analyse eines Sachtextes verlangt vom Verfasser die Bewältigung folgender Aufgaben:
- formale und thematische Einordnung des Textes
- Textdeutung
- Textzusammenfassung
- Bewertung des Textes
- Textbeschreibung

Einleitung
- Benennung der äußeren Textmerkmale: Autor, Titel, Textsorte, Erscheinungsort, -zeit, Adressaten
- Angabe des Themas / der These
- knappe Einordnung des Textes in einen größeren Zusammenhang (z. B.: In welchem Problemfeld steht die Auseinandersetzung mit dem vorliegenden Sachtext, an welches gesellschaftliche oder politische Problem knüpft er an, welche literarhistorische Diskussion greift er auf?)

Hauptteil
Textzusammenfassung: knappe Wiedergabe der Kernaussagen mit eigenen Worten
Textbeschreibung: Darstellung des Textaufbaus (Makro- und Mikrostruktur), Beschreibung der sprachlich-formalen Mittel und ihrer Funktion für die inhaltlichen Aussagen, Differenzierung zwischen Sachaussagen und Bewertung

Textbewertung: Überprüfung der Stimmigkeit des Textes bzw. einzelner Aussagen

Schlussteil
Formulierung einer Stellungnahme bezogen auf Auswahl je nach Aufgabenstellung oder Interesse ...
- die im Text vertretenen Positionen
- die Schlüssigkeit des Argumentationsgangs
- die Zielsetzung des Textes
- die Überzeugungskraft
- die Machart des Textes
- Aufzeigen von möglichen Schlussfolgerungen, die sich aus dem Text ergeben

Grundsätzliche Hinweise
- Präsens
- Kennzeichnung und Integration der Zitate
- Konjunktiv I der indirekten Rede sowie entsprechende Redeeinleitungen (z. B.: *Der Autor stellt heraus, die Autorin behauptet, der Verfasser / die Verfasserin hebt hervor, dass* etc.)

A ■ Untersuchen Sie die Rezension »Die Ich-Erschöpfung« von Adrian Kreye hinsichtlich seiner Kritik am Werk »Payback« von Frank Schirrmacher und seiner Position zum Einfluss des Internets auf unsere Gesellschaft.

Frank Schirrmacher (1959 – 2014) war Journalist, Buchautor und seit 1994 bis zu seinem Tod Mitherausgeber der Frankfurter Allgemeinen Zeitung. In seinem viel diskutierten Sachbuch »Payback« beschäftigte er sich mit den Problemen der Informationsflut, die durch das Internet hervorgebracht wurde.

■ Text 49

Die Ich-Erschöpfung (2009) *Adrian Kreye*

Es gibt in der industrialisierten Welt kein Land, in dem die Debatte um den Einfluss des Internets auf die Gesellschaft mit so vielen dogmatischen Verkrustungen und ideologischen Verschärfungen geführt wird wie in Deutschland. Die digitale Kluft, die sich durch unser Land zieht, verläuft meist entlang der Generationengrenze zwischen »Digital Natives« und »Digital Immigrants«, also zwischen jenen, die mit dem Internet aufgewachsen sind, und jenen, die den digitalen Technologien erst als Erwachsene begegneten. Dabei ist das Thema längst größer als der knickrige Streit um alte und neue Mediengewohnheiten und Urheberrechtsfragen oder die politische Panikmache vor Amokspielen und Kinderpornos, auf die die digitalen Debatten in Deutschland meist hinauslaufen. Das neue Buch des FAZ-Herausgebers und Feuilletonisten Frank Schirrmacher, »Payback« (Blessing Verlag München, 2009, 240 Seiten, 17,95 Euro), erweitert die Debatte nun endlich um kluge Gedanken. Auch wenn der Untertitel »Warum wir im Informationszeitalter gezwungen sind zu tun, was wir nicht tun wollen, und wie wir die Kontrolle über unser Denken zurückgewinnen« zunächst nach der üblichen Mischung aus Kulturpessimismus und Selbsthilfe klingt.

Unterschätzen darf man den Untertitel nicht. Schirrmachers publizistische Stärke ist es, den intellektuellen Wissensdurst eines Universalgelehrten mit den Jagdinstinkten eines Boulevardjournalisten zu verbinden. Das macht den Konkurrenzkampf mit ihm so sportlich und seine Bücher und Debattenanstöße zu Punktlandungen im Zeitgeist. Dass er dabei oft mit Ängsten spielt, wie der Angst vor der Überalterung der Gesellschaft in seinem Bestseller »Das Methusalem-Komplott« oder der Furcht vor der sozialen Entwurzelung im Minimum, ist seinem Boulevard-Instinkt geschuldet, wer solche Ängste schon früh aufführen und in einen Kontext setzen kann.

Druck der sozialen Verpflichtungen

Auch »Payback« verkauft sich als Begleitbuch zu aktuellen Ängsten. Schirrmacher greift jenes Gefühl der digitalen Überforderung auf, das sich nicht nur in Deutschland, sondern in allen digitalisierten Ländern breitmacht. Denn die Siegeszüge dreier digitaler Technologien haben in den vergangenen beiden Jahren die Grenzen der digitalen Aufnahmebereitschaft ausgereizt.

Da war zunächst das iPhone mit seinen inzwischen rund 20000 »Apps«. Programmen, die aus dem Apple-Handy einen Supercomputer machen. Dann erhöhte die Netzwerkseite Facebook den Druck der sozialen Verpflichtungen im Netz ins Unermessliche. Und schließlich öffnete der Kurznachrichtendienst Twitter die Schleusen für eine Informationsflut, die sich nur noch mit einer Palette von Hilfsprogrammen bewältigen lässt. Längst gibt es in Europa und Amerika unzählige Artikel und Bücher, die diese Überforderung thematisieren.

»Mein Kopf kommt nicht mehr mit«, heißt auch das erste Kapitel von »Payback«. Da beschreibt Schirrmacher, stellvertretend für viele, seine ganz persönliche kognitive Krise, in die ihn die digitalen Datenmengen gestürzt haben. Wie ein Fluglotse fühle er sich, immer bemüht, einen Zusammenstoß zu vermeiden, immer in Sorge, das Entscheidende übersehen zu haben. Mehr als ein Lassowurf ist dieser Einstieg nicht, denn letztlich führt er über den Identifikationsmoment nur in den ersten der beiden Teile des Buches ein. Und da geht es um mehr.

Um viel mehr: Das Denken, die Gesellschaft, die Theorie, der freie Wille und letztlich das Menschenbild verändern sich unter dem digitalen Druck des immer intelligenter ausufernden Netzwerks. Der Neurologe Gary Small wird mit seiner Studie zitiert, die nachweist, dass Computer das Hirn nicht nur psychologisch, sondern auch neurologisch verändern können. Der Wandel von einem linearen Denkprozess über Ursache und Wirkung zu einem vernetzten Denken über Korrelationen wird beschrieben. Da werden die Herausforderungen an eine Gesellschaft in den Raum gestellt, deren Mitglieder es immer schwerer haben, zwischen Wichtigem und Unwichtigem zu unterscheiden. Der Psychologe Gerd Gigerenzer kann die Veränderungen neuer Werkzeuge auf die Theorien des Menschen nachzeichnen.

Im zweiten Teil sucht »Payback« nach Lösungen, um aus der kognitiven Krise auszubrechen, und vor allem, um den freien Willen und den Humanismus zu retten.

Da wird das Buch zum Aufruf, eine aktive Rolle in der digitalen Entwicklung zu übernehmen. Der zwanghafte Zustand, ständig zwischen wichtigen und unwichtigen Informationen zu entscheiden, den der Kognitionspsychologe Roy Baumeister »Ich-Erschöpfung« nennt, sei ein Alarmsignal, um die Informationen wieder dem Hirn unterzuordnen und nicht umgekehrt.

Nur so können die digitalen Technologien ihre befreiende Wirkung entwickeln, in der die Speicherung des Wissens den Maschinen überlassen wird und das menschliche Denken einen so revolutionären wie evolutionären Schritt nach vorne tun kann. [...]

Ohne den Respekt der »Natives« wird »Payback« die digitale Kluft, die sich durch Deutschland zieht, jedoch nicht überbrücken. Auch der Spagat, den Schirrmacher zwischen seinem kulturpessimistischen Ansatz und seiner eigenen Zukunftseuphorie macht, ist letztlich zu weit. Zu oft versichert er: »Dies ist kein Pamphlet gegen Computer.«

Die Frage bleibt – lässt sich die digitale Kluft überhaupt schließen? Widersprechen sich das lineare und das vernetzte Denken nicht so sehr, dass sie keine gemeinsame Ebene finden können? Ist der Spagat zwischen beiden nicht erst einmal der kleinste gemeinsame Nenner?

Eine Brücke baut »Payback« zumindest, und die erweitert den engen Horizont der deutschen Streitigkeiten über den Atlantik. Dort ist die digitale Gesellschaft längst viel weiter. Und mit ihr die Debatten über eine digitale Zukunft.

Sachtexte vergleichen

INFO

Die **zentrale Fragestellung eines Vergleichs** zweier Sachtexte lautet: Wie wird ein Sachverhalt, ein Text, ein Film etc. in verschiedenen Texten beurteilt?

Die Vorarbeit für einen Sachtextvergleich ist eine **detaillierte Analyse** der einzelnen Sachtexte. Der Vergleich erfolgt im Hinblick auf **präzise formulierte Vergleichspunkte.** Diese können entweder durch die Aufgabenstellung vorgegeben sein oder vom Leser selbstständig entwickelt werden.

Als **Vergleichspunkte** grundsätzlich geeignet sind:
- die Position des Autors zu dem in beiden Texten behandelten Thema;
- einzelne Unterthemen, die in den Texten aufgegriffen und beurteilt werden;
- die sprachlich-formale Gestaltung der Texte.

Zur Vorbereitung eines schriftlichen Vergleichs bietet sich eine Stichwortsammlung in Form eines Venn-Diagramms (vgl. Grafik unten) an.

Der Vergleich kann in folgenden **Darstellungsformen** erfolgen:
- **lineare Darstellung:** Man analysiert zunächst einen Text mit Blick auf die Vergleichspunkte und legt im Anschluss daran die Gemeinsamkeiten und Unterschiede bezogen auf den zweiten Text dar.
- **vernetzte Darstellung:** Die Vergleichspunkte werden nacheinander immer bezogen auf beide Texte ausgeführt.

Im Anschluss an den Vergleich erfolgt eine **eigene Stellungnahme,** die insbesondere die Qualität und Stimmigkeit der jeweiligen Argumentation zum Gegenstand hat.

Informationen aus Sachtext 1 — **Übereinstimmungen** — **Informationen aus Sachtext 2**

Umgang mit Sachtexten

A ■ Untersuchen Sie folgende Grafik und vergleichen Sie die Rezension von Adrian Keye und die Grafik von der Soziologischen Beratung hinsichtlich der Aussagen der beiden Sachtexte zur Informationsflut im Internet.

■ Text 50
Informationsflut

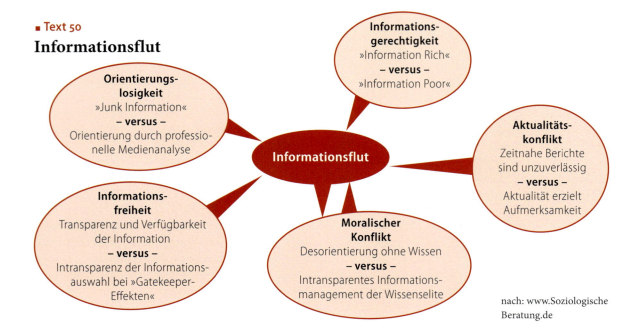

nach: www.SoziologischeBeratung.de

Materialgestütztes Schreiben

INFO

Die zentrale Fragestellung beim materialgestützten Schreiben gibt die Aufgabenstellung vor.

Deshalb ist es sinnvoll, folgende fünf Schritte als Vorarbeit vor dem Verfassen des eigenen Textes zu durchlaufen:

1. **Die Aufgabenstellung erfassen:** Welche Vorgaben enthält die Aufgabe hinsichtlich des Adressaten, der Textsorte, des Themas, des Ziels?
2. **Einen Überblick über die Materialien gewinnen, sie bewerten und auswählen:** Ist der Verfasser glaubwürdig? Ist die Quelle vertrauenswürdig? Entspricht das Thema des Textes meiner Aufgabe (Inhalt, Untersuchungsbereich, Zeitpunkt der Untersuchung etc.)?
3. **Die ausgewählten Materialien untersuchen: Hilfen:** Markieren mit unterschiedlichen Farben, Randbemerkungen etc.
4. **Die Informationen ordnen:** Kriterien, z. B. Bezug zum Thema bzw. den vorgegebenen Themen, gleiche Meinungen bzw. sich widersprechende Positionen, Belege, Fakten, Sprachstil etc., und durch das eigene Vorwissen und ggf. die eigenen Erfahrungen ergänzen
5. **Den eigenen Text planen:** durch Zuordnung der Informationen und Erstellung einer Reihenfolge der Aspekte

Nach diesen Schritten erfolgt das **Verfassen des eigenen Textes**. Wichtig hierbei ist es, immer die Vorgaben der Aufgabenstellung im Blick zu behalten und an Quellenangaben und Zitate zu denken.

Am Ende sollte immer noch Zeit bleiben, um seinen Text hinsichtlich seiner sachlichen Richtigkeit, seiner Stringenz und sprachlichen Darstellung zu **überprüfen** und ggf. **überarbeiten**.

B ■ Verfassen Sie einen Leserbrief an Adrian Kreye, in dem Sie zu seiner Position gegenüber der Bedeutung der Informationsflut für unsere Gesellschaft Stellung beziehen. Nutzen Sie hierzu die folgenden Texte und Ihr eigenes Wissen.

Umgang mit Sachtexten

■ Text 51

Interview mit Frank Schirrmacher: Wie die Computer uns das Denken austreiben (2010)

Unsere Computer zwingen uns so zu denken wie sie – behauptet Frank Schirrmacher in seinem Buch »Payback« und löste mit dieser These eine breite Debatte über die Folgen der Datenüberflutung aus. RZ-Redakteurin Rena Lehmann traf den Autor in Frankfurt zum Interview. [...]

Frankfurt – Im Minutentakt poppt am Bildschirm eine E-Mail auf. Am modernen Arbeitsplatz ist Multitasking gefragt – mehrere Projekte fordern gleichzeitig unsere Aufmerksamkeit ein.

»Das verändert unser Denken«, sagt der Autor und Mitherausgeber der »Frankfurter Allgemeinen Zeitung«, Frank Schirrmacher (50). In seinem Buch mit dem Titel »Payback« fordert er, dass der Mensch die Kontrolle über sein Denken zurückgewinnen muss. Wir trafen ihn in Frankfurt. Das Interview: [...]

Blogger Sascha Lobo hat Ihnen vorgeworfen, Sie hätten Angst um die Informationshoheit der Journalisten …

Mein Buch ist in bestimmten Kreisen der Bloggerszene diskutiert worden, ohne gelesen worden zu sein. Es ist eine rein mechanistische Reaktion. Der Journalismus in Deutschland ist vielleicht schlechter geworden, aber es gibt kein einziges Indiz dafür, dass er seine Bedeutung im gesellschaftlichen Diskurs verloren haben soll.

Sie werden von einigen in die Ecke gestellt als einer, der Angst hat um seine Pfründe.

In diesen ganzen Debatten zeigt sich oft auch ein ziemlicher Hass auf die freie Meinungsäußerung. Da ist in der Internetszene immer die Rede von Holzmedien oder toten Medien. An wen sollte ich meine Pfründe denn verlieren? Ans Internet? Da sind wir Zeitungen auch drin. In meiner Debatte geht es um eine ganz andere Ebene.

Um welche?

Es geht darum zu erkennen, dass die digitale Revolution viel mehr ist als Medien. Diese Revolution betrifft die Arbeitsplätze, die Medizin, die staatliche Überwachung. Wir gehen in eine Phase der Vorausberechnung hinein, die unsere Freiheitsrechte beschränken könnte. Und wir haben in Deutschland wenige Experten, mit denen wir darüber reden können. Es ist doch nicht schwierig, zu twittern oder sonst wie im Internet unterwegs zu sein. Wir tun hierzulande gerade so, als wäre es eine Elite, die damit umgehen kann. Das ist doch lächerlich, das kann jede Oma. Für mich sind Experten interessant. Das sind vor allem die, die sich leider selten äußern.

Sie beschreiben in Ihrem Buch ein Gefühl der Überforderung mit dem Datenüberfluss, dass sie mit vielen Menschen teilen. Woher kommt dieses Gefühl?

Es werden heute in einem Jahr mehr Daten gespeichert, als die ganze Menschheit an Worten gesprochen hat. Und jetzt ist es doch naheliegend zu fragen: Wer erfasst diese Daten noch? Meine gesamte Familie, meine Freunde, meine Mitarbeiter senden Daten. Wie soll man den Überblick behalten? Die Antwort der Technologie heißt: Das mache ich für dich. Ich wähle das alles aus.

Was ist denn so schlimm daran?

Es könnte sein, dass wir damit in eine Art Matrix hineinkommen. Wir produzieren ständig neue Daten, werden aber auch immer abhängiger davon, dass ein Filter, der technologisch strukturiert ist, uns etwas auswählt. Das heißt: Ich kann selbst gar nicht mehr beurteilen, welche Sachen für mich wichtig sind und welche nicht. Weil es eine Maschine für mich macht. Ich bin nur Teil einer Debatte, die längst begonnen hat. Und sie ist 2009 durch eine Reihe wissenschaftlicher Untersuchungen erhärtet worden.

Was kam dabei heraus?

Das Kurzzeitgedächtnis leidet unter Multitasking. Wir haben eine Informationsüberflutung, es gibt die Unfähigkeit des Menschen zu filtern und müssen uns auf Maschinen verlassen. Je vergesslicher wir werden, desto stärker brauchen wir die Filter und desto schlimmer wird die Informationsflut.

Aber welche Folgen hat diese Flut?

Riesige wirtschaftliche Schäden. Der Computer hat uns zwar wahnsinnig viel abgenommen. Da muss viel Zeit und Geld eingespart worden sein. Aber den Produktivitätsgewinn sieht man gar nicht, sondern man merkt nur, dass es nur noch hektischer wird und man alles selbst übernehmen muss. Das kann zu einer total selbstausbeuterischen Gesellschaft führen. Sie denken: Oh Gott, alle können Multitasking nur ich nicht, also passen Sie sich an. Was im schlimmsten Fall passieren könnte, ist das, was Huxley in der »Schönen, neuen Welt« beschreibt: eine Unterdrückung, die wir lieben.

Umgang mit Sachtexten

Das klingt ziemlich düster.

Aber es gibt Mittel, das zu verhindern. Viel wichtiger als Fakten zu lernen ist es heute, Heuristiken zu lernen, das Denken zu lernen, das Zweifeln zu lernen. Ein Beispiel: In Dänemark dürfen sie bei der Abiturprüfung das Internet benutzen, und das ist auch richtig.

Jeder Mensch kann doch heute, wenn er gefragt wird, wie ein Verbrennungsmotor funktioniert, einfach im Netz nachsehen. Der Fakt ist nicht mehr das Wichtige. Wichtiger ist: Wie erkenne ich, was richtig ist? Wie weiß ich, was wichtig ist?

Sind wir dümmer als unsere Rechner?

Es gibt Leute, die das glauben. Ich glaube, dass es einen Zusammenprall zweier völlig verschiedener Intelligenzformen gibt. Die des Computer ist algorithmisch, das heißt nach Rezepten denkend: Mische A und B mit C, dann erreichst du D. Die menschliche Intelligenz ist viel mehr. Sie hat mit der Logik zum Teil große Probleme, ist sehr kreativ und unberechenbar. Die Computer sind nicht klüger als wir, aber man wird immer stärker reingesogen in ihre Version von Intelligenz. Darum muss genau das gestärkt werden, was Menschen können.

Was weiß das Netz über uns?

Google zum Beispiel weiß mehr als jede Psychologie. Nehmen wir mal Ihr Profil: junge Redakteurin, wir wissen, was Sie lesen, und wir kennen ein paar Ihrer Freunde. Nehmen wir an, Sie hätten eine besondere Vorliebe für einen bestimmten Wein oder eine bestimmte Musik. Und jetzt kommt der große Moment: nämlich die Vernetzung, der Vergleich. Welche Menschen kennen wir noch, die diese Vorliebe haben und die gleichen Daten? Siehe Amazon, wenn Sie dort ein Buch kaufen. Wenn Sie diese Daten haben, können sie unglaublich viel schlussfolgern. IBM macht das mit seinen Mitarbeitern: Sie haben eine Person, die ist 25, es gibt eine andere 45-Jährige, die mit 25 so wie sie war. Nun könnte der Computer warnen: Passt auf bei ihr, es könnte dies und das passieren. Das ist keine Science-Fiction.

Wollen Sie nur ein Bewusstsein dafür schaffen?

Ich will, dass es Konsequenzen gibt. Das Bildungssystem muss reagieren, alles stärken, was nicht-algorithmisches Denken ist. Das hat überhaupt nichts mit einer Anti-Internet-Haltung zu tun, sondern es ist eine Überlebensstrategie. Sonst entscheidet letztlich ein Automatismus darüber, wie eine Nachricht, ein Leben, ein Kredit oder ein Gesundheitszustand zu bewerten sind. Das halte ich für gefährlich, abgesehen davon, dass es irrsinnige Möglichkeiten der Manipulation bietet.

Wie gehen Sie selbst mit Ihren Daten um?

Ich bin völlig vernetzt, aber ich bin nicht bei Facebook oder MySpace oder so. Da habe ich mir in Amerika zeigen lassen, was damit möglich ist.

Aber wie sollte es eine Kontrolle über das Internet geben? Es ist doch uferlos, unkontrollierbar.

Das World Wide Web ist nur die Spitze des Eisbergs. Es geht nicht darum, es zu kontrollieren. Entscheidend ist, dass künftig alles – vom Heizungssensor bis zur Ampelanlage oder möglicherweise bis zur Kleidung – mit dem Netz verbunden sein wird.

Das ist viel mehr als das Netz, das wir bisher kennen. Es wird so aussagekräftig sein, dass wir vom Stuhl fallen. Es geht darum zu sehen, dass diese Intelligenz unsere Gesellschaft neu definiert. Der Mensch aber muss Herr seiner Daten bleiben.

■ Text 52
Den Computer nutzen (2013)

Quelle: 15 Jahre JIM-Studie, www.mpfs.de

DEN COMPUTER NUTZEN ALLE BEFRAGTEN // ANGABEN IN PROZENT // INKLUSIVE INTERNETNUTZUNG
TÄGLICH / MEHRMALS PRO WOCHE

	48	52	60	64	70	70	71	76	83	84	89	93	93	92	93	91
	33 63	36 67	49 70	56 72	62 77	60 80	64 78	69 82	76 88	81 87	87 91	92 94	92 93	92 92	92 94	91 91
	1998	1999	2000	2001	2002	2003	2004	2005	2006	2007	2008	2009	2010	2011	2012	2013

■ Text 53
Das Internet nutzen (2013)

Quelle: 15 Jahre JIM-Studie, www.mpfs.de

DAS INTERNET NUTZEN ALLE BEFRAGTEN // ANGABEN IN PROZENT
TÄGLICH / MEHRMALS PRO WOCHE

	5	11	29	41	52	55	49	60	69	77	84	90	90	89	91	89
	2 8	6 15	24 33	37 44	49 55	51 60	47 52	58 62	65 73	76 78	83 85	91 89	91 89	90 89	90 92	90 89
	1998	1999	2000	2001	2002	2003	2004	2005	2006	2007	2008	2009	2010	2011	2012	2013

Umgang mit Sachtexten

■ Text 54
Ältere Menschen sind mit Informationsflut überfordert (2011)

Deutsche kommen täglich auf neun Stunden Medienkonsum. Während die Jugend mit der Informationsflut gut zurechtkommt, sind ältere Menschen oft überfordert.

Ob Fernsehen, Radio, Internet oder Telefon: Die Deutschen kommen inzwischen täglich auf fast neun Stunden Medienkonsum. Vor allem ältere Menschen fühlen sich von der Informationsflut überfordert, wie in Berlin veröffentlichte Studie des Branchenverbandes Bitkom ergab.

39 Prozent der über 65-Jährigen haben häufig ein Gefühl der Reizüberflutung. Die Generation der 14- bis 29-Jährigen, die mit Internet und Handy aufgewachsen ist, hat hingegen die wenigsten Probleme – nur jeder siebte fühlt sich demnach häufig von Informationen überflutet.

Insgesamt hat laut Studie etwa jeder dritte Deutsche (31 Prozent) häufig Probleme mit der Informationsflut. Ein Grund dafür sei, dass die Mediennutzung insgesamt zugenommen hat. Pro Tag nutzt etwa jeder Deutsche durchschnittlich 100 Minuten aktiv das Internet. Vor zwei Jahren waren es noch 88 Minuten. Kaum jemand möchte auf die Möglichkeiten des Internets verzichten: Drei Viertel der Nutzer können sich demnach ein Leben ohne Web nicht mehr vorstellen. Jeder fünfte Internetnutzer geht heute auch mit dem Handy online.

Mit durchschnittlich fast vier Stunden pro Tag steht allerdings das Fernsehen nach wie vor an erster Stelle beim Medienkonsum und ist nach Meinung der Bundesbürger am stärksten für die Überflutung mit Informationen verantwortlich. 71 Prozent nennen das Fernsehen als Grund für die Informationsflut, nur 43 Prozent das Internet. Vielen fällt es demnach aber offensichtlich schwer, das Fernsehgerät einfach per Knopfdruck auszuschalten. Immerhin legen aber 38 Prozent der Internetnutzer ab und an bewusst internetfreie Tage ein, weitere 17 Prozent tun dies sogar häufig. Nur ein Fünftel der Onliner verzichtet nie von sich aus einen ganzen Tag auf das Netz.

Um die Reizüberflutung abzumildern, schalten zudem viele Handybesitzer ihr Mobiltelefon nachts (41 Prozent) und im Urlaub (40 Prozent) aus oder auf stumm. Bei jedem fünften Handybesitzer ist das Gerät aber permanent an.

Erreichbarkeit sei gut, aber genauso wichtig seien »bewusste Kommunikationspausen, um sich zu erholen oder konzentriert arbeiten zu können«, betonte BITKOM-Präsident August-Wilhelm Scheer. Allerdings hätten Internet und Handy »die Grenzen zwischen Job und Freizeit verschwinden lassen«. So ist laut der Studie jeder dritte Berufstätige (29 Prozent) heute auch außerhalb der Bürozeiten jederzeit erreichbar. Nur zwölf Prozent sind nie in der Freizeit erreichbar, weitere 14 Prozent nur in Ausnahmefällen.

Um der Informationsflut Herr zu werden, empfehlen die Bitkom-Experten, das Handy zwischendurch immer mal auszuschalten oder – sofern vorhanden – in den »Flug-Modus« zu setzen. Im »Flug-Modus« werden alle Funkverbindungen getrennt. Das Wiedereinschalten ist in wenigen Sekunden möglich, da es nicht nötig ist, das Gerät komplett neu zu starten.

SMS müssen nach Ansicht des Branchenverbands nicht sofort beantwortet werden. Bis zu 24 Stunden seien in Ordnung, sofern nichts Dringendes anliege. Gleiches gelte für E-Mails. Wichtige Mails könnten mit dem Zusatz »Dringend« versehen oder mit Ausrufezeichen gekennzeichnet werden, wenn eine kurzfristige Antwort nötig ist. Für die Studie im Auftrag des Bitkom-Verbandes befragten die Institute Aris und Forsa 1000 Bürger ab 14 Jahren.

Umgang mit Sachtexten

■ Text 55

So bringen Sie Ihr Gehirn auf Zack   *Kerstin Dämon*

Unser Handy merkt sich alles für uns – was wir nicht wissen, das googeln wir. Werden wir dadurch immer dümmer? Der Gedächtnistrainer Markus Hofmann erklärt, wie wir unser Gehirn wieder in Schwung bringen.

WirtschaftsWoche Der Gehirnforscher Manfred Spitzer schreibt in seinem Buch »digitale Demenz«, dass wir dank Navis, Smartphones und Co. immer mehr verdummen. Sie sagen, dass das nicht stimmt. Warum?

Markus Hofmann Weil letztendlich die digitalen Medien – ob Sie jetzt SocialMedia-Kampagnen nehmen, ob Sie das Internet nehmen, ob Sie Wikipedia nehmen, das Handy und so weiter – eine große Chance bieten, weiter an unserem Gehirn zu arbeiten.

Inwiefern?

Da gibt es ja diesen Flynn-Effekt. Der besagt, dass durch die Industrialisierung und die ganzen neuen Medien, die wir bekommen haben, sprich: Radio und Fernseher in den Vierziger- und Fünfzigerjahren, der Intelligenzquotient nachweislich im Schnitt pro Jahr um drei Prozent gestiegen ist. Es ist also sogar andersherum, als es Herr Spitzer geschrieben hat: Je mehr wir uns mit Reizen müssen wir durch das Internet ja zwangsläufig – desto mehr Gehirnbahnen bilden wir. Spitzer behauptet, dass sich das Gehirn durch die digitale Revolution verändert hat. Viele Gehirnforscher springen hier in die Bresche und sagen: »Der Spitzer malt den Teufel an die Wand. Nach 15 Jahren kann man Derartiges nachweislich noch gar nicht belegen.«

Was heißt das für unseren Alltag?

Viele Lehrer kommen zu mir und sagen: Ich muss den Schülern nicht zeigen, wie sie etwas im Kopf behalten, sondern wo sie es finden. Also: wie recherchiere ich denn richtig? Wie google ich denn richtig? Dann sage ich: Was brauchst du denn, um richtig googeln zu können?

Und das wäre?

Man braucht richtig gute Stichworte. Mein Credo ist: Ich brauche ein gutes und breites Allgemeinwissen. Denn nur durch ein breites Allgemeinwissen kann ich Transferwissen herstellen, um mich mit Themen auseinanderzusetzen.

Und dieses breite Wissen vermittelt uns das Internet?

Vor Kurzem habe ich irgendetwas über Spartakus gehört und fand das so interessant, dass ich spontan ins Internet gegangen bin und mir Zusatzinformationen über diesen Spartakus-Aufstand damals im alten Rom geholt habe. Und somit konnte ich mein Wissensnetz in dem Moment, in dem es gefordert wurde, erweitern. Ich muss also die Motivation mitbringen, dass ich diese Medien auch nutze. Wenn ich natürlich sage: „Die Medien werden mir das schon irgendwann mal zur Verfügung stellen", ist das ein Irrglaube. Und da muss man aufpassen, dass man sich nicht auf alles verlässt.

Aber auf der anderen Seite haben wir ja auch eine tägliche Informationsflut. Wie sollen wir mit der umgehen, ohne abzustumpfen?

Das kann durchaus passieren, deswegen ist die Eigenverantwortung extrem gefordert. Ich muss selber wissen, was ich brauche. Ich darf nicht planlos im Internet unterwegs sein, sondern muss mir ein Ziel setzen, das ich recherchieren will. Medienkompetenz ist hier das Stichwort.

Aber ist es nicht so, dass ganz viele Sachen, die wir früher mit dem Kopf gemacht haben – Telefonnummern oder Termine merken, ohne Navi in den Urlaub fahren – heute die Technik für uns macht? Wir müssen uns gar nichts mehr merken. Das ist wirklich die einzige Gefahr, die besteht. Wie viele Telefonnummern können Sie heute noch auswendig? Das ist immer die Frage, die ich bei mir im Seminar stelle. Und wie viele Telefonnummern konnten Sie noch vor zehn Jahren auswendig? Wahrscheinlich ein bisschen mehr, weil sie nicht jede einzelne Telefonnummer in jedem Handy abgespeichert haben. Das ist einer der Bereiche, die uns die neuen Medien abgenommen haben. Aber diese Gefahr kann man umgehen, indem man ganz konkret Gehirnjogging und Gedächtnistraining betreibt. Das man sagt: Okay, in Zukunft versuche ich einfach wieder, mir Zahlen zu merken.

Literaturgeschichtlich arbeiten

Wer Literatur verstehen, deuten und beurteilen möchte, sollte die geistes- und sozialgeschichtlichen Zusammenhänge, in denen sie entstand und wirkte, kennen. Er sollte wissen, unter welchen spezifischen biografischen Bedingungen ihre Verfasser schrieben und mit welchen Problemen sie sich auseinandersetzten, auf welchen literarischen Traditionen ihr Schreiben beruhte und welche Neuerungen es erbrachte. Wichtig ist es aber auch die Wirkungen dieses Schreibens auf Leser in unterschiedlichen Zeiten zu untersuchen und damit ein geschichtliches Bewusstsein vom Werden, Vergehen und Bewahren von Literatur in der Gegenwart zu erlangen.

Der Ort, an dem die Ergebnisse solcher Prozesse greifbar werden, ist die Bibliothek. Sie überliefert Literatur. Und ordnet sie nach bestimmten Gesichtspunkten.

A ■ Stellen Sie sich vor, Sie wären Bibliothekar oder Bibliothekarin und müssten die Bücher auf der nächsten Seite einordnen. Welche Einordnung würden Sie vornehmen?
B ■ Was fällt Ihnen leicht, was nicht? Begründen Sie.

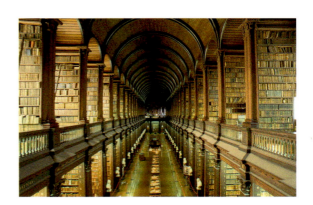

Literaturgeschichtlich arbeiten

 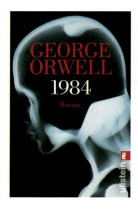 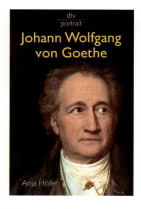 

   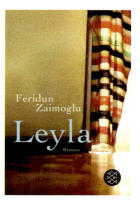

C ■ Suchen Sie eine Bibliothek in Ihrer näheren Umgebung auf. Machen Sie sich mit ihrer Systematik vertraut und recherchieren Sie, wo die Werke stehen. Vergleichen Sie die jeweiligen Einordnungen mit ihren eigenen Standortbestimmungen.

In diesem Kapitel lernen Sie, …
- dass das Verstehen und Deuten von literarischen Texten von geschichtlichen Zusammenhängen, in denen sie entstanden und gelesen wurden, abhängig ist,
- die Bedeutung von biografischen, sozialen und kulturellen Einflüssen auf das Verfassen von Literatur zu erklären,
- Möglichkeiten kennen, den Verlauf der Literaturgeschichte zu ordnen und zu gliedern,
- literarische Texte in grundlegende literaturgeschichtliche und historisch-gesellschaftliche Entwicklungen einzuordnen,
- Epochenumbrüche bzw. Epochenschwellen als Gleichzeitigkeit des Ungleichzeitigen zu erfassen,
- die Wirkungsgeschichte von Texten nachzuzeichnen und Prozesse der Kanonbildung zu erläutern.

Literaturgeschichtlich arbeiten

Literaturgeschichte definieren

> **Was kann ich nach der Bearbeitung dieses Unterkapitels?**
> - Den Begriff Literaturgeschichte klären
> - Den Zusammenhang von Literaturgeschichte, Kritik und Kanon reflektieren

Der Gegenstand der Literaturgeschichte ist die zeitliche Einordnung bedeutender literarischer Werke und ihrer Autoren. Wenn sie sich auf die Literatur aller Länder bezieht, ist sie Weltliteratur, thematisiert sie die Literatur einer Nation bzw. einer Sprachgemeinschaft, ist sie Nationalliteratur. In dieser Hinsicht ist sie eng mit deren sozialer, politischer und kultureller Entwicklung verbunden.

■ Text 56

Geschichte der Literatur (2002)   *Heinz Schlaffer*

Literarische Werke unterliegen, je mehr Zeit seit ihrer Entstehung vergangen ist, einer desto strengeren Auswahl. Zunächst entscheiden sich die zeitgenössischen Leser für das offenbar Zeitgemäße unter den
5 Neuerscheinungen, dann die späteren Leser für die erinnernswerten unter den einst erschienenen Büchern. Literarhistoriker sind die spätesten Leser, die einem nachgeborenen Publikum vergegenwärtigen, was von früheren Werken noch lesenswert sei. In die-
10 sem zeitlich gestaffelten Auswahlverfahren werden die Kriterien nicht nur strenger, sondern auch anders, sodass sich die Nachwelt oft gerade jener Werke erinnert, die die Mitwelt übersah. Über das, was Gegenstand einer Literaturgeschichte ist, entscheidet
15 also nicht die Mitwelt, sondern die Nachwelt, nicht die Zeit, sondern das Gedächtnis. Was eine Literaturgeschichte beachtet oder nicht beachtet, hängt davon ab, wie sie es bewertet (auch wenn sie sich dieser Voraussetzung gar nicht bewusst ist). Die Bewertung
20 wiederum kann sich nur auf ein ästhetisches Urteil berufen: auf das künstlerische Niveau der Werke, wie es sich später kompetenten, d. h. im Umgang mit der Literatur verschiedener Epochen erfahrenen Lesern zeigt. Literaturgeschichten können also nicht allein,
25 nicht einmal in der Hauptsache allein aus der Analyse des historischen Materials hervorgehen, da die Epoche nicht das letzte Wort über den Wert ihrer Werke haben darf. [...]
  Der eigentliche Aufbewahrungsort der Literatur ist
30 nicht die vergangene Geschichte, sondern die gegenwärtige Bibliothek. Was die vergangenen Werke präsent hält, ist also eine sichtbare Institution mit greifbaren Gegenständen und nicht eine metaphysische Substanz. Ohne die materielle Gestalt des Buchs
35 könnte, nachdem die Techniken mündlicher Überlieferung aufgegeben worden sind, kein Werk der Dichtung die Zeit seiner Entstehung überdauern. Ob die Bibliothek diese ideale Gleichzeitigkeit der Literatur lediglich spiegelt oder erst erzeugt, muss nicht entschieden werden. In jedem Fall ist die Bibliothek
40 als Archiv der Editionen und als Ressource der Neubewertungen die materielle Grundlage des literarischen Kanons. [...] Der Kanon, ein Extrakt der Bibliothek, verwandelt das historische Nacheinander der verfügbaren Bücher in ein Nebeneinander der zu le-
45 senden Bücher. Er folgt keiner zeitlichen Ordnung, er stellt das ideale Ensemble dar, das im literarischen Bewusstsein eines einzelnen Lesers – in Übereinstimmung mit anderen genussliebenden oder pflichtbewussten Lesern – präsent sein sollte. Wer um 1800
50 zu den Gebildeten gehörte, las gleichzeitig mit den neuen Werken Schillers oder Jean Pauls die zurückliegenden (und eben nicht vergangenen) Werke Rousseaus, Horaz', Shakespeares, Homers. Jeder Epoche der Literatur ist das Prinzip kanonischer Selektion imma-
55 nent: Einige Werke leben in immer neuen Zeiten weiter und überleben auch diese wieder. Bis ins 19. Jahrhundert überwog das klassische Pensum die Lektüre zeitgenössischer Autoren. Das literarische Wissen eines Lesers kommt durch eine doppelte Ausrichtung
60 zustande: auf die alte wie auf die neue Literatur. Für jene ist das mahnende Gedächtnis des Kanons zu-

ständig, für diese die dienende Aufmerksamkeit der Kritik. Wenn es die Aufgabe der Literaturgeschichte sein sollte, die vergangene Literatur für die Gegenwart verständlich zu machen, dann darf sie ihre Bereitschaft zur Kanonbildung nicht abstreiten. Die unüberschaubare Fülle aller Werke, die je geschrieben wurden, muss auf jene begrenzt werden, die noch für die Nachwelt bedeutsam sind oder bedeutsam werden sollten. Der Kanon wandelt sich zwar unablässig, doch ist er nie außer Kraft gesetzt. Er erstellt einen Katalog von Dichtern und ist zugleich auf doppelte Weise deren Produkt, indem er jene exemplarischen Werke hervorhebt, die späteren Dichtern wieder zum Vorbild wurden; er weist deshalb auch auf eine mögliche Zukunft voraus, in der sich vielleicht die Hoffnung der lebenden Dichter erfüllt, dass auch ihren Werken das Prädikat des Klassischen zuerkannt werde.

A ▪ Schlaffer schreibt, dass der eigentliche Aufbewahrungsort der Literatur die gegenwärtige Bibliothek ist. Erläutern Sie diese Aussage.

B ▪ Wie sieht Schlaffer das Verhältnis von Mit- und Nachwelt bei der Bewertung von Literatur? Erläutern Sie anhand der Thesen des Autors den Zusammenhang von Literaturgeschichte, Kritik und Kanonbildung.

Literaturgeschichte ordnen

Was kann ich nach der Bearbeitung dieses Unterkapitels?
- Möglichkeiten kennen, den Verlauf der Literaturgeschichte zu ordnen und zu gliedern
- Den Epochenbegriff reflektieren

Ordnungs- und Orientierungssysteme der Literaturgeschichte — INFO

Der Mensch ist bestrebt, seine Vergangenheit, also das, was sich ereignet und was er selbst gestaltet hat, überschaubar zu machen und zeitlich einzuordnen. Dieses Bedürfnis hat er freilich nur dann, wenn das Vergangene, die Geschichte, ihn etwas angeht, wenn er sich und seine Gegenwart zu ihr in Beziehung setzen kann, sich selbst als geschichtliches Wesen begreift und sich auf seine Zukunft hin entwirft. Dieses Ordnungssystem ist allerdings der Geschichte nicht immanent. Es muss vom Menschen entwickelt werden. Im Laufe der Zeit haben sich unterschiedliche Ordnungs- und Orientierungssysteme gebildet.

Seit alters her bekannt ist die Methode der **Annalistik**. Sie ist bestrebt, Geschichte als das Nebeneinander von Ereignissen und Phänomenen (Synchronie) im linearen Fortgang der Zeit (Diachronie) zu rekonstruieren, z. B. Chroniken zu erstellen. Ähnlich bedeutsam ist das Verfahren, geschichtliche Bewegungen und Umbrüche im Wechsel von **Generationen** zu begreifen. Dieses beruht auf den Annahmen, dass die jeweiligen Generationen häufig in Opposition zueinander stehen und die jeweils junge Generation bestrebt ist, neue Ideen und Stilformen gegenüber der alten durchzusetzen. Heute spricht man etwa von »68er-Generation« oder von der »Generation Golf«.

Das wohl wirkungsmächtigste Konzept, das Vergangene chronologisch zu ordnen, Zeitpunkte des Wandels zu bestimmen und Zeitabschnitte des Geschichtsverlaufes zu unterscheiden, ist das Verfahren der **Epochengliederung.**

Literaturgeschichtlich arbeiten

■ Text 57

Epochenbegriffe (2003)   *Benedikt Jeßing / Ralph Köhnen*

Eines der wesentlichen Kategoriensysteme, mit deren Hilfe Literaturwissenschaftler ihren Gegenstandsbereich – hier die Literatur seit ungefähr 1500 – ordnen, ist die **Periodisierung der Literatur**, ihre historische Gliederung durch Epochenbegriffe. Das Wort »Epoche« stammt vom griechischen *epoché*, das »Einschnitt, Hemmung« heißt – und in diesem Sinne wurde das Fremdwort auch bis ins 19. Jahrhundert hinein meist verwendet: Ein bestimmtes Ereignis wurde als »Epoche« bezeichnet, als Abschluss eines Zeitraums bzw. als Beginn eines neuen. Erst im Verlauf des 19. Jahrhunderts setzte sich die heutige Bedeutung des Begriffes durch: Er bezeichnet den **Raum zwischen zwei Einschnitten oder Daten**. Um einen Zeitraum überhaupt als »Epoche« bezeichnen zu können, ist man also auf zwei Daten angewiesen. Epochenbezeichnungen können deswegen nur im Rückblick erwogen oder vergeben werden, die eigene Gegenwart ist als Epoche unbestimmbar. Über die beiden Eckdaten hinaus setzen literaturgeschichtliche Epochenbegriffe Gemeinsamkeiten einer bestimmten Textgruppe in einem bestimmten Zeitraum voraus, Merkmale, die es ermöglichen, die Texte eines Zeitraums von denen der angrenzenden Zeiträume unterscheiden zu können. Dabei ist natürlich nur ein Teil der Merkmale epochenspezifisch, andere wiederum bilden stilistische, gattungspoetologische oder andersartige Kontinuitäten.

Die **Kriterien**, nach denen in der Literaturgeschichtsschreibung Epochen voneinander abgegrenzt und bestimmten literarhistorischen Zeiträumen Epochenbegriffe zugeordnet werden, sind ganz unterschiedlicher Natur bzw. Herkunft:

■ **Politik- oder sozialgeschichtliche Unterscheidungskriterien** können auf die Literaturgeschichte übertragen werden: Die Literatur zwischen 1830 und 1848 etwa wird als »Vormärz« bezeichnet, d. h., sie ist vor der Märzrevolution 1848 entstanden; die Literatur zwischen 1871 und 1918 heißt grob zusammengefasst »Literatur des Kaiserreichs«, nach 1945 spricht man von der »Literatur der BRD bzw. der DDR«.

■ **Philosophie-, ideen- oder auch religionsgeschichtliche Epochenbezeichnungen** werden literarhistorisch abgebildet: Literatur des Humanismus, der Reformation oder der Aufklärung.

■ Neben diesen beiden literaturexternen Periodisierungskatalogen werden auch **literaturinterne** Kriterien zur Epochengliederung genutzt: Poetikgeschichtliche, ästhetisch-programmatische oder stilistische Konzepte oder Unterscheidungsmerkmale: »Barock« ist ein Stilbegriff, der aus der Kunstgeschichte auf die Literatur des 17. Jahrhunderts übertragen wird; eine kleine Gruppe von Texten junger Autoren zwischen 1770 und 1785 mit einem ganz bestimmten ästhetischen Programm lässt sich unter dem Begriff »Sturm und Drang« zusammenfassen; »Ästhetizismus« bzw. »Hermetik« sind stilistische Konzeptionen um 1900 bzw. nach dem Zweiten Weltkrieg.

■ Epochenbegriffe können auch aus den **Einschätzungen viel späterer Zeiten** resultieren, Literaturgeschichtsschreibung dokumentiert immer auch die Rezeptions- und Kanonisierungsgeschichte der Literatur: So ist etwa der Begriff der »Weimarer Klassik« eine Erfindung der zweiten Hälfte des 19. Jahrhunderts, der nicht so sehr aus den Texten Goethes und Schillers zwischen 1788 und 1805 selbst abgeleitet wird, sondern aus der Stilisierung und Verklärung vor allem der Autoren resultiert.

Epochenbegriffe sind also immer **wissenschaftliche Konstruktionen:** In Bezug auf bestimmte literaturinterne oder -externe Kriterien wird die Literaturgeschichte in Abschnitte eingeteilt. Weil es mehrere Orientierungssysteme der Literaturgeschichtsschreibung gibt, deren eigene Epochengliederungen voneinander abweichen, überschneiden sich häufig Epochen der Literaturgeschichte oder sie laufen mitunter sogar parallel zueinander. Epochenbegriffe erlauben schon für das 18. Jahrhundert keine genaue Trennung zwischen tatsächlichen Zeiträumen. Das gilt umso stärker für das 19. und 20. Jahrhundert, in denen die literarische Produktion ungeheuer anstieg. Hier lassen sich insofern nur noch literarische Gruppierungen oder Strömungen beobachten, die dann natürlich auf einer historischen Zeitachse eingeordnet werden können.

Trotz des Konstruktcharakters der Epochenbegriffe benötigt die Literaturwissenschaft diese. Sie erleichtern die wissenschaftliche Verständigung über die Literatur im historischen Prozess und ermöglichen auf unterschiedliche Weise das Verständnis der Literatur aus ihrer Zeit, ihrer Sozial-, Ideen- und Stilgeschichte heraus. In diesem Sinne arbeiten die folgenden Kapitel mit den traditionellen Epochenbegriffen. Im Einzelfall wird allerdings ein fragwürdig gewordener Begriffsgebrauch problematisiert, um die Schwierigkeiten der historischen Ordnung der Literatur deutlich zu machen.

A ■ Welche Vorteile bietet nach Auffassung der Autoren die Gliederung der Literaturgeschichte in Epochen?

B ■ Schauen Sie sich verschiedene Literaturgeschichten an und vergleichen Sie sie miteinander. Wie sind sie aufgebaut? Entsprechen ihre Begriffe und Einteilungen den Kriterien von Jeßing und Köhnen?

»Eckermann, bring' Erdnüsse!«

Kriterien, die bei einer Einteilung in Literaturepochen eine Rolle spielen:

Literaturgeschichtlich arbeiten

Die deutsche Literaturgeschichte im Überblick

Die vorliegende Grafik stellt einen Versuch dar, den zeitlichen Verlauf der deutschen Literaturgeschichte zu strukturieren. Indem sie Zeitpunkte und Phasen des literarischen Wandels modellhaft kenntlich macht, erfüllt sie für den Leser von Literatur eine wichtige Orientierungsfunktion. Sie gibt ihm die Möglichkeit, Texte in übergreifende kultur-, stil- und sozialgeschichtliche Zusammenhänge einzuordnen und ihre Entstehung und Wirkung im Kontext von realhistorischen Ereignissen, kulturellen Strömungen und sozialen Verwerfungen zu verstehen. Der literarische Wandel vollzieht sich selten abrupt, sodass es an den Rändern der Epochen stets zu Überschneidungen kommt: Zeitgleichheit von Epochen.

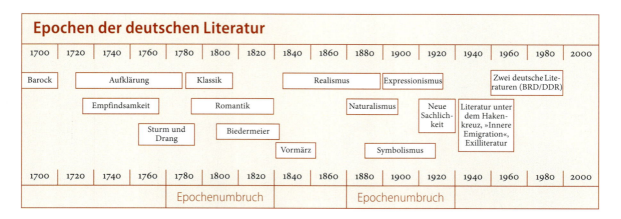

A ■ Bilden Sie Arbeitsgruppen und informieren Sie sich darüber,
- aus welchen Bereichen die unterschiedlichen Epochenbezeichnungen stammen,
- welche Autoren Wegbereiter und Hauptvertreter dieser Epochen sind,
- welche Werke als typisch für sie gelten,
- welche Themen und Stilzüge in ihnen dominieren.

B ■ Verschaffen Sie sich einen Überblick über die deutsche Literaturgeschichte, indem Sie arbeitsteilig folgende Tabelle erarbeiten und stichpunktartig die wichtigsten Daten und Fakten der einzelnen Epochen zusammenstellen:

Epoche/Datierung	Zeitgeist/Geschichte/Themen/Formen/Stil	Autoren und ihre Werke
…	…	…

Johann Wolfgang Goethe

Andreas Gryphius

Georg Trakl

Novalis

Theodor Fontane

C ■ Wie fit sind Sie schon? Die Porträts zeigen Hauptvertreter verschiedener Epochen. Können Sie die jeweilige Epoche benennen?

Epochen und Epochenumbrüche untersuchen

> **Was kann ich nach der Bearbeitung dieses Unterkapitels?**
> - Motive, Strukturen und geschichtliche Bezüge von Epochen erschließen
> - Formen des Wandels und Umbrüche herausarbeiten

Romantik und Realismus

Literaturhistorikern fällt es schwer, das literarische Werk Heinrich Heines (1797–1856) einer bestimmten Epoche zuzuordnen. Er wird als ein Dichter des Übergangs gesehen. Einerseits sind seine Gedichte in ihren Themen und Formen stark in der klassisch-romantischen Tradition verwurzelt, andererseits ist er bestrebt, sich aus ihr zu lösen, konventionelle poetische Muster zu verfremden und zu desillusionieren. Dafür finden sich viele Beispiele in seiner berühmten Lyrikanthologie »Buch der Lieder« (1827). Auch das daraus entnommene Gedicht »Wahrhaftig« ist poetischer Ausdruck eines Stilwandels.

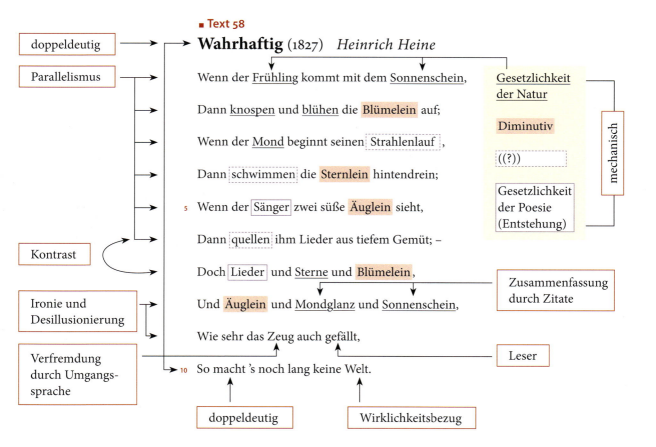

Literaturgeschichtlich arbeiten

A ▪ Ermitteln und fassen Sie zusammen, was Ihnen bei der Bearbeitung des Textes von Heine (**T323**) aufgefallen ist. Welche weiteren Aspekte haben Sie erkannt? Setzen Sie gegebenenfalls Ihre Untersuchung fort.

B ▪ Vergegenwärtigen Sie sich noch einmal Ideen, Motive, Ziele und Schreibformen der Romantik. Welche hat Heine in seinem Gedicht aufgegriffen, wie hat er sie verwendet?

C ▪ Wie verstehen Sie den letzten Vers seines Gedichtes?

D ▪ Erschließen und interpretieren Sie das Gedicht und zeigen Sie dabei auf, inwieweit es auch als paradigmatischer Ausdruck eines Epochenumbruches verstanden werden kann.

Epochenumbruch um 1900

Die Großstadt ist bestimmender Lebensraum für die Generation um die Jahrhundertwende, vor allem für Dichter und Maler: Viele Künstler waren in der Großstadt aufgewachsen und hatten dort studiert. Ein Zentrum der expressionistischen Bewegung bildete beispielsweise Berlin. Auch **Ludwig Meidner** (1884–1966) lebte mehrere Jahre in Berlin und hatte sich der expressionistischen Bewegung angeschlossen. Sein Bild »**Ich und die Stadt**« entstand **1913**.

A ▪ Stellen Sie sich vor, der im Zentrum des Bildes zu sehende Mann kommt vom Land und hält sich für einige Monate in der Großstadt Berlin auf. In seinem Tagebuch hält er seine Eindrücke und Erlebnisse fest. Versetzen Sie sich in diese Person und führen Sie das Tagebuch. Was notieren Sie am 21. Juni, im November und am 31. Dezember 1913?

B ▪ Vergleichen Sie Ihre Tagebuchnotizen mit dem Beginn des Romans »Die Aufzeichnungen des Malte Laurids Brigge« von Rainer Maria Rilke.

▪ **Text 59**

Die Aufzeichnungen des Malte Laurids Brigge (1910) *Rainer Maria Rilke*

11. September, rue Toullier.
So, also hierher kommen die Leute, um zu leben, ich würde eher meinen, es stürbe sich hier. Ich bin ausgewesen. Ich habe gesehen: Hospitäler. Ich habe einen Menschen gesehen, welcher schwankte und umsank. Die Leute versammelten sich um ihn, das ersparte mir den Rest. Ich habe eine schwangere Frau gesehen. Sie schob sich schwer an einer hohen, warmen Mauer entlang, nach der sie manchmal tastete, wie um sich zu überzeugen, ob sie noch da sei. Ja, sie war noch da. Dahinter? Ich suchte auf meinem Plan: Maison d'Accouchement. Gut. Man wird sie entbinden – man kann das. Weiter, rue Saint-Jacques, ein großes Gebäude mit einer Kuppel. Der Plan gab an Val-de-grâce, Hôpital militaire. Das brauchte ich eigentlich nicht zu wissen, aber es schadet nicht. Die Gasse begann von allen Seiten zu riechen. Es roch, soviel sich unterscheiden ließ, nach Jodoform, nach dem Fett von pommes frites, nach Angst. Alle Städte riechen im Sommer. Dann habe ich ein eigentümlich starblindes Haus gesehen, es war im Plan nicht zu finden, aber über der Tür stand noch ziemlich leserlich: Asyle de nuit. Neben dem Eingang waren die Preise. Ich habe sie gelesen. Es war nicht teuer.

Und sonst? ein Kind in einem stehenden Kinderwagen: Es war dick, grünlich und hatte einen deutlichen Ausschlag auf der Stirn. Er heilte offenbar ab und tat nicht weh. Das Kind schlief, der Mund war offen, atmete Jodoform, pommes frites, Angst. Das war nun mal so. Die Hauptsache war, dass man lebte. Das war die Hauptsache.

Dass ich es nicht lassen kann, bei offenem Fenster zu schlafen. Elektrische Bahnen rasen läutend durch meine Stube. Automobile gehen über mich hin. Eine Tür fällt zu. Irgendwo klirrt eine Scheibe herunter, ich höre ihre großen Scherben lachen, die kleinen Splitter kichern. Dann plötzlich dumpfer, eingeschlossener Lärm von der anderen Seite, innen im Hause. Jemand steigt die Treppe. Kommt, kommt unaufhörlich. Ist da, ist lange da, geht vorbei. Und wieder die Straße. Ein Mädchen kreischt: Ah tais-toi, je ne veux plus. Die Elektrische rennt ganz erregt heran, darüber fort, fort über alles. Jemand ruft. Leute laufen, überholen sich. Ein Hund bellt. Was für eine Erleichterung: ein Hund. Gegen Morgen kräht sogar ein Hahn, und das ist Wohltun ohne Grenzen. Dann schlafe ich plötzlich ein.

Das sind die Geräusche. Aber es gibt hier etwas, was furchtbarer ist: die Stille. Ich glaube, bei großen Bränden tritt manchmal so ein Augenblick äußerster Spannung ein, die Wasserstrahlen fallen ab, die Feuerwehrleute klettern nicht mehr, niemand rührt sich. Lautlos schiebt sich ein schwarzes Gesimse vor oben, und eine hohe Mauer, hinter welcher das Feuer auffährt, neigt sich, lautlos. Alles steht und wartet mit hochgeschobenen Schultern, die Gesichter über die Augen zusammengezogen, auf den schrecklichen Schlag. So ist hier die Stille.

Ich lerne sehen. Ich weiß nicht, woran es liegt, es geht alles tiefer in mich ein und bleibt nicht an der Stelle stehen, wo es sonst immer zu Ende war. Ich habe ein Inneres, von dem ich nicht wusste. Alles geht jetzt dorthin. Ich weiß nicht, was dort geschieht.

Ich habe heute einen Brief geschrieben, dabei ist es mir aufgefallen, dass ich erst drei Wochen hier bin. Drei Wochen anderswo, auf dem Lande zum Beispiel, das konnte sein wie ein Tag, hier sind es Jahre. Ich will auch keinen Brief mehr schreiben. Wozu soll ich jemandem sagen, dass ich mich verändere? Wenn ich mich verändere, bleibe ich ja doch nicht der, der ich war, und bin ich etwas anderes als bisher, so ist klar, dass ich keine Bekannten habe. Und an fremde Leute, an Leute, die mich nicht kennen, kann ich unmöglich schreiben.

Habe ich es schon gesagt? Ich lerne sehen. Ja, ich fange an. Es geht noch schlecht. Aber ich will meine Zeit ausnutzen.

Dass es mir zum Beispiel niemals zum Bewusstsein gekommen ist, wie viel Gesichter es gibt. Es gibt eine Menge Menschen, aber noch viel mehr Gesichter, denn jeder hat mehrere. Da sind Leute, die tragen ein Gesicht jahrelang, natürlich nutzt es sich ab, es wird schmutzig, es bricht in den Falten, es weitet sich aus wie Handschuhe, die man auf der Reise getragen hat. Das sind sparsame, einfache Leute; sie wechseln es nicht, sie lassen es nicht einmal reinigen. Es sei gut genug, behaupten sie, und wer kann ihnen das Gegenteil nachweisen? Nun fragt es sich freilich, da sie mehrere Gesichter haben, was tun sie mit den andern? Sie heben sie auf. Ihre Kinder sollen sie tragen. Aber es kommt auch vor, dass ihre Hunde damit ausgehen. Weshalb auch nicht? Gesicht ist Gesicht.

Literaturgeschichtlich arbeiten

A ■ Stellen Sie thematische Bezüge zwischen dem Bild und dem Romanbeginn her.

B ■ Der Epochenumbruch um 1900, die Abkehr von einer realistischen Schreibweise in der Art Fontanes, realisiert sich in diesem Zeitraum im Neben- und Gegeneinander von sozialen Interessen, politischen Einstellungen und ästhetischen Konzepten. Diese bündeln sich in der Auseinandersetzung mit dem Phänomen der Großstadt, gelangen dabei zu neuen Wahrnehmungsformen der Wirklichkeit. Das gilt auch für Rilkes Roman. Wie drückt sich das neue Sehen in seinem Text aus? Was und wie nimmt das Ich wahr? Wie korrespondieren die sprachlich-stilistischen Gestaltungsmittel des Autors mit den Wirklichkeitserfahrungen des erlebenden Ich?

Bezüge zwischen Sprache – Denken – Wirklichkeit reflektieren –
Sprache als Instrument und Ausdruck der Wirklichkeitsauffassung

■ Text 60

Der Löwe *Günther Anders*

Als die Mücke zum ersten Mal den Löwen brüllen hörte, da sprach sie zur Henne: »Der summt aber komisch.«
»Summen ist gut«, fand die Henne.
5 »Sondern?«, fragte die Mücke.
»Er gackert«, antwortete die Henne. »Aber das tut er allerdings komisch.«

■ Text 61

Unwörter des Jahres

2013 Sozialtourismus   2011 Döner-Morde
2012 Opfer-Abo   2010 alternativlos

■ Text 62

»Das kommt mir spanisch vor«

Die im Deutschen verwendete Redewendung wird in anderen Sprachen mit Bezug auf eine andere Fremdsprache gebildet. Hier nur ein paar Beispiele:

Sprache	Redewendung	Bezugssprache
Spanisch	Esto me suena a chino.	Chinesisch
Englisch	It's Greek to me.	Griechisch
Türkisch	Konuya Fransız kaldım.	Französisch
Französisch	C'est du chinois.	Chinesisch

Bezüge zwischen Sprache – Denken – Wirklichkeit reflektieren

■ Text 63
Auszug aus einem Chat

a Hallo,
im Rahmen unseres Deutsch-LKs sprechen wir gerade über den Themenblock »Sprache – Denken – Wirklichkeit«. Was denkt ihr, kann man denken, ohne sprechen zu können? Damit ist nicht lautes Sprechen gemeint, sondern Worte im Kopf, mit denen man ja die Gedanken formuliert. Man kann ja in Bildern denken, aber um komplexere Vorgänge aufzunehmen, als eine Bildvorstellung, benötigt man doch die Sprache als Instrument, oder? Wie seht ihr das?

b Das erinnert mich stark an das Buch »1984« von Goerge Orwell, in dem eine neue Sprache erfunden werden soll, die bestimmte Begriffe ausspart, um es den Menschen zu erschweren, gedanklich revolutionär zu werden.
Ich glaube, dass die Sprache das wichtigste Mittel ist, um strukturierte Gedankengänge aufzubauen. Da Worte die Platzhalter für bestimmte Begriffe sind, die wir abspeichern, werden sie gebraucht als eine Art Inhaltsverzeichnis für alles Abstrakte, für das, was weder als Wort noch als Bild in unserem Gehirn liegt. Ohne die Sprache ist es nicht möglich über das Stadium eines verständnislosen Tieres hinauszugelangen.

c Ich verweise mal auf Wittgenstein, der als Sprachphilosoph sich ein paar Gedanken zu diesem Thema gemacht hat ... »Die Grenzen meiner Sprache bedeuten die Grenzen meiner Welt.« – »Tractatus logico-philosophicus, 5.6« oder »Was sich überhaupt sagen lässt, lässt sich klar sagen; und wovon man nicht sprechen kann, darüber muss man schweigen.« – »Tractatus logico-philosophicus, 7«

d Die Neurowissenschaften haben vielfältige Beweise dafür, dass Denken ohne Sprache möglich ist – es hat sich vielleicht noch nicht zu den Germanisten durchgesprochen. Hab mich seinerzeit in meinem LK Deutsch (1975–1977) auch sehr über die Behauptung gewundert, konnte es erst 20 Jahre später widerlegen (Erkenntnisse stammen auch hauptsächlich aus den Jahren 1996 – heute). Sprache erleichtert das Denken vor allem in abstrakten Termini, ist aber keine Voraussetzung – weder für das Denken an sich (wie würde man Denken definieren?) noch für Bewusstsein.

e Gibt es denn Sprache ohne Denken ...?

f Woher soll ich wissen, was ich denke, bevor ich höre was ich sage?

g Ich denke, Denken ohne Sprache ist ein emotionales Denken, ohne Worte. Dieses Denken, lässt uns oft, ohne dass wir darüber nachdenken, die richtige Entscheidung treffen.

A ■ Alle Texte setzen sich mit dem Verhältnis zwischen Sprache und Denken auseinander. Inwiefern?

B ■ Vertiefen Sie Ihre ersten Eindrücke, indem Sie sich auf Vorwissen beziehen, dass sie im Fach Deutsch oder anderen Fächern (z. B. Philosophie, Biologie, Sozialwissenschaften oder Pädagogik) erworben haben. Recherchieren Sie zu Aspekten, die Ihr Interesse geweckt haben.

C ■ Tauschen Sie sich über ihre Ergebnisse mit anderen in ihrem Kurs aus, um leitende Fragestellung für die Bearbeitung des weiteren Kapitels zu entwickeln.

In diesem Kapitel lernen Sie, ...
- das Verhältnis von Sprache – Denken – Wirklichkeit kritisch zu reflektieren und unterschiedliche Erklärungsansätze zu vergleichen,
- Sprache als Spiegel des historischen und kulturellen Wandels zu verstehen,
- die historische Dimension von Sprache kennen,
- die Problematik des Übersetzens zu verstehen und zu beurteilen,
- Sprachkritik und Sprachskepsis als Mittel der Einflussnahme auf die Gestaltung von Sprache kennen und zu bewerten,
- Sprachkrisen bzw. das Gefühl der Sprachnot als Reaktion auf Extremsituationen zu begreifen.

Bezüge zwischen Sprache – Denken – Wirklichkeit reflektieren

Sprache, Denken, Wirklichkeit

> **Was kann ich nach der Bearbeitung dieses Unterkapitels?**
> - Unterschiedliche Erklärungsmodelle für den Zusammenhang zwischen Sprache und Denken benennen, erläutern und kritisch reflektierend gegeneinander abgrenzen
> - Das linguistische Relativitätsprinzip (»Sapir-Whorf-Hypothese«) beschreiben und seine Bedeutung für die Erklärung sprachlichen Relativismus beurteilen und bewerten

■ Text 64
Kleine Grammatik (1948)   *George Orwell*

Die Neusprache war die in Ozeanien eingeführte Amtssprache und zur Deckung der ideologischen Bedürfnisse des *Engsoz*[1] erfunden worden. Sie hatte nicht nur den Zweck, ein Ausdrucksmittel
5 für die Weltanschauung und geistige Haltung zu sein, die den Anhängern des *Engsoz* allein angemessen war, sondern darüber hinaus jede Art anderen Denkens auszuschalten. Wenn die Neusprache erst ein für allemal angenommen und die Altsprache ver-
10 gessen worden war (etwa im Jahre 2050), sollte sich ein unorthodoxer – d.h. ein von den Grundsätzen des *Engsoz* abweichender – Gedanke buchstäblich nicht mehr denken lassen, wenigstens insoweit Denken eine Funktion der Sprache ist. Der Wortschatz
15 der Neusprache war so konstruiert, dass jeder Mitteilung, die ein Parteimitglied berechtigterweise machen wollte, eine genaue und oft sehr differenzierte Form verliehen werden konnte, während alle anderen Inhalte ausgeschlossen wurden, ebenso wie die Mög-
20 lichkeit, etwa auf indirekte Weise das Gewünschte auszudrücken. Das wurde teils durch die Erfindung neuer, hauptsächlich aber durch die Ausmerzung unerwünschter Worte erreicht und indem man die übrig gebliebenen Worte so weitgehend wie möglich
25 jeder unorthodoxen Nebenbedeutung entkleidete. Ein Beispiel hierfür: Das Wort *frei* gab es zwar in der Neusprache noch, aber es konnte nur in Sätzen wie »Dieser Hund ist *frei* von Flöhen« oder »Dieses Feld ist *frei* von Unkraut« angewandt werden. In seinem alten
30 Sinn von »politisch frei« oder »geistig frei« konnte es nicht gebraucht werden, da es diese politische oder geistige Freiheit nicht einmal mehr als Begriff gab und infolgedessen auch keine Bezeichnung dafür vorhanden war.

Georg Orwell (1903–1950) schrieb den Roman »1984« im Jahre 1948. Im Sinne einer Anti-Utopie entwirft der Roman das Schreckensbild eines absolut autoritären Staatssystems. Durch ein ausgeklügeltes Überwachungssystem sowie physische und psychische Folter soll erreicht werden, dass das Volk den »Großen Bruder« (Begriff für die Herrschenden) liebt und unhinterfragt Folge leistet. Im Anhang zum Roman »1984« wird unter der Überschrift »Kleine Grammatik« eine neu zu schaffende Sprache beschrieben, die für die Festigung und den Bestand des fiktiven Staatssystems von besonderer Bedeutung ist. Der oben abgedruckte erste Abschnitt des achtseitigen Anhangs beschreibt die grobe Struktur und die Ziele dieser neuen Sprache.

A ■ Erörtern Sie die Frage, ob eine Manipulation des Denkens durch eine gezielte Veränderung der Sprache zu erreichen ist.

C ■ Reflektieren Sie die Konsequenzen eines gezielten oder auch willkürlichen Eingriffs in die Konventionalität des Zeichensystems.

D ■ Die Bildung einer eigenen Sprache der jungen Generation stellt in gewisser Weise einen solchen Eingriff in die Konventionalität der Sprache dar. Wie beurteilen Sie das Entstehen solcher Sprachen?

---
[1] *Engsoz*: Kunstwort zur Bezeichnung des im Roman dargestellten totalitären Staatssystems (»Eng« = England; »soz« = Sozialismus).

Bezüge zwischen Sprache – Denken – Wirklichkeit reflektieren

■ Text 65
Sprache und Denken (1995) *David Crystal*

Es scheint offenkundig, dass zwischen Sprache und Denken die engste Beziehung bestehen muss: Wie unsere alltäglichen Erfahrungen nahe legen, wird ein Großteil unseres Denkens durch die Sprache erleichtert. Aber sind beide identisch? Ist es möglich, ohne Sprache zu denken? Oder schreibt uns die Sprache die Bahnen vor, in denen wir denken können? Solche zunächst unkompliziert anmutenden Fragen haben Generationen von Philosophen, Psychologen und Linguisten beschäftigt. Sie stellen fest, dass sich dahinter Probleme von äußerster Vielschichtigkeit verbergen. Einfache Antworten darauf gibt es mit Sicherheit nicht, doch können wird zumindest die wesentlichen Faktoren bestimmen, auf die sich die Komplikationen zurückführen lassen. [...]

Wie eng aber ist nun die Verbindung zwischen Sprache und Denken? Diese Frage betrachtet man meist anhand von zwei Extremen. Auf der einen Seite steht die Hypothese, dass Sprache und Denken zwei vollkommen getrennte Dinge darstellen, wobei das eine vom anderen abhängig sei. Die andere Extremposition behauptet die Identität von Sprache und Denken – rationales Denken ohne Sprache wäre demnach unmöglich. Die Wahrheit liegt wahrscheinlich irgendwo zwischen diesen beiden Polen.

Die erste Position lässt zwei Möglichkeiten zu: Entweder ist die Sprache vom Denken abhängig oder das Denken von der Sprache. Der herkömmlichen und landläufigen Auffassung zufolge gilt ersteres, d. h., erst kommen die Gedanken, dann werden sie in Worte gefasst. Diese Sichtweise zeigt sich in metaphorischen Ausdrücken, wonach z. B. Gedanken »in Worte gekleidet« werden oder die Sprache das »Werkzeug des Denkens« sei. In Bezug auf den Spracherwerb wird diese Ansicht häufig vertreten. Demnach entwickeln Kinder vor dem Spracherwerb eine Reihe kognitiver Fähigkeiten.

Die andere Möglichkeit, wonach die Art der Sprachverwendung die Bahnen diktiert, in denen der Mensch zu denken in der Lage ist, wird ebenfalls weithin verfochten. Shelley brachte sie auf die eindrucksvolle Formel: »Er gab dem Menschen Sprache, die schuf den Gedanken, der das Universum misst« (*Der entfesselte Prometheus;* deutsch von Rainer Kirsch). Auch diese Ansicht wird im Bereich der Spracherwerbsforschung vertreten, und zwar mit dem Argument, dass die frühesten Konfrontationen mit Sprache den wesentlichen Einfluss auf die Art und Weise ausüben, wie Begriffe erlernt werden. Ihren einflussreichsten Ausdruck findet diese Position jedoch in der Sapir-Whorf-Hypothese.

Noch eine dritte These findet heute viele Anhänger. Sie besagt, dass Sprache und Denken voneinander abhängig seien – was nicht heißen soll, dass sie identisch wären. Die Identitätstheorie, wonach z. B. das Denken nichts anderes sei als innere Vokalisierung, wird heute nicht mehr vertreten. Es gibt zu viele Ausnahmen, als dass sich solch eine starre Position halten ließe: Denken wir nur an die zahlreichen Intelligenzleistungen, zu denen wir ohne Sprache in der Lage sind, von der Erinnerung an eine Bewegungsabfolge bei Spiel und Sport bis zur Vergegenwärtigung unseres täglichen Arbeitswegs vor dem geistigen Auge. Dass Bilder und Modelle hilfreich für die Problemlösung sind und gelegentlich bessere Wirkung zeigen als rein verbale Problemdarstellungen, wird heute kaum bestritten.

Andererseits sind Beispiele dafür erheblich seltener als die Fälle, wo Sprache offenbar das wichtigste Mittel für die Realisierung erfolgreicher Denkabläufe darstellt. Sieht man Sprache und Denken als voneinander abhängig an, dann erkennt man damit die Sprache als regulären Teil des Denkprozesses und gleichzeitig das Denken als notwendige Voraussetzung für das Sprachverständnis an. Es geht dabei nicht darum, ob das eine Vorrang vor dem anderen hat: Beide sind wesentlich, wenn wir Verhalten erklären wollen. Auch hier hat man Metaphern gesucht, um diese Vorstellung zu verdeutlichen. So wurde die Sprache mit der Wölbung eines Tunnels verglichen, das Denken mit dem Tunnel selbst. Doch die komplexe Struktur und Funktion von Sprache spotten solch simplen Analogien.

A ■ Verschaffen Sie sich einen Überblick über die in **T65** angesprochenen Erklärungsmodelle für die Beziehung zwischen Sprache und Denken, indem Sie dazu eine Tabelle oder ein Schaubild anfertigen.

B ■ Die in Z. 44–51 angesprochene Sapir-Whorf-Hypothese wird im folgenden Text (**T66**) präzisiert. Erklären Sie diese mit eigenen Worten.

Bezüge zwischen Sprache – Denken – Wirklichkeit reflektieren

■ Text 66

Die Strukturverschiedenheit der Sprachen und ihre Folgen (1956)
Benjamin Lee Whorf

Im vorhergehenden Artikel über »Naturwissenschaft und Linguistik« habe ich auf eine Täuschung über das Sprechen hingewiesen, der wir alle unterliegen. Es ist die Annahme, das Sprechen geschehe völlig frei und spontan, es »drücke lediglich aus«, was immer wir es gerade ausdrücken lassen wollen. Diese Illusion resultiert aus der folgenden Tatsache: die zwingenden Formen in unserem scheinbar freien Redefluss herrschen so völlig autokratisch, dass Sprecher und Zuhörer von ihnen unbewusst gebunden sind wie von Naturgesetzen. Die Strukturphänomene der Sprache sind Hintergrundsphänomene, die man gar nicht oder bestenfalls sehr ungenau wahrnimmt – so wie die winzigen Stäubchen in der Luft eines Raumes. Besser noch kann man sagen, alle Sprechenden unterliegen linguistischen Strukturen ungefähr so, wie alle Körper der Schwerkraft unterliegen. Die automatischen, unwillkürlichen Strukturschemata der Sprache sind nicht für alle Menschen die gleichen, sondern in jeder Sprache andere. Sie bilden die formale Seite der jeweiligen Sprache oder ihre »Grammatik« – ein Begriff der allerdings hier viel mehr einschließt als die Grammatik, die wir in der Schule aus den Büchern lernten.

Aus der Tatsache der Strukturverschiedenheit der Sprachen folgt, was ich das »linguistische Relativitätsprinzip« genannt habe. Es besagt, grob gesprochen, folgendes: Menschen, die Sprachen mit sehr verschiedenen Grammatiken benützen, werden durch diese Grammatiken zu typisch verschiedenen Beobachtungen und verschiedenen Bewertungen äußerlich ähnlicher Beobachtungen geführt. Sie sind daher als Beobachter einander nicht äquivalent, sondern gelangen zu irgendwie verschiedenen Ansichten von der Welt. […] Aus jeder solchen unformulierten und naiven Weltansicht kann durch eine höher spezialisierte Anwendung der gleichen grammatischen Strukturen, die zu dem naiven und impliziten Weltbild führten, eine explizite wissenschaftliche Weltansicht hervorgehen. So geht zum Beispiel die Weltansicht der modernen Naturwissenschaft aus der höher spezialisierten Anwendung der grundlegenden Grammatik der westlichen indoeuropäischen Sprachen hervor. Natürlich wurde die Naturwissenschaft durch die Grammatik nicht verursacht, sondern nur sozusagen gefärbt. Sie entstand im Bereich dieser Sprachgruppe, das heißt, sie entstand im Zuge von historischen Ereignissen, die Handel, Messung, Industrie und technische Erfindungen in einem Teil der Welt anregten, in dem diese Sprachen herrschten.

Die Teilhaber an einer gegebenen Weltansicht sind sich der idiomatischen Natur der Bahnen, in denen ihr Sprechen und Denken verläuft, nicht bewusst. Sie sind völlig mit ihnen zufrieden und betrachten sie als logische Notwendigkeiten. Kommt aber ein Außenseiter, ein Mensch, der an eine ganz andere Sprache und Kultur gewöhnt ist, oder etwa ein Wissenschaftler aus einer späteren Epoche, die eine etwas veränderte Sprache des gleichen Grundtyps benutzt, so erscheint ihm nicht alles, was für die Teilhaber an jener gegebenen Weltansicht logisch und notwendig ist, ebenfalls als logisch und notwendig. Die gängigen Auffassungen mögen in ihm den Eindruck erwecken, sie bestünden vornehmlich aus stark sprachbedingten »façons de parler«. Betrachten wir einmal die Antworten, die zu einer Zeit selbst von Gelehrten auf gewisse Fragen über die Natur gegeben wurden: Warum steigt das Wasser in einer Pumpe? Weil die Natur einen »*horror vacui*« hat. Warum löscht Wasser das Feuer? Weil es nass ist oder weil die Prinzipien des Feuers und des Wassers antithetisch sind. Warum steigen Flammen nach oben? Weil das Element Feuer leicht ist. Warum kann man einen Stein mit Hilfe eines Ledersaugnapfes heben? Weil das Saugen den Stein hochzieht. Warum fliegt eine Motte zum Licht? Weil die Motte neugierig ist oder weil das Licht sie anzieht. Wenn diese Sätze einmal logisch befriedigend erschienen, heute aber als Eigenheiten eines merkwürdigen Jargons anmuten, dann kam dieser Wandel nicht zustande, weil die Naturwissenschaft neue Fakten entdeckt hat. Die Wissenschaft hat neue sprachliche Formulierungen der alten Fakten gewonnen, und nun, da wir uns an den neuen Dialekt gewöhnt haben, sind gewisse Züge des alten nicht mehr bindend für uns. […]

A ■ Erläutern Sie die Kernaussage des Linguistischen Relativitätsprinzips und reflektieren Sie Whorfs These vor dem Hintergrund der zunehmenden Globalisierung der Gesellschaft.

Im Hinblick auf die von David Crystal in T65 angedeutete wissenschaftliche Kontroverse bezüglich des Zusammenhangs von Sprache und Denken konnte bis heute kein Konsens gefunden werden. Immer stärker in die Kritik geraten ist allerdings die Sapir-Whorf-Hypothese (T66). Weniger aufgrund der grundsätzlichen Annahme, dass Sprache die Weltsicht beeinflussen kann, sondern vielmehr wegen fehlender Präzision bei der linguistischen Analyse der Hopi-Sprachen und der Absolutheit, mit der die Hypothese von Whorf aufgestellt wird. Speziell neue Untersuchungen und Ansätze in den Neurowissenschaften bezüglich der Lokalisierung der Sprache im menschlichen Gehirn sowie der daraus abzuleitenden Konsequenzen für den Spracherwerb (→ »Spracherwerb: Instinkt, Imitation oder Kreativität?«, S. 160 ff.) beleben die Diskussion mit neuen Impulsen. Unberührt von diesen kontroversen Positionen in den Wissenschaften, die sich mit dem Phänomen Sprache beschäftigen, bleibt allerdings die Grundannahme, dass Sprache und Denken in einer engen Beziehung zueinander stehen.

Für uns als kompetente Sprecher und Denker geht es nicht allein darum, einen theoretischen Diskurs zur Kenntnis zu nehmen, um unterschiedliche Position benennen und bestimmen zu können, sondern vielmehr darum, den alltäglichen praktischen Umgang mit Sprache vor dem Hintergrund dieser theoretischen Einsichten stärker zu reflektieren. Ulrich Schmitz unterbreitet dazu in T67 und T68 eine Reihe von praktischen Vorschlägen.

■ Text 67

Kompetente Sprecher ... (2004)   *Ulrich Schmitz*

So gesehen beschäftigt sich also jeder Sprachunterricht, der nicht allein der sprachlichen Form gilt, mit dem Verhältnis von Sprache, Denken und Wirklichkeit. Dass diese drei sich nicht auf selbstverständliche Weise ineinander fügen oder eins zu eins einander abbilden, wird am deutlichsten im Sprachvergleich. Dass in den meisten Klassen Jugendliche mit unterschiedlichen Muttersprachen (also Expertinnen und Experten) sitzen, lädt zu reizvollen Anknüpfungsmöglichkeiten ein, sei es von Fall zu Fall ad hoc, sei es in systematischer Betrachtung:

Heißt der Walfisch in anderen Sprachen auch »Fisch«, obwohl es keiner ist? Geht die Sonne da auch unter, obwohl sie gar nicht untergeht? Oder wie sagt man das? Warum unterscheidet man im Englischen zwischen »happy« und »lucky«, im Deutschen aber nicht? Welche Folgen hat das für Ausdrucksmöglichkeiten und Glücksempfinden? Warum muss man in slawischen Sprachen meistens entscheiden, ob ein Vorgang länger andauert oder kurzfristig abgeschlossen ist, um das treffende Verb zu finden, im Deutschen aber nur manchmal? Ändert dieser grammatische Unterschied unsere Sichtweise? Oder können wir das jeweils Gemeinte in der anderen Sprache mit anderen Mitteln ebenso gut ausdrücken? Welche Folgen hat es, wenn eine Sprache keine Artikel kennt? Ist eine Sprache ärmer oder reicher als eine andere, wenn sie mehr Kasus aufweist? Vergleiche zum Beispiel Hochdeutsch mit Latein, Englisch, Ruhrdeutsch und niederdeutschen Dialekten!

Liebe Schüler, was fällt euch noch auf, wenn ihr eure Sprachen miteinander vergleicht? Hat jemand mit einer anderen Herkunftssprache schon mal eine seltsame deutsche Formulierung gebraucht (z. B. »Blutfass« für »Herz« oder »Glasbaby« für »Retortenbaby«)? Was mag der Grund dafür gewesen sein? Sieht er das Thema, über das er spricht, deswegen anders? Wie? Warum heißt die ganze Erde so wie jedes ihrer Stücke? Und warum ist das in anderen Sprachen nicht so? Wie kommt es, dass man in vielen Sprachen Zeit »totschlägt« (englisch »to kill time«, französisch »tuer le temps«, türkisch »vaktini oldürmek«), obwohl sie doch gar nicht lebt? Wie sagt man das in deiner Muttersprache? Nimmst du die Zeit dann anders wahr? Kann man das auch auf Deutsch anders ausdrücken, oder sagt man dann auch inhaltlich etwas anderes?

Je intensiver Schülerinnen und Schüler über all das nachdenken und sprechen, desto mehr bemerken sie, dass man auch innerhalb ein und derselben Sprache einen Sachverhalt auf ganz unterschiedliche Weise zur Sprache bringen kann. »Sprachlicher Relativismus« herrscht also gerade auch innerhalb einer Sprache: Je nachdem, wie ich etwas formuliere, kann ich Akzente setzen, Perspektiven geben, interpretieren. Gibt es objektive Formulierungen, die das nicht tun?

Bezüge zwischen Sprache – Denken – Wirklichkeit reflektieren

■ Text 68

… und Denker (2004)   *Ulrich Schmitz*

Bedenken wir ein Beispiel. Anlässlich der Frage, ob die Tötung des palästinensischen Hamas-Gründers durch Israel völkerrechtlich erlaubt sein könnte, befindet ein Rechtswissenschaftler, seit dem 11. September 2001 sei klar, dass ein »bewaffneter Angriff« nach Artikel 51 der UN-Charta nicht notwendig eine staatlich betriebene kriegerische Attacke sein müsse, sondern auch aus terroristischen Schlägen bestehen könne, »wenn diese ein größeres Ausmaß und eine bestimmte Intensität erreichen« (Lorz 2004). Bei näherem Hinsehen heißt »bestimmt« in diesem Fall nicht »bestimmt«, sondern »unbestimmt« oder besser: »von Fall zu voll noch zu bestimmen«. Denn es gibt keine eindeutigen Kriterien zur Messung terroristischer Intensität, erstens aus Mangel an Erfahrung und zweitens wegen der unterschiedlichen Qualität jedes Einzelfalls.

Letzteres bezeichnet das grundsätzliche Problem jeglicher Rechtsprechung: Immer muss beurteilt werden, ob ein einzelner Fall zu einer vorab festgelegten allgemeinen Formulierung passt. Juristen nennen das Subsumtion. Tatsächlich geschieht das auch im Alltag sehr häufig, wenn wir sprechen. »Das Wetter ist herrlich«, »Die Hose passt mir nicht«, »Er hat sie sehr geliebt«: Stets werden einzelne Begebenheiten mit allgemein verfügbaren sprachlichen Mitteln beurteilt. Wir könnten jeweils auch andere wählen und sogar neue erfinden. So geht das Problem sprachlicher Relativität letzten Endes nicht aus der besonderen Form einer einzelnen Sprache hervor, sondern aus der Beziehung zwischen Individuellem und Allgemeinem. In jedem (nicht-analytischen) Sprechakt wird diese Beziehung zwar oft nach alten Mustern, doch immer aufs Neue hergestellt. Wir könnten ja auch anders formulieren: »Oh, die Sonne scheint, und es ist ziemlich warm!«, »Oben rum ist sie ein bisschen eng«, »Er war total verknallt in sie«. Jedes Mal wird der gemeinte Sachverhalt ein wenig anders akzentuiert. […]

Je nach Anlass können solche Formulierungsprobleme unauffällig bleiben (z. B. in reibungsloser Alltagskommunikation), banal erscheinen (z. B. bei Partygesprächen), peinlich wirken (z. B. in zwischenmenschlichen Beziehungen), ästhetische Qualität oder sachliche Richtigkeit betreffen (z. B. bei Belletristik bzw. Fachtexten) oder auch gravierende Folgen nach sich ziehen. Würden Palästinenser etwa mit Hilfe der obigen Rechtsauslegung die israelische Präsenz in den Autonomiegebieten als bewaffneten Angriff deuten, so erschiene ihre Lage in einem völlig anderen Licht. Alle diese Fragen gehen aber nicht daraus hervor, dass die Grammatik oder der Wortschatz einer bestimmten Sprache ihren Sprechern eine bestimmte Weltsicht aufzwänge, sondern daraus, dass man – je nach Absicht, Interesse, Fähigkeit und ggf. Macht – schon innerhalb jeder einzelnen Sprache ganz unterschiedlichen Gebrauch von den vorhandenen, veränderlichen Mitteln machen kann. Es gibt immer Alternativen. […] Es geht darum, die komplizierten Möglichkeiten auszuloten, die im Verhältnis von Sprache, Denken und Wirklichkeit bestehen. Wichtiger als die Formulierung theoretisch unentscheidbarer Fragen ist der reflektierte praktische Umgang mit Sprache. Dabei können sowohl alternative Formulierungsversuche in der eigenen Sprache als auch die Perspektive einer anderen Sprache helfen. Paraphrasieren und Übersetzen müssen als Kulturtechniken anerkannt und an vielen einzelnen Fällen ad hoc immer wieder geübt werden. Denn – wie Humboldt sagt – was wir erkennen können, liegt »zwischen allen Sprachen, und unabhängig von ihnen, in der Mitte«. Wir können uns ihm nur subjektiv annähern; und dabei hilft es, wenn man Formulierungen prüft, abwandelt und verschiedene Varianten ausprobiert. Auch Lichtenberg unterstützt die Ansicht, »dass durch die Verschiedenheit der Sprachen falsche Urteile verbessert werden. Weil wir in Worten denken. Dieses verdient sehr überlegt zu werden in wiefern die Erlernung fremder Sprachen uns die Begriffe in unsrer eignen aufklärt.«

A ■ Welche Bereiche scheinen U. Schmitz besonders geeignet, um sprachlichen Relativismus im alltäglichen Umgang mit Sprache zu reflektieren?

B ■ Entwickeln Sie aus den Vorschlägen in **T67** und **T68** mögliche Arbeitsaufträge für den Deutschunterricht bzw. für den fachübergreifenden Unterricht.

C ■ Reflektieren Sie zum Abschluss dieses Teilkapitels noch einmal die Frage A zu **T63**. Hat sich Ihre Einschätzung verändert oder bestätigt?

Bezüge zwischen Sprache – Denken – Wirklichkeit reflektieren

Sprache als Spiegel des historischen und kulturellen Wandels verstehen: Verständnis für andere Zeiten und Kulturen

> **Was kann ich nach der Bearbeitung dieses Unterkapitels?**
> - Nachvollziehen und erklären, warum Sprache ein Spiegel des historischen und kulturellen Wandels ist
> - Das besondere Anforderungsprofil des Übersetzens aus fremden Sprachen beschreiben und einschätzen
> - Die Problematik des Übersetzens im alltäglichen eigenen Sprachgebrauch lokalisieren und durch Beispiele belegen
> - Nachvollziehen, dass die Annäherung an ältere Zeugnisse der eigenen Sprache eine Art Übersetzungsleistung erfordert

A ■ Beide Bilder stellen die Taufe Christi dar, beschreiben Sie die Bilder, um Gemeinsamkeiten und Unterschiede herauszustellen, und stellen Sie Vermutungen zu den Ursachen für die Gemeinsamkeiten und Unterschiede an.

B ■ Recherchieren Sie zu den Epochen Mittelalter und Barock (zeitliche Verortung, historische und kulturelle Besonderheiten usw.).

C ■ Lesen Sie die **T 69** und erläutern Sie im Anschluss, wie die spezifische Darstellung der Landschaft im mittelalterlichen Bild (rechtes Bild) zu erklären ist.

Bezüge zwischen Sprache – Denken – Wirklichkeit reflektieren

■ Text 69

Rhetorische Naturschilderung im Mittelalter (1942) *Ernst Robert Curtius*

Wir knüpfen dabei an Beobachtungen eines Historikers über das Verhältnis der Literatur zum Leben im frühen Mittelalter an. Martin Lintzel stellt fest, dass diese Epoche eine sehr geringe Fähigkeit (oder Bereitschaft) zur Wiedergabe der psychologischen Wirklichkeit hat:

Man stellt die Charaktere, ihre Beziehungen zur Umwelt und ihre Motive im Allgemeinen so einfach wie möglich dar. Der Held eines Heldenliedes etwa handelt nach einem ganz bestimmten, engen Kreis von Motiven, die eben »heldisch« sind, der Geistliche oder Heilige einer Bischofsvita handelt nach einem fast noch engeren Kreis von frommen Motiven.

Und weiter:

Diese Feststellungen gelten sowohl für die mündliche wie für die geschriebene »Literatur«, für die germanische wie für die lateinische Literatur der Zeit: in einem Zeitalter, das, literarisch und psychologisch noch jung und unerfahren ist (aber auch in einer alten und verbrauchten Zeit) wird sehr leicht nicht die Wirklichkeit, sondern der Stil die entscheidende Rolle spielen. Diese Wirklichkeitsfremdheit musste sich aber in der geschriebenen, d.h lateinischen, Literatur des frühen Mittelalters besonders stark bemerkbar machen. Im frühen Mittelalter erfolgt, wenn man so sagen darf, ein Zusammenstoß zwischen Schriftlichkeit und schriftloser Wirklichkeit. In den Germanenländern ist die Kultur, das gesamte öffentliche und private Leben von Haus aus schriftlos und bleibt es, trotz des Eindringens der Schrift, noch auf lange Zeit. In den romanischen oder ehemals römischen Ländern ist das Leben weitgehend schriftlos geworden. Das Verhältnis von Schrift und Wirklichkeit ist in Rom zwar anders als in Regensburg oder Aachen; aber überall besteht zwischen beiden Faktoren eine Entfremdung. Sie gehen nebeneinander her, fast ohne sich zu berühren – schon die Tatsache, dass man in einer anderen Sprache schreibt als man redet, ist dafür bezeichnend. Fast alles, was geschrieben wird, hat in besonderem Maße einen künstlichen, literarischen Charakter: der Stil kann hier seine beherrschende Stellung besonders leicht durchsetzen. [...]

Man darf Aussagen mittelalterlicher Dichter nicht ohne weiteres als Mitteilungen von Erlebniswirklichkeit auffassen [...]

Auch die Naturschilderungen der mittelalterlichen Dichtung dürfen wir nicht ohne weiteres als Wirklichkeitswiedergabe auffassen. Unter Ekkeharts Speisesegen findet sich ein Spruch auf Feigen, wozu der Herausgeber Egli bemerkte: »Die Feige ist zwar in Deutschland angebaut worden, aber nie als Volksnahrung heimisch gewesen. Das Kloster St. Gallen bezog auf jeden Fall auch diese Frucht aus dem Süden.« Wie aber, wenn ein Dichter aus Lüttich meldet, der Frühling sei gekommen: Ölbäume, Reben, Palmen und Zedern trieben Knospen? Wenn uns die altfranzösische Epik Kaiser Karl in St. Denis unter einem Ölbaum zeigt? Wenn in Italien, Deutschland, Frankreich, England Löwen hausen? Einen solchen erlegt bekanntlich Siegfried (Str.935). Ein Erklärer (Bartsch) bemerkt dazu: »Die Lust an Siegfrieds Taten verleitet den Dichter zu Jägerlatein.« Das ist kaum richtig. Es handelt sich vielmehr um eine epische Stilisierung nach antiken und biblischen Vorbildern wie in den ›chansons de geste‹. In der mittellateinischen Dichtung ist der Löwe etwas ganz Gewöhnliches. [...] All diese exotischen Bäume und wilden Tiere sind wie die Feigen Ekkeharts allerdings aus dem Süden bezogen worden, aber nicht aus Gärten und Menagerien, sondern aus der antiken Poesie und Rhetorik. Die Landschaftsschilderungen der mittellateinischen Dichtung wollen aus einer festen literarischen Tradition verstanden werden, die bis zu Homer zurück reicht.

■ Text 70

»Slâfest du, friedel ziere?« (um 1160)
Dietmar von Aist

›Slâfest du, friedel ziere?
man weckt uns leider schiere:
ein vogellîn sô wol getân
daz ist der linden an daz zwî gegân.‹

›Ich was vil sanfte entslâfen:
nu rüefstu kint wâfen.
liep âne leit mac niht gesîn.
swaz du gebiutst, daz leiste ich, friundin mîn.‹

Diu frouwe begunde weinen.
›du rîtst, und lâst mich eine.
wenne wilt du wider her zuo mir?
owê du füerst mîn fröide sament dir!‹

Bezüge zwischen Sprache – Denken – Wirklichkeit reflektieren

A ■ Die Verse in **T 70** sind um 1160, also gegen Ende des frühen Mittelalters, von Dietmar von Aist geschrieben worden. Versuchen Sie zunächst einmal eine Übersetzung (ohne vertiefende Vorbereitung). Diskutieren Sie Ihre Ergebnisse.

B ■ Recherchieren Sie zum historisch-gesellschaftlichen Hintergrund, zum Minnesang und speziell zur Sonderform des Tagelieds, um Ihre bisherige Übersetzung zu überarbeiten.

C ■ Vergleichen Sie die Auseinandersetzung mit dem Thema Liebe in diesem Tagelied mit Beispielen der Liebeslyrik der Gegenwart (→ »Gedichte analysieren und interpretieren«, S. 88 ff.).

Sprachgeschichte

Die Geschichte der menschlichen Sprache begann fast 2 Millionen Jahre vor unserer heutigen Zeitrechnung, wenn man den Evolutionsprozess mit einbezieht, der für die allmähliche Ausbildung der Sprechwerkzeuge des Menschen erforderlich war.

Die Abb. 1 zeigt in stark vereinfachter Darstellung, wie sich unsere heutigen germanischen Sprachen, zu der auch das Deutsche gehört, seit 2500 v. Chr. aus dem Indogermanischen entwickelt haben. Abb. 2 verdeutlicht, in welchen zeitlichen Schritten das heutige Deutsch seit 800 n. Chr. aus dem Westgermanischen entstanden ist.

Die Geschichte der Sprache ist aber mit der Entstehung verschiedener Sprachfamilien (siehe Abb. 1 und 2), die sich nach und nach im Zuge der Ausbreitung des Menschen über die Erde in den vergangenen 100 000 Jahren entwickelten, keineswegs abgeschlossen. Denn bis heute unterliegen alle Sprachen immer noch einem ständigen Wandel, auch wenn diese Veränderungen im Vergleich zur langen stammesgeschichtlichen Entwicklung (Phylogenese) eher geringfügig sind und nur die Oberflächenstrukturen betreffen: Veränderungen im Wortbestand bzw. in der Wortbedeutung, in der Grammatik (z. B. Verwendung des Dativs statt des Genitivs), bei der Schreibweise (z. B. Rechtschreibreformen) oder durch die Vermischung verschiedener Sprachen im Rahmen einer zunehmenden Globalisierung (z. B. vermehrt Anglizismen im Deutschen). Auch das Aussterben vieler Sprachen, auf das gegenwärtig die UNESCO warnend hinweist, kann als Sprachwandel und Teil unserer Sprachgeschichte aufgefasst werden. Sprache war und ist nie etwas Fertiges, sondern immer etwas Lebendiges, das Veränderungen unterworfen war und ist.

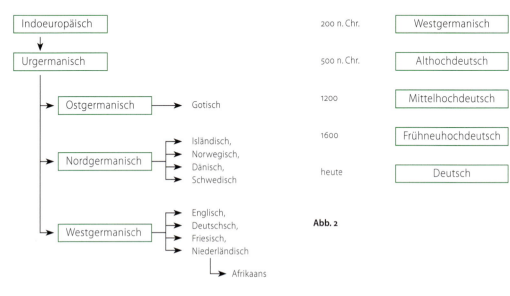

Abb. 1

Abb. 2

Bezüge zwischen Sprache – Denken – Wirklichkeit reflektieren

■ Text 71

Der Begriff »Frau« im Wandel der Zeiten *Paul Eisenberg u. a.*

Die etymologische Entwicklung des Wortes »Frau« hin zur heutigen Bedeutung von einer »erwachsene[n] Person weiblichen Geschlechts« hat ihre Wurzeln in der germanischen Religion, entstammt doch der Ausdruck selbst der indoeuropäischen Sprachfamilie:

Als Namensgeber kommen das Göttergeschwisterpaar *Freyr / Frey* (Fruchtbarkeitsgott) und *Freyja / Freya* (Liebes- und Glücksgöttin) sowie als höhere Wesen einzustufende mythologische Figuren *Frigg, Frick* und *Freck* in Frage.

Den Beweis für die Richtigkeit dieser Annahme liefert die Untersuchung der Kasus der verschiedenen Wortformen in Bezug auf die Götternamen. Insbesondere der Genitiv zeugt von verblüffender Ähnlichkeit. Sinngemäß übertrug sich der Ausdruck anfangs auf beide Geschlechter, und zwar mit einem Bedeutungshintergrund, wie er sich aus dem gehobenen Ansehen der überirdischen Wesen erklären lässt: das althochdeutsche (750 – 1050) »frô« sprach den Mann als »Herren« im Sinne einer sozialen Vormachtstellung an und fand für weibliche Vornehme und Edle eine Entsprechung in »frauja/frouwâ/frauva« bzw. »froho« (Altsächsisch, stimmt mit dem Althochdeutsch zeitlich überein).

Dieses mitschwingende »gebieterische« Element lässt sich in gegenüber Deutschland religiös und sprachgeschichtlich benachbarten Regionen verfolgen. Entsprechend wurden die Veränderungen innerhalb des deutschen Sprachraumes in anderen Ländern mitgetragen, vgl. etwa das mittelhoch-deutsche (1050 – 1350) »frouwe/vrouwe« mit dem mittelniederländischem »vrouwe« und dem neuniederländischem »vrouw«. Selbst die Verballhornung der behandelten Begriffe blieb nicht auf Deutschland beschränkt. So findet sich das mittelalterliche »fer/ver« außer im heutigen Wort »Jungfer« in den neuniederländischen Ausdrücken »juffer« oder »juffertje«, und zwar mit derselben Bedeutung, wieder. An diesem und weiteren Beispielen – »Fräulein« und »Hausfrau« im Vergleich zum schwedisch-niederländischen »fröcken« und zum schwedisch-dänischen »husfru« wird deutlich, dass der mit den grammatikalischen Veränderungen einhergehende innerdeutsche Intentionswandel länderübergreifende Parallelen aufweist. Demnach wird die eingangs zitierte Erklärung des Wortes »Frau« auf einer breiten sprachlichen Ebene angenommen. Dies bedeutet aber gleichzeitig einen »sozialen Abstieg« des Ausdrucks von einer Titel- zu einer herkunfts- und berufsunabhängigen Geschlechtsbezeichnung wie Hausfrau, Obstfrau, Karrierefrau oder Bettelfrau.

A ■ Überprüfen Sie durch Recherche, in welcher Bedeutung das Wort »Frau« in ausgewählten literarischen Epochen (z. B. Romantik oder Aufklärung) bzw. in besonderen Situationen der historischen Entwicklung (z. B. Nationalsozialismus) verwendet wurde.

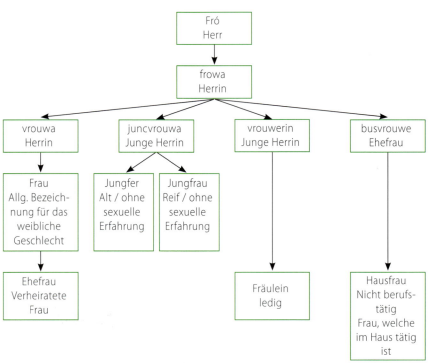

B ■ Systematisieren Sie ihre Ergebnisse in einer chronologisch angelegten Darstellungsform (z. B. Zeitstrahl).

C ■ Untersuchen Sie in ähnlicher Weise die sprachgeschichtliche Entwicklung anderer selbst ausgewählter Wörter.

■ Text 72
Die Sprache als Weltansicht   *Otto Friedrich Bollnow*

Die Dinge zeigen sich im Licht der im Wort gefallenen Entscheidungen.

Die Sprache ist das eigentliche Instrument menschlichen Weltverständnisses und menschlicher Weltbemächtigung. Um das zu verstehen, werfen wir einen kurzen Blick zurück in die Geschichte dieser Fragestellung. Schon HERDER hatte darauf aufmerksam gemacht, dass der Mensch nur durch die Sprache Vernunft habe, weil nur das Wort »in dem ganzen Ozean der Empfindungen« eine Welle abzusondern und anzuhalten imstande sei. Aber erst HUMBOLDT war in seiner Ab-handlung »Über die Verschiedenheit des menschlichen Sprachbaues und ihren Einfluss auf die geistige Entwickelung des Menschengeschlechts« diesem Einfluss im Einzelnen nachgegangen. Schon der Titel enthält sein Programm. Auch HUMBOLDT betont: »Der Mensch ist nur Mensch durch die Sprache.« »Der Mensch denkt nur vermittels der Sprache.«

Aber was ihn beschäftigte, war mehr die Verschiedenheit der Sprachen und die durch sie bedingte Verschiedenheit des Denkens wie des gesamten geistigen Lebens. Die Sprache deutet nämlich von vornherein die Art und Weise, wie der Mensch die ihn umgebende Welt auffasst, und er bleibt an die ihm vorgegebene Deutung gebunden. »Der Mensch«, so sagt er, »lebt mit den Gegenständen ... so, wie die Sprache sie ihm zuführt.« Er hat also keinen »unmittelbaren« Zugang zur Wirklichkeit, sondern immer nur vermittelt durch die Sprache, und das heißt für ihn notwendig zugleich, durch die jeweils besondere Sprache, in der er lebt. Und so fügt er hinzu:

»Durch denselben Akt, vermöge dessen er die Sprache aus sich herausspinnt, spinnt er sich in dieselbe ein, und jede zieht um das Volk, welchem sie angehört, einen Kreis, aus dem es nur insofern hinauszugehen möglich ist, als man zugleich in den Kreis einer anderen hinübertritt.«

A ■ Überprüfen Sie Ihr erworbenes Wissen, indem Sie einen Bezug der zentralen Aussagen des Textes zum letzten Teilkapitel herstellen.
B ■ Reflektieren Sie vor dem Hintergrund der beiden Bilder zur Taufe Jesu (vgl. S. 135) sowie unter Einbezug der Texte T 69 – T 72 die in der Überschrift des Teilkapitels enthaltene These, dass Sprache ein Spiegel des historischen und kulturellen Wandels ist.
C ■ Vertiefen Sie ihre Überlegungen zu Aufgabe B, indem Sie diskutieren, ob durch andere ihnen bekannte Epochen bzw. die Gegenwart diese These bestätigt werden kann.

Johann Gottfired Herder (1744 – 1803)

Alexander Humboldt (1769 – 1859)

Bezüge zwischen Sprache – Denken – Wirklichkeit reflektieren

Filmtitel im Original und in der Übersetzung:
Italienisch (Original): C'era una volta il West
Englisch: Once upon a time in the west
Deutsch: Spiel mir das Lied vom Tod

A ▪ Nehmen sie den Cartoon und die Übersetzungen zum Filmtitel zum Anlass, um die Problematik des Übersetzens zu reflektieren.

▪ Text 73
Übersetzen (1995)   *Judith Macheiner*

Eine Sprache sprechen, schreiben, verstehen, lesen können heißt, vieles Verschiedene über den Umgang mit ihren Wörtern wissen. Probleme können nun einmal im Deutschen nur offen, aber nicht geöffnet sein. Wer Deutsch kann, weiß das natürlich, kennt alle diese vielen zufälligen Besonderheiten im Gebrauch der Wörter und kann nur an den missglückten Versuchen der anderen ablesen, über was für ein phänomenales, an Details schier unbegrenztes Wissen er damit verfügt. Soweit es sich dabei um nicht verallgemeinerbare Eigenschaften einzelner Wörter handelt, ist dem armen Übersetzer nicht zu helfen.

Ohne diese Detailkenntnis in zwei Sprachen misslingt jede Übersetzung. Wenn man davon ausgeht, dass in den Wörtern einer Sprache, nämlich in den grammatischen Eigenschaften dieser Wörter, immer auch schon die Grammatik einer Sprache angelegt ist, dann wird verständlich, warum das Übersetzen zu Recht meist mit der Suche nach dem passenden Wort gleichgesetzt wird. Wäre es wirklich darauf reduzierbar, dann würden alle Betrachtungen zum Übersetzen im Einzelnen, Zufälligen enden, bei den besonderen, idiomatischen Eigenschaften von Original- und Zielsprache. [...] Statt beliebige Übersetzungen miteinander zu vergleichen, bilden wir zu einem Original eine Menge von Übersetzungsvarianten, mit denen wir die Möglichkeiten der Zielsprache systematisch, d.h. schrittweise ausloten. Wenn wir uns mit der Ausgangsstruktur so nah wie möglich an die sprachlichen Formen des Originals halten, so bekommen wir eine geordnete Menge von Paraphrasen, die in einzelnen Elementen zunehmend mehr Unterschiede gegenüber der Originalstruktur aufweisen.

Das sieht dann z. B. so aus. Wenn sich der alte Mann in Hemingways *The Old Man and the Sea* daran erinnert, dass und warum ein Orkan gerade jetzt nicht zu befürchten ist, sagt er sich, dass jetzt zwar die Jahreszeit ist, in der es Orkane gibt, aber: *When there are no hurricanes, the weather of hurricane months is the best of all the year. If there is a hurricane you always see the signs of it in the sky for days ahead, if your are at sea.*

Der zweite Gedanke, der für den alten Mann angesichts eines Sommerwolken-Himmels beruhigend ist, ergibt in seiner formal ähnlichsten Fassung keine besonders gelungene Übersetzungsvariante im Deutschen: *Wenn es einen Orkan gibt, sieht man immer Anzeichen davon am Himmel Tage vorher, wenn man auf See ist.* Ersetzt man *immer* durch *schon* und ändert sukzessive die Reihenfolge der Bestimmungen, so hat man deutlich den Eindruck, dass die Übersetzung Schritt für Schritt besser wird: *... sieht man immer/schon Tage vorher Anzeichen davon am Himmel, wenn man auf See ist.* Und: *... sieht man schon Tage vorher am Himmel Anzeichen davon, wenn man auf See ist.* oder: *... sieht man, wenn man auf See ist, schon Tage vorher am Himmel Anzeichen davon.* Verkürzt man dann noch die Struktur des Adverbialsatzes auf eine präpositionale Wortgruppe, *... sieht man auf See schon Tage vorher am Himmel die Anzeichen davon,* so empfinden wir nur noch das Objekt als nicht gelungen. Durch eine weitere (pronominale) Verkürzung und entsprechende Umstellung lässt sich auch dieser Defekt beseitigen: *... sieht man das auf See schon Tage vorher am Himmel.* Und schließlich können wir das Ergebnis noch verfeinern: *... kann man das auf See schon Tage vorher am Himmel sehen.* Voilà. [...]

Wenn wir uns nun darauf einigen, die Verständlichkeit zum obersten Ziel zu machen, zumindest für den Normalfall unseres Sprachgebrauchs, dann haben wir damit natürlich auch schon die allgemeine Maxime für das Übersetzen, auf die wir uns einigen können. Treue zum Original würde in diesem Sinn bedeuten, dass die Verstehbarkeit des Textes durch die Übersetzung keinen Schaden nimmt. Dies bedeutet auf jeden Fall, dass die Übersetzung den Regeln der Zielsprache entsprechen muss. Jede Verletzung dieser Regeln, auch wenn sie die Verstehbarkeit nicht prinzipiell einschränkt, stellt eine Störung des Verstehensprozesses dar und schmälert unsere Erfolgsaussichten. Umgekehrt erhöhen sich unsere Chancen, verstanden zu werden – und damit gehört und gelesen zu werden – in dem Maße, in dem das Potenzial einer Sprache hierfür voll ausgenutzt wird. [...] Wenn die Übersetzung die Verstehbarkeit eines Textes nicht einschränken soll, dann muss sie dem Unterschied in der Verarbeitbarkeit von original- und zielsprachlichen Strukturen Rechnung tragen. Eben dies ist es, was bei den schrittweisen Variationen zum Hemingway-Satz zunehmend besser gelingt.

A ■ Beschreiben Sie das Anforderungsprofil des Übersetzers von literarischen Texten, so wie J. Macheiner es darstellt.

B ■ Wie fasst J. Macheiner Werktreue beim Übersetzen auf?

C ■ Untersuchen Sie die deutschen Entsprechungen zu dem englischen Wort »hurricane«. Unternehmen Sie eine solche Wortfeldanalyse auch für das Wort »Meer«.

D ■ Tragen Sie aus der Erinnerung Situationen zusammen, in denen das Übersetzen von Originaltexten im Fremdsprachenunterricht zu Problemen führte. Thematisieren Sie gezielt die Übersetzungsproblematik auch im Fremdsprachenunterricht.

■ Text 74
Übersetzer brauchen auch Gefühl für Sprache und Kultur (2006)

Eine vorgeschriebene Ausbildung mit bestimmten Anforderungen gibt es für Übersetzer nicht. »Das Berufsbild ist nicht rechtlich geregelt. Es handelt sich um einen ›ungeschützten Beruf‹«, sagt Zänker. Deshalb gibt es im Beruf des Übersetzers viele Quereinsteiger, die nach einem Sprachstudium über Umwege zum Übersetzen kommen. An einigen Universitäten und Fachhochschulen wird zudem der achtsemestrige Diplomstudiengang Übersetzung angeboten. Michele Rothacker, Fachstudienberaterin am Institut für Übersetzen und Dolmetschen an der Universität Heidelberg, unterscheidet das Studium von Schul- und so genannten Nullsprachen: »Bei Schulsprachen wie Englisch und Französisch werden im ersten Semester Vorkenntnisse auf Leistungskursniveau erwartet. Andere Sprachen beginnen mit einem Intensivkurs.« Dabei wartet auf die Studenten viel Arbeit: Bis zum Vordiplom sollte das Gefälle zwischen Schulsprachen und anderen Sprachen aufgehoben sein. Einen wesentlichen Bestandteil des Übersetzer-Studiums stellt der Auslandsaufenthalt dar. Dieser wird in der Regel über Partner-Universitäten im Ausland oder in Austauschprogrammen organisiert. Michaela Wittenberg, Diplomandin an der Fachhochschule Magdeburg, hat ein halbes Jahr in Madrid studiert und weiß diese Erfahrung zu schätzen: »Der Auslandsaufenthalt hat mir nicht nur die Möglichkeit gegeben, mein Spanisch zu verbessern. Man bekommt auch ein Gefühl für die Kultur und Lebensart.«

Eine gute Übersetzung zeichnet sich im Gegensatz zum Dolmetschen nicht durch Schnelligkeit, sondern durch Genauigkeit aus. Wichtig ist auch die Kenntnis einschlägiger Sprachgebräuche sowie die Fähigkeit, den Text so zu übersetzen, dass er der Zielgruppe gerecht wird. Eine weitere Herausforderung ist Zänker zufolge die selbstständige Arbeitsweise eines Übersetzers. »Als einsamer Wolf am Computer braucht man Selbstdisziplin.«

A ■ Erläutern Sie, inwieweit die Formulierung »Wichtig ist auch die Kenntnis einschlägiger Sprachgebräuche sowie die Fähigkeit, den Text so zu übersetzen, dass er der Zielgruppe gerecht wird.« (Z. 51 f.) sprachlichen Relativismus deutlich werden lässt.

B ■ Setzen Sie Ihre Überlegungen in Bezug zu dem auf den Einstiegsseiten abgedruckten Text »Der Löwe« von Günther Anders (T60).

Bezüge zwischen Sprache – Denken – Wirklichkeit reflektieren

Text 75
Translatologie oder Übersetzungswissenschaft (2006)   *Helmuth Sagawe*

Die Translatologie oder auch Übersetzungswissenschaft genannt, ist eine relativ junge Wissenschaft. Betrachtet man die Tätigkeit des Übersetzens als wissenschaftliches Erkenntnisobjekt, so muss man sie als einen komplexen kommunikativen und psychologischen Vorgang verstehen, der sich gerade wegen seiner Interdependenz vieler Faktoren einfachen Beschreibungsmodellen immer wieder erfolgreich entzieht. Im Laufe der Jahre wurden immer wieder Erklärungsversuche aus der Linguistik (Trad. Linguistik, Pragmatik, Soziolinguistik, Psycholinguistik) und aus anderen Wissenschaften, wie die der *Kulturwissenschaft, Kommunikationswissenschaft, Hermeneutik, Kognitionspsychologie* oder *Kreativitätsforschung*, aber auch der *Soziologie* und *Psychologie* unternommen. Heute wird bei der übersetzerischen Tätigkeit neben der sprachwissenschaftlichen Kompetenz der *kulturwissenschaftlichen Kompetenz* eine große Bedeutung zugesprochen. Zunehmend stoßen auch psycholinguistische und psychosoziale Erklärungsmodelle auf Verständnis.

A ■ Verschaffen Sie sich durch Recherche einen Überblick über die im Text angesprochenen Wissenschaften, die sich nach H. Sagawe mit dem Phänomen des Übersetzens befassen.

B ■ Recherchieren Sie zum Berufsbild Dolmetscher/Übersetzer und fertigen Sie vor dem Hintergrund der Informationen aus T 73–75 ein Informationsblatt zum Berufsbild an.

C ■ Die Forschung der Gegenwart befasst sich intensiv mit der Weiterentwicklung von maschinellen Spracherkennungs- sowie Übersetzungsprogrammen. Diskutieren Sie Vor- und Nachteile einer Humanübersetzung gegenüber der maschinellen Übersetzung.

Übersetzen ist nicht nur etwas für Spezialisten, sondern spielt mehr oder weniger bewusst im Alltag eine zunehmende Rolle. Ob in der Musik, der Werbung und im Wortschatz unserer Sprache nehmen Fremdsprachen einen zunehmend größeren Raum ein. Vor allem Anglizismen und Amerikanismen finden in immer stärkerem Maße Eingang in die deutsche Sprache, wie sich leicht an einem neuem Wörterbuch der deutschen Sprache überprüfen lässt. Die im Folgenden abgebildet Werbung soll ein Beispiel dafür sein, wo wir im Alltag mit dem Übersetzen konfrontiert werden, ohne es vielleicht direkt wahrzunehmen.

Der Text im unteren Teil der Werbung unter der Schlagzeile »Relax. You're dressed« lautet: *Wirklich unvergessliche Dinge geschehen meistens dann, wenn man nicht mit ihnen rechnet. Damit man sich aber auch dann noch sicher und wohl fühlt, sollte man stets auf alles vorbereitet sein. Zum Beispiel in einer der attraktiven Jacken aus der neuen bugatti Frühjahrskollektion. Ob leichte Leinenjacke oder wetterfeste GORE-TEX® Jacke, kombiniert mit einem sportiven Baumwollhemd und einer lässigen bugatti Jeans kann einem einfach alles passieren.*

A ■ Übersetzen Sie die Schlagzeile und überprüfen Sie Ihre Übersetzung im Hinblick auf die inhaltliche Aussage und Wirkung.

B ■ Stellen Sie Überlegungen an zur Werbestrategie, die den Werbetexter zu dieser Art von Schlagzeile veranlasst haben könnte.

Bezüge zwischen Sprache – Denken – Wirklichkeit reflektieren

Sprache als Gegenstand der Reflexion begreifen und beurteilen: Sprachkritik, Sprachskepsis und Sprachpflege

> **Was kann ich nach der Bearbeitung dieses Unterkapitels?**
> - Die Begriffe »Sprachkritik«, »Sprachskepsis« bzw. »Sprachpflege« terminologisch trennscharf verwenden, um entsprechende theoretische Ansätze in Sachtexten bzw. Haltungen in literarischen Texten zu identifizieren und zu reflektieren
> - Die Qualität und Zielperspektive unterschiedlicher Möglichkeiten der Einflussnahme auf die Sprache beurteilen und begründet dazu Stellung nehmen

■ Text 76

Sprachkritik

Der Begriff »Sprachkritik« wird nicht einheitlich verwendet und bezieht sich auf unterschiedliche Teilgebiete, von denen hier die wichtigsten genannt werden:

Sprachphilosophie	Sprachkritik im Bereich der Sprachphilosophie setzt sich vor allem mit dem Zusammenhang von Sprache, Denken und Wirklichkeit auseinander und befasst sich mit der Leistung der Sprache für die Erkenntnis.
Sprachpflege	Sprachkritik im Sinne der Sprachpflege zielt traditionell in erster Linie auf den Schutz der eigenen Sprache vor fremden Einflüssen.
Textkritik	Sprachkritik als Textkritik befasst sich in erster Linie mit der kritischen Reflexion öffentlicher Sprache in der Gesellschaft und der Politik. Ziel ist vor allem eine Kultivierung des Sprachgebrauchs und eine Verbesserung der Sprachkultur.

Mit der Sprachkritik als Erkenntniskritik beschäftigt sich die Philosophie seit der Antike. Bis in die Gegenwart hinein ist dabei in den sprachphilosophischen Diskursen von besonderem Interesse, in welchem Verhältnis Sprache und Wirklichkeit stehen und welche Leistung die Sprache als Mittel der Erkenntnis besitzt. Im Zentrum der Reflexion steht dabei weniger die Frage, wie die Verschiedenartigkeit der Sprachen das Denken und die Vorstellung von Wirklichkeit beeinflusst (siehe S. 132 ff.), sondern vor allem die Frage, welcher Zusammenhang zwischen dem sprachlichen Zeichen und dem bezeichneten Gegenstand besteht.

In der griechischen Antike (vor allem Platon und Heraklit) ging man von einer Harmonie zwischen den Wörtern und Dingen aus. Diese Vorstellung wird mit dem Begriff ›Abbildungstheorie‹ bezeichnet, da Wörter quasi Abbilder der Gegenstände sind bzw. Merkzeichen für bestimmte Vorstellungen, die Abbilder der Dinge sind.

- Auf Ablehnung stieß die Abbildungstheorie bereits bei den Griechen selbst. In der anomalistischen Theorie ging man davon aus, dass die Benennungen der Dinge auf Zuordnungen beruhen, die durch Übereinkunft hergestellt werden. Von daher gibt es für die Vertreter dieser Theorie keine Übereinstimmungen zwischen den Benennungen bzw. Wörtern und den Dingen, die sie bezeichnen. D. h., dass man durch das Wort nichts über die Eigenschaften des Dings selbst erfährt.
- Sprache wird seit der anomalistischen Theorie durch verschiedene Philosophen (z. B. Augustinus, Bacon, Locke, Leibniz und Hegel) in Verbindung mit den Begriffen »Symbol« oder »Zeichen« gebracht. Der Zeichencharakter der Sprache wird aber erst durch den Philosophen und Sprachwissenschaftler Ferdinand de Saussure vertieft. Für Saussure ist ein sprachliches Zeichen die Verbin-

Bezüge zwischen Sprache – Denken – Wirklichkeit reflektieren

dung eines Ausdrucks mit einem Inhalt. Saussure spricht dabei vom »Bezeichnenden« (signifiant = Ausdruck) und dem »Bezeichneten« (signifié = Inhalt). Die Beziehung zwischen dem Bezeichnenden und dem Bezeichneten ist dabei zwar willkürlich (Arbitrarität des sprachlichen Zeichens), aber über die jeweilige Zuordnung besteht eine stillschweigende oder ausdrückliche Übereinkunft (Konventionalität der Sprache).

- In der Philosophie und den Sprachwissenschaften wurde Saussures Theorie des sprachlichen Zeichens kritisiert, da die Leistung der Sprache durch diesen Ansatz auf ein bloßes Zeichensystem reduziert wird. Für die Kritiker Saussures (Gadamer) kann Sprache deutlich mehr leisten, als nur im Sinne eines Mediums zur Verständigung über Dinge und Vorgänge der Wirklichkeit beizutragen.
- Im Anschluss an Wilhelm von Humboldt betont der Philosoph Leo Weisgerber (1899–1985) demgegenüber eher die aktive Rolle der Sprache in Bezug auf die Vorstellung von der Wirklichkeit. Ausgehend von Humboldt, der von einer Umprägung und Gestaltung der Wirklichkeit durch die Sprache spricht, entwickelt Weisgerber seine Theorie von der »sprachlichen Zwischenwelt«. Demnach bildet die durch die Sprache gestaltete Wirklichkeit eine Zwischenwelt, die dem Bewusstsein des Menschen eine systematisch aufgebaute eigenständige geistige Welt bietet. Die objektive Realität ist dem Menschen demnach unzugänglich und Wirklichkeit ist für ihn nur, was in dieser Zwischenwelt enthalten ist.

Diese sehr verkürzte und stark vereinfachte Übersicht soll verdeutlichen, wie unterschiedlich und kontrovers die Leistung der Sprache bei der Erkenntnis der Wirklichkeit in der Philosophie gesehen und bewertet wird.

A ■ Die Reflexion der Leistungsfähigkeit der Sprache bei der Erfassung und der Wiedergabe von Wirklichkeit ist ein zentrales Anliegen der philosophischen Sprachkritik. Erläutern sie vergleichend die unterschiedlichen Ansätze, die im **Text 76** vorgestellt werden. Klären Sie Verständnisschwierigkeiten im Gespräch mit anderen.

B ■ Stellen Sie heraus, wie sich Sprachkritik als Sprachskepsis in den folgenden Texten äußert. Berücksichtigen Sie dabei auch die unterschiedlichen Textformen.

■ Text 77

Sprachkritik – die Rettung vor semantischer Umweltverschmutzung (2004)
Werner Petschko

Der Grundgedanke des sprachkritischen Denkens liegt in dem Umstand, dass wir durch Worte nicht die Wirklichkeit beschreiben können. Tatsachen zu postulieren ist daher unmöglich. Das Problem der Sprache ist, wie das Problem der Logik, ein Problem der Verallgemeinerung. Wörter stehen immer zugleich für eine größere Gruppe von Dingen, die unter dem Kriterium der gemeinsamen, d. h. allgemeinen Merkmale definiert werden. Diese allgemeinen Merkmale sind aber nie objektiv gegeben, sondern werden subjektiv geschaffen, sind also interessenbedingt, d. h. auf Wertvorstellungen bezogen.

Jede Logik beruht auf ihren Voraussetzungen und das sind Werte, keine Tatsachen. Objektiv definiert werden die Dinge an sich. Es gibt aber kein konkretes Ding-an-sich. Dinge an sich sind abstrakt und damit unwirklich. Irrtümer, Missverständnisse, aber auch Lug und Betrug sind das Ergebnis der bewussten oder unbewussten Verwechslung von Wirklichem und Unwirklichem, zwischen Objektivem und Subjektivem. Das Wort Dummheit könnte auch zur Beschreibung der Unfähigkeit diese Unterscheidung treffen zu können benützt werden.

Zu den wesentlichen sprachkritischen Erkenntnissen gehört die Einsicht, dass es …

- keine Wirklichkeit gibt, d. h., es gibt nicht eine einzige Welt, die von allen Menschen gleichermaßen erkennbare Merkmale hätte. Keine Wissenschaft liefert Tatsachen. Es gibt keine Objektivität.

Zu den wesentlichen sprachkritischen Erkenntnissen gehört die Einsicht, dass es …

- keine Wahrheit gibt, d. h., es gibt keine allgemeingültige Wahrheit, nicht die Wahrheit, aus der sich für alle Menschen gleichermaßen zwingende Schlüsse ableiten ließen. Alle Rationalität und Ver-

nunft ist gewissermaßen willkürlich und beruht auf persönlichen Vorlieben.
- keine Freiheit gibt, d. h. keine Freiheit an sich, die als solche existieren würde. Freiheit ist wie Herrschaft oder Gewalt ein Wertbegriff bezogen auf das Wertempfinden eines konkret lebenden Menschen. Wir müssen immer zwischen deiner und meiner z. B. Freiheit unterscheiden, weil es keinen Wert an sich gibt.
- keine Gerechtigkeit gibt, d. h., es gibt kein Recht, das nicht von irgendwelchen Menschen gesetzt wäre. Genauso wenig wie es irgendetwas gibt, das nicht von irgendwelchen Menschen gesetzt wäre. Es gibt kein Recht und keine Gerechtigkeit, sondern nur Menschen, die sich auf etwas geeinigt oder nicht geeinigt haben. Die Frage ist immer nur: Wer bestimmt, was wichtig ist und was nicht.

Wertvorstellungen sind es, die unser Denken und Handeln bestimmen, nicht Tatsachen. Wir wissen im Grunde nichts, sondern glauben an bestimmte Werte. Was wir als Moral verstehen ergibt sich aus unseren Wertvorstellungen. Wir können gar nicht anders, als die Dinge moralisch zu betrachten. Jede Objektivität und damit Neutralität ist ein Irrtum.

Diese Einsichten bedeuten eine wesentliche Erleichterung bei der Beurteilung der ungeheuren Menge von Informationen, mit denen wir tagtäglich bombardiert werden. Die Fähigkeit selbständig zu denken und sich eine eigene Meinung bilden zu können gehören zusammen. Beides ist unabdingbare Voraussetzung für das Funktionieren einer Demokratie. Ich halte es für nicht übertrieben zu behaupten, dass unsere Demokratie nicht funktioniert, weil nur ein geringer Teil der Bevölkerung in der Lage ist, Informationen kompetent zu beurteilen. Diesen Umstand versuche ich durch die Verbreitung sprachkritischen Denkens abzuschaffen.

■ Text 78
Ich fürchte mich so vor der Menschen Wort (1898)   *Rainer Maria Rilke*

Ich fürchte mich so vor der Menschen Wort.
Sie sprechen alles so deutlich aus:
Und dieses heißt Hund und jenes heißt Haus,
und hier ist Beginn, und das Ende ist dort.

Mich bangt auch ihr Sinn, ihr Spiel mit dem Spott,
sie wissen alles, was wird und war;
kein Berg ist ihnen mehr wunderbar;
ihr Garten und Gut grenzt grade an Gott.

Ich will immer warnen und wehren: Bleibt fern.
Die Dinge singen hör ich so gern.
Ihr rührt sie an: sie sind starr und stumm.
Ihr bringt mir alle die Dinge um.

■ Text 79
Brief des Lord Chandos (Auszug) (1901/02)   *Hugo von Hofmannsthal*

Der fiktive Briefschreiber Lord Chandos ist 26 Jahre alt; er entschuldigt sich bei seinem Freund »wegen des gänzlichen Verzichts auf literarische Betätigung«; er könne die Wirklichkeit mit den ihm lügenhaft erscheinenden Begriffen nicht mehr erfassen, weil die Übereinstimmung zwischen Ding und Begriff aufgelöst sei.

[…] Mein Fall ist, in Kürze, dieser: Es ist mir völlig die Fähigkeit abhanden gekommen, über irgendetwas zusammenhängend zu denken oder zu sprechen. Zuerst wurde es mir allmählich unmöglich, ein höheres oder allgemeineres Thema zu besprechen und dabei jene Worte in den Mund zu nehmen, deren sich doch alle Menschen ohne Bedenken geläufig zu bedienen pflegen. Ich empfand ein unerklärliches Unbehagen, die Worte »Geist«, »Seele« oder »Körper« nur auszusprechen. Ich fand es innerlich unmöglich, über die Angelegenheiten des Hofes, die Vorkommnisse im Parlament, oder was Sie sonst wollen, ein Urteil herauszubringen. Und dies nicht etwa aus Rücksichten irgendwelcher Art, denn Sie kennen meinen bis zur Leichtfertigkeit gehenden Freimut: sondern die abstrakten Worte, deren sich doch die Zunge naturgemäß bedienen muss, um irgendwelches Urteil an den Tag zu geben, zerfielen mir im Munde wie modrige Pilze. Es begegnete mir, dass ich meiner vierjähri-

Bezüge zwischen Sprache – Denken – Wirklichkeit reflektieren

gen Tochter Katharina Pompilia eine kindische Lüge, deren sie sich schuldig gemacht hatte, verweisen und sie auf die Notwendigkeit, immer wahr zu sein, hinführen wollte, und dabei die mir im Munde zuströmenden Begriffe plötzlich eine solche schillernde Färbung annahmen und so ineinander überflossen, dass ich den Satz, so gut es ging, zu Ende haspelnd, so wie wenn mir unwohl geworden wäre und auch tatsächlich bleich im Gesicht und mit einem heftigen Druck auf der Stirn, das Kind allein ließ, die Tür hinter mir zuschlug und mich erst zu Pferde, auf der einsamen Hutweide einen guten Galopp nehmend, wieder einigermaßen herstellte.

Allmählich aber breitete sich diese Anfechtung aus wie ein um sich fressender Rost. Es wurden mir auch im familiären und hausbackenen Gespräch alle die Urteile, die leichthin und mit schlafwandelnder Sicherheit abgegeben zu werden pflegen, so bedenklich, dass ich aufhören musste, an solchen Gesprächen irgend teilzunehmen. […]

Mein Geist zwang mich, alle Dinge, die in einem solchen Gespräch vorkamen, in einer unheimlichen Nähe zu sehen: So wie ich einmal in einem Vergrößerungsglas ein Stück von der Haut meines kleinen Fingers gesehen hatte, das einem Blachfeld mit Furchen und Höhlen glich, so ging es mir nun mit den Menschen und ihren Handlungen.

Es gelang mir nicht mehr, sie mit dem vereinfachenden Blick der Gewohnheit zu erfassen. Es zerfiel mir alles in Teile, die Teile wieder in Teile und nichts mehr ließ sich mit einem Begriff umspannen. Die einzelnen Worte schwammen um mich; sie gerannen zu Augen, die mich anstarrten und in die ich wieder hineinstarren muss: Wirbel sind sie, in die hinabzusehen mich schwindelt, die sich unaufhaltsam drehen und durch die hindurch man ins Leere kommt. […]

Seither führe ich ein Dasein, das Sie, fürchte ich, kaum begreifen können, so geistlos, so gedankenlos fließt es dahin; ein Dasein, das sich freilich von dem meiner Nachbarn, meiner Verwandten und der meisten landbesitzenden Edelleute dieses Königreiches kaum unterscheidet und das nicht ganz ohne freudige und belebende Augenblicke ist. Es wird mir nicht leicht, Ihnen anzudeuten, worin diese guten Augenblicke bestehen; die Worte lassen mich wiederum im Stich. Denn es ist ja etwas völlig Unbenanntes und auch wohl kaum Benennbares, das in solchen Augenblicken, irgendeine Erscheinung meiner alltäglichen Umgebung mit einer überschwellenden Flut höheren Lebens wie ein Gefäß erfüllend, mir sich ankündet. Ich kann nicht erwarten, dass Sie mich ohne Beispiel verstehen, und ich muss Sie um Nachsicht für die Albernheit meiner Beispiele bitten. Eine Gießkanne, eine auf dem Felde verlassene Egge, ein Hund in der Sonne, ein ärmlicher Kirchhof, ein Krüppel, ein kleines Bauernhaus, alles dies kann das Gefäß meiner Offenbarung werden. Jeder dieser Gegenstände und die tausend anderen ähnlichen, über die sonst ein Auge mit selbstverständlicher Gleichgültigkeit hinweggleitet, kann für mich plötzlich in irgendeinem Moment, den herbeizuführen auf keine Weise in meiner Gewalt steht, ein erhabenes und rührendes Gepräge annehmen, das auszudrücken mir alle Worte zu arm scheinen. Ja, es kann auch die bestimmte Vorstellung eines abwesenden Gegenstandes sein, dem die unbegreifliche Auserwählung zuteilwird, mit jener sanft und jäh steigenden Flut göttlichen Gefühles bis an den Rand gefüllt zu werden. […]

A ■ Überprüfen Sie Ihr eigenes Verständnis der im Text dargestellten Problematik in der Auseinandersetzung mit der oben abgebildeten Schülerarbeit zum Chandos-Brief. Nutzen Sie die Abbildung gegebenenfalls als Impuls für eine eigene Umsetzung.

B ■ Die Texte **T 78** und **T 79** sind Beispiele für die sprachskeptische Haltung von Schriftstellern um 1900, die man in der Literaturwissenschaft auch als »Sprachkrise« bezeichnet. Versuchen Sie, aus den beiden Texten die Ursachen für diese Krise zu erschließen.

C ■ »Die Sprache ist eine Waffe. Haltet sie scharf!.« Wie verstehen und beurteilen sie diese Mahnung Kurt Tucholskys (1890 – 1935, Romanautor und Kritiker)?

Text 80
Sprachpflege – Sprachkultur (2001) *Julia Wittke*

Zunächst möchten wir zunächst einmal die Begriffe der Sprachkultur und Sprachpflege erläutern. Schon bei der Definition von Sprachpflege und Sprachkultur gehen die Meinungen stark auseinander. Es gibt verschiedene Vorstellungen darüber, was Sprachpflege genau beinhalten soll, und ob sie überhaupt notwendig ist. Auch der Begriff der Sprachkultur ist ein vielschichtiger Begriff.

Eine relativ allgemeine neutrale Definition von Sprachpflege und Sprachkultur möchten wir hier in einem Zitat von Helmut von Faber wiedergeben:

»[...] Gewöhnlich tritt der Gedanke eine Sprache zu pflegen dann auf, wenn sie bereits ausgeformt in Gebrauch ist, sich jedoch der Notwendigkeit gegenübersieht, die ihr eigenen Formen, Inhalte und Wirkungen vor dem Einfluss innerer oder äußerer Umstände bewahren zu müssen. Mehr oder minder feste Größen bei der Pflege einer Sprache sind die Normen und Regeln, nach denen die jeweiligen Sprachen in geschriebener und gesprochener Form gehandhabt werden. Normen können entweder durch Gebrauch auf natürliche Weise entstanden sein, oder sich durch Konventionen und bewusste Setzungen gebildet haben.

Zu den gesetzten Kodifizierungen zählen beispielsweise für das Deutsche die Festlegung der Rechtschreibung gegen Ende des 19. Jahrhunderts sowie, wenn auch in Abschwächung der Verordnungsform, die Normen der an der Bühnensprache orientierten deutschen Hochlauten von Theodor Siebs. Solche durch Gebrauch oder Setzungen entstandenen sprachlichen Normen, Konventionen, Regeln, Anweisungen, Vorschläge lassen sich grob in die unzweideutig Richtig-Falsch-Opposition und die weniger normstrenge Gruppe der Angemessenheit-Nichtangemessenheit unterteilen. Normen, von denen man sagen kann, sie seien so und nicht anders anzuwenden, betreffen meist Grammatik, grundlegende Wortbildungsregularitäten sowie Erscheinungsformen des Sprachwandels, die eine größere Toleranz in der Sprachverwendung im Hinblick auf situative Differenzierungen und Texttypen offen halten. [...]«

Sprachpflege hat mit Sprachbeobachtung, -bewertung, -kritik, -planung, -lenkung zu tun, wobei sich dieses Tun auf das breite Spektrum zwischen rigider Behandlung der Setzungen bis zur bloßen Beobachtung und Feststellung des Sprachzustandes in der Wirklichkeit erstrecken kann. Allerdings ist der Begriff der Sprachpflege durch puristische Übertreibungen in der Vergangenheit, insbesondere durch rigorose Ablehnung des Gebrauchs von Fremdwörtern, immer noch, trotz unbestreitbar positiver Aspekte, mit negativen Assoziationen belastet, sodass man neuerdings statt von Sprachpflege lieber von Bemühungen um einen kultivierten Sprachgebrauch spricht. Damit wird jedoch als weiteres Reizwort der Begriff der Sprachkultur in die Diskussion um Wert und Unwert von Sprachpflege hineingetragen.

A ■ Vergewissern Sie sich vor der weiteren Bearbeitung dieses Teilkapitels Ihrer eigenen Position, indem Sie sich die Frage beantworten, ob unsere Sprache/Sprachkultur etwas ist, das gepflegt werden muss. Diskutieren Sie die Problematik mit anderen.

Bezüge zwischen Sprache – Denken – Wirklichkeit reflektieren

■ Text 81

Ziele für eine »Teutsche Spracharbeit« (1644) *Georg Philipp Harsdörffer*

Bevor wir aber näher zu der Sache tretten / und die widrigen Einreden beantworten / ist zu wissen daß die dickermelte Teutsche Spracharbeit nachfolgendes Absehen hat:

I. Daß die Hochteutsche Sprache in ihrem rechten Wesen und Stande / ohne Einmischung fremder ausländischer Wörter / auf das möglichste und thunlichste erhalten werde.

II. Daß man sich zu solchem Ende der besten Aussprache im Reden / und der zierlichsten gebunden- und ungebundener Schreibarten befleissige.

III. Daß man die Sprache in ihre grundgewisse Richtigkeit bringe / und sich wegen einer Sprache und Reimkunst vergleiche / als welche gleichsam miteinander verbunden sind.

IV. Daß man alle Stammwörter in ein vollständiges Wortbuch samle / derselben Deutung / Ableitung / Verdopplungen / samt denen darvon üblichen Sprichwörtern / anfüge.

V. Daß man alle Kunstwörter von Bergwerken / Jagrechten / Schiffarten / Handwerkeren / u. d. g. ordentlich zusammentrage.

VI. Daß man alle in fremden Sprachen nutzliche und lustige Bücher / ohne Einmischung fremder Flickwörter / übersetze / oder ja das beste daraus dolmetsche.

Dieses alles zu leisten ist viel mühesamer / als der / so solches noch niemal zu Sinne gebracht / in einem Nun erkennen und eilschwülstig beurtheilen kan.

A ■ Der Text ist bereits über 350 Jahre alt. Er ist in der Zeit verfasst worden, die in der Literaturgeschichte als Barock bezeichnet wird. Informieren Sie sich durch Recherche über diese Epoche und die Bedeutung der Sprachwissenschaften in dieser Zeit (vgl. S. 403 ff.).

■ Text 82

Satzung der Gesellschaft für deutsche Sprache (1998)

1. ZWECK

Die Gesellschaft für deutsche Sprache (im Folgenden Gesellschaft genannt) ist ein politisch unabhängiger Verein zur Pflege und Erforschung der deutschen Gegenwartssprache.

2. ZIELE

Die Gesellschaft will

a) allen helfen, die in sprachlichen Fragen Rat brauchen;

b) das Verständnis für Wesen, Bedeutung und Leistung der Sprache wecken und fördern;

c) die deutsche Sprachgemeinschaft anregen, sich mit der Sprache zu beschäftigen und das Sprachgefühl zu vertiefen;

d) anwendungsbezogene Forschung auf dem Gebiet der deutschen Gegenwartssprache betreiben.

3. MITTEL UND WEGE

Die Gesellschaft wirkt für ihre Ziele

a) durch Zusammenarbeit mit Vereinen, Anstalten, Behörden und anderen Einrichtungen, die Einfluss auf den Gebrauch und die Entwicklung der deutschen Sprache haben;

b) durch die Zeitschriften *Muttersprache* und *Der Sprachdienst*; *Der Sprachdienst* ist zugleich das Mitteilungsblatt der Gesellschaft;

c) durch Einzelveröffentlichungen;

d) durch Sprachhilfen und -auskünfte;

e) durch Vorträge, Lehrgänge und Arbeitsgemeinschaften.

A ■ Die hier abgedruckten Texte verdeutlichen, dass sich Einzelpersonen und Verbände schon seit langer Zeit um die Pflege der deutschen Sprache bemühen. Vergleichen Sie diese beiden programmatischen Texte, zwischen deren Entstehungszeit gut 350 Jahre liegen, im Hinblick auf ihre sprachlich-formale Gestaltung und die inhaltliche Zielsetzung.

B ■ Welche Bedeutung messen Sie solchen Bemühungen zur Reinhaltung der deutschen Sprache bei?

Bezüge zwischen Sprache – Denken – Wirklichkeit reflektieren

■ Text 83
Grundlagen der neuen deutschen Rechtschreibung (Stand 01.12.2014)
Rat für deutsche Rechtschreibung

Grundlage der neuen deutschen Rechtschreibung ist das aus einem Regelteil und einem Wörterverzeichnis bestehende amtliche Regelwerk. Vom Rat für deutsche Rechtschreibung herausgegeben, fixiert es die amtliche Norm und bildet damit gleichsam den »Urmeter« der neuen deutschen Rechtschreibung. Es liegt als pdf sowie als Textausgabe vor.

Das amtliche Regelwerk geht in seiner Anlage und Form auf das im Jahre 1996 anlässlich der Reform erstellte Regelwerk zurück. Es wurde in seinen Regelungen zuletzt im Jahre 2006 geändert, als auf Vorschlag des Rats größere Modifikationen in den Bereichen Getrennt- und Zusammenschreibung, Zeichensetzung, Worttrennung am Zeilenende und Teilen der Groß- und Kleinschreibung vorgenommen wurden. Seitdem ist der Rat in die Phase der Beobachtung eingetreten; erste Empfehlungen hieraus legte er im Dezember 2010 vor. Diese betreffen einzelne, hauptsächlich Fremdwortvariantenschreibungen, bei denen sich Verschiebungen in den Gebrauchspräferenzen ergaben. Das Wörterverzeichnis wie die Beispiele in den betroffenen Paragrafen 20(2) und 32(2) sind entsprechend aktualisiert.

A ■ 1876, 1901 und 1996 (Überarbeitung 2006) hat es in Deutschland Rechtschreibreformen gegeben. Informieren Sie sich über Ziele und Gegenstände dieser Reformen und diskutieren Sie die Frage, ob ein staatlicher Eingriff in die Sprache zu rechtfertigen ist.

B ■ Wie beurteilen Sie vor dem Hintergrund Ihrer Antwort zu Aufgabe A die Bemühungen der Sprachpfleger, die in **T 82** und **T 83** zum Ausdruck kommen?

Verbindlichkeit von Rechtschreibreformen

INFO

In deutschsprachigen Staaten können zwar Regeln für Sprache und Rechtschreibung erlassen werden, diese haben allerdings keine Gesetzeskraft, da kein Bürger per Gesetz dazu verpflichtet werden kann, eine bestimmte Rechtschreibung einzuhalten.

Am 26. März 1998 wurde diese bisher geltende Rechtslage durch die Resolution »Die Sprache gehört dem Volk« im Bundestag beschlossen.

Eine Verwaltungsvorschrift legt allerdings fest, dass für Personen des öffentlichen Rechts (z. B. Beamte, Richter usw.) sowie für Studenten und Schüler die Rechtschreibung (einschließlich der reformierten Regeln) verbindlich ist. Damit in der öffentlichen Verwaltung, der Rechtsprechung und den Schulen überall in Deutschland dieselben Regeln zur Sprache und Rechtschreibung gelten, müssen die Innenminister der 16 Bundesländer entsprechende Verwaltungsvorschriften erlassen.

C ■ Halten Sie es für angemessen, dass anders als für andere Bürger für Schülerinnen und Schüler in den Schulen bei der Rechtschreibung feste Regeln verbindlich sind (vgl. Info-Kasten)?

D ■ Überlegen Sie, ob Jugendsprachen mit größerem Nachdruck aus den Schulen zu verbannen sind. Wägen sie Für und Wider gründlich ab.

E ■ Reflektieren Sie zum Abschluss dieses Teilkapitels, die Verschiedenartigkeit der Akzente, die im Kontext der übergeordneten Thematik »Sprachkritik« angesprochen wurden.

Bezüge zwischen Sprache – Denken – Wirklichkeit reflektieren

Sprachprobleme als Reflex auf die Wirklichkeit begreifen: Sprachskepsis und Sprachnot der Dichter der Nachkriegszeit

Ein Plakat / Eine Stellwand zusammenstellen

Aufgabeninsel

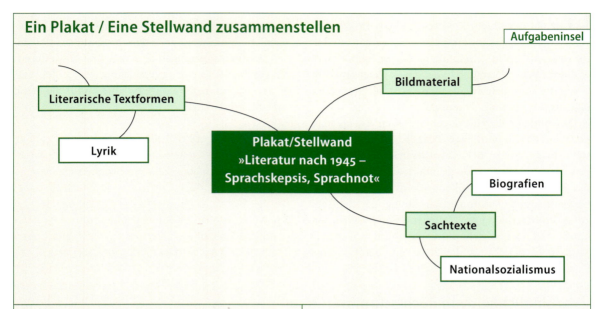

A ■ Erstellen Sie ein Plakat bzw. eine Stellwand zum Thema »Literatur nach 1945 – Sprachskepsis, Sprachnot«. Entscheiden Sie zunächst, in welcher Reihenfolge und in welcher Form (alleine oder arbeitsteilig) folgende Aufgaben bearbeitet werden sollten:
– Entscheiden Sie sich für ausgewählte Schwerpunkte als roten Faden für das Layout des Plakates bzw. der Stellwand.
– Verfassen Sie eigene Texte (Kommentare, Analysen, literarische Texte usw.).
– Ergänzen Sie oben abgebildete Mind-Map.
– Sichten Sie das Materialangebot (**T 84** – **T 89**).
– Recherchieren Sie zu ausgewählten Aspekten.
– Vertiefen Sie Ihr Textverständnis, indem Sie folgende Aufgaben erledigen:
  ■ Fassen Sie die Kritik Klemperers an der Sprache des Nationalsozialismus zusammen und stellen Sie Bezüge zu den anderen Texten dieses Teilkapitels her.
  ■ Versetzen Sie sich in die Situation von Schriftstellern im Nachkriegsdeutschland. Formulieren Sie, vor welche Probleme Sie sich gestellt sahen.

■ Borcherts Einsicht von der begrenzten Wirksamkeit und Leistungsfähigkeit der Worte lässt sich das »Prinzip der Ausdrückbarkeit« gegenüberstellen, die Annahme, dass alles, was Menschen meinen, was Menschen bewegt, auch sagbar ist. Diskutieren Sie beide Thesen!
■ Können Sie sich in der heutigen Zeit Situationen vorstellen, in denen die menschliche Ausdrucks- und Mitteilungsfähigkeit an ihre Grenzen stößt.
– Legen Sie fest, zu welchem Anlass und welchen Adressatenkreis das Plakat bzw. die Stellwand erstellt werden soll.
– Stellen Sie Bezüge zum Teilkapitel »Sprache als Gegenstand der Reflexion greifen und beurteilen: Sprachkritik, Sprachskepsis und Sprachpflege« her.

B ■ Reflektieren Sie den Verlauf des Arbeitsprozesses, indem Sie überlegen, was gut verlaufen ist bzw. wo es Probleme geben hat.

C ■ Beurteilen Sie dieses Projekt unter Berücksichtigung des methodischen Wegs, der Motivation, der Effektivität und des Lernertrags.

D ■ Ordnen Sie zum Abschluss dieses Projekt in den Kontext des übergeordneten Kapitels »Bezüge zwischen Sprache – Denken – Wirklichkeit reflektieren« ein.

Text 84

Heimkehr (1954)   *Hans Bender*

Im Rock des Feindes,
in zu großen Schuhen,
im Herbst,
auf blattgefleckten Wegen
gehst du heim.
Die Hähne krähen
deine Freude in den Wind,
und zögernd pocht
dein Knöchel
an die stumme,
neue Tür.

Text 85

Der Schriftsteller vor der Realität (1956)   *Günter Eich*

Ich schreibe Gedichte, um mich in der Wirklichkeit zu orientieren. Ich betrachte sie als tri-gonometrische Punkte oder als Bojen, die in einer unbekannten Fläche den Kurs markieren. Erst durch das Schreiben erlangen für mich die Dinge Wirklichkeit. Sie ist nicht meine Voraussetzung, sondern mein Ziel. Ich muss sie erst herstellen.

Ich bin Schriftsteller, das ist nicht nur ein Beruf, sondern die Entscheidung, die Welt als Sprache zu sehen. Als die eigentliche Sprache erscheint mir die, in der das Wort und das Ding zusammenfallen. Aus dieser Sprache, die sich rings um uns befindet, zugleich aber nicht vorhanden ist, gilt es zu übersetzen. Wir übersetzen, ohne den Urtext zu haben. Die gelungenste Übersetzung kommt ihm am nächsten und erreicht den höchsten Grad von Wirklichkeit.

Ich muss gestehen, dass ich in diesem Übersetzen noch nicht weit fortgeschritten bin. Ich bin über das Dingwort noch nicht hinaus.

Text 86

Das Letzte (1949)   *Wolfgang Borchert*

Das Letzte, das Letzte geben die Worte nicht her.

Hingehen sollen die heroisch verstummten einsamen Dichter und lernen, wie man einen Schuh macht, einen Fisch fängt und ein Dach dichtet, denn ihr ganzes Getu ist Geschwätz, qualvoll, blu-tig, verzweifelt, ist Geschwätz vor den Mainächten, vor dem Kuckucksschrei, vor den wahren Vokabeln der Welt. Denn wer unter uns, wer denn, ach, wer weiß einen Reim auf das Röcheln einer zerschossenen Lunge, einen Reim auf einen Hinrichtungsschrei, wer kennt das Versmaß, das rhythmische, für eine Vergewaltigung, wer weiß ein Versmaß für das Gebell der Maschinengewehre, eine Vokabel für den frisch verstummten Schrei eines toten Pferdeauges, in dem sich kein Himmel mehr spiegelt und nicht mal die brennenden Dörfer, welche Druckerei hat ein Zeichen für das Rostrot der Güterwagen, dieses Weltbrandrot, dieses angetrocknete blutigverkrustete Rot auf weißer menschlicher Haut? Geh: nach Haus. Dichter, geht in die Wälder, fangt Fische, schlagt Holz und tut eure heroische Tat: Verschweigt!

Bezüge zwischen Sprache – Denken – Wirklichkeit reflektieren

■ Text 87
Zur Sprache des Dritten Reichs [Auszug] (1947)   *Victor Klemperer*

Was war das stärkste Propagandamittel der Hitlerei? Waren es Hitlers und Goebbels' Einzelreden, ihre Ausführungen zu dem und jenem Gegenstande, ihre Hetze gegen das Judentum, gegen den Bolschewismus? Fraglos nicht, denn vieles blieb von der Masse unverstanden oder langweilte sie in seinen ewigen Wiederholungen. Wie oft in Gasthäusern, als ich noch sternlos ein Gasthaus betreten durfte, wie oft später in der Fabrik während der Luftwache, wo die Arier ihr Zimmer für sich hatten und die Juden ihr Zimmer für sich, und im arischen Raum befand sich das Radio (und die Heizung und das Essen) – wie oft habe ich die Spielkarten auf den Tisch klatschen und laute Gespräche über Fleisch- und Tabakrationen und über das Kino führen hören, während der Führer oder einer seiner Paladine langatmig sprachen, und nachher hieß es in den Zeitungen, das ganze Volk habe ihm gelauscht.

Nein, die stärkste Wirkung wurde nicht durch Einzelreden ausgeübt, auch nicht durch Artikel oder Flugblätter, durch Plakate oder Fahnen, sie wurden durch nichts erzielt, was man mit bewusstem Denken oder bewusstem Fühlen in sich aufnehmen musste. Sondern der Nazismus glitt in Fleisch und Blut der Menge über durch die Einzelworte, die Redewendungen, die Satzformen, die er ihr in millionenfachen Wiederholungen aufzwang und die mechanisch und unbewusst übernommen wurden. [...] es ist nicht allzu schwer, sich in einer hochkultivierten Sprache das Air eines Dichters und Denkers zu geben.

Aber Sprache dichtet und denkt nicht nur für mich, sie lenkt auch mein Gefühl, sie steuert mein ganzes seelisches Wesen, ja selbstverständlicher, je unbewusster ich mich ihr überlasse. Und wenn nun die gebildete Sprache aus giftigen Elementen gebildet oder zur Trägerin von Giftstoffen gemacht worden ist? Worte können sein wie winzige Arsendosen: Sie werden unbemerkt verschluckt, sie scheinen keine Wirkung zu tun, und nach einiger Zeit ist die Giftwirkung doch da. Wenn einer lange genug für heldisch und tugendhaft: fanatisch sagt, glaubt er schließlich wirklich, ein Fanatiker sei ein tugendhafter Held, und ohne Fanatismus könne man kein Held sein. Die Worte fanatisch und Fanatismus sind nicht vom Dritten Reich erfunden, es hat sie nur in ihrem Wert verändert und hat sie an einem Tage häufiger gebraucht als andere Zeiten in Jahren. Das Dritte Reich hat die wenigsten Worte seiner Sprache selbstschöpferisch geprägt, vielleicht, wahrscheinlich sogar, überhaupt keines. Die nazistische Sprache weist in vielem auf das Ausland zurück, übernimmt das meiste andere von vorhitlerischen Deutschen. Aber sie ändert Wortwerte und Worthäufigkeiten, sie macht zum Allgemeingut, was früher einem Einzelnen oder einer winzigen Gruppe gehörte, sie beschlagnahmt für die Partei, was früher Allgemeingut war, und in alledem durchtränkt sie Worte und Wortgruppen und Satzformen mit ihrem Gift, macht sie die Sprache ihrem fürchterlichen System dienstbar, gewinnt sie an der Sprache ihr stärkstes, ihr öffentlichstes und geheimstes Werbemittel.

Das Gift der LTI deutlich zu machen und vor ihm zu warnen – ich glaube, das ist mehr als bloße Schulmeisterei. Wenn den rechtgläubigen Juden ein Essgerät kultisch unrein geworden ist, dann reinigen sie es, indem sie es in der Erde vergraben. Man sollte viele Worte des nazistischen Sprachgebrauchs für lange Zeit, und einige für immer, ins Massengrab legen. [...]

Bezüge zwischen Sprache – Denken – Wirklichkeit reflektieren

■ Text 88

Chor der Geretteten (1946)   *Nelly Sachs*

Wir Geretteten,
Aus deren hohlem Gebein der Tod schon seine Flöten schnitt,
An deren Sehnen der Tod schon seinen Bogen strich –
Unsere Leiber klagen noch nach
Mit ihrer verstümmelten Musik.
Wir Geretteten,
Immer noch hängen die Schlingen für unsere Hälse gedreht
Vor uns in der blauen Luft –
Immer noch füllen sich die Stundenuhren mit unserem tropfenden Blut.
Wir Geretteten,
Immer noch essen an uns die Würmer der Angst.
Unser Gestirn ist vergraben im Staub.
Wir Geretteten
Bitten euch:
Zeigt uns langsam eure Sonne.
Führt uns von Stern zu Stern im Schritt.
Laßt uns das Leben leise wieder lernen.
Es könnte sonst eines Vogels Lied,
Das Füllen des Eimers am Brunnen
Unseren schlecht versiegelten Schmerz aufbrechen lassen
Und uns wegschäumen –
Wir bitten euch:
Zeigt uns noch nicht einen beißenden Hund –
Es könnte sein, es könnte sein
Daß wir zu Staub zerfallen –
Vor euren Augen zerfallen in Staub.
Was hält denn unsere Webe zusammen?
Wir odemlos gewordene,
Deren Seele zu Ihm floh aus der Mitternacht
Lange bevor man unseren Leib rettete
In die Arche des Augenblicks.
Wir Geretteten,
Wir drücken eure Hand,
Wir erkennen euer Auge –
Aber zusammen hält uns nur noch der Abschied,
Der Abschied im Staub
Hält uns mit euch zusammen.

■ Text 89

Lyrik nach 1945 (2013)

Nach dem Zweiten Weltkrieg suchten Dichter nach einer neuen, zeitgemäßen Sprache. Doch die berühmte »Stunde Null«, in der alles neu beginnt, gab es auch in der Lyrik nicht. Vielmehr war sie geprägt von einer Mischung aus Bruch und Kontinuität.

Die verstörenden Erfahrungen von Krieg und Nationalsozialismus bestimmten die deutschsprachige Nachkriegslyrik nachhaltig. Die einen – vorwiegend die Dichter der so genannten »inneren Emigration« wie Albrecht Goes (1908–2000), Friedrich Georg Jünger (1898–1977) und Gertrud von Le Fort (1876–1971), Elisabeth Langgässer (1899–1950) – traten nun erst Recht die Flucht vor der Wirklichkeit an und zogen sich auf eine romantisierende Naturpoesie und den Kult der Innerlichkeit zurück (vgl. Beutin S. 532 und 542 ff.). Für die anderen waren die Konzentrationslager und der Holocaust die einzig bestimmende Wirklichkeit, die aber kaum mehr in Worte zu fassen war – dies gilt vor allem für die Lyrik Paul Celans (1920–1970) und Nelly Sachs (1891–1970). Ihre Lyrik wird daher häufig als »hermetisch« bezeichnet.

»Hermetisch ist oft ein Ausdruck dafür, dass man nicht so genau hinschauen muss, aber das ist falsch. Es handelt sich bei Celan und Sachs vielmehr um eine extrem verdichtete Lyrik, was den Zugang erschwert, aber um eine Lyrik, die ganz und gar nicht antikommunikativ ist. Die Koordinaten dieser Lyrik sind die Traumata von Auschwitz. Celan hat dort seine Familie fast komplett verloren. Ausdrucksnot – für diese beispiellosen Gräuel Worte zu finden – und Ausdruckszwang – diesen Zivilisationsbruch festzuhalten, zu erinnern, die Wunde offen zu halten – erwachsen aus dem Thema und bedingen die komplizierte Kommunikationsstruktur dieser Dichtung«, erläutert Dr. Georg Braungart, Professor für Neuere deutsche Literatur an der Universität Tübingen.

Entwürfe und Gegenentwürfe in der Aufklärung und Klassik begreifen –
Menschen- und Gesellschaftsbilder

Literatur kann als Ort gesehen werden, an dem das zur Sprache kommt, was Menschen einer Zeit bewegt und angetrieben hat: Solche, die Menschen bewegenden **Fragen** werden in literarischen Werken direkt oder indirekt aufgegriffen und durchgespielt und auf diese Weise »verhandelt«. In solchen »**Verhandlungen**« werden die Denk- und Sichtweisen der Zeitgenossen nicht bloß gespiegelt, sondern zueinander in Beziehung gesetzt, auch relativiert oder verneint, oft bloß nebeneinandergestellt, mit offenem Ergebnis und ohne eindeutige Bewertung. Literatur bietet für uns demnach die Möglichkeit, »mit den Toten zu reden«. Die Fragen, die wir in diesem virtuellen Gespräch an Literatur stellen, sind je nach Text und Gegenstand unterschiedlich ergiebig, wie folgendes Beispiel zeigt.

■ Text 90

Der Handschuh (1798)   *Friedrich Schiller*

Vor seinem Löwengarten,
Das Kampfspiel zu erwarten,
Saß König Franz,
Und um ihn die Großen der Krone,
5 Und rings auf hohem Balkone
Die Damen in schönem Kranz.

Und wie er winkt mit dem Finger,
Auf tut sich der weite Zwinger,
Und hinein mit bedächtigem Schritt
10 Ein Löwe tritt,
Und sieht sich stumm
Rings um,

Entwürfe und Gegenentwürfe in der Aufklärung und Klassik begreifen

Mit langem Gähnen,
Und schüttelt die Mähnen,
15 Und streckt die Glieder,
Und legt sich nieder.

Und der König winkt wieder,
Da öffnet sich behend
Ein zweites Tor,
20 Daraus rennt
Mit wildem Sprunge
Ein Tiger hervor.

Wie der den Löwen erschaut,
Brüllt er laut,
25 Schlägt mit dem Schweif
Einen furchtbaren Reif,
Und recket die Zunge,
Und im Kreise scheu
Umgeht er den Leu
30 Grimmig schnurrend;
Drauf streckt er sich murrend
Zur Seite nieder.
Und der König winkt wieder,
Da speit das doppelt geöffnete Haus
35 Zwei Leoparden auf einmal aus,
Die stürzen mit mutiger Kampfbegier
Auf das Tigertier,
Das packt sie mit seinen grimmigen Tatzen,
Und der Leu mit Gebrüll
40 Richtet sich auf, da wirds still,

Und herum im Kreis,
Von Mordsucht heiß,
Lagern die greulichen Katzen.

Da fällt von des Altans Rand
45 Ein Handschuh von schöner Hand
Zwischen den Tiger und den Leun
Mitten hinein.
Und zu Ritter Delorges spottenderweis
Wendet sich Fräulein Kunigund:
50 »Herr Ritter, ist Eure Lieb so heiß,
Wie Ihr mirs schwört zu jeder Stund,
Ei, so hebt mir den Handschuh auf.«

Und der Ritter in schnellem Lauf
Steigt hinab in den furchtbarn Zwinger
55 Mit festem Schritte,
Und aus der Ungeheuer Mitte
Nimmt er den Handschuh mit keckem Finger.

Und mit Erstaunen und mit Grauen
Sehens die Ritter und Edelfrauen,
60 Und gelassen bringt er den Handschuh zurück.
Da schallt ihm sein Lob aus jedem Munde,
Aber mit zärtlichem Liebesblick –
Er verheißt ihm sein nahes Glück –
Empfängt ihn Fräulein Kunigunde.
65 Und er wirft ihr den Handschuh ins Gesicht:
»Den Dank, Dame, begehr ich nicht«,
Und verlässt sie zur selben Stunde

Die 1790er-Jahre werden geprägt vom Verlauf der Französischen Revolution, die in ganz Europa mit großer Spannung verfolgt wird. Vor allem der »Terreur« in der Phase der Radikalisierung hat die Zeitgenossen stark beeindruckt und auch Friedrich Schiller zu einer kritischen Haltung gegenüber der Revolution mit ihren Folgen kommen lassen. Ist Menschlichkeit in Zeiten des Umbruchs und der Umwälzung überhaupt möglich? Ist Zivilisation notwendig mit Gewalt verknüpft, kann auch die aufgeklärte Kultur jeder Zeit in Barbarei umschlagen? Dies sind Fragen, die in der Literatur der Zeit aufgegriffen werden. Wie werden sie verhandelt und beantwortet?

Menschen und Tiere – Kultur und Natur

Zur Verhandlung dieser Frage werden in der Ballade die menschliche und die tierische Welt nebeneinander- und auch gegenübergestellt. Die Gesellschaft des Hofes mit König Franz an der Spitze wird durch die Gesellschaft der Raubtiere mit dem Löwen als »König der Tiere« gespiegelt. Das führt dazu, Parallelen der beiden Gesellschaften zu ziehen: Tierische Instinkte und triebgesteuertes Verhalten auf der Seite der Menschen werden durch die Kultur verdeckt, Kampfeslust und »Mordsucht« im Zwinger der Raubtiere spiegeln das Verdeckte in der Gesellschaft des Hofes. Herrschaft und Macht der (menschlichen und tierischen) Könige verhindern (zeitweise) das gegenseitige Morden.

Entwürfe und Gegenentwürfe in der Literatur des 18. Jahrhunderts begreifen

Frauen und Männer – Verhältnis der Geschlechter

Weitere Fragen beziehen sich auf das Verhältnis der Geschlechter, danach, wie in der neuen Zeit Weiblichkeit und Männlichkeit (neu) bestimmt werden können oder müssten. Auch diese Frage wird in der Ballade »verhandelt« – der überkommene »Minnedienst« als Teil höfischer Kultur wird in besonderer Weise verändert. So wäre es eigentlich zu erwarten, dass der die Frau (hier: Kunigunde) verehrende Ritter (hier: Delorge) den Dienst, den Handschuh aus dem Zwinger zu holen, als Beweis seiner Liebe ausführt und dafür den Lohn, nämlich von Kunigunde erhört zu werden, entgegennimmt. Dass er zwar seinen Mut beweist, dann aber den Lohn der Dame zurückweist, zeigt ein anderes Verständnis von Liebe und Ehre, als der Minnedienst fordert. Delorges Verhalten deutet damit auf ein individuelles, nicht von gesellschaftlichen Erwartungen bestimmtes Verständnis von Liebe und Partnerschaft hin.

Alte und neue Ehrbegriffe – Aristokratie und Bürgerlichkeit

Damit ist auch die in der aristokratischen Gesellschaft so bedeutsame Vorstellung von Ehre fragwürdig geworden, die neue, bürgerliche Vorstellung von Ehre deutet sich im Verhalten Delorges an. Hier bietet der Text interessante »Verhandlungen« dieser Frage an.
- Autonomie im Handeln: Ritter entscheidet gegen die Erwartungen der höfischen Gesellschaft,
- Erfüllung »alter« Sitten und Ansprüche (indem er den Handschuh holt) *und* ein neuer, ethischer Heroismus im Verhalten des Ritters Delorge (indem er den »Lohn« zurückweist),
- Kampfansage (Fehdehandschuh) statt »Liebesdienst«,
- anstelle von Erotik und Erfüllung nun Triebkontrolle und -verzicht,
- eine »alte« gegen eine »neue« Ehre,
- mögliche Begründung einer künftigen, neuen (bürgerlichen) Moral und Ethik.

Die Französische Revolution in den Umbrüchen des 18. Jahrhunderts INFO

Freiheit, Gleichheit, Brüderlichkeit – mit diesen Forderungen gehen die **Revolutionäre** gegen das Ancien Régime mit seiner auf Tradition, Religion und Autorität gegründeten Ordnung vor. Die unter Ludwig XVI. sich zuspitzende Krise des alten Systems hatte mehrere Ursachen: eine aufklärerische Gesellschaftskritik, die Schwäche des absolutistischen Königtums, neu entstandene bürgerliche Schichten, die Unterdrückung des Bauernstandes und ein ungerechtes Steuersystem.

Die in dieser Krisensituation einberufene Ständeversammlung erklärt sich zur Nationalversammlung, die eine neue Verfassung ausarbeitet. Der **Sturm der Bastille am 14.7.1789** ist der Beginn der revolutionären Auseinandersetzungen. Die Herrschaft der Jakobiner unter Robespierre stützt sich auf Gewalt und Terror, der erst 1794 mit dem Sturz von Robespierre und seiner Anhänger beendet wird. Von besonderen militärischen Erfolgen nach oben getragen, setzt sich Napoleon Bonaparte an die Staatsspitze, wird ab 1804 Kaiser der Franzosen.

Die Französische Revolution stellt einen weltgeschichtlichen Einschnitt dar: An die Stelle des feudal-absolutistischen, dynastischen Staates tritt der **bürgerliche und weltliche Verfassungs- und Nationalstaat** mit einer auf Besitz gegründeten Gesellschaftsstruktur, einheitlicher Verwaltung und Gerichtsbarkeit, liberaler Wirtschaftsordnung und Volksheer.

Die Frage, wie ein **»humanes« Zusammenleben in Freiheit** erreicht werden kann, bewegt die Menschen am Ende des 18. Jahrhunderts in besonderer Weise. Die Umwälzungen des Ancien Régime in der Revolution mit der Hinrichtung des (von Gottes Gnaden herrschenden) Königs wurden als Umkehrung aller Verhältnisse empfunden, die alle bestehenden Ordnungen in Frage stellte. Was in solchen Zeiten des Umbruchs überhaupt noch als wahr und objektiv gelten könne, wird zu einem bedeutsamen Thema der Literatur und Philosophie.

Entwürfe und Gegenentwürfe in der Aufklärung und Klassik begreifen

Epochen der deutschen Literatur

1700	1720	1740	1760	1780	1800	1820	1840	1860	1880	1900	1920	1940	1960	1980	2000

- Barock
- Aufklärung
- Klassik
- Realismus
- Expressionismus
- Zwei deutsche Literaturen (BRD/DDR)
- Empfindsamkeit
- Romantik
- Naturalismus
- Neue Sachlichkeit
- Literatur unter dem Hakenkreuz, »Innere Emigration«, Exilliteratur
- Sturm und Drang
- Biedermeier
- Vormärz
- Symbolismus
- Postmoderne

1700	1720	1740	1760	1780	1800	1820	1840	1860	1880	1900	1920	1940	1960	1980	2000

Epochenumbruch — Epochenumbruch

Die neuzeitlichen Veränderungen (Entdeckungen und beginnende Globalisierung, Glaubenskonflikte, zunehmende Industrialisierung) werden um 1800 in allen Lebensbereichen spürbar. Gesellschaftliche Entwicklungen werden so dynamisch, dass bisherige politische Ordnungen nicht standhalten. In der Französischen Revolution brechen sich diese Entwicklungen Bahn. Überkommene Vorstellungen vom Menschen, seiner Stellung in der Welt, von der Bedeutung der Religion, vom Verhältnis der Geschlechter, von der Rechtfertigung individueller oder gesellschaftlicher Unterschiede werden in Frage gestellt.

Die »Epochen« der Literatur versuchen, literarische und kulturelle Strömungen und Bewegungen zu benennen, in denen ähnliche Antworten und Haltungen zu den Entwicklungen einer Zeit gegeben worden sind. Von daher ist es auch sinnvoll, diese miteinander zu vergleichen: So geben Aufklärung, Klassik und Romantik unterschiedliche Antworten auf die Entwicklungen um 1800.

A ■ Erläutern Sie die Bedeutung des »Epochenumbruchs« um 1800 in der Übersicht.

B ■ Dem Sturm auf die Bastille wird rückblickend eine besondere Bedeutung für den Epochenumbruch um 1800 zugeschrieben. Nennen Sie Gründe dafür.

 C ■ Fragen an die Literatur um 1800 können in eigenen oder gemeinsamen Projekten verfolgt werden. Wählen Sie eine Fragestellung zur Bearbeitung.
- Der Mensch und das Menschliche: Was macht den Menschen zum Menschen?
- Das Verhältnis der Geschlechter: Was unterscheidet Frauen und Männer, was haben sie gemeinsam?
- Vater-Mutter-Kinder: Welche Bedeutung wird der bürgerlichen (Klein-)Familie zugeschrieben?
- Literatur und Kultur: Welche Funktion hat Literatur bei der Aufklärung der Menschen?
- Vernunft und Fortschritt: Utopien: Welche Vorstellungen einer anderen Welt werden entworfen? Welche bessere Welt wird angedeutet?

D ■ Der Begriff der »Epoche« gerät zunehmend in Kritik, kann sich aber dennoch halten (vgl. S. 118 ff.). Erörtern Sie mögliche Gründe für die Kritik bzw. für das Festhalten an dem Begriff.

In dem nachfolgenden Kapitel lernen Sie, …
- Fragestellungen zur Literatur um 1800 zu entwickeln und zu reflektieren,
- historisches Wissen zur Literatur um 1800 auszuwählen und zu nutzen,
- geschichtliche Einordnungen und Bezüge von literarischen Texten vorzunehmen,
- Fremdheit und Nähe der Literatur um 1800 zu erfahren und zu reflektieren,
- Bezüge zwischen literarischen Texten zum Verständnis zu nutzen.

Entwürfe und Gegenentwürfe in der Literatur des 18. Jahrhunderts begreifen

Selbstverständnis und Folgen der Aufklärung: Die neue Sicht des Menschen

Was kann ich nach der Bearbeitung dieses Unterkapitels?
- In verschiedenen Texten die neue Sicht des Menschen kennen lernen
- Leitaspekte der Aufklärung wie Erziehung, Verweltlichung, Vernunft und Wissenschaft in Quellen und Materialien erkennen und beschreiben
- Dramen der Aufklärung analysieren und interpretieren
- Das Insel-Motiv als Familien- und Gesellschaftsbild untersuchen

■ Text 91

Errungenschaften des 18. Jahrhunderts (1783)   *Georg Christoph Lichtenberg*

Unser achtzehntes Jahrhundert wird sich sicherlich nicht zu schämen haben, wenn es dereinst sein Inventarium von neu erworbnen Kenntnissen und angeschafften Sachen an das neunzehnte übergeben wird, auch selbst wenn die Überreichung morgen geschehen müsste. Wir wollen einmal einen ganz flüchtigen Blick auf dasjenige werfen, was es seinem Nachfolger antworten könnte, wenn es morgen von ihm gefragt würde: Was hast du geliefert und was hast du Neues gesehen? Es könnte kühn antworten: Ich habe die Gestalt der Erde bestimmt; ich habe dem Donner Trotz bieten gelehrt; ich habe den Blitz wie Champagner auf Bouteillen gezogen; ich habe Tiere ausgefunden, die an Wunder selbst die Fabel der Lernäischen Schlange übertreffen; Fische entdeckt, die, was der olympische Jupiter nicht konnte, die schwächern, selbst unter dem Wasser, mit unsichtbarem Blitz töten; ich habe durch Linne das erste brauchbare Inventarium über die Werke der Natur entwerfen lassen; [...] ich habe Luft in feste Körper und feste Körper in Luft verwandelt; ich habe Quecksilber geschmiedet; ungeheure Lasten mit Feuer gehoben; mit Wasser geschossen wie mit Schießpulver; ich habe die Pflanzen verführt, Kinder außer der Ehe zu zeugen; Stahl mit brennendem Zunder wie Butter fließen gemacht; ich habe Glas unter dem Wasser geschmolzen; [...] ich habe eine neue Art vortrefflicher Fernröhre angegeben, die selbst Newton für unmöglich hielt; [...] ... und sieh hier endlich habe ich in meinem 83sten Jahr ein Luftschiff gemacht.

A ■ Erläutern Sie das Selbstbild der Aufklärung anhand der Ausführungen Lichtenbergs.
B ■ Von besonderer Bedeutung für die Aufklärung ist das Bild vom Licht, das in die Dunkelheit unaufgeklärter Zeiten hineinleuchtet. Klären Sie Funktion und Bedeutung dieser Lichtmetaphorik.

Aufklärung
INFO

Aufklärung wird eine **geistige und kulturelle Strömung** genannt, die das 18. Jahrhundert in ganz Europa geprägt hat. Dabei wurden überkommene Vorstellungen von der Welt, den Menschen und der Religion kritisch beleuchtet und neu bestimmt. Dabei hat das Bild, dass sich das **Licht der Vernunft** in der Dunkelheit des Aberglaubens und der Vorurteile verbreite, eine besondere Bedeutung. In Deutschland wird von Aufklärung gesprochen.

Immanuel Kants Aufsatz dazu beginnt mit dem Satz: »Aufklärung ist der Ausgang des Menschen aus seiner selbst verschuldeten Unmündigkeit.« Gemäß den Grundsätzen der Vernunft sollten sich die gesellschaftlichen, kulturellen und politischen Verhältnisse neu ordnen lassen. Die Fortschritte in Wissenschaft und Technik bewirkten den Optimismus der Aufklärer in Zeiten der Um- und Aufbrüche am Ende des 18. Jahrhunderts.

Entwürfe und Gegenentwürfe in der Aufklärung und Klassik begreifen

Leitaspekte der Aufklärung erarbeiten

Aufgabeninsel

Die Aufklärung als geistige und literarische Strömung beeinflusst und prägt Kunst, Kultur, Wissenschaft und Politik im 18. Jahrhundert ganz besonders nachhaltig, gerade auch dort, wo sie, wie im Fall der Romantik, Gegenbewegungen auslöst. In ihren Leitaspekten Erziehung, Verweltlichung, Vernunft und Wissenschaft bereitet sie den Epochenumbruch um 1800 vor. Die folgenden Quellen und Materialien können unter diesen Leitaspekten betrachtet und ausgewertet werden; gehen Sie dabei wie folgt vor:

Hinweise zur Text- und Quellenbearbeitung
Verschaffen Sie sich mit Hilfe der Angaben zu Verfassern, Titel sowie der (kursiv gesetzten) Einführung zunächst einen Überblick, worum es in dem Text geht.

Vergewissern Sie sich (mit schriftlichen Notizen), was Sie zu den Verfassern und dem Thema des Textes (schon) wissen, und formulieren Sie Erwartungen.

Ordnen Sie vorläufig den zu bearbeitenden Text möglichen Aspekten der Mind-Map zu.

Stellen Sie (während und nach dem Lesen) die Ergebnisse dar (z. B. in Form eines Schaubilds).

Gleichen Sie diese Ergebnisse mit ihrem Vorwissen und den Erwartungen ab.

Leitaspekte der Aufklärung

Mind-Map **Aufklärung**:
- Erziehung des Menschen
- Selbst- und Mitbestimmung
- Rationalismus und Empirismus
- Ermächtigung der Vernunft
- Lernen und Bildung
- vernünftige Überlegungen steuern den Menschen und sein Verhalten
- Anleitung zum selbstständigen Denken
- optimistische Zukunftserwartungen
- Säkularisierung (Verweltlichung)
- Religions- und Kirchenkritik
- Entmachtung des Glaubens
- Zeitalter des Wissens und der Wissenschaft
- Fortschritt durch Forschung

A ■ Ordnen Sie den Aspekten der Mind-Map zur Aufklärung Aussagen bzw. Textstellen aus den nachfolgenden und weiterer Materialien zu. Wählen Sie dabei einen Schwerpunkt (einen der Hauptäste der Mind-Map) und präsentieren Sie Ihre Ergebnisse.

B ■ Ergänzen Sie die Mind-Map mit weiteren Aspekten (»Ästen«), indem Sie zentrale Aussagen und Ergebnisse der Quellenauswertung eintragen.

C ■ Erörtern Sie nach der Bearbeitung, an welchen Aspekten eine mögliche Kritik der Aufklärung ansetzen könnte.

Entwürfe und Gegenentwürfe in der Literatur des 18. Jahrhunderts begreifen

■ Text 92

Nathan der Weise (1779) *Gotthold Ephraim Lessing*

Die Entstehung des Dramas geht zurück auf Lessings Auseinandersetzung mit streng orthodoxen Glaubenslehren, die in dem Hamburger Hauptpastor Johann Melchior Goeze ihren wichtigsten Vertreter hatten. Lessing vertritt die Auffassung, dass es in den monotheistischen Religionen einen vernünftig-moralischen Grundgehalt gebe der von den äußerlichen Ritualen und starren Lehrern zu trennen sei. Ausgestattet mit einer angeborenen Vernunft könne jeder die wirklich wesentlichen Glaubensinhalte von sich aus erkennen. In der Folge dieses öffentlich geführten Streits wird Lessing die Veröffentlichung weiterer theologischer Stellungnahmen untersagt. In seinem Drama aber setzt er die Darstellung entsprechender Fragen fort: »Ich muss versuchen, ob man mich auf meiner alten Kanzel, auf dem Theater wenigstens, noch ungestört will predigen lassen.«
Im zweiten Auftritt des Dramas (vgl. hierzu auch S. 72 ff.) erzählen Recha und Daja von den glücklichen Umständen der Begnadigung und Freilassung des Tempelherrn durch den Sultan Saladin. Im Gespräch bringt Nathan Recha dazu, von dem Glauben an ein Wunder Abstand zu nehmen.

Erster Aufzug
Zweiter Auftritt
Recha: [...] Wie wollen wir uns freun, und Gott,
   Gott loben! Er, er trug Euch und den Nachen
   Auf Flügeln seiner unsichtbaren Engel
   Die ungetreuen Ström' hinüber. Er,
5 Er winkte meinem Engel, dass er sichtbar
   Auf seinem weißen Fittiche, mich durch
   Das Feuer trüge –
Nathan   (Weißem Fittiche!
   Ja, ja! der weiße vorgespreizte Mantel
10 Des Tempelherrn.)
Recha   Er sichtbar, sichtbar mich
   Durchs Feuer trüg', von seinem Fittiche
   Verweht. – Ich also, ich hab einen Engel
   Von Angesicht zu Angesicht gesehn;
15 Und meinen Engel.
Nathan   Recha wär' es wert;
   Und würd' an ihm nichts Schönres sehn, als er
   An ihr.
Recha *(lächelnd)*
20   Wem schmeichelt Ihr, mein Vater? wem?
   Dem Engel, oder Euch?
Nathan   Doch hätt' auch nur
   Ein Mensch – ein Mensch, wie die Natur sie
                                          täglich
   Gewährt, dir diesen Dienst erzeigt: er müsste
   Für dich ein Engel sein. Er müsst' und würde.   25
Recha
   Nicht so ein Engel; nein! ein wirklicher;
   Es war gewiss ein wirklicher! – Habt Ihr,
   Ihr selbst die Möglichkeit, dass Engel sind,
   Dass Gott zum Besten derer, die ihn lieben,   30
   Auch Wunder könne tun, mich nicht gelehrt?
   Ich lieb ihn ja.
Nathan   Und er liebt dich; und tut
   Für dich, und deinesgleichen, stündlich Wunder;
   Ja, hat sie schon von aller Ewigkeit   35
   Für euch getan.
Recha   Das hör ich gern.
Nathan   Wie? Weil
   Es ganz natürlich, ganz alltäglich klänge,
   Wenn dich ein eigentlicher Tempelherr   40
   Gerettet hätte: sollt' es darum weniger
   Ein Wunder sein? – Der Wunder höchstes ist,
   Dass uns die wahren, echten Wunder so
   Alltäglich werden können, werden sollen. [...]
   Meiner Recha wär'   45
   Es Wunders nicht genug, dass sie ein Mensch
   Gerettet, welchen selbst kein kleines Wunder
   Erst retten müssen? Ja, kein kleines Wunder!
   Denn wer hat schon gehört, dass Saladin
   Je eines Tempelherrn verschont? dass je   50
   Ein Tempelherr von ihm verschont zu wer-den
   Verlangt? gehofft? ihm je für seine Freiheit
   ehr als den ledern Gurt geboten, der
   Sein Eisen schleppt; und höchstens seinen Dolch?
Recha   55
   Das schließt für mich, mein Vater. – Darum eben
   War das kein Tempelherr; er schien es nur. –
   Kömmt kein gefangner Tempelherr je anders
   Als zum gewissen Tode nach Jerusalem;
   Geht keiner in Jerusalem so frei   60
   Umher: wie hätte mich des Nachts freiwillig
   Denn einer retten können?
Nathan   Sieh! wie sinnreich.
   Jetzt, Daja, nimm das Wort. Ich hab es ja
   Von dir, dass er gefangen hergeschickt   65
   Ist worden. Ohne Zweifel weißt du mehr.

Entwürfe und Gegenentwürfe in der Aufklärung und Klassik begreifen

Daja
    Nun ja. – So sagt man freilich; – doch man sagt
    Zugleich, dass Saladin den Tempelherrn
70   Begnadigt, weil er seiner Brüder einem,
    Den er besonders lieb gehabt, so ähnlich sehe.
    Doch da es viele zwanzig Jahre her,
    Dass dieser Bruder nicht mehr lebt, – er hieß,
    Ich weiß nicht wie; – er blieb, ich weiß nicht wo: –
75   o klingt das ja so gar – so gar unglaublich,
    Dass an der ganzen Sache wohl nichts ist.

Nathan
    Ei, Daja! Warum wäre denn das so
    Unglaublich? Doch wohl nicht – wie's wohl
                       geschieht –
80   Um lieber etwas noch Unglaublichers
    Zu glauben? – Warum hätte Saladin,
    Der sein Geschwister insgesamt so liebt,
    In jüngern Jahren einen Bruder nicht
    Noch ganz besonders lieben können? – Pflegen
85   Sich zwei Gesichter nicht zu ähneln? – Ist
    Ein alter Eindruck ein verlorner? – Wirkt
    Das Nämliche nicht mehr das Nämliche?
    Seit wenn? – Wo steckt hier das Unglaubliche?
    Ei freilich, weise Daja, wär's für dich
90   Kein Wunder mehr; und deine Wunder nur
    Bedürf … verdienen, will ich sagen, Glauben.

Daja   Ihr spottet.

Nathan   Weil du meiner spottest. – Doch
95   Auch so noch, Recha, bleibet deine Rettung
    Ein Wunder, dem nur möglich, der die strengsten
    Entschlüsse, die unbändigsten Entwürfe
    Der Könige, sein Spiel – wenn nicht sein Spott –
    Gern an den schwächsten Fäden lenkt.

100 **Recha**   Mein Vater!
    Mein Vater, wenn ich irr, Ihr wisst, ich irre
    Nicht gern.

Nathan   Vielmehr, du lässt dich gern belehren.
    Sieh! eine Stirn, so oder so gewölbt;
105   Der Rücken einer Nase, so vielmehr
    Als so geführt; Augenbrauen, die
    Auf einem scharfen oder stumpfen Knochen
    So oder so sich schlängeln; eine Linie,
    Ein Bug, ein Winkel, eine Falt', ein Mal,
110   Ein Nichts, auf eines wilden Europäers
    Gesicht: – und du entkommst dem Feu'r, in Asien!
    Das wär' kein Wunder, wundersücht'ges Volk?
    Warum bemüht ihr denn noch einen Engel? […]
    Kommt! hört mir zu. – Nicht wahr? dem Wesen,
                              das
    Dich rettete, – es sei ein Engel oder
    Ein Mensch, – dem möchtet ihr, und du besonders,
    Gern wieder viele große Dienste tun? –
    Nicht wahr? – Nun, einem Engel, was für Dienste,
    Für große Dienste könnt ihr dem wohl tun?
120   Ihr könnt ihm danken; zu ihm seufzen, beten;
    Könnt in Entzückung über ihn zerschmelzen;
    Könnt an dem Tage seiner Feier fasten,
    Almosen spenden. – Alles nichts. – Denn mich
    Deucht immer, dass ihr selbst und euer Nächster
125   Hierbei weit mehr gewinnt, als er. Er wird
    Nicht fett durch euer Fasten; wird nicht reich
    Durch eure Spenden; wird nicht herrlicher
    Durch eu'r Entzücken; wird nicht mächtiger
    Durch eu'r Vertraun. Nicht wahr? Allein ein
                     Mensch! […]

Recha   Endlich, als er gar verschwand …
130
Nathan
    Verschwand? – Wie denn verschwand? – Sich
                   untern Palmen
    Nicht ferner sehen ließ? – Wie? oder habt
    Ihr wirklich schon ihn weiter aufgesucht? […]
    Wenn dieser Engel nun – nun krank geworden! … 135

Recha Krank!

Daja   Krank! Er wird doch nicht!

Recha   Welch kalter Schauer
    Befällt mich! – Daja! – Meine Stirne, sonst
    So warm, fühl! ist auf einmal Eis. 140

Nathan   Er ist
    Ein Franke, dieses Klimas ungewohnt;
    Ist jung; der harten Arbeit seines Standes,
    Des Hungerns, Wachens ungewohnt.

Recha   Krank! krank! 145

Daja
    Das wäre möglich, meint ja Nathan nur.

Nathan
    Nun liegt er da! hat weder Freund, noch Geld
    Sich Freunde zu besolden. 150

Recha   Ah, mein Vater!

Nathan
    Liegt ohne Wartung, ohne Rat und Zusprach',
    Ein Raub der Schmerzen und des Todes da!

Recha Wo? wo? 155

Nathan   Er, der für eine, die er nie
    Gekannt, gesehn – genug, es war ein Mensch
    Ins Feu'r sich stürzte … […]
    Der, was er rettete, nicht näher kennen,
    Nicht weiter sehen mocht', – um ihm den Dank 160
    Zu sparen … […]

Entwürfe und Gegenentwürfe in der Literatur des 18. Jahrhunderts begreifen

Auch nicht zu sehn verlangt', – es wäre denn,
Dass er zum zweitenmal es retten sollte –
Denn g'nug, es ist ein Mensch ... [...]
165 Der, der hat sterbend sich zu laben, nichts
Als das Bewusstsein dieser Tat!

Daja Hört auf
Ihr tötet sie!

Nathan Und du hast ihn getötet! –
170 Hättst so ihn töten können. – Recha! Recha!
Es ist Arznei, nicht Gift, was ich dir reiche.
Er lebt! – komm zu dir! – ist auch wohl nicht
                          krank:
Nicht einmal krank!

Recha Gewiss? – nicht tot? nicht krank?
175 **Nathan**
Gewiss, nicht tot! Denn Gott lohnt Gutes, hier
Getan, auch hier noch. – Geh! – Begreifst du aber,

Wie viel andächtig schwärmen leichter, als
Gut handeln ist? wie gern der schlaffste Mensch
Andächtig schwärmt, um nur, – ist er zu Zeiten
180 Sich schon der Absicht deutlich nicht bewusst –
Um nur gut handeln nicht zu dürfen?

Recha Ah,
Mein Vater! lasst, lasst Eure Recha doch
Nie wiederum allein! – Nicht wahr, er kann
185 Auch wohl verreist nur sein? – [...]

A ■ Der Dialog zwischen Nathan und Recha gilt in der Rezeption des Dramas als »Erziehungsgespräch«: Erörtern Sie die Gründe für diese Kennzeichnung.

B ■ Die Argumentation Nathans zeigt anschaulich und beispielhaft aufklärerische Züge – erläutern Sie diese.

■ Text 93
Beantwortung der Frage: Was ist Aufklärung? (1784) *Immanuel Kant*

In der »Berlinischen Monatsschrift« war 1783 die Frage aufgeworfen worden, was denn Aufklärung überhaupt sei. Diese provokant gemeinte Frage gab den Anstoß zu einer Reihe von Beiträgen. Die Antwort von Kant auf die Frage ist bis heute bestimmend geblieben.

Aufklärung ist der Ausgang des Menschen aus seiner selbst verschuldeten Unmündigkeit. Unmündigkeit ist das Unvermögen, sich seines Verstandes ohne Leitung eines anderen zu bedienen.
5 Selbstverschuldet ist diese Unmündigkeit, wenn die Ursache derselben nicht am Mangel des Verstandes, sondern der Entschließung und des Mutes liegt, sich seiner ohne Leitung eines anderen zu bedienen. Sapere aude! Habe Mut, dich deines eigenen Verstan-
10 des zu bedienen! ist also der Wahlspruch der Aufklärung.

Faulheit und Feigheit sind die Ursachen, warum ein so großer Teil der Menschen, nachdem sie die Natur längst von fremder Leitung freigesprochen
15 (naturaliter maiorennes), dennoch gerne zeitlebens unmündig bleiben; und warum es anderen so leicht wird, sich zu deren Vormündern aufzuwerfen. Es ist so bequem, unmündig zu sein. Habe ich ein Buch, das für mich Verstand hat, einen Seelsorger, der für
20 mich Gewissen hat, einen Arzt, der für mich die Diät beurteilt, u. s. w., so brauche ich mich ja nicht selbst zu bemühen. Ich habe nicht nötig zu denken, wenn ich nur bezahlen kann; andere werden das verdrießliche Geschäft schon für mich übernehmen. Dass der
25 bei Weitem größte Teil der Menschen (darunter das ganze schöne Geschlecht) den Schritt zur Mündigkeit, außerdem dass er beschwerlich ist, auch für sehr gefährlich halte: Dafür sorgen schon jene Vormünder, die die Oberaufsicht über sie gütigst auf sich genom-
30 men haben. Nachdem sie ihr Hausvieh zuerst dumm gemacht haben und sorgfältig verhüteten, dass diese ruhigen Geschöpfe ja keinen Schritt außer dem Gängelwagen, darin sie sie einsperrten, wagen durften, so zeigen sie ihnen nachher die Gefahr, die ihnen
35 droht, wenn sie es versuchen, allein zu gehen. Nun ist diese Gefahr zwar eben so groß nicht, denn sie würden durch einigemal Fallen wohl endlich gehen lernen; allein ein Beispiel von der Art macht doch schüchtern und schreckt gemeinhin von allen ferne-
40 ren Versuchen ab.

Es ist also für jeden einzelnen Menschen schwer, sich aus der ihm beinahe zur Natur gewordenen Unmündigkeit herauszuarbeiten. Er hat sie sogar lieb gewonnen und ist vor der Hand wirklich unfähig, sich
45 seines eigenen Verstandes zu bedienen, weil man ihn niemals den Versuch davon machen ließ. [...]

Dass aber ein Publikum sich selbst aufkläre, ist

eher möglich; ja es ist, wenn man ihm nur Freiheit lässt, beinahe unausbleiblich. Denn da werden sich immer einige Selbstdenkende sogar unter den eingesetzten Vormündern des großen Haufens finden, welche, nachdem sie das Joch der Unmündigkeit selbst abgeworfen haben, den Geist einer vernünftigen Schätzung des eigenen Werts und des Berufs jedes Menschen selbst zu denken um sich verbreiten werden. Besonders ist hierbei: dass das Publikum, welches zuvor von ihnen unter dieses Joch gebracht worden, sie danach selbst zwingt, darunter zu bleiben, wenn es von einigen seiner Vormünder, die selbst aller Aufklärung unfähig sind, dazu aufgewiegelt worden; so schädlich ist es, Vorurteile zu pflanzen, weil sie sich zuletzt an denen selbst rächen, die oder deren Vorgänger ihre Urheber gewesen sind. Daher kann ein Publikum nur langsam zur Aufklärung gelangen. Durch eine Revolution wird vielleicht wohl ein Abfall von persönlichem Despotismus und gewinnsüchtiger oder herrschsüchtiger Bedrückung, aber niemals wahre Reform der Denkungsart zustande kommen; sondern neue Vorurteile werden ebenso wohl als die alten zum Leitbande des gedankenlosen großen Haufens dienen.

Zu dieser Aufklärung aber wird nichts erfordert als Freiheit; und zwar die unschädlichste unter allem, was nur Freiheit heißen mag, nämlich die: von seiner Vernunft in allen Stücken öffentlichen Gebrauch zu machen. [...]

Wenn denn nun gefragt wird: Leben wir jetzt in einem aufgeklärten Zeitalter? so ist die Antwort: Nein, aber wohl in einem Zeitalter der Aufklärung. Dass die Menschen, wie die Sachen jetzt stehen, im Ganzen genommen, schon imstande wären, oder darin auch nur gesetzt werden könnten, in Religionsdingen sich ihres eigenen Verstandes ohne Leitung eines anderen sicher und gut zu bedienen, daran fehlt noch sehr viel. Allein dass jetzt ihnen doch das Feld geöffnet wird, sich dahin frei zu bearbeiten, und die Hindernisse der allgemeinen Aufklärung, oder des Ausganges aus ihrer selbst verschuldeten Unmündigkeit allmählich weniger werden, davon haben wir doch deutliche Anzeigen. [...]

Ein größerer Grad bürgerlicher Freiheit scheint der Freiheit des Geistes des Volks vorteilhaft und setzt ihr doch unübersteigliche Schranken; ein Grad weniger von jener verschafft hingegen diesem Raum, sich nach allem seinem Vermögen auszubreiten. Wenn denn die Natur unter dieser harten Hülle den Keim, für den sie am zärtlichsten sorgt, nämlich den Hang und Beruf zum freien Denken, ausgewickelt hat: So wirkt dieser allmählig zurück auf die Sinnesart des Volks (wodurch dieses der Freiheit zu handeln nach und nach fähiger wird) und endlich auch sogar auf die Grundsätze der Regierung, die es ihr selbst zuträglich findet, den Menschen, der nun mehr als Maschine ist, seiner Würde gemäß zu behandeln.

Königsberg in Preußen, den 30. Septemb. 1784

A ▪ Ordnen Sie den Begriffen »Unmündigkeit« und »Mündigkeit« jeweils Beispiele aus dem Text zu und ergänzen Sie weitere.

B ▪ »Zu dieser Aufklärung aber wird nichts erfordert als Freiheit« – erläutern Sie diese Aussage mit konkreten Beispielen im Sinne Kants.

▪ Text 94
Die Grundrechte von Virginia 1776

Die amerikanischen Kolonien gaben sich im Unabhängigkeitskampf mit dem Mutterland England eigene Regierungen und republikanische Verfassungen. Die erste Einzelverfassung ist die Virginias, sie ist im Geiste der Aufklärung geschrieben und enthält als erste einen Katalog von Menschen- und Bürgerrechten. Hier zeigt sich das neue Menschenbild.

Eine von den Vertretern des guten Volkes von Virginia, versammelt in vollem und freiem Konvent, abgegebene Erklärung der Rechte, die ihnen und ihrer Nachkommenschaft als Basis und Grundlage der Regierung zukommen.

Artikel I
Alle Menschen sind von Natur aus gleichermaßen frei und unabhängig und besitzen gewisse angeborene Rechte, deren sie, wenn sie den Status einer Gesellschaft annehmen, durch keine Abmachung ihre Nachkommenschaft berauben oder entkleiden können, und zwar den Genuss des Lebens und der

Entwürfe und Gegenentwürfe in der Literatur des 18. Jahrhunderts begreifen

Freiheit und dazu die Möglichkeit, Eigentum zu erwerben und zu besitzen und Glück und Sicherheit zu erstreben und zu erlangen.

Artikel 2
Alle Macht kommt dem Volke zu und wird folglich von ihm hergeleitet. Beamte sind seine Treuhänder und Diener und ihm jederzeit verantwortlich. [...]

Artikel 6
Die Wahlen für die Vertretung des Volkes in der Volksversammlung sollen frei sein; alle Männer, die ihr dauerndes Interesse an der Gemeinschaft und ihre dauernde Anhänglichkeit an sie hinlänglich erhärtet haben, haben das Recht abzustimmen und können nicht zugunsten der öffentlichen Hand ohne ihre oder die Einwilligung ihrer so gewählten Vertreter ihres Eigentums beraubt noch durch irgendein Gesetz verpflichtet werden, dem sie nicht in gleicher Weise für das öffentliche Wohl zugestimmt haben.

A ■ Die Verfasser dieser Grundrechte gehen von einer bestimmten Auffassung des Menschen aus, die sich vom Bild des Untertanen unterscheidet. Benennen Sie solche Unterschiede.

B ■ Mit dieser Auffassung des Menschen ist eine neue Staatsform verbunden. Beschreiben Sie diese.

■ Text 95
Der Besitzer des Bogens (1759) *Gotthold Ephraim Lessing*

Ein Mann hatte einen trefflichen Bogen von Ebenholz, mit dem er sehr weit und sehr sicher schoss, und den er ungemein wert hielt. Einst aber, als er ihn aufmerksam betrachtete, sprach er: Ein wenig zu plump bist du doch! Alle deine Zierde ist die Glätte. Schade! – Doch dem ist abzuhelfen; fiel ihm ein. Ich will hingehen und den besten Künstler Bilder in den Bogen schnitzen lassen. – Er ging hin; und der Künstler schnitzte eine ganze Jagd auf den Bogen; und was hätte sich besser auf einen Bogen geschickt, als eine Jagd?

Der Mann war voller Freuden. »Du verdienest diese Zieraten, mein lieber Bogen!« – Indem will er ihn versuchen; er spannt, und der Bogen – zerbricht.

■ Text 96
Der Löwe mit dem Esel (1759)
Gotthold Ephraim Lessing

Als des Aesopus Löwe mit dem Esel, der ihm durch seine fürchterliche Stimme die Tiere sollte jagen helfen, nach dem Walde ging, rief ihm eine naseweise Krähe von dem Baume zu: Ein schöner Gesellschafter! Schämst du dich nicht, mit einem Esel zu gehen? – Wen ich brauchen kann, versetzte der Löwe, dem kann ich ja wohl meine Seite gönnen.

So denken die Großen alle, wenn sie einen Niedrigen ihrer Gemeinschaft würdigen.

■ Text 97
Der Esel mit dem Löwen (1759)
Gotthold Ephraim Lessing

Als der Esel mit dem Löwen des Äsopus, der ihn statt seines Jägerhorns brauchte, nach dem Walde ging, begegnete ihm ein anderer Esel von seiner Bekanntschaft und rief ihm zu: »Guten Tag, mein Bruder!« – »Unverschämter!«, war die Antwort – »Und warum das?«, fuhr der Esel fort. »Bist du deswegen, weil du mit einem Löwen gehst, besser als ich, mehr als ein Esel?«

■ Text 98

Von einem besondern Nutzen der Fabeln in den Schulen (1759)
Gotthold Ephraim Lessing

Den Nutzen, den ich itzt mehr berühren als umständlich erörtern will, würde man den heuristischen Nutzen der Fabeln nennen können. – Warum fehlt es in allen Wissenschaften und Künsten
5 so sehr an Erfindern und selbstdenkenden Köpfen? Diese Frage wird am besten durch eine andre Frage beantwortet: Warum werden wir nicht besser erzogen? Gott gibt uns die Seele; aber das Genie müssen wir durch die Erziehung bekommen. Ein Knabe, des-
10 sen gesamte Seelenkräfte man, so viel als möglich, beständig in einerlei Verhältnissen ausbildet und erweitert; den man angewöhnt, alles, was er täglich zu seinem kleinen Wissen hinzulernt, mit dem, was er gestern bereits wusste, in der Geschwindigkeit zu
15 vergleichen, und Acht zu haben, ob er durch diese Vergleichung nicht von selbst auf Dinge kömmt, die ihm noch nicht gesagt worden; den man beständig aus einer Scienz in die andere hinüber sehen lässt; den man lehret sich ebenso leicht von dem Besondern zu
20 dem Allgemeinen zu erheben, als von dem Allgemeinen zu dem Besondern sich wieder herab zu lassen: Der Knabe wird ein Genie werden, oder man kann nichts in der Welt werden.

Unter den Übungen nun, die diesem allgemeinen
25 Plane zu Folge angestellt werden müssten, glaube ich, würde die Erfindung äsopischer Fabeln eine von denen sein, die dem Alter eines Schülers am aller angemessensten wären: nicht, dass ich damit suchte, alle Schüler zu Dichtern zu machen; sondern weil es
30 unleugbar ist, dass das Mittel, wodurch die Fabeln erfunden worden, gleich dasjenige ist, das allen Erfindern überhaupt das allergeläufigste sein muss. Dieses Mittel ist das Principium der Reduktion [...].

Die Mühe, mit seinem Schüler auf die Jagd zu
35 gehen, kann sich der Lehrer ersparen, wenn er in die alten Fabeln selbst eine Art von Jagd zu legen weiß; indem er die Geschichte derselben bald eher abbricht, bald weiter fortführt, bald diesen oder jenen Umstand derselben so verändert, dass sich eine andere
40 Moral darin erkennen lässt.

Z. E. Die bekannte Fabel von dem Löwen und Esel fängt sich an: Leôn kai onos, koinônian themenoi, exêlthon epi thêran – Hier bleibt der Lehrer stehen. Der Esel in Gesellschaft des Löwen? Wie stolz wird der Esel auf diese Gesellschaft gewesen sein! (Man 45 sehe die achte Fabel meines zweiten Buchs.) Der Löwe in Gesellschaft des Esels? Und hatte sich denn der Löwe dieser Gesellschaft nicht zu schämen? (Man sehe die siebende.) Und so sind zwei Fabeln entstanden, indem man mit der Geschichte der alten Fabel einen 50 kleinen Ausweg genommen, der auch zu einem Ziele, aber zu einem andern Ziele führt, als Aesopus sich dabei gesteckt hatte.

A ■ Die Fabeln »Der Besitzer des Bogens« und »Der Löwe mit dem Esel« von Lessing möchten eine bestimmte Haltung als vorbildlich vermitteln – beschreiben Sie diese Haltung.

B ■ Lessings führt aus, wie Lehrkräfte durch den Umgang mit Fabeln das selbstständige Lesen und Verstehen der Lernenden fördern können. Erläutern Sie dieses Vorgehen im Sinne Lessings, indem Sie die beiden Fabeln vom Löwen und Esel dazu heranziehen.

Entwürfe und Gegenentwürfe in der Literatur des 18. Jahrhunderts begreifen

Utopien in literarischen Texten untersuchen

Aufgabeninsel

Vorstellungen davon, dass irgendwo ein anderes, besseres Leben möglich sei, haben die Menschen immer schon bewegt. In der europäischen Kultur ist dieser Ort mit »Utopia« bezeichnet worden. Der Begriff Utopie bezeichnet Vorstellungen von einem anderen Leben oder Handeln, die (noch) nicht realisierbar sind. Dabei gibt es eine positive Verwendung, etwa bei der Beschreibung einer besseren Welt zur Kritik der schlechten Gegenwart. Der Begriff wird aber auch in negativem Sinn gebraucht für ein als unausführbar angesehenes Konzept. Das Wort wird aus dem griechischen *ou* = kein und *topos* = Ort abgeleitet: Ein Ort nirgendwo oder irgendwo. In der Literatur werden oft Inseln als solche Orte dargestellt, oft in Verbindung mit dem Motiv des Schiffbruchs, auf den dann der Neuanfang auf der Insel folgt.

In anderen Texten können Utopien aber auch als neues, unerwartetes Verhalten dargestellt werden, das nur in kurzen Momenten möglich wird und bedroht ist von widrigen Umständen. Besonders in der Literatur des 20. Jahrhunderts sind Gegen-Utopien (Dystopien) zu finden, die ein zukünftiges Leben schildern, das von Zerstörung oder Bedrohung aller menschlichen Ideale geprägt ist.

A ■ Träume von der Insel: Stellen Sie Ihre Vorstellungen von dem Ort, an dem Sie gern sein möchten und wo ein anderes Leben möglich sein könnte, als Skizze einer Insel dar. Stellen Sie diese individuellen Entwürfe vor und diskutieren Sie deren Gemeinsamkeiten und Unterschiede unter folgenden Leitfragen:

– Welchen Stellenwert haben Arbeit und Freizeit?
– Wie ist die Rolle des Einzelnen im Verhältnis zu anderen? Gibt es Unterschiede oder sind alle gleich?
– Welches Bild vom Menschen enthält die Vorstellung?
– In welchem Verhältnis stehen Natur und Kultur?
– Welche Bedeutung hat Technik und technischer Fortschritt?
– Welche Unterschiede zum gegenwärtigen Leben sind erkennbar?
– Sind die Vorstellungen vom Leben auf der Insel eher rückwärtsgewandt oder beziehen sie sich eher auf eine Zukunftsvision?

B ■ Untersuchen Sie, wie die Insel als Ort des neuen Lebens dargestellt wird.

C ■ Die Gründung der neuen Gesellschaft ist konfliktreich: Welche Probleme und Konflikte werden aufgezeigt? Wie werden sie gelöst?

D ■ Beschreiben Sie das Leben auf der Insel Felsenburg – ohne Gesetze und Strafen. Dazu können Sie verschiedene Schreibsituationen erproben.

E ■ Welche Lebensformen würden sich entwickelt haben, hätten sich die Schiffbrüchigen an den Vorschlag Lemelies gehalten? Warum wird diese Möglichkeit ausdrücklich zurückgewiesen?

F ■ Inwiefern werden Gesellschaft und Staat zur Zeit des Romans kritisiert?

G ■ Erörtern Sie die Konsequenzen, wären die Schiffbrüchigen dem Vorschlag von Lemelies gefolgt: Wie hätte die dann entstandene Gesellschaft auf der Insel ausgesehen? Was hätte dies für das Verhältnis von Frauen und Männern und für das Familien- und Gesellschaftsbild bedeutet?

H ■ Inwiefern ist das Leben auf der Insel Felsenburg eine Utopie im Kontext der Früh-Aufklärung? Nutzen Sie die Mind-Map »Leitaspekte« der Aufklärung.

Entwürfe und Gegenentwürfe in der Aufklärung und Klassik begreifen

■ Text 99
Insel Felsenburg (1731)   *Johann Gottfried Schnabel*

In dem Roman berichtet in der Rahmenerzählung Eberhard Julius von seiner Reise auf die Insel Felsenburg, auf der einer seiner Vorfahren nach einem Schiffbruch eine neue Gesellschaft begründet hat. Diese Erzählung gehört damit zu den so genannten »Robinsonaden«, die in der Folge von Daniel Defoes »Life and strange surprising adventures of Robinson Crusoe« (1719) erschienen sind. In der Binnenhandlung erzählt Albert Julius seinem Gast, wie er mit seinem damaligen Herrn, Monsieur von Leuven, dessen Frau Concordia und einem gewissen Lemelie auf jener Insel gestrandet ist. Bei den ersten Erkundungen der Insel entdecken die Schiffbrüchigen eine wunderbare und besonders fruchtbare Region.

Die neue Gesellschaft auf der Insel Felsenburg, von der in einer der ersten Robinsonaden der deutschen Literatur erzählt wird, kommt scheinbar ohne feste Regeln oder Institutionen aus. Die als Utopie gezeichnete Humanisierung beruht vielmehr auf der wohltuenden und alles bestimmenden Vorbildhaftigkeit jenes »Altvaters Albert Julius«, dem sich alle Mitglieder der neuen Welt ohne Zwang unterordnen. Die Gründung der »neuen« Gesellschaftsordnung gelingt aber erst nach einigen Schwierigkeiten und wird schließlich nach einem als Notwehr dargestellten Gewaltakt des Altvaters möglich; er muss sich damit gegen die Zügellosigkeit eines der Schiffbrüchigen wehren und durchsetzen. Dieser hatte vorgeschlagen, dass die (drei) Männer der gestrandeten Gruppe gleichberechtigten Zugang zu der Frau eines von ihnen haben sollten.

Doch da wir uns nunmehro völlig ausgerüstet, die Reise nach dem eingebildeten Paradiese anzutreten, ging ich als Wegweiser voraus, Lemelie folgte mir, Concordia ihm, und van Leuven schloß den
5   gantzen Zug. Sie konten sich allerseits nicht gnugsam über meinen klugen Einfall verwundern, daß ich die Absätze der Felsen, welche uns auf die ungefährlichsten Stege führeten, so wohl gezeichnet hatte, denn sonsten hätte man wohl 8. Tage suchen, wo nicht gar
10 Halß und Beine brechen sollen. […] Ich will die ungemeinen Freudens-Bezeugungen meiner Gefährten, welche dieselben, da sie alles weit angenehmer auf dieser Gegend fanden, als ich ihnen die Beschreibung gemacht, mit Stillschweigen übergehen, und
15 ohne unnöthige Weitläufftigkeit ferner erzehlen, daß wir nunmehro ingesamt anfingen das gantze Land zu durchstreichen, wobey Mons. van Leuven glücklicher als ich war, gewisse Merckmahle zu finden, woraus zu schliessen, daß sich ohnfehlbar vernünfftige Menschen allhier aufgehalten hätten, wo selbige ja nicht
20 noch vorhanden wären. Denn es fand sich jenseit des etwa 12. biß 16. Schritt breiten Flusses an dem Orte, wo itzo Christians-Raum angebauet ist, ein mit zugespitzten Pfählen umsetzter Garten-Platz, in welchen sich annoch die schönsten Garten-Gewächse,
25 wiewohl mit vielen Unkraut verwachsen, zeigten, wie nicht weniger schöne rare Blumen und etliche Stauden von Hülsen-Früchten, Weitzen, Reiß und andern Getrayde. Weiter hinwärts lagen einige Scherben von zerbrochenen Gefässen im Grase, und Sudwerts auf
30 dem Wein-Gebürge, welches itzo zu Christophs- und Roberts-Raum gehöret, fanden sich einige an Pfähle fest gebundene Wein-Reben, doch war dabey zu muthmassen, daß das Anbinden schon vor etlichen Jahren müsse geschehen seyn. Hierauf besahen wir
35 die See, aus welcher der sich in 2. Arme theilende Fluß entspringet, bemerckten, daß selbige nebst dem Flusse recht voll Fischen wimmelte, kehreten aber, weil die Sonne untergehen wolte, und Concordia sehr ermüdet war, zurück auf vorerwehntes erhabene Wein-
40 Gebürge, und beschlossen, weil es eine angenehme Witterung war, daselbst über Nacht auszuruhen. Nachdem wir zu Abends gespeiset hatten, und das schönste Wild häuffig auf der Ebene herum spatziren sahen, beurtheilten wir alles, was uns heutiges
45 Tages zu Gesicht kommen war, und befunden uns darinnen einig, daß schwerlich ein schöner Revier in der Welt anzutreffen wäre. Nur wurde beklagt, daß nicht noch einige Familien zugegen seyn, und nebst uns diese fruchtbare Insul besetzen sollen. Lemelie
50 sagte hierbey: Ich schwere bey allen Heiligen, daß ich Zeit Lebens allhier in Ruhe zu bleiben die gröste Lust empfinde, es fehlen also nichts als zwey Weiber, vor mich und Mons. Albert, jedoch Monsieur, (sagte er zu Mons. van Leuven) was solte es wohl hindern, wenn
55 wir uns bey dergleichen Umständen alle 3. mit einer Frau behülffen, fleißig Kinder zeugten, und dieselbe sodann auch mit einander verheyratheten. Mons. van Leuven schüttelte den Kopff, weßwegen Lemelie sagte: ha Monsieur, man muß in solchen Fällen die
60 Eyfersucht, den Eigensinn und den Eckel bey Seite

Entwürfe und Gegenentwürfe in der Literatur des 18. Jahrhunderts begreifen

setzen, denn weil wir hiesiges Orts keiner weltlichen Obrigkeit unterworffen sind, auch leichtlich von Niemand beunruhiget zu werden fürchten dürffen, so können wir uns Gesetze nach eigenem Gefallen machen, dem Himmel aber wird kein Verdruß erwecket, weil wir ihm zur Danckbarkeit, darvor, daß er uns von allen Menschen abgesondert hat, eine gantz neue Colonie erzeugen. Monsieur van Leuven schüttelte den Kopff noch weit stärcker als vorhero, und gab zur Antwort: Mons. Lemelie, ihr erzürnet den Himmel mit dergleichen sündlichen Reden. Gesetzt aber auch, daß dieses, was ihr vorgebracht, vor Göttlichen und weltlichen Rechten wohl erlaubt wäre, so kan ich euch doch versichern, daß ich, so lange noch Adelich Blut in meinen Adern rinnet, meine Concordia mit keinem Menschen auf der Welt theilen werde, weil sie mir und ich ihr allein auf Lebens-Zeit beständige Treue und Liebe zugeschworen.

Concordia vergoß mittlerzeit die bittersten Thränen, schlug die Hände über den Kopffe zusammen, und schrye: Ach grausames Verhängniß, so hast du mich denn aus dem halb überstandenen Tode an solchen Ort geführet, wo mich die Leute an statt einer allgemeinen Hure gebrauchen wollen? O Himmel, erbarme dich! Ich vor meine Person hätte vor Jammer bald mit geweinet, legte mich aber vor sie auf die Knie, und sagte: Madame, ich bitte euch um GOttes willen, redet nicht von allen, da ihr euch nur über eine Person zu beschweren Ursach habt, denn ich ruffe GOtt und alle heiligen Engel zu Zeugen an, daß mir niemahls dergleichen frevelhaffte und höchst-sündliche Gedancken ins Hertz oder Haupt kommen sind, ja ich schwere noch auf itzo und folgende Zeit, daß ich eher dieses Stillet selbst in meinen Leib stossen, als euch den allergeringsten Verdruß erwecken wolte. Verzeihet mir, guter Albert, war ihre Antwort, daß ich unbesonnener Weise mehr als einen Menschen angeklagt habe. GOtt weiß, daß ich euch vor redlich, keusch und tugendhafft halte, aber der Himmel wird alle geilen Frevler straffen, das weiß ich gewiß. Worauf sich aus ihren schönen Augen ein neuer Thränen-Strohm ergoß, der den Lemelie dahin bewegte, daß er sich voller Trug und List, doch mit verstellter Aufrichtigkeit, auch zu ihren Füssen warff, und folgende Worte vorbrachte: Madame, lasset euch um aller Heiligen willen erbitten, euer Betrübniß und Thränen zu hemmen, und glaubet mir sicherlich, alle meine Reden sind ein blosser Schertz gewesen, vor mir sollet ihr eure Ehre unbefleckt erhalten, und wenn wir auch 100. Jahr auf dieser Insul allein beysammen bleiben müsten. Monsieur van Leuven, euer Gemahl, wird die Güte haben, mich wiederum bey euch auszusöhnen, denn ich bin von Natur etwas frey im Reden, und hätte nimmermehr vermeinet, euch so gar sehr empfindlich zu sehen. Er entschuldigte seinen übel gerathenen Schertz also auch bey Mons. van Leuven … […]

Lemelie nimmt seinen Vorschlag nur zum Schein zurück und plant nun die gewaltsame Lösung des Problems. Nachdem er (wie er später zugibt) van Leuven auf der Jagd umgebracht hat, fordert er die nun alleinstehende (und schwangere) Concordia auf, ihm zu Willen zu sein.

Immittelst war Lemelie drey Tage nach einander lustig und guter Dinge, und ich richtete mich dermassen nach ihm, daß er in meine Person gar kein böses Vertrauen setzen konte. Da aber die fatale Nacht herein brach, in welcher er sein gottloses Vorhaben vollbringen wolte; Befahl er mir auf eine recht Herrschafftliche Art, mich nun zur Ruhe zu legen, weiln er nebst mir auf morgenden Tag eine recht schwere Arbeit vorzunehmen gesonnen sey. Ich erzeigte ihm einen verstellten Knechtischen Gehorsam, wodurch er ziemlich sicher gemacht wurde, sich gegen Mitternacht mit Gewalt in der Concordia Kammer eindränge, und mit Gewalt auf ihrem Lager Platz suchen wolte.

Kaum hatten meine aufmerckenden Ohren dieses gehöret, als ich sogleich in aller Stille aufstund, und unter beyden einen langen Wort-Streit anhörete, da aber Lemelie endlich allzu brünstig wurde, und weder der unschuldigen Frucht, noch der kläglich winselenden Mutter schonen, sondern die Letztere mit Gewalt nothzüchtigen wolte; stieß ich, nachdem dieselbige abgeredter massen, GOtt und Menschen um Hülffe anrieff, die Thür ein, und suchte den ruchlosen Bösewicht mit vernünfftigen Vorstellungen auf bessere Gedancken zu bringen. Doch der eingefleischte Teufel sprang auf, ergriff einen Säbel, und versetzte mir einen solchen Hieb über den Kopf, daß mir Augenblicklich das Blut über das Gesichte herunter lieff. Ich eilete zurücke in meine Kammer, weil er mich aber biß dahin verfolgen, und seinem Vorsatze nach gäntzlich ertödten wolte, ergriff ich in der Angst meine Flinte mit dem aufgesteckten Stillet, hielt dieselbe ausgestreckt vor mich, und mein Mörder, der mir inzwischen noch einen Hieb in die lincke Schulter angebracht hatte, rannte sich im finstern selbst dergestalt hinein, daß er das Stillet in seinem Leibe steckend behielt, und darmit zu Boden stürtzte. […] Allein es hatte fast das Ansehen, als ob er in eine würckliche Raserey verfallen wäre, denn als mir Concordia meine Wunden so gut sie konte, verbunden, und das hefftige Bluten ziemlich gestillet hatte, stieß er aus seinem verfluchten Rachen die entsetzlichsten Gotteslästerungen, und gegen uns beyde die heßlichsten Schand-Reden aus, ruffte anbey unzehlige mal den Satan um Hülffe an, verschwur sich demselben auf ewig mit Leib und Seele zum Eigenthume, woferne nur derselbe ihm die Freude machen, und seinen Tod an uns rächen wolte. […]

Lemelie stirbt an den sich selbst beigebrachten Wunden. Nach einer Zeit der Trauer verbinden sich Concordia und Albert Julius und begründen mit ihren Kindern ein neues Geschlecht und den Ausgangspunkt für eine neue Gesellschaft. In der Anfangszeit nutzen sie Affen als Haustiere, die ihnen Arbeit abnehmen. Nach und nach kommen weitere Gestrandete auf die Insel und gliedern sich in die Sippe des »Altvaters« und seiner Frau ein. Mit der Zeit wird die Insel aber auch zum Ort der Zuflucht für Menschen, die in der Gesellschaft Europas Schiffbruch erlitten haben. Ihre Erzählungen von den Intrigen und den schlechten Verhältnissen in ihrer alten Heimat bilden einen großen Teil des Romans. Diese Ich-Erzählungen sind eingebettet in die Erzählung des Altvaters. Auf der Insel gibt es keine geschriebenen Gesetze, keine Gerichte und keine Gefängnisse. Alle leben harmonisch in den ihnen zugeteilten »Räumen«, benannt nach den Söhnen des Alt-Vaters. Wie die Eingliederung von Neuankömmlingen vor sich geht, erzählt der Ich-Erzähler der Rahmenhandlung am Ende seines Berichts.

Unsere mitgebrachten Künstler und Handwercks-Leute bezeugten bey solcher Gelegenheit auch ein Verlangen den Ort zu wissen, wo ein jeder seine Werckstatt aufschlagen solte, dero-wegen wurden Beratschlagungen angestellet, ob es besser sey, vor dieselben eine gantz neue Pflantz-Stadt anzubauen? oder Sie in die bereits angebaueten Pflantz-Städte einzutheilen? Demnach fiel endlich der Schluß dahinaus, daß, da in Erwegung des vorhabenden Kirchen-Baues anitzo keine andere Bau-Arbeit vorzunehmen rathsam sey, die Neuangekommenen an solche Orte eingetheilet werden möchten, wie es die Umstände ihrer verschiedenen Profeßionen erforderten.

[…] Solchergestalt blieben Herr Magist. Schmeltzer und ich Eberhard Julius nur allein bey dem Altvater Alberto auf dessen so genannter Alberts-Burg, welcher annoch beständig 5. Jünglinge und 4. Jungfrauen von seinen Kindes-Kindern zur Bedienung bey sich hatte. Herr Mag. Schmeltzer und Herr Wolffgang ermahneten die abgetheilten Europäer, eine Gottesfürchtige und tugendhaffte Lebens-Art unter ihren wohlerzogenen Nachbarn zu führen, stelleten ihnen dabey vor, daß: Daferne sie gesinnet wären, auf dieser Insul zu bleiben, sich ein jeder eine freywillige Ehe-Gattin erwehlen könte. Derjenige aber, welchem diese Lebens-Art nicht anständig sey, möchte sich nur aller geilen und boßhafften Außschweiffungen gäntzlich enthalten, und versichert seyn: daß er solchergestalt binnen zwey oder 3. Jahren nebst einem Geschencke von 2000. Thlrn. wieder zurück nach Amsterdam geschafft werden solte.

Es gelobte einer wie der andere dem Altvater Alberto, Hrn. Mag. Schmeltzern als ihren Seel-Sorger, und Herrn Wolffgangen als ihren leiblichen Versorger, treulich an, sich gegen Gott und den Nächsten redlich und ehrlich aufzuführen, seiner Hände Werck, zu Gottes Ehren und dem gemeinschafftl. Wesen, ohne Verdruß zu treiben, übrigens den Altvater Albertum, Hrn. Wolffgangen, und Herrn Magist, Schmeltzern, vor ihre ordentliche Obrigkeit in geistlichen und weltlichen Sachen zu erkennen, und sich bey ein und andern Verbrechen deren Vermahnungen und gehörigen Strafen zu unterwerffen. Es soll von ihrer künfftigen Aufführung, und Verehligung, im Andern Theile dieser Felsenburgischen Geschicht, des geneigten Lesers curiosität möglichste Satisfaction empfangen. Voritzo aber habe noch zu melden, daß die sämtlichen Bewohner dieser Insul am 11. Decembr. dieses ablauffenden 1725ten Jahres, den allbereit vor 78. Jahren, von dem Altvater Alberto angesetzten dritten grossen Bet- und Fast-Tag biß zu Untergang der Sonnen celebrirten, an welchen Herr Mag. Schmeltzer den 116ten Psalm in zweyen Predigten ungemein tröstlich und beweglich auslegte. Die übrigen Stämme giengen an den bestimmten Sonntagen gemachter Ordnung nach, aufs andächtigste zum Heil. Abendmahle, nach diesen wurde das eingetretene Heil. Christ-Fest erfreulich gefeyret, und solchergestalt erreichte damals das 1725 te Jahr, zu aller Einwohner hertzlichen Vergnügen, vorjetzo aber bey uns der Erste Theil der Felsenburgl. Geschichts-Beschreibung sein abgemessenes ENDE.

Entwürfe und Gegenentwürfe in der Literatur des 18. Jahrhunderts begreifen

Während der Roman von Schnabel den Anfängen der Aufklärung zugeordnet werden kann, ist das 1784 erschienene Drama »Die Räuber« von F. Schiller ein Beispiel für die Spätzeit der Aufklärung, in der auch bürgerliche Gesellschaftsformen problematisiert und kritisiert werden. Insofern es die Rechte des genialen Individuums reklamiert, kann es auch als ein (verspätetes) Sturm und Drang-Drama gesehen werden. In Schillers Jugenddrama geht es unter anderem um die Auseinandersetzung zweier ungleicher Brüder um die Nachfolge eines kranken und schwachen Vaters. Der zu Unrecht verstoßene Sohn des Fürsten wird zum Anführer einer Bande. Die von dem zurückgesetzten Bruder angeführte Räuberbande stellt eine Gemeinschaft dar, die gegen die Väter rebellieren. Zu diesen Räubern stößt Kosinsky, der einen doppelten Schiffbruch erlebt hat: sowohl in den Intrigen der Gesellschaft als auch auf dem Indischen Ozean.

■ Text 100

Die Räuber (1782)   *Friedrich Schiller*

Moor Und was führt Sie zu mir?
Kosinsky O Hauptmann! mein mehr als grausames Schicksal – ich habe Schiffbruch gelitten auf der ungestümen See dieser Welt, die Hoffnungen
5 meines Lebens hab ich müssen sehen in den Grund sinken, und blieb mir nichts übrig als die marternde Erinnerung ihres Verlustes, die mich wahnsinnig machen würde, wenn ich sie nicht durch anderwärtige Tätigkeit zu ersticken suchte.
10 [...] Ich wurde Soldat; das Unglück verfolgte mich auch da – ich machte eine Fahrt nach Ostindien mit, mein Schiff scheiterte an Klippen – nichts als fehlgeschlagene Pläne! Ich höre endlich weit und breit erzählen von deinen Taten, Mordbrennerei-
15 en, wie sie sie nannten, und bin hieher gereist dreißig Meilen weit, mit dem festen Entschluss, unter dir zu dienen, wenn du meine Dienste annehmen willst – Ich bitte dich, würdiger Hauptmann, schlage mirs nicht ab! [...]
20 **Moor** Hat dir dein Hofmeister die Geschichte des Robins in die Hände gespielt, – man sollte dergleichen unvorsichtige Kanaillen auf die Galeere schmieden – die deine kindische Fantasie erhitzte, und dich mit der tollen Sucht zum großen Mann
25 ansteckte? Kützelt dich nach Namen und Ehre? willst du Unsterblichkeit mit Mordbrennereien erkaufen? Merk dirs, ehrgeiziger Jüngling! [...]
Kosinsky Nein! ich fliehe itzt nicht mehr. Wenn dich meine Bitten nicht rühren, so höre die Ge-
30 schichte meines Unglücks. – Du wirst mir dann selbst den Dolch in die Hände zwingen, du wirst – lagert euch hier auf dem Boden, und hört mir aufmerksam zu!
Moor Ich will sie hören.
35 **Kosinsky** Wisset also, ich bin ein böhmischer Edelmann, und wurde durch den frühen Tod meines Vaters Herr eines ansehnlichen Ritterguts. Die Gegend war paradiesisch – denn sie enthielt einen Engel – ein Mädchen, geschmückt mit allen Reizen der blühenden Jugend, und keusch wie das
40 Licht des Himmels. [...] Sie war bürgerlicher Geburt, eine Deutsche – aber ihr Anblick schmelzte die Vorurteile des Adels hinweg. Mit der schüchternsten Bescheidenheit nahm sie den Trauring von meiner Hand, und übermorgen sollte ich
45 meine Amalia vor den Altar führen.
Moor steht schnell auf.
Kosinsky Mitten im Taumel der auf mich wartenden Seligkeit, unter den Zurüstungen zur Vermählung – werd ich durch einen Expressen nach Hof zi-
50 tiert. Ich stellte mich. Man zeigte mir Briefe, die

»Die Räuber« im Thalia Theater Hamburg, 2008

> **Entwürfe und Gegenentwürfe in der Aufklärung und Klassik begreifen**

ich geschrieben haben sollte, voll verräterischen Inhalts. Ich errötete über der Bosheit – man nahm mir den Degen ab, warf mich ins Gefängnis, alle meine Sinnen waren hinweg. [...] Hier lag ich einen Monat lang und wusste nicht, wie mir geschah. Mir bangte für meine Amalia, die meines Schicksals wegen jede Minute einen Tod würde zu leiden haben. Endlich erschien der erste Minister des Hofes, wünschte mir zur Entdeckung meiner Unschuld Glück, mit zuckersüßen Worten, liest mir den Brief der Freiheit vor, gibt mir meinen Degen wieder. Itzt im Triumphe nach meinem Schloss, in die Arme meiner Amalia zu fliegen, – sie war verschwunden. In der Mitternacht sei sie weggebracht worden, wüsste niemand, wohin; und seitdem mit keinem Aug mehr gesehen. Hui! schoß mirs auf wie der Blitz, ich flieg nach der Stadt, sondiere am Hof – alle Augen wurzelten auf mir, niemand wollte Bescheid geben – endlich entdeck ich sie durch ein verborgenes Gitter im Palast – sie warf mir ein Billettchen zu. [...] Hölle, Tod und Teufel! da stands! man hatte ihr die Wahl gelassen, ob sie mich lieber sterben sehen, oder die Mätresse des Fürsten werden wollte. Im Kampf zwischen Ehre und Liebe entschied sie für das zweite, und (*lachend*) ich war gerettet. [...] Da stand ich, wie von tausend Donnern getroffen! – Blut! war mein erster Gedanke, Blut! mein letzter. Schaum auf dem Munde renn ich nach Haus, wähle mir einen dreispitzigen Degen, und damit in aller Hast in des Ministers Haus, denn nur er – er nur war der höllische Kuppler gewesen. Man muß mich von der Gasse bemerkt haben, denn wie ich hinauftrete, waren alle Zimmer verschlossen. Ich suche, ich frage: Er sei zum Fürsten gefahren, war die Antwort. Ich mache mich geradenwegs dahin, man wollte nichts von ihm wissen. Ich gehe zurück, sprenge die Türen ein, find ihn, wollte eben – aber da sprangen fünf bis sechs Bediente aus dem Hinterhalt, und entwanden mir den Degen. [...] Ich ward ergriffen, angeklagt, peinlich prozessiert, infam – merkts euch! – aus besonderer Gnade infam aus den Grenzen gejagt, meine Güter fielen als Präsent dem Minister zu, meine Amalia bleibt in den Klauen des Tigers, verseufzt und vertrauert ihr Leben, während dass meine Rache fasten, und sich unter das Joch des Despotismus krümmen muss.

Schweizer *aufstehend, seinen Degen wetzend* Das ist Wasser auf unsere Mühle, Hauptmann! Da gibts was anzuzünden!

A ■ Kosinsky erzählt die Geschichte eines Schiffbrüchigen: Wie verläuft sie?
B ■ Die Beweggründe Kosinskys enthalten utopische Vorstellungen – rekonstruieren Sie diese.
C ■ Untersuchen Sie die Szene im Zusammenhang des Handlungsverlaufs und deren Funktion (→ **Leitfragen zur Szenenanalyse**, S. 350).
D ■ Vergleichen Sie die Rolle und Bedeutung der Vater-Figuren in **T99** und **T100**.

Väter und Familie in der Literatur des 18. Jahrhunderts   INFO

Während in der bürgerlichen Literatur des frühen 18. Jahrhunderts die patriarchalische Familie das Bild für ein erstrebenswertes Zusammenleben darstellt, wird es später auch dazu genutzt, Kritik zu vermitteln. Besonders am Beispiel der Rolle und der Position des Vaters in der Familie werden die Veränderungen deutlich. Die sich entwickelnde neue, bürgerliche Gesellschaft ist selbstverständlich patriarchalisch und vom Fühlen und Wollen bestimmt, das von den Vätern vorgelebt und den Söhnen zwanglos nachgeahmt wird. Das Bild einer großen Familie ist es ja auch, das die neue Lebensform auf der Insel Felsenburg bestimmt. Später werden eher schwache oder problematische Vaterfiguren dargestellt. Für die bürgerliche Literatur des 18. Jahrhunderts ist das Zusammenleben der sich liebenden Familienmitglieder somit ein Modell, mit dem einerseits die Abgrenzung von der aristokratischen Lebensform gezeigt, mit dem aber auch andererseits Konflikte der bürgerlichen Lebens- und Gesellschaftsformen durchgespielt werden.

Entwürfe und Gegenentwürfe in der Literatur des 18. Jahrhunderts begreifen

Klassik und Humanität

> **Was kann ich nach der Bearbeitung dieses Unterkapitels?**
> - Literarische und philosophische Texte der Klassik zum Thema Humanität verstehen
> - Dramen der Klassik kennen und exemplarisch untersuchen
> - Dramaturgie und Wirkung eines klassischen Dramas analysieren

■ Text 101

Iphigenie auf Tauris (1787)   Johann Wolfgang von Goethe

In Goethes klassischem Drama wird die Geschichte der Iphigenie, der Tochter des griechischen Heerführers Agamemnon, aufgegriffen. Um der Flotte des griechischen Heeres die Ausfahrt zu ermöglichen, soll Agamemnon seine Tochter opfern. Die Göttin Diana nimmt das Opfer an, indem sie Iphigenie auf die Insel Tauris entführt und als Priesterin in ihrem Tempel dienen lässt. Im Auftrittsmonolog stellt Iphigenie ihre Situation dar. Die Handlung von Goethes »Iphigenie« lässt sich auch als Geschichte einer Familienzusammenführung verstehen: Iphigenie findet ihren Bruder Orest wieder und kehrt mit ihm in die Heimat zurück.
Somit zeigt sich auch hier noch die Bedeutsamkeit des Familienmodells für das bürgerliche Drama im 18. Jahrhundert. Thoas, von Iphigenie zum Schluss als Vater angesprochen, der seinen Segen geben soll, bleibt allein zurück und zeigt seine Humanität in einer (über-)menschlichen Geste, wenn er seine Priesterin und ersehnte Frau mit den Fremden ziehen lässt.

Iphigenie
Heraus in eure Schatten, rege Wipfel
Des alten, heil'gen, dichtbelaubten Haines,
Wie in der Göttin stilles Heiligtum
Tret' ich noch jetzt mit schauderndem Gefühl, 5
Als wenn ich sie zum ersten Mal beträte,
Und es gewöhnt sich nicht mein Geist hierher.
So manches Jahr bewahrt mich hier verborgen
Ein hoher Wille, dem ich mich ergebe;
Doch immer bin ich, wie im ersten, fremd. 10
Denn ach! mich trennt das Meer von den Geliebten,
Und an dem Ufer steh ich lange Tage,
Das Land der Griechen mit der Seele suchend;
Und gegen meine Seufzer bringt die Welle
Nur dumpfe Töne brausend mir herüber. 15
Weh dem, der fern von Eltern und Geschwistern
Ein einsam Leben führt! Ihm zehrt der Gram
Das nächste Glück vor seinen Lippen weg,
Ihm schwärmen abwärts immer die Gedanken
Nach seines Vaters Hallen, wo die Sonne 20
Zuerst den Himmel vor ihm aufschloss, wo
Sich Mitgeborne spielend fest und fester
Mit sanften Banden aneinander knüpften.
Ich rechte mit den Göttern nicht; allein
Der Frauen Zustand ist beklagenswert. 25
Zu Haus und in dem Kriege herrscht der Mann,
Und in der Fremde weiß er sich zu helfen.
Ihn freuet der Besitz; ihn krönt der Sieg!
Ein ehrenvoller Tod ist ihm bereitet.
Wie enggebunden ist des Weibes Glück! 30
Schon einem rauen Gatten zu gehorchen,
Ist Pflicht und Trost; wie elend, wenn sie gar
Ein feindlich Schicksal in die Ferne treibt!
So hält mich Thoas hier, ein edler Mann,
In ernsten, heilgen Sklavenbanden fest. 35
O wie beschämt gesteh ich, dass ich dir
Mit stillem Widerwillen diene, Göttin,
Dir, meiner Retterin! Mein Leben sollte
Zu freiem Dienste dir gewidmet sein.
Auch hab ich stets auf dich gehofft und hoffe 40
Noch jetzt auf dich, Diana, die du mich,
Des größten Königes verstoßne Tochter,
In deinen heilgen, sanften Arm genommen.
Ja, Tochter Zeus', wenn du den hohen Mann,
Den du, die Tochter fordernd, ängstigtest, 45
Wenn du den göttergleichen Agamemnon,
Der dir sein Liebstes zum Altare brachte,
Von Trojas umgewandten Mauern rühmlich

Nach seinem Vaterland zurückbegleitet,
Die Gattin ihm, Elektren und den Sohn,
Die schönen Schätze, wohl erhalten hast:
So gib auch mich den Meinen endlich wieder
Und rette mich, die du vom Tod errettet,
Auch von dem Leben hier, dem zweiten Tode!

Thoas, der König von Tauris, verehrt Iphigenie und möchte sie zur Frau. Iphigenie hält ihn hin, sie sehnt sich zurück in ihre Heimat. In dieser Situation werden auf der Insel Gestrandete als Gefangene zum Tempel der Diana gebracht, und Iphigenie soll sie als Priesterin töten. Fremde in dieser Weise zu opfern, ist ein Brauch auf Tauris gewesen, bevor Iphigenie diese Praxis ausgesetzt hat. Thoas befiehlt die Wiederaufnahme dieser Sitte, vorgeblich, um das Volk zu beruhigen, aber auch im Unwillen über Iphigenies Weigerung. Die Gefangenen erweisen sich als Orest, der Bruder Iphigenies, und sein Freund Pylades. Iphigenie soll nun Thoas täuschen, damit den dreien die Flucht von der Insel gelingt. In einem Gespräch mit Thoas aber entschließt sie sich, diesem die Wahrheit über ihren Plan zu sagen und zu bitten, sie ziehen zu lassen. Nach einigem Bedenken entschließt sich Thoas großmütig, alle freizugeben.

Iphigenie *nach einigem Stillschweigen*
Hat denn zur unerhörten Tat der Mann
Allein das Recht? Drückt denn Unmögliches
Nur er an die gewalt'ge Heldenbrust?
Was nennt man groß? Was hebt die Seele schaudernd
Dem immer wiederholenden Erzähler,
Als was mit unwahrscheinlichem Erfolg
Der Mutigste begann? Der in der Nacht
Allein das Heer des Feindes überschleicht,
Wie unversehn eine Flamme wütend
Die Schlafenden, Erwachenden ergreift,
Zuletzt, gedrängt von den Ermunterten,
Auf Feindes Pferden, doch mit Beute kehrt,
Wird der allein gepriesen? der allein,
Der, einen sichern Weg verachtend, kühn
Gebirg und Wälder durchzustreifen geht,
Dass er von Räubern eine Gegend säubre?
Ist uns nichts übrig? Muss ein zartes Weib
Sich ihres angebornen Rechts entäußern,
Wild gegen Wilde sein, wie Amazonen
Das Recht des Schwerts euch rauben und mit Blute
Die Unterdrückung rächen? Auf und ab
Steigt in der Brust ein kühnes Unternehmen:
Ich werde großem Vorwurf nicht entgehn,
Noch schwerem Übel, wenn es mir misslingt;
Allein *euch* leg' ich's auf die Knie! Wenn
Ihr wahrhaft seid, wie ihr gepriesen werdet,
So zeigt's durch euern Beistand und verherrlicht
Durch mich die Wahrheit! – Ja, vernimm, o König,
Es wird ein heimlicher Betrug geschmiedet:
Vergebens fragst du den Gefangnen nach;
Sie sind hinweg und suchen ihre Freunde,
Die mit dem Schiff am Ufer warten, auf.
Der älteste, den das Übel hier ergriffen
Und nun verlassen hat – es ist Orest,
Mein Bruder, und der andre sein Vertrauter,
Sein Jugendfreund, mit Namen Pylades.
Apoll schickt sie von Delphi diesem Ufer
Mit göttlichen Befehlen zu, das Bild
Dianens wegzurauben und zu ihm
Die Schwester hinzubringen, und dafür
Verspricht er dem von Furien Verfolgten,
Des Mutterblutes Schuldigen, Befreiung.
Und beide hab ich nun, die Überlieblnen
Von Tantals Haus, in deine Hand gelegt:
Verdirb uns – wenn du darfst.

Thoas
Du glaubst, es höre
Der rohe Skythe, der Barbar, die Stimme
Der Wahrheit und der Menschlichkeit, die Atreus,
Der Grieche, nicht vernahm?

Iphigenie
Es hört sie jeder,
Geboren unter jedem Himmel, dem
Des Lebens Quelle durch den Busen rein
Und ungehindert fließt. – Was sinnst du mir,
O König, schweigend in der tiefen Seele?
Ist es Verderben? So töte mich zuerst!
Denn nun empfind' ich, da um keine Rettung
Mehr übrigbleibt, die grässliche Gefahr,
Worein ich die Geliebten übereilt
Vorsätzlich stürzte. Weh! Ich werde sie
Gebunden vor mir sehn! Mit welchen Blicken
Kann ich von meinem Bruder Abschied nehmen,
Den ich ermorde? Nimmer kann ich ihm
Mehr in die vielgeliebten Augen schaun!

A ■ Die Utopie der Humanität wird im Verhalten von Iphigenie und Thoas dargestellt. Beschreiben Sie Merkmale dieser Humanität und die Bedingungen ihrer Verwirklichung.

Entwürfe und Gegenentwürfe in der Literatur des 18. Jahrhunderts begreifen

Die Abhandlung über die ästhetische Erziehung des Menschen geht zurück auf Briefe an einen dänischen Prinzen, die Schiller zwischen Februar und Dezember 1793 als Dank für dessen finanzielle Unterstützung verfasste. Hier will er die ästhetische Theorie Immanuel Kants kritisch weiterentwickeln. Hinzu kommt die Frage nach dem, was den Menschen menschlich werden lasse. Dass der Mensch mehr sei als bloßes Naturwesen oder den physikalischen Gesetzen gehorchende Maschine, hatte er schon als junger Student der Medizin zu zeigen versucht. Wie aber Menschlichkeit in Zeiten der Krise und des revolutionären Umbruchs möglich sei, beschäftigt ihn seit der Radikalisierung der Französischen Revolution in der »Terreur« der 1790er-Jahre.

■ Text 102
Über die ästhetische Erziehung des Menschen in einer Reihe von Briefen (Auszüge aus dem 15. und 27. Brief) *Friedrich Schiller*

Aber was heißt denn ein *bloßes* Spiel, nachdem wir wissen, dass unter allen Zuständen des Menschen gerade das Spiel und *nur* das Spiel es ist, was ihn vollständig macht und seine doppelte Natur auf einmal entfaltet? Was Sie, nach Ihrer Vorstellung der Sache, *Einschränkung* nennen, das nenne ich, nach der meinen, die ich durch Beweise gerechtfertigt habe, *Erweiterung.* Ich würde also vielmehr gerade umgekehrt sagen: mit dem Angenehmen, mit dem Guten, mit dem Vollkommenen ist es dem Menschen *nur* ernst, aber mit der Schönheit spielt er. Freilich dürfen wir uns hier nicht an die Spiele erinnern, die in dem wirklichen Leben im Gange sind und die sich gewöhnlich nur auf sehr materielle Gegenstände richten; aber in dem wirklichen Leben würden wir auch die Schönheit vergebens suchen, von der hier die Rede ist. Die wirklich vorhandene Schönheit ist des wirklich vorhandenen Spieltriebes wert; aber durch das Ideal der Schönheit, welches die Vernunft aufstellt, ist auch ein Ideal des Spieltriebes aufgegeben, das der Mensch in allen seinen Spielen vor Augen haben soll.

Man wird niemals irren, wenn man das Schönheitsideal eines Menschen auf dem nämlichen Wege sucht, auf dem er seinen Spieltrieb befriedigt. Wenn sich die griechischen Völkerschaften in den Kampfspielen zu Olympia an den unblutigen Wettkämpfen der Kraft, der Schnelligkeit, der Gelenkigkeit und an dem edleren Wechselstreit der Talente ergötzen, und wenn das römische Volk an dem Todeskampf eines erlegten Gladiators oder seines libyschen Gegners sich labt, so wird es uns aus diesem einzigen Zuge begreiflich, warum wir die Idealgestalten einer Venus, einer Juno, eines Apolls nicht in Rom, sondern in Griechenland aufsuchen müssen. Nun spricht aber die Vernunft: Das Schöne soll nicht bloßes Leben und nicht bloße Gestalt, sondern lebende Gestalt, das ist, Schönheit sein; indem sie ja dem Menschen das doppelte Gesetz der absoluten Formalität und der absoluten Realität diktiert. Mithin tut sie auch den Ausspruch: Der Mensch soll mit der Schönheit nur *spielen,* und er soll *nur mit der Schönheit spielen.*

Denn, um es endlich auf einmal herauszusagen, der Mensch spielt nur, wo er in voller Bedeutung des Worts Mensch ist, und *er ist nur da ganz Mensch, wo er spielt.* […]

Bald ist er [der Mensch] nicht mehr damit zufrieden, dass ihm die Dinge gefallen; er will selbst gefallen, anfangs zwar nur durch das, was *sein* ist, endlich durch das, was er *ist.* Was er besitzt, was er hervorbringt, darf nicht mehr bloß die Spuren der Dienstbarkeit, die ängstliche Form seines Zwecks an sich tragen; neben dem Dienst, zu dem es da ist, muss es zugleich den geistreichen Verstand, der es dachte, die liebende Hand, die es ausführte, den heitern und freien Geist, der es wählte und aufstellte, widerscheinen. Jetzt sucht sich der alte Germanier glänzendere Tierfelle, prächtigere Geweihe, zierlichere Trinkhörner aus, und der Kaledonier wählt die nettesten Muscheln für seine Feste. Selbst die Waffen dürfen jetzt nicht mehr bloß Gegenstände des Schreckens, sondern auch des Wohlgefallens sein, und das kunstreiche Wehrgehänge will nicht weniger bemerkt sein als des Schwertes tötende Schneide. Nicht zufrieden, einen ästhetischen Überfluss in das Notwendige zu bringen, reißt sich der freiere Spieltrieb endlich ganz von den Fesseln der Notdurft los, und das Schöne wird für sich allein ein Objekt seines Strebens. Er *schmückt* sich. Die freie Lust wird in die Zahl seiner Bedürfnisse aufgenommen, und das Unnötige ist bald der beste Teil seiner Freuden.

So wie sich ihm von außen her, in seiner Wohnung, seinem Hausgeräte, seiner Bekleidung allmählich die

Entwürfe und Gegenentwürfe in der Aufklärung und Klassik begreifen

Form nähert, so fängt sie endlich an, von ihm selbst Besitz zu nehmen und anfangs bloß den äußern, zuletzt auch den innern Menschen zu verwandeln. Der gesetzlose Sprung der Freude wird zum Tanz, die ungestalte Geste zu einer anmutigen, harmonischen Gebärdensprache, die verworrenen Laute der Empfindung entfalten sich, fangen an, dem Takt zu gehorchen und sich zum Gesange zu biegen. Wenn das trojanische Heer mit gellendem Geschrei gleich einem Zug von Kranichen ins Schlachtfeld heranstürmt, so nähert sich das griechische demselben still und mit edlem Schritt. Dort sehen wir bloß den Übermut blinder Kräfte, hier den Sieg der Form und die simple Majestät des Gesetzes. […]

So wie die Schönheit den Streit der Naturen in seinem einfachsten und reinsten Exempel, in dem ewigen Gegensatz der Geschlechter löst, so löst sie ihn – oder zielt wenigstens dahin, ihn auch in dem verwickelten Ganzen der Gesellschaft zu lösen und nach dem Muster des freien Bundes, den sie dort zwischen der männlichen Kraft und der weiblichen Milde knüpft, alles Sanfte und Heftige in der moralischen Welt zu versöhnen. Jetzt wird die Schwäche heilig, und die nicht gebändigte Stärke entehrt; das Unrecht der Natur wird durch die Großmut ritterlicher Sitten verbessert. Den keine Gewalt erschrecken darf, entwaffnet die holde Röte der Scham, und Tränen ersticken eine Rache, die kein Blut löschen konnte. Selbst der Hass merkt auf der Ehre zarte Stimme, das Schwert des Überwinders verschont den entwaffneten Feind, und ein gastlicher Herd raucht dem Fremdling an der gefürchteten Küste, wo ihn sonst nur der Mord empfing.

Mitten in dem furchtbaren Reich der Kräfte und mitten in dem heiligen Reich der Gesetze baut der ästhetische Bildungstrieb unvermerkt an einem dritten, fröhlichen Reiche des Spiels und des Scheins, worin er dem Menschen die Fesseln aller Verhältnisse abnimmt und ihn von allem, was Zwang heißt, sowohl im Physischen als im Moralischen, entbindet.

Humanität und ästhetische Bildung INFO

In der **Literatur der Klassik** (etwa 1786–1805) werden Vorstellungen vom idealen Leben im Rückbezug auf die (vor allem griechische) **Antike** formuliert. In dieser Sicht erscheint die Harmonie von philosophischen Ideen und politischer Wirklichkeit in der antiken Kultur als vorbildlich. Dort sind die mustergültigen Werte und Ideale zu finden, die für die Gegenwart am Ende des 18. Jahrhunderts mit ihren Krisen erneuert werden müssten. So konzentriert sich die Darstellung in der Literatur der Klassik auf das **Individuum und seine Bildung**. Offenheit, Wahrhaftigkeit und das Gleichgewicht von Gefühl und Verstand sind die Kennzeichen eines sich bildenden, gebildeten Individuums. In Goethes »Iphigenie auf Tauris« entwickelt sich der König Thoas zu einem solchen Menschen. Diese besondere Menschlichkeit wird durch Iphigenies »unerhörte Tat« eingeleitet, aber von Thoas, dem Barbar, in freier Entscheidung realisiert. Humanität wird möglich durch ehrliche und offene Verständigung, ohne Lüge und Intrige. Kommunikation wird so als offenes Gespräch von Subjekt zu Subjekt idealisiert. Voraussetzung dafür sind die sich im Gleichgewicht befindenden und sich selbst beherrschenden Individuen. Die Entwicklung zu solcher **Menschlichkeit durch Bildung** ist ein weiteres wichtiges Thema der Literatur der Klassik.

Vor allem seit der Radikalisierung werden Schiller und Goethe zu Kritikern der Revolution und sprechen sich für eine gewaltfreie Revolution und gegen die gewaltsame Umwälzung der Verhältnisse aus. Einige deutsche Autoren (wie J. G. Forster und die deutschen Jakobiner) sind demgegenüber der Ansicht, dass Freiheit und Gleichheit nicht durch Reformen, sondern allein durch einen Kampf des Volkes gegen die feudalen Mächte zu erringen sei. Schiller hingegen hält das Volk noch nicht reif für eine gesellschaftliche und politische Umwälzung und sieht in einer **ästhetischen Bildung** die Möglichkeit, dass die Menschen sich entsprechend entwickeln können.

Entwürfe und Gegenentwürfe in der Literatur des 18. Jahrhunderts begreifen

Einen zentralen Text der Klassik erarbeiten und verstehen

Aufgabeninsel

Die folgenden Hinweise und Aufgaben sollen ihnen ermöglichen, einen zentralen Text der Klassik selbstständig im Zusammenhang seiner Zeit zu erarbeiten und zu verstehen.

Vorklärungen vor der Lektüre
(vgl. Einleitung auf S. 170 oben)

A ■ Informieren Sie sich über die Entwicklung in Frankreich ab 1792 und die Zeit des »Terreur« als radikale Phase der Französischen Revolution (vgl. S. 152). Erläutern Sie, was besonders abschreckend auf (auch wohlwollende) Beobachter dieser Ereignisse gewirkt hat.

B ■ Schiller wird (neben einigen anderen) 1792 zum Ehrenbürger der Französischen Republik ernannt. Aber die zunehmende Radikalisierung und auch die willkürliche Gewalt des »Terreur« lassen ihn zum Kritiker der Revolution werden. Wie aber kann eine Entwicklung hin zu einer menschlicheren Gesellschaft eingeleitet werden? Nach Schillers Überzeugung könne Aufklärung allein solch barbarisches Verhalten nicht verhindern.

»Die Aufklärung des Verstandes … zeigt im Ganzen so wenig einen veredelnden Einfluss auf die Gesinnungen, dass sie vielmehr die Verderbniss durch Maximen befestigt.«

Damit meint Schiller, dass sich Einstellungen und Handlungsweisen der Menschen durch »besseres Wissen« nicht verändern, vielmehr würde schlechtes Verhalten bloß mit vernünftigen Grundsätzen (Maximen) begründet und gerechtfertigt. Diskutieren Sie seine These: »Vernünftige Grundsätze allein machen die Menschen nicht besser.«

C ■ Schiller schlägt statt »Aufklärung des Verstandes« eine »ästhetische Bildung« für den Menschen vor. Kunst und Spiel sind dabei die Mittel dieser Bildung. Im zweckfreien Spiel (*nicht*: Glücksspiel) und in freiem Umgang mit Kunst könne der Mensch selbst frei werden. Sammeln Sie mögliche Begründungen für diese These.

Lesen und Bearbeiten

Begriffsklärungen: doppelte Natur [des Menschen]: einmal die moralisch-geistige Seite und ein andermal die tierisch-instinkthafte Seite; **Spieltrieb:** das Bedürfnis des Menschen, in zweckfreier Tätigkeit seine Fähigkeiten zu erproben; **Schönheit:** das Schöne, Ästhetische in der Kunst, das Kunst-Schöne; **Kaledonier:** die Bewohner Kaledoniens (Ureinwohner Schottlands)

D ■ Schiller beschreibt die Entwicklung des Menschen in der Geschichte. Zeigen Sie, wie er diese sieht und welche Bedeutung er dem Spiel zuschreibt.

Nachbereitung und Reflexion

E ■ Zeigen Sie, wie Schiller seinen Vorschlag mit den aktuellen politischen Ereignissen der Französischen Revolution in dem folgenden Text begründet.

»Der Versuch des französischen Volks, sich in seine heiligen Menschrechte einzusetzen und seine politische Freiheit zu erringen, hat bloß das Unvermögen und die Unwürdigkeit desselben an den Tag gebracht, und nicht nur dieses unglückliche Volk, sondern mit ihm auch einen beträchtlichen Teil Europas, und ein ganzes Jahrhundert, in Barbarei und Knechtschaft zurückgeschleudert. Der Moment war der günstigste, aber er fand eine verderbte Generation, die ihn nicht wert war und weder zu würdigen noch zu nutzen wusste. Der Gebrauch, den sie von diesem großen Geschenk des Zufalls macht und gemacht hat, beweist unwidersprechlich, dass das Menschengeschlecht der vormundschaftlichen Gewalt noch nicht entwachsen ist, dass das liberale Regiment der Vernunft da noch zu frühe kommt, wo man kaum damit fertig wird, sich der brutalen Tierheit zu erwehren, und dass derjenige noch nicht reif ist zur *bürgerlichen* Freiheit, dem noch so vieles zur *menschlichen* fehlt.«

F ■ Vergleichen Sie den Schluss von »Iphigenie auf Tauris« mit Schillers Ausführungen und erläutern Sie die Gemeinsamkeiten der Utopien.

Text 103

Maria Stuart (1800) *Friedrich Schiller*

Das Drama von Friedrich Schiller (1759–1805) stellt bedeutende Personen der europäischen Geschichte des 16. Jahrhunderts auf die Bühne, nämlich die schottische Königin Maria Stuart (1542–1587) und die englische Königin Elisabeth I. (1533–1603). Gezeigt wird die Auseinandersetzung der beiden, die mit der Hinrichtung Marias endet. Bei der Uraufführung im Jahr 1800 wird das Stück bejubelt, aber es wird auch heftig kritisiert. Auf manchen Bühnen kommt es nur gekürzt, verändert oder gar nicht zur Aufführung. Heute gilt »Maria Stuart« als ein herausragender Text der Klassik.

Erster Akt, erster Auftritt

Im Schloss zu Fotheringhay – Ein Zimmer.
Hanna Kennedy, Amme der Königin von Schottland, in heftigem Streit mit Paulet, der im Begriff ist, einen
5 *Schrank zu öffnen. Drugeon Drury, sein Gehilfe, mit Brecheisen.*

Kennedy Was macht Ihr, Sir? Welch neue Dreistigkeit!
    Zurück von diesem Schrank!
Paulet Wo kam der Schmuck her?
10   Vom obern Stock ward er herabgeworfen,
    Der Gärtner hat bestochen werden sollen
    Mit diesem Schmuck – Fluch über Weiberlist!
    Trotz meiner Aufsicht, meinem scharfen Suchen,
    Noch Kostbarkeiten, *noch* geheime Schätze!
15   *Sich über den Schrank machend.*
    Wo das gesteckt hat, liegt noch mehr!
Kennedy Zurück, Verwegner!
    Hier liegen die Geheimnisse der Lady.
Paulet Die eben such ich. *Schriften hervorziehend.*
20 **Kennedy** Unbedeutende
    Papiere, bloße Übungen der Feder,
    Des Kerkers traurge Weile zu verkürzen.
Paulet In müß'ger Weile schafft der böse Geist.
Kennedy Es sind französische Schriften.
25 **Paulet** Desto schlimmer!
    Die Sprache redet Englands Feind.
Kennedy Konzepte
    Von Briefen an die Königin von England.
Paulet Die überliefr' ich – Sieh! Was schimmert hier?
30 *Er hat einen geheimen Ressort geöffnet und zieht aus einem verborgnen Fach Geschmeide hervor.*
    Ein königliches Stirnband, reich an Steinen,
    Durchzogen mit den Lilien von Frankreich!
Er gibt es seinem Begleiter. 35
    Verwahrts, Drury. Legts zu dem Übrigen!
Drury geht ab.
Kennedy O schimpfliche Gewalt, die wir erleiden!
Paulet Solang sie noch besitzt, kann sie noch schaden,
    Denn alles wird Gewehr in ihrer Hand. 40
Kennedy Seid gütig, Sir. Nehmt nicht den letzten Schmuck
    Aus unserm Leben weg! Die Jammervolle
    Erfreut der Anblick alter Herrlichkeit,
    Denn alles andre habt Ihr uns entrissen.
Paulet Es liegt in guter Hand. Gewissenhaft 45
    Wird es zu seiner Zeit zurückgegeben!
Kennedy Wer sieht es diesen kahlen Wänden an,
    Dass eine Königin hier wohnt? Wo ist
    Die Himmeldecke über ihrem Sitz?
    Muss sie den zärtlich weich gewöhnten Fuß 50
    Nicht auf gemeinen rauen Boden setzen?
    Mit grobem Zinn, die schlechtste Edelfrau
    Würd es verschmähn, bedient man ihre Tafel.
Paulet So speiste sie zu Sterlyn ihren Gatten,
    Da sie aus Gold mit ihrem Buhlen trank. 55
Kennedy Sogar des Spiegels kleine Notdurft mangelt.

Entwürfe und Gegenentwürfe in der Literatur des 18. Jahrhunderts begreifen

Paulet Solang sie noch ihr eitles Bild beschaut,
 Hört sie nicht auf, zu hoffen und zu wagen.
Kennedy An Büchern fehlts, den Geist zu unterhalten.
60 **Paulet** Die Bibel ließ man ihr, das Herz zu bessern.
Kennedy Selbst ihre Laute ward ihr weggenommen.
Paulet Weil sie verbuhlte Lieder drauf gespielt.
Kennedy Ist das ein Schicksal für die Weicherzogne,
 Die in der Wiege Königin schon war,
65 Am üppgen Hof der Mediceerin
 In jeder Freuden Fülle aufgewachsen.
 Es sei genug, dass man die Macht ihr nahm,
 Muss man die armen Flitter ihr missgönnen?
 In großes Unglück lehrt ein edles Herz
70 Sich endlich finden, aber wehe tut's,
 Des Lebens kleine Zierden zu entbehren.
Paulet Sie wenden nur das Herz dem Eitlen zu,
 Das in sich gehen und bereuen soll.
 Ein üppig lastervolles Leben büßt sich
75 In Mangel und Erniedrigung allein.
Kennedy Wenn ihre zarte Jugend sich verging,
 Mag sies mit Gott abtun und ihrem Herzen,
 In England ist kein Richter über sie.
Paulet Sie wird gerichtet, wo sie frevelte.
80 **Kennedy** Zum Freveln fesseln sie zu enge Bande.
Paulet Doch wusste sie aus diesen engen Banden
 Den Arm zu strecken in die Welt, die Fackel
 Des Bürgerkrieges in das Reich zu schleudern,
 Und gegen unsre Königin, die Gott
85 Erhalte! Meuchelrotten zu bewaffnen. [...]
 Die Blutgerüste füllen sich für sie
 Mit immer neuen Todesopfern an,
 Und das wird nimmer enden, bis sie selbst,
 Die Schuldigste, darauf geopfert ist.
90 – O Fluch dem Tag, da dieses Landes Küste
 Gastfreundlich diese *Helena* empfing.
Kennedy Gastfreundlich hätte England sie
 empfangen?
 Die Unglückselige, die seit dem Tag,
 Da sie den Fuß gesetzt in dieses Land,
95 Als eine Hilfeflehende, Vertriebne
 Bei der Verwandten Schutz zu suchen kam,
 Sich wider Völkerrecht und Königswürde
 Gefangen sieht, in enger Kerkerhaft
 Der Jugend schöne Jahre muss vertrauern. –
100 Die jetzt, nachdem sie alles hat erfahren,
 Was das Gefängnis Bittres hat, gemeinen
 Verbrechern gleich, vor des Gerichtes Schranken
 Gefordert wird und schimpflich angeklagt
 Auf Leib und Leben – eine Königin!
105 **Paulet** Sie kam ins Land als eine Mörderin,
 Verjagt von ihrem Volk, des Throns entsetzt,
 Den sie mit schwerer Greueltat geschändet.
 Verschworen kam sie gegen Englands Glück,
 Der spanischen Maria blutge Zeiten
110 Zurückzubringen, Engelland katholisch
 Zu machen, an den Franzmann zu verraten.
 Warum verschmähte sies, den Edinburger
 Vertrag zu unterschreiben, ihren Anspruch
 An England aufzugeben, und den Weg
115 Aus diesem Kerker schnell sich aufzutun
 Mit einem Federstrich? Sie wollte lieber
 Gefangen bleiben, sich misshandelt sehn,
 Als dieses Titels leerem Prunk entsagen.
 Weswegen tat sie das? Weil sie den Ränken
120 Vertraut, den bösen Künsten der Verschwörung,
 Und unheilspinnend diese ganze Insel
 Aus ihrem Kerker zu erobern hofft.
Kennedy Ihr spottet, Sir – zur Härte fügt Ihr noch
 Den bittern Hohn! *Sie* hegte solche Träume,
125 Die hier lebendig eingemauert lebt,
 Zu der kein Schall des Trostes, keine Stimme
 Der Freundschaft aus der lieben Heimat dringt,
 Die längst kein Menschenangesicht mehr schaute,
 Als ihrer Kerkermeister finstre Stirn,
130 Die erst seit kurzem einen neuen Wächter
 Erhielt in Eurem rauen Anverwandten,
 Von neuen Stäben sich umgittert sieht –
Paulet Kein Eisengitter schützt vor ihrer List.
 Weiß ich, ob diese Stäbe nicht durchfeilt,
135 Nicht dieses Zimmers Boden, diese Wände,
 Von außen fest, nicht hohl von innen sind,
 Und den Verrat einlassen, wenn ich schlafe? [...]
 Doch wohl mir!
 Wohl! Es ist Hoffnung, dass es bald nun endet.
 Denn lieber möcht ich der Verdammten Schar
140 Wachstehend an der Höllenpforte hüten,
 Als diese ränkevolle Königin!
Kennedy Da kommt sie selbst!
Paulet Den Christus in der Hand,
 Die Hoffart und die Weltlust in dem Herzen.
145

A ▪ Erläutern Sie diese Szene als Teil der Exposition des Stückes.

B ▪ »Wenn Maria eintritt, ist man schon gespannt und bewegt: Man kennt sie bereits …«, so heißt es in einer zeitgenössischen Beschreibung. Überprüfen Sie diese Aussage und erläutern Sie, inwiefern die Hauptfigur in dieser Exposition charakterisiert wird.

C ▪ Untersuchen Sie III, 4, in der die Hauptfiguren als Protagonistin und Antagonistin aufeinandertreffen.

Entwürfe und Gegenentwürfe in der Aufklärung und Klassik begreifen

»Maria Stuart«: Geschichte und Dramaturgie

Die europäische Geschichte im 16. Jahrhundert wird vom Auseinanderbrechen des spätmittelalterlichen Feudalismus geprägt. Die Macht der Herrscher wird dabei sowohl von außen (durch Expansion feindlicher Mächte) als auch von innen bedroht: Der Adel versucht, seine Macht auf Kosten der zentralen Macht zu stärken. Diese Auseinandersetzungen führen im 17. und 18. Jahrhundert einerseits zur Schwächung des Königtums und zu bürgerlichen Revolutionen (1648 in England, 1789 in Frankreich, 1848 in Deutschland), andererseits zum Absolutismus, nämlich dort, wo die königlichen Herrscher sich halten und gegen die Bedrohungen von außen und innen durchsetzen können.

Schiller beschäftigt sich als **Historiker** (er hat einen Lehrstuhl für Geschichte an der Universität Jena) eingehend mit dieser Entwicklung. Seine historischen, aber auch seine literarischen Arbeiten handeln von dieser Geschichte als Vorgeschichte für die Zeit, in der er lebt, und greifen seit 1789 Fragen auf, die die Revolution in Frankreich für ihn und seine Zeitgenossen aufgeworfen hat. Diese Fragen beziehen sich auf das Verhältnis von Macht und Moral, Öffentlichkeit und Privatheit sowie Individuum und Gesellschaft.

Schiller ist nach Abschluss der »Wallenstein«-Trilogie auf der Suche nach einem geeigneten Stoff für ein neues Stück. Zunächst sichtet er »einige tragische Stoffe von freier Erfindung«: »Denn Soldaten Helden und Herrscher habe ich vor jetzt herzlich satt« (an Goethe, 19. 3. 1799). Schließlich entscheidet er sich doch wieder (wie bei den Dramen zu der Geschichte des 30-jährigen Krieges mit Wallenstein) für einen **historischen Stoff**, nämlich die **Geschichte von Maria Stuart**. Er sagt dazu selbst: »Die Idee, aus diesem Stoff ein Drama zu machen, gefällt mir nicht übel. Er hat den wesentlichen Vorteil bei sich, dass die Handlung in einem tatvollen Moment konzentriert ist und zwischen Furcht und Hoffnung rasch zum Ende eilen muss. Auch sind vortreffliche dramatische Charaktere darin schon von der Geschichte her gegeben« (an Goethe, 11. 6. 1799). Schiller orientiert sich mit »Maria Stuart« an der **Dramaturgie des Aristoteles**. Danach sind Tragödien solche Dramen, die beim Zuschauer eine Läuterung von starken Emotionen bewirken, wenn sie das tragische Schicksal des Protagonisten verfolgen. Im 18. Jh. sah man **Furcht und Mitleid** als diese Emotionen an. In der Dramentheorie Ende des 18. Jahrhunderts spielen **die drei Einheiten** (immer noch) eine große Rolle. Gemeint ist die Einheit des Ortes, der Zeit und der Handlung. Sie wurde aus der Poetik des Aristoteles abgeleitet, obwohl dieser selbst die drei Einheiten nie als Vorschrift festgeschrieben hatte. Zur Zeit Schillers wurden die Einheiten in Dramaturgie und in Literaturkritik großzügig gehandhabt. So galt die Einheit der Zeit und des Ortes noch als gegeben, wenn die dargestellte Zeit mehrere Tage umfasste und wenn einige Schauplatzwechsel vollzogen wurden. Schiller hat mit seinem ersten Stück »Die Räuber« bewusst gegen die Einheitendramaturgie verstoßen. Mit seinen späteren Stücken nähert er sich dieser wieder an. Vorbild für den Aufbau der Darstellung ist die **analytische Dramenform**, die Schiller in einigen griechischen Tragödien vorbildhaft verwirklicht sah. In diesen Dramen ist alles Wichtige schon in der Vorgeschichte geschehen, auf der Bühne werden nur noch die Wirkungen jener Handlung dargestellt. Im Unterschied zum analytischen entwickelt sich im synthetischen Drama die Handlung auf der Bühne. Die Wirkung der Tragödie vermittelt sich vor allem durch das dargestellte Schicksal der tragischen Helden, die sich einander widersprechenden Anforderungen gegenübersehen und daran scheitern oder sich bewusst opfern. Der Charakter der tragischen Helden sollte deshalb nicht zu schwach sein, damit das Scheitern nicht bloß als Strafe erscheint. Man unterscheidet zwischen einer Charakter- und einer Schicksalstragödie, wenn die Ursachen für das Leid in den Figuren bzw. außerhalb dieser zu suchen ist.

A ■ Untersuchen Sie den Aufbau von »Maria Stuart« und beschreiben Sie, wo er den drei Einheiten entspricht bzw. widerspricht.

B ■ Wo ist die aufsteigende bzw. fallende Handlung zu sehen? Welche Teile des Stückes dienen der Konfrontation der Hauptfiguren bzw. deren Vorbereitung?

Entwürfe und Gegenentwürfe in der Literatur des 18. Jahrhunderts begreifen

Historische Personen und Figuren des Dramas

Historische Persönlichkeit	Figurenkonzeption im Drama
Maria Stuart ist zum Zeitpunkt ihrer Hinrichtung und der Handlung 44 Jahre alt, hat ihre frühere Schönheit längst verloren, ist korpulent und sehr gealtert.	**Maria** ist im Stück etwa 25 Jahre alt, gilt als attraktive Frau.
Elisabeth I. ist zum Zeitpunkt der Handlung 53 Jahre alt.	**Elisabeth** ist im Stück höchstens 30 Jahre: »Weil mir alles daran liegt, dass Elisabeth in diesem Stück noch eine junge Frau sei, welche Ansprüche machen darf, so muss sie von einer Schauspielerin, welche Liebhaberinnen zu spielen pflegt, dargestellt werden.« (Schiller an den Theaterdirektor Iffland)
Robert Dudley, Graf von Leicester (1532/33–1588), galt lange Zeit als Mann, den Elisabeth heiraten würde. Diese aber schlägt ihn 1564 als Mann für die aus Frankreich nach Schottland zurückgekehrte Maria vor.	**Leicester** sollte in früheren Jahren Maria heiraten, lehnt dies ab, um Anwärter auf die Hand Elisabeths zu bleiben, wendet sich, nachdem diese eine Heirat mit dem französischen Thronfolger plant, Maria zu ... und wieder ab, als ein Attentat auf Elisabeth das Heiratsprojekt platzen lässt.
George Talbot, Graf von Shrewsbury (1528–1590), ist 15 Jahre Hüter von Maria, wird von seiner Frau beschuldigt, ein Verhältnis mit Maria zu haben, was von dieser zurückgewiesen wird.	**Talbot/Shrewsbury** ist Verteidiger der Maria und von ihrer Unschuld überzeugt. Er soll immer schwarz gekleidet auftreten.
Wilhelm Cecil, Baron von Burleigh (1520–1598), ist Berater Elisabeths und ein wichtiger englischer Politiker der Zeit.	**Cecil/Burleigh** ist Gegner der Maria, soll ebenfalls schwarz gekleidet auftreten.
Amias Paulet (1536–1588) ist seit 1585 Hüter der Maria.	**Paulet** ist ein strenger Bewacher, aber ehrlich und weist einen Mordauftrag gegen Maria empört zurück.
	Mortimer ist die einzige frei erfundene Figur des Stückes, Neffe von Paulet, soll etwa 20 Jahre alt sein. Er kommt von einer Reise nach Frankreich und Italien zurück und ist dort heimlich katholisch geworden und auf die Seite Marias gewechselt. Mortimer nimmt sich vor, Maria zu befreien, tritt zum Schein als deren Feind auf. Er verliebt sich in Maria und bedrängt sie, tötet sich selbst, nachdem er seine Ziele verfehlt.

A ■ Nennen Sie Gründe, die die historische Person Maria Stuart zu einem dramatischen Charakter machen.

B ■ Erläutern Sie, wie Schiller den historischen Stoff in seinem Drama verarbeitet.

Entwürfe und Gegenentwürfe in der Aufklärung und Klassik begreifen

Text und Inszenierung untersuchen

Aufgabeninsel

Dramentexte dienen als Spielvorlagen für Theateraufführungen und werden als aufgeführte Inszenierung aufgefasst, unterschieden von der mentalen Inszenierung, die in der Vorstellung der Lesenden entsteht. Der Unterschied von Text und Inszenierung in einem Spiel wird gerade bei der Untersuchung von Aufführungen eines Stückes deutlich. Verschiedene aufgeführte Inszenierungen setzen je unterschiedliche Schwerpunkte in der Darstellung. Insofern interpretieren Inszenierungen den Text in eigener Weise. Grundlage solcher interpretierenden Inszenierungen ist im Allgemeinen die jeweilige Regiekonzeption. In der Inszenierung wird diese mit den Mitteln des Theaters umgesetzt.

In der Vorbereitung auf einen Theaterbesuch empfiehlt es sich, zunächst eigene Überlegungen zur Inszenierung ausgewählter Szenen oder Textstellen anzustellen. Das kann bis zum eigenen Spielen führen; zumindest sollten die wichtigsten Elemente der Regiekonzeption, wie Strichfassung, Besetzung der Rollen, Spielweise, Bühnenbild, Requisiten und Kostüme, evtl. Beleuchtung diskutiert werden. Auf der Folie dieser Überlegungen und Lösungen kann dann die jeweilige aufgeführte Inszenierung beschrieben und in ihrer Wirkung und Interpretation des Textes erörtert werden. Interessant ist zudem, verschiedene Inszenierungen des gleichen Dramas zu vergleichen (evtl. anhand einer Videodokumentation). Dabei sollten Aufführungsstil und Interpretation der gewählten Produktionen im Zusammenhang ihrer Zeit gesehen werden.

A ■ Schillers »Die Räuber« wurden im Schauspielhaus Hannover unter Verzicht auf gesprochene Sprache als pantomimisches Spiel inszeniert. Besprechen Sie die Möglichkeiten einer solchen Inszenierung in Bezug auf Aussage und Wirkung.

B ■ Machen Sie eine entsprechende Weglass-Probe auch für die anderen Mittel einer Theateraufführung. Was überzeugt Sie dabei, was nicht?

C ■ Bereiten Sie den Besuch einer Aufführung bzw. die Untersuchung einer Video-Dokumentation eines Dramentextes vor, indem Sie …
– eine Szene bzw. Textstelle mit verteilten Rollen in einer Lese-Probe durchgehen,
– eine mögliche Strichfassung entsprechend Ihrer Interpretation vornehmen und erläutern,
– eine szenische Interpretation dieser Strichfassung gestalten,
– die mögliche Besetzung der Rollen mit bekannten Schauspielern/Schauspielerinnen erörtern,
– Wahl und Gestaltung von Kostümen, Requisiten und Bühnenbild entsprechend Ihrer Interpretation diskutieren.

Verabreden Sie Beobachtungsgesichtspunkte für die zu besuchende Aufführung. Proben Sie solche Beobachtungen ggf. anhand von Video-Dokumentationen anderer Aufführungen.

D ■ Tauschen Sie Ihre Beobachtungen nach dem Theaterbesuch aus und vergleichen Sie die besuchte Inszenierung mit Ihren Überlegungen.

E ■ Rekonstruieren Sie auf der Grundlage dieser Ergebnisse die Regiekonzeption. Beziehen Sie Begleitmaterial dazu mit ein wie Programmheft, Kritiken und Zuschauerreaktionen.

Entwürfe und Gegenentwürfe in der Literatur des 18. Jahrhunderts begreifen

Rezeption und Wirkung der Klassik

> **Was kann ich nach der Bearbeitung dieses Unterkapitels?**
> - Verschiedene Einschätzungen zur Bedeutung der Klassik erfassen
> - Kritik und Verteidigung der Klassik nachvollziehen und reflektieren
> - Die mögliche Aktualität ästhetischer Bildung einschätzen und erörtern

■ Text 104

Unzeitgemäße Betrachtungen (1873)   *Friedrich Nietzsche*

Was urteilt aber unsere Philisterbildung über diese Suchenden? Sie nimmt sie einfach als Findende und scheint zu vergessen, dass jene selbst sich nur als Suchende fühlten. Wir haben ja unsere Kultur, heißt es dann, denn wir haben ja unsere »Klassiker«, das Fundament ist nicht nur da, nein auch der Bau steht schon auf ihm gegründet – wir selbst sind dieser Bau. Dabei greift der Philister an die eigene Stirn. Um aber unsere Klassiker so falsch beurteilen und so beschimpfend ehren zu können, muss man sie gar nicht mehr kennen: Und dies ist die allgemeine Tatsache. Denn sonst müsste man wissen, dass es nur eine Art gibt, sie zu ehren, nämlich dadurch, dass man fortfährt, in ihrem Geiste und mit ihrem Mute zu suchen, und dabei nicht müde wird. Dagegen ihnen das so nachdenkliche Wort »Klassiker« anzuhängen und sich von Zeit zu Zeit einmal an ihren Werken zu »erbauen« das heißt, sich jenen matten und egoistischen Regungen überlassen, die unsere Konzertsäle und Theaterräume jedem Bezahlenden versprechen; auch wohl Bildsäulen stiften und mit ihrem Namen Feste und Vereine bezeichnen – das alles sind nur klingende Abzahlungen, durch die der Bildungsphilister sich mit ihnen auseinandersetzt, um im Übrigen sie nicht mehr zu kennen, und um vor allem nicht nachfolgen und weiter suchen zu müssen. Denn: Es darf nicht mehr gesucht werden; das ist die Philisterlosung.

■ Text 105

Anmerkungen zum Konzept der Klassik (1977)   *Karl Otto Conrady*

Kunst der Klassik will (tendenziell) autonom sein, selbstgewiss und in sich selbst ruhend, ihre eigene Gesetzlichkeit ausprägend und nichts sonst; ihre Funktion ist, funktionslos zu sein. [...] Der Weg einer sich autonom setzenden Kunst führt aus den Abhängigkeiten kirchlichen und feudalen Mäzenatentums ebenso wie aus der Bindung an Forderungen, die sich aus Moralvorschriften und Tugendkatalogen herleiten. In diesem Vorgang mag sich der Anspruch eines erstarkenden Bürgertums zeigen, dass, wie sich selbst so auch die Kunst freizusetzen trachtet und, da es für alle zu sprechen meint, damit auf Universalität der Kunst und seiner selbst zielt. [...] Autonomie der Dichtung meint Freiheit von Außerkünstlerischem, Gelöstsein von zweckhaften Ansprüchen, Neutralität gegenüber partikularen Funktionen in der Gesellschaft. [...] Wo die empirische Realität von Interessen bestimmt (und entstellt) wird, kann die Definition des Schönen als interesselosen Wohlgefallens allgemeine Geltung gewinnen. Der Künstler erscheint dann als der im Wortsinne außergewöhnliche Mensch, der sich in seinem Werk noch selbst zu verwirklichen vermag, sich selbst bestimmend und nicht eingespannt in die Mechanismen des Verfügtwerdens in der Arbeitswelt. – Die Welt einer als autonom aufgefassten Dichtung kann Fluchtbezirk und Erfüllungsraum zugleich für realiter nicht zu Verwirklichendes werden. Das führt zu merkwürdigen Mischungen.

Im Aufblick zu der Welt des interesselosen Scheins befreit sich der Bürger surrogathaft von den Zwängen und Konflikten der gesellschaftlichen Wirklichkeit und nützt umgekehrt die Verinnerlichung des Schönen, Wahren und Guten zur geheimen Rechtfertigung und Entschuldigung seiner in den Konkurrenzkampf gebannten praktischen Handlungen. Kultur ist dann (freilich nur dann) »das Alibi der Unkultur, die sie an ihrer eigenen Basis hat«. Aber Kunst ist, so als Eigenes begriffen, auch freigestellt vom Gebundensein an die Verformungen und Entstellungen des wirklichen Daseins und kann von den Möglichkeiten des wahren Menschen zeugen, kann den Schein von Besserem aufbewahren – und die Hoffnung bleibt, dass er dann auch wahrgenommen werden kann.

■ Text 106
Klassik als Moderne (2008)   *Stefan Greif*

Der Begriff »Klassik« konkretisiert … ein erkenntnistheoretisches und literarisches Projekt, das zur Gründungsphase der Moderne in Deutschland gehört. Unter Moderne wird dabei ein epochenübergreifender Diskurs verstanden, der auf politische, soziale und intellektuelle Umbrüche reagiert, die im logischen Welt- und Fortschrittsmodell der Aufklärung nicht vorgesehen sind. […] Doch ihr aufklärerisches Gegenwartsbewusstsein erhält entscheidende Impulse von der Französischen Revolution. Mit Beginn des Pariser »Terreurs« radikalisiert Klassik als Moderne den in der Vernunftphilosophie entwickelten Freiheitsbegriff, indem sie an die Stelle universal gültiger Bestimmtheitskategorien und Wertsetzungen das einzelne Subjekt treten lässt. An dessen Wahrnehmungsvielfalt und Chancen, in einem Dasein voller Möglichkeitsentwürfe eigene Identität auszubilden, muss sich fortan die Tragfähigkeit aufklärerischen Denkens bemessen. […]

Einerseits setzt [Klassik als Moderne] die Erkenntnis voraus, dass der vernünftige, aber gleichzeitig subjektive Mensch weder von der Philosophie noch von der Religion oder Wissenschaft hinreichende Orientierungshilfen erwarten darf. Im Gegenzug muss er eine ästhetische Existenz ausformen, die ihn vor verallgemeinernden Erklärungen und abstrakten Geboten schützt. Entscheidenden Beistand leistet ihm dabei andererseits die klassische Literatur. Sie nämlich entlarvt die erkenntnistheoretischen Voraussetzungen der Wissenschaft und deren Wahrheiten als geoklimatisch bedingte Setzungen. Eine so außerordentliche Bedeutung für das Leben ist der Kunst nur selten zugesprochen worden. […] Was klassische Kunst um 1800 grundiert, kann als Aufforderung zum Mut beschrieben werden, sich eine eigene ästhetische Existenz zu gestalten. Sinnstiftend soll sie zwischen andrängender Gegenwart und einer zukünftig emanzipierten Menschlichkeit vermitteln.

A ■ Zentrale Begriffe der Klassikrezeption sind: *Autonomie der Kunst, Surrogat, Idealisierung, Flucht aus der Realität, Individualität, Entwicklung, Bildung und ästhetische Existenz*. Klären Sie diese Begriffe. Zeigen Sie deren Bedeutung in den Texten auf.

B ■ Neben einer starken Klassikerverehrung hat es immer wieder auch Kritik daran gegeben. Benennen Sie solche Ansatzpunkte aus den oben stehenden Texten.

C ■ Stellen Sie Kritik und Verteidigung der Klassik mit ihren Argumenten gegenüber.

Er habe Goethe gemalt, schrieb Tischbein am 9. Dezember 1786, »wie er auf den Ruinen sitzt und über das Schicksal menschlicher Werke nachdenkt«. Es sind Reste der Antike, auf und neben denen Goethe sich niedergelassen hat. Das Relief zeigt Orest und Iphigenie, die Efeublätter sind ein Hinweis auf die antike Dichtkunst.

D ■ Das Bild bringt Programm und Selbstverständnis der Klassik zum Ausdruck. Erläutern Sie dies in einer Bildinterpretation. Nehmen Sie dann Stellung zur Frage: Wie aktuell sind die Klassiker eigentlich?

Texte der Romantik, des Expressionismus und der Gegenwart erschließen –
Das Lebensgefühl der Menschen verstehen

■ Text 107
Speed – Auf der Suche nach der verlorenen Zeit. (2011) *Florian Opitz*

Ich hatte eigentlich immer das Gefühl, ein ganz normales Leben zu führen. Ohne große Probleme. Als Kind war ich Pfadfinder und später Punk. Ich habe studiert, ja, und ich habe später sogar einen Job gefunden, der mir Spaß macht und mich in der Welt herumgebracht hat. Ich mache Dokumentarfilme. Ich habe eine tolle Freundin und inzwischen sogar ein Kind, Anton. Also eigentlich ist alles super. Eigentlich. Doch ich habe in den letzten Jahren auch gemerkt, dass etwas nicht stimmt. Ich habe keine Zeit. So sehr ich mich auch anstrenge – ich habe immer viel zu wenig Zeit für das, was ich mir vornehme. […]

Meine Erfahrung mit der Zeit beschränkt sich inzwischen nur auf das eine Gefühl – sie fehlt. […] Es ist ja nicht so, als würde ich tagelang herumgammeln und meine Zeit vertrödeln. Im Gegenteil: Ich versuche schon ständig mein Leben so effizient wie möglich zu organisieren und Zeit zu sparen. Dafür habe ich inzwischen sogar ein beträchtliches Arsenal an technischen Geräten angesammelt, die einzig zu dem Zweck erfunden wurden, das Leben ihres Benutzers effizienter zu machen. Und auch habe ich gehofft, dass mein Handy, mein Laptop und meine superschnelle Internet-Verbindung mir dabei helfen würden, effizient zu sein und Zeit zu sparen. Doch am Ende des Tages habe ich nicht mehr, sondern immer weniger Zeit.

In meinem Kopf geht es inzwischen zu, wie in einem Flipperautomaten. Ich bin, kaum noch in der Lage mich offen gestanden, mich länger als ein paar Minuten auf eine und dieselbe Aufgabe zu konzentrieren, selbst das Lesens eines längeren Zeitungsar-

Texte der Romantik, des Expressionismus und der Gegenwart erschließen

tikels fällt mir allmählich schwer. Ich bin erschöpft und rastlos zugleich. Ich würde gern sagen, wohin sich meine Zeit verflüchtigt, aber ich kann nicht. Ich merke nur, dass ich nie genügend davon habe. Ich fühle mich wie ein Getriebener. Aber wovon. Auch das kann ich leider nicht genau sagen. Meine Tage kommen mir vor, wie ein einziger Wettlauf gegen die Uhr. Den Startschuss dieses Wettrennens gibt entweder der Wecker oder unser Sohn Anton. Und ab dann renne ich, bis ich abends wieder müde ins Bett falle. Dazwischen hetze ich durch einen Tagesordnungspunkt nach dem anderen. […] Ständig auf Handy erreichbar und immer, frage ich mich manchmal, ob ich inzwischen verhaltensauffällig geworden bin oder ob mein Verhalten mittlerweile so normal ist, dass ich eben überhaupt nicht mehr auffalle und einfach ziel- und kritiklos mitschwimme im Strom. Ich weiß nicht, was ich schlimmer finden soll.

A ■ Welches Lebensgefühl bringt Florian Opitz (*1973) in seinem Text zum Ausdruck? Vergleichen Sie Ihre eigenen Erfahrungen mit dem Phänomen »Zeit« mit der Wahrnehmung des Autors.

B ■ Der Soziologe Hartmut Rosa (*1965) hat 2014 in einem Gespräch zum Thema »Zeit« folgende Behauptung aufgestellt: »Die Frage ist nicht, wie viel Geschwindigkeit wir erreichen, sondern wie viel gut ist für ein gutes Leben.«

C ■ Betrachten Sie die Bilder. Stellen Sie einen Zusammenhang her zu folgenden Begriffspaaren: Sehnsucht – Begrenzung – Beschleunigung – Entschleunigung – Enge – Weite – Statik – Dynamik – Weg – Ziel – Schnelligkeit – Langsamkeit. Suchen Sie weiteres Bildmaterial, das die Begriffe veranschaulicht.

D ■ Tauschen Sie sich darüber aus, welche Begriffe das Lebensgefühl des modernen Menschen maßgeblich prägen.

In diesem Kapitel lernen Sie(,) …
- das Weltbild der Romantik, des Expressionismus und der Gegenwart anhand von Texten zu erschließen und miteinander zu vergleichen,
- das romantische Lebensgefühl in Malerei und Literatur zu erschließen,
- Motive romantischer Literatur kennen und verstehen,
- Städtebilder in der Kunst und Literatur des Expressionismus kennen und zu erschließen,
- Naturlyrik der Gegenwart zu analysieren.

Texte der Romantik, des Expressionismus und der Gegenwart erschließen

Romantische Weltwahrnehmung

Was kann ich nach der Bearbeitung dieses Unterkapitels?
- Das Reisemotiv in Texten und Bildern aus der Romantik untersuchen
- Die romantische Literaturauffassung bestimmen
- Das Verständnis von Natur in der Romantik begreifen
- Magische Orte als Motiv romantischer Literatur untersuchen

■ Text 108

Sehnsucht (1834)   *Joseph von Eichendorff*

Es schienen so golden die Sterne,
Am Fenster ich einsam stand
Und hörte aus weiter Ferne
Ein Posthorn im stillen Land.
5 Das Herz mir im Leib entbrennte,
Da hab ich mir heimlich gedacht:
Ach, wer da mitreisen könnte
In der prächtigen Sommernacht!

Zwei junge Gesellen gingen
10 Vorüber am Bergeshang,
Ich hörte im Wandern sie singen
Die stille Gegend entlang:

Von schwindelnden Felsenschlüften,
Wo die Wälder rauschen so sacht,
15 Von Quellen, die von den Klüften
Sich stürzen in die Waldesnacht.

Sie sangen von Marmorbildern,
Von Gärten, die überm Gestein
In dämmernden Lauben verwildern,
20 Palästen im Mondenschein,
Wo die Mädchen am Fenster lauschen,
Wann der Lauten Klang erwacht
Und die Brunnen verschlafen rauschen
In der prächtigen Sommernacht. –

■ Text 109

Aus dem Leben eines Taugenichts (1826)   *Joseph von Eichendorff*

Das Rad an meines Vaters Mühle brauste und rauschte schon wieder recht lustig, der Schnee tröpfelte emsig vom Dache, die Sperlinge zwitscherten und tummelten sich dazwischen; ich saß auf der Türschwelle und wischte mir den Schlaf aus den Augen; mir war so recht wohl in dem warmen Sonnenscheine. Da trat der Vater aus dem Hause; er hatte schon seit Tagesanbruch in der Mühle rumort und die Schlafmütze schief auf dem Kopfe, der sagte zu mir: »Du Taugenichts! Da sonnst du dich schon wieder und dehnst und reckst dir die Knochen müde, und lässt mich alle Arbeit allein tun. Ich kann dich hier nicht länger füttern. Der Frühling ist vor der Türe, geh auch einmal hinaus in die Welt und erwirb dir selber dein Brot.« – »Nun«, sagte ich, »wenn ich ein Taugenichts bin, so ist's gut, so will ich in die Welt gehen und mein Glück machen.« Und eigentlich war mir das recht lieb, denn es war mir kurz vorher selber eingefallen, auf Reisen zu gehn, da ich den Goldammer, der im Herbst und Winter immer betrübt an unserm Fenster sang: »Bauer, miet' mich, Bauer miet' mich!« nun in der schönen Frühlingszeit wieder ganz stolz und lustig vom Baume rufen hörte: »Bauer, behalt' deinen Dienst!« – Ich ging also in das Haus hinein und holte meine Geige, die ich recht artig spielte, von der Wand, mein Vater gab mir noch einige Groschen Geld mit auf den Weg und so schlenderte ich durch das lange Dorf hinaus. Ich hatte recht meine heimliche Freud', als ich da alle meine alten Bekannten und Kameraden rechts und links, wie gestern und vorgestern und immerdar, zur Arbeit hinausziehen, graben und pflügen sah, während ich so in die freie Welt hinausstrich. Ich rief den armen Leuten nach allen Seiten recht stolz und zufrieden Adjes zu, aber es kümmerte sich eben keiner sehr darum. Mir war es wie ein ewiger Sonntag im Gemüte. Und als ich endlich ins freie Feld hinauskam, da nahm ich meine liebe Geige vor und spielte und sang, auf der Landstraße fortgehend:

Wem Gott will rechte Gunst erweisen,
Den schickt er in die weite Welt,
Dem will er seine Wunder weisen
In Berg und Wald und Strom und Feld.

Die Trägen, die zu Hause liegen,
Erquicket nicht das Morgenrot,
Sie wissen nur vom Kinderwiegen
Von Sorgen, Last und Not um Brot.

Die Bächlein von den Bergen springen,
Die Lerchen schwirren hoch vor Lust,
Was sollt' ich nicht mit ihnen singen
Aus voller Kehl' und frischer Brust?

Den lieben Gott lass ich nur walten;
Der Bächlein, Lerchen, Wald und Feld
Und Erd' und Himmel will erhalten,
Hat auch mein' Sach' aufs Best bestellt!

Indem, wie ich mich so umsehe, kömmt ein köstlicher Reisewagen ganz nahe an mich heran, der mochte wohl schon einige Zeit hinter mir dreingefahren sein, ohne dass ich es merkte, weil mein Herz so voller Klang war, denn es ging ganz langsam, und zwei vornehme Damen steckten die Köpfe aus dem Wagen und hörten mir zu. Die eine war besonders schön und jünger als die andere, aber eigentlich gefielen sie mir alle beide. Als ich nun aufhörte zu singen, ließ die ältere stillhalten und redete mich holdselig an: »Ei, lustiger Gesell, Er weiß ja recht hübsche Lieder zu singen.« Ich nicht zu faul dagegen: »Ew. Gnaden aufzuwarten, wüsst' ich noch viel schönere.« Darauf fragte sie mich wieder: »Wohin wandert Er denn schon so am frühen Morgen?« Da schämte ich mich, dass ich das selber nicht wusste, und sagte dreist: »Nach W.«; nun sprachen beide miteinander in einer fremden Sprache, die ich nicht verstand. Die Jüngere schüttelte einigemal mit dem Kopfe, die andere lachte aber in einem fort und rief mir endlich zu: »Spring Er nur hinten mit auf, wir fahren auch nach W.« Wer war froher als ich! Ich machte eine Reverenz und war mit einem Sprunge hinter dem Wagen, der Kutscher knallte und wir flogen über die glänzende Straße fort, dass mir der Wind am Hute pfiff. Hinter mir gingen nun Dorf, Gärten und Kirchtürme unter, vor mir neue Dörfer, Schlösser und Berge auf; unter mir Saaten, Büsche und Wiesen bunt vorüberfliegend, über mir unzählige Lerchen in der klaren blauen Luft – ich schämte mich laut zu schreien, aber innerlichst jauchzte ich und strampelte und tanzte auf dem Wagentritt herum, dass ich bald meine Geige verloren hätte, die ich unterm Arme hielt. Wie aber denn die Sonne immer höher stieg, rings am Horizont schwere weiße Mittagswolken aufstiegen, und alles in der Luft und auf der weiten Fläche so leer und schwül und still wurde über den leise wogenden Kornfeldern, da fiel mir erst wieder mein Dorf ein und mein Vater und unsere Mühle, wie es da so heimlich kühl war an dem schattigen Weiher, und dass nun alles so weit, weit hinter mir lag. Mir war dabei so kurios zumute, als müsst' ich wieder umkehren; ich steckte meine Geige zwischen Rock und Weste, setzte mich voller Gedanken auf den Wagentritt hin und schlief ein.

A ■ Welches Lebensgefühl, welche Erwartungen verbinden Sie mit dem Phänomen »Reisen«? Erstellen Sie ein Minute-Paper.
B ■ Visualisieren Sie die Position des lyrischen Ichs in Eichendorffs Gedicht »Sehnsucht«.
C ■ Der Taugenichts, die Hauptfigur, verwirklicht den Aufbruchwunsch. Erläutern Sie textbezogen seine Aussage: »Mir war es wie ein ewiger Sonntag im Gemüte.«
Vergleichen Sie das Lebensgefühl des lyrischen Ichs in Eichendorffs Gedicht bzw. des Taugenichts mit Ihren Erwartungen und Vorstellungen im Hinblick auf das Phänomen Reisen. Orientierungspunkte können sein: Weg, Ziel, Erwartung …

Texte der Romantik, des Expressionismus und der Gegenwart erschließen

Caspar David Friedrich: Mondaufgang am Meer, 1821

Caspar David Friedrich: Der Mönch am Meer, 1808–10

A ■ Lassen Sie die Bilder auf sich wirken und versuchen Sie, diese Wirkung zu bestimmen.

B ■ Beschreiben Sie den Bildaufbau mit horizontalen und vertikalen Linien und deren Kreuzungen sowie Farbgebung und Lichteinfall der Bilder.

C ■ Beschreiben Sie die Personendarstellung auf den Bildern von C. D. Friedrich.

D ■ Heinrich von Kleist schreibt in seinen »Berliner Abendblättern« über »Der Mönch am Meer«. Erläutern Sie die Beschreibung und zeigen Sie, wie Kleist das Motiv der Entgrenzung deutet.

■ **Text 110**

Empfindungen vor Friedrichs Seelandschaft (1810)   *Heinrich von Kleist*

Herrlich ist es, in einer unendlichen Einsamkeit am Meeresufer, unter trübem Himmel, auf eine unbegrenzte Wasserwüste, hinauszuschauen. Dazu gehört gleichwohl, dass man dahingegangen sei, dass man zurückmuss, dass man hinübermöchte, dass man es nicht kann, dass man alles zum Leben vermisst, und die Stimme des Lebens dennoch im Rauschen der Flut, im Wehen der Luft, im Ziehen der Wolken, dem einsamen Geschrei der Vögel, vernimmt. Dazu gehören ein Anspruch, den das Herz macht, und ein Abbruch, um mich so auszudrücken, den einem die Natur tut. Dies aber ist vor dem Bilde unmöglich, und das, was ich in dem Bilde selbst finden sollte, fand ich erst zwischen mir und dem Bilde, nämlich einen Anspruch, den mein Herz an das Bild machte, und einen Abbruch, den mir das Bild tat; und so ward ich selbst der Kapuziner, das Bild ward die Düne, das aber, wo hinaus ich mit Sehnsucht blicken sollte, die See, fehlte ganz. Nichts kann trauriger und unbehaglicher sein als diese Stellung in der Welt: der einzige Lebensfunke im weiten Reiche des Todes, der einsame Mittelpunct im einsamen Kreis. Das Bild liegt, mit seinen zwei oder drei geheimnißvollen Gegenständen, wie die Apokalypse da, als ob es Joungs Nachtgedanken hätte, und da es, in seiner Einförmigkeit und Uferlosigkeit, nichts, als den Rahm, zum Vordergrund hat, so ist es, wenn man es betrachtet, als ob Einem die Augenlieder weggeschnitten wären. [...] Ja, wenn man diese Landschaft mit ihrer eignen Kreide und mit ihrem eigenen Wasser mahlte; so, glaube ich, man könnte die Füchse und Wölfe damit zum Heulen bringen: das Stärkste, was man, ohne allen Zweifel, zum Lobe für diese Art von Landschaftsmahlerei beibringen kann. – Doch meine eigenen Empfindungen, über dies wunderbare Gemählde, sind zu verworren; daher habe ich mir, ehe ich sie ganz auszusprechen wage, vorgenommen, mich durch die Aeußerungen derer, die paarweise, von Morgen bis Abend, daran vorübergehen, zu belehren.

Texte der Romantik, des Expressionismus und der Gegenwart erschließen

■ Text 111
Heinrich von Ofterdingen (1802) *Novalis*

Die Eltern lagen schon und schliefen, die Wanduhr schlug ihren einförmigen Takt, vor den klappernden Fenstern sauste der Wind; abwechselnd wurde die Stube hell von dem Schimmer des Mondes. Der Jüngling lag unruhig auf seinem Lager und gedachte des Fremden und seiner Erzählungen. Nicht die Schätze sind es, die ein so unaussprechliches Verlangen in mir geweckt haben, sagte er zu sich selbst; fern ab liegt mir alle Habsucht: aber die blaue Blume sehn' ich mich zu erblicken. Sie liegt mir unaufhörlich im Sinn, und ich kann nichts anders dichten und denken. So ist mir noch nie zu Mute gewesen: es ist, als hätt' ich vorhin geträumt, oder ich wäre in eine andere Welt hinübergeschlummert; denn in der Welt, in der ich sonst lebte, wer hätte da sich um Blumen bekümmert, und gar von einer so seltsamen Leidenschaft für eine Blume hab' ich damals nie gehört. Wo eigentlich nur der Fremde herkam? Keiner von uns hat je einen ähnlichen Menschen gesehn. Doch weiß ich nicht, warum nur ich von seinen Reden so ergriffen worden bin; die andern haben ja das Nämliche gehört, und keinem ist so etwas begegnet. Dass ich auch nicht einmal von meinem wunderlichen Zustande reden kann! Es ist mir oft so entzückend wohl, und nur dann, wenn ich die Blume nicht recht gegenwärtig habe, befällt mich so ein tiefes, inniges Treiben: Das kann und wird keiner verstehn. Ich glaubte, ich wäre wahnsinnig, wenn ich nicht so klar und hell sähe und dächte, mir ist seitdem alles viel bekannter. Ich hörte einst von alten Zeiten reden; wie da die Tiere und Bäume und Felsen mit den Menschen gesprochen hätten. Mir ist grade so, als wollten sie allaugenblicklich anfangen, und als könnte ich es ihnen ansehen, was sie mir sagen wollten. Es muss noch viel Worte geben, die ich nicht weiß: Wüsste ich mehr, so könnte ich viel besser alles begreifen. Sonst tanzte ich gern; jetzt denke ich lieber nach der Musik. Der Jüngling verlor sich allmählich in süßen Fantasien und entschlummerte. […] Eine Art von süßem Schlummer befiel ihn, in welchem er unbeschreibliche Begebenheiten träumte und woraus ihn eine andere Erleuchtung weckte. Er fand sich auf einem weichen Rasen am Rande einer Quelle, die in die Luft hinausquoll und sich darin zu verzehren schien. Dunkelblaue Felsen mit bunten Adern erhoben sich in einiger Entfernung; das Tageslicht, das ihn umgab, war heller und milder als das gewöhnliche, der Himmel war schwarzblau und völlig rein. Was ihn aber mit voller Macht anzog, war eine hohe lichtblaue Blume, die zunächst an der Quelle stand und ihn mit ihren breiten, glänzenden Blättern berührte. Rund um sie her standen unzählige Blumen von allen Farben, und der köstlichste Geruch erfüllte die Luft. Er sah nichts als die blaue Blume und betrachtete sie lange mit unnennbarer Zärtlichkeit. Endlich wollte er sich ihr nähern, als sie auf einmal sich zu bewegen und zu verändern anfing; die Blätter wurden glänzender und schmiegten sich an den wachsenden Stängel, die Blume neigte sich nach ihm zu, und die Blütenblätter zeigten einen blauen ausgebreiteten Kragen, in welchem ein zartes Gesicht schwebte. Sein süßes Staunen wuchs mit der sonderbaren Verwandlung, als ihn plötzlich die Stimme seiner Mutter weckte und er sich in der elterlichen Stube fand, die schon die Morgensonne vergoldete. Er war zu entzückt, um unwillig über diese Störung zu sein; vielmehr bot er seiner Mutter freundlich guten Morgen und erwiderte ihre herzliche Umarmung.

A ■ Bestimmen Sie die einzelnen Stationen, die Heinrich in seiner Traumreise durchläuft.
B ■ Erörtern Sie den Zusammenhang von Entgrenzung, Sehnsucht und Erzählung der »Blauen Blume«.
C ■ Sehnsucht und Wanderschaft werden in literarischen Texten der Romantik oft miteinander verknüpft. Erläutern Sie die Gründe für diese Motivverknüpfung (→ **Motive und Leitmotive**, S. 56).
D ■ Die »Blaue Blume« hat viele Deutungen erfahren – stellen Sie einige vor.

Texte der Romantik, des Expressionismus und der Gegenwart erschließen

Text 112

116. Athenäumsfragment (1798) *Friedrich Schlegel*

Die romantische Poesie ist eine progressive Universalpoesie. Ihre Bestimmung ist nicht bloß, alle getrennten Gattungen der Poesie wieder zu vereinigen und die Poesie mit der Philosophie und Rhetorik in Berührung zu setzen. Sie will und soll auch Poesie und Prosa, Genialität und Kritik, Kunstpoesie und Naturpoesie bald mischen, bald verschmelzen, die Poesie lebendig und gesellig, und das Leben und die Gesellschaft poetisch machen, den Witz poetisieren, und die Formen der Kunst mit gediegnem Bildungsstoff jeder Art anfüllen und sättigen und durch die Schwingungen des Humors beseelen. Sie umfasst alles, was nur poetisch ist, vom größten wieder mehrere Systeme in sich enthaltenden Systeme der Kunst, bis zu dem Seufzer, dem Kuss, den das dichtende Kind aushaucht in kunstlosen Gesang. Sie kann sich so in das Dargestellte verlieren, dass man glauben möchte, poetische Individuen jeder Art zu charakterisieren, sei ihr Ein und Alles; und doch gibt es noch keine Form, die so dazu gemacht wäre, den Geist des Autors vollständig auszudrücken: sodass manche Künstler, die nur auch einen Roman schreiben wollten, von ungefähr sich selbst dargestellt haben. Nur sie kann gleich dem Epos ein Spiegel der ganzen umgebenden Welt, ein Bild des Zeitalters werden. Und doch kann auch sie am meisten zwischen dem Dargestellten und dem Darstellenden, frei von allem realen und idealen Interesse auf den Flügeln der poetischen Reflexion in der Mitte schweben, diese Reflexion immer wieder potenzieren und wie in einer endlosen Reihe von Spiegeln vervielfachen. Sie ist der höchsten und der allseitigsten Bildung fähig; nicht bloß von innen heraus, sondern auch von außen hinein; indem sie jedem, was ein Ganzes in ihren Produkten sein soll, alle Teile ähnlich organisiert, wodurch ihr die Aussicht auf eine grenzenlos wachsende Klassizität eröffnet wird. Die romantische Poesie ist unter den Künsten, was der Witz der Philosophie und die Gesellschaft, Umgang, Freundschaft und Liebe im Leben ist. Andre Dichtarten sind fertig und können nun vollständig zergliedert werden. Die romantische Dichtart ist noch im Werden; ja das ist ihr eigentliches Wesen, dass sie ewig nur werden, nie vollendet sein kann. Sie kann durch keine Theorie erschöpft werden, und nur eine divinatorische Kritik dürfte es wagen, ihr Ideal charakterisieren zu wollen. Sie allein ist unendlich, wie sie allein frei ist, und das als ihr erstes Gesetz anerkennt, dass die Willkür des Dichters kein Gesetz über sich leide. Die romantische Dichtart ist die einzige, die mehr als Art und gleichsam die Dichtkunst selbst ist: Denn in einem gewissen Sinn ist oder soll alle Poesie romantisch sein.

A ■ Friedrich Schlegel formuliert in diesem Text Kernsätze romantischer Literaturauffassung. Bestimmen Sie, was nach Schlegel romantische Literatur *universal*, also allumfassend, und *progressiv*, also immerzu fortschreitend, werden lässt.

B ■ Zeigen Sie, wie in den beiden Gedichten Schlegels Auffassung von Literatur umgesetzt worden ist.

Text 113

Wünschelrute (1835)
Joseph von Eichendorff

Schläft ein Lied in allen Dingen,
Die da träumen fort und fort,
Und die Welt hebt an zu singen,
triffst du nur das Zauberwort.

Text 114

»Wenn nicht mehr Zahlen und Figuren« (1800) *Novalis*

Wenn nicht mehr Zahlen und Figuren
Sind Schlüssel aller Kreaturen
Wenn die so singen, oder küssen,
Mehr als die Tiefgelehrten wissen,
Wenn sich die Welt ins freie Leben
Und in die Welt wird zurück begeben,
Wenn dann sich wieder Licht und Schatten
Zu echter Klarheit wieder gatten,
Und man in Märchen und Gedichten
Erkennt die wahren Weltgeschichten,
Dann fliegt vor Einem geheimen Wort
Das ganze verkehrte Wesen fort.

Texte der Romantik, des Expressionismus und der Gegenwart erschließen

■ Text 115
Die Lehrlinge zu Sais (1802) *Novalis*

Novalis hat von diesem naturphilosophischen Roman nur Fragmente hinterlassen. Sais ist ein Tempel in Ägypten. In den ersten Teil, »Lehrlinge«, eingelegt ist das »Märchen von Hyazinth und Rosenblüte«, das die Bedeutung der Liebe für die Erkenntnis der Natur betont. Damit ergänzt Novalis Schellings Ansatz der Naturerkenntnis mit Hilfe der Verstandeskräfte um die Rolle der Gefühle.

Mannichfache Wege gehen die Menschen. Wer sie verfolgt und vergleicht, wird wunderliche Figuren entstehen sehn; Figuren, die zu jener großen Chiffernschrift zu gehören scheinen, die man über-
5 all, auf Flügeln, Eierschalen, in Wolken, im Schnee, in Kristallen und in Steinbildungen, auf gefrierenden Wassern, im Innern und Äußern der Gebirge, der Pflanzen, der Tiere, der Menschen, in den Lichtern des Himmels, auf berührten und gestrichenen Schei-
10 ben von Pech und Glas, in den Feilspänen um den Magnet her und sonderbaren Konjunkturen des Zufalls erblickt. In ihnen ahndet man den Schlüssel dieser Wunderschrift, die Sprachlehre derselben; allein die Ahndung will sich selbst in keine feste Formen fügen
15 und scheint kein höherer Schlüssel werden zu wollen. Ein Alkahest scheint über die Sinne der Menschen ausgegossen zu sein. Nur augenblicklich scheinen ihre Wünsche, ihre Gedanken sich zu verdichten. So entstehen ihre Ahndungen, aber nach kurzen Zeiten schwimmt alles wieder, wie vorher, vor ihren Blicken. 20

A ■ Benennen Sie die von Novalis angeführten Naturerscheinungen mit Hilfe von Über- bzw. Unterbegriffen.
B ■ Erläutern Sie die Bilder von der »großen Chiffernschrift« und dem »Alkahest« (ein Mittel zur chemischen Lösung von Stoffen), das über die menschlichen Sinne gegossen scheint.
C ■ Zeigen Sie, wie das »Singen« (hier: Sprechen) des lyrischen Ich aus »Nachts« zu der Wendung von der »großen Chiffernschrift« bei Novalis passt.

Natur   INFO

Die **naturphilosophischen Ansichten** der Romantiker wurzeln in den **naturwissenschaftlichen Erkenntnissen** der Zeit. Friedrich Wilhelm **Schelling** nun geht in seinen »Ideen zu einer Philosophie der Natur« (1797) von der Identität von Natur und Geist, von Konkretem und Abstraktem aus. Die Überwindung der **Trennung von Subjektivem** (Ich, Geist) **und Objektivem** (Natur, Geschichte, Nicht-Ich) kann mittels Ästhetik und Kunstphilosophie im Medium der **Kunst** erfahren bzw. erahnt werden. Natur wird nicht bloß als Anhäufung beschreibbarer Lebewesen und Gegenstände gesehen, sondern so, dass ein von den Menschen zu ergründender geheimer Sinn in ihr verborgen ist. Für diesen rätselhaften Sinn werden in der Romantik die Begriffe »Hieroglyphe« oder auch »**Chiffre**« verwendet. Nur eine universalistische, entgrenzende und entgrenzte Herangehensweise bietet in dieser Sicht die Möglichkeit der De-Chiffrierung der Natur. Daneben wird Natur in der Romantik oft als magischer, mit einem eigentümlichen Zauber versehener Ort gestaltet.

Magische Orte

■ Text 116

Ich weiß nicht, was soll es bedeuten (1826)   *Heinrich Heine*

Ich weiß nicht, was soll es bedeuten,
Dass ich so traurig bin;
Ein Märchen aus alten Zeiten,
Das kommt mir nicht aus dem Sinn.

5 Die Luft ist kühl und es dunkelt,
Und ruhig fließt der Rhein;
Der Gipfel des Berges funkelt
Im Abendsonnenschein.

Die schönste Jungfrau sitzet
10 Dort oben wunderbar,
Ihr goldnes Geschmeide blitzet,
Sie kämmt ihr goldenes Haar.

Sie kämmt es mit goldenem Kamme,
Und singt ein Lied dabei;
15 Das hat eine wundersame,
Gewaltige Melodei.

Den Schiffer im kleinen Schiffe
Ergreift es mit wildem Weh;
Er schaut nicht die Felsenriffe,
20 Er schaut nur hinauf in die Höh.

Ich glaube, die Wellen verschlingen
Am Ende Schiffer und Kahn;
Und das hat mit ihrem Singen
Die Lore-Ley getan.

■ Text 117

Waldgespräch (1815)   *Joseph von Eichendorff*

Es ist schon spät, es wird schon kalt,
Was reitst du einsam durch den Wald?
Der Wald ist lang, du bist allein,
Du schöne Braut! Ich führ dich heim!

5 »Groß ist der Männer Trug und List,
Vor Schmerz mein Herz gebrochen ist,
Wohl irrt das Waldhorn her und hin,
O flieh! Du weißt nicht, wer ich bin.«

So reich geschmückt ist Ross und Weib,
10 So wunderschön der junge Leib,
Jetzt kenn ich dich – Gott steh mir bei!
Du bist die Hexe Lorelei.

»Du kennst mich wohl – von hohem Stein
Schaut still mein Schloss tief in den Rhein.
15 Es ist schon spät, es wird schon kalt,
Kommst nimmermehr aus diesem Wald!«

Bildpostkarte von 1924:
Illustration zu H. Heines Gedicht
»Ich weiß nicht, was soll es bedeuten«

Texte der Romantik, des Expressionismus und der Gegenwart erschließen

■ Text 118

Zu Bacharach am Rheine (1801)   *Clemens Brentano*

Zu Bacharach am Rheine
Wohnt' eine Zauberin,
Sie war so schön und feine
Und riss viel Herzen hin.

5 Und machte viel zuschanden
Der Männer rings umher,
Aus ihren Liebesbanden
War keine Rettung mehr.

Der Bischof ließ sie laden
10 Vor geistliche Gewalt –
Und musste sie begnaden,
So schön war ihr' Gestalt.

Er sprach zu ihr gerühret:
»Du arme Lore Lay!
15 Wer hat dich denn verführet
Zu böser Zauberei?« –

»Herr Bischof lasst mich sterben,
Ich bin des Lebens müd,
Weil jeder muss verderben,
20 Der meine Augen sieht.

Die Augen sind zwei Flammen,
Mein Arm ein Zauberstab –
O legt mich in die Flammen!
O brechet mir den Stab!« –

25 »Ich kann dich nicht verdammen,
Bis du mir erst bekennt,
Warum in diesen Flammen
Mein eigen Herz schon brennt.

Den Stab kann ich nicht brechen,
30 Du schöne Lore Lay!
Ich müsste dann zerbrechen
Mein eigen Herz entzwei.« –

»Herr Bischof mit mir Armen
Treibt nicht so bösen Spott,
35 Und bittet um Erbarmen,
Für mich den lieben Gott!

Ich darf nicht länger leben,
Ich liebe keinen mehr –
Den Tod sollt Ihr mir geben,
40 Drum kam ich zu Euch her! –

Mein Schatz hat mich betrogen,
Hat sich von mir gewandt,
Ist fort von hier gezogen,
Fort in ein fremdes Land.

45 Die Augen sanft und wilde,
Die Wangen rot und weiß,
Die Worte still und milde
Das ist mein Zauberkreis.

Ich selbst muss drin verderben,
50 Das Herz tut mir so weh,
Vor Schmerzen möcht' ich sterben,
Wenn ich mein Bildnis seh'.

Drum lasst mein Recht mich finden,
Mich sterben, wie ein Christ!
55 Denn alles muss verschwinden,
Weil er nicht bei mir ist.«

Drei Ritter lässt er holen:
»Bringt sie ins Kloster hin,
Geh Lore! Gott befohlen
60 Sei dein berückter Sinn!

Du sollst ein Nönnchen werden,
Ein Nönnchen schwarz und weiß,
Bereite dich auf Erden
Zu deines Todes Reis'!«

65 Zum Kloster sie nun ritten,
Die Ritter alle drei,
Und traurig in der Mitten
Die schöne Lore Lay.

»O Ritter, lasst mich gehen,
70 Auf diesen Felsen groß,
Ich will noch einmal sehen
Nach meines Buhlen Schloss.

Ich will noch einmal sehen
Wohl in den tiefen Rhein
75 Und dann ins Kloster gehen
Und Gottes Jungfrau sein.«

Der Felsen ist so jähe,
So steil ist seine Wand,
Sie klimmen sie in die Höhe,
80 Da tritt sie an den Rand.

Es binden die drei Ritter,
Die Rosse unten an
Und klettern immer weiter
Zum Felsen auch hinan.

85 Die Jungfrau sprach: »Da wehet
Ein Segel auf dem Rhein,
Der in dem Schifflein stehet,
Der soll mein Liebster sein!

Mein Herz wird mir so munter,
90 Er muss mein Liebster sein! –«
Da lehnt sie sich hinunter
Und stürzet in den Rhein.

Die Ritter mussten sterben,
Sie konnten nicht hinab,
95 Sie mussten all verderben,
Ohn' Priester und ohn' Grab!

Wer hat dies Lied gesungen?
Ein Schiffer auf dem Rhein,
Und immer hat's geklungen
100 Von dem Dreir Ritterstein:

Lore Lay!
Lore Lay!
Lore Lay!
Als wären es meiner drei.

Bei Bacharach steht dieser Felsen,
105 Lore Lay genannt, alle vorbei-
    fahrende Schiffer
rufen ihn an, und freuen sich des
vielfachen Echos.

Texte der Romantik, des Expressionismus und der Gegenwart erschließen

Vergleichende Untersuchung der romantischen Loreley-Darstellung

Aufgabeninsel

Die folgenden Arbeitshinweise sollen Ihnen das Lesen und Interpretieren von romantischen Texten zum Motiv des magischen Ortes im literaturgeschichtlichen Zusammenhang ermöglichen.

Die Hinweise gliedern sich in
- Vorbereitung,
- Durchführung und
- Auswertung der Untersuchung mit Integration der Ergebnisse.

Vorbereitung

A ▪ Recherchieren Sie zu Loreley, Nymphe, Sirenen und der Begegnung von Odysseus mit den Sirenen.

B ▪ Vergleichen Sie die Ortssage von der Loreley mit der Erzählung aus der Odyssee und bestimmen Sie die Gemeinsamkeiten.

C ▪ Erläutern Sie die Magie des Ortes, die in der Sage der Loreley zugeschrieben wird.

Durchführung

D ▪ Untersuchen Sie die Ballade von *Brentano* (**T118**) indem Sie …
 - die Geschichte der Frauenfigur Lore Lay rekonstruieren,
 - die Motive der Figuren erschließen,
 - die Bedeutung des Felsens am Fluss in dieser Geschichte klären,
 - die Unterschiede in der Darstellung der Loreley in der Sage und der Ballade bestimmen.

E ▪ Vergleichen Sie nun Heines Gedicht (**T116**) mit »Waldgespräch« (**T117**), indem Sie die Unterschiede in der Darstellung der Figur der Loreley herausstellen. (→ **Gedichtvergleich**, S. 99)

F ▪ Erörtern Sie mögliche Deutungen, warum in »Waldgespräch« der Wald an die Stelle des Felsens am Fluss tritt.

Auswertung

G ▪ In Sage, Ballade und den Gedichten hat die Magie des Ortes mit der Loreley eine besondere, aber auch unterschiedliche Bedeutung. Beschreiben Sie diese jeweilige Magie im Vergleich.

H ▪ Erörtern Sie, inwiefern die Loreley am Rhein bis heute als magischer Ort beschrieben werden kann.

Magische Orte in der Literatur der Romantik

INFO

In der Literatur der Romantik werden immer wieder **magische Orte** beschrieben und gestaltet. Das sind Orte, die eine **geheimnisvolle Anziehungskraft** und **besonderen Zauber** ausüben. Dem Loreley-Felsen im Rheintal ist durch eine Sage eine solche, hier fatale Anziehung zugeschrieben worden: Durch den Gesang eines Naturwesens werden die Schiffer abgelenkt, sodass sie an diesem Felsen stranden. In der antiken Mythologie sind solche (oft in Höhlen lebenden) Wesen als Nymphen oder auch Sirenen dargestellt worden. Clemens Brentano greift die Ortssage vom Loreley-Felsen auf und stößt mit seiner Ballade eine ganze Reihe von Loreley-Gedichten an. In vielen Fällen werden Frauen eine eigene Zauberkraft zugeschrieben zur Erklärung der Magie des jeweiligen Ortes. Neben Fluss und Felsen wird auch der Wald mit seiner Freiheit von gesellschaftlichen Zwängen und Ordnungen als magischer Ort gestaltet.

Texte der Romantik, des Expressionismus und der Gegenwart erschließen

Weltwahrnehmung um 1900: Großstadtbilder

Was kann ich nach der Bearbeitung dieses Unterkapitels?
- Das Lebensgefühl um 1900 in Bildern und Texten erschließen
- Städtebilder in der Kunst und Literatur bestimmen
- Motivgleiche Gedichte vergleichen

A ▪ Beschreiben Sie das städtische Leben auf dem Alexanderplatz zu Beginn des 20. Jahrhunderts.

▪ Text 119

Die Mittagsgöttin (1887)   *Wilhelm Bölsche*

Mir war, als ich aus der Bahnhofshalle an der Station Alexanderplatz in das wogende Treiben des Berliner Spätnachmittages trat, als schnüre mir die heiße, staubdurchsättigte Luft die Kehle zu. Sicher im Banne alter Gewohnheit, suchte ich zwischen den zahllos sich kreuzenden Pferdebahnlinien und Droschkenreihen meinen Weg, aber das Geklingel und Gestampfe der Wagen und der Hufe, das beständige Ausweichen und Anstoßen im auf- und abflutenden Menschenstrome machte mich heute erregter als sonst. [...] Dieses schreiende, polternde, peitschenknallende und schellenrasselnde Chaos, in dem die Menschen mit harten, teilnahmslosen Gesichtern dahinsausten, als seien sie selbst nur Räder in einer gigantischen Maschine, kam mir am helllichten Tage vor wie ein beängstigender Geisterzug, der mit lähmender Hast und ohrenbetäubendem Geräusch an dem zitternden Wanderer vorüberrast. Die schweren gelbroten Massen der kollernden Pferdebahnwagen verschmolzen zu einem einzigen braunen Wirbel von langen, eckig sich auftürmenden Riesenwogen – die himmelhohen Häuser rings wie graue, versteinerte Säulen des allenthalben aufwallenden Staubes.

B ▪ Welche Erfahrungen der Großstadt stellt der Ich-Erzähler dar? Was nimmt er wahr und wie empfindet er die Umgebung? Wie drückt er seine Empfindungen aus? Welche sprachlichen und poetischen Mittel (vgl. Übersicht hinten im Buch) verwendet der Autor?

C ▪ Vergleichen Sie die Darstellung Bölsches mit dem Beginn von Eichendorffs »Taugenichts« (**T 109**).

Texte der Romantik, des Expressionismus und der Gegenwart erschließen

Die Entstehung und Entwicklung der neuen zivilisatorischen Erfahrungen, die Bölsches Ich-Erzähler in der Stadt macht, sind vor dem Hintergrund des rasanten wirtschaftlichen, technischen und sozialen Wandels, vor allem der umfassenden Industrialisierung und Urbanisierung zu sehen, die in Deutschland in der zweiten Hälfte des 19. Jahrhunderts, d. h. unmittelbar nach der Reichsgründung von 1871, die Landschaft, das soziale Zusammenleben der Menschen und die kulturelle Öffentlichkeit erheblich verändern. Betroffen von diesen Entwicklungen sind vor allem die Großstädte: München, Hamburg und nicht zuletzt Berlin. Berlin, einstige preußische Residenzstadt, wird zur Metropole des Reiches; deren Einwohnerzahl überschreitet 1877 die Millionengrenze. Anfang der zwanziger Jahre des 20. Jahrhunderts liegt sie schon bei fast vier Millionen.

A ▪ Vergleichen Sie die folgenden Texte von Kurt Pinthus und Georg Simmel (**T120** und **T121**) und arbeiten Sie heraus, wie sich die neue Zeit von der alten unterscheidet.

B ▪ Wie wirken sich nach Auffassung der beiden Autoren die Veränderungen der Umwelt auf die Wahrnehmungen, Gefühle und das Denken der Menschen aus?

▪ Text 120
Die Überfülle des Erlebens (1925)   *Kurt Pinthus*

Welch ein Trommelfeuer von bisher ungeahnten Ungeheuerlichkeiten prasselt seit einem Jahrzehnt auf unsere Nerven nieder. Trotz sicherlich erhöhter Reizbarkeit sind durch diese täglichen Sen-
5 sationen unsere Nerven trainiert und abgehärtet wie die Muskulatur eines Boxers gegen die schärfsten Schläge. Wie erregte früher ein Mordprozess […] die Welt, wie wurde das Schicksal jedes Raubmörders […] mit fiebernder Spannung von ganzen Nationen ver-
10 folgt – während wir heute in einer kurzen Zeitspanne gleich eine Serie von Massenmördern erleben, deren jeder in aller Ruhe mitten in der Öffentlichkeit ein paar Dutzend Menschen abgeschlachtet hat: Man male sich zum Vergleich nur, wie ein Zeitgenosse
15 Goethes oder ein Mensch des Biedermeiers seinen Tag in Stille verbrachte, und durch welche Mengen von Lärm, Erregungen und Anregungen heute jeder Durchschnittsmensch täglich sich durchzukämpfen hat, mit der Hin- und Rückfahrt zur Arbeitsstätte,
20 mit dem gefährlichen Tumult der von Verkehrsmitteln wimmelnden Straßen, mit Telefon, Lichtreklame, tausendfachen Geräuschen und Aufmerksamkeitsablenkungen […] Wie ungeheuer hat sich der Bewusstseinskreis jedes Einzelnen erweitert durch
25 die Erschließung der Erdoberfläche und die neuen Mitteilungsmöglichkeiten: Schnellpresse, Kino, Radio, Grammofon, Funktelegrafie. Stimmen längst Verstorbener erklingen; Länder, die wir kaum dem Namen nach kennen, rauschen an uns vorbei, als ob
30 wir selbst sie durchschweiften. Der jahrzehntelang vergeblich umkämpfte Südpol ward, innerhalb 34

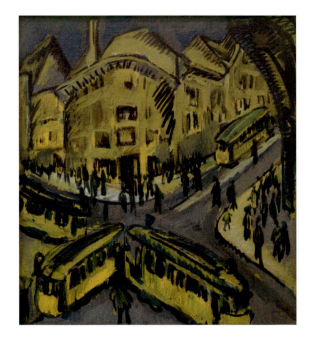

Ernst Ludwig Kirchner: Nollendorfplatz, 1912

C ▪ Erläutern Sie, inwiefern sich das veränderte Lebensgefühl auch in der bildenden Kunst widerspiegelt.

Tagen, gleich zweimal entdeckt, und der sagenhafte Nordpol wird bald von jedermann auf der Luftreise von Japan nach Deutschland überflogen werden können. Vor kurzem noch ungeahnte Möglichkeiten der Elektrizitätsausnutzung, unheilbare Krankheiten, Diphtherie, Syphilis, Zuckerkrankheit durch neu entdeckte Mittel heilbar geworden, das unsichtbare Innere unseres Körpers durch die Röntgenstrahlen klar vor Augen gelegt, all diese »Wunder« sind Alltäglichkeiten geworden.

■ Text 121
Die Großstädte und das Geistesleben (1903)   *Georg Simmel*

Die psychologische Grundlage, auf der der Typus großstädtischer Individualitäten sich erhebt, ist die Steigerung des Nervenlebens, die aus dem raschen und ununterbrochenen Wechsel äußerer und innerer Eindrücke hervorgeht. Der Mensch ist ein Unterschiedswesen, d. h., sein Bewusstsein wird durch den Unterschied des augenblicklichen Eindrucks gegen den vorhergehenden angeregt; beharrende Eindrücke, Geringfügigkeit ihrer Differenzen, gewohnte Regelmäßigkeit ihres Ablaufs und ihrer Gegensätze verbrauchen sozusagen weniger Bewusstsein als die rasche Zusammendrängung wechselnder Bilder, der schroffe Abstand innerhalb dessen, was man mit einem Blick umfasst, die Unerwartetheit sich aufdrängender Impressionen. Indem die Großstadt gerade diese psychologischen Bedingungen schafft – mit jedem Gang über die Straße, mit dem Tempo und den Mannigfaltigkeiten des wirtschaftlichen, beruflichen, gesellschaftlichen Lebens –, stiftet sie schon in den sinnlichen Fundamenten des Seelenlebens, in dem Bewusstseinsquantum, das sie uns wegen unserer Organisation als Unterschiedswesen abfordert, einen tiefen Gegensatz gegen die Kleinstadt und das Landleben, mit dem langsameren, gewohnteren, gleichmäßiger fließenden Rhythmus ihres sinnlich-geistigen Lebensbildes.

Daraus wird vor allem der intellektualistische Charakter des großstädtischen Seelenlebens begreiflich, gegenüber dem kleinstädtischen, das vielmehr auf das Gemüt und gefühlsmäßige Beziehungen gestellt ist. Denn diese wurzeln in den unbewussteren Schichten der Seele und wachsen am ehesten an dem ruhigen Gleichmaß ununterbrochener Gewöhnungen. Der Ort des Verstandes dagegen sind die durchsichtigen, bewussten, obersten Schichten unserer Seele, er ist die anpassungsfähigste unserer inneren Kräfte; er bedarf, um sich mit dem Wechsel und Gegensatz der Erscheinungen abzufinden, nicht der Erschütterungen und des inneren Umgrabens, wodurch allein das konservativere Gemüt sich in den gleichen Rhythmus der Erscheinungen zu schicken wüsste. So schafft der Typus des Großstädters – der natürlich von tausend individuellen Modifikationen umspielt ist – sich ein Schutzorgan gegen die Entwurzelung, mit der die Strömungen und Diskrepanzen seines äußeren Milieus ihn bedrohen: Statt mit dem Gemüte reagiert er auf diese im Wesentlichen mit dem Verstande, dem die Steigerung des Bewusstseins, wie dieselbe Ursache sie erzeugte, die seelische Prärogative verschafft. Damit ist die Reaktion auf jene Erscheinungen in das am wenigsten empfindliche, von den Tiefen der Persönlichkeit am weitesten abstehende psychische Organ verlegt. […]

Es bedarf nur des Hinweises, dass die Großstädte die eigentlichen Schauplätze dieser über alles Persönliche hinauswachsenden Kultur sind. Hier bietet sich in Bauten und Lehranstalten, in den Wundern und Komforts der Raum überwindenden Technik, in den Formungen des Gemeinschaftslebens und in den sichtbaren Institutionen des Staates eine so überwältigende Fülle kristallisierten, unpersönlich gewordenen Geistes, dass die Persönlichkeit sich sozusagen dagegen nicht halten kann. Das Leben wird ihr einerseits unendlich leicht gemacht, indem Anregungen, Interessen, Ausfüllungen von Zeit und Bewusstsein sich ihr von allen Seiten anbieten und sie wie in einem Strome tragen, in dem es kaum noch eigener Schwimmbewegungen bedarf. Andererseits aber setzt sich das Leben doch mehr und mehr aus diesen unpersönlichen Inhalten und Darbietungen zusammen, die die eigentlich persönlichen Färbungen und Unvergleichlichkeiten verdrängen wollen; sodass nun gerade, damit dieses Persönlichste sich rette, es ein Äußerstes an Eigenart und Besonderung aufbieten muss; es muss dieses übertreiben, um nur überhaupt noch hörbar, auch für sich selbst, zu werden.

Texte der Romantik, des Expressionismus und der Gegenwart erschließen

■ Text 122

Siehst du die Stadt (1890)
Hugo von Hofmannsthal

Siehst du die Stadt, wie sie da drüben ruht,
Sich flüsternd schmieget in das Kleid der Nacht?
Es gießt der Mond der Silberseide Flut
Auf sie herab in zauberischer Pracht.

5 Der laue Nachtwind weht ihr Atmen her,
So geisterhaft, verlöschend leisen Klang;
Sie weint im Traum, sie atmet tief und schwer,
Sie lispelt, rätselvoll, verlockend bang …

Die dunkle Stadt, sie schläft im Herzen mein
10 Mit Glanz und Glut, mit qualvoll bunter Pracht:
Doch schmeichelnd schwebt um dich ihr Widerschein,
Gedämpft zum Flüstern, gleitend durch die Nacht.

■ Text 123

Der Gott der Stadt (1911)   *Georg Heym*

Auf einem Häuserblocke sitzt er breit.
Die Winde lagern schwarz um seine Stirn.
Er schaut voll Wut, wo fern in Einsamkeit
Die letzten Häuser in das Land verirrn.

5 Vom Abend glänzt der rote Bauch dem Baal,
Die großen Städte knien um ihn her.
Der Kirchenglocken ungeheure Zahl
Wogt auf zu ihm aus schwarzer Türme Meer.

Wie Korybanten-Tanz dröhnt die Musik
10 Der Millionen durch die Straßen laut.
Der Schlote Rauch, die Wolken der Fabrik
Ziehn zu ihm auf, wie Duft von Weihrauch blaut.

Der dunkle Abend wird in Nacht betäubt.
Das Wetter schwält in seinen Augenbrauen.
15 Die Stürme flattern, die wie Geier schauen
Von seinem Haupthaar, das im Zorne sträubt.

Er steckt ins Dunkel seine Fleischerfaust.
Er schüttelt sie. Ein Meer von Feuer jagt
Durch eine Straße. Und der Glutqualm braust
20 Und frisst sie auf, bis spät der Morgen tagt.

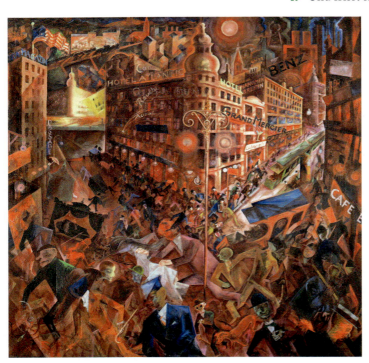

George Grosz: Metropolis, 1916/17

Texte der Romantik, des Expressionismus und der Gegenwart erschließen

■ Text 124

Städter (1919) *Alfred Wolfenstein*

Nah wie die Löcher eines Siebes stehn
Fenster beieinander, drängend fassen
Häuser sich so dicht an, dass die Straßen
Grau geschwollen wie Gewürgte stehn.

5 Ineinander dicht hineingehakt
Sitzen in den Trams die zwei Fassaden
Leute, ihre nahen Blicke baden
Ineinander, ohne Scheu befragt.

Unsre Wände sind so dünn wie Haut,
10 Dass ein jeder teilnimmt, wenn ich weine.
Unser Flüstern, Denken … wird Gegröle …

– Und wie still in dick verschlossner Höhle
Ganz unangerührt und ungeschaut
Steht ein jeder fern und fühlt: alleine

Moris Melzer: Brücke-Stadt, 1923

A ■ Lesen Sie das Gedicht »Siehst du die Stadt« von Hugo von Hofmannsthal. Wie wirkt die hier beschriebene Stadt auf Sie? Analysieren Sie, wie diese Wirkung zustande kommt.

B ■ Vergleichen Sie die Darstellung der Stadt in dem Gedicht von Hofmannsthal mit **T 123** oder **T 124**. Welche Aspekte stellt das lyrische Ich jeweils in den Vordergrund?

Welche sprachlich-formalen Gestaltungsmittel werden verwendet, um das jeweilige Stadtbild zu kennzeichnen?

C ■ Ordnen Sie die Gedichte einer literarischen Epoche zu. Begründen Sie Ihre Zuordnung.

D ■ Wählen Sie eines der Bilder auf dieser Doppelseite und stellen Sie einen Bezug zu den Gedichten her.

Le Corbusier: Plan aus den 1910-Jahren: Umgestaltung Paris City

Texte der Romantik, des Expressionismus und der Gegenwart erschließen

■ Text 125

Berlin Alexanderplatz (1929) *Alfred Döblin*

Döblin erzählt in seinem Großstadtroman die Geschichte des Arbeiters Franz Biberkopf. Biberkopf, aus der Haftanstalt Berlin-Tegel entlassen, versucht in Berlin Fuß zu fassen. Der Leser begleitet Biberkopf bei seinen Wegen durch das Berlin der 20er Jahre.

Mit der 41 in die Stadt

Er stand vor dem Tor des Tegeler Gefängnisses und war frei. Gestern hatte er noch hinten auf den Äckern Kartoffeln geharkt mit den andern, in Sträflingskleidung, jetzt ging er im gelben Sommermantel, sie harkten hinten, er war frei. Er ließ Elektrische auf Elektrische vorbeifahren, drückte den Rücken an die rote Mauer und ging nicht. Der Aufseher am Tor spazierte einige Male an ihm vorbei, zeigte ihm seine Bahn, er ging nicht. Der schreckliche Augenblick war gekommen [schrecklich, Franze, warum schrecklich?], die vier Jahre waren um. Die schwarzen eisernen Torflügel, die er seit einem Jahre mit wachsendem Widerwillen betrachtet hatte [Widerwillen, warum Widerwillen], waren hinter ihm geschlossen. Man setzte ihn wieder aus. Drin saßen die andern, tischlerten, lackierten, sortierten, klebten, hatten noch zwei Jahre, fünf Jahre. Er stand an der Haltestelle.
   Die Strafe beginnt.
   Er schüttelte sich, schluckte. Er trat sich auf den Fuß. Dann nahm er einen Anlauf und saß in der Elektrischen. Mitten unter den Leuten. Das war zuerst, als wenn man beim Zahnarzt sitzt, der eine Wurzel mit der Zange gepackt hat und zieht, der Schmerz wächst, der Kopf will platzen. Er drehte den Kopf zurück nach der roten Mauer, aber die Elektrische sauste mit ihm auf den Schienen weg, dann stand nur noch sein Kopf in der Richtung des Gefängnisses. Der Wagen machte eine Biegung, Bäume, Häuser traten dazwischen. Lebhafte Straßen tauchten auf, die Seestraße, Leute stiegen ein und aus. In ihm schrie es entsetzt: Achtung, Achtung, es geht los. Seine Nasenspitze vereiste, über seine Backe schwirrte es. »Zwölf Uhr Mittagszeitung«, »B. Z.«, »Die neue Illustrierte«, »Die Funkstunde neu«, »Noch jemand Zugestiegen?« Die Schupos haben jetzt blaue Uniformen. Er stieg unbeachtet wieder aus dem Wagen, war unter Menschen. Was war denn? Nichts. Haltung, ausgehungertes Schwein, reiß dich zusammen, kriegst meine Faust zu riechen. Gewimmel, welch Gewimmel. Wie sich das bewegte.

Mein Brägen[1] hat wohl kein Schmalz mehr, der ist wohl ganz ausgetrocknet. Was war das alles, Schuhgeschäfte, Hutgeschäfte, Glühlampen, Destillen. Die Menschen müssen doch Schuhe haben, wenn Sie so viel rumlaufen, wir hatten ja auch eine Schusterei, wollen das mal festhalten. Hundert blanke Scheiben, lass die doch blitzern, die werden dir doch nicht bange machen, kannst sie ja kaputt schlagen, was ist denn mit die, sind eben blank geputzt. Man riss das Pflaster am Rosenthaler Platz auf, er ging zwischen andern auf Holzbohlen. Man mischt sich unter die andern, da vergeht alles, dann merkst du nichts, Kerl. Figuren standen in den Schaufenstern in Anzügen, Mänteln, mit Röcken, mit Strümpfen und Schuhen. Draußen bewegte sich alles, aber – dahinter – war nichts! Es – lebte – nicht! Es hatte fröhliche Gesichter, es lachte, wartete auf der Schutzinsel gegenüber Aschinger[2] zu zweit oder zu dritt, rauchte Zigaretten, blätterte in Zeitungen. So stand das da wie die Laternen – und wurde immer starrer. Sie gehörten zusammen mit den Häusern, alles weiß, alles Holz.
   Schreck fuhr in ihn, als er die Rosenthaler Straße herunterging und in einer kleinen Kneipe ein Mann und eine Frau dicht am Fenster saßen: Die gossen sich Bier aus Seideln in den Hals, ja was war dabei, sie tranken eben, sie hatten Gabeln und stachen sich damit Fleischstücke in den Mund, dann zogen sie die Gabeln wieder heraus und bluteten nicht. Oh, krampfte sich sein Leib zusammen, ich kriege es nicht weg, wo soll ich hin? Es antwortete: Die Strafe.
   Er konnte nicht zurück, er war mit der Elektrischen so weit hierher gefahren, er war aus dem Gefängnis entlassen und musste hier hinein, noch tiefer hinein.
   Das weiß ich, seufzte er in sich, dass ich hier rin muss und dass ich aus dem Gefängnis entlassen bin. Sie mussten mich ja entlassen, die Strafe war um, hat seine Ordnung, der Bürokrat tut seine Pflicht. Ich geh auch rin, aber ich möchte nicht, nein, ich kann nicht.
   Er wanderte die Rosenthaler Straße am Warenhaus Tietz vorbei, nach rechts bog er ein in die schmale Sophienstraße. Er dachte, diese Straße ist dunkler, wo es dunkel ist, wird es besser sein. Die Gefangenen werden in Einzelhaft, Zellenhaft und Gemeinschaftshaft untergebracht. Bei Einzelhaft wird der Gefangene bei Tag und Nacht unausgesetzt von andern Gefangenen gesondert gehalten. Bei Zellenhaft wird der Gefange-

ne in einer Zelle untergebracht, jedoch bei Bewegung im Freien, beim Unterricht, Gottesdienst mit andern zusammengebracht. Die Wagen tobten und klingelten weiter, es rann Häuserfront neben Häuserfront ohne Aufhören hin. Und Dächer waren auf den Häusern, die schwebten auf den Häusern, seine Augen irrten nach oben: Wenn die Dächer nur nicht abrutschten, aber die Häuser standen gerade. Wo soll ick armer Deibel hin, er latschte an der Häuserwand lang, es nahm kein Ende damit. Ich bin ein ganz großer Dussel, man wird sich hier doch noch durchschlängeln können, fünf Minuten, zehn Minuten, dann trinkt man einen Kognak und setzt sich. Auf entsprechendes Glockenzeichen ist sofort mit der Arbeit zu beginnen. Sie darf nur unterbrochen werden in der zum Essen, Spaziergang, Unterricht bestimmten Zeit. Beim Spaziergang haben die Gefangenen die Arme ausgestreckt zu halten und sie vor- und rückwärts zu bewegen. [...]

Mit gespitztem Munde grunzte er und ermutigte sich, die Hände in den Taschen geballt. Seine Schultern im gelben Sommermantel waren zusammengezogen zur Abwehr.

1 auch Bregen = Gehirn, Schädel
2 Imbiss

A ■ Untersuchen Sie, wie Franz Biberkopf in Döblins Berlin-Roman die Großstadt erlebt.

B ■ Mit Hilfe welcher Stilmittel verdeutlicht Döblin die psychische Verfassung Biberkopfs? Gehen Sie auch auf die Verwendung von epischem Bericht, erlebter Rede und innerem Monologen ein.

■ Text 126

Berlin Alexanderplatz [Drehbuchauszug] (1931)   *Alfred Döblin und Hans Wilhelm*

BILD 1
Vor Gefängnis Tegel
Man hört fern einmal das Vorbeirattern eines Zuges und den langgezogenen Pfeifton einer Lokomotive.
1. HALBNAH: (schon in seitlich gleitender Bewegung) Die eintönige, außergewöhnlich hohe Gefängnismauer von Tegel.

Der Apparat gleitet weiter an der Mauer entlang. Weiter und weiter. Einmal huscht eine Laterne oder ein Baum vorbei.

Kein Mensch ist zu sehen. Jetzt fährt der Apparat vorbei an einem Amtsschild mit dem Preußenadler darauf.

Darunter sieht man undeutlich eine Inschrift.

Und kurz danach hält der Apparat vor einem kleinen Eisentor, das in die Mauer eingelassen ist. Bleibt eine Sekunde so stehen.

Und jetzt *hört man von einer nahen Turmuhr zehn blecherne Glockenschläge ...*

Und während die Uhr noch schlägt, *hört man von hinter dem Tor deutlich Schritte und Stimmen. Ein Schlüsselbund klappert. Jetzt wird geschlossen.*

Langsam öffnet sich das Tor, während der Apparat nähergleitet.

In dem geöffneten Tor stehen ein Beamter des Gefängnisses und Franz Biberkopf, der einen verschnürten Pappkarton in der Hand trägt. Biberkopf hat einen abgetragenen, etwas zu engen, unmodernen Anzug an. Er steht in dem geöffneten Tor in gespannter Haltung. Stier geradeaus sehend. Der Schließer sieht ihn an: Na, warum geht der noch nicht? Er tippt Franz an, schiebt ihn etwas vor, reicht ihm dann die Hand. Biberkopf nimmt die Hand, immer mit dem gleichen Gesichtsausdruck, während der Schließer sagt: *»Also viel Glück, Biberkopf! Und da fährt Ihre Elektrische!«* [...]

Dann geht er zurück ins Tor. Biberkopf sieht ihm nach. Die Tür fällt *mit dumpfen Knall* zu.

Biberkopf sackt etwas stärker zusammen. Dann sieht er wieder auf, wendet sich und geht (Apparat fahrend) einen Schritt weiter, den Karton immer eng an sich gepresst. Dann versucht er noch einen Schritt. Und nach einer kurzen Pause geht er hastig drei Schritte. Und bleibt wieder stehen, mit unverändert gespanntem Ausdruck. Sein Kopf senkt sich.

Er blickt zu Boden.

Der Apparat gleitet rasch vor ihm zurück über die Straße, sodass die Mauer über Biberkopf wächst und wächst ins Riesenhafte. Er ganz klein davor. An der unteren Bildkante.

Und jetzt wird über dem oberen Rand der Mauer sichtbar ein Teil eines Gebäudes mit vergitterten Fenstern: das Gefängnis!

C ■ Verlgeichen Sie den Drehbuchbeginn mit dem Romananfang im Hinblick auf die Gestaltungsmittel.

Texte der Romantik, des Expressionismus und der Gegenwart erschließen

■ Text 127

Die Aufgabe der Kunst (1918) *Kasimir Edschmid*

Es kamen die Künstler der neuen Bewegung. Sie gaben nicht mehr die leichte Erregung. Sie gaben nicht mehr die nackte Tatsache. Ihnen war der Moment, die Sekunde der impressionistischen Schöpfung nur ein taubes Korn in der mahlenden Zeit. Sie waren nicht mehr unterworfen den Ideen, Nöten und persönlichen Tragödien bürgerlichen und kapitalistischen Denkens.

Ihnen entfaltete das *Gefühl* sich maßlos.
Sie sahen nicht.
Sie schauten.
Sie fotografierten nicht.
Sie hatten Gesichte.
Statt der Rakete schufen sie die dauernde Erregung. Statt dem Moment die Wirkung in die Zeit. Sie wiesen nicht die glänzende Parade eines Zirkus. Sie wollten das Erlebnis, das anhält.

Vor allem gab es gegen das Atomische, Verstückte der Impressionisten nun ein großes, umspannendes Weltgefühl. In ihm stand die Erde, das Dasein als eine große Vision. Es gab Gefühle darin und Menschen. Sie sollten erfasst werden im Kern und im Ursprünglichen.

Die große Musik eines Dichters sind seine Menschen. Sie werden ihm nur groß, wenn ihre Umgebung groß ist. Nicht das heroische Format, das führte nur zum Dekorativen, nein, groß in dem Sinne, dass ihr Dasein, ihr Erleben teilhat an dem großen Dasein des Himmels und des Bodens, dass ihr Herz, verschwistert allem Geschehen, schlägt im gleichen Rhythmus wie die Welt.

Dafür bedurfte es einer tatsächlich neuen Gestaltung der künstlerischen Welt. Ein *neues Weltbild* musste geschaffen werden, das nicht mehr teilhatte an jenem nur erfahrungsgemäß zu erfassenden der Naturalisten, nicht mehr teilhatte an jenem zerstückelten Raum, den die Impression gab, das vielmehr *einfach* sein musste, eigentlich, und darum schön.

Die Erde ist eine riesige Landschaft, die Gott uns gab. Es muss nach ihr so gesehen werden, dass sie unverbildet zu uns kommt. Niemand zweifelt, dass das das Echte nicht sein kann, was uns als äußere Realität erscheint.

Die Realität muss von uns geschaffen werden. Der Sinn des Gegenstands muss erwühlt sein.

Begnügt darf sich nicht werden mit der geglaubten, gewähnten, notierten Tatsache, es muss das Bild der Welt rein und unverfälscht gespiegelt werden. Das aber ist nur in uns selbst.

So wird der ganze Raum des expressionistischen Künstlers Vision. Er sieht nicht, er schaut.

Er schildert nicht, er erlebt. Er gibt nicht wieder, er gestaltet. Er nimmt nicht, er sucht. Nun gibt es nicht mehr die Kette der Tatsachen: Fabriken, Häuser, Krankheit, Huren, Geschrei und Hunger.

Nun gibt es ihre Vision. [...]

Er wird in dieser Kunst nichts als das Erhebendste und Kläglichste: *Er wird Mensch.* Hier liegt das Neue und Unerhörte gegen die Epochen vorher. Hier wird der bürgerliche Weltgedanke endlich nicht mehr gedacht. Hier gibt es keine Zusammenhänge mehr, die das Bild des Menschlichen verschleiern. Keine Ehegeschichten, keine Tragödien, die aus Zusammenprall von Konvention und Freiheitsbedürfnis entstehen, keine Milieustücke, keine gestrengen Chefs, lebenslustigen Offiziere, keine Puppen, die an den Drähten psychologischer Weltanschauungen hängend, mit Gesetzen, Standpunkten, Irrungen und Lastern dieses von Menschen gemachten und konstruierten Gesellschaftsdaseins spielen, lachen und leiden.

A ■ Geben Sie in Ihren eigenen Worten die Hauptthesen Edschmids wieder.

B ■ Worin liegt »das Neue und Unerhörte gegen die Epochen vorher«?

C ■ Weisen Sie an der Struktur und der sprachlichen Gestaltung des Textes nach, inwiefern Edschmid versucht, seine eigenen Thesen umzusetzen.

Texte der Romantik, des Expressionismus und der Gegenwart erschließen

Einen Ort in Texten und Bildern aus verschiedenen Zeiten untersuchen
Aufgabeninsel

Lesen Sie die folgenden Gedichte mehrfach durch. Entscheiden Sie sich für ein Gedicht, mit dem Sie sich intensiver beschäftigen wollen.

A ■ Analysieren Sie das Gedicht im Hinblick auf folgende Aspekte:
- historischer Kontext
- lyrischer Titel
- Gesamteindruck des Ortes
- Details, die diesen Gesamteindruck besonders unterstützen
- lyrischer Sprecher
- sprachliche und formale Gestaltung des Gedichts
- Korrespondenz zu den Bildern

B ■ Tauschen Sie sich über Ihre Arbeitsergebnisse mit Lernpartnern aus, die dasselbe Gedicht analysiert haben. Fixieren Sie Ihre Ergebnisse (Thesenpapier, Mindmap, Skizze etc.)

C ■ Stellen Sie Ihre Ergebnisse im Plenum vor und diskutieren Sie im Anschluss folgende Aspekte:
- Wie verändert sich das Bild vom Potsdamer Platz im Verlauf der Zeit?
- Welche Aspekte des Ortes sind den Autoren bei der Darstellung des Ortes jeweils besonders wichtig?
- Welche sprachlich-formalen Mittel nutzen die Autoren, um ihr jeweiliges Bild vom Potsdamer Platz darzustellen?
- Worin unterscheidet sich die literarische Auseinandersetzung mit diesem Ort von den bildnerischen Gestaltungen?

D ■ Suchen Sie im Internet, in der Stadtbücherei oder in privaten Fotoalben nach Fotos, Bildern und/oder Texten über zentrale Orte in Ihrer Umgebung, die aus verschiedenen Zeiten stammen. Stellen Sie Ihre Fundstücke gegenüber. Klären Sie, welchen Gesamteindruck wollte der Autor vermitteln, was war ihm besonders wichtig, wie hat er seine Intention jeweils umgesetzt.

■ Text 128
Auf der Terrasse des Café Josty (1912)
Paul Boldt

Der Potsdamer Platz in ewigem Gebrüll
Vergletschert alle hallenden Lawinen
Der Straßentrakte: Trams auf Eisenschienen,
Automobile und den Menschenmüll.

5 Die Menschen rinnen über den Asphalt,
Ameisenemsig, wie Eidechsen flink
Stirne und Hände, von Gedanken blink,
Schwimmen wie Sonnenlicht durch dunklen Wald.

Nachtregen hüllt den Platz in eine Höhle,
10 Wo Fledermäuse, weiß, mit Flügeln schlagen
Und lila Quallen liegen – bunte Öle;

Die mehren sich, zerschnitten von den Wagen. –
Aufspritzt Berlin, des Tages glitzernd Nest,
Vom Rauch der Nacht wie Eiter einer Pest.

Texte der Romantik, des Expressionismus und der Gegenwart erschließen

■ Text 129

Naturschutzgebiet (1982)   *Sarah Kirsch*

Die weltstädtischen Kaninchen
Hüpfen sich aus auf dem Potsdamer Platz
Wie soll ich angesichts dieser Wiesen
Glauben was mir mein Großvater sagte
5 Hier war der Nabel der Welt
Als er in jungen Jahren mit seinem Adler
Ein schönes Mädchen chauffierte.
Durch das verschwundene Hotel
Fliegen die Mauersegler
10 Die Nebel steigen
Aus wunderbaren Wiesen und Sträuchern
Kaum sperrt man den Menschen den Zugang
Tut die Natur das ihre durchwächst
Noch das Pflaster der Straßenbahnschienen

■ Text 130

Erich Kästner – Wiedergelesen: »Besuch vom Lande« (1982)   *Robert Gernhardt*

Sie stehen verstört am Potsdamer Platz.
Und finden Berlin zu laut.
Die Nacht glüht auf in Kilowatts.
Ein Fräulein sagt heiser: »Komm mit, mein Schatz!«
5 *Und zeigt entsetzlich viel Haut.*

So fetzig beginnt ein altes Gedicht.
Erich Kästner hat es verfasst.
Die Kilowatts spenden immer noch Licht
am Potsdamer Platz. Doch viel Haut ist nicht,
10 vermerkt bedauernd der Gast.

Sie wissen vor Staunen nicht aus und nicht ein.
Sie stehen und wundern sich bloß.
Die Bahnen rasseln. Die Autos schrein.
Ich zieh mir versonnen die Zeilen rein:
15 *Hier war ja der Teufel los!*

Das ist nun schon siebzig Jahre her.
Da stand Erich Kästner am Platz.
Wer heute dort steht, der sieht ihn nicht mehr,
den Platz. Er ist weg mitsamt dem Verkehr
20 und dem »Komm mit, mein Schatz!«

Sie machen vor Angst die Beine krumm.
Und machen alles verkehrt.
Das war mal. Heut schlendern sie lässig rum.
Sie sagen: »Nicht übel« und scheuen sich um.
25 Und wirken sehr abgeklärt.

Es klingt, als ob die Großstadt stöhnt.
Heut klingt es, als ob sie pfeift.
Hier wird die Berlinale beklönt,
getrunken, gegessen, geschwatzt und gelöhnt.
30 Man gibt sich sehr cool und gereift.

Sie stehn am Potsdamer Platz herum,
bis man sie überfährt.
So käme kein heutiger Gast mehr um
am Potsdamer Platz. Er wär dann stockstumm.
35 Sprich: nicht wirklich bemitleidenswert.

Der Potsdamer Platz war einst *wild*, *groß* und *laut*.
Heut ist er sehr clean und sehr hell.
Er wirkt wie für zappenden Cyborgs gebaut.
Und wenn die noch was aus dem Anzug haut,
40 dann schlimmstenfalls virtuell.

Texte der Romantik, des Expressionismus und der Gegenwart erschließen

Was ist ein Naturgedicht?

Was kann ich nach der Bearbeitung dieses Unterkapitels?
- Merkmale von Naturgedichten bestimmen
- Das Natur- und Stadtmotiv in verschiedenen Gedichten erschließen
- Die gesellschaftliche Funktion von Gedichten thematisieren

■ Text 131

Im Park (1846)   *Eduard Mörike*

Sieh, der Kastanie kindliches Laub hängt noch wie der feuchte
Flügel des Papillons, wenn er die Hülle verließ;
Aber in laulicher Nacht der kürzeste Regen entfaltet
Leise die Fächer und deckt schnelle den luftigen Gang.
5 – Du magst eilen, o himmlischer Frühling, oder verweilen,
Immer dem trunkenen Sinn fliehst du,, ein Wunder, vorbei.

■ Text 132

Herbst (1902)   *Rainer Maria Rilke*

Die Blätter fallen, fallen wie von weit,
als welkten in den Himmeln ferne Gärten;
Sie fallen mit verneinender Gebärde.
Und in den Nächsten fällt die schwere Erde
5 Aus allen Sternen in die Einsamkeit.

Wir alle fallen. Diese Hand da fällt.
Und sieh dir andre an: Es ist in allen.

Und doch ist Einer, welcher dieses Fallen
Unendlich sanft in seinen Händen hält.

■ Text 133

Schöne seltene Weide (1975)
Rainer Malkowski

Manchmal, nach einem Herbststurm,
wenn die Luft still und gefegt ist,
gehe ich im Garten umher und zähle
die abgeschlagenen Äste.
5 Nur die Weide zeigt keine Veränderung.
Ich bewundere sie lange:
Nicht immer sieht es so schön aus,
wenn die Biegsamkeit überlebt.

A ■ Welches dieser Gedichte spricht Sie persönlich besonders an? Erklären Sie kurz warum.
B ■ Wenn Sie die Gedichte jeweils einer Rubrik zuordnen müssten, welche würden Sie wählen: Gesellschaftskritik, Leben und Tod, Jahreszeiten, Religion, Vorbilder …?
Begründen Sie Ihre Zuordnung.

Texte der Romantik, des Expressionismus und der Gegenwart erschließen

■ Text 134

Naturlyrik und Gesellschaft (1977)   *Norbert Mecklenburg*

»Ich singe, wie ein Vogel singt.« (Goethe)

Traditionelles Verständnis rückt Gedichte in die Nähe von Natur, so bleiben sie der Gesellschaft fern. Wenn aber Lyrik als solche eine Affinität zu Natur hätte, worin bestünde dann noch die Besonderheit von Naturlyrik?

Naturlyrik – das sind Gedichte, die Natur zum Gegenstand haben. Diese einigermaßen schlichte Umschreibung bietet nur das allernötigste Minimum an Bestimmung für eine historische Untersuchung, und dennoch scheint zweifelhaft, ob über sie hinauszugelangen ist. Wollte man die Begriffe »Natur« und »Gegenstand« im Hinblick auf Lyrik genauer erläutern, sie entglitten einem womöglich auch noch, und selbst dieser bescheidene Definitionsversuch wäre verloren. Gewiss, Naturlyrik mag als Name für ein lyrisches Genre gelten, wie man auch, unter dem Gesichtspunkt des Sujets, von Liebeslyrik sprechen kann. Solche gleichsam botanisierende Einteilung ließe sich »natürlich« bis auf Rosen-, Veilchen-, Lotos-, Levkojenlyrik noch verfeinern: »Die Sumpfdotterblume in der deutschen Lyrik von den Anfängen bis zur Gegenwart«. Der Sache und dem Problem, die das Stichwort Naturlyrik bezeichnet, bleibt sie äußerlich. Die Sache – das ist die Tatsache, dass Naturmotive in der Lyrik seit je einen breiten, in der Lyrik der letzten zweihundert Jahre, der bürgerlichen, aber vermutlich sogar den größten Raum eingenommen haben und womöglich noch einnehmen. Das Problem besteht darin, wie diese Tatsache zu erklären und zu beurteilen ist. Wie kommt es, dass ein gebildeter Deutscher, nach dem Inbegriff von Lyrik gefragt, nahezu zwanghaft »Über allen Gipfeln« nennen wird, ein Naturgedicht, das auch von den Theoretikern unzählige Male als Nonplusultra des Lyrischen schlechthin zitiert worden ist? Warum ist, zumindest im deutschen Traditionsraum, Naturlyrik zum Paradigma von Lyrik überhaupt geworden?

A ■ Formulieren Sie drei Fragen, die der Literaturwissenschaftler N. Mecklenburg im Zusammenhang mit dem Begriff Naturlyrik aufwirft.

B ■ Was verstehen Sie unter »Naturlyrik«? Suchen Sie in einer Lyrik-Anthologie, einem Gedichtband oder Ihrem Lehrbuch nach einem Ihrer Ansicht nach typischen Beispiel. Formulieren Sie drei Merkmale, die Ihrer Meinung nach für ein Naturgedicht typisch sind.

■ Text 135

Der Rauch (1953)   *Bertolt Brecht*

Das kleine Haus unter Bäumen am See.
Vom Dach steigt Rauch
Fehlte er
Wie trostlos dann wären
Haus, Bäume und See.

■ Text 136

Schöne Landschaft (1985)   *Ulla Hahn*

Mitunter tut sich
der Himmel auf
zeigt sein Geheimnis
im Spiegel der Erde
Zeigt uns was
wir noch übrig ließen
von der Erde die einmal
sein Ebenbild war.

Texte der Romantik, des Expressionismus und der Gegenwart erschließen

■ Text 137

Landschaft (1975) *Rolf Dieter Brinkmann*

1 verrußter Raum
nicht mehr zu bestimmen
    1 Autowrack, Glasscherben
    1 künstliche Wand, schallschluckend

5 verschiedene kaputte Schuhe
im blätterlosen Gestrüpp

»was suchen Sie da?«

1 Essay, ein Ausflug in die Biologie
das Suchen nach Köcherfliegenlarven, das gelbe

10 Licht 6 Uhr nachmittags

1 paar Steine

1 Warnschild »Privat«
1 hingekarrtes verfaultes Sofa
1 Sportflugzeug

15 mehrere flüchtende Tiere,
der Rest einer Strumpfhose an
einem Ast, daneben

A ■ Die drei Gedichte beschäftigen sich mit dem Thema »Landschaft«. Erarbeiten Sie, welche Aspekte dieses Themas jeweils entfaltet werden und welche sprachlich-formalen Mittel die Autoren einsetzen, um ihre Intention zu verdeutlichen.

B ■ Suchen Sie nach weiteren Fotos oder Gemälden, die die Aussage des jeweiligen Gedichts verstärken oder kontrastieren.

Texte der Romantik, des Expressionismus und der Gegenwart erschließen

■ Text 138

Freies Geleit (Aria II) (1957) *Ingeborg Bachmann*

Mit schlaftrunkenen Vögeln
und winddurchschossenen Bäumen
steht der Tag auf, und das Meer
leert einen schäumenden Becher auf ihn.

5   Die Flüsse wallen ans große Wasser,
und das Land legt Liebesversprechen
der reinen Luft in den Mund
mit frischen Blumen.

Die Erde will keinen Rauchpilz tragen,
10 kein Geschöpf ausspeien vorm Himmel,
mit Regen und Zornesblitzen abschaffen
die unerhörten Stimmen des Verderbens.

Mit uns will sie die bunten Brüder
und grauen Schwestern erwachen sehn,
15 den König Fisch, die Hoheit Nachtigall
und den Feuerfürsten Salamander.

Für uns pflanzt sie Korallen ins Meer.
Wäldern befiehlt sie, Ruhe zu halten,
dem Marmor, die schöne Ader zu schwellen,
20 noch einmal dem Tau, über die Asche zu gehn.

Die Erde will ein freies Geleit ins All
jeden Tag aus der Nacht haben,
daß noch tausend und ein Morgen wird
von der alten Schönheit jungen Gnaden.

A ■ Analysieren Sie das Gedicht »Freies Geleit« von Ingeborg Bachmann. Beachten Sie dabei Bezüge zur Schöpfungsgeschichte.

B ■ 1984 erschien eine Gedichtsammlung mit dem Titel »Die Erde will freies Geleit – deutsche Lyrik aus sechs Jahrhunderten.« Welcher programmatische Ansatz könnte sich Ihrer Ansicht nach hinter diesem Titel verbergen?

Texte der Romantik, des Expressionismus und der Gegenwart erschließen

Text 139
Die Ausgestorbenen (2014) *Silke Scheuermann*

Es sind die Pflanzen in den Schlagzeilen, nicht die auf der Wiese
in Wäldern und Sümpfen, Gärten und Parks.
Es sind die Pflanzen, die in den Konjunktiv gezogen sind, weil wir sie umtopfen in imaginären Parks,
Erdgeschichte, Kapitel. Jene, die Neubaugebieten
5 gewichen sind, Umgehungsstraßen und Kraftwerken,
im Paralleluniversum riechen sie wunderbar,
in diesem nur nach Papier und Listen, schlechtem Gewissen und hohem Gewissen.
Wir befinden uns tief im Gestrüpp von Schuld,
das über verlorene Schmuckstücke wächst, weggeworfene Ringe,
10 Fußkettchen aus angelaufenem Silber. Vergeblich verhandeln wir
alte Gefühle, suchen nach Bildern, die sich im Traum bewegen.
In meinem Brustkorb funkelt mein Herz wie ein versteckter
Kressesamen, ein Blättchen Löwenzahn.
Schwaches Licht fällt auf etwas, das an die Wand gezeichnet ist,
15 und ich sehe, es sind Bilder der ausgestorbenen Pflanzen.
Für einen Augenblick flüstern alle ihre Namen gleichzeitig,
und ihre Farben leuchten noch einmal auf,
leuchten und leuchten, addieren sich zum Frühling,
wie es ihn kaum je gegeben hat,
20 wie er kaum jemals in Öl existierte oder auf Hochglanzpapier,
wie er niemals in Fabriken hergestellt wird oder Industrieparks,
gebaut auf dem Areal, das einst das ihre war, jetzt
so wild überwuchert von etwas Neuem.

Texte der Romantik, des Expressionismus und der Gegenwart erschließen

■ Text 140

Robinson in der Stadt (1999)   *Durs Grünbein*

Wie die Ufer versteinern … Nur er schaut aufs Meer hin wie immer.
»Dieses winzige Zweibein, er ist das?«, fragen sich stumm die Gerüste
Am neusten Büroturm, die skelettsteifen Kräne. »Absolut spinnert«,
Gähnt ein Erdloch und stinkt.
5   Aus dem Schiffbruch kein Zimmer,
Vom Kinderbett keine Planke blieb übrig. »Nicht, daß ich wüßte«,
Schweigt ein Sperrzaun, befragt, ob der Mensch ihn an etwas erinnert,
Doch er kann es nicht lassen. Tief im Landesinnern gestrandet,
Sind die Dächer der Vorstadt sein Horizont, den er absucht. Wonach?
10 Aus den Segeln wurde die Leinwand der Kinos. Was draußen brandet,
Ist nur der Autoverkehr. Kein Mast, der ihm nicht droht »Dich leg ich flach«,
»Verpiß dich!« schallt es von jedem Friedhof, den die Bulldozer räumen,
Weil die Liegezeit um ist, verjährt sind die Abos für morsche Gebeine.
Allerorts treibt ein Blaulicht durch Straßen, ohrenbetäubend – tatüü, tatüü!
15 Nur er grast den Beton ab, Sammler von Strandgut, kommt nie ins Reine,
Wenn am Freitag zum Beispiel, auf hohem Absatz, genug zum Träumen,
Ein Chanson mit den Hüften schwenkt: »La mort vient et je suis nu …«.

A ■ Silke Scheuermann und Durs Grünbein greifen in ihren Gedichten das Natur- bzw. Stadtmotiv auf. Untersuchen Sie, welche Weltwahrnehmung in den Texten im Vordergrund steht und zeigen Sie, welche sprachlich-formalen Mittel die Autoren verwenden.

B₁ ■ 1961 erschien ein Gedichtband von Hans Bender mit dem Titel »Mein Gedicht ist mein Messer«. Erläutern Sie diese Aussage. Erörtern Sie, ob bzw. inwiefern die Gedichte von Scheuermann und Grünbein diese Funktion wahrnehmen könnten.

B₂ ■ Erörtern Sie, welche Funktion Gedichte dieser Art in der gesellschaftlichen Diskussion wahrnehmen können.

Texte der Romantik, des Expressionismus und der Gegenwart erschließen

■ Text 141

Bei den weißen Stiefmütterchen (1976)   *Sarah Kirsch*

Bei den weißen Stiefmütterchen
Im Park, wie er's mir auftrug
Stehe ich unter der Weide
Ungekämmte Alte blattlos
5 Siehst du sagt sie er kommt nicht

Ach sage ich er hat sich den Fuß gebrochen
Eine Gräte verschluckt, eine Straße
Wurde plötzlich verlegt oder
10 Er kann seiner Frau nicht entkommen
Viele Dinge hindern uns Menschen

Die Weide wiegt sich und knarrt
Kann auch sein er ist schon tot
15 Sah blass aus als er dich untern Mantel küsste
Kann sein Weide kann sein
So wollen wir hoffen er liebt mich nicht mehr

Marc Chagall. Sonne und Mimosen, 1949

■ Text 142

Mimosen (1987)   *Friederike Roth*

Mimosen, schau!
Schon breche ich aus ins Ach
Bin ich wach? oder was
Hab ich denn immer gelesen, gehört
5 von der Mimosenhaftigkeit.
Mich stört
dieses fast selbstbewusst kräftige Gelb.

Eine Frau
10 die scheinbar nie etwas anficht
die gelegentlich doch in Tränen ausbricht
erklärt mir ruhig lächelnd dann:
Der Mimosenbaum sei wie ein Schwann
Nicht dass die Blätter bei Berührung zucken
15 Nicht dass die gelben Blütenstände
sonnenlos
sich ducken
sei das Mimosenhaft der Mimose.

Aber wenn es tagelang regnet
Betet
Vollgesogen von
sagen wir ruhig statt Regen
den Wassern des Himmels
schwer und schwerer geworden
der Mimosenbaum
sich der Erde entgegen
und reißt
mit mimosenhaft müdschwerer Kraft
die eigenen Wurzeln sich aus dem Saft.

A ■ Gehen Sie der Frage nach, welche Funktion die Natur in den Gedichten von Sarah Kirsch und Friederike Roth hat.
B ■ Erläutern Sie, ob bzw. inwiefern es sich bei diesen Gedichten um »Naturgedichte« handelt.

Erzählen, auch filmisches, in Realismus, Neuer Sachlichkeit und Gegenwart vergleichen –
Frauen- und Männerrollen im Wandel

■ Text 143
Die traditionelle Geschlechterrolle im Wandel der Zeit (2012) *Tina Denecken*

Vom haarigen Neandertaler ist der Mann von heute ganz weit entfernt: Er geht, bis auf wenige Ausnahmen, ins Büro statt auf die Jagd, spielt mit den Kindern und benutzt seine eigene Faltencreme. Aber wie, um Himmels Willen, konnte das passieren?

Das Bild des »Neuen«, des »reflektierenden Mannes« entwickelte sich in der Renaissance. Emotionalität und eine Art Weichheit waren plötzlich nichts Ungewöhnliches mehr. Vorübergehend in
5 Mode kam in der Epoche des Sturm und Drang sogar der Mann als »Mitfühlender« und »Leidender« – ausgelöst durch Goethes Briefroman »Die Leiden des jungen Werther« aus dem Jahr 1774. In der intensiven Phase der Aufklärung formte sich dann das Bild von Männlichkeit, das bis heute gültig scheint: stark und 10 vernünftig im Gegensatz zur schwachen, naturnahen Frau.

Mit der beginnenden Industrialisierung in der ersten Hälfte des 19. Jahrhunderts arbeiteten die Väter mehr und mehr außer Haus. Einher mit der räumli- 15 chen Trennung ging nach allgemeinem Verständnis auch die zunehmende emotionale Distanz. Von 1870 bis 1960 galten Männer, die Emotionen zeigten, quasi als nicht salonfähig. Besonders deutlich offenbarte sich das während des Übergangs vom 19. ins 20. Jahr- 20 hundert. Die deutschen Männer waren trinkfest und schlagfertig – mit Worten und Fäusten! Man duel-

Erzählen, auch filmisches, in Realismus, Neuer Sachlichkeit und Gegenwart vergleichen

lierte sich und trug davongetragene Narben mit Stolz. Zu Kaisers Zeiten galt der Sohn aus gutbürgerlichem Hause als Musterbild deutscher Männlichkeit, und ein fester Platz in einer Bruderschaft gab die Antwort auf die Frage der Ehre. Der Erste Weltkrieg förderte das militärische Männlichkeitsideal: Kameradschaft, Heldenmut, Heldentod – gemeinsam siegen oder gemeinsam untergehen! Für die Geschlechterbeziehungen aber war es eine paradoxe Zeit. Während Heldenmut hoch im Kurs stand, mussten die Frauen ihre gefallenen Männer ersetzen und in deren Rollen schlüpfen. In den 20er- und 30er-Jahren entwickelten sich neue Leitbilder, die sich in Kunst-Literatur und in den Medien spiegelten. Der Mann ist Herr über Tempo und Technik, ist muskulös und reaktionsschnell, wie zum Beispiel der Boxer Max Schmeling. Die Nazis verstanden es, aus diesem Klischee einen Kult zu machen. […] Wieder wird der Soldat zum Musterbild des Mannes. Wieder kehrt er als Verlierer zurück. Und wieder waren die Frauen gezwungen, vermeintlich »männliche« Aufgaben zu übernehmen – und entdeckten dabei eigene Fähigkeiten! Mit zunehmender Normalisierung kehrten viele Frauen zurück in ihre Frauen- und Mutterrolle. Ganz zurückdrehen aber ließ sich das Rad nicht. […]

Zur Staatsdoktrin der DDR gehörte die Gleichberechtigung, und die Berufstätigkeit der Frau war eines der politischen Ziele. Das alte Rollenverständnis aber war in den Köpfen fest verankert, und so etablierte sich bald der Begriff der »zweiten Schicht«: Haushalt und Kinder nach Feierabend. […]

Im Westen blieb der Mann bis weit in die 60er unangefochtenes Familienoberhaupt, Alleinverdiener, Alleinentscheider und alleiniger Inhaber eines Führerscheins. Trotzdem löste sich nach und nach das Bild vom harten Mann auf. Mehr und mehr eiferten dem Bild des »Neues Vaters« nach. […]

In den 70ern wurde der Mann plötzlich mit einem Schreckensbild konfrontiert: die Emanze. Und der Mann lief Gefahr, sich im Dickicht der Rollenbilder zu verheddern. Machos waren nicht mehr gefragt. Softies leider auch nicht. Erst einmal Ruhe kehrte dann in den 80ern ein. Sportsmann, Businessmann, verschrobener Künstler – nun war alles erlaubt und akzeptiert, sogar Männer in »Frauenrollen«. Mit den 90ern schlich sich wieder etwas mehr Verunsicherung ein, da sich traditionelle Rollenbilder endgültig aufzulösen drohten. Als Kompromiss wählten viele das Prinzip des »Rosinenpickers«: Man verband ganz pragmatisch Traditionelles mit Neuem, soweit sich dies eben als nützlich oder bequem gestaltete. […] Davon, dass der Erziehungsurlaub Nehmende oder Teilzeitbeschäftigte, der alle Aufgaben partnerschaftlich teilt, gesellschaftliche Akzeptanz findet, ist die Gesellschaft immer noch ein Stückchen entfernt.

Nur eines steht wohl fest: Mit den Unterschieden zwischen Männlein und Weiblein werden sich noch in hundert Jahren Wissenschaftler – und Humoristen – beschäftigen.

A ■ Stellen Sie tabellarisch gegenüber, was Sie aus diesem Artikel über Männer- und Frauenrollen im Wandel erfahren. Nutzen Sie dabei die Epochenbegriffe bzw. Daten.

B ■ Entwickeln Sie vor diesem Hintergrund Fragen, mit denen Sie Texte auf das in ihnen vermittelte Bild von Frau bzw. Mann untersuchen können.

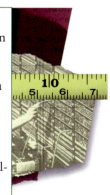

In diesem Kapitel lernen Sie(,) …
- die historisch-soziale Bedingtheit des Selbstverständnisses und der Rollenbilder von Frau und Mann einzuschätzen,
- die im Realismus differenziert dargestellte Rolle der Frau in Abhängigkeit von männlich dominierten Strukturen zu analysieren und deren filmische Rezeption zu untersuchen,
- Facetten der sog. »Neuen Frau« als ein Thema der »Neuen Sachlichkeit« kennen und zu deuten mit Blick auf die veränderte gesellschaftlich-soziale Realität der Weimarer Republik und
- die aktuelle Debatte um Gender, Geschlechterrollen und Verunsicherung im Verhalten in unterschiedlichen Sachtexten und im Film zu verstehen und zu bewerten.

Darf sie das? Muss er so sein? Das Frauen- und Männerbild im Realismus am Beispiel *Effi Briest* und filmische Rezeptionen

> **Was kann ich nach der Bearbeitung dieses Unterkapitels?**
> - Die Hierarchie und den Sittenkodex der Geschlechter und ihre Folgen im Roman des Realismus analysieren
> - Filmische Rezeptionen des Romans mit Blick auf Geschlechterrollen vergleichen und wirkungsbezogen beurteilen

■ Text 144

Effi Briest (1894)   *Theodor Fontane*

Die 17-jährige Effi Briest, von Adel und behütet bei ihren Eltern aufgewachsen, ist mit dem Jugendfreund ihrer Mutter, dem 38-jährigen Baron Geert von Innstetten, verlobt. Innstetten, hochrangiger preußischer Beamter, hat Effi einen Brief geschrieben, über den Effi mit ihrer Mutter spricht.

Effi faltete den Brief wieder zusammen, um ihn in das Kuvert zu stecken. »Das ist ein sehr hübscher Brief«, sagte Frau von Briest, »und dass er in allem das richtige Maß hält, das ist ein Vorzug mehr.«
5 »Ja, das rechte Maß, das hält er.«
»Meine liebe Effi, lass mich eine Frage tun; wünschtest du, dass der Brief nicht das richtige Maß hielte, wünschtest du, dass er zärtlicher wäre, vielleicht überschwänglich zärtlich?«
10 »Nein, nein, Mama. Wahr und wahrhaftig nicht, das wünsche ich nicht. Da ist es doch besser so.«
»Da ist es doch besser so. Wie das nun wieder klingt. Du bist so sonderbar. Und dass du vorhin weintest. Hast du was auf deinem Herzen? Noch ist
15 es Zeit. Liebst du Geert nicht?«
»Warum soll ich ihn nicht lieben? Ich liebe Hulda, und ich liebe Bertha, und ich liebe Hertha. Und ich liebe auch den alten Niemeyer. Und dass ich euch liebe, davon spreche ich gar nicht erst. Ich liebe alle,
20 dies gut mit mir meinen und gütig gegen mich sind und mich verwöhnen. Und Geert wird mich auch wohl verwöhnen. Natürlich auf seine Art. Er will mir ja schon Schmuck schenken in Venedig. Er hat keine Ahnung davon, dass ich mir nichts aus Schmuck mache.
25 Ich klettere lieber und ich schaukle mich lieber, und am liebsten immer in der Furcht, dass es irgendwo reißen oder brechen und ich niederstürzen könnte. Den Kopf wird es ja nicht gleich kosten.«
»Und liebst du vielleicht auch deinen Vetter Briest?«
»Ja, sehr. Der erheitert mich immer.«   30
»Und hättest du Vetter Briest heiraten mögen?«
»Heiraten? Um Gottes willen nicht. Er ist ja noch ein halber Junge. Geert ist ein Mann, ein schöner Mann, ein Mann, mit dem ich Staat machen kann und aus dem was wird in der Welt. Wo denkst du hin,   35
Mama.«
»Nun, das ist recht, Effi, das freut mich. Aber du hast noch was auf der Seele.«
»Vielleicht.«
»Nun, sprich.«   40
»Sieh, Mama, dass er älter ist als ich, das schadet nichts, das ist vielleicht recht gut: er ist ja doch nicht alt und ist gesund und frisch und so soldatisch und

so schneidig. Und ich könnte beinah sagen, ich wäre ganz und gar für ihn; wenn er nur ... ja, wenn er nur ein bisschen anders wäre.«

»Wie denn, Effi?«

»Ja, wie. Nun, du darfst mich nicht auslachen. Es ist etwas, was ich erst ganz vor kurzem aufgehorcht habe, drüben im Pastorhause. Wir sprachen da von Innstetten, und mit einem Male zog der alte Niemeyer seine Stirn in Falten, aber in Respekts- und Bewunderungsfalten, und sagte: »Ja, der Baron! Das ist ein Mann von Charakter, ein Mann von Prinzipien.«

»Das ist er auch, Effi.« »Gewiss. Und ich glaube, Niemeyer sagte nachher sogar, er sei auch ein Mann von Grundsätzen. Und das ist, glaub ich, noch etwas mehr. Ach, und ich ... ich habe keine. Sieh, Mama, da liegt etwas, was mich quält und ängstigt. Er ist so lieb und gut gegen mich und so nachsichtig, aber ... ich fürchte mich vor ihm.« [...]

Effi, die ihren oft berufsbedingt abwesenden Mann Geert von Innstetten in einer kurzzeitigen Affäre mit dem Major Crampas betrogen hatte, wurde nach über sechs Jahren durch kompromittierende Briefe entdeckt und verstoßen, dabei auch ihrer Tochter Annie entfremdet. Schließlich erkrankt sie schwer, wird von ihren Eltern aufgenommen und äußert sich rückblickend gegenüber ihrer Mutter. Nach dieser Gesprächsepisode wird im Roman nur noch ihr Tod berichtet.

Er hatte nur zu wahr gesprochen, und wenige Tage danach, war noch nicht spät und die zehnte Stunde noch nicht heran, da kam Roswitha nach unten und sagte zu Frau von Briest: »Gnädigste Frau, mit der gnädigen Frau oben ist es schlimm; sie spricht immer so still vor sich hin und mitunter ist es, als ob sie bete, sie will es aber nicht wahrhaben, und ich weiß nicht, mir ist, als ob es jede Stunde vorbei sein könnte.«

»Will sie mich sprechen?«

»Sie hat es nicht gesagt. Aber ich glaube, sie möchte es. Sie wissen ja, wie sie ist; sie will Sie nicht stören und ängstlich machen. Aber es wäre doch wohl gut.«

»Es ist gut, Roswitha«, sagte Frau von Briest, »ich werde kommen.«

Und ehe die Uhr noch einsetzte, stieg Frau von Briest die Treppe hinauf und trat bei Effi ein. Das Fenster stand auf, und sie lag auf einer Chaiselongue, die neben dem Fenster stand. Frau von Briest schob einen kleinen schwarzen Stuhl mit drei goldenen Stäbchen in der Ebenholzlehne heran, nahm Effis Hand und sagte: »Wie geht es dir, Effi? Roswitha sagt, du seiest so fiebrig.«

»Ach, Roswitha nimmt alles so ängstlich. Ich sah ihr an, sie glaubt, ich sterbe. Nun, ich weiß nicht. Aber sie denkt, es soll es jeder so ängstlich nehmen wie sie selbst.« »Bist du so ruhig über Sterben, liebe Effi?«

»Ganz ruhig, Mama.«

»Täuschst du dich darin nicht? Alles hängt am Leben und die Jugend erst recht. Und du bist noch so jung, liebe Effi.«

Effi schwieg eine Weile. Dann sagte sie: »Du weißt, ich habe nicht viel gelesen, und Innstetten wunderte sich oft darüber, und es war ihm nicht recht.«

Es war das erste Mal, dass sie Innstettens Namen nannte, was einen großen Eindruck auf die Mama machte und dieser klar zeigte, dass es zu Ende sei.

»Aber ich glaube«, nahm Frau von Briest das Wort, »du wolltest mir was erzählen.«

»Ja, das wollte ich, weil du davon sprachst, ich sei noch so jung. Freilich bin ich noch jung. Aber das schadet nichts. Es war noch in glücklichen Tagen, da las mir Innstetten abends vor; er hatte sehr gute Bücher, und in einem hieß es: Es sei wer von einer fröhlichen Tafel abgerufen worden, und am anderen Tage habe der Abgerufene gefragt, wie's denn nachher gewesen sei. Da habe man ihm geantwortet: ›Ach,

Erzählen, auch filmisches, in Realismus, Neuer Sachlichkeit und Gegenwart vergleichen

es war noch allerlei; aber eigentlich haben Sie nichts versäumt.‹ Sieh, Mama, diese Worte haben sich mir
110 eingeprägt – es hat nicht viel zu bedeuten, wenn man von der Tafel etwas früher abgerufen wird.«

Frau von Briest schwieg. Effi aber schob sich etwas höher hinauf und sagte dann: »Und da ich nun mal von alten Zeiten und auch von Innstetten gesprochen
115 habe, muss ich dir noch etwas sagen, liebe Mama.«

»Du regst dich auf, Effi.«

»Nein, nein; etwas von der Seele heruntersprechen, das regt mich nicht auf, das macht still. Und da wollt ich dir denn sagen: Ich sterbe mit Gott und Menschen
120 versöhnt, auch versöhnt mit ihm.« »Warst du denn in deiner Seele in so großer Bitterkeit mit ihm? Eigentlich, verzeihe mir, meine liebe Effi, dass ich das jetzt noch sage, eigentlich hast du doch euer Leid heraufbeschworen.«

125 Effi nickte. »Ja, Mama. Und traurig, dass es so ist. Aber als dann all das Schreckliche kam, und zuletzt das mit Annie, du weißt schon, da hab ich doch, wenn ich das lächerliche Wort gebrauchen darf, den Spieß umgekehrt und habe mich ganz ernsthaft in den Ge-
300 danken hineingelebt, er sei schuld, weil er nüchtern und berechnend gewesen sei und zuletzt auch noch grausam. Und da sind Verwünschungen gegen ihn über meine Lippen gekommen.«

»Und das bedrückt dich jetzt?«

135 »Ja. Und es liegt mir daran, dass er erfährt, wie mir hier in meinen Krankheitstagen, die doch fast meine schönsten gewesen sind, wie mir hier klar geworden, dass er in allem recht gehandelt. In der Geschichte mit dem armen Crampas – ja, was sollt er am Ende anders
140 tun? Und dann, womit er mich am tiefsten verletzte, dass er mein eigen Kind in einer Art Abwehr gegen mich erzogen hat, so hart es mir ankommt und so weh es mir tut, er hat auch darin Recht gehabt. Lass ihn das wissen, dass ich in dieser Überzeugung ge-
145 storben bin. Es wird ihn trösten, aufrichten, vielleicht versöhnen. Denn er hatte viel Gutes in seiner Natur und war so edel, wie jemand sein kann, der ohne rechte Liebe ist.«

Frau von Briest sah, dass Effi erschöpft war und zu
150 schlafen schien oder schlafen wollte. Sie erhob sich leise von ihrem Platz und ging. Indessen kaum dass sie fort war, erhob sich auch Effi und setzte sich an das offene Fenster, um noch einmal die kühle Nachtluft einzusaugen. Die Sterne flimmerten, und im Parke

regte sich kein Blatt. Aber je länger sie hinaushorchte, 155 je deutlicher hörte sie wieder, dass es wie ein feines Rieseln auf die Platanen niederfiel. Ein Gefühl der Befreiung überkam sie. »Ruhe, Ruhe.«

A ■ Beschreiben Sie, welches Bild ihres künftigen Ehemann Effi ii ersten Textauszug (Z. 1 – 61) zeichnet. Formulieren Sie Effis Befürchtungen in reflektierter Form.

B ■ Effi zeichnet eine Art Bild von Innstettens in ihrem Rückblick kurz vor dem Tod im zweiten Textauszug (Z. 62 – Ende). Benennen Sie die wesentlichen Charakterzüge und Handlungen des Barons aus der Sicht der Sterbenden.

C ■ Effis Mutter ist in beiden Romanauszügen Gesprächspartnerin. Skizzieren Sie diese Gesprächspartnerin, ihre Standpunkte, Empathie und Gesprächsführung vor dem Hintergrund, dass die Mutter nach dem Tod Effis über eine Mitschuld grübelt, ob ihre Tochter »doch vielleicht zu jung [für die Ehe] war«.

Das Frauenbild im bürgerlichen Realismus

INFO

Die literarische Epoche des Realismus, im deutschsprachigen Kontext ist häufig von poetischem Realismus die Rede, wird häufig von 1848 bis zur Jahrhundertwende angesetzt. Das Bürgertum als ökonomisch aufstrebende Gesellschaftsklasse bildet den Hintergrund einer Literatur, die weniger theoretisch reflektiert als in der Romantik insgesamt die zeitgenössische Wirklichkeit in den Blick zu rücken suchte, aber auch deren Erhöhung, wenn nicht Verklärung einbezog – auch vom Kunstanspruch der Klassik mitgeprägt. Durch künstlerische Verarbeitung soll das Schöne, das in der Wirklichkeit verborgene Wahre hervorgehoben werden.

Die scheinbar in Geschlechterrollen, Sozialstruktur, politischer Ordnung und jeweils für die eigene Klasse geregelten Verhaltensmuster wurden von Schriftstellern wie Theodor Fontane, aber auch Gottfried Keller und Theodor Storm, in ihrer Brüchigkeit und Gefährdung in nuancierter, auch ironischer Weise thematisiert. Die Frage, was eine Frau in der Gesellschaft zu tun und vor allem zu lassen habe, scheint eindeutig, die Rolle bestimmt. Berufstätigkeit oder zivilgesellschaftliches Engagement über Karitatives hinaus ist der verheirateten Frau des gehobenen Bürgertums kaum möglich; öffentliche Sphären wie Politik und Wissenschaft sind allein Männern vorbehalten.

■ Text 145

»Weiber weiblich, Männer männlich«
Frauen in der Welt Fontanes (1998) *Trude Trunk*

[…] Wer an Frauenschicksale des 19. Jahrhunderts denkt, begegnet unweigerlich Theodor Fontanes Romanfiguren: Stine und ihrem Standeskonflikt, Melanie aus L'Adultera und ihrer dramatischen Scheidung, Effi Briest und ihrer gesellschaftlichen Ächtung, Cecile und ihrem Suizid. Sie alle sind Störfälle im Getriebe der spätbürgerlichen Gesellschaft mit ihrem strengen Moralkodex und Regelkatalog, die die Frauen in ein enges Korsett gefälliger Verhaltensmuster pressen. Was sich der realen Wahrnehmung in der konkreten Lebenswelt durch Zerstreuung und Zeitdauer immer entzieht, wird im literarischen Text konzentriert und verdichtet. An den Konflikten, denen die Fontaneschen Protagonistinnen ausgeliefert sind, zeigt der Dichter die gesellschaftlichen Erschütterungen seiner Zeit: Theodor Fontane ist der Seismograph des preußischen Bürgertums auf dessen schwerfälligem Gang in die Moderne, ohne jedoch die sich abzeichnenden Veränderungen zu begrüßen. Diese Veränderungen existieren in der Übergangsgesellschaft Ende des 19. Jahrhunderts in ihrer widersprüchlichsten Form. Die Barrieren der Klassengesellschaft werden morscher, der Adel kapitalisiert sich, und das Bürgertum feudalisiert sich. Der Adel, dessen Status ungebrochen ist, benötigt Geld, um der kostspieligen Etikette genügen zu können; die Bourgeoisie hat sich zwar ökonomisch etabliert, kämpft jedoch noch um soziales Prestige.

[…] Dieser gesellschaftliche Widerspruch zwingt die gutsituierten bourgeoisen Frauen in eine antinomische Doppelfunktion: Von der Geschichte als nicht wirklich Teilhabende ausgeschlossen, sollen sie die Moral verkörpern und die Sittlichkeit bewahren, mondäne Grande Dame spielen und bürgerliche Tugend der sparsamen Hausfrau zugleich aufrechterhalten. Die verarmte adlige Frau, die nichts besitzt als ihren Stammbaum und ihre Distinguiertheit, wird zur Trophäe für Parvenüs und ist den bürgerlichen Umgangsformen ausgeliefert. […]

In jedem Fall ist die Rechtsstellung der Frau in Ehe und Familie klassenübergreifend prekär, vor dem herrschenden Gesetz sind alle Frauen gleich – rechtlos. Im Allgemeinen Landrecht für die Preußischen Staaten, das erst 1900 vom Bürgerlichen Gesetzbuch abgelöst wird, ist die patriarchalische Vorherrschaft festgeschrieben. In gemeinschaftlichen Angelegenheiten gibt immer der Entschluss des Mannes den Ausschlag. Die Frau teilt mit ihm seinen Wohnsitz, Namen und Stand, ist zur Führung des Hauswesens verpflichtet, darf ohne seine Einwilligung weder ein selbständiges Gewerbe betreiben, noch sich zu einem Arbeitsvertrag verpflichten. Der Mann ist berechtigt,

Erzählen, auch filmisches, in Realismus, Neuer Sachlichkeit und Gegenwart vergleichen

ihre Briefschaften zu öffnen, vertritt die Frau in allen Rechtsangelegenheiten, ist ihr gerichtlicher Vormund.
In den Händen des Vaters liegt auch die Erziehungsgewalt, von der Töchter erst frei werden, wenn sie in die Obhut eines Ehemannes überwechseln. Überdies bestimmt der Vater die religiöse Erziehung des Kindes und kann es ab dem vierten Lebensjahr der mütterlichen Aufsicht entziehen. Dieser rechtlichen Ungleichheit geht die Festlegung der unveränderlichen Naturbestimmung des weiblichen Geschlechts voraus, die ihm qua definitionem alle Attribute einer autonomen Persönlichkeit, d. h. die Fähigkeit zu Freiheit, Entwicklung und Bildung, abspricht.

Die Frau kann nur – gelegentlich unter Einsatz der vielbeschworenen weiblichen Waffen – über diplomatisches Einwirken auf einen Mann Einfluss auf gesellschaftliche Prozesse nehmen. Am zweckdienlichsten erweist sich eine wohlkalkulierte Heirat. Allein der Ehestatus garantiert soziales Ansehen: […]. Ein gewonnenes Herz für den Ehestand – und die bürgerliche Zugewinngemeinschaft, in der die gesellschaftliche Achtung der Frau allein gewährleistet ist und sie mitwirkend tätig sein kann, ist das attraktivste Sozialmodell, das ihr im Spätbürgertum offensteht.

Liebesheiraten sind selten im Bürgertum des 19. Jahrhunderts. Die Zweckheirat ist der krönende Geschäftsabschluss im Liebeshandel der Geschlechter. Die Kapitaleinlage, die die junge Frau in die Ehe bringt, ist ihre schöngeistige Bildung, Wohlerzogenheit, Fähigkeit zur Konversation, nicht zuletzt Anmut, Reinheit und Schönheit und andererseits Fürsorgebereitschaft und Mütterlichkeit. […]

A ■ Erarbeiten Sie anhand des Auszugs die rechtlich-soziale Stellung der Frau im 19. Jahrhundert.
B ■ Effi erwähnt sowohl als junges Mädchen mit dem Brief Innstettens als auch in ihrem Rückblick den Begriff Liebe. Auch im Auszug aus »Weiber weiblich, Männer männlich« ist von Liebesheiraten als selten die Rede. Schätzen Sie ein, ob vom Begriff Liebe ausgehend das Drama der Romanfigur Effi Briest erläutert werden kann. Fertigen Sie dazu einen kleinen Essay an.

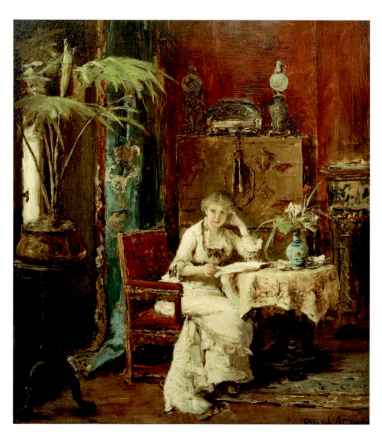

Mihály Munkácsy:
Lesende Frau I, 1880er Jahre

Erzählen, auch filmisches, in Realismus, Neuer Sachlichkeit und Gegenwart vergleichen

Effi Briest im Film – Rezeptionen einer Romanfigur vergleichen
Aufgabeninsel

Zu T 146: Szenenprotokolle H. Huntgeburth / R. W. Fassbinder:
Untersuchen Sie die Darstellung beider Begegnungen von Mutter und Tochter. Dazu ist das Hinzuziehen der beiden Verfilmungen (Hermine Huntgeburth 2009; Rainer Werner Fassbinder 1972/74) sinnvoll.

A ■ Vergleichen Sie die gewählten filmischen Perspektiven. Welche Bildausschnitte werden gewählt? Welche Schnitte werden gesetzt? Was bewirken diese Einstellungen?

B ■ Verfolgen Sie die Reaktionen und Verhaltensmuster beider Protagonistinnen bei H. Huntgeburth. Welche Erwartungen und Haltungen werden deutlich?

C ■ Verfolgen Sie die Reaktionen und Verhaltensmuster aller vier Protagonisten bei R. W. Fassbinder. Welche aktiven Rollen sind akzentuiert, wie wird Effi im Geschehen profiliert?

D ■ Formulieren Sie vergleichend, wie beide Sequenzen auf Sie als Zuschauer wirken. Sehen Sie die Effi-Figur des Romans, wie diese sich bei der Lektüre dargestellt hat, in der filmischen Umsetzung wieder?

E ■ Fassbinders Verfilmung wird in der Kritik hoch gelobt, z. B. als »filmischer Lesevorgang«. Setzen Sie sich mit dieser Einschätzung mit Blick auf Ihre Szenenanalyse und die Wirkung des Films auf Sie auseinander.

F ■ Huntgebuths Verfilmung ist in Kritiken als Emanzipationsgeschichte der Effi Briest gesehen worden, teils sehr kritisch als zu direkt, dem Zuschauer keinen Raum für eigenes Deuten lassend. Nutzen Sie Ihre Szenenanalyse ebenso wie die Schlussszene der Verfilmung für eine Auseinandersetzung mit diesen Kritikereinschätzungen.

Zu T 147: Szenenprotokoll H. Huntgeburth: Effis Klarstellung:

A ■ Stellen Sie in einer Art Rollencharakteristik zusammen, was die Effi aus dieser Schlussszene kennzeichnet.

B ■ Vergleichen Sie das Romanende mit diesem filmischen Neuakzent für den Schluss von H. Huntgeburth.

C ■ Beurteilen Sie, ob die besonders aus der Entstehungszeit des Romans und den Bedingungen für Frauen der bürgerlichen Gesellschaft dieser Zeit zu verstehende Figur der Effi Briest für Sie noch Aktualität enthält oder Interesse weckt und ob bzw. wie diese Effi-Figur für eine Verfilmung mit Wirkung auf Zuschauer im zweiten Jahrzehnt des 21. Jahrhunderts taugt.

Figur und Charakter entwickeln
INFO

Figuren und Schauspieler bilden zusammen den Charakter einer Rolle im Film, deshalb setzt die schauspielerische Darstellung eine Vorstellung vom **Charakter der Figur** voraus. Aber auch schon bei der Entwicklung der Filmhandlung muss man Vorstellungen von den Gefühlen, Leidenschaften, Ängsten, Komplexen, Hoffnungen und Motivationen einer Figur haben. So müssen sich Drehbuchautoren über die ganze Geschichte einer Figur (die Backstory) klar werden, auch wenn nicht alles von dieser direkt im Film gezeigt werden soll. Dabei werden u. a. folgende Fragen gestellt:

- Wann, wo und wie lebt die Figur?
- Wer sind die Eltern, Geschwister, Verwandte?
- Wie ist ihre soziale Lage?
- Welchen Einfluss hat die Umwelt?
- Wie sind die persönlichen Charakterzüge?
- Ist die Figur eher introvertiert oder extrovertiert? Eher rational oder emotional?
- Welche Wünsche hat sie, welche Ängste?
- Welche Ziele verfolgt sie?
- Wie ist die äußere Erscheinung?
- Welche Bildung hat sie? Welchen Beruf?
- Welche Freunde? Welche Feinde?
- Wie verhält sie sich gegenüber anderen?

Erzählen, auch filmisches, in Realismus, Neuer Sachlichkeit und Gegenwart vergleichen

■ Text 146

Szenenprotokolle

Effi erfährt von Innstettens Antrag

Licht/Kamera	Text (Schnitte = /)	Aktionen, Mimik, Gestik, Sprechweise
Halbnah Schwenk nach oben (Halb)Totale +Schwenk nach rechts Halbnah Nah	**Mutter Briest** Effi! Effi! **Effi** Mama … Mama! / / **Mutter Briest** Rate mal, wer gerade um deine Hand angehalten hat? **Effi** Wer? **Mutter Briest** Du weißt es nicht? Innstetten. Hast du gehört? **Effi** Was? **Mutter Briest** Baron Innstetten hat eben gerade um deine Hand angehalten. **Effi** Innstetten?	Frau von Briest ruft laut aus dem Hintergrund, die Mädchen ziehen lachend ein Boot ans Ufer. Effi und ihre Freundin schauen auf, Effi läuft sofort los zum Haus, ihrer Mutter entgegen. Mutter wartet auf sie, sie gehen zusammen Richtung Kamera, Mutter lächelt. Frau von Briest schaut Effi fragend an, Effi blickt nach unten. Effi wendet sich ab, guckt weg. Effi schließt ihre Augen.
Halbnah Nah	**Mutter Briest** Ja, also, zieh dir schnell etwas Ordentliches an. Na, warte. Bleib so – ich glaube, das gefällt ihm. Dir hat er doch auch gefallen, oder? **Effi** Er ist **Mutter Briest** sehr männlich und sehr gefestigt, das bedeutet eine hohe Auszeichnung für dich, das weißt du hoffentlich.	Mutter mustert sie kurz, hält sie auf, dreht sie zu sich, Hände auf ihren Schultern. Effi wendet sich wieder ab, guckt nach unten, streicht sich die Haare aus dem Gesicht. Frau von Briest unterbricht Effi.
Groß	**Effi** Schon, aber ich kenne ihn doch noch gar nicht. **Mutter Briest** Er regiert einen Landkreis. Gott, Effi, mit 20 stehst du da, wo andere mit 40 noch nicht sind.	Sie schauen sich an, stoppen ihren Gang. in resolutem Ton Frau von Briest geht von Effi weg, Effi schaut hinterher.
Groß/Totale Halbnah/Groß/ Groß/Totale	/ Kopf hoch, ich weiß doch, dass du ein kluges Mädchen bist. / / Hulda: Effi komm / / komm doch	Mutter schaut zu Effi zurück. Mutter wendet sich, geht ins Haus, Effi folgt ihr. Effi schaut sich um, zögert, folgt ihrer Mutter ins Haus.

Er hat um deine Hand angehalten

Licht/Kamera	Text (Schnitte = /)	Aktionen, Mimik, Gestik, Sprechweise
Blick durch einen Spiegel mit Rahmen (Standbild)		Effi und ihre Mutter stehen – sich umarmend – auf der Treppe.
	Frau von Briest aber, die unter Umständen auch unkonventionell sein konnte, hielt plötzlich die schon forteilende Effi zurück, warf einen Blick auf das jugendlich reizende Geschöpf, das, noch erhitzt von der Aufregung des Spiels, wie ein Bild frischesten Lebens vor ihr stand und sagte beinahe <u>vertraulich</u>: »Es ist am Ende das Beste, du bleibst, wie du bist. Ja, bleibe so. <u>Du siehst gerade sehr gut aus</u>. Und wenn es auch nicht wäre, so siehst du unvorbereitet, so gar nicht zurechtgemacht, aus, und darauf kommt es in diesem Augenblick an. Ich muss dir nämlich sagen, meine süße Effi …«, und sie nahm ihres Kindes beiden Hände, »… Ich muss dir nämlich sagen…« »<u>Aber Mama</u>, was hast du nur? Mir wird ja ganz angst und bange.« »ich muss dir nämlich sagen, Effi, dass Baron Instetten <u>eben</u> um deine Hand angehalten hat.«	Tür wird geöffnet / Vater betritt mit Innstetten den Raum. Innstetten guckt auf Effi und ihre Mutter lösen sich voneinander, Effi und Mutter gucken zu Männern herab, Vater zu ihnen hoch. Effi löst sich von ihrer Mutter, geht die Treppe herunter. Sie macht einen Knicks vor Innstetten, alle gucken sie an.
Groß (Effis Hinterkopf, Gesicht Innstettens)	»Um meine Hand angehalten?/ Im Ernst?« »Es ist keine Sache um einen Scherz daraus zu machen. Du hast ihn vorgestern gesehen und ich glaube, er hat dir auch gut gefallen. Er ist freilich älter als du, was alles in allem /	Innstetten guckt Effi direkt an. alle wieder im Bild
Halbtotale/ leichte Froschperspektive	ein Glück ist, dazu ein Mann von Charakter, von Stellung und guten <u>Sitten</u>, und wenn du nicht »nein« sagst, was ich von meiner klugen Effi kaum denken kann, so stehst du mit zwanzig Jahren da, wo andere mit vierzig stehen. Du wirst deine Mama weit überholen.«/	Effi guckt kurz runter, Mutter kommt die Treppe herunter, geht zur Tür, andere gucken, fordert auf zu folgen.
Groß		Alle folgen.
Halbnah – Zoom – Groß	/ »Effi, komm!«	Ihre Freundinnen erscheinen am Fenster alle bleiben stehen, drehen sich um – Innstetten in der Tür im Vordergrund, ernstes Gesicht.

Erzählen, auch filmisches, in Realismus, Neuer Sachlichkeit und Gegenwart vergleichen

■ Text 147
Szenenprotokoll: Effis Klarstellung

Licht/Kamera	Text (Schnitte = /)	Aktionen, Mimik, Gestik, Sprechweise
Totale, Vogelperspektive		Cafe: An vielen Tischen sitzen Leute, Kellner bedienen, ein Uniformierter kommt herein und begrüßt einen Mann, Effi sitzt mit ihren Eltern an einem Tisch im Vordergrund.
Halbnah Normalsicht bzw. leichte Vogelperspektive Nah	/ **Effi** So, findet er. **Vater Briest** Ja, ein verfehltes Leben./	Effi isst Kuchen, Vater raucht, alle gucken auf den Tisch. guckt Effi direkt an, Mutter nickt Effi nimmt Gabel aus dem Mund, legt sie auf den Teller, guckt ihren Vater an, kaut
Halbnah	/**Mutter Briest** … und sein beruflicher Erfolg bedeute ihm nichts mehr, so hat er sich ausgedrückt.	Vater greift zu seinem Schnapsglas, trinkt. Mutter guckt zuerst Effi, dann ihren Mann an, dann nach unten.
Nah Halbnah	/**Effi** Der Arme, das muss sehr schwer für ihn sein. Er hat ja durchaus Gutes in sich./ **Mutter Briest** Aber natürlich hat er das.	Effi isst nicht mehr weiter, sitzt gerade, guckt auf den Tisch. Mutter beugt sich leicht nach vorne, Richtung Effi, guckt sie direkt an, Vater sitzt leicht zu seiner Frau geneigt, guckt auch – etwas von oben herab auf Effi.
Groß	/ **Effi** Eben nur so viel, wie man haben kann, der ohne rechte Liebe ist./	schluckt, guckt Mutter direkt an, verzieht keine Miene
Groß		Mutter guckt ein paar Sekunden Effi direkt an, dann auf den Tisch.
Groß	/	Effi nimmt ihre Kaffeetasse, Kopf leicht geneigt, guckt nach unten, schluckt, trinkt.
Groß	/	Vater guckt nach unten, macht einen spitzen Mund, haucht Qualm aus
Groß-Nah Groß	/**Mutter Briest** Vielleicht war es ja auch unsere Schuld – hätten wir von Anfang an strenger zu dir sein müssen / oder vielleicht warst du wirklich noch nicht reif für die Ehe.	Mutter guckt Vater an, nach unten, zu Effi. Effi kurz zum Vater, nach unten, guckt ihre Mutter an.

Erzählen, auch filmisches, in Realismus, Neuer Sachlichkeit und Gegenwart vergleichen

Groß / Halbnah	**Effi** Wovon redest du Mama – ein Leben wurde ausgelöscht – dabei habe ich ihn noch nicht einmal geliebt! /*ein Laut*/	Vater guckt Effi mit offenem Mund an, dann nach unten, gibt einen Laut von sich, Effi guckt ihn an.
Groß	Dass Crampas sterben musste, /ist einzig	
Groß	und allein Innstettens Schuld. / Und Regierung und Justiz machen sich schuldig, weil sie einen Mord	Mutter guckt mit offenem Mund zu ihrem Mann, dann zu Effi.
Halbnah	/mit zwei Wochen Haft durchgehen lassen. **Vater Briest** Effi,	Vater schluckt, guckt nach unten guckt sie an, schluckt, streckt ihr die Hand entgegen.
Nah / Halbnah	/das ist ein weites Feld – ein zu weites. /	Effi guckt ihn an, bewegt sich, nimmt ihre Tasche. Vater lehnt sich zurück, guckt zu seiner Frau, diese guckt zu Effis Tasche, Effi guckt nach unten in ihre Tasche.
Groß	Ich habe es jedenfalls grundlegend satt, den Großinquisitor zu spielen. /Komm einfach wieder nach Hause./ **Effi** Nach Hause?	Vater führt seine Zigarette zum Mund, raucht. Effi guckt hoch, ihre Mutter an, betont das Wort »Hause«, guckt ihren Vater, dann wieder ihre Mutter an.
Groß / Groß	/**Mutter Briest** Für immer./ **Effi** Haben sich eure moralischen Maßstäbe verändert?/	nach vorne gebeugt, guckt Effi an Effi guckt zu ihrer Mutter, zum Vater
Groß	**Vater Briest** Komm schon! / Wenn sie will, kann die Gesellschaft immer / ein Auge zudrücken./	Vater nickt schräg mit dem Kopf. Mutter guckt betroffen nach unten.
Groß		Effi nimmt eine Zigarette und führt sie zum Mund.
Groß		Vater guckt mit aufgerissenen Augen zu ihr hin; Effi steckt sich Zigarette
Groß	/	an; Mutter guckt sie an.
Groß,	/	Effi wirft das Streichholz weg, lehnt sich wieder nach hinten, raucht, guckt nachdenklich. Eltern beobachten ihr Verhalten. Vater guckt sich im Raum um.
Halbnah	/	Effi guckt ihren Vater an, drückt Zigarette aus. Vater guckt nach unten.
Groß	/**Effi** Kann schon sein, dass die Gesellschaft auch einmal ein Auge zudrücken kann, Papa. Ich kann es nicht./	Effi nimmt ihre Sachen, steht, auf, geht. Vater greift zum Schnapsglas. Mutter wendet sich um und guckt ihr nach;
Groß – Schwenk Halbnah		Vater trinkt, stellt Glas ab und guckt in die andere Richtung.

Erzählen, auch filmisches, in Realismus, Neuer Sachlichkeit und Gegenwart vergleichen

Die neue Frau –
ein Phänomen der (Literatur der) Neuen Sachlichkeit?

> **Was kann ich nach der Bearbeitung dieses Unterkapitels?**
> - Den Typus der »neuen Frau« in Erzähltexten aus der Neuen Sachlichkeit ermitteln und einschätzen
> - Die Kunstepoche Neue Sachlichkeit und sie prägende Schriftstellerinnen mit Blick auf Lebensgefühl und Verständnis der Frauenrolle bewerten

A ■ Beschreiben Sie die beiden Bilder und erschließen Sie das zu Grunde liegende Frauenbild.

Der neue Frauentyp

INFO

Ziel der bürgerlichen Frauenbewegung war seit der Mitte des 19. Jahrhunderts die **politische, soziale und rechtliche Gleichstellung** der Frau mit dem Mann. Die gesetzliche Gleichstellung war mit der Verfassung der Weimarer Republik 1919 erreicht. Innerhalb dieses veränderten Rahmens entwickelte sich ein neuer Frauentypus, der von einer kleinen Gruppe junger Frauen geprägt und zum Prototyp der modernen, d. h. »neuen« Frau stilisiert wurde. Diese waren manchmal ledig und oft berufstätig als Akademikerinnen, Künstlerinnen, Schriftstellerinnen o. Ä., lebten in der Großstadt, zeigten sich modebewusst und emanzipierten sich von bürgerlichen Moralvorstellungen. In den Massenmedien erschienen sie z. B. mit Bubikopf, ohne Korsett, im Hosenanzug, sportiv oder mit Zigarette als Avantgarde, deren Auftreten nachgeahmt wurde. Für die im zunehmenden Dienstleistungssektor als **Sekretärinnen** im Büro tätigen, meistens gering bezahlten weiblichen Angestellten waren die häufig eher in Romanen oder einer Kino- bzw. Modewelt dargestellten Frauenfiguren mit ihrem frech-freizügigen, emanzipierten Auftreten ein Ideal, ohne dass der als Inbegriff von Modernität nach US-amerikanischen Vorbild angesehene Typus »neue Frau« in breiteren Bevölkerungsschichten soziale Realität war. Die Literatur der Neuen Sachlichkeit, mit deutlich zahlreicheren und prominenten Schriftstellerinnen wie Irmgard Keun, Vicki Baum oder Mascha Kaléko, griff Wirklichkeit und Vorstellung auf. Sie orientierte sich an der Äußerung von Lion Feuchtwanger in seinem Manifest 1927: »Was Schreibende und Lesende suchen, ist nicht Übertragung subjektiven Gefühls, sondern Anschauung des Objekts: Anschaulich gemachtes Leben der Zeit, dargeboten in einleuchtender Form.«

Erzählen, auch filmisches, in Realismus, Neuer Sachlichkeit und Gegenwart vergleichen

Frauenfiguren des Typus der »neuen Frau« miteinander vergleichen

Aufgabeninsel

Zu T148: Doris in I. Keuns Roman »Das kunstseidene Mädchen«

A ■ Der »Glanz« ist ein Leitmotiv (→ **Motive und Leitmotive**, S. 56) des Romans. Erstellen Sie zuerst ein Cluster zu diesem Begriff.

B ■ Entwickeln Sie mit Hilfe der Textstellen die Funktion dieses Leitmotivs für die Protagonistin Doris.

C₁ ■ Vergleichen Sie Ihre Ergebnisse mit dem Schluss des Romans:
»Lieber Ernst, meine Gedanken schenken dir einen blauen Himmel, ich habe dich lieb. Ich will – will – ich weiß nicht – ich will zu Karl. Ich will alles mit ihm zusammen tun. Wenn er mich nicht will – arbeiten tu ich nicht, dann geh ich lieber auf die Tauentzien und werde ein Glanz. Aber ich kann ja auch eine Hulla (ihr bekannte Prostituierte) werden – und wenn ich ein Glanz werde, dann bin ich vielleicht noch schlechter als eine Hulla, die ja gut war. Auf den Glanz kommt es nämlich vielleicht gar nicht so furchtbar an.«

C₂ ■ Recherchieren Sie, in welchen Branchen und Kontexten von Glamourfaktor (Glanz) die Rede ist.

Zu T149: Fräulein Battenberg in E. Kästners »Fabian«

A ■ Aus welcher (moralischen?) Sicht sieht sich Frl. Battenberg durch ihre Mutter verurteilt? Welche »Moral« vertritt sie nach ihren beiden gescheiterten Beziehungen selbst?

B ■ Stellen Sie tabellarisch gegenüber, wie Frl. Battenberg und Fabian ihre Generation junger Frauen bzw. Männer einschätzen.

C₁ ■ Vergleichen Sie Frl. Battenbergs Äußerungen und Verhalten mit dem, was eine andere literarische Frauenfigur (z. B. Effi Briest) vertritt.

C₂ ■ Frl. Battenberg und Fabian verlieben sich ineinander. Entwickeln Sie eine mögliche Fortsetzung vor dem Hintergrund der von beiden geäußerten Ansichten zu (Liebes-)Beziehungen.

Zu T150: Frieda Geier in Marieluise Fleißers »Mehlreisende Frieda Geier«

A ■ Charakterisieren Sie den Arbeitsalltag Frieda Geiers als Vertreterin/Handlungsreisende:
Wie tritt sie auf?
Welchen Schwierigkeiten begegnet sie?
Wie sind ihre Rede- und Überzeugungsstrategien?

B ■ Welche Probleme hat sie als selbstständige Frau in diesem Beruf / in der bayrischen Provinz?

C₁ ■ Verfassen Sie – analog zu dem Textauszug – einen weiteren Dialog Friedas mit einem potenziellen Kunden, in dem die oben erarbeiteten Schwierigkeiten sowie ihre Überzeugungsstrategien deutlich werden. Halten Sie sich an die Diktion des Originals.

C₂ ■ Entwickeln Sie auf der Basis des Textauszugs eine Handreichung für die erfolgreiche Vertreterin / den erfolgreichen Vertreter.

Zum Vergleich

A ■ Stellen Sie die Figuren Doris, Fräulein Battenberg und Frieda Geier tabellarisch gegenüber und nutzen Sie dabei Kategorien wie Selbstbild, Beruf, sozialer Status, Gegenwarts- bzw. Zukunftsprobleme, Verantwortung und Verantwortlichkeit für sich und andere o. Ä.

B ■ Untersuchen Sie alle drei Ausschnitte zu Frauenfiguren in Romanen der Neuen Sachlichkeit mit Blick auf die Erzählsituation und Nähe bzw. Distanz, die dadurch beim Leser erzeugt wird. Welchen Beitrag zur sog. Orientierung am Lesergeschmack, die Autorinnen und Autoren der Neuen Sachlichkeit zugesprochen wird, könnte die jeweilige Erzählsituation nach Ihrer Ansicht leisten?

C ■ Beurteilen Sie, welche der drei Frauenfiguren dem Typus »neue Frau« am ehesten entspricht.

Erzählen, auch filmisches, in Realismus, Neuer Sachlichkeit und Gegenwart vergleichen

■ Text 148

Das kunstseidene Mädchen (1932) *Irmgard Keun*

Doris arbeitet tagsüber im Büro eines Rechtsanwaltes, hat aber einen Sinn für Höheres: Sie möchte Schauspielerin werden und bekommt auch eine kleine Rolle am Provinztheater, auf die sie sehr stolz ist. Ihre zahlreichen und wechselnden Männerbekanntschaften lädt sie zur Premiere ein.

Ein Mann aus der Großindustrie hatte mich eingeladen, indem er fürs Schauspielhaus Freikarten holte beim Portier für morgen, denn wer Geld hat, hat Beziehungen und braucht nicht zu zahlen. Man kann furchtbar billig leben, wenn man reich ist. Und sprach mit mir und lud mich ein, weil er mich als fertige Künstlerin ansah. Ich will eine werden. Ich will so ein Glanz werden, der nobel ist. Mit weißem Auto und Badewasser, das nach Parfüm riecht. Und alles wie Paris. Und die Leute achten mich hoch, weil ich ein Glanz bin, und werden es dann wunderbar finden, wenn ich nicht weiß, was eine Kapazität ist, und nicht runter lachen auf mich wie heute – [...] Ich werde ein Glanz, und was ich dann mache, ist richtig – nie mehr brauch ich mich in Acht nehmen und nicht mehr meine Worte ausrechnen und meine Vorhabungen ausrechnen – einfach betrunken sein – nichts kann mir mehr passieren an Verlust und Verachtung, denn ich bin ein Glanz.

Die Großindustrie bin ich schon wieder quitt, denn die Politik vergiftet schon im Voraus menschliche Beziehungen. Ich spuck' drauf. [...]

Am Tisch nebenan saß eine wunderbare Dame mit ganz teuren Schultern und mit einem Rücken – ganz von selbst gerade, und ein so herrliches Kleid – ich möchte weinen – das Kleid war so schön, weil sie nicht nachdenken braucht, woher sie's bekommt, das sah man dem Kleid an. Und ich stand auf der Toilette neben ihr, und wir sahen zusammen in den Spiegel – sie hatte leichte weiße Hände so mit vornehmem Schwung in den Fingern und sichere Blicke – so gleichgültig nebenbei – und ich sah neben ihr so schwer verdient aus. Sie war groß und gar nicht schlank und glänzte blond. Sie war so weich und gerade und gebadet. Es muss interessant sein für einen Mann, sie zu küssen, weil sie so eine Frau ist, bei der man vorher nicht wissen kann, wie sie ist. Bei mir weiß man es. Ich hätte ihr furchtbar gern gesagt, dass ich sie so schön und so wie eine gesungene Nacht finde, aber dann hätte sie vielleicht gedacht, ich bin schwul, und das wäre falsch gewesen.

Alles war voll rotem Samt, und eine hat getanzt unter Scheinwerfern, aber sie war auch schwer verdient und musste sich Mühe geben. Ob man wohl ein Glanz werden kann, wenn man es nicht von Geburt ist? Aber ich bin doch jetzt schon Schauspielschule. Ich habe aber noch keinen Abendmantel – alles ist halber Kram – das Stück mit Fuchs ist nachmittags eine gute Sache und abends ein Dreck. Die Frau hatte ein Cape – schwarz Seal[1] mit weiß – ob es Hermelin war? Aber sie hat von Geburt eine Art, dass weißes Kaninchen an ihr aussieht wie Hermelin – mir ist fromm und nach Gänsehaut bei dem Wort – wenn Therese Handschuhe anhat aus echt Waschleder, sehen sie doch aus wie nur Stoff. [...]

Das war ein Tag. Ich hatte meine Premiere von Wallenstein[2]. Ich habe mehr Blumen bekommen wie die ganzen anderen Schauspieler zusammen. [...]

Ich bin jetzt fast schon ein Glanz. Und von Gustav Mooskopf gelbe Chrysanthemen, so groß wie meiner Mutter ihr Kopf, wenn sie die Haare gebrannt hat. Und vom Delikatess-Prengel ein Korb mit Ölsardinen und Tomatenpüree und feinste Mettwurst und ein Brief: ich soll seiner Frau nichts sagen. Ich werd mich hüten. Der Frau trau ich glatt Vitriol[3] zu, darum halte ich mich auch lieber von Prengel fern, den ich sonst in Betracht ziehen würde, Und Jonny Klotz schickte mir die Hupe von seinem Raten-Opel mit einer Karte: er hätte leider mal gerade wieder keinen Pfennig für Blumen, aber er ladete mich und Therese ein nach der Vorstellung in die Mazurka-Bar, wo er einen Ober kennt, bei dem er anschreiben lassen kann. Und von Jakob Schneider drei edle Schachteln Katzenzungen mit lila Band und Schleife und voll Geschmack eine gelbe Georgine raufarrangiert und dem höflichen Ersuchen, hinter Wallenstein in der Schlossdiele ein Menü à la carte mit ihm zu nehmen. Aber das konnte ich nicht, weil er leider so furchtbar schielt, dass ich mitschiele, wenn ich ihm gegenübersitze und ihn lange ansehe – und dadurch verliere ich an Reiz, und das kann man nicht von mir verlangen. [...]

1 *Seal:* Pelz aus dem Fell einer Bärenrobbe
2 *Wallenstein:* Drama von Friedrich Schiller
3 *Vitriol:* Gift

Erzählen, auch filmisches, in Realismus, Neuer Sachlichkeit und Gegenwart vergleichen

■ Text 149

Fräulein Battenberg (1931) *Erich Kästner*

Fräulein Battenberg, in Berlin eingetroffen, gerät in ein Künstleratelier, das auch als Bordell dient. Die lesbische Bildhauerin Reiter, genannt: der Baron, skizziert dort ein Aktmodell und fordert währenddessen zum Geschlechtsverkehr gegen Geld auf. Fabian trifft mit seinem Freund Labude, der aus enttäuschter Liebe nun käuflichen Sex sucht, in dem Etablissement ein.

Fabian war überrascht. »Wie viele weibliche Wesen sind eigentlich hier?« fragte er.

»Ich bin das einzige«, erklärte Fräulein Battenberg und lachte. Fabian sah ihr ins Gesicht und fand, sie passe nicht in das Milieu. Sie spazierte wieder hinter die Plastiken. Er folgte ihr. Sie setzte sich in den Lehnstuhl. Er stellte sich neben eine Diana aus Gips, legte den Arm um die Hüfte der trainierten Göttin und schaute durch das Atelierfenster auf die Bogen und Veduten der Jugendstilgiebel. Man hörte den Baron kommandieren. »Letzte Position, mein Schatz. Rumpfbeuge vorwärts. Knie einknicken, Gesäß heraus, Hände auf die Knie, gut, halt!« Und aus der vorderen Hälfte des Ateliers klangen kleine, zugespitzte Schreie. Fräulein Kulp litt vorübergehend an Atemnot.

»Wie kommen eigentlich Sie in diesen Saustall?« fragte Fabian.

»Ruth Reiter und ich sind aus derselben Stadt. Wir gingen in die gleiche Schule. Neulich trafen wir uns zufällig auf der Straße. Und weil ich noch nicht lange in Berlin bin, lud sie mich zu Informationszwecken ein. Ich bin das letzte Mal hier oben. Die Information hat genügt.«

»Das freut mich«, sagte er. »Ich bin kein ausgesprochener Tugendbewahrer, und trotzdem betrübt es mich, wenn ich sehen muß, daß eine Frau unter ihrem Niveau lebt.«

Sie sah ihn ernst an. »Ich bin kein Engel, mein Herr. Unsere Zeit ist mit den Engeln böse. Was sollen wir anfangen? Wenn wir einen Mann liebhaben, liefern wir uns ihm aus. Wir trennen uns von allem, was vorher war, und kommen zu ihm. ›Da bin ich‹, sagen wir freundlich lächelnd. ›Ja‹, sagt er, ›da bist du‹, und kratzt sich hinterm Ohr. Allmächtiger, denkt er, nun hab ich sie auf dem Hals. Leichten Herzens schenken wir ihm, was wir haben. Und er flucht. Die Geschenke sind ihm lästig. Erst flucht er leise, später flucht er laut. Und wir sind allein wie nie zuvor. Ich bin fünfundzwanzig Jahre alt, und von zwei Männern wurde ich stehengelassen. Stehengelassen wie ein Schirm, den man absichtlich irgendwo vergißt. Stört Sie meine Offenheit?«

»Es geht vielen Frauen so. Wir jungen Männer haben Sorgen. Und die Zeit, die übrigbleibt, reicht fürs Vergnügen, nicht für die Liebe. Die Familie liegt im Sterben. Zwei Möglichkeiten gibt es ja doch nur für uns, Verantwortung zu zeigen. Entweder der Mann verantwortet die Zukunft einer Frau, und wenn er in der nächsten Woche die Stellung verliert, wird er einsehen, daß er verantwortungslos handelte. Oder er wagt es, aus Verantwortungsgefühl, nicht, einem zweiten Menschen die Zukunft zu versauen, und wenn die Frau darüber ins Unglück gerät, wird er sehen, daß auch diese Entscheidung verantwortungslos war. Das ist eine Antinomie, die es früher nicht gab.« [...]

»Der zweite Mann, den ich liebte und damit belästigte«, sagte sie leise, »ging eines schönen Abends aus der Wohnung, um einen Brief in den Kasten zu werfen. Er ging die Treppe hinunter und kam nicht wieder.« Sie schüttelte den Kopf, als verstehe sie das Erlebnis noch immer nicht. »Ich wartete drei Monate darauf, daß er vom Briefkasten zurückkehre. Komisch, nein? Dann schickte er eine Ansichtskarte aus Santiago, mit vielen herzlichen Grüßen. Meine Mutter sagte: ›Du bist eine Dirne!‹, und als ich zu bedenken gab, daß sie ihren ersten Mann mit achtzehn Jahren und das erste Kind mit neunzehn Jahren gehabt habe, rief sie entrüstet: ›Das war etwas ganz anderes!‹ Freilich, das war etwas ganz anderes.«

»Warum sind Sie nach Berlin gekommen?«

»Früher verschenkte man sich und wurde wie ein Geschenk bewahrt. Heute wird man bezahlt und eines Tages, wie bezahlte und benutzte Ware, weggetan. Barzahlung ist billiger, denkt der Mann.«

»Früher war das Geschenk etwas ganz anderes als die Ware. Heute ist das Geschenk eine Ware, die null Mark kostet. Diese Billigkeit macht den Käufer mißtrauisch. Sicher ein faules Geschäft, denkt er. Und meist hat er recht. Denn später präsentiert ihm die Frau die Rechnung. Plötzlich soll er den moralischen Preis des Geschenks rückvergüten. In seelischer Valuta. Als Lebensrente zu zahlen.«

Erzählen, auch filmisches, in Realismus, Neuer Sachlichkeit und Gegenwart vergleichen

»Genau so ist es«, sagte sie. »Genau so denken die Männer. Aber warum nennen Sie dann dieses Atelier einen Saustall? Hier sind doch die Frauen so ähnlich, wie ihr sie haben wollt! Oder etwa nicht? Ich weiß, was euch zu eurem Glück noch fehlt. Wir sollen zwar kommen und gehen, wann ihr es wollt. Aber wir sollen weinen, wenn ihr uns fortschickt. Und wir sollen selig sein, wenn ihr uns winkt. Ihr wollt den Warencharakter der Liebe, aber die Ware soll verliebt sein. Ihr zu allem berechtigt und zu nichts verpflichtet, wir zu allem verpflichtet und zu nichts berechtigt, so sieht euer Paradies aus. Doch das geht zu weit. Oh, das geht zu weit!« Fräulein Battenberg putzte sich die Nase. Dann fuhr sie fort: »Wenn wir euch nicht behalten dürfen, wollen wir euch auch nicht lieben. Wenn ihr uns kaufen wollt, dann sollt ihr teuer dafür bezahlen.« Sie schwieg. Ihr liefen kleine Tränen übers Gesicht.

»Sind Sie deswegen nach Berlin gekommen?« fragte Fabian. Sie weinte geräuschlos.

■ Text 150

Mehlreisende Frieda Geier (1931) *Marieluise Fleißer*

Die Protagonistin Frieda Geier arbeitet als Handlungsreisende für Mehl. Es wird im Roman nicht deutlich, ob sie selbstständig ist oder als Vertreterin einer Firma arbeitet. Der folgende Textauszug zeigt einen Einblick in ihren Berufsalltag.

Am Montag, wenn die Tretmühle anfängt, steht Frieda Geier mit dem Schlüsselbund in der Hand am Wall und schließt mitten zwischen Brennnesseln und Brombeersträuchern eine schrägliegende Tür in der Befestigungsanlage auf. Es sieht aus, als sperre sie einen Berg auf. Drinnen ist ihre Garage. Vorsichtig quetscht sie ihre kleine grüne Knarre, den Laubfrosch, durch die Tür, steigt noch einmal aus und schließt den Berg wieder zu. Sie trägt feste Schnürstiefel, einen strapazierfähigen Rock und die Lederjacke.

Etwas leise Spießiges und darum Anheimelndes geht von ihr aus, das ist die Tarnung. Die Kleidung muss auf Stadt- und Landkundschaft zugleich abgestimmt sein. Sie muss auf den ersten Blick wie jemand aus der Laufkundschaft wirken. Im Anfang hat sie da Fehler gemacht und sich zu flott angezogen. […]

Hier ist die Stätte der Taten. Frieda klemmt die Mappe unter den Arm.

Sie lässt den Laubfrosch nicht unmittelbar vor dem Eingang stehn, damit er dem Kunden nicht den Zutritt versperrt. Sie tritt in den Laden, nicht zu plötzlich, der Mensch hat Nerven.

Sie grüßt mit bescheidenem Selbstbewusstsein und muss warten, bis die Kundschaft abgefertigt ist. Der Montag ist ein lebendiger, der Dienstag ein toter Tag.

Sie steht nicht wie eine Ausgestoßene in ihrer Ecke. Ihr Schweigen ist Dienst am Kunden.

Frieda hat es gelernt, in Qualen zu lächeln. Das Warten ist nicht das Schlimmste. Es gibt Kaufleute, die einen mutwillig hinhalten, die sehr wohl empfangen könnten. Aber es passt ihnen im Augenblick nicht. Jetzt geht es beim besten Willen nicht, heißt es. […]

Werden die Spesen und der Zeitverlust nicht am Ende größer wie der ganze Auftrag sein? Frieda weiß, was es heißt, wenn der andere Teil die Trümpfe in der Hand hat.

Aber sie hat ein Recht, hier zu stehn, weil sie es sich nimmt.

Ihren Augen entgeht nicht, dass Herr Stubenrauch von Firma Stubenrauch, Feinbäckerei um eine Kleinigkeit langsamer bedient, als er sie erblickt. Ein Entschluss wandelt sichtbar durch sein Gesicht: Er bestellt nicht. Genau gesagt wäre Herrn Stubenrauch leichter ums Herz, wenn sie dort nicht stünde. Mit ihr kam zwar nicht das Unglück herein, aber eine Gefahr. Jetzt sind sie zu zweit im Laden.

Die Stunde drängt. Jeder abspenstige Kunde ist eine verlorene Schlacht. An Frieda ist es, den Bann zu brechen.

Soll Frieda ihm vertraut in die Augen blicken: Wie haben wir es miteinander? So plump ist Frieda nicht. Dann sagt er nämlich Nein. Neinsagen am Anfang ist leicht.

»Sie erlauben schon, dass ich mir bei Ihnen die Füße abtrete. Wenn man den ganzen Tag in dem kleinen Wagen sitzt, wird man ganz klamm.«

»Bitte sehr, Fräulein Geier. – Hm.« […]

Frieda führt ein Gespräch mit Herrn Stubenrauch, nicht weniger und nicht mehr. […].

»Sie kennen mich, Herr Stubenrauch, ich biete Ihnen nichts an, was nicht Ihr eigener Vorteil wäre. Ich habe da ein Mehl, das macht mir keiner nach, eins

A. Das müssen Sie ansehn. Ansehn heißt noch nicht kaufen.«

Sie hält ihm das Leinensäckchen mit der Mehlprobe unter die Nase, er kann sie nicht daran hindern, er hätte schon ihre Hand wegstoßen müssen; sie war so flink.

»Und was kostet das? Ihnen steht der Verstand still, wenn ich Ihnen mein Angebot nenne.«

Am liebsten hätte sie den Mann von der engherzigen Kaste gegen sein langweiliges Schienbein getreten. Er hält sie auf.

Herrn Stubenrauch steht über das Angebot zwar nicht der Verstand still. Gleich wird er sich die Haare über die mörderischen Gewohnheiten seiner Mitmenschen raufen. Er müsste es nicht mit Frieda zu tun haben. Nun hat sie sich festgebissen, nun lässt sie nicht locker, hin muss er sein.

Nicht alle sind gegen sie, wie sie sein sollten. Manche Herren nehmen sich gegen ein alleinstehendes weibliches Wesen Freiheiten heraus. Aber das muss sie Herrn Stubenrauch lassen, er persönlich ist noch immer hochanständig zu ihr gewesen.

»Darum komme ich auch gern zu Ihnen, das wissen Sie.«

Sie schaut ihn an mit dem Blick, an einer Eiche könnte er rütteln.

Sie steht vor ihm als ein schwaches Weib, in dieser Welt von Männern erdacht. (Gegen sein langweiliges Schienbein würde sie ihn am liebsten treten.)

Er weiß nicht, wie er sie wieder los wird, ohne dass er bestellt, denn Frieda wankt und weicht nicht. Nun hat sie ihn auch noch ins Vertrauen gezogen.

Er hat kein gutes Gewissen, als er ihr seinen Auftrag erteilt. Daran müssen nun die nachfolgenden Vertreter glauben. Er hebt nicht die Hand zum Schwur, aber das nimmt er sich vor, er will, um sein Leben zu fristen, sich zur fühllosen Mauer entwickeln.

Frieda kann die Bestellung in ihr Orderbuch schreiben. Ihr Lebensfaden ist wieder einmal verlängert. [...]

Frieda ist in die Branche hineingerutscht, als ihr nichts anderes übrig blieb. Manchmal hat sie einen Krampf in den Beinen, dass sie umsinken könnte. Danach darf sie nicht fragen, sie muss in die Dörfer hinaus.

Manchmal möchte sie alles hinschmeißen vor Verdruss. Es ist bitter nötig, dass Frieda sich den Stachel ins eigene Fleisch treibt. Wer würde für Linchen sorgen?

So ist das. Frieda lässt eine Schwester im Kloster aufziehn. Sie bekommt eine höhere Ausbildung, denn Linchen soll es einmal besser im Leben wie Frieda haben.

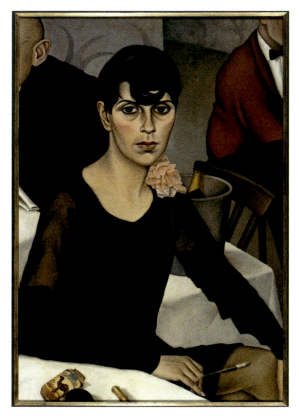

Christian Schad: Sonja, 1928

Erzählen, auch filmisches, in Realismus, Neuer Sachlichkeit und Gegenwart vergleichen

Schriftstellerinnen gestalten einen neuen Typus Frau

■ Text 151

Die Kunstbewegung der Neuen Sachlichkeit (2000) *Britta Jürgs*

Im Gegensatz zu jeder ordentlichen anderen Kunstbewegung mangelt es der neusachlichen an spektakulären Aktionen, an Manifesten und – nicht zuletzt – an Skandalen. Eine Stilrichtung löst in der ersten Hälfte des 20. Jahrhunderts die nächste ab. Dabei ist eine der wenigen Kunstbewegungen ohne »Ismus«, die Neue Sachlichkeit, in der Chronologie kurz hinter dem Expressionismus angesiedelt, erstaunlich unbekannt. Schon die Bezeichnung »Neue Sachlichkeit« ist eine Sache für sich. Er ist keineswegs ein von einer Künstlergruppe kreierter Begriff zur Bestimmung der eigenen Position.

Der Begriff »Neue Sachlichkeit« wird Gustav Friedrich Hartlaub zugeschrieben, der damit ein Ausstellungsprojekt charakterisierte, das weder impressionistisch-aufgelöste noch expressionistisch-abstrakte Gemälde zeigen sollte, sondern gegenständliche Werke, die sich mit der Wirklichkeit auseinandersetzten. Hartlaub verwendete diesen Terminus 1923 bei der Ausstellungsvorbereitung, und einer größeren Öffentlichkeit wurde er durch die erst 1925 stattfindende Ausstellung *Neue Sachlichkeit. Deutsche Malerei seit dem Expressionismus* in der Mannheimer Kunsthalle bekannt, auf der unter anderem Werke von Otto Dix, George Grosz oder Georg Scholz gezeigt wurden. Hartlaub griff damit einen Begriff auf, der – beispielsweise zur Kennzeichnung einer Lebenshaltung – schon früher existierte. […] Seit Franz Rohs Buch *Nach-Expressionismus. Magischer Realismus* aus dem Jahre 1925 wurden die Merkmale der Neuen Sachlichkeit vor allem in Abgrenzung zum Expressionismus definiert: »Nach den Ekstasen des Expressionismus suchte man die Nüchternheit des Blicks, nach den kosmischen Träumen die banalen Themen, nach dem Überschwang des Gefühls die Freiheit von aller Sentimentalität.« Objektivität statt Subjektivität, Ironie statt Pathos, Nahsicht statt Blick aus der Ferne. […]

Sowohl in der Malerei wie in der Literatur dominierte ein starkes Interesse an der Gegenwart. Authentizität war gefragt, und bei der Darstellung gesellschaftlicher Realität bediente man sich gerne journalistischer Schreibweisen und stellte die Personen nicht als Individuen, sondern als Typen dar. Malerinnen und Schriftstellerinnen wollten Berichterstatterinnen, sachliche Reporterinnen sein, dem »Puls der Zeit« Ausdruck geben.

Ob Herrenmantel oder kurzer Rock, Bubikopf oder Topfhut, mit Zigarette oder Palette in der Hand: Die »Neuen Frauen« der Weimarer Republik stellten sich anders dar als ihre Vorgängerinnen. Lebensgefühl oder Markenzeichen? Realität oder Modeerscheinung? Künstlerinnen und Schriftstellerinnen der um 1900 geborenen Generation nutzten die Chance, sich selbst zu verwirklichen und einen Beruf zu ergreifen.

In ihren Selbstportraits präsentierten sie sich […] in schlichter, sportlicher Kleidung und mit dem obligatorischen pflegeleichten Kurzhaarschnitt. Die neue geistige, moralische und körperliche Bewegungsfreiheit – versinnbildlicht in einem Foto von Mascha Kaléko am Strand von Hiddensee in bequemer weißer Hose und weitem Jackett –, zeigte sich auch in der von den Massenmedien verbreiteten Mode für Beruf und Freizeit. Ihrem Drang nach Bewegung konnten die »Neuen Frauen« beim Sport freien Lauf lassen – ob beim Wandern […], ob beim Boxen wie Vicki Baum oder beim Tennis […].

Zeitschriften und Zeitungen publizierten nicht nur Fotos dieser »Neuen Frauen«, sie veröffentlichten auch […] Mascha Kalékos »Zeitungslyrik« […] oder die Romane von Vicki Baum – letztere beispielsweise in der Berliner Illustrirten Zeitung in einer Auflage von über 1,5 Millionen Exemplaren. Eine Satire auf den »Betrieb« verfasste Gabriele Tergit, die sich als Redakteurin des Berliner Tageblatts im Berliner Pressemilieu der Zwanzigerjahre bestens auskannte, mit ihrem Zeitroman Käsebier erobert den Kurfürstendamm.

Die Journalistin Fräulein Dr. Kohler in Tergits Käsebier-Roman, Irmgard Keuns Stenotypistin Gilgi, die sich hocharbeitende Kaufhausangestellte Sybille Lucka in Victoria Wolffs Roman Eine Frau hat Mut, die Chemiestudentin Helene Willfüer bei Vicki Baum oder Marieluise Fleißers Mehlreisende Frieda Geier – sie alle sind typische Protagonistinnen der Neuen Sachlichkeit.

Erzählen, auch filmisches, in Realismus, Neuer Sachlichkeit und Gegenwart vergleichen

Studium und Arbeitswelt, Existenzkampf und Konkurrenz sind im neusachlichen Roman zum Ende der Weimarer Republik ebenso Thema wie die Arbeitslosigkeit […].

Die neusachliche Auseinandersetzung mit Technik, Industrialisierung oder Fortschrittsideen nach amerikanischem Modell spielt bei den weiblichen Vertreterinnen der Neuen Sachlichkeit eine geringere Rolle als bei vielen ihrer männlichen Kollegen. Sie findet sich jedoch auch in […] der Amerikabegeisterung von Keuns Protagonistinnen thematisiert. Gilgi glaubt an die Maschinen, an das eigene Funktionieren im System, an ihre »gut geölten Arbeitsmethoden« – bis zur »Störung des Betriebssystems« in Form eines Mannes. Das kunstseidene Mädchen Doris liebt Automatenrestaurants: »Das ist amerikanisch. Und alles so herrlich und glücklich.«

Das, was wir heute gerne mit den so genannten »goldenen« Zwanzigerjahren verbinden, sind die Vergnügungen. Die »Neuen Frauen« der Weimarer Republik arbeiteten nicht nur, sie gingen auch aus, trafen sich in Cafés und Bars, amüsierten sich in Tanzpalästen oder sahen sich die neuesten Filme im Kino an. Für die Künstlerinnen und Schriftstellerinnen der Neuen Sachlichkeit war diese schillernde Seite der Weimarer Republik jedoch nur in Ausnahmefällen auch ein literarisches oder bildnerisches Sujet. […]

Die »Neuen Frauen«, so sehen wir sie gerne: boxend wie Vicki Baum, im Automobil wie Victoria Wolff. Großstadtfrauen, die erfolgreich sind, selbständig, sportlich, emanzipiert, die Kind und Karriere verbinden. Konnten sie das wirklich? Den »Neuen Frauen« folgten nicht zwangsläufig auch die »Neuen Männer«. […]

So fortschrittlich die Künstlerinnen und Schriftstellerinnen und ihre Heldinnen in ihren Berufen waren, so sehr waren sie selbst doch oft noch traditionellen Vorstellungen und Weiblichkeitsbildern verhaftet, was Ehe und Familie anging. Vicki Baums Protagonistin Helene Willfüer bekommt zum Schluss doch noch ihren Professor zum Ehemann, wodurch die vorher stattgefundenen Emanzipationsversuche wieder rückgängig gemacht werden. In Vicki Baums oder Mascha Kalékos Werken ist zuweilen diese Kombination aus Sachlichkeit und Sentimentalität zu entdecken, die für die Widersprüchlichkeit weiblicher Lebensläufe zwischen traditionellen Frauenbildern und fortschrittlichen Ideen einer berufstätigen, emanzipierten »Neuen Frau« stehen mag.

Vordergründige Sachlichkeit mit einer gehörigen Portion Sentimentalität charakterisiert ansonsten eher die neusachliche Literatur männlicher Autoren wie z. B. Erich Kästner, in deren Romanen das sachliche Prinzip – nicht ohne Abscheu – in erster Linie von den (emanzipierten) Frauengestalten verkörpert wird. Das unterscheidet diese von Autorinnen wie Marieluise Fleißer oder Irmgard Keun, die die sachliche Attitüde auch sprachlich adäquat – unsentimental und ohne Romantizismus – umsetzen.

Die männlichen Protagonisten wie Kästners *Fabian* oder Pinneberg aus Falladas *Kleiner Mann, was nun?* schaffen es meist nicht, Krisensituationen zu bewältigen und gehen desillusioniert an den Weimarer Verhältnissen zugrunde. Die Frauenfiguren jedoch bleiben auf dem Boden der Tatsachen und finden jetzt erst recht mutig und allen Widrigkeiten zum Trotz ihren Weg. »Ein Mann ist gescheitert und eine Frau hält durch«, heißt es in Victoria Wolffs Angestelltenroman. Dabei hilft den Frauen ihr lakonischer Humor und ihre Selbstironie.

Was wurde aus den »Neuen Frauen« mit dem Ende der Weimarer Republik? Wer sich das Etikett »Neue Frau« nur zugelegt hatte, um modisch zeitgemäß zu sein, hatte auch keine Probleme, sich nach 1933 den veränderten gesellschaftlichen Bedingungen anzupassen, als die be-

Vicki Baum

Mascha Kaléko

Erzählen, auch filmisches, in Realismus, Neuer Sachlichkeit und Gegenwart vergleichen

rufstätige »Neue Frau« wieder von der Hausfrau und Mutter abgelöst wurde.

Für die Künstlerinnen und Schriftstellerinnen der Neuen Sachlichkeit, die schon durch ihre Berufswahl das Bild der nun negativ konnotierten »Neuen Frau« verkörperten, bedeutete die Machtergreifung der Nationalsozialisten einen Bruch.

Viele Lebensläufe sind Exilgeschichten, die Neuanfänge beinhalten. Die Versuche, die berufliche Tätigkeit im Ausland fortzusetzen, funktionierten nur in Ausnahmefällen. Vicki Baum, die schon vor 1933 nach Amerika ging, war spätestens seit dem Broadway-Erfolg von Menschen im Hotel dort so berühmt, dass sie ihre Karriere ohne größere Schwierigkeiten fortsetzen konnte. Victoria Wolff gelang es, sich als Drehbuchautorin in Hollywood zu etablieren, wobei ihr die englische Übersetzung eines ihrer Romane als »Visitenkarte« dienen konnte. Ungleich schwerer, in ihrer »neuen Heimat« Fuß zu fassen, hatten es […] Gabriele Tergit und Mascha Kaléko auf ihren diversen Exilstationen in England, Amerika oder Israel […]. Marieluise Fleißer und Irmgard Keun blieben in Deutschland ohne Ausstellungs- bzw. Veröffentlichungsmöglichkeiten (bzw. kehrten dorthin zurück). […]

»Leider hab ich's Fliegen ganz verlernt« – Mascha Kalékos Versen für Zeitgenossen entnommen – steht für eine von Höhenflügen weit entfernte, kurze, prägnante und temporeiche, in schlichtem und schnörkellosem Dekor, aber mit viel (Selbst-)Ironie und Witz daherkommende Auseinandersetzung mit der Realität der Zwanziger- und frühen Dreißigerjahre.

A ■ Verfassen Sie einen kurzen Lexikoneintrag zur Neuen Sachlichkeit als literarischer Strömung, der Begriffsdefinition, Abgrenzung zu anderen Epochen/Strömungen und historische Einordnung enthält.

B₁ ■ Ermitteln Sie die von Autorin Britta Jürgs den Romanen von Frauen der Neuen Sachlichkeit zugeschriebenen Merkmale in Abgrenzung vom Realismus.

B₂ ■ Ermitteln Sie die von Autorin Britta Jürgs den Romanen von Frauen der Neuen Sachlichkeit zugeschriebenen Merkmale in Abgrenzung vom Expressionismus.

C ■ Vergleichen Sie die Hinweise im Text von Britta Jürgs zu den Romanen Keuns, Kästners und Fleißers mit der Bearbeitung der Auszüge T 148, 149 und 150.

D ■ Recherchieren Sie zu den Autorinnen Vicki Baum, Victoria Wolff, Gabriele Tergit und Mascha Kaléko, deren Biografien und deren Bucherfolgen.

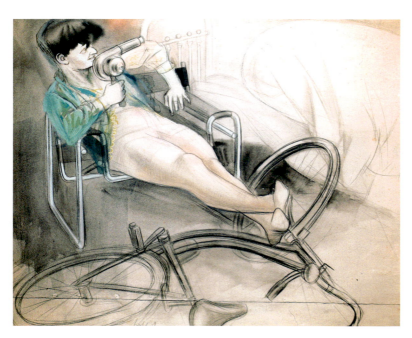

Karl Hubbuch: »Mit Föhn und Fahrrad«, 1927/28

Erzählen, auch filmisches, in Realismus, Neuer Sachlichkeit und Gegenwart vergleichen

Mann-o-Mann –
Geschlechterrolle(n) im Dauerkonflikt heute

> **Was kann ich nach der Bearbeitung dieses Unterkapitels?**
> - Sachtexte zum Selbstverständnis von Männern heute analysieren und deren Perspektivik bewerten
> - Aktuelle Debatten zur Frage von Geschlechterrollen aufgreifen und aufarbeiten

Verunsicherter Mann, jammernder Macho? Aktuelle Männerbilder in Kolumnen und Filmen

■ Text 152
Geschlechterrollen: Die Schmerzensmänner (2012)   *Nina Pauer*

Es könnte alles so einfach sein. Vielversprechend bricht das neue Jahr an und wartet auf nichts anderes, als ausgekostet zu werden – champagnerbeschwipst, Hand in Hand schlendernd. Doch irgendwie klappt es nicht. Einer kneift. Der junge Mann von heute feiert nicht trunken vor Glück mit seiner neuen Liebsten – er steht abseits und fröstelt. Verkopft, gehemmt, unsicher, nervös und ängstlich ist er, melancholisch und ratlos. Er hat seine Rolle verloren.

Schuld an seiner jungmännlichen Identitätskrise ist, wie immer, die Gesellschaft. Sie war es schließlich, die verlangte, dass sich der Mann (natürlich der junge) verstärkt neue Attribute zulegen sollte. Einfühlsam, reflektiert, rücksichtsvoll und bedacht, gerne auch einmal: schwach sollte er sein. Den Startschuss dazu lieferte 1984 – der junge Mann spielte damals noch auf der Krabbeldecke – Herbert Grönemeyers Frage »Wann ist ein Mann ein Mann?« Es war diese Melodie, die den jungen Mann seine Adoleszenz hindurch begleitete, pünktlich zum Abitur sang Grönemeyer dann auch schon nicht mehr von Männern und Frauen, sondern nur noch, in bezaubernder Melancholie, wie der junge Mann fand, vom »Menschen«.

Doch was als eine begrüßenswerte Mentalitätsreform des alten Männerbildes begann, hat inzwischen groteske Züge angenommen. Das eigene Leben reflektierend und ständig bemüht, sein Handeln und Fühlen sensibel wahrzunehmen, nach außen zu kehren und zu optimieren, hat er sich auf einer ewigen Metaebene verheddert, von der er nicht wieder herunterkommt.

Die erfolgreiche Kommunikation mit seinem weiblichen Gegenüber, in Liebesdingen ohnehin notorisch unwahrscheinlich, ist damit noch ein Stück weiter in Richtung Unmöglichkeit gerückt. Denn auf die junge Frau wirkt die neue männliche Innerlichkeit, das subtile Nachhorchen in die tiefsten Windungen der Gefühlsregungen schrecklich kompliziert. Und auf die Dauer furchtbar unsexy.

Dabei schien ja eigentlich gerade alles aufzugehen. Der jahrhundertelange Prozess der Häutungen von einem Rollen- und Beziehungsideal zum nächsten hatte endlich einen vermeintlich gesunden Endpunkt gefunden. Kein Gott bestimmt nun mehr die Liebe, der Minnesänger mit seiner Obsession des Unmöglichen hat Ruhe gegeben, die romantische Vollverblendung ist überkommen, und auch die rein zweckrationale Eheschließung passé. Das moderne Beziehungsideal, die frei gewählte, auf romantischen Gefühlen basierende, aber in der Form reziproke Partnerschaft führt zwei zusammen, die es als »Lebensgefährten« im Wirrwarr der komplexen Welt versuchen wollen. Sowohl die Gleichheit als auch die Ungleichheit der Geschlechter finden in dieser Idee der Liebe ihren Platz, die neuen Eigenschaften wie die alten. Als Partner wissen beide ihre Gefühle zu reflektieren und auf Augenhöhe zu kommunizieren, das Zusammenleben ist ein respektvoller Aushandlungsprozess, und nur der kleine Rest, das eben, was das Geschlechtsneut-

Erzählen, auch filmisches, in Realismus, Neuer Sachlichkeit und Gegenwart vergleichen

rale aus dem Team-Gedanken vertreibt, beruht auf Komplementarität. Anziehungskraft kommt erst durch Unterschied. Flirten, Umwerben, Erobern ist nichts für die Metaebene.

Doch genau an diesem letzten Punkt ist der junge Mann falsch abgebogen. Er weiß nicht mehr, wann es Zeit ist zu kommen. Statt fordernd zu flirten, gibt er sich als einfühlsamer Freund. Schüchtern in einer Baumwollstrickjacke hinter einer Hornbrille versteckt, steht er in dunklen Großstadtbars und hält sich an einem Bier fest. Als Gefährte ist er vielleicht ein bisschen grüblerisch, aber man kann gut mit ihm reden. Er achtet auf sich, ist höflich, lieb, immer gepflegt und gewaschen, benutzt Parfums und Cremes, macht Diäten und hört wunderbar melancholische Mädchenmusik. Nur wenn der entscheidende move gefragt ist, er sich herüberbeugen und die junge Frau endlich küssen sollte, fängt sein Kopfkino an. Vielleicht möchte die junge Frau gar nicht geküsst werden? Vielleicht würde sie sonst selber den ersten Schritt tun? Vielleicht sollte man die Beziehung lieber doch nicht auf die gefährliche Ebene der Erotik ziehen, sondern platonisch belassen? »Ich gebe zu, dass ich dich mag«, singt es schließlich vom Mixtape, das er seiner Angebeteten aufnimmt, anstatt den ersten Schritt zu wagen. Schön klingt es, ungelenk kommt es an.

Die junge Frau fühlt sich ungewollt. Auch sie schmeißt ihr legendär destruktives Kopfkino an, sie fragt sich, wie die Songzeile über die »geteilte Einsamkeit« auf der Musikkassette zu interpretieren sei. Der junge Mann spricht nur nachts, betrunken, direkt zu ihr. Er sei verletzt worden in der Vergangenheit, er wolle seinerseits nicht verletzen, erklärt er mit ernstem Blick. Und schafft es danach schließlich doch noch, die junge Frau kurz zu küssen, nur um sich danach sofort für seine plumpe Hemmungslosigkeit zu entschuldigen. Die nächsten Treffen werden verkrampft. Spiegeln gleich stehen sich die Geschlechter gegenüber und hyperreflektieren ihre Beziehung zu Tode, bevor sie überhaupt angefangen hat. Die Körper haben keine Chance gegen ihre Köpfe, die junge Frau geht. Du machst alles richtig, murmelt sie traurig, sie meint den liebenswerten Gefährten. Du machst alles falsch, denkt sie und meint den gehemmten Liebhaber. »Vielleicht bin ich beziehungsunfähig?«, fragt der junge Mann entschuldigend.

Statt seinen Stolz zu nehmen und nach einem letzten romantisch-heroischen Versuch einzusehen, dass es richtig wäre aufzugeben, trauert er, wochen-, monatelang. Er weiß nicht mehr, wann es Zeit ist zu gehen. Reden will er, immer wieder, besprechen, woran es lag, wie man seine Unsicherheit therapieren könnte. Er brennt neue Mixtapes, diesmal englischsprachige, von Bands, die Iron & Wine oder The Weepies heißen. Er denkt und fühlt und leidet. In stiller Melancholie, in modernem Werthertum singt er mit Bon Iver, einem bärtigen Barden in Holzfällerhemd und Kastratenstimme zur Akustikgitarre hymnisch seine Gefühle hinaus, wie er zieht er sich innerlich in eine Hütte im Wald zurück, um seine Trauer zu verstehen und zu artikulieren.

Auf die überfordernde Doppelbotschaft, in der Partnerschaft ebenbürtig, im Geschlechterspiel selbstbewusst zu sein, kann er nur mit noch mehr Reflektion antworten. Sie lässt ihn zurückkippen, jahrhunderteweit. »Du weißt ja, eigentlich mag ich dich sehr gerne / Doch du zerredest mich so lang, bis ich nicht mehr weiß, wo ich bin und was ich will / Melancholie, sei endlich still«, besingt er in einer Neuauflage des Minnesängers die Unmöglichkeit seiner Liebe. Die Gedanken und Unsicherheiten seien einfach zu groß, die Frau viel zu stark, als dass er ihr geben könnte, was sie brauche. Die junge Frau indes schimpft vor ihren Freundinnen, die böse Waschlappen-Metapher fällt. Als der junge Mann bei ihr klingelt, ihr ein letztes Tape mit seiner Bardenmusik übergibt und sie hoffnungsvoll um eine neue Chance bittet, regt sich nichts als der Wunsch, ihn tröstend in den Arm zu nehmen, anstatt sich flammend an seine starke Brust zu werfen.

Und so stehen sie am Ende zusammen, die verhinderten Partner, sich selber im Wege, freundschaftlich Arm in Arm. Bis sie sich nach einem letzten klärenden Gespräch endgültig trennen.

»Es könnte alles so einfach sein«, singt Herbert Grönemeyer für sie. »Ist es aber nicht.«

A ■ Stellen Sie Charakteristika des jungen Mannes von heute zusammen, wie Nina Pauer ihn in **T 152** beschreibt.

B ■ Lesen Sie Harald Martensteins Kolumne »Ein Macho …« (**T 153**) als Antwort auf Nina Pauer. Welche Charakterzüge greift er auf? Wie charakterisiert er sich als (nicht mehr) jungen Mann?

> Erzählen, auch filmisches, in Realismus, Neuer Sachlichkeit und Gegenwart vergleichen

■ Text 153
Ein Macho zieht sein Ding durch und lässt sich nicht reinreden. (2012)
Harald Martenstein

Es gibt diese neue Männerdebatte. Der Mann von heute sei sehr oft ein Jammerlappen, unsicher, melancholisch, er verheddere sich in Selbstreflexionen. Derartiges Verhalten sei unsexy. Die modernen Frauen wollen Typen, die hin und wieder, und zwar genau dann, wenn die modernen Frauen es wollen, auch mal ein bisschen macho sind.

Ich finde das unlogisch. Ein Typ, der auf Wunsch einer Frau den Macho gibt, verhält sich, weil er dem Befehl der Frau folgt, doch völlig antimacho und softie. Ein echter Macho zieht sein Ding durch und lässt sich nicht reinreden. Wenn ein echter Macho Lust dazu hat, mal selbstreflexiv zu sein, dann tut er das auch. Wenn es sein muss, dann reflektiert er die ganze Nacht. Wir lassen uns das Jammern nicht verbieten. Du willst Typen ohne Selbstreflexion, Baby? Du willst schweigsame, unmelancholische Kerle? Schau dich einfach mal bei den Sechzehnjährigen um. Die sind so.

Den dreißigsten Geburtstag habe ich überhaupt nicht ernst genommen. Am vierzigsten Geburtstag heißt es neuerdings: Vierzig ist das neue Dreißig. Aber das stimmt nicht. In Wahrheit ist Vierzig das, was vor Fünfzig kommt. Mir fällt auf, dass ich lange nicht mehr über meinen Tod geschrieben habe. Bleibe weg, du großer schwarzer Vogel! Wenn ich im Aufzug fahre, schaue ich gewohnheitsmäßig auf das Baujahr des Aufzuges. Es scheint da eine Art Vorschrift zu geben, vom Gesundheitsministerium, um ältere Menschen zum Treppensteigen zu motivieren. Um Alte zu erschrecken, müssen sie ein kleines Metallschild mit dem Baujahr in den Aufzug hängen. Aufzüge sind fast immer jünger als ich. Sie sind, ab etwa 1970, verbeult, verdreckt und verrostet. Sie sehen runtergerockt und abgenudelt aus. Jünger als ich sind sie trotzdem.

[…] Bei jeder Formkrise glaube ich: Das war's jetzt. Wenn ich etwas vergesse, denke ich jedes Mal, dass ich langsam dement werde. Wenn mir etwas wehtut, denke ich sofort: Krebs. Wo ist die fröhliche Unbefangenheit vergangener Tage? Wenn mir alles überall wehtat, dachte ich früher: Gestern war mal wieder ein toller Abend.

Neulich aß ich mit einer Kollegin. Sie fragte: »Wo möchten Sie beruflich in zehn Jahren eigentlich stehen?« Eine typische Psychofrage aus Bewerbungsgesprächen. Was soll das? Ich bin froh, wenn ich in zehn Jahren überhaupt noch stehen kann, egal wo. Mein nächstes Bewerbungsgespräch werde ich voraussichtlich mit einer Heimleiterin führen. Mein Karriereziel heißt: Überleben. Die Position, die ich privat anstrebe: Kein Gebissträger und eine intakte Prostata.

Gute Nachrichten liefert eigentlich nur mein Vater. Er hat sich, mit fast neunzig, kürzlich einen neuen BMW mit schätzungsweise 200 PS gekauft. Wenn man ihn nach Beschwerden fragt, sagt er, dass ihm nach der Gartenarbeit manchmal ein bisschen schwindlig sei. Deshalb lehne ich die linke Theorie ab, nach der fast alles gesellschaftlich bedingt ist. Ich hoffe sehr, dass der Zustand meines Vaters nichts mit der Gesellschaft zu tun hat, sondern auf die reaktionärste Weise mit Vererbung und Genen zusammenhängt. Und das ist erst der Anfang, der lange Ritt in den Sonnenuntergang hat gerade erst begonnen. Mein Gott – ich jammere ununterbrochen. Und warum? Einfach nur, weil ich gerade Lust dazu hatte, Baby.

C₁ ■ Ermitteln Sie, in welchen Passagen (Wortwahl, Wendungen) Ironie oder zumindest Übertreibung in den Texten Nina Pauers und Harald Martensteins erkennbar sind.

C₂ ■ Vergleichen Sie beide Texte unter den Aspekten
- differenzierte oder pauschalierende Darstellung,
- persönlicher oder allgemeiner Zugang zur Debatte um den Mann heute sowie
- Argumentation mit früheren (literarischen) Epochen als Vergleichsfolie.

D ■ Im weiteren Sinn greifen beide Autoren die so genannte Gender-Debatte auf. Informieren Sie sich zum Gender-Begriff, zur Bedeutung in Wissenschaft und Gesellschaft und ermitteln Sie mögliche Bezüge zu beiden journalistischen Texten.

E ■ Beurteilen Sie für beide Texte, ob darin aus Ihrer Sicht angemessen oder überzogen mit Stereotypen des Geschlechterverhaltens umgegangen wird. Beachten Sie, dass solche Kolumnen im Magazinformat auf Kürze und Wirksamkeit bei einer breiteren Leserschaft angelegt sind.

F ■ Diskutieren Sie, ob die Zuschreibungen zum verunsicherten (jungen) Mann heute mit Ihren Erfahrungen und Einschätzungen übereinstimmen.

Erzählen, auch filmisches, in Realismus, Neuer Sachlichkeit und Gegenwart vergleichen

■ Text 154

Oh Mann (2014)   *Anna Steinbauer*

Ein zerschlissenes Sofa, ein paar Pin-up Girls an der Wand, ein Kühlschrank voller Bier und ein riesiger Flachbildschirm, auf dem ständig Fußball läuft. So sieht er aus, der perfekte Hobbykeller. Eine Männeroase, wo endlich mal Ruhe ist. Keine shoppingwütigen Frauen, die oben, in der grausamen Reihenhaus-Retortenwelt, ihre Partner dazu verdonnern, ihre unzähligen Zalando-Rücksendungspakete zur Post zu bringen. Der »Männerhort«, so suggeriert diese Komödie, ist Sehnsuchtsort, Zuflucht und Schlaraffenland. Oder auch einfach nur ein Heizungskeller, in dem das vermeintlich starke Geschlecht endlich auch mal den Softie raushängen lassen darf. So zumindest wird er von den vier Herren, die sich hier konspirativ ihr kleines Paradies zusammenzimmern, genutzt.

Träumt davon die Männerwelt im Jahr 2014? Die Krise der Männlichkeit als Resultat von Frauenquote und Frauenparkplatz? Die Regisseurin Franziska Meyer Price hat mit »Männerhort« einen Film über verweichlichte Typen und Möchtegern-Machos gemacht, die sich gerne diktieren lassen, was sie zu tun haben. Die lieber reden, anstatt Sex zu haben, und die einen heimlichen Kinderwunsch in sich tragen.

Haben die Frauen also das Ruder übernommen, während die Männer zu Schoßhunden und Shoppingsklaven verkommen? So proklamiert das zumindest dieser Film, der soeben an die Spitze der deutschen Kinocharts gestürmt ist. Und zwar mit pseudofeministischen Parolen, die alle patriarchalen Rollenvorstellungen wenig elegant einfach umdrehen: »Weiber haben die Macht«, heißt es im Film. Und: »Männer brauchen einen Ort, an dem sie noch Männer sein können.« Ist das nun eine Männerphantasie oder Frauenprojektion? Die Regisseurin nahm den gleichnamigen Boulevardtheater-Hit des isländisch-deutschen Schriftstellers Kristof Magnusson zur Vorlage.

Man könnte natürlich herauminterpretieren, ob es hier um die absichtliche Konfusion männlicher und weiblicher Blicke gehen soll. Oder gar um eine indirekte Feminismus-Kritik, Version 2014. Man könnte aber auch auf den waghalsigen Gedanken kommen, dass der Inhalt vollkommen wurscht ist, solange die Starbesetzung zieht. Elyas M'Barek, Christoph Maria Herbst und Detlev Buck als frustrierte und von der Frauenwelt gepeinigte Hauptdarsteller hat die Regisseurin auf jeden Fall einige der beliebtesten Schauspieler versammelt, die Deutschland zur Zeit zu bieten hat.

Herbst verkörpert die Rolle des notgeilen, derbe Sprüche reißenden Dixie-Klo-Vertreters Lars. Dazu M'Barek als sensibler Software-Entwickler Eroll, der mit seiner sexsüchtigen Freundin (Cosma Shiva Hagen) gern einfach mal nur über seine Gefühle diskutieren würde, anstatt andauernd von ihr besprungen zu werden. Und um auch schön vielfältig und gesellschaftsspiegelnd zu sein, komplettieren der schwule Pilot Helmut (Detlev Buck) und der bestens integrierte türkische Hausmeister Aykut (Serkan Cetinkaya) die Männerpension. Diese droht zunächst aufzufliegen. Denn die Existenz des Männerhorts ist selbstverständlich geheim und wird als Unterschlupf vor allem dann aufgesucht, wenn es mit den Frauen mal wieder besonders schlimm ist – also eigentlich immer. Dann saufen und rauchen die Herren, als würden diese Verhaltensformen automatisch fehlende Männlichkeit generieren, und lästern sich den angestauten Frust von der Seele.

Ansonsten: Zoten in hoher Frequenz, tendenziell pseudoprovokativ. Auf die empörte Frage seiner Frau, welche Behinderung es Dixie-Klo-Lars denn erlaube, auf dem Behindertenparkplatz zu parken, antwortet er: »Tourette, du Fotze.« Subtil sind in »Männerhort« weder die Dialoge noch die Figuren. Der zwar harmlose, aber langweilige Fäkal- und Penis-Humor in Kombination mit der peinlichen Umkehr konservativer Geschlechterrollen ist höchstens ein Angriff aufs Sitzfleisch. Immerhin entledigt sich Elyas M'Barek in der Schlussszene seines T-Shirts, das er sich vom muskulösen Leib reißt. Aber das ist dann doch eher kein »Männerhort«, sondern eine potenzielle Frauenfantasie.

> Der Männerhort wird aufgesucht, wenn die Frauen nerven – also eigentlich ständig

A ■ Formulieren Sie eine Leitthese, die die Einschätzung der Rezensentin zum Film »Männerhort« wiedergibt.

B ■ Bearbeiten Sie die Rezension, indem Sie wertende Begriffe und Wendungen unterstreichen.

C ■ Fassen Sie den Filminhalt in einem Text ohne wertende Formulierungen zusammen.

D ■ Schätzen Sie ein, welche (Stereo-)Typen bzw. Verhaltensmuster der Rezensentin besonders missfallen haben, und befragen Sie sich nach der Berechtigung der Kritik aus Ihrer Erfahrung bzw. Sicht.

> Erzählen, auch filmisches, in Realismus, Neuer Sachlichkeit und Gegenwart vergleichen

Wissenschafts- und Gesellschaftsthemen um Frau und Mann: Projektvorschläge

Projekt

Entscheiden Sie sich für ein Projekt Ihrer Wahl:

Gender und Gender Mainstreaming: Forschung, Politik, Kritik

Mit dem Begriff *Gender* wird jene Seite des Geschlechts einer Person bezeichnet, die auf sozialer, gesellschaftlicher oder auch psychologischer Konstruktion gründet. Mit dem englischsprachigen Begriff wird auch im deutschsprachigen Raum die Unterscheidung zum biologischen Geschlecht (engl. *sex*) vorgenommen.

Untersuchen Sie, was in diesem Zusammenhang wissenschaftlich seit den 50er-Jahren des letzten Jahrhunderts erforscht wird, was dabei unter *Gender Mainstreaming* verstanden wird, was Forschungen in diesem Bereich für Voraussetzungen und gesellschaftspolitische Wirkungen hatten, haben oder haben könnten, etwa bei Fragen der Gleichstellung von Frau und Mann im Beruf oder bei Curricula in sozial- bzw. geisteswissenschaftlichen Fächern.

Beziehen Sie in Ihre Untersuchung auch die Kritik am Konzept von *Gender* und *Gender Mainstreaming* ein. Produkt Ihrer Untersuchung kann ein Vortrag von 15 bis 20 Minuten vor Ihrem Deutschkurs sein, der auch in provokanten Thesen als Auftakt einer Diskussion um dieses Themenfeld münden könnte.

Online-Spiele und Rollenbilder

Die US-amerikanische Bloggerin Anita Sarkeesian setzt sich seit 2009 mit Frauenstereotype in der Popkultur auseinander; sie findet weltweit Resonanz, hat aber vor allem mit Beiträgen zu sexistischen Darstellungen von weiblichen Figuren in Videospielen eine Reihe übler Kommentare bis hin zu Mord- und Vergewaltigungsdrohungen erhalten.

Nehmen Sie Sarkeesians Ansatz, Frauen kämen in Videospielen beständig als leere Hüllen daher, seien »unspielbare Charaktere«, die »von anderen gerettet werden müssen«, häufig »Hintergrunddekoration« und Schlimmeres, um Video- und Onlinespiele auf deren klischeehaftes Frauen- und Männerbild hin zu untersuchen. (Zitate aus: Gottschalk, Katrin: Videospiel-Debatte. In: Spiegel-Online vom 01.09.2014)

Mögliche Frageansätze lauten:
- Können Video- und Onlinespiele als ganz überwiegend von Männern bzw. Frauen genutzte benannt und belegt werden?
- Ist in Videospielen die Rolle von Held, Anti-Held, Opfer, passiver oder aktiver Figur Männern bzw. Frauen eindeutig zugewiesen?
- Werden (weitere) Stereotypen des Männlichen oder Weiblichen im jeweiligen Spiel bedient?

Produkt Ihrer Untersuchung kann ein Vorstellen von Spielen mit Blick auf Charaktere und Stereotypen sein, wobei Ihr persönlicher Bezug, Ihre Nutzung als Erfahrungshorizont einbezogen werden kann

Sprachlicher Abbau von Ungerechtigkeit: Fortschritt oder Farce?

Im Leitfaden des Senats der Stadt Berlin für eine geschlechtergerechte Sprache in der Verwaltung heißt es: »Der Beamte, der Bürger, der Student, der Vorgesetzte … Wer stellt sich darunter schon eine Beamtin, eine Bürgerin, eine Studentin vor? Im Deutschen herrscht die männliche Form zur Bezeichnung weiblicher **und** männlicher Personen vor – und das hat mehr Auswirkungen als nur die Irritation etwa über einen schwangeren Studenten. Dieses sogenannte generische Maskulinum schließt Frauen aus der Vorstellungskraft der Sprechenden aus.« (Stadtportal BerlinOnline)

Recherchieren Sie zu geschlechtergerechter oder gendersensibler Sprache. Informieren Sie sich, welcher Sprachgebrauch empfohlen wird. Untersuchen Sie Gebrauchstexte aus Ihrem Alltag nach Wahl mit Blick auf die Empfehlungen. Setzen Sie sich auch mit der Kritik an diesen Leitfäden oder Empfehlungen auseinander, die häufig von Gleichstellungsbeauftragten herausgegeben werden.

Als Produkt können Sie ein Streitgespräch zwischen einer Befürworterin oder einem Befürworter geschlechtergerechter Sprache und einem Gegner oder einer Gegnerin entwickeln und Ihrem Kurs vortragen.

SPRACHE **TEXTE** KOMMUNIKATION **MEDIEN**

Medienvermittelte Kommunikation analysieren und beurteilen –
Vorwissen zum Thema Kommunikation und Medien aktivieren

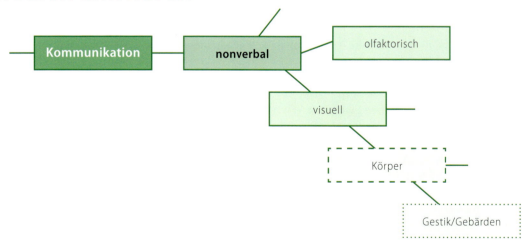

A ■ Aktivieren Sie Ihr Vorwissen zum Thema Kommunikation, indem Sie den oben abgebildeten Ansatz zu einer Mind-Map vervollständigen.

B ■ Analysieren und beurteilen Sie die in der Karikatur auf der folgenden Seite dargestellte Kommunikationssituation.

Medienvermittelte Kommunikation analysieren und beurteilen

»Medien machen dumm.«

»Das Internet vermanscht unser Gehirn.«

A ■ Tragen Sie weitere Kritikpunkte am Medienkonsum der Gegenwart zusammen, mit denen Sie privat oder in der Schule bereits konfrontiert wurden oder sich intensiver befasst haben.

B ■ Ergänzen Sie die Liste kritischer Schlagwörter, die durch die Beantwortung der Frage A entstanden ist, durch Begründungen und Beispiele, die im Kontext solcher Äußerungen häufig verwendet werden.

C ■ Recherchieren Sie zu aktuellen Diskussionsschwerpunkten im Kontext des Themas »Medienkonsum und seine Gefahren«.

»Ballerspiele am Computer fördern die Brutalität.«

In diesem Kapitel lernen Sie(,) …
- Streitgespräche unter kommunikationstheoretischen Gesichtspunkten zu analysieren, zu beurteilen,
- Strategien der Hörerbeeinflussung in Gesprächen zu identifizieren, zu beurteilen und Reaktionen auf diese zu entwickeln,
- medientheoretische Positionen kennen und im Vergleich kritisch zu reflektieren,
- sich vor dem Hintergrund der Kenntnis medientheoretischer Positionen reflektierend mit der gegenwärtigen Medienlandschaft auseinanderzusetzen,
- die Umsetzung einer Erzählung im Medium Film zu beurteilen
- die Verwendung filmischer Mittel in Literaturverfilmungen zu untersuchen.

SPRACHE   TEXTE   KOMMUNIKATION   MEDIEN

Medienvermittelte Kommunikation analysieren und beurteilen

Vorwissen zum Thema Kommunikation und Medien aktivieren: Analyse eines Streitgesprächs

> **Was kann ich nach der Bearbeitung dieses Unterkapitels?**
> - Ein Streitgespräch auf der inhaltlichen und formalen Ebene durch die Aktivierung des Vorwissens analysieren und beurteilen
> - Strategien der Hörerbeeinflussung identifizieren und beurteilen
> - Im Streitgespräch Reaktionen auf Strategien der Hörerbeeinflussung ausprobieren und in ihrer Wirksamkeit beurteilen

■ **Text 155**
Streitgespräch zur Wirkung der Medien

Der Moderator (A) sitzt mit den 3 Personen, die an der Podiumsdiskussion teilnehmen, in einem Halbkreis auf einer kleinen Bühne vor dem Publikum. M und W müssen vom Moderator unterbrochen werden, da sie in ein scheinbar recht unterhaltsames Gespräch verwickelt sind, während Person S etwas isoliert starr einen imaginären Punkt im Raum fixiert.

A Guten Abend meine Damen und Herren, ich freue mich, dass ich Ihnen heute Abend drei interessante und fachkundige Personen ankündigen kann, mit denen ich das Thema »Gefährden
5 Computer unsere Kinder und Jugendliche?« diskutieren werde.
Zu meiner Rechten begrüße ich Herrn Dr. Schrans (S), der seit vielen Jahren als Kinder- und Jugendpsychologe in unserer Stadt arbeitet. *(verhaltener*
10 *Beifall)*
Auf meiner linken Seite darf ich Ihnen Frau Dr. Wilking (W) vorstellen, die als studierte Medienpsychologin in der letzten Zeit durch zahlreiche engagierte Artikel zum Thema in verschiedenen
15 Zeitungen auf sich aufmerksam gemacht hat. Ich kann wohl davon ausgehen, dass die Position, die sie vertritt, vielen im Publikum vertraut sein wird. *(deutlich lebhafterer Beifall)*
Noch weiter links – damit meine ich natürlich
20 nicht die politische Position *(Lächeln beim Moderator und vereinzeltes Lachen im Publikum)* – begrüße ich Frau Meyerling, Mutter von 3 Kindern im Alter zwischen 6 und 15 Jahren. Frau Meyerling, wenn ich richtig informiert bin, arbeiten sie
25 in der bei drei Kindern sicherlich knappen Freizeit ehrenamtlich in unserem städtischen Jugendzentrum »Riff«. *(Frau Meyerling bejaht durch Kopfnicken und erhält viel Applaus.)*
Frau Meyerling, setzen Sie ihren Kindern Gren-
30 zen beim Umgang mit dem Medien?

M Meine Kinder wachsen in einer Zeit auf, in der der Umgang mit Medien aller Art, und dazu zählen natürlich auch Computer, zum Alltag gehören. Natürlich beobachte ich aufmerksam, was meine
35 Kinder am Computer tun, aber Regeln und Verbote gibt es nicht. Denn ich meine …

S *(richtet sich im Sessel auf und unterbricht)* Also das kann ich gar nicht nachvollziehen, sie als Mutter und Mitarbeiterin in einem Jugendzent-
40 rum und dann diese Laissez-faire-Haltung. Ich empfehle …

M *(ärgert sich sichtlich und unterbricht ebenfalls)* Erlauben Sie mal, was hat das denn mit Laissez- …

S *(wird lauter und unterbricht erneut)* Ich würde ih-
45 nen dringend empfehlen, das neue Buch Spitzers »Digitale Demenz« zu lesen, da werden sie sehen, wie wir mit solcher Laissez-fair-Haltung unsere Kinder um den Verstand bringen.

M + W *(aufgebracht, laut und gemeinsam)* Das ist ja eine Frechheit! … Unverschämtheit!
50
A *(mit nach links und rechts ausgebreiteten Armen, etwas energischer als zu Beginn)* Bitte! Bitte, wir sollten uns doch gegenseitig aussprechen lassen.
*Frau M und Frau W haben sich einander zugewendet und diskutieren intensiv, ohne dass das Gesagte vom
55 Publikum verstanden werden kann.*

A Herr Dr. Schrans, warum meinen Sie als Kinder- und Jugendpsychologe, dass man das neue Spitzer-Buch unbedingt gelesen haben sollte?

Frau M und Frau W sind ungewollt in ihrem Privatgespräch lauter geworden.

A *(überbetont freundlich)* Meine Damen, bitte! *(Frau M und Frau W verstummen.)* Bitte, Herr Dr. Schrans.

S Als Kinder – und Jugendpsychologe habe ich ständig mit Eltern zu tun, die wegen schlechter Schulleistungen mit ihren Kindern zu mir kommen. Mich hat bei Spitzer sehr beeindruckt, wie deutlich er wird. Er lässt keinen Zweifel daran, dass Kinder, die am Nachmittag vor dem Computer drei Stunden herumballern, das meiste, was sie vormittags in der Schule gelernt haben, wieder vergessen. Denn das Geschehen am Bildschirm verdränge die Gedächtnisinhalte aus dem Unterricht. Das sei Fakt und in unzähligen Studien …

W Das ist doch irgendwie typisch, diese Verkürzung. Jedes Kind, das am Computer sitzt, beschäftigt sich doch nicht mit Ballerspielen. Herr Dr. Schrans, ich kann wirklich nicht nachvollziehen, warum Sie als Kollege solche Allgemeinplätze bedienen, die den Eltern nur noch mehr Angst machen. *(Beifall aus dem Publikum, Frau M nickt zustimmend.)* Ich kenne Studien, die belegen …

S *(unterbricht)* Irgendwer muss doch die Wahrheit aussprechen! Sie werden doch sicherlich nicht leugnen, dass Computerspieler viel zu wenig schlafen, was den Verlust von Lerninhalten noch verstärkt! …

W *(wieder aufgeregt)* Jetzt bleiben Sie doch mal bei der Sache und machen nicht schon wieder ein neues Fass auf! *(Frau M klatscht Beifall und das Publikum stimmt ein.)* Ich wollte gerade von einer Studie berichten, die ganz deutlich die positiven Seiten der digitalen und interaktiven Medien herausstellt. Sie bezeichnen diese Medien als Tor zur Welt …

S *(lacht und winkt ab)* Wirklich eine schöne Welt, die unsere Kinder erreichen, wenn sie durch dieses Tor gehen.

M *(beugt sich zu S vor, wütend und laut)* Das ist doch Polemik pur!

W *(sichtlich verärgert über die erneute Unterbrechung)* Genau, das ist die reine Polemik! Ich möchte jetzt gerne …

S *(überheblich)* Polemik, das ist doch völliger Unsinn! Ich habe selbst Kinder und weiß genau, wovon ich spreche. Sie glauben gar nicht …

M Nun lassen Sie doch Frau Wilking endlich einmal ausreden und hören sich erst einmal an, was sie zum Thema zu sagen hat. Mich interessiert jedenfalls diese Studie, von der sie gerade berichten wollte. Und das Publikum sicherlich auch! *(Beifall aus dem Publikum. Dr. Schrans lacht und will gerade wieder mit einem neuen Wortbeitrag ansetzen, was durch den Moderator unterbunden wird.)*

A Im Interesse unseres Publikums sollten wir alle etwas mehr Gesprächsdisziplin entwickeln. Ich schlage deshalb vor, dass Frau Wilking zunächst Gelegenheit bekommt, die Ergebnisse dieser Studie vorzustellen. Bitte, Frau Wilking. *(Dr. Schrans wendet sich ab, um Desinteresse offen anzudeuten.)*

A ■ Analysieren Sie das Streitgespräch, indem Sie auf der inhaltlichen Ebene Ihr Vorwissen zum Themen »Medien/ Einfluss der Medien« und auf der formalen Ebene zum Thema »Kommunikation« aktivieren.

B ■ Werden in der vorliegenden Wiedergabe des Gesprächs gezielte Strategien zur Beeinflussung der Zuhörer erkennbar (siehe Info-Kasten auf der nächsten Seite)?

C ■ Recherchieren Sie zu dem Buch »Digitale Demenz: Wie wir uns und unsere Kinder um den Verstand bringen« des Psychologen und Hochschullehrers Manfred Spitzer sowie zur kontroversen Resonanz, die dieses Buch auslöste.

D ■ Setzen Sie das Gespräch aus **T 155** fort, nachdem Sie die Aufgaben A – D bearbeitet haben. Gehen Sie dabei folgendermaßen vor:
1. Verteilen Sie die Rollen und bereiten Sie sich auf die zugewiesene Rolle vor.
2. Eine Beobachtergruppe sollte das Gespräch verfolgen, um inhaltliche und formale Aspekte des Gesprächs festzuhalten.
3. Werten Sie gemeinsam das Gespräch aus. Sprechen Sie dabei auch über Strategien der Hörerbeeinflussung, die verwendet wurden, und welche Reaktionen sie ausgelöst haben.

E ■ Nehmen Sie begründet Stellung zu den Positionen, die im Streitgespräch und den eigenen Fortsetzungen bezogen auf die leitende Fragestellung »Gefährden Computer unsere Kinder und Jugendliche?« zum Ausdruck gebracht werden.

Medienvermittelte Kommunikation analysieren und beurteilen

Strategien zur Beeinflussung der Hörer

INFO

Blockadestrategie

Typische Situationen/Vorgehensweisen
defensiv:
- auf eigenem Standpunkt beharren
- Erklärung verweigern
- Information blockieren
- keine Antwort auf Fragen geben
- nicht verstehen wollen
- ausweichen
- sich hinter Scheininteressen verstecken

offensiv:
- ablenken (Nebenkriegsschauplatz eröffnen)
- verzetteln
- absichtlich missverstehen
- viel reden, nichts sagen
- Scheinargumente vorbringen
- aufbauschen

Durchsetzungsstrategie

Typische Situationen/Vorgehensweisen
überzeugungsorientiert:
- schmeicheln
- auf emotionaler Ebene Zugeständnisse machen, die zu Gegenleistungen
- auf sachlicher Ebene führen sollen
- an Eitelkeit/Prestige appellieren
- Autorität ausspielen (einschüchtern)
- Verunsichern: eigene Lösung als Rettungsanker verkaufen
- Scheinargumente vorbringen

nicht überzeugungsorientiert:
- drohen/lügen/erpressen
- selektiv informieren
- persönlich angreifen
- Emotionen aufschaukeln
- Scheinkonzessionen machen
- mein letztes Angebot, dann …
- den Gegenstand als nicht verhandelbar abtun

Sabotage im Gespräch

- absichtlich missverstehen
- Beleidigung provozieren
- Abbruch herbeiführen
- Unterstellungen äußern
- unkooperatives Verhalten platzieren (nicht ausreden lassen …)
- lügen
- Tränen fließen lassen
- aggressiv werden oder andere Gefühlsausbrüche als legitime Reaktion deklarieren
- plötzlich einen Termin vortäuschen, den man vergessen hätte
- Zeitdruck erzeugen
- schlechtes Gewissen erzeugen
- auf eigenem Standpunkt beharren
- Erklärung verweigern
- Informationen blockieren
- keine Antwort auf Fragen geben

Sabotage nach dem Gespräch

- Vereinbarungen uminterpretieren
- Vereinbarungen einfach nicht einhalten
- bei anderen hetzen und intrigieren
- Hindernisse und Blockaden aufbauen

Kommunikations- und medientheoretische Positionen reflektieren: Kontroverse Positionen vergleichen

> **Was kann ich nach der Bearbeitung dieses Unterkapitels?**
> - Unterschiedliche medientheoretische Ansätze identifizieren
> - Medientheoretische Ansätze vor dem Hintergrund der historischen Entwicklung der Kommunikationsmedien und der politischen Position der Verfasser im Vergleich kritisch reflektieren
> - Im Bewusstsein der Veränderung der Medien und medientheoretischer Ansätze sich kritisch reflektierend mit der gegenwärtigen Medienlandschaft auseinandersetzen

■ Text 156
Der Rundfunk als Kommunikationsapparat (1932) *Bertolt Brecht*

Ein Vorschlag zur Umfunktionierung des Rundfunks: Der Rundfunk ist aus einem Distributionsapparat in einen Kommunikationsapparat zu verwandeln. Der Rundfunk wäre der denkbar großartigste Kommunikationsapparat des öffentlichen Lebens, ein ungeheures Kanalsystem, das heißt, er wäre es, wenn er es verstünde, nicht nur auszusenden, sondern auch zu empfangen, also den Zuhörer nicht nur hören, sondern auch sprechen zu machen und ihn nicht zu isolieren, sondern ihn in Beziehung zu setzen. Der Rundfunk müsste demnach aus dem Lieferantentum herausgehen und den Hörer als Lieferanten organisieren. Deshalb sind alle Bestrebungen des Rundfunks, öffentlichen Angelegenheiten auch wirklich den Charakter der Öffentlichkeit zu verleihen, absolut positiv. Es ist eine formale Aufgabe des Rundfunks, diesen belehrenden Unternehmungen einen interessanten Charakter zu geben, also die Interessen interessant zu machen. Einen Teil, besonders den für die Jugend bestimmten Teil, kann er sogar künstlerisch gestalten. Diesem Bestreben des Rundfunks, Belehrendes künstlerisch zu gestalten, kämen Bestrebungen der modernen Kunst entgegen, welche der Kunst einen belehrenden Charakter verleihen wollen.

Der Rundfunk muss den Austausch ermöglichen. Er allein kann die großen Gespräche der Branchen und Konsumenten über die Normung der Gebrauchsgegenstände veranstalten, die Debatten über Erhöhungen der Brotpreise, die Dispute der Kommunen. Sollten Sie dies für utopisch halten, so bitte ich Sie, darüber nachzudenken, warum es utopisch ist.

[...] Als Beispiel solcher möglichen Übungen, die den Rundfunk als Kommunikationsapparat benutzen, habe ich schon bei der Baden-Badener Musikwoche 1929 den »Flug der Lindberghs« erläutert. Dies ist ein Modell für eine neue Verwendung Ihrer Apparate. Ein anderes Modell wäre das »Badener Lehrstück vom Einverständnis«. Hierbei ist der pädagogische Part, den der »Hörer« übernimmt, der der Flugzeugmannschaft und der der Menge. Er kommuniziert

mit dem vom Rundfunk beizusteuernden Part des gelernten Chors, dem der Clowns, dem des Sprechers.

[...] Aber es ist keineswegs unsere Aufgabe, die ideologischen Institute auf der Basis der gegebenen Gesellschaftsordnung, durch Neuerungen zu erneuern, sondern durch unsere Neuerungen haben wir sie zur Aufgabe ihrer Basis zu bewegen. Also für Neuerungen, gegen Erneuerung! Durch immer fortgesetzte, nie aufhörende Vorschläge zur besseren Verwendung der Apparate im Interesse der Allgemeinheit haben wir die gesellschaftliche Basis dieser Apparate zu erschüttern, ihre Verwendung im Interesse der wenigen zu diskreditieren.

Undurchführbar in dieser Gesellschaftsordnung, durchführbar in einer anderen, dienen die Vorschläge, welche doch nur eine natürliche Konsequenz der technischen Entwicklung bilden, der Propagierung und Formung dieser anderen Ordnung.

A ■ Erläutern Sie den zentralen Ansatz der Brechtschen Radiotheorie.

B ■ Beurteilen Sie, ob Brechts Vorstellung vom Rundfunk als »Kommunikationsapparat« als visionär zu bezeichnen ist. Berücksichtigen Sie bei der Beantwortung der Frage das Entstehungsdatum der Textauszüge und recherchieren Sie zur Bedeutung des Rundfunk als Kommunikationsmedium in der ersten Hälfte des 20. Jahrhunderts.

C ■ Reflektieren Sie, inwieweit Brechts Radiotheorie theoretische Position erkennen lässt, die auch in seiner Theorie des Epischen Theaters vorliegen.

D ■ Diskutieren Sie die Frage, ob der von Brecht für den Rundfunk projektierte »Kommunikationsapparat« seine technischen und sozialen Voraussetzungen nicht gerade im gegenwärtigen Internet finden könnte.

■ Text 157

Baukasten zu einer Theorie der Medien (1970) *Hans Magnus Enzensberger*

Mit der Entwicklung der elektronischen Medien ist die Bewußtseins-Industrie zum Schrittmacher der sozio-ökonomischen Entwicklung spätindustrieller Gesellschaften geworden. Sie infiltriert alle anderen Sektoren der Produktion, übernimmt immer mehr Steuerungs- und Kontrollfunktionen und bestimmt den Standard der herrschenden Technologie. An Stelle normativer Definitionen hier eine unvollständige Liste von Neuentwicklungen, die in den letzten zwanzig Jahren auf den Plan getreten sind: Nachrichten-Satelliten, Farb-, Kabel- und Kassettenfernsehen, magnetische Bildaufzeichnung, Video-Recorder, Videophon, Stereophonie, Lasertechnik, elektrostatische Kopierverfahren, elektronische Schnelldrucker, Satz- und Lernmaschinen, Microfiche mit elektronischem Zugriff, drahtloser Druck, timesharing computer, Datenbanken. Alle diese Medien gehen untereinander und mit älteren wie Druck, Funk, Film, Fernsehen, Telefon, Fernschreiber, Radar usw. immer neue Verbindungen ein. Sie schließen sich zusehends zu einem universellen System zusammen. Der allgemeine Widerspruch zwischen Produktivkräften und Produktionsverhältnissen tritt aber dort am schärfsten hervor, wo jene am weitesten avanciert sind. [...]

Zum ersten Mal in der Geschichte machen die Medien die massenhafte Teilnahme an einem gesellschaftlichen und vergesellschafteten produktiven Prozess möglich, dessen praktische Mittel sich in der Hand der Massen selbst befinden. Ein solcher Gebrauch brächte die Kommunikationsmedien, die diesen Namen bisher zu Unrecht tragen, zu sich selbst. In ihrer heutigen Gestalt dienen Apparate wie das Fernsehen oder der Film nämlich nicht der Kommunikation, sondern ihrer Verhinderung. Sie lassen keine Wechselwirkung zwischen Sender und Empfänger zu: technisch gesprochen, reduzieren sie den Feedback auf das systemtheoretisch mögliche Minimum.

Dieser Sachverhalt läßt sich aber nicht technisch begründen. Im Gegenteil: die elektronische Technik kennt keinen prinzipiellen Gegensatz von Sender und Empfänger. Jedes Transistorradio ist, von seinem Bauprinzip her, zugleich auch ein potentieller Sender; es kann durch Rückkopplung auf andere Empfänger einwirken. Die Entwicklung vom bloßen Distributions- zum Kommunikationsmedium ist kein technisches Problem. Sie wird bewusst verhindert, aus guten, schlechten politischen Gründen. Die technische Differenzierung von Sender und Empfänger spiegelt die gesellschaftliche Arbeitsteilung zwischen Produzenten und Konsumenten wider, die in der Bewußtseins-Industrie eine besondere politische Zuspitzung erfährt. Sie beruht letzten Endes auf dem Grundwiderspruch zwischen herrschenden und beherrschten Klassen (das heißt, zwischen Monopolkapital oder Monopolbürokratie auf der einen und abhängigen Massen auf der anderen Seite) [...]

Die elektronischen Medien haben das Informationsnetz nicht nur intensiv verdichtet, sondern auch extensiv ausgedehnt. Schon die Ätherkriege der Fünfzigerjahre haben gezeigt, daß die nationale Souveränität im Kommunikationsbereich zum Absterben verurteilt ist. Die Weiterentwicklung der Satelliten wird ihr vollends den Garaus machen. Informations-Quarantänen, wie sie der Faschismus und der Stalinismus verhängt haben, sind heute nur noch um den Preis bewußten industrieller Regression möglich [...]

Die elektronischen Medien räumen mit jeder Reinheit auf, sie sind prinzipiell »schmutzig«. Das gehört zu ihrer Produktivkraft. [...]

Jeder Gebrauch der Medien setzt also Manipulation voraus. Die elementarsten Verfahren medialen Produzierens von der Wahl des Mediums selbst über Aufnahme, Schnitt, Synchronisation, Mischung bis hin zur Distribution sind allesamt Eingriffe in das vorhandene Material. Ein unmanipuliertes Schreiben, Filmen und Senden gibt es nicht. Die Frage ist daher nicht, ob die Medien manipuliert werden oder nicht, sondern wer sie manipuliert. Ein revolutionärer Entwurf muß nicht die Manipulateure zum Verschwinden bringen; er hat im Gegenteil einen jeden zum Manipulateur zu machen. [...]

Die neuen Medien sind ihrer Struktur nach egalitär. Durch einen einfachen Schaltvorgang kann jeder an ihnen teilnehmen; die Programme selbst sind immateriell und beliebig reproduzierbar. Damit stehen die elektronischen im Gegensatz zu älteren Medien wie dem Buch oder der Tafelmalerei, deren exklusiver Klassencharakter offensichtlich ist. Fernsehprogramme für privilegierte Gruppen sind zwar technisch denkbar (closed-circuit TV), aber strukturell widersinnig. Tendenziell heben die neuen Medien alle Bildungsprivilegien, damit auch das kulturelle Monopol der bürgerlichen Intelligenz auf. Hier liegt einer der Gründe für das Ressentiment vermeintlicher Eliten gegen die Bewußtseins-Industrie.

A ■ Erläutern Sie Enzensbergers medientheoretischen Ansatz aus dem Jahr 1970, indem Sie das folgende Zitat aus dem Text erklären: »Die Frage ist daher nicht, ob die Medien manipuliert werden oder nicht, sondern wer sie manipuliert. Ein revolutionärer Entwurf muss nicht die Manipulateure zum Verschwinden bringen; er hat im Gegenteil einen jeden zum Manipulateur zu machen.«

B ■ »Mit der Entwicklung der elektronischen Medien ist die Bewußtseins-Industrie zum Schrittmacher der sozio-ökonomischen Entwicklung spätindustrieller Gesellschaften geworden.« Wie beurteilen Sie die Aussage Enzensbergers zu Beginn des Textes vor dem Hintergrund des Standes der gegenwärtigen Entwicklung der Medien?

C ■ Enzensbergers Text ist 28 Jahre später verfasst worden als Brechts Radiotheorie. Welche Bezüge bzw. Unterschiede sehen Sie im Vergleich der beiden medientheoretischen Ansätze?

Medienvermittelte Kommunikation analysieren und beurteilen

■ Text 158

Mutter Beimers News – Niklas Luhmann entdeckt »Die Realität der Massenmedien« (1996)   *Nikolaus von Festenberg*

Der Verfasser bezieht sich in seinen Ausführungen auf das Buch »Die Realität der Massenmedien« (1996) des deutschen Soziologen und Gesellschaftstheoretikers Niklas Luhmann (1927–1998).

Schlicht, apodiktisch und hammerhart steht er da, der erste Satz von Niklas Luhmanns neuem Buch, das die Diskussion über den Einfluss von Presse und Fernsehen revolutionieren wird: »Was wir über unsere Gesellschaft, ja über die Welt, in der wir leben, wissen, wissen wir durch die Massenmedien.«

Nach der Liebe, dem Recht, der Politik und der Wirtschaft erhebt Luhmann, scharfsinnigster und produktivster Geist unter allen, die hierzulande über die moderne Gesellschaft nachdenken, ausgerechnet die vielbescholtene vierte Gewalt in den systemtheoretischen Adelsstand.

Staunend und ratlos stehen selbst Luhmann-Jünger vor der neuen Erkenntnis ihres Meisters: Der alltägliche Wahnsinn in den Boulevardblättern, der Bildersalat des Fernsehens, die verblödende Werbung, der Schwachsinn der Unterhaltung stellen demnach ein »operativ geschlossenes System« dar. Richtig gelesen: keine geschlossene Anstalt, sondern ein Gebilde, das nach eigenen Regeln das erzeugt, was die Gesellschaft als die Realität akzeptiert.

Die Massenmedien, sagt der große Habermas-Rivale, der weder Handy, Fax noch Fernseher besitzt, halten die Gesellschaft wach, prägen deren Gedächtnis, öffnen den Raum für Zukunft, ja, schleichen sich selbst dort dazwischen, wo sich der Mensch am intimsten wähnt: wenn er über seine Identität nachdenkt.

Die Grundaussage Luhmanns besagt, dass Systeme keinen direkten Zugang zu ihrer Umgebung haben. Die Welt erklärt sich nicht von selbst. Sie wird nur erkennbar, wenn Systeme eigenproduzierte Konstruktionen in der Begegnung mit der Welt weiterbauen, verfeinern können und so zu neuen Konstruktionen kommen, die sich wiederum in der an sich strukturlosen, irritierenden Welt bewähren müssen.

Nachrichten, lautet Luhmanns Fazit, entstehen im Inneren der Massenmedien, sie werden nach Regeln gemacht. Reporter mit der Kamera, feinsinnige Schreiber, grobgestrickte Boulevardschnüffler – sie lassen sich nicht von der Wirklichkeit Geschichten erzählen. Sie haben ihre Konstruktionen im Kopf.

Zum Wesen der Massenmedien gehört es, dass Publikum und Medium getrennt sind. Zwar gibt es den Blick auf Einschaltquoten, die Auflagenhöhe, es gibt Zuschauerbefragungen, Copytests und Leserbriefe. Aber was besagen die über den Konsumenten? »Der Zuschauer« und »der Leser«, so muss man Luhmann verstehen, bleiben immer eine Konstruktion, übrigens auch eine Konstruktion im Kopf des Konsumenten, der – wie Befragungen erweisen – im kommunikativen Umgang mit sich selbst durch das erst von den Medien implantierte Bild des Lesers oder Sehers beeinflusst ist.

Zu den bedrückendsten (und zugleich erheiterndsten) Abschnitten des Luhmann-Buches gehört die Behauptung, dass die Medien den Bereich der Innerlichkeit fast vollständig kolonisiert haben. Was jede Talkshow beweist: Wo Menschen noch die intimsten Gefühle nach den Vorlagen zuvor konsumierter Talkshows inszenieren, findet seine theoretische Untermauerung statt. Luhmann beschreibt, wie Fernsehen und Presse die modernen Menschen mit inneren Skripts und Schemata ausrüsten und sich so für den Umsatz ihrer Ware eine individuelle psychische Verankerung schaffen. Selbst die Suche des Menschen nach seiner eigenen Identität ist laut Luhmann ein von Medien beeinflusstes Unternehmen. Auch das noch: das Ich, eine Kolonie des Info-Apparats.

Medienvermittelte Kommunikation analysieren und beurteilen

A ■ »Was wir über unsere Gesellschaft, ja über die Welt, in der wir leben, wissen, wissen wir durch die Massenmedien.« Erklären Sie durch die Auseinandersetzung mit dem Text, warum der Verfasser diesen Satz zu Beginn seines Artikels so hervorhebt.

B ■ Wie beurteilen Sie Luhmanns These, dass zum Wesen der Massenmedien die Trennung zwischen Publikum und Medien gehöre? Gibt es keine Möglichkeiten der Autor-Rezipienten-Kommunikation?

C ■ Reflektieren und diskutieren Sie, inwieweit sie der These Luhmanns zustimmen können, dass die Suche des Menschen nach der eigenen Identität durch die Massenmedien beeinflusst wird.

D ■ Vergleichen Sie die medientheoretische Position Luhmanns mit der Radiotheorie Brechts und dem Ansatz Enzensbergers.

E ■ Wählen Sie eine der auf dieser und der Seite 249 abgebildeten Karikaturen aus und stellen Sie einen Bezug zum Thema »Massenmedien« bzw. »Einfluss neuer Medien auf die Gesellschaft« her. Geben Sie der von Ihnen ausgewählten Karikatur einen passenden Titel. Begründen Sie Ihre Wahl.

Medienvermittelte Kommunikation analysieren und beurteilen

■ Text 159

Wie verändern die neuen Medien die gesellschaftliche Wirklichkeit? (2012)
Peter Kruse

Interview mit Zukunftsforscher und Organisationspsychologe Peter Kruse über die Macht der neuen Medien.

Demonstranten in Ägypten mobilisierten sich über Twitter und Facebook. Wikileaks erschüttert mit immer neuen Enthüllungen die internationale Politik. Gesellschaftliche Herausforderungen werden in ihren Auswirkungen immer komplexer und zugleich globaler. Was verändert sich da eigentlich?

Wir erleben eine grundlegende Änderung der weltweiten Kommunikationssysteme. In den 90er-Jahren hatten wir vor allem die Vernetzungsdichte in der Welt erhöht, uns daran berauscht, Zugang zu immer mehr Informationen und Kontakt zu immer mehr Menschen zu erhalten. Dem folgte eine sprunghafte Zunahme der Bereitschaft, sich selbst mit vielfältigen Beiträgen im Netz einzubringen. Der »Zugangs-Boom« mündete im »Beteiligungs-Boom«.

Jetzt hat mit den sozialen Netzwerken des Web 2.0 die Spontanaktivität im Internet dramatisch zugenommen. Millionen wollen eigene Spuren im Netz hinterlassen und selbst etwas verändern. Im Internet bildet sich ein Interaktionsraum, in dem aus dem Stand heraus neue Koalitionen aktivierbar werden. Gruppierungen und Szenen werden immer dichter miteinander verkoppelt. In Deutschland haben Schnelligkeit und Intensität, mit der sich die Stuttgart-21-Gegner organisiert haben, gezeigt, welche Wirkungen so möglich werden.

Es entstehen Rückkoppelungseffekte, die ganze Gesellschaften verändern.

Ja, wir haben systemische Voraussetzungen für sich selbst verstärkende Dynamiken geschaffen: hohe Vernetzungsdichte, viele spontan aktive Netzwerkknoten und jede Menge positive Rückkoppelungseffekte. So können sich auch »Hypes« optimal entwickeln. Die Retweet-Funktion bei Twitter und der »I like it«-Button von Facebook machen es leicht, Informationen immer wieder ins System zurückzuspeisen. Dem sozialen Gehirn »Internet« steht jetzt ein funktionierendes Kurzzeitgedächtnis zur Verfügung, eine wichtige Voraussetzung für organisiertes Verhalten im Netz.

Die Lust an der aktiven Gestaltung von Meinung, der Drang zur praktischen Umsetzung von politischen Zielen nimmt zu. Jenseits von Partei und Lobbyismus bilden sich Interessensgemeinschaften, die beeindruckend in der Lage sind, demokratisch relevante Mehrheiten zu akquirieren. Die ausgelösten Effekte sind in ihrer Dimension für bestehende Machtstrukturen irritierend und schwer vorhersehbar. Wir erleben eine Repolitisierung der Bürger.

Die sich in einem Monat unter dem Kürzel »unibrennt« im Internet auf 98 europäische Universitäten ausbreitende Protestkampagne gegen den Bologna-Prozess, die von Wiener Studenten im Oktober 2009 gestartet wurde, ist ein frühes und bereits sehr beeindruckendes Beispiel.

Sie sagen, die Steuerbarkeit von gesellschaftlichen Prozessen gehe zurück. Wie könnten Politiker, Unternehmer oder Hochschulmanager darauf reagieren?

Der Echtzeitdatenstrom des Internet ist eine Erkenntnisquelle, deren eigentlicher Wert gerade erst entdeckt wird. Insbesondere Google ist sich bewusst, dass das Verständnis gesellschaftlicher Ordnungsbildungsprozesse über die Analyse der Datenströme im Internet für Entscheidungsträger immer wichtiger wird. Die explodierende Komplexität macht es unmöglich, über relevante Themen wie Gesundheit, Arbeit, Bildung »von oben herab« zu entscheiden – oder wie Heiner Geisler es als Schlichter bei Stuttgart 21 formulierte: »Die Zeit der Basta-Politik ist vorbei.«

Institutionen, die sich den Diskursen und Wertemustern der direkt Betroffenen nicht öffnen, werden mit traditionell geplanten und vermittelten Reformvorhaben zunehmend Schiffbruch erleiden. Das heißt, Parteien, Unternehmen oder Bildungsinstitutionen werden ihren gewohnten Einfluss nur noch dort ausüben können, wo es ihnen gelingt, die Menschen zu aktivieren. Nur wer selbst Teil der Dynamik wird, hat eine Chance, die Themen zu treffen, die resonanzfähig sind. Wer nicht »mitschwingt«, wird abgehängt. So gesehen wechselt die Macht vom Anbieter auf den Nachfrager. Das ist radikal.

Medienvermittelte Kommunikation analysieren und beurteilen

A ▪ Arbeiten Sie heraus, worin P. Kruse die grundlegenden Veränderungen des weltweiten Kommunikationssystems sieht. Beziehen sich dabei auch auf die anderen Texte dieses Teilkapitels.

B ▪ Überlegen bzw. recherchieren Sie, wie der Begriff »Internet-Tsunami« im thematischen Kontext des Textes zu verstehen ist.

C ▪ Wie beurteilen Sie die Möglichkeiten bzw. Gefahren, die sich aus der Dynamik des Internets für die politische und soziale Einflussnahme ergeben.

D ▪ Reflektieren Sie den möglichen Einfluss, den die Veränderungen des globalen Kommunikationssystems auf Kunst, Literatur und Musik haben bzw. künftig haben könnten.

E ▪ Überprüfen Sie durch eigene Recherchen, welche Aspekte gegenwärtig zum Thema »Einfluss der neuen Medien auf die Wirklichkeit« diskutiert werden.

SPRACHE TEXTE KOMMUNIKATION MEDIEN

Medienvermittelte Kommunikation analysieren und beurteilen

Filmische Umsetzung einer Textvorlage analysieren und beurteilen: Franz Kafka »Die Verwandlung«

> **Was kann ich nach der Bearbeitung dieses Unterkapitels?**
> - Die Umsetzung einer Erzählung im Medium Film beurteilen
> - Die Verwendung von filmischen Mitteln in Literaturverfilmungen untersuchen

■ Text 160

Die Verwandlung (1915)   *Franz Kafka*

Als Gregor Samsa eines Morgens aus unruhigen Träumen erwachte, fand er sich in seinem Bett zu einem ungeheuren Ungeziefer verwandelt. Er lag auf seinem panzerartig harten Rücken und sah, wenn er den Kopf ein wenig hob, seinen gewölbten, braunen, von bogenförmigen Versteifungen geteilten Bauch, auf dessen Höhe sich die Bettdecke, zum gänzlichen Niedergleiten bereit, kaum noch erhalten konnte. Seine vielen, im Vergleich zu seinem sonstigen Umfang kläglich dünnen Beine flimmerten ihm hilflos vor den Augen.

»Was ist mit mir geschehen?«, dachte er. Es war kein Traum. Sein Zimmer, ein richtiges, nur etwas zu kleines Menschenzimmer, lag ruhig zwischen den vier wohlbekannten Wänden. Über dem Tisch, auf dem eine auseinandergepackte Musterkollektion von Tuchwaren ausgebreitet war – Samsa war Reisender – hing das Bild, das er vor kurzem aus einer illustrierten Zeitschrift ausgeschnitten und in einem hübschen, vergoldeten Rahmen untergebracht hatte. Es stellte eine Dame dar, die mit einem Pelzhut und einer Pelzboa versehen, aufrecht dasaß und einen schweren Pelzmuff, in dem ihr ganzer Unterarm verschwunden war, dem Beschauer entgegenhob.

Gregors Blick richtete sich dann zum Fenster, und das trübe Wetter – man hörte Regentropfen auf das Fensterblech aufschlagen – machte ihn ganz melancholisch. »Wie wäre es, wenn ich noch ein wenig weiterschliefe und alle Narrheiten vergäße«, dachte er, aber das war gänzlich undurchführbar, denn er war gewöhnt, auf der rechten Seite zu schlafen, konnte sich aber in seinem gegenwärtigen Zustand nicht in diese Lage bringen. Mit welcher Kraft er sich auch auf die rechte Seite warf, immer wieder schaukelte er in die Rückenlage zurück. Er versuchte es wohl hundertmal, schloss die Augen, um die zappelnden Beine nicht sehen zu müssen, und ließ erst ab, als er in der Seite einen noch nie gefühlten, leichten, dumpfen Schmerz zu fühlen begann.

■ Text 161

Franz Kafka, Die Verwandlung:
Vergleichende Beobachtungen zu Erzähltext und Film (1999)   *Uwe Grund*

Das Dunkel des Fernsehbildschirms, auf dem soeben »Die Verwandlung« angezeigt worden ist, hellt sich nach und nach, beginnend beim oberen Rand, auf: Man gewahrt die Konturen eines Bettes, wie es sich aus der Perspektive eines erwachenden Schläfers darstellt. Der Blick dieser liegenden Gestalt, die für den Zuschauer unsichtbar ist – und auch während des gesamten Films unsichtbar bleiben wird –, wandert umher: Von der Zimmerdecke mit einem auf bürgerliche Wohnverhältnisse hindeutenden Kristalllüster über die sich bewegende Bettdecke zum Fußende des Bettes, hinter dem der obere Teil eines Fensters ein diffuses Morgenlicht auf den Plafond wirft. Die Kamera schwenkt nach rechts, fängt den Fußboden unmittelbar neben dem Bett ein. Im Hintergrund sieht man Stuhl und Schreibtisch. Die Kamera schwenkt zurück, die unscharfe Masse der Bettdecke füllt den Bildschirm, gleichsam als zöge sie

Medienvermittelte Kommunikation analysieren und beurteilen

sich der Erwachte über die Augen. Mit einer flüsternden, noch wie schlaftrunken wirkenden Stimme fordert sich Gregor selbst auf, weiterzuschlafen, die ungeheure Begebenheit, von der eine Erzählerstimme in dieser ersten Einstellung – so wie bei Kafka im ersten Satz – berichtet hat, zu vergessen. Doch der einmal in Gang gesetzte Vorgang des Erwachens ist nicht umkehrbar. In kurzen, jeweils etwa drei Sekunden langen Einstellungen mustert das Kameraauge in wechselnden Einstellungsgrößen eine halb sieben zeigende Uhr, ein Fenster, über dessen Scheiben der Regen rinnt, das Perpendikel der Uhr, eine »Musterkollektion von Tuchwaren«, abermals das vom Regen überströmte Fenster, dann die Fotografie einer pelzbekleideten Dame, den Schreibtisch und schließlich noch einmal die Bettdecke. »Was ist mit mir geschehen?« Die empirische Welt gibt darüber keine Auskunft. Vergeblich sucht Gregor in Reflexion und Beobachtung am Beginn seiner Geschichte, die eine Geschichte seines Endes ist, herauszufinden, worin die Verwandlung besteht. Das Auge gehorcht mühelos dem Willen und heftet sich auf die altväterlichen Einrichtungsgegenstände, auf die Utensilien zur Ausübung des Berufes und die abgelegten Kleidungsstücke. Auch die Gesetze der Zeit sind keineswegs aufgehoben. In der dritten, der fünften, der neunten und der vierzehnten Einstellung zeigen die Zifferblätter zweier Uhren das Vergehen der Minuten und Viertelstunden an. Auch die soziale Welt folgt ihren herkömmlichen Normen: Wer morgens nicht pünktlich seinen Geschäften nachgeht, der muss gewärtig sein, dass dies abweichende Verhalten nicht lange unbemerkt und ungerügt bleibt. Zwei Minuten Filmzeit bleiben Gregor, um sich wahrnehmend in den »vier wohlbekannten Wänden« zu orientieren. Dann klopfen die Familienmitglieder ermahnend an die Türen, erinnern ihn an seine Absicht, mit dem Zuge wegzufahren, verlangen zunehmend dringender eine Erklärung für sein ungewöhnliches Gebaren. Die Exposition des Films ist damit abgeschlossen. Hat Gregor bislang lediglich registriert, die ihn unmittelbar umgebende Welt in ihren Details wiedererkannt und sich so der Identität von Raum und Zeit vergewissert, so wird er nunmehr gezwungen, sich zu dem Verhalten anderer Akteure seinerseits agierend zu verhalten. In dieser ersten Sequenz arbeitet der Regisseur Jan Nemec ausschließlich mit dem Stilmittel der subjektiven Kamera. Das Objektiv tritt an die Stelle der Augen des Protagonisten, mit der Wirkung, dass Beobachtungsinhalte nur nach Maßgabe von dessen Sehintentionen und Sehmöglichkeiten an den Zuschauer vermittelt werden. Die Deckungsgleichheit des Gesichtsfeldes von Hauptfigur und Zuschauer gilt zunächst für den Umfang des Gesehenen, die Reihenfolge der Wahrnehmungen und für den Gesichtswinkel, unter dem die Dinge perzipiert werden. Vornehmlich dieses Verhältnis der Kameraposition zu den Objekten wird in dem Film zu einem der entscheidenden Signale für die vor sich gegangene Verwandlung. Die Position der Kamera »in Betthöhe« (Drehbuch) und damit eine Untersicht auf die Gegenstände oberhalb, eine Aufsicht auf die Gegenstände unterhalb dieser Ebene können eingangs noch als die für einen Liegenden normale Perspektive aufgefasst werden. Dann jedoch, nachdem Gregor, auf die Nachricht hin, dass der »Herr Prokurist« gekommen sei, das Bett verlassen hat, bewegt sich die Kamera in Fußbodenhöhe. In dieser Einstellungsperspektive erscheinen Stuhl- und Tischbeine, auf dem Teppich abgestelltes Schuhwerk und ähnliche, bodennahe Objekte in Augenhöhe des Protagonisten. Eine Normalsicht, nämlich die der aufrecht stehenden menschlichen Gestalt, gibt es für ihn ab nun nicht mehr. Was diese in Augenhöhe wahrnimmt, registriert Gregor aus Untersicht. Bei der ersten Begegnung mit den Familienmitgliedern sieht man in deren Gesichter von unten hinauf, und deren Blick wiederum richtet sich nach unten auf das am Boden kriechende »Ungeziefer«. Für das, was als »oben« und »unten« zu gelten hat, existieren gewissermaßen zwei Koordinatensysteme nebeneinander. Die empirische Welt bleibt dieselbe, aber hoch und niedrig, weit und eng, groß und klein müssen von dem Verwandelten neu definiert werden.

A ■ Beschreiben Sie die Erzählweise des Erzählanfangs von »Die Verwandlung«: Perspektive, Erzählhaltung und Sprachgebrauch.

B ■ In **T 159** skizziert Uwe Grund die filmische Umsetzung des Erzählanfangs durch den Filmemacher Jan Nemec. Untersuchen Sie vergleichend (→ **Filmische Mittel**, S. 252) die literarische und filmische Erzählweise.

C ■ Von literarischen Verfilmungen wird gesprochen, wenn nicht nur das erzählte Geschehen (das »Was?«), sondern auch die Art und Weise der literarischen Darstellung (das »Wie?«) mit den Mitteln des Mediums Film umgesetzt werden. Inwiefern ist danach die hier dokumentierte Verfilmung eine *literarische*?

Filmische Mittel

INFO

Bildspur

Der Bild-Ausschnitt bestimmt Größe des gezeigten Geschehens und der Objekte sowie den Standpunkt und Perspektiven der Betrachter. Um den Zuschauern den Verlauf einer Geschichte deutlich zu machen, müssen die Bilder in eine Reihenfolge gebracht werden, dass sich ein Zusammenhang ergibt. Dabei sind die Vorstellungen, die sich beim Betrachten der Bilder entwickeln, ebenso wichtig wie die Montage der Aufnahmen.

Tonspur

Sprache, Geräusche und Musik werden auf der Tonspur des Films gespeichert und wiedergegeben. Bei der Sprache sind Dialoge der Figuren (meist im On-Ton, aber auch als Fortsetzung von Reden im Off) oder Off-Kommentare (eines unbeteiligten Erzählers oder einer Film-Figur) zu unterscheiden. Während Geräusche in der Regel die Handlung begleiten, kann Musik im On-Ton ebenfalls diese Funktion erfüllen (Figuren hören oder machen Musik) oder eben aus dem Off die Darstellung ›kommentieren‹ und so einen Sound für die filmische Darstellung bestimmen.

1 Detail   3 Nah (Brustbild)   5 Halbtotale   7 Weit
2 Groß   4 Amerikanische   6 Totale

Storyboard und Sequenzprotokoll

Das Storyboard enthält meist Skizzen, mit denen die Umsetzung eines Drehbuches in Filmbilder vorgezeichnet und geplant wird. Das Sequenzprotokoll verzeichnet die Einstellungen einer zusammenhängenden Bildfolge mit Dauer, Kameraeinstellungen, Ton und Inhalt. Es kann zur Planung von Filmaufnahmen als auch zur Analyse von Filmsequenzen eingesetzt werden.

Beispiel:
Drehbuch und Storyboard von T. Tykwer »Heaven«

Drehbuch:

Vor dem Bürohochhaus. Vorplatz
Vogelperspektive: Philippa, winzig, überquert den etwas unbelebteren Vorplatz des Hauses und verschwindet im Haupteingang.

Bürohochhaus. Eingangshalle
Philippa durchquert die Halle, geht vorbei an den Fahrstühlen zum Treppenhaus. Sie geht zügig die Treppe hoch bis in den dritten Stock.

Storyboard:

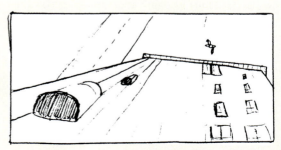

Medienvermittelte Kommunikation analysieren und beurteilen

Literaturverfilmungen untersuchen

Aufgabeninsel

Vorbereitung

Zur Untersuchung können folgende Fragestellungen als Leitfaden dienen:

- Wie wird der literarische Text in den Film umgesetzt?
- Welche Regiekonzeption wird bei der Umsetzung verfolgt? (eher stofforientiert oder eher literarisch?)
- Welche Bilder und Bildfolgen werden genutzt?
- Welche Funktion haben dramaturgische Elemente wie Exposition, Handlung und Figuren?

In der Vorbereitung sollten Sie selbst Überlegungen anstellen, wie der literarische Erzähltext in das Medium Film umgesetzt werden könnte. Dabei entwickeln Sie entsprechende Aufmerksamkeiten für die jeweiligen Möglichkeiten und die medienspezifischen Unterschiede.

A ■ Wählen Sie aus dem literarischen (in der Regel: Erzähl-)Text interessierende, interessante oder besonders bedeutsame Stellen aus, die nicht länger als eine Seite sein sollten.

B ■ Klären Sie für die gewählte/n Stelle/n
  – den Zusammenhang mit dem erzählten Geschehen,
  – erzählte Figuren und Figuren-Beziehungen,
  – Besonderheiten der Erzählweise mit Hilfe des kleinen Erzählmodells.

C ■ Entwickeln Sie für diese Stelle/n jeweils Überlegungen für eine Verfilmung und stellen Sie diese in einem Storyboard dar.

D ■ Vergleichen Sie mehrere Konzeptionen und deren Verhältnis zum Text und leiten Sie aus diesem Vergleich Gesichtspunkte zur Untersuchung der gewählten Verfilmung ab.

Kleines Modell zu Erzähltextanalyse

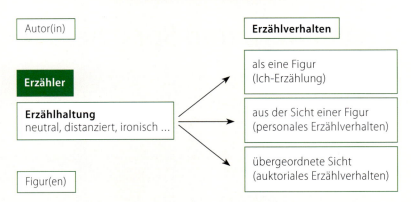

Durchführung

A ■ Wählen Sie eine Filmsequenz, die der/n Stelle/n entspricht von höchstens zehn verschiedenen Einstellungen.

B ■ Zur Beschreibung der Bildspur schalten Sie den Ton aus und halten Sie die Wiedergabe bei jedem Schnitt an. Für die Tonspur verfahren Sie entsprechend. Dokumentieren Sie Ihre Beschreibung in einem Sequenzprotokoll oder Storyboard.

C ■ Beschreiben Sie jeweiligen filmischen Mittel zur Umsetzung des erzählten Geschehens und der Erzählweise.

Reflexion und Kritik

A ■ Vergleichen Sie Ihre Entwürfe zur Umsetzung der literarischen Vorlage im Hinblick auf die gewählten filmischen Mittel und jeweiliger Wirkung bzw. Bedeutung.

B ■ Erörtern Sie die Umsetzungen in das Medium Film in Bezug auf die jeweilige Interpretation der literarischen Vorlage.

C₁ ■ Verfassen Sie eine Filmkritik zu der untersuchten Verfilmung.

C₂ ■ Erörtern Sie die folgende These: »Literatur und Film sind Medien mit je eigenen Gesetzen und können somit nicht nebeneinander gestellt werden.«

SPRACHE TEXTE KOMMUNIKATION MEDIEN

Über Spracherwerb und Sprachentwicklung nachdenken –
Sprache in der Diskussion

Ist es also unmöglich, dass weder der Zufall noch der Mensch selbst der Urheber und Schöpfer der Sprache hat seyn können, so werden wir gezwungen, den ersten Ursprung derselben, außer dem Menschen und in einem höhern und verständigern Wesen zu suchen. Es bleibt keine Ausflucht übrig und wir müssen zum Preise Gottes bekennen, dass unser Schöpfer auch der Lehrmeister der Sprache gewesen und dass er uns derselben Gebrauch und Fertigkeit gleich im Anfang durch ein Wunderwerk mitgetheilt habe.
Johann Peter Süßmilch, 18. Jahrhundert

Ein Kind, das gesund ist, lernt in seinen ersten Lebensjahren zu sprechen, das eine früher, das andere später. Geht die Kindheit zu Ende, beherrscht der Sprössling mit Eintritt in die Pubertät seine Muttersprache. Ob aus Kapstadt, Berlin oder Shanghai – alle Babys und Kleinkinder durchlaufen dieselben Entwicklungsstufen des Spracherwerbs, unabhängig von der Sprache, die sie später einmal sprechen werden.
Wiebke Ziegler, 2014

Sprache ist kein kulturelles Artefakt[1], das wir auf dieselbe Art und Weise erlernen wie das Lesen einer Uhr oder den Aufbau der Bundesregierung. Sie bildet vielmehr einen klar umrissenen Teil der biologischen Ausstattung unseres Gehirns. Sprache ist eine komplexe, hoch entwickelte Fertigkeit, die sich ohne bewusste Anstrengung oder formale Unterweisung beim Kind ganz spontan entwickelt und sich entfaltet, ohne dass das Kind sich der ihr zu Grunde liegenden Logik bewusst wird; sie ist qualitativ bei allen Menschen gleich und von allgemeineren Fähigkeiten wie dem Verarbeiten von Informationen oder intelligentem Verhalten zu trennen.
Steven Pinker, 1998

1 Artefakt = Kunsterzeugnis

Über Spracherwerb und Sprachentwicklung nachdenken

Kennzeichen einer Sprache sind sich wiederholende Lautfolgen. Mit der Zeit hat der Mensch gelernt durch Laute anzudeuten, was er will oder mitteilen möchte. Durch den starken sozialen Charakter und der Lernfähigkeit unserer Spezies konnte sie sich durch Weitergabe der ersten »Sprachen« einen entscheidenden Vorteil gegenüber anderen Tierarten verschaffen. Durch sie konnten sie auch die jetzige »Führungsrolle« auf der Erde übernehmen. Es entstanden immer neue Sprachen und sie wurden immer komplexer.
Marc Wechselberger, 2011

»Das menschliche Gehirn ist bestens dazu ausgerüstet, mehr als eine Sprache gleichzeitig zu lernen.«
Petra Schulz, 2011

Der Sprachpfleger gleicht [...] einem Gärtner, der lange gegen ein bestimmtes Unkraut in seinem Blumenbeet kämpft, bis er am Ende eingestehen muss, dass es eigentlich ganz aparte Blüten treibt.
Ulrich Greiner, 2007

Dass wir eine Aktivierung der motorischen Bereiche des Gehirns gefunden haben, wenn die Kinder nur zuhören, ist bedeutend, denn es heißt, dass das Gehirn der Babys schon ganz zu Beginn übt, zu antworten.

Elternsprache ist sehr übertrieben, und wenn Kleinkinder sie hören, finden es ihre Gehirne vermutlich einfacher, die zum Sprechen nötigen Bewegungen zu modellieren.
Patricia Kuhl, 2014

A ■ Alle Zitate setzen sich mit Sprache auseinander. Erläutern Sie, welchen Aspekt sie in den Blick nehmen und welche Position jeweils vertreten wird.

B ■ Diskutieren Sie die Aussagen. Beziehen Sie hierbei auch ihr Vorwissen und die zeitgeschichtlichen Kontexte mit ein.

In diesem Kapitel lernen Sie, ...
- verschiedene theoretische Modelle zum Spracherwerb zu erschließen, zu vergleichen und zu erörtern,
- Sprachvarietäten in verschiedenen Erscheinungsformen zu beschreiben und deren gesellschaftliche Bedeutung zu beurteilen,
- Phänomene von Mehrsprachigkeit zu erläutern,
- verschiedene Positionen zu Mehrsprachigkeit und Sprachvarietäten zu untersuchen,
- Funktionen der Sprache für den Menschen zu benennen,
- zur Problematik Sprachnorm – Sprachvarietäten begründet Stellung zu nehmen.

Über Spracherwerb und Sprachentwicklung nachdenken

Spracherwerb = Instinkt, Imitation oder Kreativität?

Was kann ich nach der Bearbeitung dieses Unterkapitels?
- Unterschiedliche Erklärungsmodelle zum Spracherwerb des Menschen benennen, erläutern und gegeneinander abgrenzen
- Die Existenz verschiedener Sprachen vor dem Hintergrund theoretischer Erklärungsmodelle zum Spracherwerb kritisch reflektieren

Phylogenese und Ontogenese

INFO

In der Forschung wird der Sprachursprung in unterschiedlicher Weise untersucht. Bei der **Phylogenese** wird die Entstehung der Sprache in der Geschichte der Menschheit betrachtet, bei der **Ontogenese** ist der Spracherwerb des Einzelnen, des Kindes Untersuchungsgegenstand.

Die Berliner Akademie der Wissenschaften hatte 1769 einen Preis für die Erklärung des Ursprungs der menschlichen Sprache ausgeschrieben. Dies sollte den Streit zwischen entgegengesetzten Positionen schlichten: Die eine behauptete einen göttlichen Ursprung der Sprache, da diese so vollkommen sei, dass nur ein Gott diese habe schaffen können, die andere Position ging von einem tierischen Ursprung aus, wonach sich aus den gemeinsamen Anlagen bei Tier und Mensch die Sprache nach und nach entwickelt habe. Johann Gottfried Herder gewinnt mit seiner Abhandlung den Preis der Akademie: Er setzt sich mit beiden Positionen auseinander und macht schließlich den menschlichen Ursprung plausibel.

■ Text 162

Über den Ursprung der Sprache (1772) *Johann Gottfried Herder*

Dass der Mensch den Tieren an Stärke und Sicherheit des Instinkts weit nachstehe, ja dass er das, was wir bei so vielen Tiergattungen angeborne Kunstfähigkeiten und Kunsttriebe nennen, gar nicht habe, ist gesichert;
5 nur so wie die Erklärung dieser Kunsttriebe bisher den meisten […] missglücket ist, so hat auch die wahre Ursache von der Entbehrung dieser Kunsttriebe in der menschlichen Natur noch nicht ins Licht gesetzt werden können. Mich dünkt, man hat einen Haupt-
10 gesichtspunkt verfehlt, aus dem man, wo nicht vollständige Erklärungen, so wenigstens Bemerkungen in der Natur der Tiere machen kann, die, wie ich für einen andern Ort hoffe, die menschliche Seelenlehre sehr aufklären können. Dieser Gesichtspunkt ist *die Sphäre der Tiere.* 15

Jedes Tier hat seinen Kreis, in den es von der Geburt an gehört, gleich eintritt, in dem es lebenslang bleibet und stirbt. Nun ist es aber sonderbar, dass *je schärfer die Sinne der Tiere, je stärker und sicherer ihre Triebe und je wunderbarer ihre Kunstwerke sind, desto* 20 kleiner ist ihr Kreis, desto einartiger ist ihr Kunstwerk. Ich habe diesem Verhältnisse nachgespüret, und ich finde überall eine wunderbar beobachtete umgekehrte Proportion zwischen der mindern Extension ihrer Bewegungen, Elemente, Nahrung, Erhaltung, Paarung, Erziehung, Gesellschaft und ihren Trieben und Künsten. Die Biene in ihrem Korbe bauet mit der Weisheit, die Egeria ihrem Numa[1] nicht lehren konnte; aber außer diesen Zellen und außer ihrem Bestimmungsgeschäft in diesen Zellen ist sie auch nichts. Die Spinne webet mit der Kunst der Minerva; aber alle ihre Kunst ist auch in diesen engen Spinnraum verwebet; das ist ihre Welt! Wie wundersam ist das Insekt und wie enge der Kreis seiner Wirkung!

Gegenteils. *Je vielfacher die Verrichtungen und Bestimmung der Tiere, je zerstreuter ihre Aufmerksamkeit auf mehrere Gegenstände, je unsteter ihre Lebensart, kurz, je größer und vielfältiger ihre Sphäre ist, desto mehr sehen wir ihre Sinnlichkeit sich verteilen und schwächen.* […] Nun aber –

Der Mensch hat keine so einförmige und enge Sphäre, wo nur *eine* Arbeit auf ihn warte: eine Welt von Geschäften und Bestimmungen liegt um ihn.

Seine Sinne und Organisation sind nicht auf eins geschärft: er hat Sinne für alles und natürlich also für jedes einzelne schwächere und stumpfere Sinne.

Seine Seelenkräfte sind über die Welt verbreitet; keine Richtung seiner Vorstellungen auf ein Eins: mithin kein Kunsttrieb, keine Kunstfertigkeit – und, das eine gehört hier näher her, *keine Tiersprache.*

Was ist doch das, was wir, außer der vorher angeführten Lautbarkeit der empfindenden Maschine, bei einigen Gattungen *Tiersprache* nennen, anders als ein Resultat der Anmerkungen, die ich zusammengereihet? *Ein dunkles sinnliches Einverständnis einer Tiergattung untereinander über ihre Bestimmung im Kreise ihrer Wirkung.*

Je kleiner also die Sphäre der Tiere ist, desto weniger haben sie Sprache nötig. Je schärfer ihre Sinne, je mehr ihre Vorstellungen auf *eins* gerichtet, je ziehender ihre Triebe sind, desto zusammengezogner ist das Einverständnis ihrer etwannigen Schälle, Zeichen, Äußerungen. Es ist lebendiger Mechanismus, herrschender Instinkt, der da spricht und vernimmt. Wie wenig darf er sprechen, dass er vernommen werde!

[1] Egeria von Numa: der Sage nach war die Nymphe Egeria die Geliebte des römischen Königs Numa Pompilius, die ihn auf dem Weg zur Macht beriet

Tiere von dem engsten Bezirke sind also sogar gehörlos; sie sind für ihre Welt ganz Gefühl oder Geruch und Gesicht: ganz einförmiges Bild, einförmiger Zug, einförmiges Geschäfte; sie haben also wenig oder keine Sprache.

Je größer aber der Kreis der Tiere: je unterschiedner ihre Sinne – doch was soll ich wiederholen? *Mit dem Menschen ändert sich die Szene ganz.* Was soll für seinen Wirkungskreis, auch selbst im dürftigsten Zustande, die Sprache des redendsten, am vielfachsten tönenden Tiers? Was soll für seine zerstreuten Begierden, für seine geteilte Aufmerksamkeit, für seine stumpfer witternden Sinne auch selbst die dunkle Sprache aller Tiere? Sie ist für ihn weder reich noch deutlich, weder hinreichend an Gegenständen noch für seine Organe – also durchaus nicht *seine* Sprache; denn was heißt, wenn wir nicht mit Worten spielen wollen, die eigentümliche Sprache eines Geschöpfs, als die seiner Sphäre von Bedürfnissen und Arbeiten, der Organisation seiner Sinne, der Richtung seiner Vorstellungen und der Stärke seiner Begierden angemessen ist? Und welche Tiersprache ist so für den Menschen?

Jedoch es bedarf auch die Frage nicht. *Welche Sprache* (außer der vorigen mechanischen) *hat der Mensch so instinktmäßig als jede Tiergattung die ihrige in und nach ihrer Sphäre?* – Die Antwort ist kurz: *keine*! Und eben diese kurze Antwort entscheidet.

Bei jedem Tier ist, wie wir gesehen, seine Sprache eine Äußerung so starker sinnlicher Vorstellungen, dass diese zu Trieben werden; mithin ist Sprache, so wie Sinne und Vorstellungen und Triebe, *angeboren und dem Tier unmittelbar natürlich*. Die Biene sumset wie sie sauget; der Vogel singt wie er nistet – aber wie spricht der Mensch von Natur? Gar nicht, so wie er wenig oder nichts durch völligen Instinkt, als Tier, tut. Ich nehme bei einem neugebornen Kinde das Geschrei seiner empfindsamen Maschine aus; sonst ists stumm; es äußert weder Vorstellungen noch Triebe durch Töne, wie doch jedes Tier in seiner Art; bloß unter Tiere gestellet, ists also das verwaisetste Kind der Natur. Nackt und bloß, schwach und dürftig, schüchtern und unbewaffnet; und, was die Summe seines Elendes ausmacht, aller Leiterinnen des Lebens beraubt. Mit einer so zerstreuten, geschwächten Sinnlichkeit, mit so unbestimmten, schlafenden Fähigkeiten, mit so geteilten und ermatteten Trieben geboren, offenbar auf tausend Bedürfnisse verwiesen, zu einem großen Kreise bestimmt – und doch so ver-

Über Spracherwerb und Sprachentwicklung nachdenken

115 waiset und verlassen, dass es selbst nicht mit einer Sprache begabt ist, seine Mängel zu äußern – Nein! ein solcher Widerspruch ist nicht die Haushaltung der Natur. Es müssen statt der Instinkte andre verborgne Kräfte in ihm schlafen!

A ■ Erläutern Sie Herders Unterscheidung von Mensch und Tier anhand folgender Grafiken.

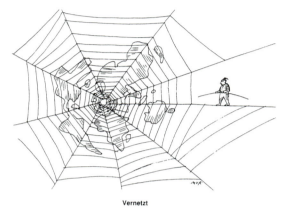

Vernetzt

■ Text 163

Über den Ursprung der Sprache (1772) *Johann Gottfried Herder*

Der Mensch, in den Zustand von Besonnenheit gesetzt, der ihm eigen ist, und diese Besonnenheit (Reflexion) zum ersten Mal frei wirkend, hat Sprache erfunden. Denn was ist Reflexion? Was ist Sprache?

5 Diese Besonnenheit ist ihm charakteristisch eigen und seiner Gattung wesentlich: so auch Sprache und eigne Erfindung der Sprache.

Erfindung der Sprache ist ihm also so natürlich, als er ein Mensch ist! Lasset uns nur beide Begriffe entwi-
10 ckeln: Reflexion und Sprache.

Der Mensch beweiset Reflexion, wenn die Kraft seiner Seele so frei wirket, dass sie in dem ganzen Ozean von Empfindungen, der sie durch alle Sinnen durchrauschet, *eine* Welle, wenn ich so sagen darf,
15 absondern, sie anhalten, die Aufmerksamkeit auf sie richten und sich bewusst sein kann, dass sie aufmerke. Er beweiset Reflexion, wenn er aus dem ganzen schwebenden Traum der Bilder, die seine Sinne vorbeistreichen, sich in ein Moment des Wachens sam-
20 meln, auf *einem* Bilde freiwillig verweilen, es in helle ruhigere Obacht nehmen und sich Merkmale absondern kann, dass dies der Gegenstand und kein andrer sei. Er beweiset also Reflexion, wenn er nicht bloß alle Eigenschaften lebhaft oder klar erkennen, sondern eine oder mehrere als unterscheidende Eigenschaf- 25 ten bei sich *anerkennen* kann: der erste Aktus dieser Anerkenntnis gibt deutlichen Begriff; es ist das erste Urteil der Seele – und –

Wodurch geschahe die Anerkennung? Durch ein Merkmal, was er absondern musste und was, als 30 Merkmal der Besinnung, deutlich in ihn fiel. Wohlan! lasset uns ihm das εὕρηκα¹ zurufen! Dies *erste Merkmal der Besinnung war Wort der Seele! Mit ihm ist die menschliche Sprache erfunden!*

Lasset jenes Lamm, als Bild, sein Auge vorbeigehn: 35 ihm wie keinem andern Tiere. Nicht wie dem hungrigen, witternden Wolfe! nicht wie dem blutleckenden Löwen – die wittern und schmecken schon im Geiste! die Sinnlichkeit hat sie überwältigt! der Instinkt wirft sie darüber her! – Nicht wie dem brünstigen 40 Schafmanne, der es nur als den Gegenstand seines Genusses fühlt, den also wieder die Sinnlichkeit überwältigt und der Instinkt darüber herwirft. Nicht wie

1 Heureka = griechisch: ich habe es gefunden

jedem andern Tier, dem das Schaf gleichgültig ist, das es also klardunkel vorbeistreichen lässt, weil ihn sein Instinkt auf etwas anders wendet. – Nicht so dem Menschen! Sobald er in die Bedürfnis kommt, das Schaf kennenzulernen, so störet ihn kein Instinkt, so reißt ihn kein Sinn auf dasselbe zu nahe hin oder davon ab: es steht da, ganz wie es sich seinen Sinnen äußert. Weiß, sanft, wollicht – seine besonnen sich übende Seele sucht ein Merkmal – das Schaf *blöket*! sie hat Merkmal gefunden. Der innere Sinn würket. Dies Blöken, das ihr am stärksten Eindruck macht, das sich von allen andern Eigenschaften des Beschauens und Betastens losriss, hervorsprang, am tiefsten eindrang, bleibt ihr. Das Schaf kommt wieder. Weiß, sanft, wollicht – sie sieht, tastet, besinnet sich, sucht Merkmal – es blökt, und nun erkennet sies wieder! »Ha! du bist das Blökende!« fühlt sie innerlich, sie hat es menschlich erkannt, da sies deutlich, das ist mit einem Merkmal, erkennet und nennet. Dunkler? So wäre es ihr gar nicht wahrgenommen, weil keine Sinnlichkeit, kein Instinkt zum Schafe ihr den Mangel des Deutlichen durch ein lebhafteres Klare ersetzte. Deutlich unmittelbar, ohne Merkmal? So kann kein sinnliches Geschöpf außer sich empfinden, da es immer andre Gefühle unterdrücken, gleichsam vernichten und immer den Unterschied von zween durch ein drittes erkennen muss. Mit einem Merkmal also? Und was war das anders als *ein innerliches Merkwort*? Der *Schall* des Blökens, von einer menschlichen Seele als Kennzeichen des Schafs wahrgenommen, ward, kraft dieser Besinnung, *Name* des Schafs, und wenn ihn nie seine Zunge zu stammeln versucht hätte. Er erkannte das Schaf am Blöken: es war gefasstes Zeichen, bei welchem sich die Seele an eine Idee deutlich besann – was ist das anders als Wort? Und was ist die ganze menschliche Sprache als eine Sammlung solcher Worte? Käme er also auch nie in den Fall, einem andern Geschöpf diese Idee zu geben, und also dies Merkmal der Besinnung ihm mit den Lippen vorblöken zu wollen oder zu können, seine Seele hat gleichsam in ihrem Inwendigen geblökt, da sie diesen Schall zum Erinnerungszeichen wählte, und wiedergeblökt, da sie ihn daran erkannte – *die Sprache ist erfunden! ebenso natürlich und dem Menschen notwendig erfunden, als der Mensch ein Mensch war.*

A ■ Entwerfen Sie zu Herders Theorie vom Ursprung der Sprache ein Tafelbild, in dem Sie die Bedeutung und die Zusammenhänge folgender Begriffe darstellen: Besonnenheit, Instinkt, Mensch, Merkmale, Reflexion, Schaf, Sprache, Wolf und die Funktion von Sprache bei Herder benennen.

B ■ Erörtern Sie die Schlüssigkeit von Herders Theorie: Was hat Sie überzeugt, was stellen Sie in Frage?

■ Text 164
Sprache – Bioprogramm oder kulturelle Errungenschaft (2004)
Matthias Schlesewsky

Als Derek Bickerton in den achtziger Jahren seine These über ein sprachliches Bioprogramm vorstellte, erhob sich in der Welt der Sprachwissenschaft eine Kontroverse, die bis zum heutigen Tage in unverminderter Vielfalt und Polemik geführt wird. Ausgangspunkt war die auf den Sprachphilosophen Chomsky zurückgehende Annahme, dass der menschliche Spracherwerb durch angeborene, autonome und universelle Regeln gesteuert wird, welche unabhängig von anderen kognitiven Domänen existieren und die Basis einer universalen Grammatik darstellen. Dieser so genannte »nativistische« Ansatz grenzte sich insbesondere von »behavioralen« Theorien über Sprache ab, welche im Gegensatz zu der Annahme eines »Angeborenseins« vielmehr davon ausgehen, dass sich der Erwerb von Sprache eher über allgemeine Problemlösungsmechanismen erklären lässt, die in der sozial-kommunikativen Interaktion Anwendung finden.

Während Chomsky eher aus konzeptuellen Gründen argumentierte, nahm Bickerton Phänomene von Kreolsprachen[1] auf und versuchte über die dort zu

Über Spracherwerb und Sprachentwicklung nachdenken

beobachtenden Gemeinsamkeiten und Tendenzen, Argumente für eine nativistische Theorie der Sprache zu finden. Er vertrat dabei die Annahme, nach der Erstsprachlerner unter sozialem Druck und ohne die Möglichkeit einer ausgebauten Muttersprache aufgrund der angeborenen Sprachfähigkeit in der Lage sind, aus einem rudimentären Input (Pidginsprache[2]) eine kommunikativ adäquate Sprache zu entwickeln, die hinsichtlich ihrer Struktur voll funktionsfähig ist. Diese Entwicklung verlaufe entsprechend der zugrunde liegenden genetischen Prädisposition für Sprache unabhängig von der konkreten Umgebung immer nahezu gleich, was die hohe Übereinstimmung bei Kreolsprachen erkläre. Bickertons wissenschaftliche Gegenspieler argumentierten aus zwei Richtungen. Einerseits zeigen die von ihm ins Feld geführten Kreolsprachen wohl nicht die hohe Übereinstimmung, die von ihm angenommen wurde. Andererseits gibt es viele menschliche Fähigkeiten und Fertigkeiten, die ohne die Annahme einer genetischen Determinierung trotzdem überraschend gleich verlaufen. Ein Beispiel hier wäre die Zubereitung und die Aufnahme von Essen über alle Kulturen hinweg.

Trotz dieser intensiven Auseinandersetzung ist es aber bis zum heutigen Tage nicht gelungen, einen Konsens unter den sich mit Sprache beschäftigenden Wissenschaftlern zu erreichen. Eine mögliche Ursache liegt in der Art der Beobachtung. Sprache in seiner kommunikativen Situation ist immer ein Oberflächenphänomen, wir können niemals »sehen«, wie sie entsteht und wie sie verstanden wird. Eine große Hoffnung liegt deshalb momentan in der Entwicklung der Neurowissenschaften. Diese gestattet es prinzipiell, den Zusammenhang zwischen der Anwendung und der Entstehung herzustellen.

---

[1] *Kreolsprachen* sind Sprachen, die aus der Verbindung von insbesondere semantischen und syntaktischen Elementen der Muttersprache und primär lexikalischen Elementen der sozial dominierenden Sprache gebildet werden. Hervorhebenswert ist, dass die meisten bekannten Sprachen dieses Typs sich genereller linguistischer Strategien bedienen und somit unabhängig von ihrer Entstehung viele Parallelen aufweisen.

[2] *Pidginsprachen* entstehen als Mischsprachen in einem sozialen Umfeld bei der die Sprecher von zwei verschiedenen Sprachen, die über kein gegenseitiges Sprachverständnis verfügen, miteinander kommunizieren müssen. Die so entstehenden Sprachen sind durch vereinfachte Strukturen und einen reduzierten Wortschatz gekennzeichnet.

A ■ Reflektieren Sie auf der Grundlage Ihres Vorverständnisses die Alternativen, die die Kapitelüberschrift ins Blickfeld rückt.

B ■ In **T164** werden unterschiedliche theoretische Erklärungsmodelle zum Spracherwerb des Menschen vorgestellt. Benennen und erläutern Sie die beiden gegensätzlichen Positionen.

C ■ Welche Schlussfolgerungen ließen sich mit Blick auf die Existenz unterschiedlicher Sprache ziehen, wenn Bickertons Annahme stimmt, dass der Mensch aufgrund seiner angeborenen Sprachfähigkeit in der Lage sei, aus »einem rudimentären Input« eine kommunikativ voll funktionsfähige Sprache selbstständig zu entwickeln (s. **T164**, Zeile 31 ff.)?

D ■ Vergleichen Sie Bickertons Annahme mit der Theorie Herders.

Über Spracherwerb und Sprachentwicklung nachdenken

■ Text 165

Geschwätzige Zebrafinken (2004)

Berliner Max-Planck-Wissenschaftler und ihre amerikanischen Kollegen weisen »Sprach-Gen« bei Singvögeln nach. Mutationen im so genannten FOXP2-Gen führen bei Menschen zu einem spezifischen Sprachproblem, insbesondere bei der Artikulation und dem Sprachverständnis. Offensichtlich besitzt dieses Gen eine zentrale Funktion bei der Entwicklung der Sprachfähigkeit.

Bereits 2002 hatte eine Arbeitsgruppe um Svante Pääboo vom Max-Planck-Institut für evolutionäre Anthropologie in Leipzig die DNA-Sequenz des intakten FOXP2-Gens beim Menschen verglichen mit der Sequenz von Menschenaffen sowie Mäusen. Dabei fanden die Wissenschaftler heraus, dass das menschliche FOXP2-Gen eine ganz spezifische Sequenzvariation aufweist, die sie bei den anderen Spezies nicht nachweisen konnten. Diese geringfügige Änderung könnte im Zuge der Evolution eine ganze Kette von weiteren Änderungen nach sich gezogen haben; denn das FOXP2-Gen stellt die Bauanleitung für einen Transkriptionsfaktor bereit – ein Protein, dass die Aktivität zahlreicher anderer Gene steuert. Die Leipziger fanden Hinweise dafür, dass die menschliche Form von FOXP2 für seinen Träger vorteilhaft gewesen sein muss und daher vermutlich maßgeblich mit der Entwicklung der menschlichen Sprache verknüpft ist.

Im Gegensatz zu Mäusen und Menschenaffen lernen zahlreiche Vogelarten ihre Gesangsmuster ähnlich wie Menschen das Sprechen. Constance Scharff, Forschungsgruppenleiterin am Max-Planck-Institut für molekulare Genetik, wollte daher herausfinden, ob die beim Menschen gefundene Sequenzvariation in FOXP2 auch bei Gesang lernenden Vögeln existiert. Zusammen mit Sebastian Haesler sowie den Kollegen von der amerikanischen Duke-Universität, Erich Jarvis und Kazuhiro Wada, verglichen sie die Expression von FOXP2 im Gehirn Gesang lernender Vögel, wie Zebrafinken, Kanarienvögeln, Sittichen, Spatzen, Meisen und Kolibris sowie nicht Gesang lernender Vögel, wie zum Beispiel Ringeltauben. Darüber hinaus studierten die Forscher das Gen bei den nächsten Verwandten der Vögel, den Krokodilen.

Zunächst einmal interessierten sie sich dafür, wann und wo das Gen im Vogelhirn exprimiert wurde: Waren es Regionen, die für die Gesangsproduktion verantwortlich sind oder für das Gesangslernen, und wurde das Gen in erster Linie während der Lern- oder Produktionsphase exprimiert? [...] Ganz sicher sind sich die Forscher bei der Identifizierung der relevanten Hirnregionen – FOXP2 wird tatsächlich bei Vögeln wie bei Säugetieren, einschließlich dem Menschen, in den Basalganglien exprimiert, und zwar zu einem Zeitpunkt, wenn die Vögel Gesangsmuster erlernen. Im Fall von Zebrafinken ist das während der frühen Entwicklung, bei Kanarienvögeln dagegen saisonal. »Wir konnten feststellen, dass der FOXP2 Level in einem Basalganglien-Kern, der für das Gesangslernen spezialisiert ist, genau zu jenem Zeitpunkt anstieg, wenn die Vögel ihren Gesang änderten«, erklärt Scharff. »Vergleichbare Änderungen konnten wir bei den nicht Gesang lernenden Arten nicht nachweisen.«

Auf der Basis dieser Befunde erhoffen sich die Forscher nun weitere Erkenntnisse über den Beitrag der Gene zur Architektur und Funktion jener Schaltkreise im Gehirn, die den Vogelgesang steuern. Die Entdeckung von FOXP2 bei Vögeln stellt lediglich einen Anfang dar, noch ist nicht direkt gezeigt, warnt Scharff, dass das Gen notwendig ist für das Gesangs-

Über Spracherwerb und Sprachentwicklung nachdenken

lernen. Versuche, FOXP2 gentechnisch zu verändern und die möglichen Auswirkungen auf den Vogelgesang zu studieren, stehen daher ganz oben auf ihrem Arbeitsprogramm.

M. Schlesewsky beschreibt es als ein Manko der Erforschung des menschlichen Spracherwerbs, dass die Untersuchungen noch weitgehend auf Beobachtungen von Sprache in kommunikativen Situationen angewiesen sind (siehe T90, Z. 52–56). Hoffnungen auf ein vertieftes Verständnis und einen möglichen Konsens unter den sich mit der Sprache beschäftigenden Wissenschaften setzt er auf die weitere Entwicklung der Neurowissenschaften. Die Entdeckung des Sprach-Gens FOXP2 bedeutet vielleicht einen Schritt in diese Richtung. Die Sprachwissenschaftlerin Helen Leuninger versucht, durch die Beobachtung von Versprechern Rückschlüsse auf neurophysiologische Vorgänge zu ziehen. Sie geht davon aus, dass systematische Sammlung und Erforschung von Versprechern, die unfreiwillig in kommunikativen Situationen stattfinden und vom Sprechenden meistens selbst schnell korrigiert werden, Aufschlüsse über die Arbeitsweise des Gehirns und des Bewusstseins geben.

A ■ Erläutern Sie die Bedeutung der Experimente mit dem Gesang von Vögeln für die wissenschaftliche Erforschung des Spracherwerbs beim Menschen. Diskutieren Sie vor diesem Hintergrund die beiden in T165 beschriebenen Erklärungsmodelle.

B ■ Der Verfasser von T165 weist am Ende darauf hin, dass Versuche, FOXP2 gentechnisch zu verändern, um mögliche Auswirkungen auf den Vogelgesang studieren zu können, ganz oben auf dem Arbeitsprogramm der Wissenschaftler stehe. Diskutieren Sie Chancen und Gefahren, die dieses Vorhaben beinhaltet. Reflektieren Sie dabei auch die mögliche Anwendung gentechnischer Eingriffe in FOXP2 beim Menschen.

■ Text 166
Entstehung von Versprechern und das innere Lexikon (2001) *Helen Leuniger*

In der Regel verspricht man sich nur innerhalb des Satzes. Manchmal […] sind die von Fehlleistungen betroffenen Bereiche noch kleiner. Das hat sicherlich damit zu tun, dass wir nicht beliebig umfangreiche Einheiten unbegrenzt lange in unserem »Arbeitsspeicher« behalten können, der – wie andere Gedächtniskomponenten auch – nur eine eingeschränkte Kapazität hat. Denn man darf nicht vergessen, dass nur etwa jeweils sieben Einheiten in Millisekunden bearbeitet werden können. Gelegentlich aber verursachen Äußerungen des Sprechers, mit dem man sich gerade unterhält, Versprecher in der sprachlichen Reaktion des Hörers. Dabei wird dann die Satzgrenze überschritten. Dies funktioniert im Regelfall aber nur, wenn der Zuhörer die Äußerung seines Kommunikationspartners noch im Arbeitsspeicher hat. Beginnt er zu sprechen, können sich dann Teile der vorangegangenen Rede in seine Äußerung einschleichen. […] Und hier ein Beleg aus meiner Sammlung:
  A: Es sei denn, du hast großes Pech
  B: Und du großes Glüch
Sehr weit dürfen aber die Äußerung, welche die Versprecherursache enthält, und der Versprecher wohl nicht voneinander entfernt sein […] »… die Gewöhnung ist eine Art Natur. Daher erinnern wir uns schnell an das, was wir oft denken. Denn wie das Nacheinander von Natur aus ist, so ist es auch in Wirklichkeit. Die oftmalige Wiederholung aber ersetzt die Natur. Da aber sogar in der Natur manches widernatürlich und zufällig verläuft, so erst recht in den durch Gewöhnung entstandenen Verhältnissen, die nicht ganz so natürlich sind. Daher verläuft dort die Bewegung auch einmal anders, zumal wenn dorthin eine Ablenkung wirksam ist. Daher kommt es oft vor, wenn man sich an ein Wort erinnern soll, dass man auf ein ähnlich klingendes abirrt und einen Sprachfehler macht.« (Aristoteles, De memoria et reminiscentia)

Wir wollen nun diesen Gedanken von Aristoteles aufgreifen und im Lichte der Sprachwissenschaft überlegen, wie der Wortspeicher, also unser inneres Lexikon, aufgebaut sein muss, wenn er solche Versprecher ermöglicht. Das innere Lexikon, das wir bei der Sprachplanung konsultieren, ist wohl nicht – wie die Lexika, die im Bücherschrank stehen – alphabetisch geordnet und statisch, also ein für allemal festgelegtes Nachschlagewerk, sondern es ist vielmehr ein nach Bedeutungs- beziehungsweise Formkriteri-

en organisiertes Gebilde. Versprecher wie (a)* und (b) sowie (e) und (f) illustrieren verschiedene Arten der Bedeutungszugehörigkeit von Wörtern: *klein* und *groß* oder *gut* und *schlecht* sind Gegensätze mit einem gemeinsamen Bedeutungskern, zwischen *Baum* und *Zweig* besteht eine Teil-Ganzes-Beziehung, und *Möhren* und *Erbsen* fallen unter denselben Oberbegriff:
(e) *die sitzen aber schlecht für dich* für *gut* [gemeint sind hier die Skatkarten]
(f) *Gib mir mal die Dose mit den Möhren* für *Erbsen*
Die Kontaminationen (g) und (h) belegen, dass nicht nur Einzelwörter, sondern auch feststehende Redewendungen bedeutungsverwandt sein können:
(g) *es hat dazu beigeführt* für *beigetragen/geführt*
(h) *es gibt einen Hinwaltspunkt* für *Hinweis/Anhaltspunkt*
Dass Wörter offenbar auch unter formalen Gesichtspunkten im inneren Lexikon gespeichert sind, sieht man an den Versprechern (c) und (d). *Verbrecher* und *Versprecher* und *Abszess* und *Exzess* (gesprochen: *Ekszess*) sind sich in ihrer Bedeutung recht fern, ähneln sich jedoch in ihrem formalen Aufbau.

Je mehr Gemeinsamkeiten lexikalische Elemente haben, um so enger sind sie miteinander vernetzt und um so größer ist die Wahrscheinlichkeit, dass sie in Fehlplanungen vorkommen. Denn während der Planung der Äußerung kann ein falsches Element aus dem inneren Lexikon ausgewählt werden; dieses Element ist aus Bedeutungs- oder Formgründen wie in einem Netzwerk mit den richtigen Elementen verknüpft und wird gleichzeitig aktiviert. Eine solche »dynamische« Vorstellung unseres mentalen Lexikons kommt den Prozessen, die in unserem Gehirn ablaufen, recht nahe. Diese Organisationsprinzipien steuern zum Beispiel auch unsere Suchstrategien, wenn uns einmal ein Wort nicht einfällt. Es kommt ja immer wieder vor, dass wir das Gefühl haben, ein Wort liege uns auf der Zunge, und dass wir bestimmte Verfahren anwenden, um es zutage zu fördern. Dieses Phänomen ist 1966 von zwei Psycholinguisten, Brown und McNeill, experimentell untersucht worden. Den Testpersonen wurden Definitionen von relativ seltenen Wörtern vorgegeben, zum Beispiel: ein Navigationsinstrument, das verwendet wird, um Winkelabstände zu messen, insbesondere den Sonnen-, Mond- und Sternenstand auf dem Meer. Einige Testpersonen wussten sofort, um welchen Gegenstand es sich handelt, kamen aber nicht auf die Bezeichnung (Sextant übrigens!). In diesem »Es-liegt-mir-auf-der-Zunge-Stadium« wurden die Testpersonen aufgefordert, die Wörter zu nennen, die ihnen spontan einfielen; wie ihre Reaktionen zeigten, verwendeten sie die Bedeutungs- beziehungsweise die Formroute: einige sagten Kompass, andere wiederum Sekante, Sextett, ganz so, wie wir es mit unserer Annahme über das innere Lexikon auch erwarten würden.

> *Übersicht über die Liste der Versprecher, auf die Helen Leuninger sich in diesem Abschnitt bezieht:
> (a) *aber klein isse, äh, groß*
> (b) *damit kommst du auf keinen grünen Baum* für *Zweig*
> (c) *der Versprecher wird immer noch von der Polizei gesucht* für *Verbrecher*
> (d) *wir lernen bis zum Abszess* für *Exzess*
> (e) *die sitzen aber schlecht für dich* für *gut* [gemeint sind hier die Skatkarten]
> (f) *Gib mir mal die Dose mit den Möhren* für *Erbsen*
> (g) *es hat dazu beigeführt* für *beigetragen/geführt*
> (h) *es gibt keinen Hinwaltspunkt* für *Hinweis/Anhaltspunkt*

A ■ Erklären Sie die Funktionsweise des »inneren Lexikons« und erläutern Sie dabei, wie diese Funktionsweise das Entstehen von Versprechern begünstigt.

B ■ Welche Rückschlüsse lassen sich aufgrund dieser Funktionsweise des »inneren Lexikons« auf im Gehirn ablaufende Prozesse ziehen?

C ■ Erläutern Sie möglichst genau die Entstehung des Versprechers, der als Titel für Helen Leunigers Buchs gewählt wurde: »Reden ist Schweigen, Silber ist Gold«. Beziehen Sie sich dabei auch auf die Liste der Klassifizierung von Versprechertypen (Kasten zu **T166**).

D ■ Im Zusammenhang mit Versprechern wird häufig von so genannten »Freudschen Versprechern« gesprochen. Recherchieren Sie zu diesem Begriff und schreiben Sie eine Kurzdefinition.

Über Spracherwerb und Sprachentwicklung nachdenken

Sprachentwicklung

INFO

Vor dem Hintergrund der in den Wissenschaften kontrovers diskutierten Frage, ob sich die Sprache als »Bioprogramm« oder als Resultat einer sozialen und kulturellen Entwicklung verstehen lässt, können folgende Punkte zusammengefasst werden:

- Die Verwendung und die Interpretation von Worten und Sätzen ist unbestritten kulturell-kommunikativen Beschränkungen und Regeln unterworfen.
- Sprachverstehen und -produktion sind in hohem Maße zeitlich sensitiv und hierarchisch. Nach heutigem Wissensstand laufen diese Prozesse in allen Sprachen ähnlich ab, d. h., ihnen liegen die gleichen neuronalen Prozesse und Mechanismen zugrunde. Bei der zeitlichen Verarbeitung wurden Hierarchien nachgewiesen, die die Vermutung nahe legen, dass zumindest frühe Verarbeitungsschritte unabhängig von der kommunikativen Situation ablaufen und auch durch diese nicht beeinflusst werden.
- Aus neuroanatomischem Blickwinkel lässt sich für eine Dominanz bestimmter Regionen argumentieren, die bei sprachlichen Prozessen aktiviert werden und unabhängig von der jeweiligen Sprache sind, aber dennoch einem bestimmten Phänomen zuzuordnen sind.

Trotz der bereits in Ansätzen nachgewiesen sprachübergreifenden Universalität neurophysiologischer Prozesse – bei gleichzeitig zu beobachtender Unabhängigkeit sprachlicher Phänomene von der sie umgebenden kommunikativen Situation – lässt sich gegenwärtig noch nicht die Frage eindeutig beantworten, ob es sich dabei um eine angeborene Fähigkeit also ein sprachliches »Bioprogramm« handelt. Untersuchungen und Beobachtungen deuten darauf hin, dass der Mensch eine genetische Prädisposition für Sprache besitzt, die es ihm ermöglicht, diese schnell und effizient zu lernen. Außerdem scheint das menschliche Gehirn bestimmte Strukturen und Mechanismen bereitzustellen, die die Art der Sprache und ihre Benutzung im Wesentlichen bestimmen. Da die verwendeten Methoden und Paradigmen der Neurowissenschaften noch recht jung sind (jünger als 30 Jahre), lässt sich bisher nicht eindeutig erfassen, ob diese neurobiologischen Eigenschaften ausschließlich der Sprache zuzuschreiben sind oder aber als Grundlage für alle höheren kognitiven Domänen (z. B. Musik) fungieren.

Entscheidend ist, dass bereits jetzt zu erkennen ist, dass Sprache nicht ausschließlich ein Produkt unserer sozialen und kulturellen Interaktion sein kann.

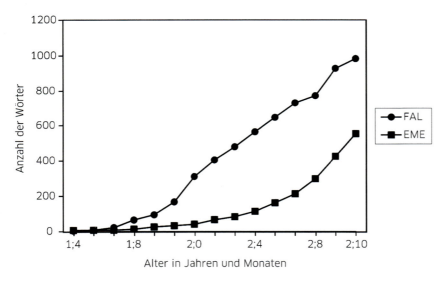

A ■ Beschreiben und erläutern Sie die Grafik.

Anstieg des Wortschatzes für zwei Kinder FAL und EME zwischen 1;4 und 2;10

> Über Spracherwerb und Sprachentwicklung nachdenken

■ Text 167
Die Stufen des Spracherwerbs *Fenja Mens*

Kinder lernen das Sprechen unterschiedlich schnell. Im Durchschnitt mit **zwei Monaten** lassen Babys ein »örre« oder »kraa« ertönen; die Laute in dieser ersten Lallphase entstehen durch zufällige Muskelbewegungen in Mund, Hals und Kehlkopf. Ab dem **sechsten Monat** beginnt die zweite Lallphase mit Silbenketten (»dadada, gaga, jaja«). Diese Monologe ähneln in Rhythmus und Tonfall bereits der Muttersprache. Im Alter von etwa **neun Monaten** kann das Baby die Mundbewegungen bewusst steuern, sodass es eine einzige Doppelsilbe formt, zum Beispiel »Mama«. Loben die Eltern das Kind dafür, begreift es allmählich, sinnvolle Wörter von sinnlosen Lautketten zu unterscheiden. Ab etwa dem **zwölften Monat** folgen die ersten so genannten Protowörter (z. B. »wauwau«). Zu Beginn werden sie nur kontextbezogen verwendet – nur ein ganz bestimmter Ball ist »Balla« –, in einer späteren Phase kann jeder Mann »Papa« sein. Ab **anderthalb Jahren** kommt es zu einer regelrechten Wortschatzexplosion. Bald darauf bildet das Kind die ersten Zwei-Wort-Sätze, zeitgleich beginnt das erste Fragealter (»Tür auf?«). Die Kinder werden geschickter darin, Verben zu beugen und Plural zu bilden, die Sätze werden länger. Mit etwa **drei Jahren** setzt das zweite Fragealter (»Warum?«, »Wie?«) ein. Mit etwa **vier Jahren** beherrschen die meisten Kinder die grammatikalischen Grundlagen, parallel wächst der Wortschatz stetig. Das Gehirn speichert Begriffe nebst zusätzlichen Aspekten in einem mentalen Lexikon, etwa »Frosch = Tier, quakt, eklig«. Mit **sechs Jahren** kann das Kind reimen und Wörter in Silben zerlegen – wichtige Fähigkeiten für das Erlernen von Lesen und Schreiben. Die wesentlichen Grundsteine sind damit gelegt.

Sprache erlernen
Aufgabeninsel

A ■ Überprüfen Sie die in **T167** genannten Stufen, indem Sie sich mit Ihren Eltern über Ihr eigenes Erlernen der Sprache unterhalten.

B ■ **T167** beschreibt die zeitlichen Stufen des Erlernens der Sprache bei Kleinkindern, lässt allerdings die Frage offen, wie ein Kind sprechen lernt, wodurch es diese Stufen erreicht. Formulieren Sie Hypothesen zur Beantwortung der Fragen, indem Sie sich auf eigene Erfahrungen mit kleineren Geschwistern oder den Kindern von Bekannten beziehen.

C ■ Was beeinflusst das Sprachlernen der Kinder? Welche Faktoren wirken sich eher positiv, welche eher negativ aus?

D ■ Bereiten Sie ein Referat zur Beantwortung der Fragen vor, in dem Sie die Theorien, die in den Texten von Fenja Mens und Manfred Spitzer dargestellt werden, kurz erläutern und vergleichen. Ergänzen Sie Ihre so gewonnenen Erkenntnisse, indem Sie …
– für eine Weile Kleinkinder gezielt beobachten bzw. Ihre Eltern dazu befragen;
– zur Beantwortung der Frage im Internet bzw. in der Fachliteratur oder Elternratgebern recherchieren;
– sich auf bereits vorhandenes Wissen aus anderem Unterricht beziehen (z. B. Pädagogik).

E ■ Unstrittig ist, dass Sprache nicht ausschließlich ein Produkt sozialer und kultureller Interaktion ist. Umstritten ist allerdings noch, welchen Anteil die Vererbung am Spracherwerb des Menschen hat. Was würde es bedeuten, wenn wissenschaftlich nachgewiesen werden könnte, dass dieser vererbte Anteil sehr hoch ist? Reflektieren Sie mögliche Konsequenzen unter folgenden Gesichtspunkten: Erziehung im Kleinkindalter, Sprachunterricht in der Schule, Entwicklung unterschiedlicher Sprachen und Sprache und Manipulation.

F ■ Bearbeiten Sie zum Abschluss dieses Teilkapitels die in der Überschrift (S. 256) gestellte Frage in Form einer schriftlichen Erörterung bzw. wählen Sie die Frage als Ausgangspunkt für eine Podiumsdiskussion.

Über Spracherwerb und Sprachentwicklung nachdenken

■ Text 168

Das A und O des neuen Lebens (2007) *Fenja Mens*

Für keine geistige Aufgabe sind Kinder von Natur aus besser ausgestattet als für den Spracherwerb. Schon im Mutterleib erkennen Ungeborene Rhythmus und Melodie der Umgebungssprache. Gleichwohl machen sich viele Eltern Sorgen, wenn ihr Nachwuchs sich mit dem Reden Zeit lässt. Zu Recht?

Um die Weihnachtszeit 1721 ist der kleine Christian Heineken aus Lübeck knapp zehn Monate alt. Liebevoll erklärt ihm seine Amme Sophie Hildebrandt die Bilder an der Wand und auf dem Kachelofen in Christians Elternhaus. »Dat is een Perd, dat is 'n Katt und dat is een Kerkturm«, sagt sie auf Lübecker Platt.

Der Säugling erweist sich als erstaunlich gelehrig: Am nächsten Tag wiederholt Christian die Worte der Amme und zeigt mit dem Finger auf die richtigen Bilder. Bald darauf entdeckt auch der Edelmann Christian von Schöneich, der im Hause der Heinekens ein- und ausgeht, die Gabe des Kindes. Ob Platt oder Schriftsprache, ob Deutsch, Französisch oder Latein: Das Baby vergisst einmal Gehörtes nie. Mit 14 Monaten kann es das Alte Testament auswendig vortragen, kurze Zeit darauf 80 Psalmen rezitieren, pro Woche lernt das Sprachgenie 150 lateinische Vokabeln. Nur wenn er erschöpft ist – und das ist er oft –, besinnt sich Christian auf das seinem Alter Angemessene: die Brust seiner Amme. Höflich entschuldigt er sich mit den Worten »Nun will ich nach nutrix gehen«, und ruft seine Ernährerin herbei: »Sophie! Gefmy doch de Titte!«

Schließlich wird das Wunderkind sogar dem dänischen König vorgestellt. Doch bereits mit fünf Jahren, am 27. Juni 1725, stirbt Christian, vermutlich an den Folgen einer Mehlallergie. Was bleibt, ist unter anderem eine Widmung des Komponisten Georg Phiipp Telemann, die dieser nach seinem Besuch für den Kleinen verfasst hat: »Kind, dessen gleichen nie vorhin ein Tag gebahr!/Die Nach-Welt wird dich zwar mit ew'gen Schmuck umlauben;/Doch auch nur kleinen Teils Dein großes Wissen glauben,/Das dem, der dich gekannt, selbst unbegreiflich war.«

UNBEGREIFLICH, WUNDERSAM. Gewiss. Aber warum eigentlich? Weshalb findet der Spracherwerb bei einem gewöhnlichen Menschenkind erst viel später und viel langsamer statt als bei Christian? Oder, noch grundsätzlicher gefragt: Wieso müssen Menschen ihre Sprache überhaupt lernen? Warum wird sie nicht einfach vererbt – wie unter Tieren der Gesang der meisten Vögel oder das Quaken eines Frosches? Warum lässt sich die Sprache der Eltern nicht einfach durch einmaliges Vorsprechen im Gehirn des Kindes abspeichern? Weshalb begrüßt ein Kind seine Eltern nicht schon kurz nach der Geburt mit „Hallo Mama« und »Grüß dich, Papa«?

Das Rätsel des Spracherwerbs: Auch heute ist es noch nicht vollständig gelöst. Eines aber scheint inzwischen klar zu sein: Schon jedes ganz normale Baby und Kleinkind weiß in jungen Jahren weit mehr über Sprache, als man lange Zeit für möglich gehalten hat.

DER AMERIKANISCHE Psychologe Burrhus Frederic Skinner glaubte in den 1950er-Jahren, dass pure Nachahmung der Weg zur Sprache sei. Kinder würden einfach nachsprechen, was sie von den Eltern und anderen Bezugspersonen aufschnappten – sofern sie für ihre Leistung gelobt würden.

Der Verhaltensforscher hatte durch Tierexperimente demonstriert, dass ein bestimmtes Verhalten häufiger auftritt, wenn darauf ein positiv verstärkendes Ereignis folgt. Diese Erkenntnis übertrug er 1957 in seinem Buch »Verbal Behavior« auf den mensch-

lichen Spracherwerb: einen Ball zeigen; »Ball« sagen; das Kind loben und bestärken, wenn es ebenfalls »Ball« sagt; fertig. An Kindern hatte Skinner seine These nicht überprüft. Dennoch leuchtete seine Ansicht vielen Wissenschaftlern ein und verbreitete sich rasch.

Erst nachdem der amerikanische Linguist Noam Chomsky das Buch in einer Rezension verrissen hatte, setzte ein Umdenken ein. Der Sprachwissenschaftler bestritt, dass Kinder allein durch Imitation Sprechen lernen könnten. Das sei schon deswegen nicht möglich, weil ein Satz sich kaum je genau wiederhole. Zudem seien die Regeln der Sprache so kompliziert, dass diese Prinzipien dem Menschen angeboren sein müssten – als eine Art universale Grammatik, die für alle Sprachen der Welt funktioniere.

Auch diese Idee war am Schreibtisch ersonnen. Dennoch waren Chomskys Überlegungen der Anstoß für eine hitzige Debatte: Ist dem Menschen Sprache doch schon in die Wiege gelegt? Oder hören wir uns den Gebrauch eines Kasus oder Konjunktivs stets von denen ab, die uns nahe sind?

Eine übergreifende und allgemein akzeptierte Theorie fehlt noch immer, aber inzwischen sind sich die Forscher zumindest darin einig, dass jedes gesunde Neugeborene die körperlichen und geistigen Anlagen besitzt, das Sprechen zu erlernen, und dass dabei auch die Umwelt eine wichtige Rolle spielt. Allmählich erkennen die Experten, was Mütter und Väter längst ahnen: Kinder sind mit Fähigkeiten ausgestattet, von denen Erwachsene nur träumen können. [...]

■ Text 169
Robuste Kinder und Spracherwerb (2007) *Manfred Spitzer*

Fassen wir zunächst zusammen: Das Gehirn des Säuglings ist noch sehr unausgereift. Die beim Menschen im Gegensatz zu anderen Arten daher so auffällige Nachreifung des Gehirns nach der Geburt betrifft insbesondere den frontalen Kortex, in dem bekanntermaßen die höchsten geistigen Fähigkeiten des Menschen (komplexe Strukturen, abstrakte Regeln) repräsentiert sind. Der frontale Kortex ist in die Informationsverarbeitung anderer Hirnteile auf ganz bestimmte Weise eingebunden. Er sitzt über den einfacheren Arealen, hat deren Output zum Input und bildet auf diese Weise interne Regelhaftigkeiten der neuronalen Aktivität einfacherer Areale noch einmal im Gehirn ab. Er bildet das Arbeitsgedächtnis, d.h., in ihm ist Information repräsentiert, die unmittelbar relevant ist für das, was jetzt und hier geschieht. Er kann sehr rasch auf Veränderungen reagieren, indem er von Augenblick zu Augenblick neue Erwartungen bildet und diese mit dem, was geschieht, vergleicht.

Erst im Schulalter werden die verbindenden Fasern vollständig myelinisiert[1] und damit dieser Hirnteil in die zerebrale Informationsverarbeitung vollständig integriert. Hierdurch wird verständlich, warum es den so genannten Wolfskindern, die ihre Kindheit ohne Sprache verbringen und von denen es leider bis heute immer wieder Beispiele gibt, zeitlebens nicht gelingt, richtig sprechen zu lernen. Es scheint somit im Hinblick auf die Sprachentwicklung eine kritische Periode zu geben, während der sie durch Auseinandersetzung mit und Verarbeitung von Sprachinput erfolgen muss. Geschieht dies bis zum etwa 12. oder 13. Lebensjahr nicht, kann Sprache nie mehr vollends gelernt werden. Das amerikanische Mädchen Genie beispielsweise, das von ihrem Vater bis zu ihrer Entdeckung im Alter von 13 Jahren in völliger Isolation gehalten wurde, lernte trotz intensiver Bemühungen nie richtig sprechen.

Diese Überlegungen zum Zusammenhang von Reifung und Lernen klären nicht nur die Beobachtung einer kritischen Periode für den Spracherwerb, sondern auch die Tatsache, dass Kinder neue Sprachen erfinden können, Erwachsene dagegen nicht. [...]

Es ist unwahrscheinlich, dass die Zusammenhänge zwischen Gehirnreifung und Lernen nur für den Bereich der Sprachentwicklung gelten. Vielmehr ist der Erwerb jeder komplexen Fähigkeit mit großer Wahrscheinlichkeit abhängig vom Wechselspiel von Entwicklung (Gehirnreifung) und Lernen. Wir hatten bereits daraufhin gewiesen, dass Sprache nicht isoliert von der alltäglichen Lebenswelt gelernt wird, sondern vielmehr in und mit ihr. Andere komplexe Strukturen in dieser Welt, wie beispielsweise soziale Beziehungen, Verhältnisse in der Welt selbst (die Be-

1 myelinisiert = Fasern werden umhüllt

Über Spracherwerb und Sprachentwicklung nachdenken

reiche der uns umgebenden belebten und unbelebten Natur) oder komplexe Zusammenhänge in den Bereichen Kunst und Musik werden, wie die Sprache, von Kindern-in-Entwicklung gelernt. Ganz besonders wichtig werden diese Zusammenhänge bei der moralischen Entwicklung der Persönlichkeit.

Halten wir fest: Durch die Gehirnentwicklung werden unübersichtliche Sachverhalte jeweils in dem Sinne gefiltert, dass zunächst nur einfache, aber grundlegende Aspekte gelernt werden, wohingegen später auch komplexe Strukturen verarbeitet und gelernt werden können. Ein sich entwickelndes Gehirn kann daher auf einen Lehrer verzichten. Es „nimmt" sich nur die Lernerfahrungen, die es gerade »gebrauchen« kann – ohne Unterweisung.

Unter evolutionärem Gesichtspunkt stellt damit das erst lange nach der Geburt zur vollständigen Ausreifung kommende Gehirn einen Kompromiss dar: Sicherlich gibt es einen Evolutionsdruck dahingehend, dass Organismen »so fertig wie möglich« das Licht der Welt erblicken. Menschliche Neugeborene schneiden unter diesem Gesichtspunkt sehr schlecht ab, und man muss fragen, worin wohl der Vorteil einer stark verzögerten Gehirnentwicklung besteht. Dieser Vorteil, so können wir formulieren, besteht in der Fähigkeit, komplexere Inputmuster zu verarbeiten. Je besser dies ein Organismus kann, umso besser wird er sich in der Welt (von der wir annehmen können, sie sei sehr komplex) zurechtfinden, d. h. überleben. Babies sind damit das Resultat eines Kompromisses zwischen fit sein von Anfang an und fit werden. Im Vergleich zu anderen Arten liegt die Betonung beim Menschen ganz eindeutig auf dem Werden, auf Potenz und Möglichkeit.

Man braucht nicht viel Fantasie, um sich die Konsequenzen der hier diskutierten Sachverhalte zu vergegenwärtigen: Kinder sind verschieden. Die Evolution bringt Mittelwerte und Varianz von Eigenschaften hervor. Das einzelne Individuum in seiner jeweiligen Besonderheit hat jedoch eine bestimmte Entwicklung und eine bestimmte Lerngeschichte. Dies bedeutet, dass nicht alles für alle gleich gut ist. Gewiss, sich entwickelnde Gehirne sorgen in gewisser Weise selbst für geeigneten Input, aber durch Synchronisation von Reifung und angebotener Lernerfahrung ist im Einzelfall sicherlich noch viel zu verbessern, von Menschen mit spezifischen Behinderungen einmal gar nicht zu reden.

Sprachvarietäten und ihre gesellschaftliche Bedeutung untersuchen und reflektieren – Sprache verrät etwas über die Sprechenden

> **Was kann ich nach der Bearbeitung dieses Unterkapitels?**
> - Verschiedene Veränderungstendenzen der Gegenwartssprache erkennen und erklären
> - Sprachvarietäten beschreiben und als ein wesentliches Merkmal der eigenen Sprachgemeinschaft und -kultur verstehen und beurteilen
> - Phänomene von Mehrsprachigkeit erläutern
> - In der kontrovers geführten Diskussion bezüglich Standardsprache, Sprachnorm und Sprachpflege versus Sprachvarietäten begründet Stellung nehmen

■ Text 170

Kölsche Jung (2014)   *Brings*

Deutsch-Unterricht, dat wor nix för mich
denn ming Sprooch die jof et do nit
»sprech ödentlich« hät de Mam jesaht
Di Zeuchniss dat weed keene Hit
5 Ich sprech doch nur, ming eijene Sproch
wuss nit, wat se vun mir will
ejhal wat ich saachen dät,
et wor verkeht

Denn ich ben nur ne Kölsche Jung
10 un mie Hätz, dat litt mer op d'r Zung
Op d'r Stross han ich ming Sprooch jeliehrt
und jedes Wort wie tättowiert
op minger Zung
ich ben ne Kölsche Jung

15 Oh Oh …
Ich bin ein Kölsche Jung …

Hück ben ich jlöcklich, dat ich et kann
uns Sprooch, die mäht uns doch us
mor hürt schon von Wiggem
20 wenn eener Kölsch schwaad
do föhl ich mich direkt zu Hus
Wemmer se spreche, dann läävt se noch lang
dann jeht se och niemols kapott
uns Sprooch iss en Jeschenk,
25 vom leeve Jott

Denn ich ben nur ne Kölsche Jung
un mie Hätz, dat litt mer op d'r Zung
Op d'r Stross han ich ming Sprooch jeliehrt
und jedes Wort wie tättowiert
30 op minger Zung
ich ben ne Kölsche Jung

Oh Oh …
Ich bin ein Kölsche Jung …

Ich ben nur ne Kölsche Jung
35 un mie Hätz, dat litt mer op d'r Zung
Op d'r Stross han ich ming Sprooch jeliehrt
und jedes Wort wie tättowiert
op minger Zung
ich ben ne Kölsche Jung

40 Oh Oh …
Ich bin ein Kölsche Jung …

Ich ben nur ne Kölsche Jung
un mie Hätz, dat litt mer op d'r Zung
Op d'r Stross han ich ming Sprooch jeliehrt
45 und jedes Wort wie tättowiert
op minger Zung
ich ben ne Kölsche Jung

Oh Oh …
Ich bin ein Kölsche Jung …

Über Spracherwerb und Sprachentwicklung nachdenken

A ■ In dem Lied von Brings besingt der Sänger die Bedeutung des Dialekts Kölsch für ihn. Arbeiten Sie heraus, worin diese liegt, welchen Konflikten er wegen dieser Vorliebe ausgesetzt ist und welche Gefahr er für den Dialekt sieht.

B ■ Erklären Sie den Unterschied zwischen Dialekten bzw. Regiolekten und der Standardsprache.

■ Text 171
Dialekte in Deutschland – eine Übersicht

A ■ Beschreiben Sie die auf der Deutschlandkarte dargestellte Verteilung der einzelnen Dialekte.

B ■ Recherchieren Sie die unterschiedlichen Bezeichnungen für Junge und Mädchen in den einzelnen Regionen. Vgl. hierzu auch die Karte auf S. 272. Präsentieren Sie Ihre Ergebnisse.

Sprachvarietät

INFO

Sprachvarietät meint die Teilmenge einer Einzelsprache, die sie ergänzt oder modifiziert, aber nicht unabhängig von ihr existieren kann. Folgende Varietäten gibt es: geografischer Bezug (**diatopisch**), z. B. Dialekte, in Bezug auf die Gesellschaftsschicht (**diastratisch**), z. B. Jugendsprache, Frauen-/Männersprache, oder Kommunikationssituation (**diaphasisch**), z. B. Fachsprache.

Über Spracherwerb und Sprachentwicklung nachdenken

■ Text 172

»Griaß di, griaß di. Mei di mog I gean«   *Lena Schnabl*

Hilfe, sie sagen Brötchen statt Semmeln! Weil der bayrische Dialekt auszusterben droht, lernen Fünf- bis Siebenjährige in Mundart-Kursen, dass sie besser »geibe Ruabn« zur Karotte sagen. Na freilich. Ein blaues Dirndl mit weißen Blümchen trägt Claudia, 7, dazu bunte Turnschuhe. Sie hat sich für den Kurs schick gemacht – oder besser: »fesch«, wie es die Lehrerin sagt. Claudia ist eins von fünf Kindern, die seit ein paar Wochen in München »Boarisch« lernen.

»Griaß di. Schee, dass du da bist«, begrüßt die Lehrerin die kleinen Teilnehmer. Anders als im Umland geht in München das Bayrische verloren. Viele Kinder wachsen in der Landeshauptstadt auf und sagen dennoch Brötchen und nicht Semmel. Sie hören Dialekt höchstens mal bei der Oma. Bayrisch schickt sich nicht, wirkt auf viele ungebildet und derb. »Nur in der Oktoberfestzeit wird die Lederhose ausgepackt«, sagt Lehrerin Julia Reitter. Sie selbst wurde in der Schule wegen ihres Dialekts gehänselt. Sie sei dumm und könne nicht richtig sprechen.

Solche Vorurteile möchte Julia Reitter abbauen. Deswegen hat sie einen Bayrischkurs für Fünf- bis Siebenjährige ins Leben gerufen. »Es geht um die positive Einstellung gegenüber der Sprache und der Kultur«, sagt sie und erklärt den Kindern anhand von Fotos das traditionelle Maibaumaufstellen. »Sieht anstrengend aus«, sagt Xaver, er trägt ein Fan-T-Shirt des Fußballvereins 1860 München, nachtblau mit aufgedrucktem Löwen. »Freilich, die schaun ganz schö zwida, geh«, sagt Julia Reitter. »Zwieda schaun«, so beschreibt sie auf Bayrisch grantige Gesichter.

Wie rettet man einen Dialekt?

Dialekte kämpfen in vielen deutschen Regionen ums Überleben. Seit den Zwanzigerjahren kommt das Hochdeutsch durchs Radio in die Wohnzimmer – und wurde damit zu einer Sprache, die man als vorbildlich ansieht. Dazu werden die Deutschen mobiler. Wer früher sein ganzes Leben auf einem Dorf gewohnt hätte, zieht heute von Sindelfingen nach Frankfurt und später nach Berlin, München oder Leipzig.

Im Bayrisch-Kurs geht es dieses Mal ums Essen. Die Kinder sitzen auf einer Picknickdecke, Julia Reitter nennt sie »Brotzeitdeckn«. Reitter packt Käse, Karotten, einen Apfel, eine Birne und Radieschen in eine kleine Tasche, den »Zauberbeutel«. Xaver erfühlt: »Eine Karotte.« Reitter sagt: »A gelbe Ruabn.« Fünf Kindermünder sprechen nach. Käse wird zum »Kas«, die Birne zur »Birn«, der Apfel zum »Apfe«, die Radieschen zu »Radieserl«. Dann ist Gustav dran, den der Kurs Gustl nennt. Nachdem die Kinder das Essen aus dem »Zauberbeutel« gehext haben, ist die Birne etwas »zerbatzelt«, also angedrückt.

Mundart-Rettungsaktion in einigen Bundesländern

Bei der Kikus-Methode, mit der Julia Reitter arbeitet, lernen Kinder spielerisch Sprachen. Die Themen haben immer mit ihrem unmittelbaren Lebensumfeld zu tun. Sie lernen zählen »oans, zwoa, drei«; sie malen ihr Traumhaus in »grea« oder »roud«; oder beschreiben ihre Familie, Bruder etwa heißt »Bruada«. Die Lerninhalte werden von den Handpuppen Moni und Toni erspielt oder in Liedern erarbeitet. »Aber griaß di, aber griaß di. Mei di mog I gean«, trällert die Klasse. Als nächstes sind die Artikel dran. Dazu fischen die Kinder nach Kärtchen, auf die Essen gemalt ist. Claudia angelt ein Ei und sagt »des Oa«. Gustav nimmt das Kärtchen mit einer Tafel Schokolade, die

Über Spracherwerb und Sprachentwicklung nachdenken

auf bayrisch männlich ist: »der Schoklad«. Xaver findet »de Tomaten«.

Dialekte sterben oft aus, weil sie für die Kommunikation nicht mehr nötig sind. Auch andere Bundesländer versuchen deshalb, ihre Mundart zu bewahren. In Mecklenburg-Vorpommern hielt Plattdeutsch Einzug in einige Kindergärten. In Hamburg wird die plattdeutsche Sprache an einigen Grundschulen angeboten. Wenn Kinder neben Hochdeutsch noch Dialekt sprechen, verhält sich das wie bei anderen »Fremdsprachen«: Das Sprachzentrum im Gehirn wird besser ausgebildet.

Weil die Gruppe »voi guat in da Zeit« ist, können die Kinder am Ende der Stunde noch gemeinsam Brotzeit machen. Julia Reitter hat »Brezen« mitgebracht, und Xaver erzählt, dass er schon auf dem Oktoberfest war und dass dort tausend Betrunkene rumlaufen. Dann werden die Kinder abgeholt. Zu Hause sprechen sie kaum Bayrisch. Aber: »Ein paar Batzen bleiben hängen«, sagt Reitter. »Pfiat di«, verabschiedet sich Claudia.

A ▪ Erklären Sie, warum es in einigen Gebieten Deutschlands »Rettungsaktionen« für Dialekte gibt.

B ▪ Untersuchen Sie folgende Grafik zu den Bezeichnungen für die Wörter Mädchen und Friedhof im Bayerischen hinsichtlich ihrer Semantik und diskutieren Sie den Mehrwert unterschiedlicher Dialekte bzw. Regiolekte.

C ▪ Verfassen Sie einen kurzen Dialog zwischen einer Kölsch sprechenden und einer Bayerisch sprechenden Person, in dem Sie mögliche Verständigungsprobleme aufzeigen.

D ▪ Recherchieren Sie in Ihrer Gegend Dialekte und …
- erstellen Sie ein Lexikon zu einem Dialekt Ihrer Wahl,
- untersuchen Sie die Herkunft einzelner dialektaler Begriffe,
- untersuchen Sie diese im Hinblick auf Abweichungen von den grammatischen Regeln der Standardsprache.

Karte 50: Bezeichnungen für *Mädchen*

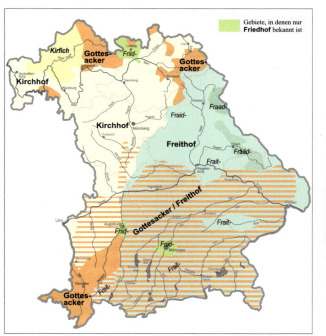

Über Spracherwerb und Sprachentwicklung nachdenken

■ Text 173

RedensArten – ein Auszug zur Jugendsprache (1986)   *Dieter E. Zimmer*

Die ergiebigste Quelle für sprachliche Neuerungen ist die Jugendsprache; ihr Hang zum Nonkonformismus hält die Jugend auch zu sprachlicher Absonderung an. Aber die meisten ihrer Schöpfungen verschwinden, wie sie gekommen sind; vieles überlebt die Saison nicht, wird morgen hoffnungslos veraltet wirken und übermorgen völlig vergessen sein. Zu den jugendsprachlichen Wörtern und Wendungen, die die *Kurve gekratzt* haben, in die Gemeinsprache übernommen wurden und aus ihr einstweilen nicht mehr wegzudenken sind, gehören: der *Typ* (schwach flektiert), der den älteren *Kerl* weitgehend abgelöst hat, *stehen auf* (mit dem Akkusativ: *ich stehe auf dich*), *auf die Straße gehen* (früher hätte es »auf die Barrikade steigen« geheißen, jemanden *anmachen* (in den beiden Bedeutungen von »jemanden belästigen« sowie jemanden *anhauen* und sein Interesse erregen, *Bock haben auf* (statt »Lust zu«), *null Bock* (keine Lust), *Zoff* (Streit, Putz), *sich reinziehen* oder *reinschieben* (willst du dir übers Wochenende etwa drei Videos reinziehen?), *(an)törnen, ausflippen, nerven* und *nervig* (früher hätte es »enervieren« geheißen) *stressig* und *gestresst* (statt »mühsam« und »angestrengt«). Unentbehrlich geworden ist auch die *Szene*, wie die sie nennen, die nicht zu ihr gehören – die anderen sagen *Scene* (ssihn). Ungefähr ist die Scene das Milieu, aber nicht jedes, sondern ein besonderes, nämlich *alternatives*: die *Spontiscene*, die *Kneipenscene*, die *Schwulenscene*, allgemein Stätten der Jugendkultur (Kneipen, Diskos, Programmkinos, Jeansläden, Popkonzerte). Aber vermutlich wird es eines Tages auch eine *Businessszene* geben.

Das offensichtlichste Merkmal jeder Jugendsprache sind ihre Elative: Adjektive und Adverbien, die den höchsten Grad ausdrücken. An wirksamen Elativen besteht ein großer Bedarf – schließlich will jeder Sprecher zum Ausdruck bringen, dass etwas nicht bloß so, sondern in einem hohen Maße der Fall ist. Und die Elative verblassen schnell. Was heute noch frisch einen hohen Grad bekundete, wirkt bald schon lasch und müde und muss durch neues Material ersetzt werden. Wer einen jugendsprachlichen Text zu datieren hätte, hielte sich am besten an seine Bezeichnungen für »sehr«, »sehr gut«, »sehr schlecht«. *Knorke* muss Anfang des Jahrhunderts sein; *schau (ein schaues Buch)* Fünfzigerjahre. Und wer Jugendsprache ohne großen Aufwand faksimilieren will, braucht nur über einen im Übrigen völlig normalen Text ein paar aktuelle Elative zu verstreuen: in den achtziger Jahren ein *echt, irre, unheimlich, geil, affengeil, ätzend, tierisch, super, grell, derb*. Der mokante Ton, mit dem sich die nicht mehr so Jugendlichen über derlei Schöpfungen erheben, ist ganz und gar unangebracht. Ihr *wahnsinnig (das hat mir wahnsinnig gefallen)* ist kein bisschen richtiger und edler als das *irre* der Jugend; das völlig verblasste *sehr* heißt ursprünglich nichts anderes als »schmerzhaft«, »versehrend« und war sozusagen das *ätzend* des Althochdeutschen. Sollte *tierisch* erhalten bleiben (die Chancen sind nicht groß), so wird es in ein paar Jahrhunderten etwa *tirsch* heißen, und außer ein paar Etymologen wird sich niemand an seine Herkunft erinnern. Dass es erhalten bleibt, ist allerdings nicht wahrscheinlich. Verschleiß und Ersetzung dieser Wörter vollziehen sich immer schneller; gebremst werden sie am ehesten noch dadurch, dass der Vorrat an geeigneten Vokabeln nicht unerschöpflich ist.

A ■ Untersuchen Sie den Text im Hinblick auf die Kernaussagen und überprüfen Sie, ob diese immer noch aktuell sind und ob Ihnen alle angeführten Sprachbeispiele bekannt sind.

B ■ Verfassen Sie einen Leserbrief, in dem Sie zu der Aktualität der Aussagen Dieter E. Zimmers Stellung nehmen.

C ■ Reflektieren Sie Ihren Erkenntnisprozess hinsichtlich des Sprachwandels und der Bedeutung von Jugendsprachen.

Über Spracherwerb und Sprachentwicklung nachdenken

■ Text 174

In Wahrheit ist Kiezdeutsch rassistisch (2014)   *Matthias Heine*

Zwei Germanistinnen versuchen uns einzureden, Kiezdeutsch sei der Standardsprache gleichrangig und jeder, der auf korrektem Deutsch beharre, sei ein Rassist.
Türkische Aufsteiger wissen es besser

Die Potsdamer Germanistin Heike Wiese hat Menschen, die Kiezdeutsch für eine defizitäre Sprache halten, als Rassisten bezeichnet. »Kiezdeutsch« ist ein Begriff, den Frau Wiese erfunden hat, um den die deutsche Standardgrammatik ignorierenden Jargon von Migrantenkindern aufzuwerten. Für die Wissenschaftlerin ist diese Sprechweise ein akzeptables Deutsch unter vielen möglichen Varianten. Seitdem die Professorin vor zwei Jahren in einem Buch für die Anerkennung von Kiezdeutsch plädiert hat, wird sie teilweise heftig kritisiert. Jetzt hat sie ihre Fassungslosigkeit darüber zu Protokoll gegeben. »Sprache ist wohl einer der wenigen Bereiche, in dem man noch offen rassistisch sein kann.«

Offenbar dämmert es Heike Wiese keine Sekunde, dass der wahre Rassismus darin bestehen könnte, Jugendlichen mit türkischem oder arabischem Migrationshintergrund die Fähigkeit abzusprechen, korrektes Standarddeutsch zu lernen. Aber wenn die Professorin Sätze wie »Machst du rote Ampel?« für »innovativ« erklärt und nahelegt, solche Konstruktionen, die auf Präpositionen und Artikel verzichten, stünden gleichwertig neben schulgrammatisch korrekten Formulierungen, dann verfolgt sie damit eine klassische linke Onkel-Tom-Strategie. Im Bildungsbereich besteht in diesem politischen Lager nämlich immer die Tendenz, alles, was für ihre marginalisierte Klientel zu schwierig sein könnte, als überflüssiges Herrschaftswissen zu diffamieren, dessen geheimer Zweck darin besteht, die Klassenunterschiede auch sprachlich zu zementieren. Im Grunde ihres Herzens hält Frau Wiese offenbar Migranten für zu dumm und zu verweichlicht, um die Härte eines traditionellen Deutschunterrichts aushalten zu können. Sie erniedrigt die so Geschützten aber allesamt zu sprachlichen »Onkel Toms«, also zu lustigen Zurückgebliebenen, auf die die Mehrheitsgesellschaft wohlwollend herabsieht.

Kiezdeutsch – ein neuer Dialekt? Da ist was dran

Frau Wieses ursprüngliche Theorie, Kiezdeutsch sei ein neuer Dialekt, ist durchaus plausibel. Denn auch viele alte Dialekte sind entstanden, als im Mittelalter massenhaft Zuwanderer in die vorher von Slawen besiedelten Gebiete des späteren Mittel- und Ostdeutschland zogen und sich dort ihre aus der Heimat mitgebrachten Sprachen zu etwas ganz Neuem mischten.

Fatal ist nur, wenn dieser theoretische Ansatz zu einer zwanghaften Nivellierung führt. Weil Kiezdeutsch in Wirklichkeit kein Dialekt ist, sondern ein Soziolekt, die Sprache einer bestimmten Schicht. Kreativ an ihr ist allenfalls, wie diese Schicht mit ihren grammatischen Defiziten spielerisch umgeht. Bundestagsabgeordnete, Professoren oder Architekten mit Migrationshintergrund kämen aber nie auf die Idee, ein breites Publikum in Kiezdeutsch anzusprechen. In diesen Kreisen ist man sich bewusst, dass man sich damit zu einer Witzfigur machen und sich dem Verdacht aussetzen würde, genauso restringiert zu denken wie man spricht.

Nichts provoziert die Eltern zuverlässiger

Denn darin besteht das Missverständnis von Professor Wiese und anderen Sprachwissenschaftlern, die sich der Kampagne für die Emanzipation des Kiezdeutschs angeschlossen haben: Nur weil es mittlerweile auch deutschstämmige Deutsche gibt, die Kiezdeutsch sprechen, heißt das noch lange nicht, dass wir in einigen Jahrzehnten alle so reden. Die Beispiele, die Frau Wiese und ihre ähnlich argumentierende Linguistenkollegin Diana Marossek belauscht haben, teilen sich ganz offensichtlich in zwei Gruppen: Einerseits gibt es Deutsche aus bildungsfernen Schichten, die sich sprachlich den Migrantenkindern, die auf ihrer Schule die Mehrheit bilden, angepasst haben und tatsächlich gar nicht anders reden können.

Andererseits sind da diejenigen, die die Standardsprache durchaus beherrschen, aber gelegentlich aus Laune in den Kiez-Code wechseln, so wie sich der Bürger ja gelegentlich mal aus Jux und für den Nervenkitzel in eine Proletarierkneipe begibt. Frau Wiese glaubt, bei diesen Jugendlichen stünde Kiezdeutsch für das entspannte Plaudern unter Freunden und manchmal auch für Provokation – denn die Jugendlichen wissen, dass keine Nazi-CD und keine Gesichtstätowierung ihre Eltern zuverlässiger in Panik geraten lässt als Kiezdeutsch.

Kiezdeutsch ist »Turkfacing«

Beide Motive spielen bestimmt tatsächlich eine Rolle. Aber zuallererst imitieren deutsche Gymnasiasten oder Studenten doch den (echten oder vermeintlichen) Jargon türkischer Altersgenossen, um sich darüber zu belustigen. Je höher die Bildung, desto eher besteht der paradoxe Trick darin, Kiezdeutsch zu sprechen und sich gleichzeitig von dessen originären Sprechern zu distanzieren. Im Grunde ist das wie »Blackfacing«. So nennt man in Amerika die lange von Weißen verübte rassistische Humorpraxis, sich das Gesicht schwarz anzumalen, um über die Schwarzen und ihre kulturellen Besonderheiten zu spotten. Wenn Deutsche, die es besser können, Kiezdeutsch reden, ist das oft »Turkfacing« – man schminkt sich sprachlich als Türke, um unter den biodeutschen Freunden ein paar leichte Humorpunkte zu machen.

A ■ Erklären Sie mit Hilfe des Textes die Begriffe Dialekt, Soziolekt, Code-Switching und Turkfacing.

B ■ Erläutern Sie, was Matthias Heine Heike Wiese vorwirft.

C ■ Informieren Sie sich über Heike Wieses Forschungsergebnisse und nehmen Sie Stellung zu Matthias Heines Vorwürfen.

D ■ Recherchieren Sie die Diskussion über die sprachliche Herkunft des Jugendwortes 2013 *Babo* und zeigen Sie an diesem Beispiel, welche Gefahren die Kategorisierung jugendsprachlicher Phänomene birgt.

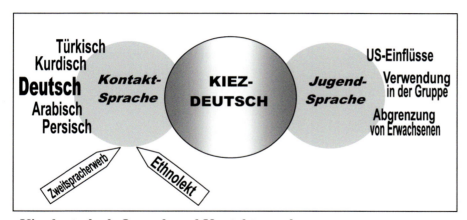

Kiezdeutsch als Jugend- und Kontaktsprache

Mehrsprachigkeit

INFO

Mehrsprachig (bzw. bei zwei Sprachen **bilingual**) nennt man Kinder, die mindestens zwei Sprachen mit unterschiedlichen soziokulturellen Hintergründen, Lauten, Wortschätzen und Grammatiken gleichzeitig erworben haben. Wächst ein Kind mit der Standardsprache und einem Dialekt auf, ist es nicht mehrsprachig.

Primärsprache wird die Sprache genannt, die ein Kind als erstes erlernt, es handelt sich hierbei nicht unbedingt um die **Muttersprache**.

Zweitsprache ist die Sprache, die ein Kind als zweites erlernt, eine **Fremdsprache** ist in der Regel eine durch Unterricht erworbene Sprache.

Über Spracherwerb und Sprachentwicklung nachdenken

Kennzeichen des gleichzeitigen Erwerbs mehrerer Sprachen

Kennzeichen	Erläuterung	Beispiele
Asynchronität		
metasprachliche Fähigkeiten		
Interferenzen		
Mischäußerungen		

- Die Sprachen werden parallel, aber unterschiedlich schnell erworben.
- Die Kinder nutzen in einem Satz Wörter beider bzw. mehrerer erworbener Sprachen und/oder beziehen grammatischen Regeln auf die falsche Sprache.
- Die Kinder sind sich des gleichzeitigen Lernens unterschiedlicher Sprachen bewusst.
- Ich möchte heute die luna sehen.
- Wir gehen heute in den Theater. Er ist in Schule.
- Clara spielt Klavier. Clara playing.
- Regeln werden von der einen Sprache auf die andere übertragen, z. B. das Genus.
- Vater: Avete scritto un »Aufsatz« oggi? Kind: Sprichst du von dem *tema*, den wir heute in Deutsch geschrieben haben?

A ■ Ordnen Sie einem Kennzeichen aus der Tabelle die treffende Erläuterung und passende Beispiele zu.

■ Text 175

»Das Gehirn lernt mehrere Sprachen gleichzeitig« *Jan Friedmann*

Türkisch oder Deutsch, was sollen Einwandererkinder zuerst lernen? Nicht so wichtig, sagt Sprachforscherin Petra Schulz. Im Interview plädiert sie für Zweisprachigkeit schon für die Kleinsten – und erklärt, warum auch jugendliches Kauderwelsch nicht schadet.

SPIEGEL Der türkische Premierminister Recep Tayyip Erdogan hat bei seinem Deutschland-Besuch gefordert: »Unsere Kinder müssen Deutsch lernen, aber sie müssen erst Türkisch lernen.« Außenminister Guido Westerwelle sagt: »Die Kinder, die in Deutschland groß werden, müssen zuallererst Deutsch lernen.« Wer hat Recht?

Petra Schulz Wenn Herr Westerwelle damit meint, dass türkische Eltern in Deutschland mit ihren eigenen Kindern grundsätzlich Deutsch sprechen sollten, dann liegt er aus Sicht der Spracherwerbsforschung daneben. Was sollte das für ein Deutsch sein? In vielen Fällen vermutlich ein sehr gebrochenes. Mit diesem Vorbild wäre niemandem geholfen. Für solche Kinder ist Türkisch die erste Sprache, weil sie in eine türkischsprachige Familie hineingeboren werden.

SPIEGEL Also ist die Reihenfolge besser, die Erdogan vorschlägt?

Schulz Bei dieser Familienkonstellation ja – aber das Deutsche sollte so früh wie möglich hinzukommen, auch bevor die Muttersprache vollständig ausgebildet ist. Das menschliche Gehirn ist bestens dazu ausgerüstet, mehr als eine Sprache gleichzeitig zu lernen. Das wissen wir von Kindern, deren Elternteile unterschiedliche Muttersprachen haben.

SPIEGEL Kinder aus türkischen Familien haben meist zwei türkischsprachige Eltern. Wer soll ihnen dann früh korrektes Deutsch beibringen?

Schulz Da ist das deutsche Bildungssystem gefordert. Das bringt mehr, als den Eltern Sprachvorschriften zu machen. Der beste Ort für den Spracherwerb ist der Kindergarten.

SPIEGEL Sie beschreiben den Idealfall. Viele Migrantenfamilien schicken ihre Kinder gar nicht in den Kindergarten.

Schulz Das ist ein Mythos. Immerhin 84 Prozent aller Kinder mit Migrationshintergrund im Alter zwischen drei und sechs Jahren sind in einer Tagesbetreuung, gegenüber 96 Prozent bei den NichtMigranten. Wenn Kinder im Alter von drei Jahren beginnen, Deutsch zu lernen, stehen die Chancen nicht schlecht. In der Schule wird es neben dem eigentlichen Lernstoff schon schwieriger.

SPIEGEL Die Eltern entlassen Sie aus der Pflicht?

Schulz Wir brauchen die Eltern unbedingt – als Mitspieler und Unterstützer, nicht als Sprachlehrer. Sie können ihren Kindern etwa dadurch Vorbild sein, dass sie selbst Deutschkurse belegen. Mit den Kindern sollen sie in der Sprache sprechen, in der sie zu Hause sind. Denn Sprache transportiert immer auch Identität und Emotion, da wären verunsicherte Eltern eher kontraproduktiv.

SPIEGEL Sind es nach Ihrem Modell nicht die Kinder, die durch ständigen Sprachwechsel verunsichert werden, so dass sie gar kein Idiom mehr richtig beherrschen?

Schulz Leider geistert die Mär von der doppelten Halbsprachigkeit noch immer durch Politik und Pädagogik. Wer mit zwei Sprachen aufwächst, wechselt bald problemlos hin und her, genau wie ein Dialektsprecher, der die Standardsprache erwirbt. Wir müssen uns von der Idee verabschieden, dass Mehrsprachigkeit ein kognitiver Ausnahmezustand sei.

SPIEGEL Und wie erklären Sie das kuriose Kauderwelsch aus beiden Sprachen, das oft von zweisprachigen Jugendlichen zu hören ist?

Schulz Das mag vielleicht ein Deutscher, der das in der U-Bahn hört, fürchterlich finden. Aber wir Sprachwissenschaftler betrachten das eher als eigenen Stil oder Code. Die Jugendlichen mischen ja nicht, weil ihnen die Wörter fehlen würden, um durchgängig in einer Sprache zu sprechen. Sie setzen das bewusst als Stilmittel ein.

Schulz Im Alter von zwei oder drei Jahren sind Kinder kognitiv darauf eingerichtet zu lernen. Sie sind neugierig und wissbegierig, da gibt es keine Motivationsprobleme. Nur brauchen sie dann auch komplexen und variationsreichen Input.

SPIEGEL Was heißt das?

Schulz Das heißt, sie müssen Sprache hören und das zugehörige Handeln sehen. Und zwar nicht nur einfache Aufforderungen nach dem Motto: Alle mal aufgepasst! Oder: Jetzt bitte die Schuhe an! Die Kinder müssen auch längere Sätze hören, damit sie zum Beispiel entdecken, dass das Verb im deutschen Nebensatz an einer anderen Stelle steht als im Hauptsatz. Die Erzieherinnen – meist sind es ja Frauen haben hierbei eine zentrale Funktion.

SPIEGEL Sind sie dafür gerüstet?

Schulz Ich erlebe häufig, dass Erzieherinnen mich fragen: Was soll ich noch alles machen? Gesunde Ernährung, musikalische Früherziehung, naturwissenschaftliches Denken, nun auch noch Spracherwerb? Wir brauchen besser ausgebildete Erzieherinnen, die auch besser verdienen. Nur so bleibt der Beruf attraktiv. Es gibt erste Modelle, dass Erzieherinnen an Hochschulen studieren. Das ist der richtige Weg. Aber das kostet Zeit und Geld, genau wie kleinere Gruppen in den Kindergärten. Spracherwerb braucht kompetente Sprachvorbilder.

SPIEGEL Hilft es, wenn mehr Migranten selbst Erzieher oder Lehrer werden?

Schulz Als Rollenvorbild für eine positive Bildungskarriere auf jeden Fall. Aber nicht unbedingt als Sprachlehrer. So sollten im Kindergarten keine Erzieherinnen Sprachförderbeauftragte werden, die im Deutschen nicht firm sind. Das ist so ähnlich wie mit manchen Grundschullehrern, die nun Frühenglisch unterrichten. Wenn sie das nicht richtig können, bleibt bei den Schülern wenig hängen.

SPIEGEL Passiert nicht mittlerweile schon zu viel beim Sprachenlernen: Englisch in der Grundschule, am besten noch Chinesisch im Kindergarten?

Schulz Wir leben mit einer Doppelmoral. Wir freuen uns, wenn jemand mit Deutsch und Chinesisch aufwächst oder mit Deutsch und Englisch. Dafür gibt es Schulterklopfen. Warum nicht Deutsch und Türkisch? Das erscheint als Sprachpaar wenig attraktiv. Dabei sollten wir es in gleichem Maße fördern, wenn wir an einer mehrsprachigen Gesellschaft wirklich interessiert sind.

Text 176
Mehrsprachig in der Kita

Anfang März 2013 besuchten in NRW 507.600 Kinder unter sechs Jahren ein Angebot der Kindertagesbetreuung. Bei 113.800 dieser Kinder wird zuhause nicht vorrangig deutsch gesprochen – das sind landesweit 22,4 Prozent. Diese Zahlen hat jetzt das Statistische Landesamt IT.NRW veröffentlicht. Regional zeigen sich dabei deutliche Unterschiede. In Duisburg liegt der Anteil der Kinder, die in der Familie kein Deutsch sprechen bei 38,8 Prozent, Gelsenkirchen folgt mit 36,4 Prozent. Den niedrigsten Anteil weist der Kreis Höxter mit acht Prozent auf.

Entscheidende Sprachvorbilder
Besteht jetzt die Gefahr, dass Kinder in Duisburg und Gelsenkirchen kein Deutsch mehr lernen? Nein, sagt der Deutsche Bundesverband für Logopädie – und wenn, liege das nicht daran, dass in ihren Familien vorrangig eine andere Sprache gesprochen werde. Grundsätzlich hätten Kinder, die in nicht deutschsprachiger Umgebung groß würden, keinen Nachteil, betont Verbandssprecherin Margarete Feit. Was Kinder bräuchten, um Sprachen zu lernen, seien Sprachvorbilder. Es sei daher wichtig, dass in der Familie überhaupt kommuniziert werde, das vorgelesen und gesungen würde. Und das am besten in der Sprache, die die Familie am sichersten beherrscht. Wenn die Eltern nicht gut Deutsch könnten, wäre es fatal, wenn sie versuchen würden, deutsch mit dem Kind zu sprechen. »Dann lernt es weder richtiges Deutsch noch die Muttersprache«, so Veit.

»Natürlich muss das Kind auch die Sprache lernen, die es in der Schule braucht – also Deutsch«, so Feit. Diese Sprache würde es aber rasch lernen, wenn es in die Kinderbetreuung oder den Kindergarten komme, so Feit. Voraussetzung sei allerdings, dass die Kinder dort ebenfalls Sprachvorbilder hätten und dort Deutsch gesprochen werde.

Über Spracherwerb und Sprachentwicklung nachdenken

■ Text 177
Sprachkenntnisse halten Gehirn länger fit

Wer in seinem Leben mindestens eine fremde Sprache gelernt hat, dessen Gehirn baut offenbar im Alter weniger schnell ab. Dies ergab eine Langzeitstudie mit 835 Menschen des Jahrgangs 1936.

Demenz, Alzheimer – viele Menschen fürchten sich vor dem Verlust ihrer geistigen Fähigkeiten im Alter.

In der Tat gelten Erkrankungen des Gehirns als eine der größten Herausforderungen für die moderne Medizin. Mit steigender Lebenserwartung könnte die Zahl Betroffener in den kommenden Jahrzehnten regelrecht explodieren. Forscher der University of Edinburgh haben nun festgestellt, dass Menschen womöglich durch das Lernen einer oder mehrerer Fremdsprachen den Verlust geistiger Fähigkeiten im Alter verlangsamen können.

Selbst wenn man eine Sprache erst als Erwachsener lerne, könne der Abbau kognitiver Fertigkeiten gebremst werden, schreiben Thomas Bak und seine Kollegen im Fachblatt »Annals of Neurology«.

Forscher sind schon seit Längerem davon überzeugt, dass Sprachkenntnisse und eine verzögerte Entwicklung von Demenz im Alter zusammenhängen. Eine der Kernfragen dabei war, ob dies tatsächlich am eigentlichen Spracherwerb liegt oder ob einfach nur Menschen mit besseren kognitiven Fähigkeiten Fremdsprachen lernen.

Für ihre Studie nutzten die Forscher der University of Edinburgh Daten der Lothian Birth Cohort 1936. Zu ihr gehören 835 Menschen des Jahrgangs 1935, deren Muttersprache Englisch ist und die in der Region Edinburgh (Schottland) geboren wurden. Die Probanden wurden im Laufe der Jahre immer wieder befragt und untersucht. Intelligenztests fanden 1947, Anfang der Siebzigerjahre und zwischen 2008 und 2010 statt. 262 der Teilnehmer lernten mindestens eine Fremdsprache, 65 davon erst im Erwachsenenalter. Die Auswertung ergab, dass die Probanden mit Fremdsprachenkenntnissen signifikant höhere kognitive Fähigkeiten im Alter besaßen, als man erwarten würde, wenn man allein auf die IQ-Tests im Alter von elf Jahren schaut. Den größten Effekt beobachteten die Forscher bei der allgemeinen Intelligenz und beim Lesen – und zwar auch bei all jenen, die erst als Erwachsene eine Sprache erlernt hatten.

»Die Ergebnisse haben eine große Bedeutung«, sagt Thomas Bak. Millionen Menschen würden ihre erste Fremdsprache erst später in ihrem Leben lernen. Die Studie zeige, dass Mehrsprachigkeit, auch wenn sie erst im Erwachsenenalter erworben werde, von Nutzen sein könne für das alternde Gehirn.

A ■ Entnehmen Sie den drei Texten Informationen zum und Argumente für und gegen den Mehrsprachenerwerb.

B ■ Sammeln Sie Erfahrungen in Ihrer Umgebung. Wählen Sie dazu eine der folgenden Aufgaben aus:
– Interview mit einer Person, die mehrsprachig aufgewachsen ist,
– Recherche im Internet.

C ■ Verfassen Sie einen Kurzvortrag (→ **Kurzvorträge**, S. 20), indem Sie entweder für Mehrsprachigkeit werben oder vor Mehrsprachigkeit warnen.

■ Text 178
Sprache im Netz

Die englische Sprache hält so manche Tücken parat – vor allem, wenn man sie nur fragmentarisch beherrscht. Eine Sprachschule wirbt hier auf besonders kreative Weise: An seinem ersten Arbeitstag bei der Deutschen Küstenwache erhält ein junger Azubi den verzweifelten Notruf »We are sinking!«. Seine gestammelte Antwort »What are you thinking about?« hilft da leider nicht besonders weiter … Den Witz haben Sie nicht verstanden? Dann auf zur nächsten Sprachschule!

Nachtflug2
is it the young Oettinger?????

kwasnypanicz
Das ist wundabaaaa :DDDD Est is fantastiszzz heheheh

Loykymar
Thats a normal german after 10 years school No joke couse im from germany i know them

Über Spracherwerb und Sprachentwicklung nachdenken

VillacherBier07
Man darf nie von sich auf andere schliessen.

Loykymar
Kollege ich bin engländer und darf das behaupten

Serthys
sis is werri fanni :D

Tmacmelmorgan
Typisch. Ich kenne so viele Leute die so reden, und besonders bei der englishe »-th«Aussprache. Haben die Deutsche »haerte« Zunge?

Sumpfdotterschnalle
Unsere Englisch LEHRERIN redet auch so -_-

Taugenichts
Ja, deswegen heisst drive-through von McD in Deutschland auch Drive-In. Wir können kein th aussprechen^^ Dafür können die Amis nicht »Kreutzschlitzschraubenzieher« sagen^^

42DEEP42THOUGHT42
ÜBERLEBENS-RRRRRRRADAR!

AirForce194
LOL

roninmediaoutlet
ROFL

Lauti1980
Ich schmeiß mich weg! *lol*
I throw me away! :o)))
[…]

chronocentric67
those stupid germans!
to stupid to speak some englisch!

wait a minute … i am a german guy in the US … all my friends in germany somwhat speak englisch … but no american ever speaks german

tiooso123
I do. If you are a German living in the US, your grammar should be much better than what you demonstrated in your comment.

chronocentric67
@tiooso123 also wenn dein DEUTSCH besser ist als mein ENGLISCH, dann hab ich ja Respekt vor dir, ansonsten … EINFACH MAL DIE FRESSE HALTEN!

tiooso123
LMAA

chronocentric67
@tiooso123 now that's what what i call exquisite knowledge of the german language. very impressive … grosses Maul – nichts dahinter

A ▪ Bestimmen Sie Thema und Anlass der Kommentare und entschlüsseln Sie die Kommunikation.
B ▪ Untersuchen Sie die Kommentare hinsichtlich der in ihnen verwendeten Sprache, indem Sie …
– die Merkmale von Internetsprache und Ihre Wirkung auf Sie benennen,
– den Verlauf der Kommunikation analysieren und Kommunikationsstörungen erklären.
C ▪ Überprüfen Sie Ihre Ergebnisse anhand weiterer Beispiele im Internet. Ergänzen und verbessern Sie diese gegebenenfalls.
D ▪ Fügen Sie Ihren eigenen Kommentar zu dieser Online-Kommunikation hinzu.
E ▪ Nehmen Sie zu der Frage Stellung, ob man bei Online-Kommunikation von konzeptioneller Mündlichkeit sprechen kann.

Konzeptionelle Mündlichkeit

INFO

Merkmale konzeptioneller Mündlichkeit findet man in der Grammatik, Lexik und im Aufbau des Textes. Als Gründe für diese Merkmale kann man Sprachökonomie, Spontaneität und den situativen Kontext nennen. Einen konzeptionell mündlichen Text erkennt man an der einfachen Syntax und Lexik.

Häufig findet man in diesen Texten z. B. Ellipsen und Abbrüche, und eine Kohärenz ist nicht erkennbar. Auch die Varianz der Wortwahl bleibt begrenzt, diese zeichnet sich jedoch durch Gefühlsausdrücke und Übertreibungen aus.

■ Text 179

Englische Schule schafft slangfreie Zonen

Mit umgangssprachlichen Schludereien soll Schluss sein: Eine Schule in London hat Zonen für angemessenes Englisch geschaffen, dort dürfen die Schüler nicht mehr »cos«, »like« und »innit« sagen. Zehn Wörter und Formulierungen dürfen Schüler der Harris Academy in Upper Norwood im Süden Londons nicht mehr benutzen, jedenfalls nicht wenn sie sich in einer der Zonen für angemessene Sprache befinden. Dazu gehören alle Klassenräume und Korridore, wie der »Guardian« berichtet.

Dem Bericht zufolge stehen Begriffe wie »cos« (ugs. für because) und »innit« (ugs. für isn't it) seit September auf dem Index. Der Schulleiter Chris Everitt verspreche sich davon, das Sprachbewusstsein der Schüler zu stärken und sie besser auf Situationen vorzubereiten, in denen Umgangssprache und Slang schlecht ankommen, wie zum Beispiel in Bewerbungsgesprächen. Unter anderem sollen die Schüler keine Sätze mehr mit dem Wort »basically« beginnen und keine mit »yeah« beenden.

Die Lokalausgabe des »Guardian« zitiert eine Sprecherin der Schule mit den Worten, die Aktion sei nur eine von mehreren Maßnahmen, um den Schülern beizubringen, sich ordentlich auszudrücken. Wer sich nicht daran hält, wird ermahnt, so sieht es die Schulordnung vor. Sprachbewahrer von der »Plain English Campaign« unterstützen das Vorgehen der Schule. Kritik wiederum kam von einem Mitarbeiter des »New Partridge Dictionary of Slang and Unconventional English«, der von der BBC mit den Worten zitiert wird, es sei falsch, die Sprache der Jugendlichen zu zensieren. Es gehe ja nicht um Beleidigungen, sondern um normale Wörter, die auch Politiker benutzten.

In Deutschland gibt es immer wieder ähnliche Debatten. Hierzulande gehen Sprachbewahrer gern bei Kiezdeutsch die Wände hoch, denn sie bangen um die Reinheit der Sprache Goethes oder Schillers. Doch es gibt auch Sprachforscher, die den Schulhof-Slang für wertvoll halten, etwa Heike Wiese: Die Professorin der Universität Potsdam erforscht seit den Neunzigerjahren den Slang der Jugendlichen in den Multikulti-Vierteln deutscher Städte. Arabisch klingende Worte wie »yallah« (»Auf geht's!«) gehören in diesen Gegenden zum Wortschatz selbst deutschstämmiger Jugendlicher. Und der Satz »Gestern war ich Schule« wird allgemein als richtig anerkannt – auch wenn Präposition und Artikel fehlen. Wiese kämpft dafür, dass der Slang als Dialekt anerkannt wird.

A ■ Führen Sie unter Einbezug Ihres in diesem Unterrichtsvorhaben erworbenen Wissens eine Podiumsdiskussion zu der Frage, ob Ihre Schule eine ähnliche Regelung einführen soll, durch.

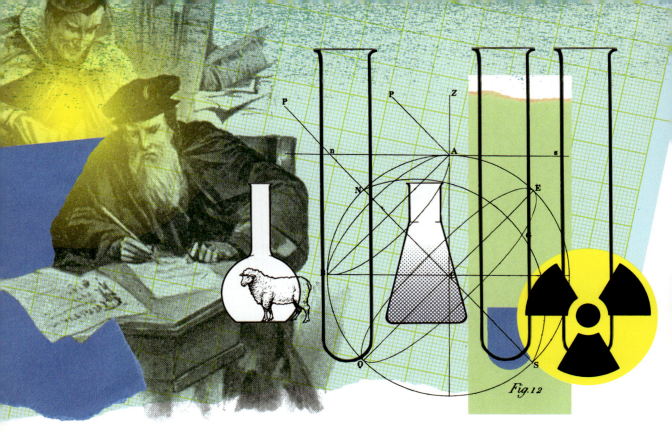

Die Darstellung von Wissenschaft und Technik in der Literatur untersuchen –
Auf der Suche nach Wissen, Wahrheit oder Macht?

Jede Zeit macht sich ihren Faust. Denn das Klassische am klassischen Helden ist, dass er sich immer neu deuten lässt. Heute könnte man Goethes Drama als Absage an Utopien lesen, als erste deutsche Tragödie vom notwendigen Scheitern des Fortschritts.
(Evelyn Finger, DIE ZEIT 2008)

Es ist mir in den Wissenschaften gegangen wie einem der früh aufsteht, in der Dämmerung die Morgenröte, sodann aber die Sonne ungeduldig erwartet, und doch, wie sie hervortritt, geblendet wird.
(J. W. v. Goethe, Maximen und Reflexionen 372)

Wissenschaftssatire vom falschen Gebrauch der Renaissance-Magie bis zur Entlarvung des seinerzeit modernsten sozialwissenschaftlichen Theorienkonstrukts und Experiments als Despotismus der erzwungenen Wohlfahrt durchzieht den Faust und macht ihn zur Kritik noch der heutigen Wissenschaft wegen der scharfen und witzigen Analysen des Reduktionismus, der der neuzeitlichen Wissenschaft überhaupt eingeschrieben ist.
(Ulrich Gaier, Fausts Modernität 2000)

A ■ Definieren Sie Wissenschaft.
B ■ Formulieren Sie aus den Zitaten verschiedene Deutungshypothesen zur Erkenntnissuche und Wissenschaftsthematik im Faust-Drama.
C ■ Formulieren Sie das Verständnis vom Wissenschaftler, seinem Anspruch, seinen Möglichkeiten und Grenzen, wie es in der Dramenfigur Faust repräsentiert ist. Nutzen Sie dabei die Verse 354–453.
D ■ Überlegen Sie, welche Möglichkeiten und Grenzen Sie in der Wissenschaft und Technik sehen.

Die Darstellung von Wissenschaft und Technik in der Literatur untersuchen

Wissenschaft und Wissenschaftsverständnis seit dem Mittelalter

INFO

Wissenschaft meint das System des durch Forschung, Lehre und überlieferte Literatur gebildeten, geordneten und begründeten, für gesichert erachteten Wissens einer Zeit. Erstmals in der klassischen griechischen Philosophie von Sokrates, Platon und Aristoteles wurde Wissenschaft als rational begründetes Wissen begriffen. Bis ins 18. Jahrhundert hinein wurde kaum zwischen Bereichen wie Naturphilosophie und naturwissenschaftlicher Physik unterschieden. Als Einteilung hat sich neben der nach dem Ziel, in theoretische (»reine«) oder angewandte (»praktische«), die Unterscheidung nach dem Gegenstand – Naturwissenschaften vs. Geisteswissenschaften – durchgesetzt. Wird die Methode zum Kriterium, sind empirische oder Erfahrungswissenschaften mit den Naturwissenschaften und der empirischen Sozialforschung, rationale Wissenschaften (Mathematik, Logik) und Geisteswissenschaften zu unterscheiden.

Vom Mittelalter bis in Goethes Zeit
Scholastiker nannte man ursprünglich die Lehrer der sog. »Sieben freien Künste« in den Klosterschulen seit ca. 800 n. Chr., im Hochmittelalter dann diejenigen, die sich schulmäßig mit den Wissenschaften beschäftigten. Philosophie bzw. Theologie, durchaus nicht als Gegensatz verstanden, folgten im Unterricht einem festgelegten Schema. Der Lehrervortrag fußte vor allem auf der Heiligen Schrift und anerkannten Autoritäten wie Aristoteles. Der Stoff wurde diskutiert, indem eine bestimmte Frage kontrovers mit dem Ziel eines Ausgleichs debattiert wurde. Die bedeutenden philosophischen Darstellungen der Scholastik kommentierten die Autoritäten. Gegenstand des Wissens war nicht der Mensch oder die Sache, sondern ein Text über ihn bzw. sie und damit die Beziehung zur Welt selbst. Grenzen setzte die wachsame weltliche bzw. kirchliche Autorität, die die Wissenschaften kontrollierte. (Nach C. Helferich, Geschichte d. Philosophie 1992)

Mit dem häufig kunstgeschichtlich verkürzten Begriff der **Renaissance** und dem des **Humanismus** verbindet sich nicht nur ein neues Verständnis von der Würde des Menschen und der Adaption antiker philosophischer Vorbilder, sondern eine beginnende Abkehr von der mittelalterlich-scholastischen Gedankenwelt. Die Autorität der Kirche, durch ihren verrotteten inneren Zustand und die Reformation geschwächt, führte im sog. Zeitalter der Entdeckungen – Stichwörter: Christopher Kolumbus 1492, Kopernikanische Wende – keineswegs zur Abwendung vom Religiösen. Allerdings sind mit Francis Bacons (1560–1626) Ziel der Naturbeherrschung durch systematische Kenntnis und Rene Descartes' (1596–1650) Weg des methodischen Zweifels die philosophisch-wissenschaftlichen Grundlagen der Neuzeit gelegt.

A ■ Kennzeichnen Sie Faust mit den Einordnungshilfen im Info-Kasten als Wissenschaftler.

B ■ Tauschen Sie sich über andere Ihnen bekannte Wissenschaftlerfiguren aus.

In diesem Kapitel lernen Sie, …
- die Stoff und Entstehungsgeschichte eines Werks zu reflektieren,
- die Geschichte eines Motivs literarhistorisch zu untersuchen,
- Haltungen zu erfassen, zu untersuchen und vergleichend zu diskutieren,
- sprachlich-stilistische Mittel sowie erzähltechnische Mittel in ihrer Funktion zu untersuchen und zu beurteilen,
- Texte aspektorientiert inhaltlich und sprachlich zu analysieren.

Fig. 12

SPRACHE TEXTE KOMMUNIKATION MEDIEN

Die Darstellung von Wissenschaft und Technik in der Literatur untersuchen

Die Stoff- und Entstehungsgeschichte des »Faust« erfassen

Was kann ich nach der Bearbeitung dieses Unterkapitels?
- Zeitbezüge in Stoff und Stoffverarbeitung für den »Faust« ermitteln

Vom historischen Faust bis zu Goethes Drama INFO

Johann Georg Faust (1480–1540) ist als geschichtliche Gestalt nur wenig belegt, hat offenbar ein unstetes Wanderleben geführt, soll in Krakau Magie sowie in Wittenberg, Erfurt und Ingolstadt Medizin, Astrologie und Alchimie studiert haben – durchaus anerkannte Wissenschaftszweige. U. a. stellte Faust sich selbst als Magier und Heilkundiger vor; das bekannteste Zeugnis eines Zeitgenossen beschreibt Faust als Aufschneider und gotteslästerliches Scheusal. Bekannt wurde die Vorstellung, Faust habe sich dem Teufel durch eigenes Blut verschrieben. In seiner Gestalt wird ein gerade für das 16. Jahrhundert offenbar typisches Muster menschlichen Denkens und Verhaltens erkennbar: das Spekulieren und Überschreiten von Grenzen. Die sog. »**Volksbücher**« (s. **T254**) bestärkten den legendären Ruhm der Faustfigur als abgründig, als einer, der in mehreren Wissenszweigen der frühen Neuzeit versiert, gelehrt und von Gott abgefallen war. Mehrere Dramatisierungen sorgten für Verbreitung des Faust-Stoffes. Über sechzig Jahre zieht sich die Arbeit Johann Wolfgang v. Goethes an der Faustdichtung hin – vom 1775 fertig gestellten »Urfaust« über »Faust«. »Ein Fragment« (1790), »Faust. Der Tragödie Erster Teil« (1808) bis zu »Faust. Der Tragödie Zweiter Teil« (1832). Fausts Wille zum geistig-sinnlichen Abenteuer, aber auch die vom Antagonisten Mephisto verkörperte kritisch-zynische Weltsicht haben Goethes lebenslange Neugier herausgefordert.

■ Text 180

Die Volksbücher vom Doctor Faust: 1587–1725 (1996) *Frank-Michael Wohlers*

Anno 1587 erschien das früheste der Volksbücher: Ein schmaler Band mit 227 Seiten Text von einem anonym bleibenden Verfasser, veröffentlicht bei Johann Spies in Frankfurt am Main, einem ange-
5 sehenen Verleger, der im Rufe stand, im wesentlichen Schriften streng lutherischer Prägung in seinem Verlag zu drucken. Die Historia bildete für alle später folgenden Volksbücher die stoffliche Grundlage. Aber auch die Frankfurter Historia schöpfte ihrer-
10 seits aus einer Faust-Tradition, wie sie sich seit Mitte des 16. Jahrhunderts, in schriftlicher wie mündlicher Fixierung, herausgebildet hatte. [...] Was ist eine Historia? Es ist »eine zugleich beispielhafte wie unterhaltsame Erzählung von geschichtlichen oder dafür
15 ausgegebenen Gestalten«, ein Grundmuster, das dieses Faustbuch in all seinen Teilen deutlich ausfüllt. Es ist »allen hochtragenden/fürwitzigen vnd Gottlosen Menschen zum schrecklichen Beyspiel [...] in den Druck verfertigt«, und es bedient sich dabei auch derb-schwankhafter Erzählformen von hohem Un- 20 terhaltungswert. Und es ist zu »treuwhertziger Warnung zusammen gezogen«, ist also gleichermaßen Unterhaltungsliteratur wie auch Warnschrift.

Der äußere Aufbau des Buches ist einfach. In insgesamt 68 Kapiteln wird Fausts Leben kontinuierlich 25 beschrieben: von seiner Geburt an bis zu seinem Tod. Das zentrale Motiv der ersten Kapitel ist Fausts Beschwörung des Teufels und der später folgende Teufelspakt. Bereits auf den ersten Seiten wird das Thema von Fausts Spekulier- und Zauberlust ange- 30 schlagen. Er studiert Theologie, hat aber nicht viel Lust dazu und geht schon früh »mit der Zäuberey vmb«. Er »speculiert vnd studiert Nacht vnd Tag« in magischen Scharteken und »wolte sich hernacher keinen Theologum mehr nennen lassen / ward ein 35 Weltmensch / nandte sich ein D. Medicinae / ward ein Astrologus vnnd Mathematicus«. Faust geht nicht auf in dem, was er tut und ausprobiert, überall wird irgendein Ungenügen fühlbar, das ihn drängt, »alle Grund am Himmel vnd Erden« zu erforschen. Schließlich lässt er sich ein auf die Beschwörung des Teufels, der in Gestalt des Geistes Mephostophiles auch erscheint, und handelt einen Pakt aus: Der Geist hat 24 Jahre lang dem Faust »in allem vnderthenig vnnd gehorsam zuseyn.« Dafür gehört ihm des Teufelsbündners Seele nach Ablauf dieser Frist. »Eben in dieser Stundt fellt dieser Gottloß Mann von seinem Gott vnd Schöpffer ab [...] er wirdt ein Glied deß leidigen Teuffels«. Und wird es bleiben bis zu dem schrecklichen Ende, das der Titel prophezeit. Aber vorher genießt Faust, was es zu genießen gibt, etwa »im Epicurischen Leben Tag vnd Nacht«, wenn seine »Aphrodisia« ihn sticht; später, im 19. und 20. Jahre des Paktes, »hub er an ein Säuwisch vnnd Epicurisch leben zu führen / vnd berüfft jm siben Teuffelische Succubas [zauberische Beischläferinnen] / die er alle beschlieffe«. Er macht Fahrten in die Hölle wie in das Gestirn hinauf, und auch eine große Tour in etliche Königreiche und Fürstentümer unternimmt er, wobei er eine Reiseroute wählt, die sein Autor ziemlich genau aus Schedels Buch der Chroniken von 1493 abschreibt. [...] Mephostophiles überredet ihn zu einer zweiten Verschreibung, die nun nicht mehr gebrochen werden kann. Faust ahnt, dass die Erfüllung des Pakts unabwendbar ist, und setzt nun zu bewegenden Klagen an, aber es ist zu spät. Das Ende Fausts ist grausam – der Pakt wird erfüllt, der Teufel nimmt sein Zugriffsrecht wahr. Zwischen zwölf und ein Uhr nachts geht ein mächtiger Sturm um Fausts Haus, und einige Studenten, von denen er sich am Abend, seine abgelaufene Frist vor Augen, mit einer Reue- und Mahnrede verabschiedet hatte, hören ihn nun Hilfe und Mordio schreien, aber nur mit halber Stimme, bald danach ist es wieder still. »Als es nun Tag ward / vnd die Studenten die gantze Nacht nicht geschlaffen hatten / sind sie in die Stuben gegangen / darinnen D. Faustus gewesen war / sie sahen aber keinen Faustum mehr / vnd nichts / dann die Stuben voller Bluts gesprützet / Das Hirn klebte an der Wandt / weil jn der Teuffel von einer Wandt zur andern geschlagen hatte. Es lagen auch seine Augen vnd etliche Zäen allda / ein greulich vnd erschrecklich Spectackel.« [...] Das zeigt noch einmal, wie ernst es dem anonymen Verfasser des Volksbuchs mit seiner ganz zu Anfang ausgesprochenen Warnung tatsächlich ist: Die ungeheure Verfehlung der Teufelsverschreibung braucht einen Abschluss, der ihr, gleichsam spiegelbildlich, adäquat ist. Keines der anderen Volksbücher, auch der äußerst frugale Christlich Meynende[1] nicht, hat sich dieses brachiale Ende entgehen lassen. »Gerettet ist das edle Glied / Der Geisterwelt vom Bösen« – ein Gegenbild. So alterniert es, 3- und 4-hebig jambisch, von Weimar aus zu uns her. Aber da war das späteste der vier Volksbücher schon mehr als hundert Jahre alt.

[...] Erheblich erfolgreicher als Widman[2] war die Bearbeitung dieses Buches durch den Nürnberger Arzt Nicolaus Pfitzer, die 1674 in seiner Heimatstadt erschien und immerhin sechs Neuauflagen – die letzte 1726 – erzielte. In der Anlage bleibt sie Widmans Faust-Buch verpflichtet: Es gibt ebenfalls einen an die Erzählungen angehängten Appendix, der hier freilich nicht mehr »Erinnerung«, sondern »Anmerckung« heißt. Da geht es dann ebenso enzyklopädisch-gelehrt zu wie in der Vorlage von 1599, wobei das Schrifttum, aus dem Beispiele und Parallelfälle herangezogen werden, natürlich jünger ist. So etwa wird mehrmals aus Werken von Philipp Harsdörffer zitiert, einem der Großen der deutschen Barock-Literatur, der womöglich noch Zeitgenosse Pfitzers war. Und ein weiterer literarischer Bezug hat sich von diesem Faustbuch aus hergestellt: Es ist das einzige aller Volksbücher, von dem man sicher weiß, dass Goethe es benutzt hat: 1801 hatte er es für einige Monate aus der Weimarer Bibliothek entliehen.

Bleibt das Faustbuch des Christlich-Meynenden. Es erschien zuerst 1725 in Frankfurt und Leipzig und erreicht im 18. Jahrhundert etwa 30 Auflagen. Es hat ganze 46 Seiten, beschränkt sich also darauf, gleichsam die Faustabenteuer in der Form einer knappen Inhaltsangabe anzuführen. Der Verfasser [...] mag die Schwänke und Zauberspäße ohnehin nicht mehr: »etliche lächerliche Possen« nennt er sie etwas abschätzig. Da weht schon der frische Wind der Aufklärung durch die Zeilen. Nicht so freilich auf der sprachlichen Ebene: »Er changirte auch gar sein Studium Theologicum mit dem Studio Medico«, oder: »nur hatte er nicht so viel Courage dieses imaginirte Gesichte anzureden«. Das ist blühendes Rokoko, als habe die Schlussredaktion beim jungen Wieland gelegen. Nun wartet aber auch dieses Kompendium mit einer Stelle auf, die wenigstens aus theologischer Sicht

---

[1] Der Name des Verfassers dieses vierten Volksbuchs ist bis heute unbekannt.
[2] Georg Rudolff Widmann verfasste das zweite, 1599 in Hamburg erschienene Volksbuch.

Die Darstellung von Wissenschaft und Technik in der Literatur untersuchen

höchst bemerkenswert ist. Der Teufel disputiert mit Faust über die Vorsehung Gottes. Gottlose wie Fromme, sagt der Teufel, seien gleichermaßen von Gott erschaffen und blieben dieser Gottnähe oder -ferne auch verhaftet bis zum Ende: Gottlose könnten sich keiner Erlösung erfreuen, wie andererseits derjenige, der zum ewigen Leben erkoren sei, auch dorthin käme; »indem Gott«, heißt es nun, »einmal diese Ordnung gemacht, und es darbey lasse. Wiese nicht die eigene Erfahrung, daß GOtt gleichsam schlaffe, und sich des menschlichen Geschlechts gar nicht mehr annehme.« Die Kühnheit dieses Entwurfs geht weit über den Gehalt der anderen Volksbücher hinaus. Hier klingt bereits deutlich spürbar die Theodizee-Diskussion in der Folge des Erdbebens von Lissabon 1755 (wie kann Gott ein solches Unglück zulassen?) an. Wie weit ist das entfernt von der Historia des Johann Spies! »Seyt Gott vnderthänig«, steht auf ihrem Titelblatt, und die kurze Warnung vor dem Teufel, die dort noch folgt, wird wiederholt mit einer Petrus-Stelle in der Vorrede an den »Christlichen Leser«: »Ewer Widersacher der Teuffel geht vmbher wie ein brüllender Löuwe / vnd suchet / welchen er verschlinge«. [...]

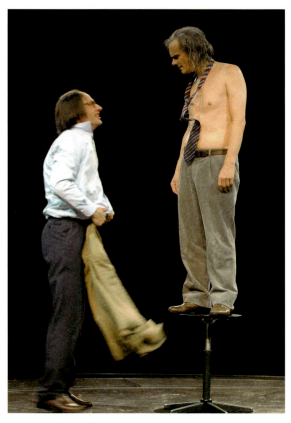

»Faust I«, Schauspielhaus Hamburg 2004, R.: J. Bosse

A ■ Kennzeichnen Sie die Volksbücher in ihrer Unterschiedlichkeit und Zeitabhängigkeit. Recherchieren Sie dazu auch zum Weltbild der frühen Barockzeit und zum Theodizee-Problem.

B ■ Setzen Sie sich mit den auf dem Titelblatt der »Historia« formulierten Ansprüchen auseinander. Wie müsste ein für heutige Leser attraktives Titelblatt aussehen?

C ■ Stellen Sie Bezüge zwischen Fausts Auftrittsmonolog (V. 354–453), dem »historischen« Faust und der Figur der Volksbücher her.

D ■ Faust-Inszenierungen zeigen die Figur und den Widersacher heute häufig im modernen Gewand. Diskutieren Sie, ob die Herkunft des Fauststoffs und Goethes Faustdichtung solche Aktualisierung benötigt, er- oder verträgt.

Die Darstellung von Wissenschaft und Technik in der Literatur untersuchen

Möglichkeiten und Grenzen der Wissenschaft am Beispiel des Homunkulus reflektieren

> **Was kann ich nach der Bearbeitung dieses Unterkapitels?**
> - Die Figur eines künstlich erzeugten Menschen in »Faust II« erfassen
> - Die »Homunkulus«-Vorstellung als Grenze bzw. Grenzüberschreitung von Wissenschaft einschätzen

■ Text 181
Faust. Der Tragödie Zweiter Teil: 2. Akt (1808) *Johann Wolfgang von Goethe*

In beiden Teilen des Dramas geht es auch darum, was Wissenschaft will, kann und soll. Dies zeigt das Experiment des früheren »Faust«-Gehilfen Wagner, einen sog. »Homunkulus« zu erschaffen.

Wagner (*am Herde*) Die Glocke tönt, die fürchterliche,
Durchschauert die berußten Mauern.
Nicht länger kann das Ungewisse
Der ernstesten Erwartung dauern.
Schon hellen sich die Finsternisse; 5
Schon in der innersten Phiole¹
Erglüht es wie lebendige Kohle,
Ja wie der herrlichste Karfunkel,
Verstrahlend Blitze durch das Dunkel.
Ein helles weißes Licht erscheint! 10
O dass ich's diesmal nicht verliere! –
Ach Gott! was rasselt an der Türe?
Mephistoles (*eintretend.*) Willkommen! es ist gut gemeint.
Wagner (*ängstlich.*) Willkommen zu dem Stern der Stunde!
Leise. Doch haltet Wort und Atem fest im Munde, 15
Ein herrlich Werk ist gleich zustand gebracht.
Mephistoles (*leiser.*) Was gibt es denn?
Wagner (*leiser.*) Es wird ein Mensch gemacht.
Mephistoles Ein Mensch? Und welch verliebtes Paar
Habt ihr ins Rauchloch eingeschlossen? 20
Wagner Behüte Gott! wie sonst das Zeugen Mode war,
Erklären wir für eitel Possen.
Der zarte Punkt, aus dem das Leben sprang,
Die holde Kraft, die aus dem Innern drang
Und nahm und gab, bestimmt sich selbst zu zeichnen, 25
Erst Nächstes, dann sich Fremdes anzueignen,
Die ist von ihrer Würde nun entsetzt;
Wenn sich das Tier noch weiter dran ergetzt,
So muss der Mensch mit seinen großen Gaben
Doch künftig höhern, höhern Ursprung haben. 30
(*Zum Herd gewendet.*)
Es leuchtet! seht! – Nun lässt sich wirklich hoffen,
Dass, wenn wir aus viel hundert Stoffen
Durch Mischung – denn auf Mischung kommt es an –
Den Menschenstoff gemächlich komponieren, 35
In einen Kolben verlutieren
Und ihn gehörig kohobieren²,
So ist das Werk im Stillen abgetan.
(*Zum Herd gewendet.*)
Es wird! die Masse regt sich klarer! 40
Die Überzeugung wahrer, wahrer:
Was man an der Natur Geheimnisvolles pries,
Das wagen wir verständig zu probieren,
Und was sie sonst organisieren ließ,
Das lassen wir kristallisieren. 45
Mephistoles Wer lange lebt, hat viel erfahren,
Nichts Neues kann für ihn auf dieser Welt geschehn.
Ich habe schon in meinen Wanderjahren
Kristallisiertes Menschenvolk gesehn.
Wagner (*bisher immer aufmerksam auf die Phiole.*) 50
Es steigt, es blitzt, es häuft sich an,
Im Augenblick ist es getan.
Ein großer Vorsatz scheint im Anfang toll;
Doch wollen wir des Zufalls künftig lachen,

---

1 *Phiole:* kugeliges Glasgefäß mit langem Hals
2 *verlutieren, kohobieren:* Alchimisten-Ausdrücke, Abdichten eines Gefäßes mit Lehm oder Pech, mehrfaches Destillieren

Die Darstellung von Wissenschaft und Technik in der Literatur untersuchen

55 Und so ein Hirn, das trefflich denken soll,
Wird künftig auch ein Denker machen.
(Entzückt die Phiole betrachtend.)
Das Glas erklingt von lieblicher Gewalt,
Es trübt, es klärt sich; also muss es werden!
60 Ich seh' in zierlicher Gestalt
Ein artig Männlein sich gebärden.
Was wollen wir, was will die Welt nun mehr?
Denn das Geheimnis liegt am Tage.
Gebt diesem Laute nur Gehör,
65 Er wird zur Stimme, wird zur Sprache.

Homunculus *(in der Phiole zu Wagner.)*
Nun Väterchen! wie steht's? es war kein Scherz.
Komm, drücke mich recht zärtlich an dein Herz!
Doch nicht zu fest, damit das Glas nicht springe.
70 Das ist die Eigenschaft der Dinge:
Natürlichem genügt das Weltall kaum,
Was künstlich ist, verlangt geschlossnen Raum.
(Zu Mephistopheles.)
Du aber, Schalk, Herr Vetter, bist du hier
75 Im rechten Augenblick? ich danke dir.
Ein gut Geschick führt dich zu uns herein;
Dieweil ich bin, muss ich auch tätig sein.
Ich möchte mich sogleich zur Arbeit schürzen.
Du bist gewandt, die Wege mir zu kürzen.

80 **Wagner** Nur noch ein Wort! Bisher musst' ich mich schämen,
Denn alt und jung bestürmt mich mit Problemen.
Zum Beispiel nur: noch niemand konnt' es fassen,
Wie Seel' und Leib so schön zusammenpassen,
So fest sich halten, als um nie zu scheiden,
85 Und doch den Tag sich immerfort verleiden.
Sodann –

Mephistoles Halt ein! ich wollte lieber fragen:
Warum sich Mann und Frau so schlecht vertragen?
Du kommst, mein Freund, hierüber nie ins Reine.
Hier gibt's zu tun, das eben will der Kleine. [...] 90

HOMUNCULUS, in der Lage, den Traum des erkrankten Faust zu erfassen, schlägt Mephisto vor, zur Rettung Fausts die klassische griechische Walpurgisnacht zu besuchen.

Homunculus Den Mantel her,
Und um den Ritter umgeschlagen!
Der Lappen wird euch, wie bisher,
Den einen mit dem andern tragen;
Ich leuchte vor. 95
Wagner *(ängstlich)* Und ich?
Homunculus Eh nun,
Du bleibst zu Hause, Wichtigstes zu tun.
Entfalte du die alten Pergamente,
Nach Vorschrift sammle Lebenselemente 100
Und füge sie mit Vorsicht eins ans andre.
Das Was bedenke, mehr bedenke Wie.
Indessen ich ein Stückchen Welt durchwandre,
Entdeck' ich wohl das Tüpfchen auf das i.
Dann ist der große Zweck erreicht; 105
Solch einen Lohn verdient ein solches Streben:
Gold, Ehre, Ruhm, gesundes langes Leben,
Und Wissenschaft und Tugend – auch vielleicht.
Leb wohl!
Wagner *(betrübt.)* Leb wohl! Das drückt das Herz 110
mir nieder.
Ich fürchte schon, ich seh' dich niemals wieder. [...]

Der künstliche Mensch: Homunkulus

INFO

Einen künstlichen Menschen zu machen, gehört zu den Alchimistenträumen des Spätmittelalters. Gelehrte meinten, mit Hilfe von Mischung vornehmlich organischer Stoffe eine Art von Zeugung und Wachstumsprozess erreichen zu können.
In der Abhandlung *De natura rerum* (1538) von Paracelsus, dem berühmten Arzt, Alchimisten und Mystiker des frühen 16. Jahrhunderts, wird eine Anleitung zum Erzeugen eines Homunkulus beschrieben. Goethe hat vermutlich mit seiner Darstellung auf Friedrich Wöhler angespielt, dem 1828 mit der Harnstoffsynthese der Durchbruch von der anorganischen zur organischen Chemie gelungen war.

A ■ Vergleichen Sie die Figur Wagner der Szene *Laboratorium* mit der der Szene *Nacht*. Welche Elemente seines Verständnisses von Wissenschaft sind erneut zu erkennen, welche sind neu?

B ■ Beurteilen Sie, ob diese literarische Auseinandersetzung für Ihr Bild von Wissenschaft und Forscherdrang neue Erkenntnisse enthält.

Die Darstellung von Wissenschaft und Technik in der Literatur untersuchen

Literarische Spiegelungen von Faust-Motiven untersuchen

> **Was kann ich nach der Bearbeitung dieses Unterkapitels?**
> - Darstellungen von Figuren kennenlernen, die denen des »Faust«-Dramas ähneln
> - Verarbeitungen von Motiven aus dem »Faust« Goethes (Problematik des Wissenschaftlers, Teufelspakt) erarbeiten und das jeweils Spezifische ermitteln

Die Faust-Figur in ihrer Widersprüchlichkeit (als das Faustische) oder auch das Teufelspakt-Motiv in modernem Kleid als Verführung durch das Böse oder Barbarische spielen in der Literatur des 19. und 20. Jahrhunderts eine große Rolle. An zwei Beispielen – der Wissenschaftlerfigur als Typus und dem Pakt mit dem Teufel – soll der Facettenreichtum der literarischen Umsetzung dieses Motivs vorgestellt werden.

■ **Text 182**

Ein Naturforscher (1881) *Gottfried Keller*

Das hier gekürzt abgedruckte erste Kapitel von G. Kellers Novellenzyklus »Das Sinngedicht« bietet einen Rahmen und eine Einführung zum Naturforscher Reinhart, der in den Folgekapiteln auf experimentell verschlungenen Pfaden, mit unterschiedlichen Erzählern zu Lebens- und Liebesgeschichten, schließlich zur wahren Geliebten namens Lucie findet.

Erstes Kapitel. Ein Naturforscher entdeckt ein Verfahren und reitet über Land, dasselbe zu prüfen
Vor etwa fünfundzwanzig Jahren, als die Naturwissenschaften eben wieder auf einem höchsten Gipfel standen, obgleich das Gesetz der natürlichen Zuchtwahl noch nicht bekannt war, öffnete Herr Reinhard eines Tages seine Fensterläden und ließ den Morgenglanz, der hinter den Bergen hervorkam, in sein Arbeitsgemach, und mit dem Frühgolde wehte eine frische Sommermorgenluft daher und bewegte kräftig die schweren Vorhänge und die schattigen Haare des Mannes.

Der junge Tagesschein erleuchtete die Studierstube eines Doktor Fausten, aber durchaus ins Moderne, Bequeme und Zierliche übersetzt. Statt der malerischen Esse, der ungeheuerlichen Kolben und Kessel gab es da nur feine Spirituslampen und leichte Glasröhren, Porzellanschalen und Fläschchen mit geschliffenem Verschlusse, angefüllt mit Trockenem und Flüssigem aller Art, mit Säuren, Salzen und Kristallen. Die Tische waren bedeckt mit geognostischen Karten, Mineralien und hölzernen Feldspatmodellen; Schichten gelehrter Jahrbücher in allen Sprachen belasteten Stühle und Diwans, und auf den Spiegeltischchen glänzten physikalische Instrumente in blankem Messing. [...] Wo man ein Buch oder Heft aufschlug, erblickte man nur den lateinischen Gelehrtendruck, Zahlensäulen und Logarithmen. Kein einziges Buch handelte von menschlichen oder moralischen Dingen, oder, wie man vor hundert Jahren gesagt haben würde, von Sachen des Herzens und des schönen Geschmackes. So wollte also Reinhard sich wieder an eine stille, subtile Arbeit begeben, die er schon seit Wochen betrieb. In der Mitte des Zimmers stand ein sinnreicher Apparat, allwo ein Sonnenstrahl eingefangen und durch einen Kristallkörper geleitet wurde, um sein Verhalten in demselben zu zeigen und womöglich das innerste Geheimnis solcher durchsichtigen Bauwerke zu beleuchten. Schon viele Tage stand Reinhard vor der Maschine, guckte durch eine Röhre, den Rechenstift in der Hand, und schrieb Zahlen auf Zahlen.

Als die Sonne einige Spannen hochgestiegen, verschloss er wieder die Fenster vor der schönen Welt mit allem, was draußen lebte und webte, und ließ nur einen einzigen Lichtstrahl in den verdunkelten Raum durch ein kleines Löchlein, das er in den Laden gebohrt hatte. Als dieser Strahl sorgfältig auf die Tortur gespannt war, wollte Reinhard ungesäumt sein Tagewerk beginnen, nahm Papier und Bleistift zur Hand und guckte hinein, um da fortzufahren, wo er gestern stehen geblieben. Da fühlte er einen lei-

Die Darstellung von Wissenschaft und Technik in der Literatur untersuchen

se stechenden Schmerz im Auge; er rieb es mit der Fingerspitze und schaute mit dem andern durch das Rohr, und auch dieses schmerzte; denn er hatte allbereits angefangen, durch das anhaltende Treiben sich die Augen zu verderben, namentlich aber durch den unaufhörlichen Wechsel zwischen dem erleuchteten Kristall und der Dunkelheit, wenn er in dieser seine Zahlen schrieb. Das merkte er jetzt und fuhr bedenklich zurück; wenn die Augen krank wurden, so war es aus mit allen sinnlichen Forschungen, und Reinhard sah sich dann auf beschauliches Nachdenken über das zurückgeführt, was er bislang gesehen. Er setzte sich betroffen in einen weichen Lehnstuhl, und da es nun gar so dunkel, still und einsam war, beschlichen ihn seltsame Gedanken. Nachdem er in munterer Bewegung den größten Teil seiner Jugend zugebracht und dabei mit Aufmerksamkeit unter den Menschen genug gesehen hatte, [...] war die Erkundung des Stofflichen und Sinnlichen ihm sein all und eines geworden.

Nun hatte er seit Jahren das Menschenleben fast vergessen, und dass er einst auch gelacht und gezürnt, töricht und klug, froh und traurig gewesen. Jetzt lachte er nur, wenn unter seinen chemischen Stoffen allerlei Komödien und unerwartete Entwicklungen spielten [...]. Jetzt aber war es ihm, wie gesagt, unbehaglich zumut geworden; in der Besorgnis um seine Augen stellte er sich alle die guten Dinge vor, welche man mittels derselben sehen könne, und unvermerkt mischte sich darunter die menschliche Gestalt, und zwar nicht in ihren zerlegbaren Bestandteilen, sondern als Ganzes, wie sie schön und lieblich anzusehen ist und wohllautende Worte hören lässt. Es war ihm, als ob er sogleich viele gute Worte hören und darauf antworten möchte, und es gelüstete ihn plötzlich, auf das durchsichtige Meer des Lebens hinauszufahren, das Schifflein im reizenden Versuche der Freiheit da- und dorthin zu steuern, wo liebliche Dinge lockten. [...] Dann eilte er in eine Bodenkammer hinauf, wo er in Schränken eine verwahrloste Menge von Büchern stehen hatte, die von den halbvergessenen menschlichen Dingen handelten. Er zog einen Band hervor, blies den Staub davon, klopfte ihn tüchtig aus [...].

Es war ein Band der Lachmann'schen Lessingausgabe, und zwar der, in welchem die Sinngedichte des Friedrich von Logau stehen, und wie Reinhard ihn aufschlug, fiel ihm dieser Spruch in die Augen:

Wie willst Du weiße Lilien zu roten Rosen machen?
Küss eine weiße Galathee: Sie wird errötend lachen.

Sogleich warf er das Buch weg und rief: »Dank dir, Vortrefflicher, der mir durch den Mund des noch älteren Toten einen so schönen Rat gibt! O, ich wusste wohl, dass man dich nur anzufragen braucht, um gleich etwas Gescheites zu hören!«

Und das Buch wieder aufnehmend, die Stelle nochmals laut lesend, rief Reinhard: »Welch ein köstliches Experiment! Wie einfach, wie tief, klar und richtig, so hübsch abgewogen und gemessen! Gerade so muss es sein: errötend lachen! Küss eine weiße Galathee, sie wird errötend lachen!« Das wiederholte er beständig vor sich her, während er Reisekleider hervorsuchte und seinen alten Diener herbeirief, dass er ihm schleunig helfe, den Mantelsack zu packen, und das erste beste Mietpferd bestelle auf mehrere Tage. Er anbefahl dem Alten die Obhut seiner Wohnung und ritt eine Stunde später zum Tore hinaus, entschlossen, nicht zurückzukehren, bis ihm der lockende Versuch gelungen. Er hatte die artige Vorschrift auf einen Papierstreifen geschrieben, wie ein Rezept, und in die Brieftasche gelegt.

■ **Text 183**

Mephisto (1936)   Klaus Mann

Im Roman, im Exil verfasst, geht es um den Schauspieler und Regisseur Hendrik Höfgen, der bis 1933 der politischen Linken zuneigt, aber nach der sog. Machtergreifung der Nationalsozialisten nicht – wie viele Kolleginnen und Kollegen – ins Exil geht, sondern über die mäßige Schauspielerin Lotte Lindenthal Kontakt zur NS-Macht sucht. Lotte Lindenthal ist die Frau des Ministerpräsidenten – ein Porträt von Hermann Göring, Hitlers zweitem Mann und Ministerpräsident in Preußen. Höfgen spielt seine Paraderolle als Mephisto, als er erstmals dem Ministerpräsidenten in der Pause einer »Faust«-Aufführung begegnet. Der Ministerpräsident wird Höfgen später zum Intendanten des Staatlichen Schauspielhauses in Berlin ernennen – eine Parallele zur Karriere des berühmten Schauspielers und Mephisto-Darstellers Gustaf Gründgens unter Göring während der NS-Zeit, die zur Lesart von »Mephisto« als Schlüsselroman führte. Bis 1980 durfte »Mephisto« zum Schutz der Person Gründgens in Westdeutschland nicht erscheinen.

Die Darstellung von Wissenschaft und Technik in der Literatur untersuchen

Literarische Spiegelungen von Faust-Motiven untersuchen

> **Was kann ich nach der Bearbeitung dieses Unterkapitels?**
> - Darstellungen von Figuren kennenlernen, die denen des »Faust«-Dramas ähneln
> - Verarbeitungen von Motiven aus dem »Faust« Goethes (Problematik des Wissenschaftlers, Teufelspakt) erarbeiten und das jeweils Spezifische ermitteln

Die Faust-Figur in ihrer Widersprüchlichkeit (als das Faustische) oder auch das Teufelspakt-Motiv in modernem Kleid als Verführung durch das Böse oder Barbarische spielen in der Literatur des 19. und 20. Jahrhunderts eine große Rolle. An zwei Beispielen – der Wissenschaftlerfigur als Typus und dem Pakt mit dem Teufel – soll der Facettenreichtum der literarischen Umsetzung dieses Motivs vorgestellt werden.

■ Text 182

Ein Naturforscher (1881) *Gottfried Keller*

Das hier gekürzt abgedruckt erste Kapitel von G. Kellers Novellenzyklus »Das Sinngedicht« bietet einen Rahmen und eine Einführung zum Naturforscher Reinhart, der in den Folgekapiteln auf experimentell verschlungenen Pfaden, mit unterschiedlichen Erzählern zu Lebens- und Liebesgeschichten, schließlich zur wahren Geliebten namens Lucie findet.

Erstes Kapitel. Ein Naturforscher entdeckt ein Verfahren und reitet über Land, dasselbe zu prüfen

Vor etwa fünfundzwanzig Jahren, als die Naturwissenschaften eben wieder auf einem höchsten Gipfel standen, obgleich das Gesetz der natürlichen Zuchtwahl noch nicht bekannt war, öffnete Herr Reinhard eines Tages seine Fensterläden und ließ den Morgenglanz, der hinter den Bergen hervorkam, in sein Arbeitsgemach, und mit dem Frühgolde wehte eine frische Sommermorgenluft daher und bewegte kräftig die schweren Vorhänge und die schattigen Haare des Mannes.

Der junge Tagesschein erleuchtete die Studierstube eines Doktor Fausten, aber durchaus ins Moderne, Bequeme und Zierliche übersetzt. Statt der malerischen Esse, der ungeheuerlichen Kolben und Kessel gab es da nur feine Spirituslampen und leichte Glasröhren, Porzellanschalen und Fläschchen mit geschliffenem Verschlusse, angefüllt mit Trockenem und Flüssigem aller Art, mit Säuren, Salzen und Kristallen. Die Tische waren bedeckt mit geognostischen Karten, Mineralien und hölzernen Feldspatmodellen; Schichten gelehrter Jahrbücher in allen Sprachen belasteten Stühle und Diwans, und auf den Spiegeltischchen glänzten physikalische Instrumente in blankem Messing. [...] Wo man ein Buch oder Heft aufschlug, erblickte man nur den lateinischen Gelehrtendruck, Zahlensäulen und Logarithmen. Kein einziges Buch handelte von menschlichen oder moralischen Dingen, oder, wie man vor hundert Jahren gesagt haben würde, von Sachen des Herzens und des schönen Geschmackes. So wollte also Reinhard sich wieder an eine stille, subtile Arbeit begeben, die er schon seit Wochen betrieb. In der Mitte des Zimmers stand ein sinnreicher Apparat, allwo ein Sonnenstrahl eingefangen und durch einen Kristallkörper geleitet wurde, um sein Verhalten in demselben zu zeigen und womöglich das innerste Geheimnis solcher durchsichtigen Bauwerke zu beleuchten. Schon viele Tage stand Reinhard vor der Maschine, guckte durch eine Röhre, den Rechenstift in der Hand, und schrieb Zahlen auf Zahlen.

Als die Sonne einige Spannen hochgestiegen, verschloss er wieder die Fenster vor der schönen Welt mit allem, was draußen lebte und webte, und ließ nur einen einzigen Lichtstrahl in den verdunkelten Raum durch ein kleines Löchlein, das er in den Laden gebohrt hatte. Als dieser Strahl sorgfältig auf die Tortur gespannt war, wollte Reinhard ungesäumt sein Tagewerk beginnen, nahm Papier und Bleistift zur Hand und guckte hinein, um da fortzufahren, wo er gestern stehen geblieben. Da fühlte er einen lei-

Die Darstellung von Wissenschaft und Technik in der Literatur untersuchen

se stechenden Schmerz im Auge; er rieb es mit der Fingerspitze und schaute mit dem andern durch das Rohr, und auch dieses schmerzte; denn er hatte allbereits angefangen, durch das anhaltende Treiben
55 sich die Augen zu verderben, namentlich aber durch den unaufhörlichen Wechsel zwischen dem erleuchteten Kristall und der Dunkelheit, wenn er in dieser seine Zahlen schrieb. Das merkte er jetzt und fuhr bedenklich zurück; wenn die Augen krank wurden,
60 so war es aus mit allen sinnlichen Forschungen, und Reinhard sah sich dann auf beschauliches Nachdenken über das zurückgeführt, was er bislang gesehen. Er setzte sich betroffen in einen weichen Lehnstuhl, und da es nun gar so dunkel, still und einsam war,
65 beschlichen ihn seltsame Gedanken. Nachdem er in munterer Bewegung den größten Teil seiner Jugend zugebracht und dabei mit Aufmerksamkeit unter den Menschen genug gesehen hatte, [...] war die Erkundung des Stofflichen und Sinnlichen ihm sein all und
70 eines geworden.

Nun hatte er seit Jahren das Menschenleben fast vergessen, und dass er einst auch gelacht und gezürnt, töricht und klug, froh und traurig gewesen. Jetzt lachte er nur, wenn unter seinen chemischen Stoffen
75 allerlei Komödien und unerwartete Entwicklungen spielten [...]. Jetzt aber war es ihm, wie gesagt, unbehaglich zumut geworden; in der Besorgnis um seine Augen stellte er sich alle die guten Dinge vor, welche man mittels derselben sehen könne, und unvermerkt
80 mischte sich darunter die menschliche Gestalt, und zwar nicht in ihren zerlegbaren Bestandteilen, sondern als Ganzes, wie sie schön und lieblich anzusehen ist und wohllautende Worte hören lässt. Es war ihm, als ob er sogleich viele gute Worte hören und darauf
85 antworten möchte, und es gelüstete ihn plötzlich, auf das durchsichtige Meer des Lebens hinauszufahren, das Schifflein im reizenden Versuche der Freiheit da und dorthin zu steuern, wo liebliche Dinge lockten. [...] Dann eilte er in eine Bodenkammer hinauf, wo er
90 in Schränken eine verwahrloste Menge von Büchern stehen hatte, die von den halbvergessenen menschlichen Dingen handelten. Er zog einen Band hervor, blies den Staub davon, klopfte ihn tüchtig aus [...].

Es war ein Band der Lachmann'schen Lessingausgabe, und zwar der, in welchem die Sinngedichte des
95 Friedrich von Logau stehen, und wie Reinhard ihn aufschlug, fiel ihm dieser Spruch in die Augen:

Wie willst Du weiße Lilien zu roten Rosen machen?
Küss eine weiße Galathee: Sie wird errötend lachen.

Sogleich warf er das Buch weg und rief: »Dank
100 dir, Vortrefflicher, der mir durch den Mund des noch älteren Toten einen so schönen Rat gibt! O, ich wusste wohl, dass man dich nur anzufragen braucht, um gleich etwas Gescheites zu hören!«

Und das Buch wieder aufnehmend, die Stelle noch-
105 mals laut lesend, rief Reinhard: »Welch ein köstliches Experiment! Wie einfach, wie tief, klar und richtig, so hübsch abgewogen und gemessen! Gerade so muss es sein: errötend lachen! Küss eine weiße Galathee, sie wird errötend lachen!« Das wiederholte er beständig
110 vor sich her, während er Reisekleider hervorsuchte und seinen alten Diener herbeirief, dass er ihm schleunig helfe, den Mantelsack zu packen, und das erste beste Mietpferd bestelle auf mehrere Tage. Er anbefahl dem Alten die Obhut seiner Wohnung und
115 ritt eine Stunde später zum Tore hinaus, entschlossen, nicht zurückzukehren, bis ihm der lockende Versuch gelungen. Er hatte die artige Vorschrift auf einen Papierstreifen geschrieben, wie ein Rezept, und in die Brieftasche gelegt.

■ Text 183

Mephisto (1936) Klaus Mann

Im Roman, im Exil verfasst, geht es um den Schauspieler und Regisseur Hendrik Höfgen, der bis 1933 der politischen Linken zuneigt, aber nach der sog. Machtergreifung der Nationalsozialisten nicht – wie viele Kolleginnen und Kollegen – ins Exil geht, sondern über die mäßige Schauspielerin Lotte Lindenthal Kontakt zur NS-Macht sucht. Lotte Lindenthal ist die Frau des Ministerpräsidenten – ein Porträt von Hermann Göring, Hitlers zweitem Mann und Ministerpräsident in Preußen. Höfgen spielt seine Paraderolle als Mephisto, als er erstmals dem Ministerpräsidenten in der Pause einer »Faust«-Aufführung begegnet. Der Ministerpräsident wird Höfgen später zum Intendanten des Staatlichen Schauspielhauses in Berlin ernennen – eine Parallele zur Karriere des berühmten Schauspielers und Mephisto-Darstellers Gustaf Gründgens unter Göring während der NS-Zeit, die zur Lesart von »Mephisto« als Schlüsselroman führte. Bis 1980 durfte »Mephisto« zum Schutz der Person Gründgens in Westdeutschland nicht erscheinen.

[...] Nach der Hexenküche-Szene war die Pause. Der Ministerpräsident ließ den Schauspieler Höfgen zu sich in die Loge bitten. Hendrik wurde ganz weiß und musste mehrere Sekunden lang die Augen schließen [...]. Der große Augenblick war gekommen. Er würde dem Halbgott von Angesicht zu Angesicht gegenüberstehen. [...] »Das geht ja alles wunschgemäß und nach dem Programm!« – als machte er sich lustig über den entscheidenden Vorgang; aber seine Lippen waren blaß, da er dies spöttisch vorbrachte.

Als Hendrik die Loge der hohen Herrschaften betrat, saß der Dicke vorne an der Brüstung, seine fleischigen Finger spielten auf dem roten Samt. Hendrik blieb an der Türe stehen. Wie lächerlich, dass mein Herz so stark klopft, dachte er, und verhielt sich einige Sekunden lang stille. Dann hatte Lotte Lindenthal ihn bemerkt. Sie flötete: »Manne – du erlaubst, dass ich dir meinen hervorragenden Kollegen Hendrik Höfgen vorstelle« – und der Riese wandte sich um. Hendrik hörte seine ziemlich hohe, fette und dabei scharfe Stimme: »Aha, unser Mephistopheles ...« Dieser Feststellung folgte ein Lachen. Noch niemals in seinem Leben war Hendrik derartig verwirrt gewesen, und dass er sich seiner Aufregung schämte, steigerte sie vielleicht noch. Seinem getrübten Blick erschien auch die Kollegin Lindenthal fantastisch verändert. [...] Ihr Lächeln, das ihm sonst immer nur gutmütig und etwas blöde vorgekommen war, schien ihm nun auch rätselhafte Tücke zu enthalten. Von dem fetten Riesen in der bunten Uniform aber, von dem pompösen Halbgott sah Hendrik in seiner Angst und zitternden Gespanntheit so gut wie nichts. Vor der ausladenden Gestalt des Gewaltigen schien ein Schleier zu hängen – jener mystische Nebel, der seit eh und je das Bild der Mächtigen, der Schicksalsbestimmenden, der Götter dem bangen Blick der Sterblichen verbirgt. Nur ein Ordensstern blitzte durch den Dunst, die beängstigende Kontur eines wulstigen Nackens ward sichtbar, und dann ließ wieder die zugleich scharfe und fette Kommandostimme sich vernehmen: »Treten Sie doch ein bisschen näher, Herr Höfgen.« Die Leute, die plaudernd im Parkett geblieben waren, begannen aufmerksam zu werden auf die Gruppe in der Loge des Ministerpräsidenten. Man tuschelte, man drehte die Hälse. Keine Bewegung, die der Gewaltige machte, entging den Gaffenden, die sich zwischen den Stuhlreihen drängten. Man stellte fest, dass der Gesichtsausdruck des Fliegergenerals immer wohlwollender, immer vergnügter wurde. Nun lachte er, mit Rührung und Ehrfurcht konstatierte es das Volk im Parkett – der große Mann lachte laut, herzlich und mit weit geöffnetem Mund. Auch Lotte Lindenthal ließ ein perlendes Koloraturgelächter hören, und der Schauspieler Höfgen – höchst dekorativ in sein schwarzes Cape gewickelt – zeigte ein Lächeln, das auf seiner Mephisto-Maske wie ein triumphales und dabei schmerzliches Grinsen schien.

Die Unterhaltung zwischen dem Mächtigen und dem Komödianten wurde immer angeregter. Ohne Frage: Der Ministerpräsident amüsierte sich. Was für wunderbare Anekdoten erzählte Höfgen, der es erreichte, dass der Fliegergeneral geradezu trunken schien vor Wohlgelauntheit? Alle im Parkett suchten von den Worten, die Hendriks blutrot gefärbte und künstlich verlängerte Lippen sprachen, einige zu erhaschen. Aber Mephisto sprach leise, nur der Mächtige vernahm seine erlesenen Scherze. Mit schöner Gebärde breitete Höfgen die Arme unter dem Cape, sodass es wirkte, als wüchsen ihm schwarze Flügel. Der Mächtige klopfte ihm auf die Schulter: Niemandem im Parkett entging es, und das respektvolle Murmeln schwoll an. Jedoch verstummte es, wie die Musik im Zirkus vor der gefährlichsten Nummer – angesichts des Außerordentlichen, was nun geschah.

Der Ministerpräsident hatte sich erhoben: Da stand er in all seiner Größe und funkelnden Fülle, und er streckte dem Komödianten die Hand hin. Gratulierte er ihm zu seiner schönen Leistung? Es sah aus, als wollte der Mächtige einen Bund schließen mit dem Komödianten.

Im Parkett riss man Mund und Augen auf. Man verschlang die Gesten der drei Menschen dort oben in der Loge als das außerordentliche Schauspiel, als die zauberhafte Pantomime, deren Titel lautet: Der Schauspieler verführt die Macht. Noch nie war Hendrik so heftig beneidet worden. Wie glücklich musste er sein! Ahnte irgendjemand von den Neugierigen, was wirklich vorging in Hendriks Brust, während er sich tief über die fleischige und behaarte Hand des Mächtigen neigte? Waren es Glück und Stolz allein, die ihn erschauern ließen? Oder spürte er auch noch etwas anderes – zur eigenen Überraschung? Und was war dieses andere? War es Angst? Es war beinah Ekel ... Jetzt habe ich mich beschmutzt, war Hendriks bestürztes Gefühl. Jetzt habe ich einen Flecken auf meiner Hand, den bekomme ich nie mehr weg ... Jetzt habe ich mich verkauft ... Jetzt bin ich gezeichnet!

Die Darstellung von Wissenschaft und Technik in der Literatur untersuchen

■ Text 184

Doktor Faustus (1947)   *Thomas Mann*

Im »Doktor Faustus« wird durch Serenus Zeitblom, einen pedantischen Philologen, das Leben des Komponisten Adrian Leverkühn erzählt, das Zeitblom als Beobachter aus Leverkühns Briefen und Erlebnissen rekonstruiert. Leverkühn wendet sich nach anfänglichem Theologiestudium zusehends der Karriere als Musiker zu. Eine Syphiliserkrankung nach Kontakt zur Prostituierten Esmeralda ist sowohl Auslöser genialischer Schübe als auch schließlich der Paralyse. Zeitbloms Darstellung des Künstlers als dem Teufel Verschriebener korrespondiert mit der Beschreibung Deutschlands im Zweiten Weltkrieg bis in den Untergang.

Im Auszug spricht Leverkühn mit einer Teufelsgestalt, die er in einer Art Vision imaginiert hat – auch Zeichen der sich steigernden Geisteskrankheit.

Wie er das sagt, und schon etwas vorher, wandelt der Kerl sich wieder, wie Wolken tun, und weiß es nach seiner Angabe gar nicht: sitzt nicht mehr auf der Rolle des Kanapees vor mir im Saal, sondern wieder im Eck als das Mannsluder, der käsige Ludewig in der Kappe, mit roten Augen. Und sagt mit seiner langsamen, nasigen Schauspielerstimme:

»Daß wir zum Ende und zum Beschluß kommen, wird dir genehm sein. Habe dir viel Zeit und Weile gewidmet, das Ding mit dir durchzureden – verhoffentlich erkennst du's an. Bist aber auch ein attraktiver Fall, das bekenne ich frei. Von früh an hatten wir ein Auge auf dich, auf deinen geschwinden, hoffärtigen Kopf, dein trefflich ingenium und memoriam. Da haben sie dich Gotteswissenschaften studieren lassen, wie's dein Dünkel sich ausgeheckt, aber du wolltest dich bald keinen Theologum nennen, sondern legtest hl. Geschrift unter die Bank und hieltest es ganz hinfort mit den figuris, characteribus und incantationibus der Musik, das gefiel uns nicht wenig. Denn deine Hoffart verlangte es nach dem Elementarischen, und du gedachtest es zu gewinnen in der dir gemäßesten Form dort, wo's als algebraischer Zauber mit stimmiger Klugheit und Berechnung vermählt und doch zugleich gegen Vernunft und Nüchternheit allzu kühnlich gerichtet ist. [...] So richteten wir's dir mit Fleiß, daß du uns in die Arme liefst, will sagen: meiner Kleinen, der Esmeralda, und daß du dir's holtest, die Illumination, das Aphrodisiacum des Hirns, nach dem es dich mit Leib und Seel und Geist so gar verzweifelt verlangte. [...] Wir sind im Vertrage und im Geschäft; – mit deinem Blut hast Du's bezeugt und dich gegen uns versprochen und bist auf uns getauft – dieser mein Besuch gilt nur der Konfirmation. [...] Herwiderumb wollen wir dir unterweilen in allem untertänig und gehorsam sein, und dir soll die Hölle frommen, wenn du nur absagst allen, die da leben, allem himmlischen Heer und allen Menschen, denn das muß sein.«

Ich *(äußerst kalt angeweht)* »Wie? Das ist neu. Was will die Klausel sagen?«

Er »Absage will sie sagen. Was sonst? Denkst du, Eifersucht ist nur in den Höhen zuhause und nicht auch in den Tiefen? Uns bist du, feine, erschaffene Creatur, versprochen und verlobt. Du darfst nicht lieben.«

Ich *(muß wahrlich lachen)* »Nicht lieben! Armer Teufel! Willst du dem Ruf deiner Dummheit Ehre machen und dir selbst ein Schellen anhängen als einer Katzen, daß du Geschäft und Versprechen gründen willst auf einen so nachgiebigen, so verfänglichen Begriff wie – Liebe? Will der Teufel die Lust prohibieren? [...] Was ich mir zugezogen, und weswegen du willst, ich sei dir versprochen, – was ist denn die Quelle davon, sag, als die Liebe, wenn auch die von dir mit Zulassung Gottes vergiftete? Das Bündnis, worin wir nach deiner Behauptung stehen, hat ja selbst mit Liebe zu tun, du Dummkopf. [...]«

Er *(durch die Nase lachend)* »Do, re, mi! Sei versichert, daß deine psychologischen Finten bei mir nicht besser verfangen, als die theologischen! Psychologie – daß Gott erbarm', hältst du's noch mit der? Das ist ja schlechtes, bürgerliches neunzehntes Jahrhundert! Die Epoche ist ihrer jämmerlich satt, bald wird sie das rote Tuch für sie sein, und der wird einfach eins über den Schädel bekommen, der das Leben stört durch Psychologie. Wir leben in Zeiten, mein Lieber, die nicht schikaniert sein wollen von Psychologie ... Dies beiseite. Mein Bedingnis war klar und rechtschaffen, bestimmt vom legitimen Eifer der Hölle. Liebe ist dir verboten, insofern sie wärmt. Dein Leben soll kalt sein – darum darfst du keinen Menschen lieben. Was denkst du dir denn? Die Illumination läßt deine Geisteskräfte bis zum Letzten intakt, ja steigert sie

Die Darstellung von Wissenschaft und Technik in der Literatur untersuchen

zeitweise bis zur hellichten Verzückung, – woran soll es am Ende denn ausgehen als an der lieben Seele und am werten Gefühlsleben? [...] Kalt wollen wir dich, daß kaum die Flammen der Produktion heiß genug sein sollen, dich darin zu wärmen. In sie wirst du flüchten in deiner Lebenskälte ...«

Ich »Und aus dem Brande zurück ins Eis. Es ist augenscheinlich die Hölle im Voraus, die ihr mir schon auf Erden bereitet.«

Er »Es ist das extravagante Dasein, das einzige, das einem stolzen Sinn genügt. Dein Hochmut wird es wahrlich nie mit einem lauen vertauschen wollen. Schlägst du mir's dar? Eine werkgefüllte Ewigkeit von Menschenleben lang sollst du's genießen. Lief das Stundenglas aus, will ich gut Macht haben, mit der feinen geschaffenen Creatur nach meiner Art und Weise und nach meinem Gefallen zu schalten und walten, zu führen und zu regieren – mit allem, sei es Leib, Seel, Fleisch, Blut und Gut in alle Ewigkeit ...«

Literarische Spiegelungen untersuchen

Aufgabeninsel

Zu T182 (G. Keller)

A ▪ Ermitteln Sie, was über Biografie, Verhalten und Habitus Herrn Reinhards mitgeteilt wird.
B ▪ Skizzieren Sie das »Experiment« Herrn Reinhards und dessen wissenschaftliche Qualität.
C ▪ Stellen Sie Bezüge zur Faustfigur her im Hinblick auf Gemeinsamkeiten und Unterschiede.

D₁ ▪ Untersuchen Sie die Darstellung der Figur Herr Reinhard unter dem Aspekt epochenspezifischer Bezüge.
D₂ ▪ Untersuchen Sie die Sprache Reinhards als Merkmal der Charakterisierung der Figur.
(→ **Figuren und Figurenkonstellation**, S. 60)

Zu T183 (K. Mann)

A ▪ Ermitteln Sie die Merkmale, die die Romanfiguren Höfgen und Ministerpräsident charakterisieren.
B ▪ Stellen Sie die Bühnenrolle Höfgens seiner tatsächlichen Rolle in der Loge gegenüber. Berücksichtigen Sie dabei den Satz: »Der Schauspieler verführt die Macht.«
C ▪ Beurteilen Sie, wie das Teufelspakt-Motiv hier verarbeitet ist.

D₁ ▪ Informieren Sie sich zu Göring, seiner Person, seiner Rolle im NS-Staat und gegenüber Kunst und Künstlern sowie zu Gustav Gründgens und dessen Karriere vor, während und nach der NS-Zeit. Stellen Sie Ihre Ergebnisse vor.
D₂ ▪ Recherchieren Sie die Veröffentlichungsgeschichte des »Mephisto«-Romans (Verbot, Begründung, Veröffentlichung 1979/80). Stellen Sie Ihr Ergebnis vor.

Zu T184 (Th. Mann)

A ▪ Beschreiben Sie die Vertragsinhalte, die die Teufelsfigur Leverkühn vorträgt.
B ▪ Ermitteln Sie die Leverkühn von der Teufelsfigur zugeschriebenen Attribute und bewerten Sie die in diesen Attributen nahegelegten Eigenschaften des Künstlers aus Ihrer Sicht.
C ▪ Ordnen Sie Vokabular und allgemeinen Duktus der Rede und Gegenrede im Auszug aus »Doktor Faustus« Ihnen bekannten älteren Sprachstufen des Deutschen zu.

D₁ ▪ Verfassen Sie einen Paralleltext zum Dialog von »Er« und »Ich« im heutigen Sprachgebrauch.
D₂ ▪ Recherchieren Sie zu Friedrich Nietzsche, Guy de Maupassant und Hugo Wolf. Welche Parallelen zur Leverkühn-Figur sind zu finden?
E ▪ Informieren Sie sich zu Thomas Manns Sicht der Deutschen im NS-Staat (z. B. mit Hilfe seines Essays »Bruder Hitler«). Vergleichen Sie den syphilitisch-genialen Leverkühn mit dem Bild von deutscher Nation, das Thomas Mann zeichnet.

A ▪ Vergleichen Sie die beiden Darstellungen zur Verführbarkeit des Künstlers bei Klaus und Thomas Mann. Welche Idee einer Übertragung des Teufelspakt-Motivs erreicht Sie als Leser? Begründen Sie.

B ▪ Stellen Sie Goethes Faust-Figur deren Verarbeitungen gegenüber. Wo sehen Sie (bei Eigenschaften, Verhalten, Art der Verführung) Unterschiede bzw. Gemeinsamkeiten?

SPRACHE **TEXTE** **KOMMUNIKATION** **MEDIEN**

Die Darstellung von Wissenschaft und Technik in der Literatur untersuchen

Die Figur des Technikers und Wissenschaftlers in Prosatexten untersuchen

> **Was kann ich nach der Bearbeitung dieses Unterkapitels?**
> - Figuren und deren Haltungen und Verhaltensweisen analysieren und vergleichen
> - Die Bedeutung der sprachlichen Gestaltung für das Textverständnis erfassen und beurteilen
> - Empathie entwickeln, Haltungen reflektieren

■ Text 185

Homo faber (1957) *Max Frisch*

Der Roman »Homo faber. Ein Bericht« von Max Frisch gibt die Wandlung des zunächst bis zu seinem fünfzigsten Lebensjahr durch und durch rationalen Ingenieurs und Technikers Walter Faber, von seiner großen Liebe Hanna Homo faber genannt, wieder. Erst nachdem er den Bruder seines früheren Freundes zufällig im Flugzeug trifft, sich in ein junges Mädchen, wie sich später herausstellt seine Tochter, verliebt, diese verliert und sich selbst gegenüber Rechenschaft bezüglich seines bisherigen Lebens fordert, zerbricht seine Rationalität.

Ich habe mich schon oft gefragt, was die Leute eigentlich meinen, wenn sie von Erlebnis reden. Ich bin Techniker und gewohnt, die Dinge zu sehen, wie sie sind. Ich sehe alles, wovon sie reden, sehr genau;
5 ich bin ja nicht blind. Ich sehe den Mond über der Wüste von Tamaulipas – klarer als je, mag sein, aber eine errechenbare Masse, die um unseren Planeten kreist, eine Sache der Gravitation, interessant, aber wieso ein Erlebnis? Ich sehe die gezackten Felsen,
10 schwarz vor dem Schein des Mondes; sie sehen aus, mag sein, wie die gezackten Rücken von urweltlichen Tieren, aber ich weiß: Es sind Felsen, Gestein, wahrscheinlich vulkanisch, das müßte man nachsehen und feststellen. Wozu soll ich mich fürchten? Es gibt
15 keine urweltlichen Tiere mehr. Wozu sollte ich sie mir einbilden? Ich sehe auch keine versteinerten Engel, es tut mir leid; auch keine Dämonen, ich sehe, was ich sehe: die üblichen Formen der Erosion, dazu meinen langen Schatten auf dem Sand, aber keine Gespenster.
20 Wozu weibisch werden? Ich sehe auch keine Sintflut, sondern Sand, vom Mond beschienen, vom Wind gewellt wie Wasser, was mich nicht überrascht; ich finde es nicht fantastisch, sondern erklärlich. Ich weiß nicht, wie verdammte Seelen aussehen; vielleicht wie schwarze Agaven in der nächtlichen Wüste. Was ich 25 sehe, das sind Agaven, eine Pflanze, die ein einziges Mal blüht und dann abstirbt. Ferner weiß ich, dass ich nicht (wenn es im Augenblick auch so aussieht) der erste oder letzte Mensch auf der Erde bin; und ich kann mich von der bloßen Vorstellung, der letzte 30 Mensch zu sein, nicht erschüttern lassen, denn es ist nicht so. Wozu hysterisch sein? Gebirge sind Gebirge, auch wenn sie in gewisser Beleuchtung, mag sein, wie irgend etwas anderes aussehen, es ist aber die Sierra Madre Oriental, und wir stehen nicht in einem Toten- 35 reich, sondern in der Wüste von Tamaulipas, Mexico, ungefähr sechzig Meilen von der nächsten Straße entfernt, was peinlich ist, aber wieso ein Erlebnis? Ein Flugzeug ist für mich ein Flugzeug, ich sehe keinen ausgestorbenen Vogel dabei, sondern eine Super- 40 Constellation mit Motor-Defekt, nichts weiter, und da kann der Mond sie bescheinen, wie er will. Warum soll ich erleben, was gar nicht ist? Ich kann mich auch nicht entschließen, etwas wie die Ewigkeit zu hören; ich höre gar nichts, ausgenommen das Rieseln von 45 Sand nach jedem Schritt. Ich schlottere, aber ich weiß: in sieben bis acht Stunden kommt wieder die Sonne. Ende der Welt, wieso? Ich kann mir keinen Unsinn einbilden, bloß um etwas zu erleben. Ich sehe den Sand-Horizont, weißlich in der grünen Nacht, schät- 50 zungsweise zwanzig Meilen von hier, und ich sehe nicht ein, wieso dort, Richtung Tampico, das Jenseits beginnen soll. Ich kenne Tampico. Ich weigere mich, Angst zu haben aus bloßer Fantasie, beziehungswei-

se fantastisch zu werden aus bloßer Angst, geradezu mystisch.

Ich hatte keinen besonderen Anlaß, glücklich zu sein, ich war es aber. Ich wußte, daß ich alles, was ich sehe, verlassen werde, aber nicht vergessen: – die Arkade in der Nacht, wo ich schaukle und schaue, beziehungsweise höre, ein Droschkenpferd wiehert, die spanische Fassade mit den gelben Vorhängen, die aus schwarzen Fenstern flattern, dann wieder das Wellblech irgendwo, sein Hall durch Mark und Bein, mein Spaß dabei, meine Wollust, Wind, nichts als Wind, der die Palmen schüttelt, Wind ohne Wolken, ich schaukle und schwitze, die grüne Palme ist biegsam wie eine Gerte, in ihren Blättern tönt es wie Messerwetzen, Staub, dann die Gußeisen-Laterne, die zu flöten beginnt, ich schaukle und lache, ihr zuckendes und sterbendes Licht, es muss ein beträchtlicher Sog sein, das wiehernde Pferd kann die Droschke kaum halten, alles will fliehen, das Schild von einem barber-Shop, Messing, sein Klingeln in der Nacht, und das unsichtbare Meer spritzt über die Mauern, dann jedes Mal Donner im Boden, darüber zischt es wie eine Espresso-Maschine, mein Durst, Salz auf den Lippen, Sturm ohne Regen, kein Tropfen will fallen, es kann nicht, weil keine Wolken, nichts als Sterne, nichts als der heiße und trockene Staub in der Luft, Backofenluft, ich schaukle und trinke einen Scotch, einen einzigen, ich vertrage nichts mehr, ich schaukle und singe. Stundenlang. Ich singe! Ich kann ja nicht singen, aber niemand hört mich, das Droschkenpferd auf dem leeren Pflaster, die letzten Mädchen in ihren fliegenden Röcken, ihre braunen Beine, wenn die Röcke fliegen, ihr schwarzes Haar, das ebenfalls fliegt, und die grüne Jalousie, die sich losgerissen hat, ihr weißes Gelächter im Staub, und wie sie über das Pflaster rutscht, die grüne Jalousie, hinaus zum Meer, das Himbeer-Licht im Staub über der weißen Stadt in der Nacht, die Hitze, die Fahne von Cuba – ich schaukle und singe, nichts weiter, das Schaukeln der leeren Sessel neben mir, das flötende Gußeisen, die Wirbel von Blüten. Ich preise das Leben!

A ■ Vergleichen Sie die Sichtweise Walter Fabers zu Beginn des Romans (Z. 1 – 56), nachdem sein Flugzeug in der Wüste notlanden musste, mit der am Ende des Romans (Z. 58 – 96), als er von Cuba, wo er wegen eines Flugzeugwechsels Halt macht, Abschied nimmt.

B ■ Untersuchen Sie, inwiefern sich auch die Sprache des Ich-Erzählers verändert und welche Wirkung diese Veränderung hat.

Die Darstellung von Wissenschaft und Technik in der Literatur untersuchen

■ Text 186
Ist Walter Faber ein Techniker? (Aus: Homo faber) *Max Frisch*

Ich glaube nicht an Fügung und Schicksal, als Techniker bin ich gewohnt mit den Formeln der Wahrscheinlichkeit zu rechnen. Wieso Fügung? Ich gebe zu: Ohne die Notlandung in Tamaulipas (26. III.) wäre alles anders gekommen; ich hätte diesen jungen Hencke nicht kennen gelernt, ich hätte vielleicht nie wieder von Hanna gehört, ich wüsste heute noch nicht, dass ich Vater bin. Es ist nicht auszudenken, wie anders alles gekommen wäre ohne diese Notlandung in Tamaulipas. Vielleicht würde Sabeth noch leben. Ich bestreite nicht: Es war mehr als ein Zufall, dass alles so gekommen ist, es war eine ganze Kette von Zufällen. Aber wieso Fügung? Ich brauche, um das Unwahrscheinliche als Erfahrungstatsache gelten zu lassen, keinerlei Mystik; Mathematik genügt mir. […]

Mein Entschluß, eine Dienstreise einfach zu ändern und einen privaten Umweg über Guatemala zu machen, bloß um einen alten Jugendfreund wiederzusehen, fiel auf dem neuen Flugplatz in Mexiko-City, und zwar im letzten Augenblick; ich stand schon an der Schranke, nochmals Händeschütteln, ich bat Herbert, seinen Bruder zu grüßen von mir, sofern Joachim sich überhaupt noch an mich erinnerte – dazu wieder der übliche Lautsprecher: *Your attention please, your attention please,* es war wieder eine Super-Constellation, *all passengers for Panama – Caracas – Pernambuco,* es ödete mich einfach an, schon wieder in ein Flugzeug zu steigen, schon wieder Gürtel zu schnallen, Herbert sagte:

»Mensch, du musst gehen!«

Ich gelte in beruflichen Dingen als äußerst gewissenhaft, geradezu pedantisch, jedenfalls ist es noch nicht vorgekommen, dass ich eine Dienstreise aus purer Laune verzögerte, geschweige denn änderte – eine Stunde später flog ich mit Herbert.

1 *Sabeth:* die Tochter des Erzählers

Technik INFO

Das Wort **Technik** stammt vom griechischen τεχνικός (technikós) ab und leitet sich ab von τέχνη (téchne, dt. etwa Kunst, Handwerk, Kunstfertigkeit). »Technik« kann bedeuten:
1. die Gesamtheit der menschengemachten Gegenstände (Maschinen, Geräte, Apparate usw.);
2. ein besonderes Können in beliebigen Bereichen menschlicher Tätigkeit (Fertigkeit, Geschicklichkeit; Gewandtheit usw., z. B. körperlich: Technik des Weitsprungs; geistig: Technik des Kopfrechnens; sozial: Technik der Unternehmensführung);
3. eine Form des Handelns und Wissens in beliebigen Bereichen menschlicher Tätigkeit (Planmäßigkeit, Zweckrationalität, Wiederholbarkeit usw.);
4. das Prinzip der menschlichen Weltbemächtigung.

Es gibt Versuche, diese verschiedenen Bedeutungen auf einen gemeinsamen Grundbegriff zurückzuführen. Doch scheinen die Technikbegriffe zu unterschiedlich, als dass man sie ohne Weiteres vereinheitlichen könnte.

A ■ Vergleichen Sie Ihre Vorstellung von Technik mit den Aussagen in dem Info-Kasten und überarbeiten Sie diesen gegebenenfalls.

B ■ Erläutern Sie unter Einbezug seines Namens und des Lexikonartikels, inwiefern Walter Faber ein typischer Techniker ist. Gehen Sie hierbei auch auf die oben genannten unterschiedlichen Entscheidungen ein.

Die Darstellung von Wissenschaft und Technik in der Literatur untersuchen

■ Text 187
Fabers Wandlung (Aus: Homo faber) *Max Frisch*

Ende April trifft sich Faber in New York mit seiner ehemaligen Geliebten Ivy, von der er sich zuvor schriftlich trennte. Diese möchte noch einmal mit ihm ausgehen, bevor er am nächsten Tag per Schiff – eine spontane Entscheidung, die ihn selbst überrascht – nach Paris aufbrechen will. Als sich Faber rasieren möchte, stellt er fest, dass sein Apparat kaputt ist und entscheidet sich, diesen auseinander zu nehmen, während Ivy verständnislos auf ihn wartet:

Es war wieder ein purer Zufall, was die Zukunft entschied, nichts weiter, ein Nylon-Faden in dem kleinen Apparat – jedenfalls ein Zufall, dass wir nicht schon aus der Wohnung gegangen waren, als der An-
5 ruf von der CGT kam, […]: Mein Schiffplatz nach Europa könne nur gebucht werden, wenn ich sofort, spätestens bis zweiundzwanzig Uhr, mit meinem Paß vorbeikomme. Ich meine nur: Hätte ich das Apparätchen nicht zerlegt, so hätte mich jener Anruf nicht erreicht, das heißt, meine Schiffreise wäre nicht mehr 10 zustande gekommen, jedenfalls nicht mit dem Schiff, das Sabeth benutzte, und wir wären einander nie auf der Welt begegnet, meine Tochter und ich.

A ■ Bestimmen Sie anhand der Auszüge **T 185** – **T 187** Gründe für die Wandlung Walter Fabers.
B ■ Verfassen Sie ein Gespräch zwischen dem »früheren« und »neuen« Walter Faber über seine Wandlung.
C ■ Beschreiben Sie die in Walter Fabers Wandlung enthaltene Kritik an seiner früheren Lebenseinstellung als purer Techniker und nehmen Sie Stellung zu dieser.

■ Text 188
Hannas Position (Aus: Homo faber) *Max Frisch*

Diskussion mit Hanna! – über Technik (laut Hanna) als Kniff, die Welt so einzurichten, dass wir sie nicht erleben müssen. Manie des Technikers, die Schöpfung nutzbar zu machen, weil er sie als Partner
5 nicht aushält, nichts mit ihr anfangen kann; Technik als Kniff, die Welt als Widerstand aus der Welt zu schaffen, beispielsweise durch Tempo zu verdünnen, damit wir sie nicht erleben müssen. (Was Hanna damit meint, weiß ich nicht.) Die Weltlosigkeit
10 des Technikers. (Was Hanna damit meint, weiß ich nicht.) Hanna macht keine Vorwürfe, Hanna findet es nicht unbegreiflich, dass ich mich gegenüber Sabeth so verhalten habe; ich habe (meint Hanna) eine Art von Beziehung erlebt, die ich nicht kannte, und sie missdeutet, indem ich mir einredete, verliebt zu sein. 15 Es ist kein zufälliger Irrtum gewesen, sondern ein Irrtum der zu mir gehört (?) wie mein Beruf, wie mein ganzes Leben sonst. Mein Irrtum; dass wir Techniker versuchen, ohne den Tod zu leben. Wörtlich: Du behandelst das Leben nicht als Gestalt, sondern als bloße Addition, daher kein Verhältnis zur Zeit, weil 20 kein Verhältnis zum Tod. Leben sei Gestalt in der Zeit. Hanna gibt zu, dass sie nicht erklären kann, was sie meint. Leben ist nicht Stoff, nicht mit Technik zu bewältigen. Mein Irrtum mit Sabeth: Repetition, ich habe mich so verhalten, als gebe es kein Alter, daher 25 widernatürlich. Wir können nicht das Alter aufheben, indem wir weiter addieren, indem wir unsere eigenen Kinder heiraten.

A ■ Hannas Einschätzung seines Charakters wird aus der Perspektive Walter Fabers wiedergegeben. Untersuchen Sie den Text, inwiefern er Hannas Ansichten nachvollziehen kann und was ihm unklar ist.
B ■ Führen Sie ein Schreibgespräch, indem Sie klären, was Hanna meint, und zu ihrer Position Stellung nehmen.

Die Darstellung von Wissenschaft und Technik in der Literatur untersuchen

Schreibgespräch INFO

Bei einem Schreibgespräch tauschen sich die Partner schriftlich über einen zuvor festgelegten Sachverhalt, der als Überschrift auf einem Blatt festgehalten wird, aus. Abwechselnd schreiben Sie sich, aufeinander Bezug nehmend, was ihnen einfällt, wie sie etwas verstehen oder was sie selbst meinen. Hierbei muss es absolut still sein, Sprechen ist nicht erlaubt. Gerade die Verschriftlichung erfordert hohe Konzentration und Prägnanz. Am Ende spiegelt das Schreibgespräch den Erkenntnisprozess wieder und dient so der eigenen Reflexion.

■ Text 189

Vermessung der Welt (2005) *Daniel Kehlmann*

Der Roman behandelt in einer Mischung aus Fiktion und historisch belegbarer Tatsachen die Weltvermessung durch Alexander von Humboldt und Carl Friedrich Gauß.

Erst Tage darauf kam wieder eine Siedlung in Sicht. Ein vom Schweigen blöd gewordener Missionar begrüßte sie [Humboldt und Bonpland] stotternd. Die Menschen waren nackt und bunt gefärbt: Einige hatten sich Fräcke auf die Körper gemalt, andere Uniformen, die sie selbst nie gesehen haben konnten. Humboldts Miene hellte sich auf, als er erfuhr, dass an diesem Ort Curare angefertigt wurde.

Der Curaremeister war eine würdevolle, priesterlich hagere Gestalt. So, erklärte er, schabe man die Zweige, so zerreibe man die Rinde auf einem Stein, so fülle man, Vorsicht, den Saft in einen Bananenblatttrichter. Auf den Trichter komme es an. Er bezweifle, dass Europa etwas ähnlich Kunstvolles hervorgebracht habe.

Nun ja, sagte Humboldt. Es sei zweifellos ein sehr respektabler Trichter.

Und so, sagte der Meister, dampfe man den Stoff in einem Tongefäß ab, aufpassen bitte, selbst das Hinschauen sei gefährlich, so füge man eingedickten Blätteraufguss hinzu. Und dies, er hielt Humboldt das Tonschälchen hin, sei nun das stärkste Gift dieser und jeder anderen Welt. Damit könne man Engel töten!

Humboldt fragte, ob man es trinken könne.

Man trage es auf Pfeile auf, sagte der Meister. Es zu trinken habe noch keiner versucht. Man sei ja nicht wahnsinnig.

Aber die getöteten Tiere könne man sofort essen?

Das könne man, sagte der Meister. Das sei der Sinn der Sache.

Humboldt betrachtete seinen Zeigefinger. Dann steckte er ihn in die Schüssel und leckte ihn ab.

Der Meister stieß einen Schrei aus.

Keine Sorge, sagte Humboldt. Sein Finger sei heil, seine Mundhöhle auch. Wenn man keine Wunden habe, müsse der Stoff verträglich sein. Die Substanz wolle erforscht werden, er habe es also zu riskieren. Übrigens bitte er um Verzeihung, ihm sei ein wenig schwach zumute.

Er sank auf die Knie und blieb eine Weile auf der Erde sitzen. Er rieb sich die Stirn und summte leise vor sich hin. Dann stand er behutsam auf und kaufte dem Meister alle Vorräte ab.

Die Weiterfahrt verzögerte sich um einen Tag. Humboldt und Bonpland saßen nebeneinander auf einem umgekippten Baum. Humboldts Blick war auf seine Schuhe gerichtet, Bonpland wiederholte unablässig die Anfangsstrophe eines französischen Abzählreims. Sie wussten nun, wie Curare angefertigt wurde, gemeinsam hatten sie nachgewiesen, dass man erstaunliche Menge durch den Mund zu sich nehmen konnte, ohne Schlimmeres zu erleiden als ein wenig Schwindel und optische Chimären, dass einem aber schon bei einem winzigen Quantum, eingetropft ins Blut, die Sinne schwanden und bereits das Fünftel eines Gramms reichte, einen kleinen Affen zu töten, den man jedoch retten konnte, wenn man ihm mit Gewalt Atemluft ins Maul blies, solange das Gift seine Muskeln lähmte.

[…] Und das Schlimmste: Man zwang ihn [Carl Friedrich Gauß], Kollegien zu halten. Junge Männer kamen in seine Wohnung, schaukelten mit seinen Stühlen und machten ihm die Sofakissen speckig, während er sich abmühte, ihnen auch nur irgendetwas begreiflich zu machen.

Die Darstellung von Wissenschaft und Technik in der Literatur untersuchen

Von allen Menschen, die er je getroffen hatte, waren seine Studenten die dümmsten. Er sprach so langsam, dass er den Beginn des Satzes vergessen hatte, bevor er am Schluss war. Es nützte nichts. Er sparte alles Schwierige aus und beließ es bei den Anfangsgründen. Sie verstanden nicht. Am liebsten hätte er geweint. Er fragte sich, ob die Beschränkten ein spezielles Idiom hatten, das man lernen konnte wie eine Fremdsprache. Er gestikulierte mit beiden Händen, zeigte auf seinen Mund und formte die Laute überdeutlich, als hätte er es mit Taubstummen zu tun. Doch die Prüfung schaffte nur ein junger Mann mit wässrigen Augen. Sein Name war Moebius, und als einziger schien er kein Kretin zu sein. Als bei der zweiten Prüfung wiederum nur er bestanden hatte, nahm der Dekan nach der Fakultätsversammlung Gauß zur Seite und bat, nicht ganz so streng zu verfahren. Als Gauß den Tränen nahe nach Hause kam, fand er dort nur ungebetene Fremde: einen Arzt, eine Hebamme und seine Schwiegereltern.

Alles habe er versäumt, sagte die Schwiegermutter. Wohl wieder den Kopf in den Sternen gehabt!

Er habe ja nicht einmal ein anständiges Fernrohr, sagte er bedrückt. Was denn passiert sei?

Es sei ein Junge.

A ■ Charakterisieren Sie die Figuren Alexander von Humboldt und Carl Friedrich Gauß.

B ■ Entwerfen Sie ein Standbild zu einer der in den Texten beschriebenen Szenen (z. B. Humboldt nach dem Ablecken seines Zeigefingers, Gauß vor seinen Studenten) und versetzen Sie sich in die einzelnen die Wissenschaftler beobachtenden / erlebenden Figuren. Stellen Sie sich hinter diese und äußern Sie deren Gedanken hinsichtlich der Charaktere Humboldt und Gauß und ihres Verhaltens in der jeweiligen Situation.

C ■ Die Figuren Humboldt und Bonpland führen in dem Roman von Daniel Kehlmann Selbstversuche an sich durch. Informieren Sie sich, unter welchen gesellschaftlichen Bedingungen Menschenversuche möglich waren und sein können.

Menschenversuche oder Humanmedizin

INFO

Definition

Ein Versuch oder Experiment an einem oder mehreren Probanden zum Zweck des Erkenntnisgewinns wird als Menschenversuch bezeichnet. Damit ist in der Regel ein wissenschaftlich durchgeführter Versuch gemeint – vor allem in der Medizin –, wobei ein körperlicher Eingriff mit Einfluss auf den Gesundheitszustand der Versuchsperson stattfindet. Menschenversuche gelten in der Medizin als notwendig, da Erkenntnisse aus den (auch umstrittenen) Tierversuchen nur zum Teil auf Menschen übertragbar sind.

Geschichte

Zwar sind Beispiele für Untersuchungen am lebenden Menschen zum Verständnis von Krankheiten aus der griechischen und römischen Antike überliefert, das kirchliche Verbot des Sezierens von Leichen bis ins 13. Jahrhundert, an lebenden Menschen ohnehin, wirkte bis in die Neuzeit. Die zu Beginn des 19. Jahrhunderts einsetzende systematische medizinische Forschung nutzte das Experiment am Menschen. Zur Frage der Zulässigkeit formulierte der Begründer der experimentellen Physiologie Claude Bernard 1865: »Von den Versuchen, die man am Menschen ausführen kann, sind jene, die nur schaden können, verboten, jene, die harmlos sind, erlaubt, jene, die nützen können, geboten.« Trotz seit 1900 in Preußen erlassener Richtlinien wurden im Kaiserreich und in der Weimarer Republik mehrfach Skandale im klinischen Forschungswesen aufgedeckt, darunter Versuche an Arbeiterkindern.

Menschenversuche heute

Dem Menschenversuch verwandt und häufig juristisch bzw. moralisch in einer Grauzone sind Aktivitäten von Medizinern im Bereich der pharmazeutisch gestützten Leistungsförderung wie bei Doping im Sport. Über Menschenversuche im Auftrag militärischer Institutionen ist wenig bekannt; dass solche Forschungen stattfinden, gilt als sicher. Dass Arzneimittel vor der Neuzulassung an Menschen erprobt werden, ist vorgeschrieben. Hierbei werden häufig ärmere Menschen mit einer Aufwandsentschädigung für ein schwer kalkulierbaren Experiment gewonnen – ein ethisches Problem.

Die Frage nach der Verantwortung der Wissenschaft untersuchen

> **Was kann ich nach der Bearbeitung dieses Unterkapitels?**
> - Figuren und deren Haltungen und Verhaltensweisen analysieren und vergleichen
> - Gesellschaftspolitische Hintergründe und ethische Fragestellungen in die Deutung einbeziehen
> - Handlungsmotive vergleichen und reflektieren

■ Text 190
Das Wörterbuch des Viktor Vau (2011)   *Gerd Ruebenstrunk*

Der Roman »Das Wörterbuch des Viktor Vau« handelt von dem Wissenschaftler Viktor Vau, der seit mehreren Jahrzehnten an einem Wörterbuch mit möglichst exakten Begriffen arbeitet.
Der Handlung ist folgendes Zitat vorangestellt:

Eine Universalsprache »muss streng logisch sein. Jedes Wort muss den entsprechenden Begriff scharf und ohne Zweideutigkeit bezeichnen. Wenn die allgemeine Sprache keinen anderen Vorteil
5 brächte, als die Begriffsverwirrungen zu steuern, welche in allen Sprachen aus der vagen Bedeutung so vieler Worte entspringen, so wäre die daran gewandte Mühe reichlich belohnt.«

August Theodor von Grimm (1805–1878), Ahnherr
10 der Interlinguistik, sächsischer Geschichtsprofessor und Erzieher am russischen Zarenhof, in seinem »Programm zur Bildung einer allgemeinen Sprache«.

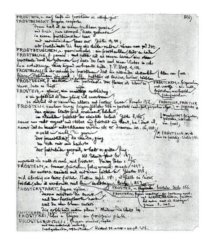

Jacob Grimm: Das deutsche Wörterbuch, 1838

A ■ Erläutern Sie das Ziel, welches August Theodor von Grimm in einer Universalsprache sieht.
B ■ Diskutieren Sie Vor- und Nachteile einer solchen Sprache.

■ Text 191

Prolog Gerd Ruebenstrunk

Im Prolog des Romans wird der Wissenschaftler Viktor Vau folgendermaßen beschrieben:

Wenn ich an jene Zeit zurückdenke, ist es vor allem Viktor Vaus Gesicht, das mir vor Augen steht. Er war kein gutaussehender Mann im klassischen Sinn. Aber er besaß Charakter, und den erkannte man auf dem ersten Blick. Dadurch unterschied er sich von den meisten Kollegen.

Viktor war seiner Zeit weit voraus, auch wenn ihm das nicht bewusst war. Seine Ideen und Forschungen führten ihn zu Erkenntnissen, zu denen in den Jahren, die inzwischen verstrichen sind, niemand sonst vorgedrungen ist.

Er hatte nicht viele Freunde, aber das störte ihn kaum. Wenn jemand der geborene Einzelgänger war, dann er. Dabei war er anderen gegenüber nicht ablehnend eingestellt. Es war eher so, dass die meisten Menschen Viktor als ein wenig merkwürdig empfanden und mieden. Und manche, wie seine verachtungswürdigen Wissenschaftlerkollegen, hatten einfach Angst vor seinem Intellekt und suchten ihre Zuflucht darin, sich über seine Forschungsarbeiten lustig zu machen.

In unseren Gesprächen kam mir Viktor wie ein Mensch vor, der sich auf der Suche nach etwas befand, das ihm selbst unklar war. Natürlich hatte er Träume, aber sie waren durchzogen von einer tiefen Melancholie, die sich hinter seinem übertriebenen Streben nach Ordnung und Struktur verbarg.

Manchmal genügt ein Mensch, um die ganze Welt grundlegend zu verändern, auch wenn uns die Philosophen und Historiker das Gegenteil einreden wollen.

Viktor Vau war ein solcher Mensch, ohne dass er es wollte. Nichts war ihm ferner als irgendwelche Weltverbesserungsphantasien. Alles, was er vom Leben erwartete, war, in Ruhe seinen Studien nachgehen zu können. Er publizierte nicht, suchte keine wissenschaftliche Anerkennung, gab nichts auf Status oder gesellschaftliches Ansehen. Er war das Idealbild des reinen Wissenschaftlers, wie man ihn aus billigen Romanen kennt.

Vielleicht war es das, was ihm zum Verhängnis wurde. Sicher kann man ihm vorwerfen, sich viel zu spät Gedanken über die möglichen Auswirkungen seiner Forschungen gemacht zu haben. Und ohne Zweifel stimmt es auch, dass er eine gewisse Arroganz gegenüber denjenigen an den Tag legte, die seine Forschungsergebnisse infrage stellten.

Aber das alles rechtfertigt nicht, was ihm widerfahren ist. Wenn die Gerechtigkeit blind ist, wie man sagt, so war das Schicksal in Bezug auf Viktor Vau mit doppelter Blindheit geschlagen.

Viktor liebte es, klassische Philosophen zu zitieren. »Bereits Aristoteles hat auf die Probleme hingewiesen, die sich aus der Ungenauigkeit unserer Sprache ergeben«, erklärte er uns einmal. »Und zwar nicht nur für die Kommunikation, sondern auch fürs Denken. *Selbst in seinen Gedanken kann ein Mensch Opfer einer Täuschung werden, wenn er eine Angelegenheit nur aufgrund von Worten analysiert*, warnte er. Er bezog sich dabei bewusst auf die Doppeldeutigkeiten und Unklarheiten, die unserer Sprache anhaften und die manchmal, wie er meinte, selbst den geübtesten Denkern nicht auffallen.«

So wurde auch Viktor letztlich zum Opfer seines eigenen Denkens, das, gerade weil es so genau sein wollte, außer Acht ließ, dass er auch nur ein Mensch aus Fleisch und Blut war.

A ■ Erklären Sie die Aussage Viktor Vaus »Selbst in seinen Gedanken kann ein Mensch Opfer einer Täuschung werden, wenn er eine Angelegenheit nur aufgrund von Worten analysiert« (Z. 57 ff.) und setzen Sie sie in Beziehung zu dem Zitat von A. T. v. Grimm.

B ■ Untersuchen Sie die Haltung des Erzählers zu dem Wissenschaftler Viktor Vau. Gehen Sie hierbei besonders auf seine letzte Aussage und seine Leserlenkung ein.

Die Darstellung von Wissenschaft und Technik in der Literatur untersuchen

■ Text 192

Viktor *Gerd Ruebenstrunk*

In einem Gespräch mit einer Frau namens Astarte, die sich auf eine Stelle als Assistentin bei ihm bewirbt, geht Viktor Vau auf das Ergebnis seiner Forschung ein:

»Wollen Sie damit sagen, dass Ihrer Meinung nach eine Erforschung des Bewusstseins unmöglich ist?«

»Ganz und gar nicht. Ich glaube nur, dass wir neue Wege beschreiten müssen, wenn wir dahinterkommen wollen, was in unseren Hirnen wirklich passiert. Und dazu benötigen wir die Sprache. Allerdings eine Sprache, die völlig anders ist als die, welche wir zurzeit sprechen.«

»Weil alle gesprochenen Sprachen zu ungenau sind?«

»Exakt. Es ist seit jeher eines der großen Probleme der Wissenschaften, dass wir in einer Sprache gefangen sind, die nur unzureichend in der Lage ist, die Wirklichkeit detailgetreu wiederzugeben. Das beginnt bei einfachen Alltagsbegriffen. Nehmen wir das Wort Amsel. Was ist damit gemeint? Eine männliche Amsel, eine weibliche Amsel oder ein Amselküken? Und was bedeutet der Satz ›Siehst du die Amsel dort?‹ Wo ist *dort*? Sitzt die Amsel oder fliegt sie? All das kann unsere Sprache nicht erfassen.«

»Da bin ich anderer Ansicht«, widersprach Astarte. »Ich kann den Satz ja entsprechend ergänzen: ›Siehst du die männliche Amsel dort, die sich auf dem Baumstumpf am Zaun das Gefieder putzt?‹ Damit habe ich alles gesagt, was Sie vermissen.«

»Das glauben Sie.« Viktor Vau erhob sich und lehnte sich gegen die Kommode. »Welchen Zaun meinen Sie? Den hohen oder den niedrigen? Und welchen Baumstumpf? Und überhaupt, von welcher Baumart ist der Stumpf? War das mal eine Eiche oder eine Buche? Sie müssten unendlich viele Informationen an Ihren Satz anhängen, um diese einfache Szene tatsächlich präzise zu beschreiben.«

[...] »Ich habe eine Sprache mit einer begrenzten Anzahl Elementen entwickelt, die sich beliebig kombinieren lassen und mit deren Hilfe ich jede Situation exakt beschreiben kann.«

A ■ Visualisieren Sie die Figur Viktor Vau anhand der Texte **191** und **192** in Form einer Figurine. Differenzieren Sie durch unterschiedliche Farben die Perspektive des Erzählers und die Ergebnisse aus den Aussagen von Viktor Vau.

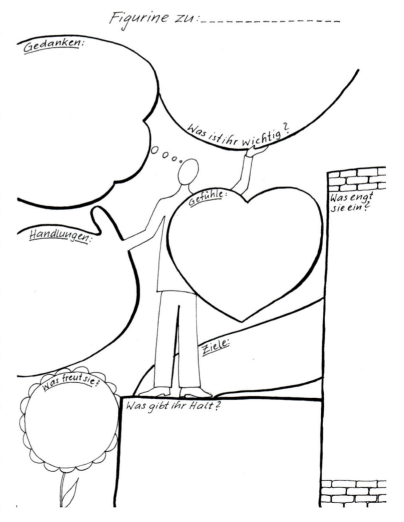

Die Darstellung von Wissenschaft und Technik in der Literatur untersuchen

■ Text 193

Enthüllungen *Gerd Ruebenstrunk*

Am Ende des Romans stellt sich heraus, dass Astarte und Enrique aus der Zukunft zurückgeschickt wurden. Mühsam mussten sie sich unsere Sprache wieder aneignen, da in ihrer Zeit die Sprache Viktor Vaus gesprochen wird:

Enrique[:] »Die von Ihnen entwickelte Sprache wird, wie Sie inzwischen wissen, die Grundlage einer einheitlichen Weltsprache sein.«

»Leider«, fügte Astarte hinzu. »Denn diese Weltsprache hat zu einer völligen Mechanisierung des Lebens geführt. Sie selbst haben ja betont, wie rational und eindeutig sie ist. Aber haben Sie einmal die Konsequenzen bedacht, die sich daraus ergeben? […]«

[…] »Astarte hat recht, was die Auswirkungen Ihrer Sprache angeht«, bestätigte Enrique. »Ich habe bis vor einem halben Jahr nicht gewusst, welche Freude es machen kann, Dinge nur vage oder gar nicht benennen zu können. Es ist für mich wie eine völlig neue Welt, in der ich eine Seite an mir entdecke, von der ich nicht wusste, dass ich sie besitze.«

»Also ist es wahr. Meine Sprache erstickt die Kreativität. Glauben Sie mir, das war nie meine Absicht.« […] »Und jetzt verraten Sie mir doch bitte, weshalb sie beide eigentlich in meine Zeit gekommen sind?«

»Astarte ist gekommen, um Sie zu töten«, erklärte Enrique wie beiläufig. »Und ich bin hier, um sie daran zu hindern.« […] »Erklären Sie mir, dass das nicht wahr ist, Astarte.«

Sie senkte den Blick. »Aber es ist so. Ich gehörte zu den wenigen Menschen, die die Stimmen[1] nicht hören konnten. Vermutlich ist ein genetischer Defekt die Ursache. An der Universität stellte ich fest, dass es andere gab wie mich. Aus irgendeinem Grund führte das auch dazu, dass wir uns von der unerbittlichen Logik der Sprache befreien und dadurch unsere Gesellschaft so sehen konnten, wie sie wirklich war: freudlos, lieblos, gefühllos.«

1 Die Stimmen werden im Roman mit über die Medien gesendeten Ton- und Lautfolgen erklärt. Grundlage ist die zweite von Viktor Vau erforschte Sprache, die Sprache der rechten Gehirnhälfte, durch die den Menschen eingegeben wird, was sie tun sollen. Da bei dieser die linke Gehirnhälfte nicht angesprochen wird, reflektieren diese Menschen ihr Tun nicht.

A ■ Analysieren Sie die Textstelle hinsichtlich der in ihr enthaltenen Sprachkritik.

B₁ ■ Vergleichen Sie Walter Fabers Erkenntnisse mit denen von Astarte und Enriques.

B₂ ■ Reflektieren Sie Ihren eigenen Sprachgebrauch und nehmen Sie in einem Brief an Viktor Vau Stellung zu seiner Sprache.

■ Text 194

Viktors Verständnis von Wissenschaft *Gerd Ruebenstrunk*

Einige Zeit zuvor, aufgefordert sein Notizbuch zu vernichten, lehnt Viktor dies entrüstet ab mit den Worten:

Dieses Buch […] ist mein Lebenswerk. Sie erwarten nicht ernsthaft, dass ich es zerstöre.« »Aber wenn es tatsächlich die Zukunft so stark beeinflusst, dass man Sie dafür töten lassen will – wäre es da nicht das Beste, es aus der Welt zu schaffen?«

Viktor pochte sich an die Stirn. »Dann müssten Sie mich gleich mit aus der Welt schaffen, denn solange das Wissen hier drin steckt, wird die Regierung versuchen, es da rauszuholen. Und vergessen Sie bitte nicht, diese Sprache ist mein Lebenswerk. Davon werde ich mich nicht trennen.«

»Auch dann nicht, wenn Sie wüssten, dass Sie damit einen großen Schaden anrichten?«

»Es ist nicht die Entdeckung des Wissenschaftlers, die den Schaden anrichtet, sondern das, was die Menschen daraus machen. Selbst wenn ich mit meinem Wörterbuch von heute auf morgen aus diesem Leben verschwinden würde – irgendwann würde jemand anders dieselben Gedanken haben. Die Wissenschaft lässt sich nicht aufhalten.«

A ■ Erschließen Sie die in diesem Auszug und in dem nachfolgenden Sachtext von Silke Offergeld enthaltenen unterschiedlichen Positionen zur Frage der Verantwortung der Wissenschaft.

■ Text 195

Muss Wissenschaft alles dürfen? (2014) *Silke Offergeld*

Über moralisch heikle Themen der Forschung sollte zumindest diskutiert werden, auch wenn sie Angst auslösen, meint Rudolf Jaenisch. Der Genetiker im Gespräch über Ethik und Erkenntnisdrang.

Herr Jaenisch, Sie forschen unter anderem auf dem Gebiet des therapeutischen Klonens. Da gehen einem gleich Science-Fiction-Szenarien durch den Kopf, mit Menschen als Ersatzteillagern – dabei arbeiten Sie vor allem mit Zellkulturen. Warum berührt das Thema so eine tiefsitzende Angst?

Rudolf Jaenisch Das kommt daher, dass viele es nicht verstehen. Es ist ja auch kompliziert. Man denkt, die Technik könnte missbraucht werden, um Armeen zu bauen für Diktatoren oder so etwas – das ist natürlich wirklich Science Fiction. Armeen kann man leichter mit Propaganda aufbauen, Klonen dauert viel zu lange. Aber die Angst vor dem Unbekannten führt manchmal dazu, dass man es lieber verbietet. Aber Wissenschaft kann man nicht verbieten. Man kann einem Menschen nicht sagen: Du darfst nicht weiter denken.

Muss Wissenschaft alles dürfen?

Jaenisch Was die Erkenntnissuche angeht: ja. Was man regeln muss, ist die Anwendung. Wenn man herausbekäme, dass man Menschen klonen kann – da könnte die Gesellschaft bestimmen: man darf es nicht. Das ist berechtigt. Aber die Erkenntnis kann man nicht verbieten.

Haben Sie denn eine Erklärung für diese Furcht?

Jaenisch In Deutschland hat das mit der Nazi-Vergangenheit zu tun. Manchmal wundere ich mich trotzdem. Ich habe mich viel mit dem Klonen von Mäusen beschäftigt und bin zu dem Schluss gekommen, dass man keine normalen Klone erzeugen kann. Die Frage, ob das Klonen von Menschen ethisch vertretbar wäre, braucht man gar nicht zu stellen, weil es schlicht wissenschaftlich nicht vertretbar ist: Klone sind abnormal, die meisten sterben. Das habe ich mal bei einer Konferenz in Berlin erklärt, da stand eine Frau im Publikum auf und fragte, ob ich etwa gegen Behinderte sei? Ich war völlig baff. Das hatte mit der Sache absolut nichts zu tun! Aber das ist typisch, in Deutschland ist die Diskussion extrem ideologisch.

Dürfte man Menschen denn klonen, wenn es möglich wäre?

Jaenisch Ich finde das schwierig zu beantworten. Dürfte man einem Paar verbieten, ein zu einem von beiden genetisch korreliertes Kind zu haben? Und warum sollte man das? Ich habe ein Bauchgefühl, dass man es nicht erlauben sollte. Dafür starke Argumente zu finden, ist aber gar nicht so leicht. Aber einfach starr zu sagen: Das darf man nicht – das kann es nicht sein.

Brauchen wir eine Ethik der Biologie?

Jaenisch Das ist zumindest eine riesige Frage seit der Genetik. Wenn man einem Neugeborenen die genetische Zukunft voraussagen kann – man kann ja vielleicht bald sagen: du hast die und die Chance, jene Krankheiten zu kriegen – wirft das einen Haufen Fragen auf. Das ist neu.

Waren Sie mal in einer Situation, in der Sie überlegt haben, ob Sie etwas tun dürfen oder nicht?

Jaenisch Ich hatte nie das Gefühl, dass ich eine ethische Grenze überschritten hätte. Ich habe mit Mäusen experimentiert, damit habe ich kein Problem, wenn man sie so behandelt, wie es die Tierschutzgesetze verlangen. Wenn ich mit Affen experimentieren würde, wäre es schon komplizierter. Auch embryonale Stammzellen aus menschlichen Embryonen zu nutzen, ist für mich kein ethisches Problem. Die stammen von Embryos, die per künstlicher Befruchtung entstanden sind und die die Eltern nicht mehr brauchen, um ein Baby zu bekommen. Manche Eltern entscheiden dann, dass wir sie für wissenschaftliche Versuche nutzen können.

  Man kann der Meinung sein, dass Stammzellforschung ethisch nicht akzeptabel ist. Man kann es aber auch ethisch nicht akzeptabel finden, dass man bestimmte Therapien nicht entwickeln darf.

> Die Darstellung von Wissenschaft und Technik in der Literatur untersuchen

Wissenschaft und Technik und ihre Bedeutung für die deutsche Sprache

Was kann ich nach der Bearbeitung dieses Unterkapitels?
- Grenzen und Möglichkeiten einer Fachsprache erfassen
- Einen Kurzvortrag erarbeiten

Grenzen und Möglichkeiten einer Fachsprache erfassen

Aufgabeninsel

Entscheiden Sie sich, mit welchem der beiden Themen Sie sich auseinandersetzen möchten:
- medizinische Fachsprache
- Englisch als Wissenschaftssprache

Ziel: Verfassen Sie einen Kurzvortrag zu Ihrem Thema, mit dem Sie Ihren Mitschülern und Mitschülerinnen einen Einblick in die gegenwärtige Diskussion geben können:

Aufbau des Kurzvortrags:
- Einleitung: Formulierung des Themas und Erläuterung der Aktualität
- Hauptteil: Vorstellung der unterschiedlichen Positionen zu diesem und ihrer Argumente
- Schluss: Resümee und eigene Positionierung mit Begründung

Thema: Medizinische Fachsprache

A ■ Untersuchen Sie die Texte hinsichtlich …
- aktueller Besonderheiten, z. B. Folgen des Fachkräftemangels,
- der Aussagen zur Geschichte und zum Wandel der medizinischen Sprache,
- der Gründe für die Verwendung der Fachsprache,
- der Folgen der Verwendung von Fachsprache für die Kommunikation zwischen Arzt und Arzt bzw. Arzt und Patient,
- der Gründe von Missverständnissen in der Kommunikation,
- der Lösungsvorschläge.

Notieren Sie sich Schlüsselwörter und Kernaussagen. Ordnen Sie Ihre Ergebnisse, z. B. in Form einer Mind-Map.

Thema: Englisch als Wissenschaftssprache

A ■ Untersuchen Sie die Texte hinsichtlich …
- der zeitgeschichtlichen Bezüge,
- des Zusammenhangs von Wissenschaft und Sprachbewertung,
- der in ihnen enthaltenen Positionen und ihrer Argumente,
- der Funktion der Sprachbeispiele,
- der Folgen für den Sprachwandel,
- der Lösungsvorschläge und Zukunftsprognosen.

Notieren Sie sich Schlüsselwörter und Kernaussagen. Ordnen Sie Ihre Ergebnisse, z. B. in Form einer Mind-Map.

B ■ Ergänzen Sie Ihre Ergebnisse durch weitere Recherchen.
C ■ Erstellen Sie sich Stichwortkarten.
D ■ Üben Sie den Vortrag. Achten Sie hierbei besonders auf sachliche Richtigkeit, Vollständigkeit, Anschaulichkeit und Verständlichkeit.

Fachsprache in der Diskussion

■ Text 196
Medizinische Terminologie (2008)

Geschichte und Überlieferungswege der medizinischen Fachsprache

Wie jede andere sprachliche Verständigungsform ist auch die medizinische Fachsprache historisch gewachsen. Für das Verständnis mancher Bezeichnungen ist daher die Wortkenntnis allein nicht ausreichend. Selbst bei guten Latein- oder Griechisch-Kenntnissen bleiben viele Bedeutungen unverständlich oder schwer nachvollziehbar, da sie auf längst vergangene medizinische Konzepte oder Theorien zurückgehen.

Beispiele:
Katarakt (wörtlich: Wasserfall; fachsprachlich: Linsentrübung oder »grauer Star«)
Rheuma (wörtlich: das Fließende; fachsprachlich: Autoimmun-Erkrankung)
Arterie (wörtlich: die Luftröhre; fachsprachlich: Schlagader)

Wie diese Beispiele zeigen, ist die medizinische Fachsprache auch heute noch mit Bezeichnungen durchsetzt, die der antiken Medizin entstammen. Das gilt vor allem für den klinischen Wortschatz. Aus dem Griechischen stammen auch grundlegende Begriffe der Medizin wie *Diagnose* (Krankheitserkennung), *Symptom* (wörtlich: Zufall = Krankheitserscheinung, Krankheitsphänomen), *Prognose* (Vorhersage), *Therapie* (Behandlung) oder *Ätiologie* (Ursachenlehre). […]

Sprache als Kommunikationsmittel

Wie bei jeder Sprache soll der Gebrauch einer Fachsprache der raschen und eindeutigen Informationsvermittlung dienen. Man kann allerdings in vielen alltäglichen Situationen beobachten, dass die Verwendung fachsprachlicher Termini und Wendungen nicht unbedingt zur Erleichterung der Kommunikation beiträgt. Das gilt ganz besonders für das ärztliche Gespräch, das – durchaus zu Recht – als unzureichend kritisiert wird. Nach wie vor können rund drei Viertel aller Diagnosen durch eine gründliche Anamnese und körperliche Untersuchung gestellt werden – und rund 90 Prozent aller Fehldiagnosen gehen auf ein oberflächliches Erstgespräch zurück. Systematische Analysen der ärztlichen Kommunikation zeigen allerdings, dass die fehlende Kommunikationsfähigkeit nicht nur Ausdruck einer zunehmenden Technisierung oder gar einer »Entsprachlichung« der Behandlungssituation darstellt. Man muss vielmehr feststellen, dass oftmals Gedankenlosigkeit und unreflektierter Umgang mit der Fachsprache zu diesem Eindruck führen.

Die Kenntnis der Wortbedeutungen oder grammatikalischer Bildungsregeln ist also keineswegs ausreichend. Für eine gelungene Kommunikation ist vielmehr der Zusammenhang entscheidend, in dem eine syntaktisch richtige und semantisch eindeutig bestimmte Aussage eine ganz andere Bedeutung – ob beabsichtigt oder unbeabsichtigt – erhalten kann. Die Praxis des Fachsprachengebrauchs muss sich daher am Adressaten (wie es in der Sprachwissenschaft heißt) orientieren. Unter verschiedenen Aspekten ist hierbei besonders die soziale Funktion der Sprache zu berücksichtigen, d. h., dass **Sprache auch ein Instrument der sozialen Machtausübung** ist.

Aus *soziologischer Perspektive* unterscheidet sich der Fachsprachengebrauch kaum von anderen Sondersprachen. Ebenso wie früher das sogenannte *Rotwelsch* oder heute ein besonderer Jugend-Slang die Funktion hat, soziale Zusammengehörigkeit und Gruppengefühl zu vermitteln, so zeigt der Gebrauch einer Fachsprache die Zugehörigkeit zu einer ganz besonderen Gruppe oder *scientific community* an. Die souveräne Beherrschung der Fachsprache vermittelt in Prüfungen, in Dienstbesprechungen oder gegenüber Kollegen neben einer präzisen Information immer auch den Eindruck fachlicher Kompetenz (was durchaus erwünscht sein mag). Nicht zur *Gemeinde* gehörige Kommunikationspartner können sich (und sie tun es!) falsch »adressiert«, missverstanden oder nicht ernstgenommen fühlen.

Durch den Gebrauch der medizinischen Fachsprache *outet* sich ein Sprecher aber nicht nur als Experte. Er signalisiert durch den Gebrauch eines *elaborierten Sprachcode* möglicherweise zugleich auch die Zugehörigkeit zu einer sozialen Gruppe mit einem hohen Sozialprestige. Im ärztlichen Gespräch kann die

Fachsprache – ob beabsichtigt oder unbeabsichtigt – dem der Fachsprache nicht mächtigen Patienten ein Gefühl der sozialen Unterlegenheit vermitteln.

Weitere Aspekte der sozialen Funktion des Sprachgebrauchs sollen hier nur benannt werden:

- Diskriminierung durch Sprache
- Sexus und grammatikalisches Geschlecht
- Schichtspezifische Kommunikationsstrukturen im ärztlichen Gespräch
- Geschlechtsspezifisches Sprachverhalten […]

Abkürzungen der Anatomischen Nomenklatur:
A./Aa. Arteria / Arteriae
Gl. /Gll. Glandula / Glandulae
Lig./Ligg. Ligamentum / Ligamenta
M./Mm. Musculus / Musculi
N./Nn. Nervus / Nervi
R./Rr. Ramus / Rami
V./Vv. Vena / Venae
Art. Articulatio
Proc. Processus

■ Text 197
Medizinische Fachsprache für DaF-Dozenten (Werbetext)

Train the Trainer – Kurs für Sprachlehrer

Der stetige Zustrom internationaler Ärzte in unser Gesundheitssystem bedingt einen ständig wachsenden Bedarf an Fachsprachkursen für Ärzte aus dem Ausland. Für diese Kurse werden zunehmend speziell geschulte Dozenten benötigt.

Die Externe Krankenhaus Akademie bietet das Train the Trainer-Programm: »Medizinische Fachsprache für DaF-Dozenten (m/w)« an.

Interessierten Sprachlehrern werden unter ärztlicher Leitung an zwei Wochenenden die Hintergründe der medizinischen Sprachwelt, der Alltag im Krankenhaus und die Fallstricke für Ärzte aus dem Ausland präsentiert:

Die medizinischen Inhalte der Anamnese, Aufnahmeuntersuchung und Aufklärung werden vermittelt.
Das Hintergrundwissen zum Fachwortschatz für Anamnese, Aufnahmeuntersuchung, Patientenvorstellung und Patientenaufklärung wird detailliert behandelt.

Authentische Redemittel des Krankenhausalltags werden vorgestellt.

Originalunterlagen und Formulare für die ärztliche Dokumentation im Krankenhaus werden bearbeitet.

Die ärztliche Gesprächsführung darf nicht nur auf Grammatik- und Wortschatzübungen reduziert werden. Vielmehr ist das Arzt-Patienten-Gespräch auf Empathie, Echtheit und Akzeptanz aufgebaut.

Ein besonderer Schwerpunkt unseres Train the Trainer-Programms liegt in der Beleuchtung der psychologischen Aspekte des Arzt-Patienten-Gesprächs. Wir demonstrieren wie ein therapeutisch effizientes Arzt-Patient-Verhältnis aufgebaut wird.

Das Auftreten und das Verhalten der ausländischen Ärzte gegenüber ihren Patienten und Kollegen sind wesentliche Bausteine einer erfolgreichen Integration im Krankenhaus und somit wichtige Bestandteile des medizinischen Fachsprachentrainings. Wir trainieren das **Überbringen schlechter Nachrichten** sowie den Umgang mit Konfliktsituationen.

Das Train the Trainer – Programm: Medizinische Fachsprache für DaF-Dozenten (m/w) ist für Lehrkräfte konzipiert die sich bei Fachsprachenkursen für ausländische Ärzte engagieren wollen. Es vermittelt das notwendige (medizinische) Handwerkszeug zur Vorbereitung und Gestaltung von Deutschkursen für ausländische Ärzte.

Englisch als Wissenschaftssprache

■ Text 198
Rede des Medizin-Nobelpreisträgers Prof. Dr. Thomas Südhof (Auszug)

»Was ich heute versuchen werde zu tun, habe ich noch nie versucht, nämlich einen Vortrag auf Deutsch zu halten. [...]. Ich würde gerne einen Teil auf Deutsch reden, aber auch ein bisschen auf Englisch, weil, besonders, was die Forschung angeht, ich Schwierigkeiten habe, mich auf Deutsch auszudrücken, weil ich das noch nie gemacht habe, weil wir einfach nicht auf Deutsch darüber reden.«

■ Text 199
Die Welt als Schulhof – Warum wir Englisch zur Zweitsprache machen sollten (2008) *Alexander Kekulé*

Die Globalisierung stürzt die Deutschen und ihre Sprache gleichermaßen in die Existenzkrise: Beide ringen um Anerkennung und Einfluss in der künftigen Weltordnung. Mit dem Ende unserer Spitzenstellung in Wirtschaft, Wissenschaft und Technik würde auch die deutsche Sprache – und mit ihr die Literatur – in globale Bedeutungslosigkeit fallen.

Statt zu lamentieren und die alten Zeiten deutscher Dichter und Denker zu beschwören, schlage ich einen radikalen Schritt nach vorne vor: Englisch soll Zweitsprache werden. Kinder müssen mit Englischunterricht im Vorschulalter beginnen, solange das biologische Zeitfenster für das Sprachlernen offen ist. Die nächste Generation wird dann in der Welt so selbstverständlich kommunizieren wie auf dem Schulhof. Sie wird in der internationalen Wissenschafts- und Wirtschaftssprache auf höchstem Niveau Vorträge halten, verhandeln und publizieren. Der Standort Deutschland wird für ausländische Firmen attraktiv, weil ihre Mitarbeiter und deren Familien nicht in sprachlicher Isolation leben müssen. Mit Englisch als Zweitsprache ist Deutschland Teil der Globalisierung, nicht deren Opfer.

Der gegenwärtig zu beobachtenden Kontaminierung des deutschen durch vermeintlich »cooleres« Englisch, besonders in der Werbung, würde dadurch keineswegs Tür und Tor geöffnet – im Gegenteil: Wer seit der Kindheit beide Sprachen beherrschen und trennen gelernt hat, findet nichts Besonderes oder Schickes an den fremden Worten. Da das Deutsche trotzdem Muttersprache bliebe, würden wir weiterhin »deutsch« denken. Gerade in der Wissenschaft hat der deutsche Hang zum vorsichtigen, abwägenden und manchmal umständlichen Formulieren durchaus Vorteile. Um aber künftig in der Welt gehört zu werden, müssen die deutschen Denker Englisch sprechen.

■ Text 200
Sprache der Wissenschaft. Say it in broken English. *Pascal Fischer*

Publikationen, Laborbesprechungen, Tagungen – in der akademischen Welt spricht man Englisch, mitunter sogar, wenn deutsche Forscher unter sich sind. Manchen Wissenschaftlern geht das inzwischen zu weit. Sie warnen, dass die deutsche Fachsprache verkümmert.

Als Professor für Molekularbiologie an der Uni München ist Ralph Mocikat an das Englische gewöhnt: Wichtige Fachpublikationen und Kongresse sind in Englisch gehalten. Aber in den letzten Jahren geht Mocikat die Internationalisierung an der Uni zu weit: Da müssen Forschungsanträge auf Englisch geschrieben werden, obwohl alle Gutachter und alle Begutachtete Deutsche sind. Es gibt noch schlimmere Auswüchse: »Das sieht so aus, dass auch nationale Tagungen ohne internationale Beteiligung in englischer Sprache abgehalten werden, dass interne Seminare und ganz alltägliche Laborbesprechungen auf Englisch ablaufen«, sagt Mocikat.

Noch absurder wird es, wenn die Arbeitsgruppenleiter ihren Gastwissenschaftlern das Deutsche geradezu verbieten, obwohl diese schon mehrere Jahre in Deutschland leben und an der Sprache und Kultur interessiert sind. Georg Schütte, Generalsekretär der Alexandervon-Humboldt-Stiftung, weiß, was für einen Eindruck das auf Ausländer macht: »Wir stellen fest, dass Studierende und Wissenschaftler aus Ost- und Mitteleuropa sehr gut Deutsch sprechen und eher befremdet sind, wenn auf Englisch gesprochen und unterrichtet wird.«

Denn dadurch erleidet das Deutsche einen Statusverlust – Gastwissenschaftler werden kaum eine Sprache lernen wollen, welche schon die Muttersprachler offenkundig vernachlässigen. Schlimmer noch: Das Deutsche drohe den Anschluss an die wissenschaftliche Erkenntnis zu verlieren, wenn die Terminologie nicht mehr weiterentwickelt werde, warnt Mocikat.

Selbst alltagssprachliche Begriffe würden mittlerweile verdrängt: »Ein drastisches Beispiel ist, wenn Kollegen von mir immer von Cancer sprechen, weil Cancer ja ein Fachbegriff ist und das Wort Krebs nicht mehr legitim ist.« Englisch wirke professionell, daher sei es vielen eitlen Kollegen egal, dass ihr Englisch eher schlecht sei und dadurch viele Nuancen in der Verständigung auf der Strecke blieben, klagt Mocikat.

Die akademische Lingua Franca ist ein Verdränger

Muss man das Englische endlich zurückdrängen? Nein, meint Eberhard Liebau. Der BWL-Professor organisiert an der Uni Hamburg Bachelor- und Master-Studiengänge in internationalem Management. Der interkulturelle Austausch müsse hier Programm sein, daher halte man einige Seminare auf Englisch. »Für die ausländischen Studierenden muss ich sagen: Wenn man sie fragt, sie wären nicht nach Deutschland gekommen, wenn die Programme voll auf Deutsch angeboten worden wären«, so Liebau.

Eine gewisse Preisgabe des Deutschen ist also der Preis für die Internationalität, zumindest in den Wirtschaftswissenschaften. Liebau wünscht sich mehr englische Kollegen, die ihre Vorlesungen nicht im so genannten *academic pidgin English* halten. Ansonsten sollten englischsprachige Kurse freiwillig sein, um das Deutsche zu erhalten und das Englische dennoch zu fördern. Und Gastwissenschaftler und Austauschstudenten müssten natürlich Mindestkenntnisse in Deutsch vorweisen.

Damit kann sich auch Mocikat anfreunden. Er wünscht sich, dass die Fachgesellschaften vorbildlich vorangehen und ihre nationalen Tagungen wieder in der Landessprache abhalten. »Die Fachgesellschaften sollten Nomenklatur-Kommissionen einrichten, um für eine Weiterentwicklung der fachspezifischen Terminologien zu sorgen. Und ein wichtiger Ansprechpartner sind die wissenschaftspolitischen Institutionen, allen voran die DFG«, fordert Mocikat.

Ebenso die Hochschulrektorenkonferenz. Georg Schütte allerdings bezweifelt, dass sich alles von oben verordnen lässt. Zwar hoffen manche Wissenschaftler auf eine Akademie, die das Deutsche an der Hochschule stärkt. Aber schon um eine nationale Akademie der Wissenschaften gebe es zu viel Gezerre. »Am Ende, wenn wir das Stichwort Hochschulautonomie ernst nehmen, muss jede Uni ihren Weg in diesem internationalen Umfeld finden«, so der Generalsekretär der Humboldt-Stiftung. Letztlich gebe es an der Uni noch keinen Ansprechpartner, der sich um die Förderung des Deutschen bemühe, seufzt Gerhardt Leitner, Professor an der FU Berlin. Man müsse selbst tätig werden: »Ich bin Anglist. Ich habe sehr viel auf Englisch geschrieben, schreibe aber zunehmend jetzt wieder Deutsch.«

Ein Thema bearbeiten in der Literatur vom 18. Jahrhundert bis heute –
Familienbilder

■ Text 201

Emilia Galotti: II. Akt, 4. Szene (1772)   *Gotthold Ephraim Lessing*

Odoardo [Emilia Galottis Vater], Claudia
Odoardo Sie [= Emilia Galotti] bleibt mir zu lang aus –
Claudia Noch einen Augenblick, Odoardo! Es würde sie schmerzen, deines Anblicks so zu verfehlen.
Odoardo Ich muss auch bei dem Grafen noch einsprechen. Kaum kann ich's erwarten, diesen würdigen jungen Mann [Appiani, der zukünftige Schwiegersohn Odoardos] meinen Sohn zu nennen. Alles entzückt mich an ihm. Und vor allem der Entschluss, in seinen väterlichen Tälern sich selbst zu leben.
Claudia – Das Herz bricht mir, wenn ich hieran gedenke. – So ganz sollen wir sie verlieren, diese einzige, geliebte Tochter?
Odoardo Was nennst du, sie verlieren? Sie in den Armen der Liebe zu wissen? Vermenge dein Vergnügen an ihr nicht mit ihrem Glücke. – Du möchtest meinen alten Argwohn erneuern: – dass es mehr das Geräusch und die Zerstreuung der Welt, mehr die Nähe des Hofes war als die Notwendigkeit, unserer Tochter eine anständige Erziehung zu geben, was dich bewog, hier in der Stadt mit ihr zu bleiben – fern von einem Manne und Vater, der euch so herzlich liebet.
Claudia Wie ungerecht, Odoardo! Aber lass mich heute nur ein einziges Wort für diese Stadt, für diese Nähe des Hofes sprechen, die deiner strengen Tugend so verhasst sind. – Hier, nur hier konnte die Liebe zusammenbringen, was füreinander geschaffen war. Hier nur konnte der Graf Emilien finden; und fand sie.
Odoardo Das räum ich ein. Aber, gute Claudia, hat-

Ein Thema bearbeiten in der Literatur vom 18. Jahrhundert bis heute

test du darum Recht, weil dir der Ausgang Recht gibt? – Gut, dass es mit dieser Stadterziehung so abgelaufen! Lass uns nicht weise sein wollen, wo wir nichts als glücklich gewesen! Gut, dass es so damit abgelaufen! – [...] Dazu bedenkest du nicht, Claudia, dass durch unsere Tochter er [gemeint ist Appiani] es vollends mit dem Prinzen verderbt. Der Prinz hasst mich –

Claudia Vielleicht weniger, als du besorgest.
Odoardo Besorgest! Ich besorg auch so was!
Claudia Denn hab ich dir schon gesagt, dass der Prinz unsere Tochter gesehen hat?
Odoardo Der Prinz? Und wo das?
Claudia In der letzten Vegghia¹, bei dem Kanzler Grimaldi, die er mit seiner Gegenwart beehrte. Er bezeigte sich gegen sie so gnädig – –
Odoardo So gnädig?
Claudia Er unterhielt sich mit ihr so lange – –
Odoardo Unterhielt sich mit ihr?
Claudia Schien von ihrer Munterkeit und ihrem Witze so bezaubert – –
Odoardo So bezaubert? –
Claudia Hat von ihrer Schönheit mit so vielen Lobeserhebungen gesprochen – –
Odoardo Lobeserhebungen? Und das alles erzählst du mir in einem Tone der Entzückung? O Claudia! eitle, törichte Mutter!
Claudia Wieso?
Odoardo Nun gut, nun gut! Auch das ist so abgelaufen. – Ha! wenn ich mir einbilde – Das gerade wäre der Ort, wo ich am tödlichsten zu verwunden bin! – Ein Wollüstling, der bewundert, begehrt. – Claudia! Claudia! der bloße Gedanke setzt mich in Wut. – Du hättest mir das sogleich sollen gemeldet haben. – Doch, ich möchte dir heute nicht gern etwas Unangenehmes sagen. Und ich würde *(indem sie ihn bei der Hand ergreift),* wenn ich länger bliebe. – Drum lass mich! lass mich!

Willem Joseph Laquij: Familienbild um 1790

A ■ Informieren Sie sich über den Inhalt des Dramas, um diese sowie folgende Szenen des Dramas richtig einordnen und interpretieren zu können.

B ■ Vergleichen Sie das oben stehende Bild einer bürgerlichen Familie mit dem Textauszug und Ihrer Kenntnis über das Drama »Emilia Galotti« im Hinblick auf a) den sozialen Status der Familien, b) die Beziehung der Ehepartner, deren Position im Hinblick auf die Erziehung der Kinder (im Drama: der Tochter), c) die Atmosphäre des Gesprächs/des Bildes.

C ■ Recherchieren Sie zur Rolle/zur Funktion des »pater familias« im ausgehenden 18. Jahrhundert und beziehen Sie Ihre Kenntnisse auf die Figur Odoardo Galotti.

1 Abendgesellschaft

In diesem Kapitel lernen Sie(,)
- welche Familienbilder und welche Rollenbilder entworfen werden und in welchem Verhältnis diese fiktiven Familienbilder zur Realität stehen,
- welche Wertvorstellungen und welche Erziehungsmaximen in bestimmten historischen Kontexten vermittelt werden,
- (epochen-)typische Konfliktfelder innerhalb der Familie kennen,
- den Umgang mit literarischen Texten (Drama und Epik) sowie Sachtexten,
- die Vernetzung/den Vergleich von literarischen Texten und Sachtexten.

Ein Thema bearbeiten in der Literatur vom 18. Jahrhundert bis heute

■ Text 202

Emilia Galotti: II. Akt, 6. Szene (1772) *Gotthold Ephraim Lessing*

Emilia kommt aus der Kirche, in der ihr der Prinz, der in sie verliebt ist, aufgelauert hat, um ihre bevorstehende Heirat mit dem Grafen Appiani evtl. noch verhindern zu können. Es ist ihr erster Auftritt innerhalb des Dramas.

Emilia und Claudia Galotti.

Emilia *(stürzet in einer ängstlichen Verwirrung herein)* Wohl mir! wohl mir! – Nun bin ich in Sicherheit. Oder ist er mir gar gefolgt? *(Indem sie den Schleier zurückwirft und ihre Mutter erblicket.)* Ist er, meine Mutter? ist er? Nein, dem Himmel sei Dank!

Claudia Was ist dir, meine Tochter? was ist dir?

Emilia Nichts, nichts –

Claudia Und blickest so wild um dich? Und zitterst an jedem Gliede?

Emilia Was hab ich hören müssen? Und wo, wo hab ich es hören müssen?

Claudia Ich habe dich in der Kirche geglaubt –

Emilia Eben da! Was ist dem Laster Kirch' und Altar? – Ach, meine Mutter! (Sich ihr in die Arme werfend.)

Claudia Rede, meine Tochter! – Mach meiner Furcht ein Ende. – Was kann dir da, an heiliger Stätte, so Schlimmes begegnet sein?

Emilia Nie hätte meine Andacht inniger, brünstiger sein sollen als heute: nie ist sie weniger gewesen, was sie sein sollte.

Claudia Wir sind Menschen, Emilia. Die Gabe zu beten ist nicht immer in unserer Gewalt. Dem Himmel ist beten wollen auch beten.

Emilia Und sündigen wollen auch sündigen.

Claudia Das hat meine Emilia nicht wollen!

Emilia Nein, meine Mutter; so tief ließ mich die Gnade nicht sinken. – Aber dass fremdes Laster uns, wider unsern Willen, zu Mitschuldigen machen kann!

Claudia Fasse dich! – Sammle deine Gedanken, soviel dir möglich. – Sag es mir mit eins, was dir geschehen.

Emilia Eben hatt' ich mich – weiter von dem Altare, als ich sonst pflege – denn ich kam zu spät –, auf meine Knie gelassen. Eben fing ich an, mein Herz zu erheben: als dicht hinter mir etwas seinen Platz nahm. So dicht hinter mir! – Ich konnte weder vor noch zur Seite rücken – so gern ich auch wollte; aus Furcht, dass eines andern Andacht mich in meiner stören möchte. – Andacht! das war das Schlimmste, was ich besorgte. – Aber es währte nicht lange, so hört' ich, ganz nah an meinem Ohre – nach einem tiefen Seufzer – nicht den Namen einer Heiligen – den Namen – zürnen Sie nicht, meine Mutter – den Namen Ihrer Tochter! – Meinen Namen! – O dass laute Donner mich verhindert hätten, mehr zu hören! – Es sprach von Schönheit, von Liebe – Es klagte, daß dieser Tag, welcher mein Glück mache – wenn er es anders mache – sein Unglück auf immer entscheide. – Es beschwor mich – hören musst' ich dies alles. Aber ich blickte nicht um; ich wollte tun, als ob ich es nicht hörte. – Was konnt' ich sonst? – Meinen guten Engel bitten, mich mit Taubheit zu schlagen; und wann auch, wenn auch auf immer! – Das bat ich; das war das einzige, was ich beten konnte. – Endlich ward es Zeit, mich wieder zu erheben. Das heilige Amt ging zu Ende. Ich zitterte, mich umzukehren. Ich zitterte, ihn zu erblicken, der sich den Frevel erlauben dürfen. Und da ich mich umwandte, da ich ihn erblickte –

Claudia Wen, meine Tochter?

Emilia Raten Sie, meine Mutter, raten Sie – Ich glaubte in die Erde zu sinken – Ihn selbst.

Claudia Wen, ihn selbst?

Emilia Den Prinzen.

Claudia Den Prinzen! – O gesegnet sei die Ungeduld deines Vaters, der eben hier war und dich nicht erwarten wollte!

Emilia Mein Vater hier? – und wollte mich nicht erwarten?

Claudia Wenn du in deiner Verwirrung auch ihn das hättest hören lassen!

Emilia Nun, meine Mutter? – Was hätt' er an mir Strafbares finden können?

Claudia Nichts; ebenso wenig als an mir. Und doch, doch – Ha, du kennest deinen Vater nicht! In seinem Zorne hätt' er den unschuldigen Gegenstand des Verbrechens mit dem Verbrecher verwechselt. In seiner Wut hätt' ich ihm geschienen, das veranlasst zu haben, was ich weder verhindern noch vorhersehen können. – Aber weiter, meine Tochter, weiter! Als du den Prinzen erkanntest –

Ich will hoffen, dass du deiner mächtig genug warest, ihm in einem Blicke alle die Verachtung zu bezeigen, die er verdienst.

Emilia Das war ich nicht, meine Mutter! Nach dem Blicke, mit dem ich ihn erkannte, hatt' ich nicht das Herz, einen zweiten auf ihn zu richten. Ich floh –

Claudia Und der Prinz dir nach –

Emilia Was ich nicht wusste, bis ich in der Halle mich bei der Hand ergriffen fühlte. Und von ihm! Aus Scham musst' ich standhalten: mich von ihm loszuwinden würde die Vorbeigehenden zu aufmerksam auf uns gemacht haben. Das war die einzige Überlegung, deren ich fähig war – oder deren ich nun mich wieder erinnere. Er sprach; und ich hab ihm geantwortet. Aber was er sprach, was ich ihm geantwortet – fällt mir es noch bei, so ist es gut, so will ich es Ihnen sagen, meine Mutter. Jetzt weiß ich von dem allen nichts. Meine Sinne hatten mich verlassen. – Umsonst denk ich nach, wie ich von ihm weg und aus der Halle gekommen. Ich finde mich erst auf der Straße wieder, und höre ihn hinter mir herkommen, und höre ihn mit mir zugleich in das Haus treten, mit mir die Treppe hinaufsteigen – –

Claudia Die Furcht hat ihren besondern Sinn, meine Tochter! Ich werde es nie vergessen, mit welcher Gebärde du hereinstürztest. – Nein, so weit durfte er nicht wagen, dir zu folgen. – Gott! Gott! wenn dein Vater das wüsste! – Wie wild er schon war, als er nur hörte, dass der Prinz dich jüngst nicht ohne Missfallen gesehen! – Indes, sei ruhig, meine Tochter! Nimm es für einen Traum, was dir begegnet ist. Auch wird es noch weniger Folgen haben als ein Traum. Du entgehest heute mit eins allen Nachstellungen. [...]

Emilia Nun ja, meine Mutter! Ich habe keinen Willen gegen den Ihrigen. – Aha! (Mit einem tiefen Atemzuge.) Auch wird mir wieder ganz leicht. – Was für ein albernes, furchtsames Ding ich bin! – Nicht, meine Mutter? – Ich hätte mich noch wohl anders dabei nehmen können und würde mir ebenso wenig vergeben haben.

Claudia Ich wollte dir das nicht sagen, meine Tochter, bevor dir es dein eigner gesunder Verstand sagte. Und ich wusste, er wurde dir es sagen, sobald du wieder zu dir selbst gekommen. – Der Prinz ist galant. Du bist die unbedeutende Sprache der Galanterie zu wenig gewohnt. Eine Höflichkeit wird in ihr zur Empfindung, eine Schmeichelei zur Beteurung, ein Einfall zum Wunsche, ein Wunsch zum Vorsatze. Nichts klingt in dieser Sprache wie alles, und alles ist in ihr so viel als nichts. [...]

A ■ Wie präsentiert sich Emilia dem Zuschauer bei ihrem ersten Auftritt? Analysieren Sie genau, wie sie ihrer Mutter Claudia von ihrem Zusammentreffen mit dem Prinzen berichtet, indem Sie die Regieanweisungen, den Satzbau, die Wortwahl berücksichtigen.

B ■ Wie reagiert Claudia als Erziehungsberechtigte auf das Verhalten ihrer Tochter?
Welche Rolle spielt Odoardo in diesem Gespräch? (vgl. **T 203**).

■ Text 203
Emilia Galotti: V. Akt, 7. und 8. Szene (1772) *Gotthold Ephraim Lessing*

7. Szene

Emilia. Odoardo.

Emilia Wie? Sie hier, mein Vater? – Und nur Sie? – Und meine Mutter? nicht hier? – Und der Graf? nicht hier? – Und Sie so unruhig, mein Vater?

Odoardo Und du so ruhig, meine Tochter? –

Emilia Warum nicht, mein Vater? – Entweder ist nichts verloren: oder alles. Ruhig sein können und ruhig sein müssen: kömmt es nicht auf eines?

Odoardo Aber, was meinest du, dass der Fall ist?

Emilia Dass alles verloren ist – und dass wir wohl ruhig sein müssen, mein Vater.

Odoardo Und du wärest ruhig, weil du ruhig sein musst? – Wer bist du? Ein Mädchen? und meine Tochter? So sollte der Mann und der Vater sich wohl vor dir schämen? – Aber lass doch hören. Was nennest du, alles verloren? – Dass der Graf tot ist? [...]

Emilia Denn wenn der Graf tot ist, wenn er darum tot ist – darum! was verweilen wir noch hier? Lassen Sie uns fliehen, mein Vater!

Odoardo Fliehen? – Was hätt' es dann für Not? – Du bist, du bleibst in den Händen deines Räubers. […]

Emilia Ich allein in seinen Händen? – Nimmermehr, mein Vater. – Oder Sie sind nicht mein Vater. – Ich allein in seinen Händen? – Gut, lassen Sie mich nur, lassen Sie mich nur. – Ich will doch sehn, wer mich hält – wer mich zwingt – wer der Mensch ist, der einen Menschen zwingen kann.

Odoardo Ich meine, du bist ruhig, mein Kind.

Emilia Das bin ich. Aber was nennen Sie ruhig sein? Die Hände in den Schoß legen? Leiden, was man nicht sollte? Dulden, was man nicht dürfte?

Odoardo Ha! wenn du so denkst! – Lass dich umarmen, meine Tochter! – Ich hab es immer gesagt: das Weib wollte die Natur zu ihrem Meisterstücke machen. Aber sie vergriff sich im Tone, sie nahm ihn zu fein. Sonst ist alles besser an euch als an uns. – Ha, wenn das deine Ruhe ist, so habe ich meine in ihr wiedergefunden! Lass dich umarmen, meine Tochter! – Denke nur: unter dem Vorwande einer gerichtlichen Untersuchung – o des höllischen Gaukelspieles! – reißt er dich aus unsern Armen und bringt dich zur Grimaldi.

Emilia Reißt mich? bringt mich? – Will mich reißen, will mich bringen: will! will! – Als ob wir, wir keinen Willen hätten, mein Vater!

Odoardo Ich ward auch so wütend, dass ich schon nach diesem Dolche griff *(ihn herausziehend)*, um einem von beiden – beiden! – das Herz zu durchstoßen.

Emilia Um des Himmels willen nicht, mein Vater! – Dieses Leben ist alles, was die Lasterhaften haben. – Mir, mein Vater, mir geben Sie diesen Dolch.

Odoardo Kind, es ist keine Haarnadel.

Emilia So werde die Haarnadel zum Dolche! – Gleichviel.

Odoardo Was? Dahin wäre es gekommen? Nicht doch; nicht doch! Besinne dich. – Auch du hast nur ein Leben zu verlieren.

Emilia Und nur eine Unschuld!

Odoardo Die über alle Gewalt erhaben ist. –

Emilia Aber nicht über alle Verführung. – Gewalt! Gewalt! wer kann der Gewalt nicht trotzen? Was Gewalt heißt, ist nichts: Verführung ist die wahre Gewalt. – Ich habe Blut, mein Vater, so jugendliches, so warmes Blut als eine. Auch meine Sinne sind Sinne. Ich stehe für nichts. Ich bin für nichts gut. Ich kenne das Haus der Grimaldi. Es ist das Haus der Freude. Eine Stunde da, unter den Augen meiner Mutter – und es erhob sich so mancher Tumult in meiner Seele, den die strengsten Übungen der Religion kaum in Wochen besänftigen konnten! – Der Religion! Und welcher Religion? – Nichts Schlimmers zu vermeiden, sprangen Tausende in die Fluten und sind Heilige! – Geben Sie mir, mein Vater, geben Sie mir diesen Dolch.

Odoardo Und wenn du ihn kenntest, diesen Dolch! –

Emilia Wenn ich ihn auch nicht kenne! – Ein unbekannter Freund ist auch ein Freund. – Geben Sie mir ihn, mein Vater, geben Sie mir ihn.

Odoardo Wenn ich dir ihn nun gebe – da! *(Gibt ihr ihn.)*

Emilia Und da! *(Im Begriffe, sich damit zu durchstoßen, reißt der Vater ihr ihn wieder aus der Hand.)*

Odoardo Sieh, wie rasch! – Nein, das ist nicht für deine Hand.

Emilia Es ist wahr, mit einer Haarnadel soll ich – *(Sie fährt mit der Hand nach dem Haare, eine zu suchen, und bekommt die Rose zu fassen.)* Du noch hier? – Herunter mit dir! Du gehörest nicht in das Haar einer – wie mein Vater will, dass ich werden soll!

Odoardo Oh, meine Tochter! –

Emilia Oh, mein Vater, wenn ich Sie erriete! – Doch nein, das wollen Sie auch nicht. Warum zauderten Sie sonst? – *(In einem bittern Tone, während daß sie die Rose zerpflückt.)* Ehedem wohl gab es einen Vater, der seine Tochter von der Schande zu retten, ihr den ersten, den besten Stahl in das Herz senkte – ihr zum zweiten Male das Leben gab. Aber alle solche Taten sind von ehedem! Solcher Väter gibt es keinen mehr!

Odoardo Doch, meine Tochter, doch! *(Indem er sie durchsticht.)* – Gott, was hab ich getan! *(Sie will sinken, und er fasst sie in seine Arme.)*

Emilia Eine Rose gebrochen, ehe der Sturm sie entblättert. – Lassen Sie mich sie küssen, diese väterliche Hand.

8. Szene

Der Prinz. Marinelli. Die Vorigen.

Der Prinz *(im Hereintreten)* Was ist das? – Ist Emilien nicht wohl?

Ein Thema bearbeiten in der Literatur vom 18. Jahrhundert bis heute

Odoardo Sehr wohl, sehr wohl!
Der Prinz *(indem er näher kömmt)* Was seh ich? – Entsetzen!
Marinelli Weh mir!
Der Prinz Grausamer Vater, was haben Sie getan!
Odoardo Eine Rose gebrochen, ehe der Sturm sie entblättert. – War es nicht so, meine Tochter?
Emilia Nicht Sie, mein Vater – Ich selbst – ich selbst –
Odoardo Nicht du, meine Tochter – nicht du! – Gehe mit keiner Unwahrheit aus der Welt. Nicht du, meine Tochter! Dein Vater, dein unglücklicher Vater!
Emilia Ah – mein Vater – *(Sie stirbt, und er legt sie sanft auf den Boden.)*

■ Text 204
Zur Frage der »Schuld« in Lessings »Emilia Galotti«

Alle Figuren […] sind am Ende des Dramas gescheitert. […] Emilias tragisches Ende ist nur ein Aspekt der tragischen Gesamtkonstellation des Stückes, wenn auch die sinnfälligste und im Rahmen der Wirkungspoetik erschütterndste. Um das Ideal der Tugend und der dementsprechenden individuellen Integrität sowie das geistig-sittliche Programm ihrer Klasse zu retten, opfert Emilia ihr Leben in der Erkenntnis eigener Schwäche. Diese liegt in der Erfahrung von der Verführbarkeit, die an ihr selbst, in ihrer menschlichen Natur liegt. Emilia wird zugleich Opfer der Gewalt von außen. Auch diese geschieht aus menschlicher Schwäche; Odoardo vermag es nicht, patriarchalische Verhaltenszwänge und das familiär-sittliche Dogma zurückzudrängen angesichts äußerster Gefahr: Er handelt rollengemäß, das Ideologem vom unbedingten Schutz der Familie vor den Gefahren der äußeren Welt führt hier zwangsläufig in seine extremste Konsequenz, die Zerstörung der Familie und die Kindestötung. Mit der Tat überträgt sich die Schuld auf ihn, er unterstellt sich der die Gerechtigkeit wiederherstellenden Strafe Gottes. Aus Schwäche auch erwächst die Gewalt vonseiten des Prinzen. Es gelingt ihm nicht, die Liebe, welche ihm im Verhältnis zu Emilia nicht grundsätzlich abzusprechen ist, höher anzusetzen als Begierde und Besitz. Der Einsatz von Macht und Intrige macht ihn zum Verführer, der sein Ziel nur in der Zerstörung erreicht und im Scheitern Stand und Macht als korrumpierbar im politischen Leben erfährt. Selbst Marinelli ist nicht nur der Schurke, das teuflische Gegenprinzip zum Guten, er handelt am unfreisten, als Funktionsträger im Feudalsystem hörig und auftragsgemäß, er ist zum Erfolg gezwungen – ein angestellter Untertan, verhöhnt und verachtet dort, wo es gilt, Schuld auf ihn zu delegieren um das politische System von der Schuldfrage fern zu halten […].

A ■ Charakterisieren Sie den Beginn des Gesprächs zwischen Vater und Tochter: Wie verhalten sich beide zueinander? Vergleichen Sie Odoardo in II,4 und indirekt in II,6 sowie Emilia in II,6. Welche Entwicklung lässt sich darstellen?

B ■ Warum tötet Odoardo seine einzige Tochter auf deren Wunsch hin? Welche gesellschaftlichen Rahmenbedingungen/Zwänge und welche persönlichen Motive liegen dieser Tat zugrunde?

C ■ Ziehen Sie den nachfolgenden Text (**T 205**) hinzu und entwickeln Sie nach dem »Drei-Instanzen-Modell« Sigmund Freuds ein mögliches Erklärungsschema als Interpretationsansatz für Emilia.

D ■ Erörtern Sie die These, dass alle Figuren des Dramas am Ende gescheitert sind (vgl. Z. 1). Legen Sie für die in diesem Textauszug aufgeführten Protagonisten des Dramas eine Tabelle an und notieren Sie, welche Handlungsweisen a) einer inneren Disposition der Figuren zuzuordnen sind bzw. b) aus gesellschaftlichen Zwängen heraus geschehen. Ziehen Sie zur Erörterung der These auch Ihre Kenntnisse über das Drama heran.

Ein Thema bearbeiten in der Literatur vom 18. Jahrhundert bis heute

Schwierige Töchter – Töchter in Schwierigkeiten

Was kann ich nach der Bearbeitung dieses Unterkapitels?
- Zentrale Aussagen eines Sachtextes in eigenen Worten formulieren
- Diese Thesen mit den literarischen Beispielen vergleichen, um Konfliktpotenziale zwischen Vätern und Töchtern zu erfassen und sie literaturgeschichtlich einzuordnen
- Die sich ändernde Rolle der Väter und Töchter in Abhängigkeit von gesellschaftlichen Entwicklungen erfassen
- Die Funktion der Familie in Gesellschaft und Literatur einordnen und bewerten

Bis ins 20. Jahrhundert hinein stehen die Erziehung und Entwicklung der Töchter, deren Liebes- und Partnerkonzepte im Mittelpunkt vieler Dramen und Romane. Die besondere Stellung der jungen Frauen innerhalb der bürgerlichen Familie, ihre begrenzten Möglichkeiten der Selbstbestimmung sind eng gekoppelt an die gesellschaftlichen Bedingungen und den Wertekanon der repräsentativen sozialen Schichten.

■ Text 205

Väter und Töchter – Konfliktmodelle im Familiendrama des 18. und 19. Jahrhunderts (1994) *Helmut Scheuer*

Vom 18. Jahrhundert bis etwa zum Ende des 19. Jahrhunderts werden die Probleme der Familie vorrangig über die Vater-Tochter-Beziehung abgehandelt. [...] Welche Rolle spielt nun das Verhältnis der Väter zu den Töchtern für die tragische Konfliktgestaltung in diesen Dramen? Die kleinbürgerlichen Väter [...] sind Familiendespoten, die ihre Familie offensichtlich als Herrschaftsraum verstehen. Aber wie ist diese Machtausübung möglich, wie wird sie legitimiert? Im Blick auf das bürgerliche Trauerspiel und auch auf die Erziehungsbücher dieser Zeit wird erkennbar, dass die Töchter zur Anpassung [...] erzogen werden sollten. Im bürgerlichen Trauerspiel lässt sich diese eigenartige Dialektik der Aufklärung ebenfalls beobachten, denn immer wieder wird deutlich, wie das Individualitätsverlangen der Töchter mit den Sozialisationsforderungen der Familie kollidiert, wie individuelle Freiheit durch kollektiven Zwang beschnitten wird. [...] Der Ausgangspunkt für die Trauerspiele des 18. und 19. Jahrhunderts ist immer jener biografische Moment, wo die Töchter sich anschicken, das Elternhaus zu verlassen und eine neue Bindung eingehen. Dabei zeigt sich auf vielfältige Weise, welche Hindernisse die Väter den Töchtern in den Weg legen. [...]. Die Töchter sehen sich in diesen Dramen – wie Luise Miller – als »große Schuldnerin« des Vaters. Im Begriff »Schuld« schießen für sie moralische, ökonomische, juristische und theologische Aspekte zusammen: Als mögliche »Huren« verlieren sie nicht nur ihre bürgerliche »Tugend« – die Unschuld –, sondern bereiten den Vätern auch »Schande«; sie sind das »Kapital« der Väter, stehen zu diesen in einem klaren autoritären Rechtsverhältnis und sind zudem an einen Übervater, an Gott, gebunden, ihre »Schuld« ist auch »Sünde«. In allen [...] Dramen lässt sich beobachten, wie das väterliche Tochterbild als Selbstbild, das Heterostereotyp[1] als Autostereotyp[2], akzeptiert wird. Damit ist der Aufbau einer eigenen Persönlichkeit, einer Identität über die Rolle als *Frau* nicht möglich. Selbst die moralische Verachtung der Väter akzeptieren diese Töchter und bauen sie als Selbstverachtung in ihr Selbstbild ein und empfinden – was sich schon bei Emilia Galotti zeigt – z. B. ihre erwachende Sinnlichkeit als »Schande«. [...]

Da ihnen die Welt als Entfaltungsraum im 18. und 19. Jahrhundert verwehrt bleibt, sie auf die »Nahwelt« (Luhmann) der Familie verwiesen bleiben, müss-

[1] *Heterostereotyp:* Fremdbild
[2] *Autostereotyp:* Selbstbild

ten sie – was selbst die Söhne kaum wagen – in der Familie gegen die Väter aufstehen. So wendet sich eine mögliche Aggression nach innen: statt »männlicher« Explosion nun »weibliche« Implosion, die zur zeittypischen Schwermut, der Melancholie, führt oder gar zur Selbstzerstörung. Für die Töchter gibt es keinen Ausweg aus diesem Dilemma, weil ihnen keine Ansprechpartner zur Verfügung stehen – weder in der Familie noch in der »Öffentlichkeit«. Die Mütter fallen als Hilfen aus, da sie sich selbst in starker Abhängigkeit befinden; das hatte Lessing schon in »Emilia Galotti« bedrückend aufgezeigt. [...]

Die Erziehungsmaßnahmen werden mit höchsten Autoritäten, mit Gott und auch mit dem weltlichen Staatsmodell gerechtfertigt. Im Sinne einer hierarchischen göttlichen und weltlichen Ordnung sind die Väter die Herrscher. – »Ein jeder ist König in seinem Hause«, heißt es in einem zeitgenössischen Spruch. Solchen Autoritäten halten die Töchter nicht stand.

A ■ Formulieren Sie anhand des obigen Sachtextes (→ »Umgang mit Sachtexten«, S. 100f.) in eigenen Worten Thesen ...
a) zur Legitimation der väterlichen Autorität,
b) zur (Selbst-)Zerstörung der Töchter
und vergleichen Sie diese im Kurs.

B ■ Klären Sie, was mit dem Begriff »eigenartige Dialektik« (Z. 14) gemeint ist. Ziehen Sie eine Verbindung zu den Forderungen der Aufklärung.

C ■ Überprüfen Sie Ihre Thesen aus Aufgabe A an den Dramen (im Internet zu finden unter gutenberg.spiegel.de) Emilia Galotti (z. B. II, 4, II, 6 und V, 7), Kabale und Liebe (I, 1, I, 3–4, V, 1), Die Kindermörderin (1. Akt, 2. Akt) und stellen Sie Ihre Ergebnisse den anderen Kursteilnehmern vor.

D ■ Übertragen Sie die Aussagen des Textes von Helmut Scheuer (T205) aus den letzten beiden Abschnitten auf den nachfolgenden Auszug aus Thomas Manns Roman »Buddenbrooks«.

■ Text 206

Buddenbrooks (1901)   *Thomas Mann*

Die 18-jährige Tony Buddenbrook hat den wesentlich älteren Geschäftspartner ihres Vaters, Bendix Grünlich, kennen gelernt, der ihr Avancen macht. Tony reagiert darauf verwirrt und möchte sich keinesfalls an ihn binden; seinen Antrag lehnt sie entschieden ab. Um ihr Zeit zum Nachdenken zu geben, wird sie nach Travemünde in die Ferien geschickt. Im Haus des Lotsenwärters Schwarzkopf, bei dem sie wohnt, lernt sie dessen Sohn, den Studenten Morten, kennen. Beide verlieben sich ineinander und Tony möchte Morten heiraten. Doch auch in Travemünde sucht Grünlich sie auf.

Lieber Papa!
O Gott, wie habe ich mich geärgert. Beifolgenden Brief und Ring erhielt ich soeben von Gr. [gemeint ist Bendix Grünlich], so daß ich Kopfweh vor Aufregung habe, und weiß ich nichts Besseres zu tun, als beides an Dich zurückgehen zu lassen. Gr. *will* mich nicht verstehen, und ist das, was er so poetisch von dem »Versprechen« schreibt, einfach nicht der Fall, und bitte ich Dich so dringend, ihm nun doch kurzerhand plausibel zu machen, daß ich *jetzt noch tausendmal weniger* als vor sechs Wochen in der Lage bin, ihm mein Jawort fürs Leben zu erteilen, und daß er mich endlich in Frieden lassen soll, er *macht sich ja lächerlich*. Dir, dem besten Vater, kann ich es ja sagen, daß ich anderweitig gebunden bin an jemand, der mich liebt, und den ich liebe, daß es sich gar nicht sagen läßt. O Papa! Darüber könnte ich viele Bogen voll schreiben, ich spreche von Morten Schwarzkopf, der Arzt werden will, und, sowie er Doktor ist, um meine Hand anhalten will. Ich weiß ja, daß es Sitte ist, einen Kaufmann zu heiraten, aber Morten gehört eben zu dem anderen Teile von angesehenen Herren, den Gelehrten. Er ist nicht reich, was wohl für Dich und Mama gewichtig ist, aber das muß ich Dir sagen, lieber Papa, so jung ich bin, aber das wird das Leben manchen gelehrt haben, dass Reichtum allein nicht immer jeden glücklich gemacht hat. Mit tausend Küssen verbleibe ich
Deine gehorsame Tochter
Antonie.
PS. Der Ring ist niedriges Gold und ziemlich schmal, wie ich sehe.

Meine liebe Tony!
Dein Schreiben ist mir wichtig geworden. Auf seinen Gehalt eingehend, teile ich Dir mit, daß ich pflichtgemäß nicht ermangelt habe, Herrn Gr. über

Ein Thema bearbeiten in der Literatur vom 18. Jahrhundert bis heute

Deine Anschauung der Dinge in geziemender Form zu unterrichten; das Resultat jedoch war derartig, daß es mich aufrichtig erschüttert hat. Du bist ein erwachsenes Mädchen und befindest Dich in einer so ernsten Lebenslage, daß ich nicht anstehen darf, Dir die Folgen namhaft zu machen, die ein leichtfertiger Schritt Deinerseits nach sich ziehen kann. Herr Gr. nämlich brach bei meinen Worten in Verzweiflung aus, indem er rief, so sehr liebe er Dich und so wenig könne er Deinen Verlust verschmerzen, daß er willens sei, sich das Leben zu nehmen, wenn Du auf Deinem Entschlusse bestündest. Da ich das, was Du mir von einer anderen Neigung schreibst, nicht ernst nehmen kann, so bitte ich Dich, Deine Erregung über den zugesandten Ring zu bemeistern und alles noch einmal bei Dir selbst mit Ernst zu erwägen. Meiner christlichen Überzeugung nach, liebe Tochter, ist es des Menschen Pflicht, die Gefühle eines anderen zu achten, und wir wissen nicht, ob Du nicht einst würdest von einem höchsten Richter dafür haftbar gemacht werden, daß der Mann, dessen Gefühle Du hartnäckig und kalt verschmähtest, sich gegen sein eigenes Leben versündigte. [...] – Wir sind, meine liebe Tochter, nicht *dafür* geboren, was wir mit kurzsichtigen Augen für unser eigenes, kleines, persönliches Glück halten, denn wir sind nicht lose, unabhängige und für sich bestehende Einzelwesen, sondern wie Glieder in einer Kette, und wir wären, so wie wir sind, nicht denkbar ohne die Reihe derjenigen, die uns vorangingen und uns die Wege wiesen, indem sie ihrerseits mit Strenge und ohne nach rechts und links zu blicken einer erprobten und ehrwürdigen Überlieferung folgten. Dein Weg, wie mich dünkt, liegt seit längeren Wochen klar und scharf abgegrenzt vor Dir, und Du müßtest nicht meine Tochter sein, nicht die Enkelin Deines in Gott ruhenden Großvaters und überhaupt nicht ein würdiges Glied unserer Familie, wenn Du ernstlich im Sinne hättest, Du allein, mit Trotz und Flattersinn Deine eignen, unordentlichen Pfade zu gehen. Dies, meine liebe Antonie, bitte ich Dich, in Deinem Herzen zu bewegen. [...]
   In treuer Liebe
   Dein Vater

[...] Tony setzte sich an den Sekretär, dessen Deckel zurückgeschoben war, faltete die Hände hinterm Kopf [...] Dicht beim Tintenfaß lag das wohlbekannte große Schreibheft [gemeint ist das Familienbuch, in das das Familienoberhaupt akribisch alle wesentlichen Ereignisse einträgt] mit gepreßtem Umschlag, goldenem Schnitt und verschiedenartigem Papier. Es musste noch gestern abend gebraucht worden sein, und ein Wunder nur, daß Papa es nicht wie gewöhnlich in der Ledermappe und in der besonderen Schublade dort hinten verschloßen hatte.

Sie nahm es, blätterte darin, geriet ins Lesen und vertiefte sich. [...] Für Tony war das nichts Neues; sie hatte sich manches Mal mit diesen Blättern beschäftigen dürfen. Aber noch niemals hatte ihr Inhalt einen Eindruck auf sie gemacht wie diesen Morgen. Die ehrerbietige Bedeutsamkeit, mit der hier auch die bescheidensten Tatsachen behandelt waren, die der Familiengeschichte angehörten, stiegen ihr zu Kopf. Sie stützte die Ellenbogen auf und las mit wachsender Hingebung, mit Stolz und Ernst. Auch in ihrer eigenen kleinen Vergangenheit fehlte kein Punkt. [...]

Sie lehnte sich aufatmend zurück, und ihr Herz pochte feierlich. Ehrfurcht vor sich selbst erfüllte sie, und das Gefühl persönlicher Wichtigkeit, das ihr vertraut war, durchrieselte sie, verstärkt durch den Geist, den sie soeben hatte auf sich wirken lassen, wie ein Schauer. »Wie ein Glied in einer Kette«, hatte Papa geschrieben ... ja, ja! Gerade als Glied dieser Kette war sie von hoher und verantwortungsvoller Bedeutung, – berufen, mit Tat und Entschluss an der Geschichte ihrer Familie mitzuarbeiten! [...] Tony blickte lange Zeit auf ihren Namen und auf den freien Raum dahinter. Und dann, plötzlich, mit einem Ruck, einem nervösen und eifrigen Mienenspiel – sie schluckte hinunter, und ihre Lippen bewegten sich einen Augenblick ganz schnell aneinander – ergriff sie die Feder, tauchte sie nicht, sondern stieß sie in das Tintenfaß und schrieb mit gekrümmtem Zeigefinger und tief auf die Schulter geneigtem, hitzigem Kopf, in ihrer ungelenken und schräg von links nach rechts emporfliegenden Schrift: »... Verlobte sich am 22. September 1845 mit Herrn Bendix Grünlich, Kaufmann zu Hamburg.«

A ■ Untersuchen Sie vergleichend das Vater-Tochter-Verhältnis in **T203** und **T206**.

B ■ Welches Liebes-/Partnerschaftskonzept entwickelt Tony, welches ihr Vater? Welches Konfliktpotenzial ergibt sich möglicherweise für Tony und ihren Vater?

C ■ Erstellen Sie eine Mind-Map zur Situation der bürgerlichen Frau im 18./19. Jahrhundert. Berücksichtigen Sie dabei folgende Aspekte: Gesellschaft, sozialer Stand, Bildung, Familie, Liebeskonzept.

Ein Thema bearbeiten in der Literatur vom 18. Jahrhundert bis heute

Väter und Söhne – eine konfliktreiche Beziehung

Was kann ich nach der Bearbeitung dieses Unterkapitels?
- Interdependenzen von gesellschaftlichem Status, Erziehungsmaximen und Entwicklungsmöglichkeiten der Heranwachsenden erkennen und benennen
- Den hohen Stellenwert sowie die Ambivalenz des bürgerlichen Leistungsbegriffs einschätzen
- Schulische und private Erziehungsideale und deren gesellschaftliche sowie familiäre Umsetzung im Epochenumbruch 1900 als literarische Konfliktpotenziale erkennen und bewerten
- Über Kenntnisse verfügen, wie diese Konflikte fiktionalisiert werden, d. h., wie Literatur diese Konflikte darstellt, gestaltet und vermittelt

Das bürgerliche Familienbild

INFO

Früher gab es den Begriff des »Hauses« oder des »Haushalts«, zu dem neben Vater, Mutter und Kindern auch die Großeltern, Verwandte und Gesinde gehörten. Mit dem Begriff des »Hauses« bzw. des »Haushalts« wurden nicht nur die personalen Beziehungen der Mitglieder des Hauses bezeichnet, sondern die Wirtschafts- und Erwerbsgemeinschaft unter der patriarchalischen Hoheit des Hausvaters. Der Begriff »Familie« hat sich in Deutschland erst zu Beginn des 18. Jh. eingebürgert und in der zweiten Hälfte des 18. Jahrhunderts grundlegend umgeformt. Die wirtschaftliche Komponente, die vorher noch mitspielte, wurde zurückgedrängt. Im Zuge der wirtschaftlichen Entwicklung trennten sich zuerst in der Schicht der Bürger Betrieb und Haushalt; Wohn- und Arbeitsstätte wurden getrennt. Der Rationalität des wirtschaftlichen Bereichs trat die Sentimentalität der Familie gegenüber. Man entschied sich für den Ehepartner aus Liebe, nicht aus wirtschaftlichen Überlegungen. Die Familie definierte sich durch ein emotionales Zusammengehörigkeitsgefühl, in dessen Geborgenheit und Intimität sich die menschliche Subjektivität der Familienmitglieder entfalten konnte. Familie wurde zum Bollwerk gegen eine feindliche Welt, Rückzugs- und Regenerationsraum, mit einer klaren Rollenverteilung: Der Vater war der Familienvorstand und Hauptenährer, die Mutter hatte die Aufgabe, den Haushalt zu führen und die Kinder zu erziehen. Sie war zuständig für die emotionalen Bedürfnisse und trug gleichzeitig Sorge für die Regeneration des Vaters von der Berufsarbeit. Die Kinder ordneten sich den Eltern unter und übernahmen die geschlechterspezifischen Rollenvorbilder.

A ■ Was unterscheidet den Begriff des »Hauses« von dem Begriff der »Familie«?

B ■ Welche Aufgaben hat die bürgerliche Familie?

■ Text 207

Buddenbrooks (1901) *Thomas Mann*

1861 wird Thomas' und Gerda Buddenbrooks Sohn Johann, gen. Hanno, geboren. Hanno ist von Geburt an kränklich; er ist äußerst sensibel und schüchtern und extrem musikalisch, was von seiner Mutter Gerda, die die Musik liebt und ausübt, gefördert wird. Thomas, der seit dem Tod seines Vaters 1855 mit 29 Jahren die Leitung der Firma Buddenbrook übernommen hat, wird 1862 zum Senator der Hansestadt Lübeck gewählt. Zum hundertjährigen Firmenjubiläum (1868) soll groß gefeiert werden.

Ein Thema bearbeiten in der Literatur vom 18. Jahrhundert bis heute

Zuvor aber galt es, dem Papa das Gedicht aufzusagen, das Gedicht, das er mit Ida [= Kindermädchen] auf dem Altan in der zweiten Etage sorgfältig erlernt ...

Er lehnte am Flügel, in seinem Kopenhagener Matrosenanzug mit dem breiten Leinwandkragen, dem weißen Halseinsatz und dem dicken Schifferknoten, der unter dem Kragen hervorquoll, die zarten Beine gekreuzt, Kopf und Oberkörper ein wenig abgewandt, in einer Haltung voll scheuer und unbewusster Grazie. Vor zwei oder drei Wochen war sein langes Haar ihm abgeschnitten worden, weil in der Schule nicht nur seine Kameraden, sondern auch seine Lehrer sich darüber lustig gemacht hatten. Aber auf dem Kopfe war es noch stark und weich gelockt und wuchs tief in die Schläfen und in die zarte Stirn hinein. Er hielt seine Lider gesenkt, dass die langen, braunen Wimpern auf die bläuliche Umschattung seiner Augen fielen, und seine geschlossenen Lippen waren ein wenig verzerrt.

Er wusste wohl, was geschehen würde. Er würde weinen müssen, vor Weinen dies Gedicht nicht beenden können, bei dem sich einem das Herz zusammenzog, wie wenn am Sonntag in der Marienkirche Herr Pfühl, der Organist, die Orgel auf eine gewisse, durchdringend feierliche Weise spielte ... weinen, wie es immer geschah, wenn man von ihm verlangte, daß er sich produziere, ihn examinierte, ihn auf seine Fähigkeit und Geistesgegenwart prüfte wie Papa das liebte. Hätte nur Mama lieber nichts von Aufregung gesagt! Es sollte eine Ermutigung sein, aber sie war verfehlt, das fühlte er. Da standen sie und sahen ihn an. Sie fürchteten und erwarteten, daß er weinen werde ... war es da möglich, nicht zu weinen? [...]

»Nun, mein Sohn, laß hören«, sagte der Senator kurz. Er hatte sich in einen Lehnsessel am Tische niedergelassen und wartete. Er lächelte durchaus nicht – heute so wenig wie sonst bei ähnlichen Gelegenheiten. Ernst, die eine Braue emporgezogen, maß er die Gestalt des kleinen Johann mit prüfendem, ja sogar kaltem Blick. Hanno richtete sich auf. Er strich mit der Hand über das glatt polierte Holz des Flügels, ließ einen scheuen Rundblick über die Anwesenden hingleiten, und ein wenig ermutigt durch die Milde, die ihm aus den Augen Großmamas und Tante Tony's entgegenleuchtete, sagte er mit leiser, ein wenig harter Stimme: »Schäfers Sonntagslied ... Von Uhland.«

»Oh, mein Lieber, das ist nichts!« rief der Senator. »Man hängt dort nicht am Klavier und faltet die Hände auf dem Bauche ... Frei stehen! Freisprechen! Das ist das erste. Hier stelle dich mal zwischen die Portieren! Und nun den Kopf hoch ... und die Arme ruhig hängen lassen ...«

Hanno stellte sich auf die Schwelle zum Wohnzimmer und ließ die Arme hängen. Gehorsam erhob er den Kopf, aber die Wimpern hielt er so tief gesenkt, dass nichts von seinen Augen zu sehen war. Wahrscheinlich schwammen schon Tränen darin.

»Das ist der Tag des Herrn«, sagte er ganz leise, und desto stärker klang die Stimme seines Vaters, der ihn unterbrach: »Einen Vortrag beginnt man mit einer Verbeugung, mein Sohn! Und dann viel lauter. Noch einmal, bitte! ›Schäfers Sonntagslied‹ ...«

Das war grausam, und der Senator wußte wohl, daß er dem Kinde damit den letzten Rest von Haltung und Widerstandskraft raubte. Aber der Junge sollte ihn sich nicht rauben lassen! Er sollte sich nicht beirren lassen! Er sollte Festigkeit und Männlichkeit gewinnen ... »Schäfers Sonntagslied ...!« wiederholte er unerbittlich und aufmunternd ...

Aber mit Hanno war es zu Ende. Sein Kopf hing tief auf der Brust, und seine kleine Rechte, die blass und mit bläulichen Pulsadern aus dem unten ganz engen, dunkelblauen, mit einem Anker bestickten Matrosenärmel hervorsah, zerrte krampfhaft an dem Brokatstoff der Portiere. »Ich bin allein auf weiter Flur«, sagte er noch, und dann war es endgültig aus. Die Stimmung des Verses ging mit ihm durch. Ein übergewaltiges Mitleid mit sich selbst machte, daß die Stimme ihm ganz und gar versagte, und dass die Tränen unwiderstehlich unter den Lidern hervorquollen. [...] »Nun, das ist kein Vergnügen!« sagte der Senator hart und gereizt und stand auf. »Worüber weinst du? Weinen könnte man darüber, daß du selbst an einem Tage wie heute nicht genug Energie aufbringen kannst, um mir eine Freude zu machen. Bist du denn ein kleines Mädchen? Was soll aus dir werden, wenn du so fortfährst? Gedenkst du dich später immer in Tränen zu baden, wenn du zu den Leuten sprechen sollst? ...«

Nie, dachte Hanno verzweifelt, nie werde ich zu den Leuten sprechen!

Ein Thema bearbeiten in der Literatur vom 18. Jahrhundert bis heute

■ Text 208

Unterm Rad (1903)   *Hermann Hesse*

Hans Giebenrath, ein sehr intelligenter und empfindsamer Junge, wächst allein bei seinem ehrgeizigen Vater in einer süddeutschen Kleinstadt auf. Als Einziger seiner Stadt besteht er als Zweitbester das Württembergische Landesexamen und bekommt ein Stipendium an der berühmten und strengen Elite-Klosterschule Maulbronn. Dort auch ein sehr begabter und anfangs erfolgreicher Außenseiter, freundet er sich mit dem rebellischen Hermann Heilner an, der nach Auffassung der Lehrer einen schlechten Einfluss auf Hans ausübt und bald vom Internat relegiert wird. Damit verliert Hans seinen einzigen Freund.

Hermann Hesse mit seiner Familie

Wie ein Hamster mit aufgespeicherten Vorräten, so erhielt sich Hans mit seiner früher erworbenen Gelehrsamkeit noch einige Frist am Leben. Dann begann ein peinliches Darben, durch kurze und kraftlose neue Anläufe unterbrochen, deren Hoffnungslosigkeit ihn schier selber lächerte. Er unterließ es nun, sich nutzlos zu plagen, warf den Homer dem Pentateuch und die Algebra dem Xenophon nach und sah ohne Aufregung zu, wie bei den Lehrern sein guter Ruf stufenweise herabsank, von gut auf ziemlich, von ziemlich auf mittelmäßig und endlich auf Null. Wenn er nicht Kopfweh hatte, was jetzt wieder die Regel war, so dachte er an Hermann Heilner, träumte seine leichten, großäugigen Träume und dämmerte stundenlang in Halbgedanken hin. Auf die sich mehrenden Vorwürfe aller Lehrer antwortete er neuerdings durch ein gutmütiges, demütiges Lächeln. Repetent Wüterich, ein freundlicher junger Lehrer, war der Einzige, dem dies hilflose Lächeln weh tat und der den aus der Bahn gekommenen Knaben mit einer mitleidigen Schonung behandelte. Die übrigen Lehrer waren über ihn entrüstet, straften ihn durch verächtliches Sitzenlassen oder versuchten gelegentlich, seinen eingeschlafenen Ehrgeiz durch ironisches Kitzeln aufzuwecken.

»Falls Sie gerade nicht schlafen sollten, darf ich Sie vielleicht ersuchen, diesen Satz zu lesen?« Vornehm indigniert war der Ephorus [= der Leiter der Klosterschule]. Der eitle Mann bildete sich viel auf die Macht seines Blickes ein und war außer sich, wenn Giebenrath seinem majestätisch drohenden Augenrollen immer wieder sein demütig ergebenes Lächeln entgegenhielt, das ihn allmählich nervös machte. »Lächeln Sie nicht so bodenlos stupid, Sie hätten eher Grund zu heulen.«

Mehr Eindruck machte ein väterlicher Brief, der ihn voll Entsetzen beschwor, sich zu bessern. Der Ephorus hatte an Vater Giebenrath geschrieben und dieser war heillos erschrocken. Sein Brief an Hans war eine Sammlung aller aufmunternden und sittlich entrüsteten Redensarten, über die der wackere Mann verfügte, und ließ doch, ohne es zu wollen, eine weinerliche Kläglichkeit durchscheinen, welche dem Sohn wehe tat.

Alle diese ihrer Pflicht beflissenen Lenker der Jugend, vom Ephorus bis auf den Papa Giebenrath, Professoren und Repetenten sahen in Hans ein Hindernis ihrer Wünsche, etwas Verstocktes und Träges, das man zwingen und mit Gewalt auf gute Wege zurückbringen müsse. Keiner, außer vielleicht jenem mitleidigen Repetenten, sah hinter dem hilflosen Lächeln des schmalen Knabengesichts eine untergehende Seele leiden und im Ertrinken angstvoll und verzweifelnd um sich blicken. Und keiner dachte etwa daran, daß die Schule und der barbarische Ehrgeiz eines Vaters und einiger Lehrer dieses gebrechliche Wesen so weit gebracht hatten. Warum hatte er in den empfindlichsten und gefährlichsten Knabenjahren täglich bis in die Nacht hinein arbeiten müssen? Warum hatte man ihm seine Kaninchen weggenommen, ihn den Kameraden in der Lateinschule mit Absicht entfremdet, ihm Angeln und Bummeln verboten und ihm das hohle, gemeine Ideal eines schäbigen, aufreibenden Ehrgeizes eingeimpft? Warum hatte man ihm selbst nach dem Examen die wohlverdienten Ferien nicht gegönnt? Nun lag das überhetzte Rößlein am Weg und war nicht mehr zu brauchen.

Ein Thema bearbeiten in der Literatur vom 18. Jahrhundert bis heute

■ Text 209

Der Sohn (1914)   *Walter Hasenclever*

Der Sohn hat sein Abitur nicht bestanden und bittet seinen Vater darum, ihn von der Schule zu nehmen. Das Drama endet mit der Tötung des Vaters durch den Sohn.

Der Vater tritt ein.
Der Sohn *(geht ihm einen Schritt entgegen)*
   Guten Abend, Papa!
Der Vater *(sieht ihn an, ohne ihm die Hand zu reichen, eine Weile)* Was hast du mir zu sagen?
Der Sohn Ich habe mein Examen nicht bestanden. Diese Sorge ist vorbei.
Der Vater Mehr weißt du nicht? Musste ich deshalb zurückkehren?
Der Sohn Ich bat dich darum – denn ich möchte mit dir reden, Papa.
Der Vater So rede!
Der Sohn Ich sehe in deinen Augen die Miene des Schafotts. Ich fürchte, du wirst mich nicht verstehn.
Der Vater Erwartest du noch ein Geschenk von mir, weil sich die Faulheit gerächt hat?
Der Sohn Ich war nicht faul, Papa …
Der Vater *(geht zum Bücherschrank und wirft höhnisch die Bücher um)* Anstatt diesen Unsinn zu lesen, solltest du lieber deine Vokabeln lernen. Aber ich weiß schon – Ausflüchte haben dir nie gefehlt. Immer sind andere schuld. Was tust du den ganzen Tag? Du singst und deklamierst – sogar im Garten und noch abends im Bett. Wie lange willst du auf der Schulbank sitzen? All deine Freunde sind längst fort. Nur du bist der Tagedieb in meinem Haus.
Der Sohn *(geht hin zum Schrank und stellt die Bücher wieder auf)* Dein Zorn galt Heinrich von Kleist *(Er berührt das Buch zärtlich.)*; der hat dir nichts getan. – Welchen Maßstab legst du an?
Der Vater Bist du schon Schiller oder Matkowsky? Meinst du, ich hörte dich nicht? Aber diese Bücher und Bilder werden verschwinden. Auch auf deine Freunde werde ich ein Auge werfen. Das geht nicht so weiter. Ich habe kein Geld gespart, um dir vorwärtszuhelfen; ich habe dir Lehrer gehalten und Stunden geben lassen. Du bist eine Schande für mich!
Der Sohn Was hab ich verbrochen? Hab ich Wechsel gefälscht?
Der Vater Lass diese Phrasen. Du wirst meine Strenge fühlen, da du auf meine Güte nicht hörst.
Der Sohn Papa, ich hatte anders gedacht heute vor dir zu stehn. Fern von Güte und Strenge, auf jener Waage mit Männern, wo der Unterschied unseres Alters nicht mehr wiegt. Bitte, nimm mich ernst, denn ich weiß wohl, was ich sage! Du hast über meine Zukunft bestimmt. Ein Sessel blüht mir in Ehren auf einem Amtsgericht. Ich muss dir meine Ausgaben aufschreiben – ich weiß. Und die ewige Scheibe dieses Horizontes wird mich weiterkreisen, bis ich mich eines Tages versammeln darf zu meinen Vätern.
Ich gestehe, ich habe bis heute darüber nicht nachgedacht, denn die Spanne bis zum Ende meiner Schule erschien mir weiter als das ganze Leben. Nun aber bin ich durchgefallen – und ich begann zu sehn. Ich sah mehr als du, Papa, verzeih.
Der Vater Welche Sprache!
Der Sohn Eh du mich prügelst, bitte, hör mich zu Ende. Ich erinnre mich gut der Zeit, als du mich mit der Peitsche die griechische Grammatik gelehrt hast. Vor dem Schlaf im Nachthemd, da war mein Körper den Striemen näher! Ich weiß noch, wie du mich morgens überhörtest, kurz vor der Schule; in Angst und Verzweiflung musst ich zu Hause lernen, wenn sie längst schon begonnen hatte. Wie oft hab ich mein Frühstück erbrochen, wenn ich blutig den langen Weg gerannt bin! Selbst die Lehrer hatten Mitleid und bestraften mich nicht mehr. Papa – ich habe alle Scham und Not ausgekostet. Und jetzt nimmst du mir meine Bücher und meine Freunde, und in kein Theater darf ich gehn, zu keinem Menschen und in keine Stadt. Jetzt nimmst du mir von meinem Leben das Letzte und Ärmste, was ich noch habe.
Der Vater Wer nicht arbeitet, soll auch nicht essen. Sei froh, dass ich dich nicht längst aus dem Hause gejagt.
Der Sohn Hättest du es getan, ich wäre ein Stück mehr Mensch, als ich bin.
Der Vater Du bist noch mein Sohn, und ich muss die Verantwortung tragen. Was du später mit deinem Leben tust, geht mich nichts an. Heute habe ich zu sorgen, dass ein Mensch aus dir wird, der sein Brot verdient, der etwas leistet.

Ein Thema bearbeiten in der Literatur vom 18. Jahrhundert bis heute

A ■ Bilden Sie drei Gruppen mit jeweils drei Kontrollgruppen. Untersuchen Sie je einen der drei Textauszüge. Tragen Sie Ihre Ergebnisse in die unten stehende Tabelle ein.

B ■ Vergleichen Sie anhand der Ergebnisse in der Tabelle die drei Textauszüge miteinander: Welcher gesellschaftliche Wertekanon wird deutlich?

C ■ Vergleichen Sie die im Info-Kasten (S. 319) genannten Strukturen der bürgerlichen Familie mit den hier geschilderten Vater-Sohn-Verhältnissen.

D₁ ■ Erarbeiten Sie eine szenische Lesung zu T209, finden Sie sich in die Rollen ein und präsentieren Sie sie der Gruppe.

D₂ ■ Wie könnte der Konflikt aus T209 weitergehen? Schreiben Sie eine Szene, die auf diese Szene folgt.

D₃ ■ Aktualisieren Sie die vorliegende Szene hinsichtlich des Inhalts und der Sprache.

Text	Erwartungen des Vaters	Verhalten des Vaters / der Lehrer	Lebensentwurf des Sohnes	Konfliktpotenzial
»Buddenbrooks«				
»Unterm Rad«				
»Der Sohn«				

■ Text 210
Brief an den Vater (1919)   *Franz Kafka*

Der Vater-Sohn-Konflikt ist bestimmend für Kafkas Werk und erscheint als Hintergrundfolie hinter vielen seiner Texte, als Ursituation für die Auseinandersetzung mit autoritären Instanzen. Der Frontalangriff gegen die väterliche Autorität nährt sich aus dem Zorn gegen die jahrhundertealten patriarchalischen Traditionen.

Kafka befindet sich im Jahr 1919 in einer existenziellen Lebenskrise: Als Schriftsteller meint er, versagt zu haben, und sein zweites großes Lebensziel, die Gründung einer Familie, war wiederholt gescheitert. Der über 100 Seiten lange Brief sollte, nach seinem Biografen und Freund, Max Brod, dem Vater durch die Mutter übergeben werden, ihn wirklich erreichen und sollte eine Klärung der schwierigen Beziehung zu seinem Vater herbeiführen. Jedoch kam es nie zu einer Aushändigung an den Vater und es gibt auch keinen Hinweis darauf, ob die Mutter den Brief gelesen hat. Auch wenn der Brief wie ein autobiographisches Dokument erscheint, spricht vieles für seinen literarischen Status.

Liebster Vater,

Du hast mich letzthin einmal gefragt, warum ich behaupte, ich hätte Furcht vor Dir. Ich wusste Dir, wie gewöhnlich, nichts zu antworten, zum Teil eben aus der Furcht, die ich vor Dir habe, zum Teil deshalb, weil zur Begründung dieser Furcht zu viele Einzelheiten gehören, als dass ich sie im Reden halbwegs zusammenhalten könnte. Und wenn ich hier versuche, Dir schriftlich zu antworten, so wird es doch nur sehr unvollständig sein, weil auch im Schreiben die Furcht und ihre Folgen mich Dir gegenüber behindern und weil die Größe des Stoffs über mein Gedächtnis und meinen Verstand weit hinausgeht.

Dir hat sich die Sache immer sehr einfach dargestellt, wenigstens soweit Du vor mir und, ohne Auswahl, vor vielen andern davon gesprochen hast. Es schien Dir etwa so zu sein: Du hast Dein ganzes Leben lang schwer gearbeitet, alles für Deine Kinder, vor allem für mich geopfert, ich habe infolgedessen »in Saus und Braus« gelebt, habe vollständige Freiheit gehabt zu lernen was ich wollte, habe keinen Anlass zu Nahrungssorgen, also zu Sorgen überhaupt gehabt; Du hast dafür keine Dankbarkeit verlangt, Du kennst »die Dankbarkeit der Kinder«, aber doch wenigstens irgendein Entgegenkommen, Zeichen eines Mitgefühls; statt dessen habe ich mich seit jeher vor Dir verkrochen, in mein Zimmer, zu Büchern, zu verrückten Freunden, zu überspannten

Ein Thema bearbeiten in der Literatur vom 18. Jahrhundert bis heute

Ideen; offen gesprochen habe ich mit Dir niemals, in den Tempel bin ich nicht zu Dir gekommen, in Franzensbad habe ich Dich nie besucht, auch sonst nie Familiensinn gehabt, um das Geschäft und Deine sonstigen Angelegenheiten habe ich mich nicht gekümmert, die Fabrik habe ich Dir aufgehalst und Dich dann verlassen, Ottla habe ich in ihrem Eigensinn unterstützt und während ich für Dich keinen Finger rühre (nicht einmal eine Theaterkarte bringe ich Dir), tue ich für Freunde alles. Fasst Du Dein Urteil über mich zusammen, so ergibt sich, dass Du mir zwar etwas geradezu Unanständiges oder Böses nicht vorwirfst (mit Ausnahme vielleicht meiner letzten Heiratsabsicht), aber Kälte, Fremdheit, Undankbarkeit. Und zwar wirfst Du es mir so vor, als wäre es meine Schuld, als hätte ich etwa mit einer Steuerdrehung das Ganze anders einrichten können, während Du nicht die geringste Schuld daran hast, es wäre denn die, dass Du zu gut zu mir gewesen bist.

Diese Deine übliche Darstellung halte ich nur so weit für richtig, dass auch ich glaube, Du seist gänzlich schuldlos an unserer Entfremdung. Aber ebenso gänzlich schuldlos bin auch ich. Könnte ich Dich dazu bringen, dass Du das anerkennst, dann wäre – nicht etwa ein neues Leben möglich, dazu sind wir beide viel zu alt, aber doch eine Art Friede, kein Aufhören, aber doch ein Mildern Deiner unaufhörlichen Vorwürfe. [...]

Ich sage ja natürlich nicht, dass ich das, was ich bin, nur durch Deine Einwirkung geworden bin. Das wäre sehr übertrieben (und ich neige sogar zu dieser Übertreibung). Es ist sehr leicht möglich, dass ich, selbst wenn ich ganz frei von Deinem Einfluss aufgewachsen wäre, doch kein Mensch nach Deinem Herzen hätte werden können. Ich wäre wahrscheinlich doch ein schwächlicher, ängstlicher, zögernder, unruhiger Mensch geworden, weder Robert Kafka noch Karl Hermann, aber doch ganz anders, als ich wirklich bin, und wir hätten uns ausgezeichnet miteinander vertragen können. Ich wäre glücklich gewesen, Dich als Freund, als Chef, als Onkel, als Großvater, ja selbst (wenn auch schon zögernder) als Schwiegervater zu haben. Nur eben als Vater warst Du zu stark für mich, besonders da meine Brüder klein starben, die Schwestern erst lange nachher kamen, ich also den ersten Stoß ganz allein aushalten musste, dazu war ich viel zu schwach. [...]

Ich war ein ängstliches Kind; trotzdem war ich gewiss auch störrisch, wie Kinder sind; gewiss verwöhnte mich die Mutter auch, aber ich kann nicht glauben, dass ich besonders schwer lenkbar war, ich kann nicht glauben, dass ein freundliches Wort, ein stilles Bei-der-Hand-Nehmen, ein guter Blick mir nicht alles hätten abfordern können, was man wollte. Nun bist Du ja im Grunde ein gütiger und weicher Mensch (das Folgende wird dem nicht widersprechen, ich rede ja nur von der Erscheinung, in der Du auf das Kind wirktest), aber nicht jedes Kind hat die Ausdauer und Unerschrockenheit, so lange zu suchen, bis es zu der Güte kommt. Du kannst ein Kind nur so behandeln, wie Du eben selbst geschaffen bist, mit Kraft, Lärm und Jähzorn, und in diesem Falle schien Dir das auch noch überdies deshalb sehr gut geeignet, weil Du einen kräftigen mutigen Jungen in mir aufziehen wolltest.

Deine Erziehungsmittel in den allerersten Jahren kann ich heute natürlich nicht unmittelbar beschreiben, aber ich kann sie mir etwa vorstellen durch Rückschluss aus den späteren Jahren und aus Deiner Behandlung des Felix. Hiebei kommt verschärfend in Betracht, dass Du damals jünger, daher frischer, wilder, ursprünglicher, noch unbekümmerter warst als heute und dass Du außerdem ganz an das Geschäft gebunden warst, kaum einmal des Tages Dich mir zeigen konntest und deshalb einen umso tieferen Eindruck auf mich machtest, der sich kaum je zur Gewöhnung verflachte.

Direkt erinnere ich mich nur an einen Vorfall aus den ersten Jahren. Du erinnerst Dich vielleicht auch daran. Ich winselte einmal in der Nacht immerfort um Wasser, gewiss nicht aus Durst, sondern wahrscheinlich teils um zu ärgern, teils um mich zu unterhalten. Nachdem einige starke Drohungen nicht geholfen hatten, nahmst Du mich aus dem Bett, trugst mich auf die Pawlatsche und ließest mich dort allein vor der geschlossenen Tür ein Weilchen im Hemd stehn. Ich will nicht sagen, dass das unrichtig war, vielleicht war damals die Nachtruhe auf andere Weise wirklich nicht zu verschaffen, ich will aber damit Deine Erziehungsmittel und ihre Wirkung auf mich charakterisieren. Ich war damals nachher wohl schon folgsam, aber ich hatte einen inneren Schaden davon. Das für mich Selbstverständliche des sinnlosen Ums-Wasser-Bittens und das außerordentlich Schreckliche des Hinausgetragenwerdens konnte ich meiner Natur nach niemals in die richtige Verbindung bringen. Noch nach Jahren litt ich unter der quälenden Vorstellung, dass der riesige Mann, mein Vater, die letzte Instanz, fast ohne Grund kommen und mich in der Nacht aus dem Bett auf die Pawlatsche tragen konnte und dass ich also ein solches Nichts für ihn war.

Das war damals ein kleiner Anfang nur, aber dieses mich oft beherrschende Gefühl der Nichtigkeit (ein in anderer Hinsicht allerdings auch edles und fruchtbares Gefühl) stammt vielfach von Deinem Einfluss. Ich hätte ein wenig Aufmunterung, ein wenig Freundlichkeit, ein wenig Offenhalten meines Wegs gebraucht, stattdessen verstelltest Du mir ihn, in der guten Absicht freilich, dass ich einen anderen Weg gehen sollte. Aber dazu taugte ich nicht. Du muntertest mich zum Beispiel auf, wenn ich gut salutierte und marschierte, aber ich war kein künftiger Soldat, oder Du muntertest mich auf, wenn ich kräftig essen oder sogar Bier dazu trinken konnte, oder wenn ich unverstandene Lieder nachsingen oder Deine Lieblingsredensarten Dir nachplappern konnte, aber nichts davon gehörte zu meiner Zukunft. […].

Damals und damals überall hätte ich die Aufmunterung gebraucht. Ich war ja schon niedergedrückt durch Deine bloße Körperlichkeit. Ich erinnere mich zum Beispiel daran, wie wir uns öfters zusammen in einer Kabine auszogen. Ich mager, schwach, schmal, Du stark, groß, breit. Schon in der Kabine kam ich mir jämmerlich vor, und zwar nicht nur vor Dir, sondern vor der ganzen Welt, denn Du warst für mich das Maß aller Dinge. Traten wir dann aber aus der Kabine vor die Leute hinaus, ich an Deiner Hand, ein kleines Gerippe, unsicher, bloßfüßig auf den Planken, in Angst vor dem Wasser, unfähig Deine Schwimmbewegungen nachzumachen, die Du mir in guter Absicht, aber tatsächlich zu meiner tiefen Beschämung immerfort vormachtest, dann war ich sehr verzweifelt und alle meine schlimmen Erfahrungen auf allen Gebieten stimmten in solchen Augenblicken großartig zusammen. Am wohlsten war mir noch, wenn Du Dich manchmal zuerst auszogst und ich allein in der Kabine bleiben und die Schande des öffentlichen Auftretens so lange hinauszögern konnte, bis Du endlich nachschauen kamst und mich aus der Kabine triebst. Dankbar war ich Dir dafür, dass Du meine Not nicht zu bemerken schienest, auch war ich stolz auf den Körper meines Vaters. Übrigens besteht zwischen uns dieser Unterschied heute noch ähnlich. […]

Die Unmöglichkeit des ruhigen Verkehrs hatte noch eine weitere eigentlich sehr natürliche Folge: ich verlernte das Reden. Ich wäre ja wohl auch sonst kein großer Redner geworden, aber die gewöhnlich fließende menschliche Sprache hätte ich doch beherrscht. Du hast mir aber schon früh das Wort verboten. Deine Drohung: »kein Wort der Widerrede!« und die dazu erhobene Hand begleiten mich schon seit jeher. Ich bekam vor Dir – Du bist, sobald es um Deine Dinge geht, ein ausgezeichneter Redner – eine stockende, stotternde Art des Sprechens, auch das war Dir noch zu viel, schließlich schwieg ich, zuerst vielleicht aus Trotz, dann, weil ich vor Dir weder denken noch reden konnte. Und weil Du mein eigentlicher Erzieher warst, wirkte das überall in meinem Leben nach. Es ist überhaupt ein merkwürdiger Irrtum, wenn Du glaubst, ich hätte mich Dir nie gefügt. »Immer alles contra« ist wirklich nicht mein Lebensgrundsatz Dir gegenüber gewesen, wie Du glaubst und mir vorwirfst. Im Gegenteil: hätte ich Dir weniger gefolgt, Du wärest sicher viel zufriedener mit mir. Vielmehr haben alle Deine Erziehungsmaßnahmen genau getroffen; keinem Griff bin ich ausgewichen; so wie ich bin, bin ich (von den Grundlagen und der Einwirkung des Lebens natürlich abgesehen) das Ergebnis Deiner Erziehung und meiner Folgsamkeit. Dass dieses Ergebnis Dir trotzdem peinlich ist, ja dass Du Dich unbewusst weigerst, es als Dein Erziehungsergebnis anzuerkennen, liegt eben daran, dass Deine Hand und mein Material einander so fremd gewesen sind. Du sagtest: »Kein Wort der Widerrede!« und wolltest damit die Dir unangenehmen Gegenkräfte in mir zum Schweigen bringen, diese Einwirkung war aber für mich zu stark, ich war zu folgsam, ich verstummte gänzlich, verkroch mich vor Dir und wagte mich erst zu regen, wenn ich so weit von Dir entfernt war, dass Deine Macht, wenigstens direkt, nicht mehr hinreichte. Du aber standst davor, und alles schien Dir wieder »contra« zu sein, während es nur selbstverständliche Folge Deiner Stärke und meiner Schwäche war.

Deine äußerst wirkungsvollen, wenigstens mir gegenüber niemals versagenden rednerischen Mittel bei der Erziehung waren: Schimpfen, Drohen, Ironie, böses Lachen und – merkwürdigerweise – Selbstbeklagung. […] Das Schimpfen verstärktest Du mit Drohen, und das galt nun auch schon mir. Schrecklich war mir zum Beispiel dieses: »Ich zerrei-

Ein Thema bearbeiten in der Literatur vom 18. Jahrhundert bis heute

ße Dich wie einen Fisch«, trotzdem ich ja wusste, dass dem nichts Schlimmeres nachfolgte (als kleines Kind wusste ich das allerdings nicht), aber es entsprach fast meinen Vorstellungen von Deiner Macht, dass Du auch das imstande gewesen wärest. Schrecklich war es auch, wenn Du schreiend um den Tisch herumliefst, um einen zu fassen, offenbar gar nicht fassen wolltest, aber doch so tatest und die Mutter einen schließlich scheinbar rettete. Wieder hatte man einmal, so schien es dem Kind, das Leben durch Deine Gnade behalten und trug es als Dein unverdientes Geschenk weiter. Hierher gehören auch die Drohungen wegen der Folgen des Ungehorsams. Wenn ich etwas zu tun anfing, was Dir nicht gefiel, und Du drohtest mir mit dem Misserfolg, so war die Ehrfurcht vor Deiner Meinung so groß, dass damit der Misserfolg, wenn auch vielleicht erst für eine spätere Zeit, unaufhaltsam war. Ich verlor das Vertrauen zu eigenem Tun. Ich war unbeständig, zweifelhaft. Je älter ich wurde, desto größer war das Material, das Du mir zum Beweis meiner Wertlosigkeit entgegenhalten konntest; allmählich bekamst Du in gewisser Hinsicht wirklich recht. Wieder hüte ich mich zu behaupten, dass ich nur durch Dich so wurde; Du verstärktest nur, was war, aber Du verstärktest es sehr, weil Du eben mir gegenüber sehr mächtig warst und alle Macht dazu verwendetest. [...]

Richtiger trafst Du mit Deiner Abneigung mein Schreiben und was, Dir unbekannt, damit zusammenhing. Hier war ich tatsächlich ein Stück selbstständig von Dir weggekommen, wenn es auch ein wenig an den Wurm erinnerte, der, hinten von einem Fuß niedergetreten, sich mit dem Vorderteil losreißt und zur Seite schleppt. Einigermaßen in Sicherheit war ich, es gab ein Aufatmen; die Abneigung, die Du natürlich auch gleich gegen mein Schreiben hattest, war mir hier ausnahmsweise willkommen. Meine Eitelkeit, mein Ehrgeiz litten zwar unter Deiner für uns berühmt gewordenen Begrüßung meiner Bücher: »Legs auf den Nachttisch!« (meistens spieltest Du ja Karten, wenn ein Buch kam), aber im Grunde war mir dabei doch wohl, nicht nur aus aufbegehrender Bosheit, nicht nur aus Freude über eine neue Bestätigung meiner Auffassung unseres Verhältnisses, sondern ganz ursprünglich, weil jene Formel mir klang wie etwa: »Jetzt bist Du frei!« Natürlich war es eine Täuschung, ich war nicht oder allergünstigsten Falles noch nicht frei.

Mein Schreiben handelte von Dir, ich klagte dort ja nur, was ich an Deiner Brust nicht klagen konnte. Es war ein absichtlich in die Länge gezogener Abschied von Dir, nur dass er zwar von Dir erzwungen war, aber in der von mir bestimmten Richtung verlief. Aber wie wenig war das alles! Es ist ja überhaupt nur deshalb der Rede wert, weil es sich in meinem Leben ereignet hat, anderswo wäre es gar nicht zu merken, und dann noch deshalb, weil es mir in der Kindheit als Ahnung, später als Hoffnung, noch später oft als Verzweiflung mein Leben beherrschte und mir – wenn man will, doch wieder in Deiner Gestalt – meine paar kleinen Entscheidungen diktierte.

A ▪ Welche Funktion könnte der Brief für den Absender (gehabt) haben?
Begründen Sie Ihre Thesen. Ziehen Sie Ihre Kenntnisse weiterer Kafka-Texte hinzu.

B ▪ Welches Vater-Bild wird hier entwickelt? Arbeiten Sie mit Begriffen wie Macht – Abhängigkeit – Sprache des Vaters. Wie ist die Rolle des Sohnes?

C₁ ▪ Suchen Sie Parallelen in anderen Kafka-Texten derselben Grundkonstellation.

C₂ ▪ Inwieweit ist die Vater-Figur überindividuell als Symbol für eine überholte autoritär strukturierte Gesellschaft zu deuten, an der sich viele Autoren der Jahrhundertwende abarbeiten? Finden Sie ähnliche Textbeispiele derselben Zeit.

C₃ ▪ Stellen Sie sich vor, der Vater hätte den Brief wirklich erhalten: Verfassen Sie eine Antwort des Vaters. Überlegen Sie vorher, ob Sie sich rechtfertigen oder sich entschuldigen wollen.

Schwüle Tage (1904) *Eduard von Keyserling*

Schon die Eisenbahnfahrt von der Stadt nach Fernow, unserem Gute, war ganz so schwermütig, wie ich es erwartet hatte. Es regnete ununterbrochen, ein feiner, schief niedergehender Regen, der den Sommer geradezu auszulöschen schien. Mein Vater und ich waren allein im Coupé. Mein Vater sprach nicht mit mir, er übersah mich. Den Kopf leicht gegen die Seitenlehne des Sessels gestützt, schloss er die Augen, als schlafe er. Und wenn er zuweilen die schweren Augenlider mit den langen, gebogenen Wimpern aufschlug und mich ansah, dann zog er die Augenbrauen empor, was ein Zeichen der Verachtung war. Ich saß ihm gegenüber, streckte meine Beine lang aus und spielte mit der Quaste des Fensterbandes. Ich fühlte mich sehr klein und elend. Ich war im Abiturientenexamen durchgefallen, ich weiß nicht durch welche Intrige der Lehrer. Bei meinen bald achtzehn Jahren war das schlimm. Nun hieß es, ich wäre faul gewesen, und statt mit Mama und den Geschwistern am Meere eine gute Ferienzeit zu haben, musste ich mit meinem Vater allein nach Fernow, um angeblich Versäumtes nachzuholen, während er seine Rechnungen abschloss und die Ernte überwachte. Nicht drüben mit den anderen sein zu dürfen, war hart; eine glatt verlorene Ferienzeit. Schlimmer noch war es, allein mit meinem Vater den Sommer verbringen zu müssen. Wir Kinder empfanden vor ihm stets große Befangenheit. Er war viel auf Reisen. Kam er heim, dann nahm das Haus gleich ein anderes Aussehen an. Etwas erregt Festliches kam in das Leben, als sei Besuch da. Zu Mittag mussten wir uns sorgsamer kleiden, das Essen war besser, die Diener aufgeregter. Es roch in den Zimmern nach ägyptischen Zigaretten und starkem, englischen Parfüm. Mama hatte rote Flecken auf den sonst so bleichen Wangen. Bei Tisch war von fernen, fremden Dingen die Rede, Ortsnamen wie Obermustafa kamen vor, Menschen, die Pellavicini hießen. Es wurde viel Französisch gesprochen, damit die Diener es nicht verstehen. Ungemütlich war es, wenn mein Vater seine graublauen Augen auf einen von uns richtete. Wir fühlten es, dass wir ihm missfielen. Gewöhnlich wandte er sich auch ab, zog die Augenbrauen empor und sagte zu Mama: »Mais c'est impossible, comme il mange, ce garçon!« Mama errötete dann für uns. Und jetzt sollte ich einen ganzen Sommer hindurch mit diesem mir so fremden Herrn allein sein, Tag für Tag allein ihm gegenüber bei Tisch sitzen! Etwas Unangenehmeres war schwer zu finden.

Ich betrachtete meinen Vater. Schön war er, das wurde mir jetzt erst deutlich bewusst. Die Züge waren regelmäßig, scharf und klar. Der Mund unter dem Schnurrbart hatte schmale, sehr rote Lippen. Auf der Stirn, zwischen den Augenbrauen, standen drei kleine, aufrechte Falten, wie mit dem Federmesser hineingeritzt. Das blanke Haar lockte sich, nur an den Schläfen war es ein wenig grau. Und dann die Hand, schmal und weiß, wie eine Frauenhand. Am Handgelenk klirrte leise ein goldenes Armband. Schön war das alles, aber Gott! wie ungemütlich! Ich mochte gar nicht hinsehn. Ich schloss die Augen. War denn für diesen Sommer nirgends Aussicht auf eine kleine Freude? Doch! Die Warnower waren da, nur eine halbe Stunde von Fernow. Dort wird ein wenig Ferienluft wehn; dort war alles so hübsch und weich. [...]

»Hat man etwas schlecht gemacht, so nimmt man sich zusammen und trägt die Konsequenzen«, hörte ich meinen Vater sagen. Erschrocken öffnete ich die Augen. Mein Vater sah mich gelangweilt an, gähnte diskret und meinte: »Es ist wirklich nicht angenehm, ein Gegenüber zu haben, das immer seufzt und das Lamm, das zur Schlachtbank geführt wird, spielt. Also – etwas tenue – wenn ich bitten darf.«

Ich war entrüstet. In Gedanken hielt ich lange, unehrerbietige Reden: »Es ist gewiss auch nicht angenehm, ein Gegenüber zu haben, das einen immer von oben herunter anschaut, das, wenn es etwas sagt, nur von widrigen Dingen spricht. Ich habe übrigens jetzt gar nicht an das dumme Examen gedacht. An Gerda habe ich gedacht und ich wünsche darin nicht gestört zu werden.« Jetzt hielt der Zug. Station Fernow! – »Endlich«, sagte mein Vater, als sei ich an der langweiligen Fahrt schuld.

Es hatte aufgehört zu regnen. Die Linden um das kleine Stationsgebäude herum waren blank und tropften. Über den nassen Bahnsteig zog langsam eine Schar Enten. Mägde standen am Zaun und starrten den Zug an. Es roch nach Lindenblüten, nach feuchtem Laub. Das alles erschien mir traurig genug. Da stand auch schon die Jagddroschke mit den Füchsen. Klaus nickte mir unter der großen Tressenmütze mit seinem verwitterten Christusgesichte zu. Der alte Konrad band die Koffer auf. »Lustig, Grafchen«, sagte

Ein Thema bearbeiten in der Literatur vom 18. Jahrhundert bis heute

er, »schad nichts.« Merkwürdig, wir tun uns selber dann am meisten leid, wenn die andern uns trösten. Ich hätte über mich weinen können, als Konrad das sagte. »Fertig«, rief mein Vater. Wir fuhren ab. Die Sonne war untergegangen, der Himmel klar, bleich und glashell. [...] Beruhigt und weit lag das Land in der Sommerdämmerung da, und doch schien es mir, als versteckten sich in diese Schatten und diese Stille Träume und Möglichkeiten, die das Blut heiß machten.

»Bandags in Warnow müssen wir besuchen«, sagte mein Vater. »Aber der Verkehr mit den Verwandten darf nicht Dimensionen annehmen, die dich von den Studien abhalten. Das Studium geht vor.« Natürlich! das musste gesagt werden, jetzt gerade, da ein angenehmes, geheimnisvolles Gefühl anfing, mich meine Sorgen vergessen zu lassen.

Es dunkelte schon, als wir vor dem alten, einstöckigen Landhause mit dem großen Giebel hielten. Die Mamsell stand auf der Treppe, zog ihr schwarzes Tuch über den Kopf und machte ein ängstliches Gesicht. Die freute sich auch nicht über unser Kommen. Die Zimmerflucht war still und dunkel. Trotz der geöffneten Fenster roch es feucht nach unbewohnten Räumen. Heimchen hatten sich eingenistet und schrillten laut in den Wänden. Mich fröstelte ordentlich. Im Esssaal war Licht. Mein Vater rief laut nach dem Essen. Trina, das kleine Stubenmädchen, von jeher ein freches Ding, lachte mich an und flüsterte: »Unser Grafchen ist unartig gewesen, muss nu bei uns bleiben?« Die Examengeschichte war also schon bis zu den Stubenmädchen gedrungen. [...] Mein Vater tat, als sei ich nicht da. Er trank viel Portwein, sah gerade vor sich hin, wie in eine Ferne. Zuweilen schien es, als wollte er lächeln, dann blinzelte er mit den langen Wimpern. Es war recht unheimlich!

A ■ Analysieren Sie die Beziehung zwischen Vater und Sohn in diesem Textauszug. Achten Sie auf die Struktur des Textauszugs, auf sprachliche Details und auf das Kommunikationsverhalten beider.

■ Text 212
Jugend- und Adoleszenzroman (1999)   *Carsten Gansel*

Noch im klassischen Bildungs- und Entwicklungsroman werden Kindheit und Jugend als Vorstufen für eine geglückte Integration in die Erwachsenenwelt interpretiert. Der literarische Held macht einen Entwicklungsprozess durch, der letztlich zu einer Annäherung seiner hoch gesteckten Ansprüche an jene der gesellschaftlichen Wirklichkeit führt. In den Schülerromanen der Jahrhundertwende funktioniert das Muster der Einpassung nicht mehr, vielmehr kommt es zum Bruch mit der bürgerlichen Gesellschaft. [...] Identitätsbildung und Sinnfindung sind unter den gegebenen Umständen nicht mehr möglich. Steht im Bildungsroman mit dem Ende der »Wanderjahre« die Einheit von Individuum und Gesellschaft in Aussicht, mündet in den Adoleszenzromanen der unlösbare Konflikt im tragischen Ende, ja in der Katastrophe. Insofern drückt der Adoleszenzroman die Krise der zeitgenössischen bürgerlichen Gesellschaft aus, die eine Identitätsfindung im klassischen Sinne nicht mehr möglich macht. Als bevorzugter Schauplatz/Raum für die gestalteten Adoleszenzkrisen fungiert die Schule, die auf diese Weise symbolische Bedeutung erlangt. In der Schule als literarischem Ort ballen sich gewissermaßen die gesellschaftlichen Widersprüche und treten prototypische Merkmale des klassischen Adoleszenzromans zutage. [...]

A ■ Erörtern Sie die These, dass der Adoleszenzroman die »Krise der zeitgenössischen bürgerlichen Gesellschaft« ausdrücke, »die eine Identitätsfindung im klassischen Sinne nicht mehr möglich« mache. Sammeln Sie in Partnerarbeit Argumente bzw. Gegenargumente zur Verifizierung bzw. Falsifizierung dieser These. Formulieren Sie Ihre gewählten Argumente aus und belegen Sie diese auch mit Beispielen aus der Literatur.

B ■ Was haben Sie bisher über das Wechselverhältnis von gesellschaftlichen Bedingungen, Werten und Normen der repräsentativen gesellschaftlichen Schicht und dem literarisch gestalteten Konflikt zwischen Vätern und Söhnen gelernt? Überlegen Sie sich eine angemessene Darstellung Ihrer Überlegungen.

C ■ Vergleichen Sie das Vater-Tochter-Verhältnis mit dem Vater-Sohn-Verhältnis: Welche Rollen übernehmen jeweils die Väter? Welche Unterschiede bzw. Gemeinsamkeiten können Sie feststellen?

Ein Thema bearbeiten in der Literatur vom 18. Jahrhundert bis heute

Krise der Familie – Familie in der Krise?

> **Was kann ich nach der Bearbeitung dieses Unterkapitels?**
> - Moderne, problematische Familienkonstellationen erkennen und darstellen
> - Kommunikationsschwierigkeiten und Identitätsausbildung als interdependente Konfliktpotenziale beschreiben
> - Familien- und Rollenbilder als gesellschaftlich veränderbare und historisch verortete Modelle erkennen und bewerten
> - Die wechselseitige Bedingtheit von Thematik und formaler Darstellung analysieren

■ Text 213
Das Muschelessen (1990) *Birgit Vanderbeke*

Die Erzählung spielt innerhalb von drei Stunden an einem Abend, als eine Familie auf die Rückkehr des Vaters von einer Dienstreise wartet. Der Vater wünscht, dass seine Beförderung mit seinem Lieblingsessen, Miesmuscheln, gefeiert wird.

Ich bin mir aber nie sicher gewesen, ob es das Allererstrebenswerteste auf der Welt sei, mich abends um halb sechs jeden Tag umstellen zu müssen, mir hat es besser gefallen, wenn mein Vater auf einer Dienstreise war, das Umstellen ist mir unangenehm gewesen und peinlich, ihres und unseres auch, es mussten sich ja alle umstellen, wenn mein Vater nach Hause kam, damit das Ganze eine richtige Familie war, wie mein Vater das nannte, weil er keine Familie gehabt hat, dafür hat er die genauesten Vorstellungen davon entwickelt, was eine richtige Familie ist, und er hat ausgesprochen empfindlich werden können, wenn man dagegen verstieß. Aber jetzt ist er es selber gewesen, der dagegen verstoßen hat, als er um sieben Uhr immer noch nicht zur Tür herein war, das Feierabendgesicht von meiner Mutter ist reichlich nutzlos gewesen, und im Topf haben die Muscheln wieder angefangen, dieses Geräusch zu machen. Nur mein Bruder hat noch mächtigen Appetit auf Pommes Frites mit Muscheln gehabt, wir beiden anderen sind appetitlos gewesen und gereizt. Das kam vom Warten. Wenn mein Vater um sechs Uhr gekommen wäre, wäre es uns auch nicht aufgefallen, dass das Umstellen auf meinen Vater nutzlos und lächerlich war. Meine Mutter hat kurz nach sieben gesagt, es wird doch hoffentlich nichts passiert sein, und aus reiner Bosheit habe ich darauf gesagt, und wenn schon, weil ich plötzlich fand, dass mein Vater ein Spielverderber wäre, vielmehr ein Stimmungsverderber, auf einmal habe ich mir gewünscht, dass er nicht mehr zurückkäme, obwohl, wie gesagt, eine Stunde zuvor es ganz selbstverständlich gewesen ist, dass er nach Hause kommt und sagt, na, wie bin ich, weil er erfolgreich gewesen wäre, so sehr waren wir darauf eingestellt. Meine Mutter hat mich zwar angesehen, aber nicht so entsetzt, wie ich erwartet hatte, sondern mit schräggelegtem Kopf, dann hat sie gelächelt und gesagt, nun, wir werden sehen, und es hat nicht so geklungen, als würde sie es verwunderlich oder schlimm finden, wenn er jetzt einfach nicht käme, und langsam sind wir alle drei nicht mehr ganz überzeugt gewesen, dass er gleich kommen würde, [...] Hinterher haben wir uns gefragt, ob wir da schon wussten, was los war, aber natürlich konnten wir es nicht wissen, wir haben die ganze Zeit mit gedämpfter Stimme gesprochen, weil wir noch immer denken mussten, jeder Moment kann die Tür aufgehen, und er steht da und hat uns erwischt, wie wir über ihn reden, und das ist nun wirklich ungehörig; statt uns auf ihn zu freuen und auf ihn zuzuspringen, sitzen wir da wie ertappt, weil wir über ihn reden, und das hat keiner gewollt und außerdem hat es sich keiner getraut, weil er ausgesprochen empfindlich und ungemütlich sein konnte, hinter dem Rücken tuscheln konnte er auf den Tod nicht leiden, aber nachdem ich gesagt hatte und wenn schon, und wenn ihm nun was passiert ist, wirklich aus purer Bosheit, weil meine Mutter sich schon auf ihn umgestellt hatte, aber sie nicht darauf entsetzt getan, sondern gesagt hatte, wir werden sehen, danach, weil es so geklungen hatte, als würde es auch nicht so

Ein Thema bearbeiten in der Literatur vom 18. Jahrhundert bis heute

sehr schlimm finden, haben wir uns überlegt, was wir machen würden, wenn er jetzt einfach nicht käme, und es hat sich bald herausgestellt, dass mein Bruder und ich es besser fänden, wenn er nicht käme, am besten überhaupt nicht mehr käme, weil es uns keinen Spaß mehr machte, eine richtige Familie, wie er es nannte, zu sein, in Wirklichkeit, haben wir gefunden, waren wir keine richtige Familie, alles in dieser Familie drehte sich nur darum, dass wir so tun mussten, als ob wir eine richtige Familie wären, wie mein Vater sich eine Familie vorgestellt hat, weil er keine gehabt hat und so nicht wusste, was eine richtige Familie ist, wovon er jedoch die genauesten Vorstellungen entwickelt hatte, und die setzten wir um, während er im Büro saß, dabei wären wir gern verwildert, statt eine richtige Familie zu sein. [...]

■ Text 214

Das Blütenstaubzimmer (1997)   *Zoë Jenny*

Die Ich-Erzählerin Jo wächst bei ihrem Vater auf, nachdem sich ihre Eltern früh getrennt haben und die Mutter Lucy mit einem Maler in ein südliches Land zieht. Nach dem Abitur beschließt die Ich-Erzählerin, ihre Mutter, die sie 12 Jahre nicht gesehen hat, zu besuchen. Der Maler ist inzwischen gestorben und die Mutter hat einen neuen Geliebten, Vito.

Lucy öffnet weit die Gartentür für Vito[1]. Er bemerkt mich. Lucy bleibt neben dem Rosenbusch stehen und zwinkert mir verschwörerisch zu, als er, »Aha, die kleine Schwester« rufend, mit ausgestreckter Hand über die Distanz von der Gartentür bis zum Liegestuhl eilig auf mich zusteuert. Er überschüttet mich gleich mit Fragen, während er mit kaum spürbarem Druck meine Hand hält und mich anblickt mit kleinen, von unzähligen winzigen Falten umgebenen Augen. Lucy hat den Tisch im Garten gedeckt und trägt das Essen in großen Schüsseln heran. Vito will wissen, was ich arbeite. Da ich auf solche Fragen nicht vorbereitet bin, sage ich geradeheraus, ich sei bei der Post und sortiere Briefe. Seine Augen scheinen dabei noch kleiner zu werden, scheinen beinahe zu verschwinden in einem Nest aus winzigen Falten. Lucy schöpft das Essen in die Teller und sagt lachend, das mit der Post sei nur vorübergehend, denn ich würde nächstes Jahr mit dem Studium beginnen. »Natürlich«, sagt Vito und lächelt jetzt, und wir stoßen an mit dem Wein, der viel zu warm ist, weil sich an diesem Abend die Hitze angestaut hat, schwer in der Luft lagert, nirgendwohin entweichen kann und die Haut und alles, was man anfasst, mit einem feuchten klebrigen Film überzieht. Die roten Geranienköpfe hängen von der Brüstung des Klosters herunter, obwohl sie vor wenigen Minuten bewässert wurden. Vito erzählt, er sei Hotelier und ungeheuer beschäftigt, er baue gerade eine Kette von neuen Hotels für das Jahr zweitausend, in dem die hunderttausend Pilger erwartet werden. Einige der Hotels seien schon jetzt ausgebucht, bevor sie überhaupt stünden. »Für diese Menschenströme müssen wir gerüstet sein«, sagt er immer wieder und atmet dabei wie ein schnaubendes Flusspferd durch die Nase. Vito und Lucy reden während des ganzen Essens so viel und schnell, dass ich bald, zugeschüttet von ihren Wörtern, taubstumm am Tisch sitze und aufgebe, der Unterhaltung zu folgen. Vito öffnet beim Reden den Mund, dass man die Vorderzähne sehen kann, eine Reihe kleiner weißer Stummel. Ununterbrochen fällt er Lucy ins Wort, was sie aber überhaupt nicht zu stören scheint, denn jedes Mal nickt sie dabei voller Zustimmung, lässt sich bereitwillig einlullen von seiner Stimme und dem sauberen hellen Klang seines in regelmäßigen Abständen aufschnappenden Feuerzeuges. Kleine glitzernde Schweißtröpfchen haben sich auf Vitos Stirn und Nasenspitze gebildet. Plötzlich rückt er seinen Stuhl näher zu Lucy und sitzt nun direkt vor den Friedhofspappeln, die hinter ihm aufragen, als wüchsen sie aus seinem Kopf. Hastig stehe ich auf, räume den Tisch ab und verschwinde so schnell wie möglich.

In der Küche höre ich von fern ihre Stimmen, ihre immer lauter und aufgeregter werdenden Stimmen, die sich allmählich einpuppen und gemeinsam einen Kokon aus Wörtern bilden. Und Lucys Kichern in Vitos Lachen hinein, in dieses hingeworfene Lachen, das keine Freude in sich birgt; nur eingepflanzte, satt gewordene Zufriedenheit. [...]

Heute ist Lucys fünfundvierzigster Geburtstag. Mit einem Tablett mit dem Frühstück drauf gehe ich in ihr Zimmer. Auf ihrem Bett liegt ein zerknülltes Laken.

---

1 *Vito:* der neue Freund der Mutter

Ein Thema bearbeiten in der Literatur vom 18. Jahrhundert bis heute

Der Garten ist erst dann richtig schön, hat Lucy einmal gesagt, wenn neben der Treppe, die in den Garten führt, ein Feigenbaum steht. Mit dem Bus fahre ich ins nächste Dorf.

Ein wenig außerhalb, an einer Autostraße, gibt es ein Pflanzengeschäft. In einer Betonhalle stehen Bäume in tönernen Töpfen. Vor einem jungen Feigenbaum bleibe ich stehen. Über dem Stamm, schwächlich wie ein abgemagertes Bein, wachsen die Feigenblätter nach allen Seiten hin. »Ein schöner Baum«, sagt die Verkäuferin, die hinter einem Gestrüpp hervorkommt und eine Gießkanne in der Hand hält.

»Und er wird groß«, sie stellt die Gießkanne auf den Boden und macht eine Bewegung mit dem Arm. »Feigenbäume können bis zu zehn Meter hoch werden.«

Die Verkäuferin bindet ihn mit einer Schnur zusammen. Auf der Schulter trage ich ihn hinaus. [...]

Die Erde im Garten ist brüchig, aber der Baum steht. Er hat jetzt die Größe eines Haselstrauches, und die Früchte sind noch klein und hart. Es ist Abend, und obwohl wir nichts verabredet haben, denke ich, dass Lucy jetzt hier sein müsste. Ich überlege, ob sie später kommen wird, weil sie in einen der unvermeidlichen Staus geraten ist. In spätestens zwei Stunden fährt sie durch das Tor. Ich werde dort hingehen und sie empfangen, und morgen früh, während ich noch schlafe, wird sie in den Garten gehen und mit einem Freudenschrei, durch den ich dann aufwachen werde, den Feigenbaum entdecken. Mit diesem Gedanken im Kopf verlasse ich das Haus. [...]

Das Klingeln der Hausglocke wirft mich aus einem traumlosen Schlaf. Taumelnd eile ich die Treppe hinunter und öffne die Tür. Der Postbote drückt mir eine Postkarte und ein Paket in die Hand. Die Karte ist von Lucy, die Luftaufnahme einer Insel im Indischen Ozean. Sie schreibt, Vito habe sie völlig überraschend zu dieser Reise eingeladen. Sie nütze die Gelegenheit, einmal *richtig* auszuspannen. Ich könne ins Haus einladen, wen ich wolle. Wann sie zurückkommt, das steht nirgends. Das Paket ist von Vater, er hat ein Buch geschickt. Ohne es anzuschauen, lege ich es beiseite. In dem dem Paket beiliegenden Brief steht, dass er jetzt zu Anna und Paulin aufs Land gezogen sei. Er teilt mir seine neue Adresse mit. Er hoffe, ich kehre bald zurück. [...]

■ Text 215

Tschick (2010)   *Wolfgang Herrndorf*

Die meisten haben sich erst mal an dem Wort Urlaub festgehalten. Da rudert die Kleinfamilie an der Côte d'Azur rum, und dann geraten sie vollkommen überraschend in einen höllischen Sturm und rufen »o Gott« und werden gerettet und so. Und so was hätte ich natürlich auch schreiben können. Aber als ich über diesem Aufsatz saß, fiel mir als Erstes ein, dass wir die letzten drei Jahre schon nicht mehr in den Urlaub gefahren waren, weil mein Vater die ganze Zeit seinen Bankrott vorbereitete. Was mich nie gestört hatte, so gern bin ich mit meinen Eltern auch wieder nicht in Urlaub gefahren. [...]

Jedenfalls hab ich die ganzen Sommerferien im Keller gesessen und geschnitzt. Und das waren tolle Sommerferien, viel besser als Urlaub. Meine Eltern waren fast nie zu Hause. Mein Vater fuhr von Gläubiger zu Gläubiger, und meine Mutter war auf der Beautyfarm. Und da hab ich dann eben auch den Aufsatz drüber geschrieben: Mutter und die Beautyfarm. Reizwortgeschichte von Maik Klingenberg.

In der nächsten Stunde durfte ich sie vorlesen. Oder musste. Ich wollte ja nicht. Svenja war zuerst dran, und die hat diesen Quatsch mit der Côte d'Azur vorgelesen, den Schürmann wahnsinnig toll fand, und dann hat Kevin nochmal das Gleiche vorgelesen, nur dass die Côte d'Azur jetzt die Nordsee war, und dann kam ich. Mutter auf der Schönheitsfarm. Die ja nicht wirklich eine Schönheitsfarm war. Obwohl meine Mutter tatsächlich immer etwas besser aussah, wenn sie von dort zurückkam. Aber eigentlich ist es eine Klinik. Sie ist ja Alkoholikerin. Sie hat Alkohol getrunken, solange ich denken kann, aber der Unterschied ist, dass es früher lustiger war. Normal wird vom Alkohol jeder lustig, aber wenn das eine bestimmte Grenze überschreitet, werden die Leute müde oder aggressiv, und als meine Mutter dann wieder mit dem Küchenmesser durch die Wohnung lief, stand ich mit meinem Vater oben auf der Treppe, und mein Vater hat gefragt: »Wie wär's mal wieder mit der Beautyfarm?« [...]

Früher hat meine Mutter viel Tennis gespielt. Mein Vater auch, aber nicht so gut. Der eigentliche Crack in der Familie war meine Mutter. Als sie noch fit war, hat sie jedes Jahr die Vereinsmeisterschaf-

Ein Thema bearbeiten in der Literatur vom 18. Jahrhundert bis heute

ten gewonnen. Und auch mit einer Flasche Wodka intus hat sie die noch gewonnen, aber das ist eine andere Geschichte. Jedenfalls war ich schon als Kind immer mit ihr auf dem Platz. Meine Mutter hat auf der Vereinsterrasse gesessen und Cocktails getrunken mit Frau Weber und Frau Osterthun und Herrn Schuback und dem ganzen Rest. Und ich hab unterm Tisch gesessen Und mit Autos gespielt, und die Sonne hat geschienen. [...]

Ich hatte keine Lust, nach Hause zu gehen. Ich wollte nicht, dass es ein Tag wie alle anderen war. Ein besonders beschissener Tag. Ich brauchte eine Ewigkeit. Als ich die Tür aufschloss, war niemand da. Ein Zettel lag auf dem Tisch: *Essen im Kühlschrank*. Ich packte meine Sachen aus, guckte kurz in mein Zeugnis, legte die Beyoncé-CD ein und kroch unter meine Bettdecke. Ich konnte mich nicht entscheiden, ob die Musik mich tröstete oder noch mehr deprimierte. Ich glaube, sie deprimierte mich noch mehr. [...]

Zu Hause stand ich stundenlang unter der Dusche. Danach fühlte ich mich etwas besser, etwa so wie ein Schiffbrüchiger, der wochenlang auf dem Atlantik treibt, und dann kommt ein Kreuzfahrtschiff vorbei und jemand wirft eine Dose Red Bull runter und das Schiff fährt weiter – so ungefähr.

Unten ging die Haustür.

»Was liegt das da draußen rum?«, brüllte mein Vater.

Ich versuchte, ihn zu ignorieren, aber es war schwierig.

»Soll das da liegen bleiben?«

Er meinte das Werkzeug. Also ging ich wieder runter, nachdem ich in den Spiegel geguckt hatte, ob meine Augen noch rot waren, und als ich unten ankam, stand ein Taxifahrer vor der Tür und kratzte sich im Schritt.

»Geh rauf und sag deiner Mutter Bescheid«, sagte mein Vater. »Hast du dich überhaupt schon verabschiedet? Du hast nicht mal dran gedacht, oder? Los, geh! Geh!«

Er schubste mich die Treppe rauf. Ich war sauer. Aber mein Vater hatte leider recht. Ich hatte das mit meiner Mutter komplett vergessen. Die letzten Tage hatte ich es immer noch gewusst, aber in der Aufregung heute hatte ich es vergessen. Meine Mutter musste wieder für vier Wochen in die Klinik.

Sie saß im Schlafzimmer im Pelzmantel vor dem Spiegel, und sie hatte sich nochmal ordentlich aufgetankt. In der Klinik gab es ja nichts. Ich half ihr hoch und trug ihren Koffer runter. Mein Vater trug den Koffer zum Taxi, und kaum war das Taxi weg, telefonierte er ihr gleich hinterher, als ob er sich wahnsinnig Sorgen um sie machen würde. Aber das war nicht der Fall, wie sich bald rausstellte. Meine Mutter war noch keine halbe Stunde weg, da kam mein Vater auf mein Zimmer und hatte dieses Dackelgesicht, und dieses Dackelgesicht bedeutet: Ich bin dein Vater. Und ich muss mit dir über was Wichtiges sprechen. Was nicht nur dir unangenehm ist, sondern auch mir. [...]

»Ich erfahre gerade, dass ich einen Geschäftstermin habe«, sagte er, als würde ihn das selbst am meisten verwirren. Tiefe Dackelfurchen auf der Stirn. Er redete ein bisschen rum, aber die Sache war ganz einfach. Die Sache war, dass er mich vierzehn Tage allein lassen wollte.

Ich machte ein Gesicht, das ausdrücken sollte, dass ich ungeheuer schwer darüber nachdenken musste, ob ich diese Hiobsbotschaft verkraften konnte. Konnte ich das verkraften? Vierzehn Tage allein in dieser feindlichen Umwelt aus Swimmingpool, Klimaanlage, Pizzadienst und Videobeamer? Ja, doch, ich nickte betrübt, ich könnte es versuchen, ja, ich würde es wahrscheinlich überleben.

Das Dackelgesicht entspannte sich nur kurz. Ich hatte es wohl etwas übertrieben.

»Und dass du keinen Scheiß machst! Glaub nicht, dass du Scheiß machen kannst. Ich lass dir zweihundert Euro hier, die liegen schon unten in der Schale, und wenn irgendwas ist, rufst du sofort an.«

»Bei deinem Geschäftstermin.«

»Ja, bei meinem Geschäftstermin.« Er sah mich wütend an.

Am Nachmittag machte er wieder scheinbesorgte Anrufe bei meiner Mutter, und noch während er mit ihr telefonierte, kam seine Assistentin, um ihn abzuholen. Ich ging sofort runter, um zu gucken, ob es immer noch die gleiche war. Diese Assistentin ist nämlich extrem gut aussehend, und sie ist nur ein paar Jahre älter als ich, also neunzehn vielleicht. Und sie lacht immer. Sie lacht wahnsinnig viel. [...]

Sie stieg nur mit Shorts und einem knalligen Pullover aus dem Auto, und es war völlig klar, was für eine Sorte Geschäftsreise das werden sollte. Der Pullover war so eng, dass man praktisch alle Details sehen konnte. Okay fand ich immerhin, dass mein Vater gar nicht erst versuchte, irgendein großes Theater abzuziehen. Hatte er eigentlich auch nicht nötig. Zwischen meinen Eltern war so weit alles klar. Meine

Mutter wusste, was mein Vater machte. Und mein Vater wusste auch, was meine Mutter machte. Und wenn sie allein waren, schrien sie sich an.

Was ich lange nicht begriff, war, warum sie sich nicht scheiden ließen. Eine Weile hatte ich mir eingebildet, ich wäre der Grund dafür. Oder das Geld. Aber irgendwann kam ich zu dem Schluss, dass sie sich gern anschrien. Dass sie gerne unglücklich waren. Das hatte ich irgendwo in einer Zeitschrift gelesen: dass es Leute gibt, die gerne unglücklich sind. Also die glücklich sind, wenn sie unglücklich sind. Wobei ich zugeben muss, dass ich das nicht ganz kapiert hab. Irgendwas daran leuchtete mir sofort ein. Aber irgendwas leuchtete mir auch nicht ein.

Und eine bessere Erklärung ist mir für meine Eltern noch nicht eingefallen. Ich hab wirklich viel darüber nachgedacht, ich hab am Ende richtig Kopfschmerzen bekommen vom Nachdenken. […]

»Er begreift es nicht.« Mein Vater drehte sich zu meiner Mutter um und sagte: »Er begreift es nicht, er ist zu dumm!«

Ich saß auf einem Stuhl, und er saß mir gegenüber auf einem Stuhl und beugte sich so weit vor, dass sein Gesicht direkt vor meinem Gesicht war und seine Knie von außen gegen meine drückten, und ich konnte bei jedem Wort, das er schrie, sein Rasierwasser riechen. Aramis. Geschenk von meiner Mutter, zum hundertsiebzigsten Geburtstag.

»Du hast mächtig Scheiße gebaut, ist dir das klar!«

Ich antwortete nicht. Was sollte ich antworten? Klar war mir das klar. Und er sagte es ja auch nicht zum ersten, sondern zum ungefähr hundertsten Mal heute, und was er jetzt noch von mir hören wollte, wusste ich nicht.

Er sah meine Mutter an, und meine Mutter hustete.

»Ich glaube schon, dass er's begreift«, sagte sie. Sie rührte mit dem Strohhalm im Amaretto rum.

Mein Vater packte mich an den Schultern und schüttelte mich. »Weißt du, wovon ich rede? Sag gefälligst was!«

»Was soll ich denn sagen? Ich hab doch ja gesagt, ja, es ist mir klar. Ich hab's verstanden.«

»Gar nichts hast du verstanden! Gar nichts ist dir klar! Er denkt, es geht um Worte. Ein Idiot!«

»Ich bin kein Idiot, nur weil ich zum hundertsten Mal –«

Zack, scheuerte er mir eine.

»Josef, lass doch.« Meine Mutter versuchte aufzustehen, verlor aber sofort das Gleichgewicht und ließ sich zurück in den Sessel neben der Amarettoflasche sinken.

Mein Vater beugte sich ganz dicht zu mir vor. Er zitterte vor Aufregung. Dann verschränkte er die Arme vor der Brust, und ich versuchte mit meinem Gesicht eine Art Zerknirschung auszudrücken, weil mein Vater das vermutlich erwartete und weil ich wusste, dass er die Arme nur verschränkte, weil er kurz davor war, mir noch eine zu scheuern. Bis dahin hatte ich einfach nur gesagt, was ich dachte. Ich wollte nicht lügen. Diese Zerknirschung war die erste Lüge, die ich mir an diesem Tag leistete, um die Sache abzukürzen.

»Ich weiß, dass wir Scheiße gebaut haben, und ich weiß –«

Mein Vater holte mit dem Arm aus, und ich zog den Kopf ein. Diesmal brüllte er aber nur: Nein, nein, nein! Ihr habt überhaupt keine Scheiße gebaut, du Vollidiot! Dein asiger Russenfreund hat Scheiße gebaut! Und du bist so dämlich, dich da reinziehen zu lassen. Du bist doch allein zu blöd, um an unserem Auto den Rückspiegel zu verstellen!«, rief mein Vater, und ich machte ein genervtes Gesicht, weil ich ihm schon ungefähr zehntausend Mal erklärt hatte, wie es wirklich gewesen war, auch wenn er's nicht hören wollte.

»Glaubst du, du bist allein auf der Welt? Glaubst du, das fällt nicht auf uns zurück? Was meinst du, wie ich jetzt dasteh? Wie soll ich den Leuten Häuser verkaufen, wenn mein Sohn ihre Autos klaut?«

»Du verkaufst doch eh keine Häuser mehr. Deine Firma ist doch –«

Zack, krachte es in mein Gesicht, und ich fiel zu Boden. Alter Finne. Auf der Schule heißt es ja immer, Gewalt ist keine Lösung. Aber Lösung mein Arsch. Wenn man einmal so eine Handvoll in der Fresse hat, weiß man, dass das sehr wohl eine Lösung ist.

Meine Mutter schrie, ich rappelte mich auf, und mein Vater sah zu meiner Mutter und dann irgendwo in den Raum, und dann sagte er: »Klar. Ganz klar. Ist auch egal. Setz dich. Ich hab gesagt, setz dich, du Idiot. Und hör genau zu. Du hast nämlich gute Chancen, mit einem blauen Auge davonzukommen. Das weiß ich vom Schuback. Außer du stellst dich so dämlich an wie jetzt und erzählst dem Richter, wie toll du ein Auto kurzschließen kannst mit der Dreißig auf die Fünfzig und holla-holla. Das machen die gern beim Jugendgericht, dass sie das Verfahren gegen einen einstellen, damit er als Zeuge gegen den

Ein Thema bearbeiten in der Literatur vom 18. Jahrhundert bis heute

anderen aussagen muss. Und normal bist du derjenige, gegen den das Verfahren eingestellt wird, außer du bist zu scheißedämlich. Aber verlass dich drauf: Dein asiger Russe ist nicht so dämlich wie du. Der kennt das schon. Der hat schon eine richtige kriminelle Karriere hinter sich, Ladendiebstahl mit seinem Bruder, Schwarzfahren, Betrug und Hehlerei. Ja, da guckst du. Die ganze asige Sippschaft ist so. Hat er dir natürlich nicht erzählt. Und der hat auch kein solches Elternhaus vorzuweisen, der lebt in der Scheiße. In seiner Sieben-Quadratmeter-Scheiße, wo er auch hingehört. Der kann froh sein, wenn er in ein Heim kommt. Aber die können den auch abschieben, sagt der Schuback. Und der wird morgen versuchen, um jeden Preis seine Haut zu retten – ist dir das klar? Der hat seine Aussage schon gemacht. Der gibt dir die ganze Schuld. Das ist immer so, da gibt jeder Idiot dem anderen die Schuld.«

»Und das soll ich also auch machen?«

»Das sollst du nicht, das wirst du machen. Weil sie dir nämlich glauben. Verstehst du? Du kannst von Glück sagen, dass der Typ von der Jugendgerichtshilfe hier so begeistert war. Wie der das Haus gesehen hat. Wie der allein den Pool gesehen hat! Das hat er ja auch gleich gesagt, dass das hier ein Elternhaus ist mit den besten Möglichkeiten und allem Pipapo.« Mein Vater drehte sich zu meiner Mutter um, und meine Mutter linste in ihr Glas. »Du bist da reingerissen wo dem von diesem russischen Asi. Und das erzählst du dem Richter, egal, was du der Polizei vorher erzählt hast, capisce? Capisce?«

»Ich erzähl dem Richter, was passiert ist«, sagte ich. »Der ist doch nicht blöd.«

Mein Vater starrte mich ungefähr vier Sekunden lang an. Das war das Ende. Ich sah noch das Blitzen in seinen Augen, dann sah ich erst mal nichts mehr. Die Schläge trafen mich überall, ich fiel vom Stuhl und rutschte auf dem Fußboden rum, die Unterarme vorm Gesicht. Ich hörte meine Mutter schreien und umfallen und «Josef!» rufen, und zuletzt lag ich so, dass ich zwischen meinen Armen heraus durchs Terrassenfenster sah. Ich spürte die Fußtritte immer noch, aber es wurden langsam weniger. Mein Rücken tat weh. Ich sah den blauen Himmel über dem Garten und schniefte. Ich sah den Sonnenschirm über der einsamen Liege im Wind. Daneben stand ein brauner Junge und fischte mit einem Kescher die Blätter aus dem Pool. Sie hatten den Inder wieder eingestellt.

Ein Thema bearbeiten in der Literatur vom 18. Jahrhundert bis heute

Generationenkonflikte in der Gegenwartsliteratur untersuchen

Aufgabeninsel

Weisen die literarischen Entwürfe der Epochenumbrüche des 18. und des 19. Jahrhunderts Generationenkonflikte als rollenspezifische Macht- und Autoritätskonflikte als Ausdruck unterschiedlicher Lebensentwürfe sowie unterschiedlicher Werte, die auf gesellschaftliche Brüche und Widersprüche hindeuten, auf, so finden sich in den Texten des Epochenumbruchs des 20. Jahrhunderts keine traditionellen rollenspezifischen Generationenkonflikte mehr. Vielmehr charakterisieren Sprachlosigkeit und Kommunikationsschwierigkeiten, Egoismus und Lieblosigkeit die Diskrepanzen innerhalb von immer als problematisch empfundenen Familienkonstellationen und Rollenbildern.

A ■ Beschreiben Sie in den drei Textauszügen (**T213** – **T215**) jeweils
- die Atmosphäre innerhalb der Familie,
- die psychische Befindlichkeit der jeweiligen Ich-Erzähler,
- das Verhältnis zu Vater und Mutter bzw. zum neuen Freund der Mutter.

B ■ Vergleichen Sie die formale sowie sprachliche Gestaltung der Textauszüge und die erzähltechnischen Mittel miteinander. Untersuchen Sie, wie sich in den drei Textauszügen die problematischen Familienverhältnisse und Unsicherheiten der Ich-Erzähler widerspiegeln.

C ■ Weisen Sie Gansels Thesen für den Adoleszenzroman des ausgehenden 20. Jahrhunderts (→ **T212**) an den obigen Textauszügen nach.

D ■ Erörtern Sie auf der Basis Ihrer Analyse-Ergebnisse und metatextlichen Kenntnisse die Lebenskonzepte/(Rollen-)Erwartungen der Jugendlichen in den drei Textauszügen.

E ■ Bilden Sie – nach Informationsrecherchen über die nachfolgend angegebenen Texte – Gruppen nach Interessensschwerpunkten. Untersuchen Sie in Ihrer Gruppe die bereits in Textauszügen in diesem Deutschbuch abgedruckten Romane von B. Vanderbeke: »Das Muschelessen«, F. C. Delius: »Der Sonntag, an dem ich Weltmeister wurde«, W. Herrndorf: »Tschick«, Z. Jenny: »Das Blütenstaubzimmer«, B. Schlink: »Der Vorleser«, H. U. Treichel: »Der Verlorene« (weitere Beispiele sind: H. Hegemann: »Axolotl Roadkill«, C. Hein: »Von allem Anfang an«, B. Vanderbeke: »Friedliche Zeiten«).

Folgende Untersuchungsaspekte bieten sich an:
- die Familienkonstellation, d. h. die Beziehung der Eltern zueinander, die Beziehung der Jugendlichen zu den Eltern / einem Elternteil,
- die Schwierigkeiten der Jugendlichen hinsichtlich ihrer Identitätsausbildung in Familie, Schule und peer-group,
- die Kommunikationsstrukturen,
- die Überwindung/Lösung der Konflikte,
- die jeweilige formal-sprachliche Gestaltung, das »Wie« der Darbietung.

Präsentieren Sie Ihre Ergebnisse in visualisierter Form. Wählen Sie eine Ihnen adäquat erscheinende Methode, z. B. einen Museumsgang.

F ■ Vergleichen Sie die Ergebnisse und formulieren Sie zentrale Thesen zur Situation der Familie in den Romanen der Gegenwart.

G₁ ■ Skizzieren Sie einen historischen Überblick über Schwerpunkte des Generationskonflikts in der Literatur vom Sturm und Drang bis heute und stellen Sie Ihre Ergebnisse grafisch dar.

G₂ ■ Erörtern Sie die These, dass die Auseinandersetzung mit Generationskonflikten ein entscheidendes Moment der Selbstfindung ist. Bilden Sie Arbeitsgruppen und sammeln Sie Argumente bzw. Gegenargumente zur Verifizierung bzw. Falsifizierung dieser These.

Ein Thema bearbeiten in der Literatur vom 18. Jahrhundert bis heute

■ Text 216

Generationskonflikte in der Literatur (2000)   *Klaus Michael Bogdal*

In den Erziehungs- und Sozialwissenschaften wird zumindest seit einigen Jahren ernsthaft über das Ende des Generationskonflikts diskutiert. Kulturelle Differenzen in deutlich voneinander abgegrenzten Jugendkulturen oder »Szenen« haben die traditionellen Generationengrenzen verwischt. Die Generationen nehmen sich ähnlich wahr wie altersbenachbarte Gruppierungen: als Milieus mit einem jeweils spezifischen Lebensstil, den man zur Kenntnis nimmt, ohne ihn verändern oder übernehmen zu wollen. Hinzu kommt, dass Jugendlichkeit zu einem Habitus in allen Generationen geworden ist und deshalb als Distinktionsmerkmal für das sozio-biologische Jugendalter zwischen 12 und 20 immer weniger taugt. Dir Pluralisierung der Lebensstile und die Durchgängigkeit habitueller Jugendlichkeit hat zu einer Verringerung der Konfliktpotenziale und einer Entdramatisierung des Generationskonflikts geführt. [...] Es ist allerdings zu fragen, ob die These der Entdramatisierung des Generationskonflikts auch für die beiden Orte zutrifft, an denen weiterhin generationsspezifische Interessen aufeinanderstoßen: in der Familie und der Schule. Wenn der Kampf um die kulturelle, soziale und politische Hegemonie einer einzigen Generation in der Gegenwart nicht mehr in der Form einer offenen und öffentlichen Auseinandersetzung stattfindet, verschwinden damit zugleich die »klassischen« sozio-psycho-biografischen Konstellationen wie der Vater-Sohn-, der Vater-Tochter- oder der Mutter-Tochter-Konflikt, von denen die Literatur seit der Antike ihre brisantesten Stoffe bezogen hatte – von der »Antigone« und »Ödipus« über »Hiltibrant enti Hatubrant« und »Hamlet« bis hin zu Kafkas »Urteil«? [...]

Seit dem 18. Jahrhundert galt der Generations*konflikt* als entscheidendes Element des Generationenverhältnisses: aus der Sicht der »Jungen« natürlich. Für sie bildete er eine Figur der Abgrenzung, der Konkurrenz, des Fortschritts. In der literarischen Entwicklung haben Generationsverhältnisse eine derart wichtige Rolle gespielt, dass sie bisweilen sogar gängige Epochenbezeichnungen beeinflusst haben: vom »Sturm und Drang« bis zu den »Achtundsechzigern«. Die Literatur der Jungen hat in solchen Konstellationen oftmals die Autorität der vorangegangenen Schriftstellergeneration umfassend bestritten, d. h. auch und vor allem in ästhetischen Fragen. Für die in den Werken dargestellten Konflikte lassen sich drei Ausgangssituationen festmachen:

■ die individuelle Entwicklung des Einzelnen (Adoleszenz),
■ die konkrete Identifikation mit der eigenen Lebensaltersgruppe und deren Lebensformen,
■ die Identifikation mit einer (selbst-) definierten Jugendgeneration. [...]

Zu der ersten sich generationsspezifisch artikulierenden literarischen Strömung zählt der nach einem Drama F. M. Klingers genannte »Sturm und Drang«. Um 1770 setzt sich bei Goethe, Herder, Klinger, Lenz u. a. die Vorstellung durch, dass die von Individualismus, Subjektivität und »natürlicher« Entwicklung geprägten Lebensentwürfe, die sie in einer »Gleichaltrigengruppe« verhandeln und erörtern, nicht ohne Konsequenzen für die künstlerische Produktion bleiben werden. Einmal für das Selbstverständnis als Dichter, der nun als geniales Subjekt verstanden wird, und zum zweiten für die Werke, die, um einzigartig und »eigenartig« zu sein, von regelgebundenen Formen befreit werden müssen. Goethes »Götz von Berlichingen« und »Die Leiden des jungen Werthers« gehören neben Gedichten wie dem »Prometheus« zu jenen Werken, die schon von den Zeitgenossen als jugendliche Rebellion wahrgenommen werden. In Schillers »Räuber« wird dann das Aufbegehren bühnenwirksam als Vater-Sohn- und damit als Generationskonflikt inszeniert. Es ist eine »patriarchalisch organisierte Gesellschaft«, in der die Generationsfolge als Machtkampf ausfantasiert wird. Der Angriff der im Kontext der damaligen Familienverhältnisse *erwachsenen* Söhne auf die Väter, aber auch der Konflikt zwischen Müttern bzw. Vätern und Töchtern wird entlang einer Linie geführt, die bis heute die literarischen Werke über Generationskonflikte durchzieht. Nach der Pädagogik der Aufklärung »unterscheidet sich der Erwachsene vom Kind« durch »die Kontrolle seiner Triebe«. [...]

Seit der Jahrhundertwende (bis zur nationalsozialistischen Jugendpolitik) vollzieht sich – beschleunigt durch die Modernisierungsschübe in allen wichtigen gesellschaftlichen Bereichen von der Ökonomie bis zur Familie – eine Autonomisierung jugendlichen Lebens. »Jugend« wird – vom Wandervogel bis zur Sozialistischen Jugend – zu einer spezifischen Lebensform, auf deren Grundlage sich eine eigene Jugendkultur herausbildet. [...]

Eine besondere Position nimmt die expressionistische Revolte ein. Einmal gehört sie in den Kontext der Umcodierung gesellschaftlicher Widersprüche und Probleme zu generationsspezifischen Konflikten, wie sie seit der Jahrhundertwende zu beobachten ist. Im Unterschied zu der im Umkreis der Jugendbewegung (vor allem dann in den zwanziger Jahren) entstehenden Literatur, die nicht selten eine autoritäre, hierarchisierte, männerbündische Jugendwelt entwirft, konzentrieren sich expressionistische Dramen [...] oder wichtige Erzählungen Franz Kafkas auf die – symbolische oder rituelle – Abrechnung mit der Welt der Väter: auch mit ihren Verboten, Tabus (Sexualität) und ihren Werten – eine Auseinandersetzung, die in den anderen Werken in dieser Form fehlt. Das destruktive, manchmal anarchische Moment der expressionistischen Texte – und das unterscheidet sie dann endgültig von ihrem literarischen Umfeld – gilt auch für die ästhetischen und poetologischen Dimensionen im gleichen Maße. Nach 1945 gab es zwar immer wieder Ansätze, literarische Erneuerungen nach dem Generationsschema zu denken. Dazu zählen Bezeichnungen wie die »Junge Generation« für die nach 1945 mit dem Schreiben beginnenden Schriftsteller, die »Achtundsechziger« oder neuerdings die »Generation Berlin«. Für die ersten zwanzig Jahre nach 1945 ist es nicht unproblematisch, von Generationskonflikten zu reden, da Krieg und Nationalsozialismus die Generationsstrukturen durch Tod, Vernichtung und Vertreibung partiell aufgelöst haben. Umso deutlicher wurde die von der ersten Nachkriegsgeneration getragene (globale) Jugendrevolte in den sechziger und siebziger Jahren wahrgenommen. Obwohl sie auf tief greifende politische und ökonomische Widersprüche zurückzuführen ist und den folgenden technologischen Wandel ankündigte, ist sie weitgehend als »Kulturrevolution«, d. h. als radikale Änderung der Lebensweise und deren ästhetischer Repräsentation wahrgenommen worden. Gilt die Jahrhundertwende als Geburtsstunde einer eigenständigen Jugendkultur, so »Achtundsechzig« als der Beginn der Ausdifferenzierung unterschiedlicher Jugendkulturen und der wachsender Bedeutung ästhetischer Momente. Achtundsechzig wurde in der Literatur zum Ausgangspunkt der Auseinandersetzung mit jener Vätergeneration (und später Müttergeneration), die Nationalsozialismus, Krieg und Holocaust mit zu verantworten hatte (Vesper, Meckel, Härtling).

Mit der Popliteratur der neunziger Jahre (B. von Stuckrad-Barre, Ch. Kracht) ist zwar eine generationsspezifische Literatur entstanden, die sich allerdings weder ästhetisch noch thematisch auf einen (ödipalen) Generationskonflikt zurückbezieht. Sie bietet die (narzisstische) Selbstbeschreibung einer bestimmten Jugendkultur (andere nimmt sie nicht wahr) und den Erwachsenen einen vermeintlichen Einblick in die Welt ihrer Kinder. Wenn Konflikte auftauchen, wie bei Hennig von Lange, dann handelt es sich fast immer um Probleme bei der Inszenierung der eigenen Person oder um Beziehungskonflikte innerhalb der eigenen Altersgruppe: um Geschlechterbeziehungen oder um Rivalitäten. [...]

Trifft die Behauptung von Roland Barthes zu, dass das Verschwinden »des Vaters« aus der Literatur das Erzählen überflüssig macht? Umgekehrt ließe sich anhand der vorgestellten Werke vom Sturm und Drang bis Kafka jeweils fragen, warum die Konfrontation mit der Welt der Väter (und Mütter) so dramatisch verlaufen und häufig sogar als tödliche Bedrohung erfahren werden muss.

A ■ Fassen Sie zusammen, worin der Reiz für die Darstellung von Generationskonflikten in der Literatur besteht.

B ■ Formulieren Sie die Gründe, die der Autor für das Fehlen von Generationskonflikten in der Gegenwartsliteratur ab Mitte der Neunzigerjahre nennt, in Form eines Thesenpapiers. Ergänzen Sie das Thesenpapier um weitere Gründe.

Den eigenen Lern- und Arbeitsprozess planen und organisieren

Fragebogen zur Selbsteinschätzung: Wie arbeite und lerne ich?

Wenn man effektiver und nachhaltiger lernen und arbeiten will, ist es hilfreich, zunächst das eigene Lern- und Arbeitsverhalten in den Blick zu nehmen. Auf diese Weise kann man schnell feststellen, wo die eigenen Stärken bzw. die eigenen Schwächen liegen und gezielt nach Hilfe suchen.

Der folgende Test zur Einschätzung des eigenen Arbeitsverhaltens spricht wesentliche Aspekte an, die für erfolgreiches Lernen und Arbeiten notwendig sind: Zeitmanagement, Dokumentation und Sicherung von Arbeitsergebnissen, Wiederholen und Üben, Arbeit mit fachspezifischen und fachübergreifenden Hilfsmitteln, Nutzung außerunterrichtlicher Informationsmittel, Auswertung des eigenen Lernprozesses etc. Dabei ist es wichtig, sich immer wieder mit anderen Lernenden über die von ihnen verwendeten Arbeitsstrategien auszutauschen, um möglichst viele neue Anregungen zu bekommen.

A ■ Kopieren Sie den Fragebogen zur Selbsteinschätzung Ihres Lern- und Arbeitsverhaltens und bearbeiten Sie ihn.
- Kreuzen Sie an, inwiefern die entsprechenden Aussagen für Sie zutreffen.
- Markieren Sie Ihre Stärken und verbesserungswürdigen Bereiche.
- Tauschen Sie sich mit einem Lernpartner über Ihre Ergebnisse aus. Sprechen Sie dabei auch über Verbesserungsmöglichkeiten.
- Erproben Sie die im Kapitel angebotenen Vorschläge zur Verbesserung des Lern- und Arbeitsprozesses.

Mein Lern- und Arbeitsverhalten	trifft eher zu	trifft eher nicht zu
Zeitmanagement		
Ich kann meine eigene Arbeit sorgfältig und vorausschauend planen.		
Ich gerate selten unter Zeitdruck.		
Ich nutze einen Terminkalender oder einen Wochenplan.		
Ich habe noch genügend Zeit für Treffen mit Freunden, Hobbies etc.		
Ich beginne frühzeitig mit dem Lernen für Prüfungen und Klausuren.		
Ich arbeite regelmäßig für die Schule.		
Arbeitsdisziplin		
Ich kann meine Mitschriften zur Vorbereitung für Prüfungen und Klausuren nutzen.		
Ich habe den Lernstoff in meinen Mitschriften übersichtlich zusammengefasst, sodass ich auch nach einem halben Jahr noch weiß, worum es geht.		
Ich kann Lernstoff auch längerfristig gut behalten und nutzen.		
Ich kann Lernstoff selbstständig wiederholen und lernen.		
Lernstrategien		
Ich nutze verschiedene Methoden, um mir Lernstoff einzuprägen (Lernkartei etc.).		
Ich nutze beim Lernen verschiedene Lernkanäle (sprechen, schreiben, lesen, hören).		
Ich verwende routinemäßig fachübergreifende und fachspezifische Nachschlagewerke (Fremdwörterlexikon etc.).		
Ich nutze außerunterrichtliche Informationsquellen, um meinen Lernfortschritt voranzutreiben (z. B. Internet, visuelle und akustische Medien, Printmedien).		
Lernen im Team		
Ich bereite mich mit anderen zusammen auf Prüfungen und Klausuren vor.		
Sonstiges		
Ich belohne mich für erfolgreiches Arbeiten und Lernen (z. B. Kinobesuch).		
Selbstevaluation		
Ich versuche in regelmäßigen Abständen, meine Stärken und Schwächen beim Lernen in den Blick zu nehmen.		

Lern- und Arbeitsprozess

Lerntechniken anwenden

Wie funktioniert unser Gedächtnis?

Ultrakurzzeitgedächtnis
Das Ultrakurzzeitgedächtnis speichert für kurze Zeit die auf die Sinnesorgane einwirkenden Reize. Es hat eine sehr große Aufnahmekapazität. Allerdings dringen die meisten Eindrücke nicht bis in unser Bewusstsein vor, sondern gehen sofort wieder verloren. Nur wenige werden zu Wahrnehmungen weiterverarbeitet und finden ihren Weg ins Kurzzeitgedächtnis. Die Wissenschaft hat herausgefunden, dass u. a. eine Reizvielfalt (z. B. Musik bei der Arbeit, Schmerzen), aber auch mangelndes Interesse die Weiterverarbeitung von Ersteindrücken verhindern.

Kurzzeitgedächtnis
Im Kurzzeitgedächtnis werden die Eindrücke zu Bedeutungseinheiten zusammengefasst. Die Merkzeit des Kurzzeitgedächtnisses beträgt ca. 30 Sekunden. Das bedeutet, dass ohne Wiederholung oder gedankliche Weiterverarbeitung Informationen nur 30 Sekunden im Kurzzeitgedächtnis bleiben. Wenn man also im Unterricht neue Begriffe lernt, ohne damit etwas zu verbinden, bleiben diese nur 30 Sekunden erhalten. Auch die Aufmerksamkeit des Kurzzeitgedächtnisses ist begrenzt. Es kann sich ungefähr sieben Begriffe nebeneinander merken, z. B. sieben Gegenstände einer Einkaufsliste (Mehl, Zucker, Eier, Hefe, Butter, Milch, Pflaumen). Durch Zusammenfassungen oder Verallgemeinerungen, d. h. das Aufstellen von Oberbegriffen, kann man die Merkfähigkeit erhöhen. So kann man die Gegenstände auf der Einkaufsliste zu »Pflaumenkuchen« zusammenfassen und so Raum im Kurzzeitgedächtnis schaffen.

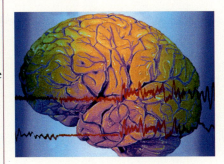

Langzeitgedächtnis
Das Langzeitgedächtnis speichert alle im Laufe des Lebens erworbenen Erfahrungen. Die dauerhafte Speicherung im Langzeitgedächtnis hängt mit einer Veränderung der Gehirnstruktur zusammen.

Die Informationen werden durch die Überlagerung zweier oder mehrerer Informationskreise im Gehirn gespeichert, z. B. durch Überlagerung von Gehörtem und Gesehenem mit bereits Gewusstem. Dementsprechend ist es wichtig, beim Lernen mehrere Eingangskanäle anzusprechen.

A ■ Lesen Sie die 12 folgenden Wörter. Decken Sie die Liste zu. Erinnern Sie sich an möglichst viele Wörter und schreiben Sie diese in der richtigen Reihenfolge auf: *Auto, Wagenheber, Panne, Autobahn, Regen, Nacht, Theater, Polizei, Decke, Banane, Mond, Kälte.*

B ■ An wie viele Wörter konnten Sie sich erinnern? Stimmte die Reihenfolge? Welche Technik haben Sie verwendet, um sich die Wörter einzuprägen?

C ■ Lesen Sie nochmals die Informationen über das Gedächtnis. Hier erhalten Sie Hilfestellung für gehirngerechtes Lernen.

– **Lernstrategie 1: Oberbegriffe finden**
Fassen Sie jeweils drei oder vier aufeinanderfolgende Begriffe zusammen und überlegen Sie sich einen Oberbegriff oder ein Bild bzw. ein Symbol. Auf diese Weise müssen Sie sich statt zwölf Begriffen nur vier Informationen merken. Außerdem sprechen Sie mehrere Eingangskanäle an.

– **Lernstrategie 2: Bildergeschichten erzählen**
Erfinden Sie zu den Wörtern eine kleine Geschichte, in der die Wörter in der richtigen Reihenfolge vorkommen. Sie müssen sich nur eine übergeordnete Information merken (Handlung der Geschichte).

D ■ Erproben Sie eine der genannten Strategien mit folgenden Begriffen: *Computer, Papier, Lineal, schwarz, Drucker, kopieren, verteilen, E-Mail, Bleistift, Scanner, Text, Rechtschreibung.*

Den Lernstoff einüben und wiederholen

Mit Lernkarteien arbeiten

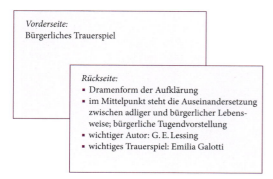

Die Arbeit mit Lernkarteien hilft, Fachbegriffe und Definitionen nachhaltig zu lernen, d. h. sie vom Kurzzeitgedächtnis ins Langzeitgedächtnis zu transportieren (s. S. 416).

Wichtige Wissenselemente zu festgelegten Bereichen (z. B. Epochen, Gattungen, literaturwissenschaftliche Fachbegriffe) werden auf der Vorderseite einer Karteikarte notiert. Auf die Rückseite schreibt man die »Lösung«, d. h. Erklärung bzw. Definition; dabei kann es sich auch um kurze Exzerpte handeln. In regelmäßigen Abständen wird nun überprüft, ob man über die Wissenselemente Bescheid weiß.

Alternative: Partnerinterview
Arbeiten Sie in einem Lerntandem. Ziehen Sie abwechselnd Karten aus der Lernkartei. Ein Partner fragt nach dem Begriff. Der andere Partner erklärt den Begriff.

Begriffsnetzwerke bilden

Informationen müssen im Gedächtnis geordnet werden, damit sie jederzeit abrufbar sind.

Hierarchische Begriffsnetze (s. o.) ordnen Sachverhalte auf verschiedenen Abstraktionsebenen an. Sie bringen Elemente in eine Unter- bzw. Überordnung und zeigen Verknüpfungen auf. Neue Wissenselemente lassen sich gezielt einordnen.

A ■ Vervollständigen Sie vor dem Hintergrund Ihrer Kenntnisse das hierarchische Begriffsnetz zum Thema »Literarische Gattungen«.

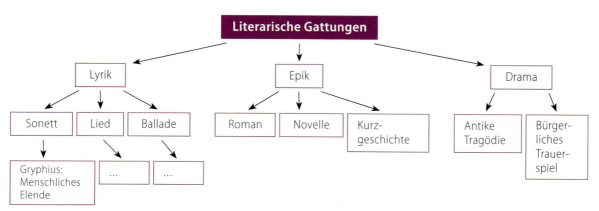

Lern- und Arbeitsprozess

Der Blick über den Tellerrand

Selbstständige Nutzung außerunterrichtlicher Informationsangebote, zusätzlicher Arbeitsmittel und Methoden

Die Nutzung außerunterrichtlicher Informationsquellen, die Verwendung fachspezifischer und fachübergreifender Arbeitsmittel sowie der Blick auf die Inhalte und Methoden anderer Fächer stärkt die inhaltliche und methodische Kompetenz. Wissen wird miteinander vernetzt, Lernen wird nachhaltiger angelegt.

Außerschulische Informationsangebote
- kulturelle Veranstaltungen: Theater, Kino, Lesungen
- fachspezifische Internetseiten
- Kultursendungen in Radio und Fernsehen
- Tages- und Wochenzeitungen (Feuilleton)
- Bibliotheken
- Buchhandel
- …

Der Blick über den Tellerrand

Inhalte und Methoden anderer Fächer
- …
- z. B. Sozialwissenschaften: Analyse von statistischem Material
- z. B. Kunst: Bildanalyse
- z. B. Sprachen: Aufklärung als europäische Epoche
- z. B. Geschichte: historisch-gesellschaftliche Hintergründe

Nutzung fachspezifischer und fachübergreifender Arbeitsmittel
- Wörterbuch literarischer Fachbegriffe
- Rechtschreibhilfen
- Textverarbeitungsprogramme
- Fremdwörterlexikon
- Literaturgeschichte
- …

Zeitinventur – Wie gehe ich mit meiner Zeit um?

Ein gutes Zeitmanagement

Zu einer guten Lern- und Arbeitsorganisation gehört ein gelungenes Zeitmanagement. Unter Zeitmanagement versteht man die effektive Nutzung von Zeit für die Beschäftigung mit beruflichen (schulischen) Anforderungen und privaten Interessen. Dafür kann man gezielte Planungs- und Arbeitstechniken einsetzen.

Voraussetzungen für ein gutes Zeitmanagement sind:
- klare Zielvorstellungen: Was will ich längerfristig erreichen? Worauf arbeite ich hin?
- Kenntnis des eigenen Arbeitsverhaltens: Welche Arbeitsstrategien sind für mich besonders effektiv? Wodurch lasse ich mich von meiner Arbeit ablenken? Was sind meine Zeitfresser?
- Wissen um den persönlichen Biorhythmus: Wie sieht meine persönliche Tagesleistungskurve aus, wann kann ich besonders gut arbeiten, wann zeigen sich Ermüdungserscheinungen oder Konzentrationsschwächen?
- realistische Einschätzung der anliegenden Aufgaben: Wie komplex sind die anstehenden Aufgaben? Welches Zeitpotenzial benötige ich zu ihrer Bewältigung?
- hohes Maß an Selbstdisziplin: Welche Vorsorge kann ich treffen, um meinen Zeitplan einzuhalten?

Machen Sie sich klar:
- Was sind meine Ziele in diesem Schulhalbjahr?
- Welche darüber hinausgehenden Ziele habe ich?

A ■ Beobachten Sie über einen bestimmten Zeitraum hinweg Ihr Arbeitsverhalten. Notieren Sie die Art der Arbeit, den Zeitraum, in dem Sie gearbeitet haben, Störfaktoren, aufgrund derer Sie Ihre Arbeit unterbrochen haben, und beurteilen Sie, wie effektiv Ihre Arbeit ist (siehe Tabelle unten).

B ■ Werten Sie Ihre Selbstbeobachtung im Hinblick auf folgende Aspekte aus:
- Ziehen Sie aus Ihren Ergebnissen erste Rückschlüsse über Ihren persönlichen Biorhythmus.
- Sichten Sie die Störfaktoren im Hinblick auf die Häufigkeit ihres Auftretens und stellen Sie eine entsprechende Rangfolge auf (an erster Stelle die zeitraubendste Störung, an zweiter Stelle die dann folgende etc.).
- Überprüfen Sie selbstkritisch, inwiefern die von Ihnen gesetzten Zeitlimits realistisch sind.

C ■ Versuchen Sie, aus Ihren Ergebnissen erste Verhaltensregeln für Ihre persönliche Lern- und Arbeitsorganisation abzuleiten.
Hängen Sie die Verhaltensregeln gut sichtbar an Ihrem Arbeitsplatz auf.

Art der Arbeit	Zeitraum	Störfaktoren	Bewertung
z. B. Hausaufgaben für Deutsch, Üben für Mathe	Arbeitsbeginn, Arbeitsende	z. B. Telefonanrufe	z. B. zügig vorangekommen, mit dem Arbeitsergebnis zufrieden, immer wieder unterbrochen …

Hinweis: Das Pareto-Prinzip

Der italienische Wissenschaftler Vilfredo Pareto (1848–1923) hat festgestellt, dass man in einem relativ kleinen Anteil der zur Verfügung stehenden Zeit den Großteil der wichtigen Aufgaben erledigen kann, wenn man zwischen **wichtig** und **unwichtig** unterscheidet und keinen perfektionistischen Anspruch verfolgt. Er hat die Behauptung aufgestellt, dass man in 20 % der zur Verfügung stehenden Zeit 80 % der wesentlichen Aufgaben erfüllen kann. Voraussetzung ist die klare Definition, was wichtig ist, was unwichtig, die Formulierung von Arbeitszielen sowie die Verwendung angemessener Arbeitsstrategien.

Lern- und Arbeitsprozess

Lerntagebuch und Portfolio – über das eigene Lernen nachdenken

Lernen ist längerfristig immer dann besonders effektiv, wenn der Lernende weiß, wie er denkt und lernt. Gute Lernende wissen, welche Lerninhalte und Lernstrategien sie besonders gut beherrschen und welche Bereiche sie noch weiter ausbauen müssen. Hierfür eignet sich die Arbeit mit Lerntagebüchern und/oder Portfolios.

Lerntagebücher werden in der Regel über einen längeren Zeitraum begleitend zum Unterricht geführt. Sie ergänzen die Mitschrift und legen den Blick auf den individuellen Lernfortschritt bzw. mögliche Lücken. Lerntagebücher bleiben in der Hand des Tagebuchschreibers. Sie werden nicht benotet.

Muster für die Anlage eines Lerntagebuchs

Leitfragen, bezogen auf eine Unterrichtsstunde/-einheit	Antworten	Verweise auf frühere Einträge
Was habe ich inhaltlich gelernt? Welche Fachbegriffe waren neu für mich?		
Welche inhaltlichen Aspekte fand ich besonders interessant? Worüber möchte ich noch mehr wissen?		
Was habe ich inhaltlich noch nicht ganz verstanden?		
Welche Lernstrategien bzw. Arbeitsmethoden habe ich angewendet?		
Waren die Lernstrategien für die Lösung der Aufgabe effizient?		
Wie habe ich mich in den Unterricht eingebracht (Einzelarbeit, Partner- und Gruppenarbeit, Unterrichtsgespräch)?		
Was nehme ich für mein weiteres Lernverhalten mit?		

Ein **Portfolio** ist eine Arbeitsmappe, in der man selbst erstellte Materialien zu einem bestimmten Arbeitsvorhaben sammelt, diese kommentiert und mit Blick auf die verwendeten Arbeitsstrategien auswertet. Lern- und Arbeitsstrategien werden auf diese Weise sichtbar, die sonst nur im Kopf des Lernenden ablaufen. Adressaten eines Portfolios sind anders als beim Lerntagebuch nicht nur die Lerner, sondern auch außenstehende Leser (z. B. Mitschüler, Lehrer oder auch andere interessierte Außenstehende). Ein Portfolio kann nach Absprache zwischen Schüler und Lehrer auch bewertet werden.

Man unterscheidet zwischen einem Prozess- und einem Produktportfolio: **Prozessportfolios** werden begleitend zum laufenden Arbeitsprozess geführt. Im Laufe einer Arbeitseinheit werden alle Materialien gesammelt, die für den eigenen Lernprozess oder den einer Gruppe als wichtig eingeschätzt werden: Textkopien, Ideensammlungen, Gruppenarbeitsberichte, Vorarbeiten für Texte, Präsentationen (Rohfassung, Endfassung etc.), Beschreibung einer verwendeten Methode, Evaluation eines Projekts etc. Diese Materialien werden im Hinblick auf den Lernprozess ausgewertet. So wird der Lern- und Arbeitsweg von der ersten Idee bis zum fertigen Produkt für die Lernenden selbst, aber auch für einen Fremdleser transparent.

Beispiel:
Auszug aus dem Prozessportfolio von Matthias
Austausch mit einer Lernpartnerin zur Themenfindung in Form einer E-Mail:

Liebe Anne,
habe nach langem Hin und Her endlich mein Thema für die Facharbeit gefunden: »Denglisch in der Werbung«. Was hältst du davon? Ich würde gern darüber schreiben, dass alle Werbetexte inzwischen englische Wörter und Formulierungen enthalten. Ich würde gern möglichst viele Beispiele geben. Auch würde ich gern zeigen, dass einige Branchen besonders viele englische Wörter aufgreifen. Vielleicht könnte ich auch nur eine Branche aussuchen und mich darauf konzentrieren. Eventuell wird die Arbeit sonst zu umfangreich oder bleibt oberflächlich. Was meinst du?
Viele Grüße
Matthias

Auszug aus dem Inhaltsverzeichnis eines Prozessportfolios zum Thema »Seminararbeit«:

Seite	Inhalt
1	Inhaltsverzeichnis
2	Ideenfindung zum Thema der Seminararbeit Brainstorming: »Worüber möchte ich schreiben?«
3	Auswertung: Schreibideen/vorläufige Themenformulierung »Denglisch in der Werbung« Reflexion: Hat mir die Methode Brainstorming bei der Ideenfindung geholfen?
4/5	Austausch mit Lernpartner: – Erklärung des Themas und wichtiger Aspekte – Rückmeldung des Lernpartners – eigene Schlussfolgerung: Präzisierung des Themas »Denglisch in der Kosmetikwerbung«
6	Material 1: Definition Denglisch bei Wikipedia – Exzerpt Material 2: Definition Denglisch (Gesellschaft für deutsche Sprache und Literatur) – Exzerpt Reflexion: Wie habe ich das Exzerpt angelegt? Was könnte man verbessern?
...	...
20	Übersicht: Methodenkiste

Produktportfolios zeigen ausgewählte Arbeiten (Endfassungen), die im Laufe mehrerer Arbeitseinheiten entstanden sind. Der Lernende wählt dabei z. B. aus dem Prozessportfolio die Arbeiten aus, die er für besonders gelungen hält, und begründet seine Auswahl für einen Fremdleser. Dabei zeigt er für offene Fragen möglichst Lösungswege auf. Produktportfolios können auch für Bewerbungsgespräche wichtig sein.

Prüfungsaufgaben bewältigen

Für die schriftliche Abiturprüfung im Fach Deutsch sind folgende Aufgabenarten vorgesehen:

Aufgabenart I	A	Analyse eines literarischen Textes (ggf. mit weiteführendem Schreibauftrag)	S. 348 ff.
	B	Vergleichende Analyse literarischer Texte	S. 358 ff.
Aufgabenart II	A	Analyse eines Sachtextes (ggf. mit weiteführendem Schreibauftrag)	S. 364 ff.
	B	Vergleichende Analyse von Sachtexten	S. 368 ff.
Aufgabenart III	A	Erörterung von Sachtexten	S. 375 ff.
	B	Erörterung von Sachtexten mit Bezug auf einen literarischen Text	S. 377 ff.
Aufgabenart IV		Materialgestütztes Verfassen eines Textes mit fachspezifischem Bezug	S. 383 ff.

Prüfungsaufgaben bewältigen

Klausur- und Prüfungstraining

Wer eine Aufgabenstellung zu einer Hausaufgabe, einer Klausur oder Prüfungsaufgabe bearbeitet, sollte zunächst klären,

- um welche Art von Aufgaben es sich jeweils handelt,
- was genau mit den Aufgabenstellungen gemeint ist,
- welche Leistungen bei der Lösung der Aufgaben erwartet werden,
- welche Anforderungsbereiche mit den (Teil-)Aufgaben angesprochen sind.

Sie finden auf den folgenden Seiten Hinweise und Beispiele, die Ihnen helfen, Aufgaben zur Untersuchung von Texten transparent zu machen. Neben der Bearbeitung der gestellten Übungsaufgaben sollten Sie möglichst oft selbst Aufgabenstellungen formulieren und die damit verbundenen Anforderungen und Leistungen zu bestimmen versuchen.

Anforderungsbereiche und Leistungserwartungen

Die in Prüfungsaufgaben erwarteten Leistungen werden allgemein nach drei Anforderungsbereichen unterschieden:

- Reproduktion von Wissen (Anforderungsbereich I),
- Reorganisation und Anwendung von Wissen (Anforderungsbereich II) sowie
- Transfer von Wissen bei der Lösung neuer Problemstellungen (Anforderungsbereich III).

Wer etwa das erzählte Geschehen eines für ihn unbekannten literarischen Textes zusammenfasst und wiedergibt, reproduziert nicht bloß erworbenes Wissen, sondern muss unter anderem selbstständig Verfahren der Inhaltswiedergabe nutzen, muss eigenständig Textstrukturen erkennen und in eigenen Worten darstellen können. Eine solche Aufgabe im Fach Deutsch spricht also alle drei Anforderungsbereiche an. Dennoch kann unter bestimmten Voraussetzungen der Schwerpunkt der Anforderung einem Bereich (z. B. Reproduktion) zugeordnet werden. In diesem Sinne können typische Umgangsformen mit Texten im Fach Deutsch den verschiedenen Anforderungsbereichen zugewiesen werden.

Umgang mit Texten und Anforderungsbereiche

Anforderungsbereich I:
- Inhalt eines Textes oder fachbezogene Sachverhalte eigenständig wiedergeben,
- Textart, Aufbau und Strukturelemente eines Textes unter Verwendung fachspezifischer Begriffe erkennen und bestimmen.

Anforderungsbereich II:
- Struktur eines Textes erfassen,
- aus Einzelelementen eines Textes dessen Bedeutung erschließen,
- Argumentation eines Textes beschreiben,
- Wortschatz, Satzbau und poetische/stilistische/rhetorische Mittel eines Textes auf ihre Funktion und Wirkung hin beschreiben und untersuchen,
- erlernte Untersuchungsmethoden auf vergleichbare neue Gegenstände anwenden,
- für eine literarische Epoche oder Textgattung, einen fachspezifischen Sachverhalt, eine Autorin bzw. einen Autor charakteristische Erscheinungen in einem Text aufzeigen,
- Kommunikationsstrukturen und -funktionen erkennen und beschreiben,
- Sprachverwendung in pragmatischen Texten erkennen und beschreiben,
- funktionsgerechte Gliederung einer Argumentation erstellen,
- Text-Bild-Ton-Beziehungen in ihrer wechselseitigen Wirkung erkennen.

Anforderungsbereich III:
- Beziehungen herstellen, z. B. in einem Text vertretene Positionen in problembezogene oder theoretische Zusammenhänge einordnen,
- Argumentationsstrategien erkennen und werten,
- aus den Ergebnissen einer Texterschließung oder Erörterung begründete Schlüsse ziehen,
- fachspezifische Sachverhalte erörtern, ein eigenes Urteil gewinnen und argumentativ vertreten,
- eine Darstellung eigenständig strukturieren,
- eigenes Vorgehen kritisch beurteilen.

Prüfungsaufgaben bewältigen

Aufgabenart I A: Analyse eines literarischen Textes (Drama)

A ■ Bearbeiten Sie diese Aufgabe und überprüfen Sie Ihr Ergebnis mit dem stichpunktartig ausgeführten Lösungsbeispiel.

Aufgabe 1
Analysieren Sie diese Szene, indem Sie
– den Inhalt der Szene knapp zusammenfassen,
– ihren Aufbau darstellen,
– die Dialogführung unter Einbeziehung der dramaturgischen Mittel und die sprachlich-stilistische Gestaltung untersuchen.

Aufgabe 2
Versuchen Sie eine Zuordnung dieser Szene zu einer literarischen Epoche. Vergleichen Sie das Verhalten des Prinzen mit dem einer anderen, existenziell bedrohten Hauptfigur in einem anderen literarischen Werk.

■ Text 217

Der Prinz von Homburg (1821) *Heinrich von Kleist*

Prinz von Homburg, ein junger General im Dienst des Kurfürsten, erfasst am Vorabend der Schlacht einen Befehl des Kurfürsten nicht, weil er inneren Bildern von Soldatenruhm und Liebesglück mit Natalie, der Nichte des Kurfürsten, nachhängt. Daher greift er im Kampf befehlswidrig an, erringt zwar den Sieg, wird aber wegen Befehlsmissachtung angeklagt und zum Tod verurteilt. Aus der Haft heraus begibt er sich zur Kurfürstin.

3. Akt, 5. Auftritt
Der Prinz von Homburg tritt auf. – Die Vorigen.
Der Prinz von Homburg O meine Mutter! *(Er lässt sich auf Knien vor ihr nieder.)*
Kurfürstin Prinz! Was wollt Ihr hier?
5 **Der Prinz von Homburg** O lass mich deine Knie umfassen, Mutter!
Kurfürstin *(mit unterdrückter Rührung)* Gefangen seid Ihr, Prinz, und kommt hieher! Was häuft Ihr neue Schuld zu Euren alten?
10 **Der Prinz von Homburg** *(dringend)* Weißt du, was mir geschehn?
Kurfürstin Ich weiß um alles! Was aber kann ich, Ärmste, für Euch tun?
Der Prinz von Homburg O meine Mutter, also
15 sprachst du nicht,
Wenn dich der Tod umschauerte, wie mich!
Du scheinst mit Himmelskräften, rettenden,
Du mir, das Fräulein, deine Frau, begabt,
Mir alles rings umher, dem Trossknecht könnt ich,
Dem schlechtesten, der deiner Pferde pflegt, 20
Gehängt am Halse flehen: rette mich!
Nur ich allein, auf Gottes weiter Erde,
Bin hilflos, ein Verlassner, und kann nichts!
Kurfürstin Du bist ganz außer dir! Was ist geschehn?
Der Prinz von Homburg Ach! Auf dem Wege, der 25
mich zu dir führte,
Sah ich das Grab, beim Schein der Fackeln, öffnen,
Das morgen mein Gebein empfangen soll.
Sieh, diese Augen, Tante, die dich anschaun,
Will man mit Nacht umschatten, diesen Busen 30
Mit mörderischen Kugeln mir durchbohren.
Bestellt sind auf dem Markte schon die Fenster,
Die auf das öde Schauspiel niedergehn,
Und der die Zukunft, auf des Lebens Gipfel,
Heut, wie ein Feenreich, noch überschaut, 35
Liegt in zwei engen Brettern duftend morgen,
Und ein Gestein sagt dir von ihm: er war!
(Die Prinzessin, welche bisher, auf die Schulter der Hofdame gelehnt, in der Ferne gestanden hat, lässt sich bei diesen Worten erschüttert an einen Tisch 40 nieder und weint.)
Kurfürstin Mein Sohn! Wenns so des Himmels Wille ist,
Wirst du mit Mut dich und mit Fassung rüsten!
Der Prinz von Homburg O Gottes Welt, o Mutter,
ist so schön! 45
Lass mich nicht, fleh ich, eh die Stunde schlägt,
Zu jenen schwarzen Schatten niedersteigen!

Mag er doch sonst, wenn ich gefehlt, mich strafen,
Warum die Kugel eben muss es sein?
50 Mag er mich meiner Ämter doch entsetzen,
Mit Kassation¹, wenns das Gesetz so will,
Mich aus dem Heer entfernen: Gott des Himmels!
Seit ich mein Grab sah, will ich nichts, als leben,
Und frage nichts mehr, ob es rühmlich sei!
55 **Kurfürstin** Steh auf, mein Sohn; steh auf! Was sprichst du da?
Du bist zu sehr erschüttert. Fasse dich!
Der Prinz von Homburg Nicht, Tante, ehr als bis du mir gelobt,
60 Mit einem Fußfall, der mein Dasein rette,
Flehnd seinem höchsten Angesicht zu nahn!
Dir übergab zu Homburg, als sie starb,
Die Hedwig mich, und sprach, die Jugendfreundin:
Sei ihm die Mutter, wenn ich nicht mehr bin.
65 Du beugtest tief gerührt, am Bette kniend,
Auf ihre Hand dich und erwidertest:
Er soll mir sein, als hätt ich ihn erzeugt.
Nun, jetzt erinnr' ich dich an solch ein Wort!
Geh hin, als hättst du mich erzeugt, und sprich: '
70 Um Gnade fleh ich, Gnade! Lass ihn frei!
Ach, und komm mir zurück und sprich: du bists!
Kurfürstin *(weint)* Mein teurer Sohn! Es ist bereits geschehn!
Doch alles, was ich flehte, war umsonst!
75 **Der Prinz von Homburg** Ich gebe jeden Anspruch auf an Glück.
Nataliens, das vergiss nicht, ihm zu melden,
Begehr ich gar nicht mehr, in meinem Busen
Ist alle Zärtlichkeit für sie verlöscht.
80 Frei ist sie, wie das Reh auf Heiden, wieder;
Mit Hand und Mund, als wär ich nie gewesen,
Verschenken kann sie sich, und wenns Karl Gustav,
Der Schweden König, ist, so lob ich sie.
Ich will auf meine Güter gehn am Rhein,
85 Da will ich bauen, will ich niederreißen,
Dass mir der Schweiß herabtrieft, säen, ernten,
Als wärs für Weib und Kind, allein genießen,
Und, wenn ich erntete, von Neuem säen,
Und in den Kreis herum das Leben jagen,
90 Bis es am Abend niedersinkt und stirbt.
Kurfürstin Wohlan! Kehr jetzt nur heim in dein Gefängnis,
Das ist die erste Fordrung meiner Gunst!
Der Prinz von Homburg *(steht auf und wendet sich*
95 *zur Prinzessin)* Du armes Mädchen, weinst! Die Sonne leuchtet
heut alle deine Hoffnungen zu Grab!

Entschieden hat dein erst Gefühl für mich,
Und deine Miene sagt mir, treu wie Gold,
Du wirst dich nimmer einem andern weihn. 100
Ja, was erschwing ich, Ärmster, das dich tröste?
Geh an den Main, rat ich, ins Stift der Jungfraun²,
Zu deiner Base Thurn, such in den Bergen
Dir einen Knaben, blondgelockt wie ich,
Kauf ihn mit Gold und Silber dir, drück ihn 105
An deine Brust und lehr ihn: Mutter! stammeln,
Und wenn er größer ist, so unterweis ihn,
Wie man den Sterbenden die Augen schließt.
Das ist das ganze Glück, das vor dir liegt!
Natalie *(mutig und erhebend, indem sie aufsteht und* 110
ihre Hand in die seinige legt) Geh, junger Held, in deines Kerkers Haft,
Und auf dem Rückweg, schau noch einmal ruhig
Das Grab dir an, das dir geöffnet wird!
Es ist nichts finstrer und um nichts breiter, 115
Als es dir tausendmal die Schlacht gezeigt!
Inzwischen werd ich, in dem Tod dir treu,
Ein rettend Wort für dich dem Oheim wagen:
Vielleicht gelingt es mir, sein Herz zu rühren,
Und dich von allem Kummer zu befrein! *(Pause.)* 120
Der Prinz von Homburg *(faltet, in ihrem Anschaun*
verloren, die Hände)
Hättst du zwei Flügel, Jungfrau, an den Schultern,
Für einen Engel wahrlich hielt ich dich! –
O Gott, hört ich auch recht? Du für mich sprechen? 125
– Wo ruhte denn der Köcher dir der Rede,
Bis heute, liebes Kind, dass du willst wagen,
Den Herrn in solcher Sache anzugehn? –
– O Hoffnungslicht, das plötzlich mich erquickt!
Natalie Gott wird die Pfeile mir, die treffen, reichen! 130
Doch wenn der Kurfürst des Gesetzes Spruch
Nicht ändern kann, nicht kann: wohlan! so wirst du
Dich tapfer ihm, der Tapfre, unterwerfen:
Und der im Leben tausendmal gesiegt,
Er wird auch noch im Tod zu siegen wissen! 135
Kurfürstin Hinweg! – Die Zeit verstreicht, die günstig ist!
Der Prinz von Homburg Nun, alle Heilgen mögen dich beschirmen!
Leb wohl! Leb wohl! Und was du auch erringst, 140
Vergönne mir ein Zeichen vom Erfolg!
(Alle ab.)

---

1 *Kassation:* unehrenhafte Entlassung aus dem Militärdienst
2 *Stift der Jungfraun:* Kloster

Prüfungsaufgaben bewältigen

Leitfragen zur Szenenanalyse

INFO

Inhaltliche Sicherung
- Welche Schwierigkeiten hatten Sie beim Lesen und Verstehen des Textes? Welche Wörter sind Ihnen unbekannt? Welche Äußerungen verstehen Sie nicht? Was ist Ihnen aufgefallen?
- Welche Informationen über Figuren, Zeit, Ort und Handlung kann man dem Szenenbeispiel entnehmen? Worum geht es in der Szene?
- Welcher Konflikt prägt das Gespräch?
- Lässt sich die Szene untergliedern?
- Gibt es Änderungen beim Gesprächsthema, Gesprächston, den Beteiligten?

Regieanweisungen
- Wie groß ist der Anteil an außersprachlicher Handlung? Was erfährt man über Gestik und Mimik der Figuren?
- Stimmt die sprachliche mit der außersprachlichen Handlung überein?

Dialogführung
- In welcher Situation, an welchem Ort, zu welcher Zeit findet das Gespräch statt?
- Wie stehen die Figuren zueinander von ihrem sozialen, familiären und persönlichen Stand her?
- Gibt es eine Figur mit Vorwissen?
- Wie groß sind die Redeanteile der Figuren? Dominiert eine Figur? Verändert sich der Dialog in Richtung Symmetrie/Asymmetrie?
- Welche Figur ergreift die Initiative? Kann man Gesprächsphasen unterscheiden, gibt es einen Wendepunkt?

Ablauf des Gesprächs
- Gehen die Sprecher aufeinander ein?
- Lassen sich Gesprächsstrategien erkennen?
- Welche Absichten und Ziele verfolgen die Figuren? Errichen sie ihre Ziele? Zu welchem Ergebnis führt der Dialog?
- Zu welchem Ergebnis führt das Gespräch? Gibt es eine Problemlösung?
- Welche Konsequenzen könnten sich aus dem Gespräch ergeben?

Sprachlich-stilistische Mittel
- Auf welchem Sprachniveau findet das Gespräch statt?
- Sprechen alle Figuren auf dem gleichen Niveau oder lassen sich Unterschiede erkennen? Gibt es Veränderungen während des Dialogs?
- Wie ist der Satzbau gestaltet? Gibt es auffällig viele Frage- oder Ausrufesätze?
- Gibt es bedeutungstragende Wörter, die wiederholt verwendet werden?
- Welche rhetorischen Mittel werden an welcher Stelle zu welchem Zweck eingesetzt?

Nur bei Kenntnis des gesamten Dramas
- Wie beeinflusst die Szene den weiteren Handlungsverlauf des Stückes?
- Welche Funktion hat die Szene im Gesamtgefüge des Stückes?

Beispiellösung in Stichworten

Zu Aufgabe 1:
Grundsätzliches zur Darstellungsweise:
- Eine Einleitung führt zu der eigentlichen Untersuchung des Dramenausschnitts hin: inhaltliche Hinführung, Autor, Titel des Stückes, Textsorte, Akt und Szene, Erscheinungsjahr.
- Die Arbeit ist schlüssig strukturiert.
- Der Leser kann sich innerhalb der Arbeit gut orientieren, er erhält Informationen über den Untersuchungsgegenstand.
- An Stellen, an denen eine neue Fragestellung beginnt, sind Überleitungen eingebaut.
- Die Aussagen sind durch gut ausgewählte und korrekt zitierte Textbelege abgesichert.
- Beschreibende und deutende Aussagen sind begründet aufeinander bezogen.
- Ein kurzer Schluss (persönliche Stellungnahme, weiterführende Hinweise) rundet die Arbeit ab.
- Eine mit dem Verlauf der Arbeit übereinstim-

mende, korrekt nummerierte und möglichst im Nominalstil gehaltene Gliederung ist der Arbeit beigefügt.
- Die Arbeit ist angemessen (präzise und differenziert) formuliert unter Verwendung entsprechender Fachbegriffe und ohne Umgangssprache.
- Grammatik, Rechtschreibung und Zeichensetzung sind beachtet worden, Wortschatz und Satzbau sind abwechslungsreich.

Zur Fragestellung:
Aufbau:
- dreigliedrig: Z. 1–38: Todesangst des Prinzen; Z. 39–87: sein Flehen um Hilfe und seine Bereitschaft, alle Bedingungen zu akzeptieren; Z. 88–132: Gespräch mit Natalie; ihre beruhigende Wirkung

Dialogführung unter Einbeziehung der dramaturgischen Mittel:
- *Ort, Zeit und Situation:* bei der Kurfürstin, nachdem ihr Mann den Prinz von Homburg verhaften ließ und wegen Befehlsverletzung zum Tode verurteilt hat; der Prinz kommt – ohne Erlaubnis – aus dem Arrest
- *Gesprächspartner:* vertraute Atmosphäre des Gesprächs, da die drei sich sehr gut kennen; gegenseitige Liebesbeziehung zwischen Natalie und dem Prinzen, grundsätzlich gleiche adelige Gesellschaftsschicht, allerdings große Überlegenheit der Kürfürstin als Gattin des Herrschers; durch besondere Lage des Prinzen als Häftling und Todeskandidat, der die beiden Frauen als Fürsprecherinnen benötigt, starkes Ungleichgewicht zu seinen Ungunsten, d. h. Asymmetrie
- *Vorwissen:* Prinz weiß nicht, dass sich die Kurfürstin bereits vergebens für ihn eingesetzt hat.
- *Ablauf des Gesprächs unter Einbeziehung der dramaturgischen Mittel* (Ausschnitt, Zeile 1–71): *Kurfürstin* stets knappe Redebeiträge, überwiegend Fragen und Befehle, unterdrückte Emotionalität; *Prinz:* sehr ausführliche Redebeiträge, sehr emotional, sprachlich und durch Regieanweisungen unterstrichen; *Natalie:* längere Redebeiträge, Ausrufesätze; hochemotionaler Auftakt des Gesprächs: Kniefall des Prinzen, wiederholte Anrede der Fürstin als »Mutter«; Kurfürstin unterdrückt innere Bewegtheit und reagiert mit Vorwürfen auf seine unerlaubte Anwesenheit; distanzierende Anrede als »Prinz«; Frage des Prinzen, ob die Kurfürstin sein Schicksal kenne; Eingeständnis der Kurfürstin, dass sie alles wisse, aber nichts tun könne; erneute Anrede als Mutter durch den Prinzen und flehentliche Bitte um Rettung; Versuch, Mitleid zu erreichen; Nachfragen der Kurfürstin, wie sich seine starke Emotionalität erkläre; Erzählung des Prinzen von seiner nächtlichen Begegnung mit seinem eigenen Grab; Wechsel zur Anrede »Mein Sohn!« durch die Kurfürstin, Appell an seinen Mut und Aufforderung, die Fassung zu bewahren; erneutes Flehen des Prinzen um sein Leben, Bekundung seiner Bereitschaft, auf alle Ämter zu verzichten, unehrenhaft aus dem Militär entlassen zu werden; erneuter Appell der Kurfürstin an den Prinzen, sich zu fassen; Andeuten eines gewissen Unverständnisses über seine Worte; Bitte des Prinzen an die Kurfürstin, sich für ihn beim Kurfürst einzusetzen und um Gnade zu flehen; Erinnerung an die Selbstverpflichtung der Kurfürstin, ihm eine Mutter zu sein; Offenkundig-Werden der bisher verdeckten Emotionalität der Kurfürstin, Tränen; Geständnis, dass sie bereits vergebens tat, was der Prinz wollte
- *Ziele:* Prinz will um jeden Preis sein Leben retten, Kurfürstin und Natalie wollen ihn zur Einsicht und Selbstbeherrschung bringen; Prinz erreicht, dass sich Natalie beim Kurfürsten für ihn einsetzen wird, aber mit ungewissem Ausgang; Natalie erreicht ihr Ziel, während die Kurfürstin weniger Einfluss auf den Prinzen hat

Sprachlich-stilistische Gestaltung:
- Blankvers, hohes sprachliches Niveau
- Wechsel von längeren und kürzeren Sätzen, viele Imperative und Fragen vor allem bei der Kurfürstin; »Fassung«, »fasse dich« als zentrale Worte
- Bedeutung der Anreden (»Mutter«, »Prinz«, »mein Sohn«, »Held«)
- pathetisch-emotionale Sprache des Prinzen, Versuch seine Lage eindringlich zu schildern, daher häufiger Gebrauch von Metaphern und Personifikationen: »Wenn dich der Tod umschauerte«, »das Grab [...], das morgen mein Gebein empfangen soll«; sehr aussagekräftig für den plötzlichen Schicksalswechsel auch die Antithese, Z. 34–36
- Natalie: fast nur Ausrufesätze, bestimmendes, sprachliches Auftreten, Klarheit der Aussage, die ein Scheitern nicht ausschließt; Hyperbeln (Z. 108, Z. 126) unterstreichen Mut und Tapferkeit, die der Prinz bisher gezeigt hat; Tod (Z. 109, 127), Herz (Z. 111) und tapfer (Z. 125) als Schlüsselworte; Wiederholung: »Nicht ändern kann, nicht kann« (Z. 124)

Prüfungsaufgaben bewältigen

Zu Aufgabe 2:
Zuordnung zu einer literarischen Epoche:
- Klassik: Blankvers, hohes sprachliches Niveau, große Artikulationsfähigkeit, hohes, zahlenmäßig begrenztes Personal, dramatische Gestaltung; das Ringen um Fassung und Gefühlskontrolle (emotionale Mäßigung) als Thema
- Romantik: starke Emotionalität aller Beteiligten, vor allem im flehendlichen Bitten des Prinzen

Vergleich mit einer anderen Figur:
- z. B. *Maria Stuart* aus dem gleichnamigen Drama von Schiller; Gemeinsamkeiten: z. B. Verurteilung zum Tod; Versuche, ihr Leben zu retten; Verlust der Fassung (und damit auch der inneren Freiheit und Fähigkeit zu selbstbestimmtem moralischen Handeln), allerdings beim Prinz aus Todesangst, bei Maria (in der Begegnung mit Elisabeth) aus verletztem Stolz; Unterschiede: z. B. anfänglich fehlende Akzeptanz der Schuld und des Gerichts bei Maria; politisches Intrigengeschehen zur Rettung Marias, an dem sie zwar weitgehend unbeteiligt ist, das sie aber durch den Einsatz ihres Charmes und ihrer Schönheit mit entzündet, während der Prinz ganz im persönlichen Bereich bleibt; persönliche Begegnung Marias mit ihrer Richterin und ihr katastrophaler Ausgang; Anerkennung ihrer Schuld durch Maria und würdevolles, gefasstes Auftreten am Ende
- möglich sind auch andere Figuren wie z. B. Woyzeck, Faust (in der Krise in der Gelehrtentragödie), Gretchen im Faust (während der Schwangerschaft) oder Klara in »Maria Magdalena«, Antigone ...

Aufgabenart I A: Analyse eines literarischen Textes (Roman)

A ▪ Vervollständigen Sie die begonnenen Einzelteile der Antworten auf die Aufgabe 1 anhand des Erwartungshorizonts.
B ▪ Bearbeiten Sie die Aufgabe 2 mit Hilfe der Checkliste auf S. 359.

Aufgabe 1
Analysieren Sie den vorliegenden Anfang des Romans »Die Vermessung der Welt« von Daniel Kehlmann nach Inhalt und Aufbau, Sprache sowie der erzählerischen Gestaltung.

Aufgabe 2
Stellen Sie vergleichend dar, wie hier sowie in einem anderen Werk des 20. oder 21. Jahrhunderts der Held als Identifikationsfigur dekonstruiert wird.

▪ **Text 218**
Die Vermessung der Welt (2005) *Daniel Kehlmann*

Im September 1828 verließ der größte Mathematiker des Landes zum erstenmal seit Jahren seine Heimatstadt, um am Deutschen Naturforscherkongreß in Berlin teilzunehmen. Selbstverständlich wollte er nicht dorthin. Monatelang hatte er sich geweigert, aber Alexander von Humboldt war hartnäckig gewesen, bis er in einem schwachen Moment und in der Hoffnung, der Tag käme nie, zugesagt hatte.

Nun also versteckte sich Professor Gauß im Bett. Als Minna ihn aufforderte aufzustehen, die Kutsche warte und der Weg sei weit, klammerte er sich ans Kissen und versuchte seine Frau zum Verschwinden zu bringen, indem er die Augen schloß. Als er sie wieder öffnete und Minna immer noch da war, nannte er sie lästig, beschränkt und das Unglück seiner späten Jahre. Da auch das nichts half, streifte er die Decke ab und setzte die Füße auf den Boden.

Grimmig und notdürftig gewaschen ging er die Treppe hinunter. Im Wohnzimmer wartete sein Sohn Eugen mit gepackter Reisetasche. Als Gauß ihn sah, bekam er einen Wutanfall: Er zerbrach einen auf dem Fensterbrett stehenden Krug, stampfte mit dem Fuß und schlug um sich. Er beruhigte sich nicht einmal, als Eugen von der einen und Minna von der anderen Seite ihre Hände auf seine Schultern legten und beteuerten, man werde gut für ihn sorgen, er werde bald wieder daheim sein, es werde so schnell vorbeigehen wie ein böser Traum. Erst als seine uralte Mutter, aufgestört vom Lärm, aus ihrem Zimmer kam, ihn in die Wange kniff und fragte, wo denn ihr tapferer Junge sei, faßte er sich. Ohne Herzlichkeit verabschiedete er sich von Minna; seiner Tochter und dem jüngsten Sohn strich er geistesabwesend über den Kopf. Dann ließ er sich in die Kutsche helfen.

Die Fahrt war qualvoll. Er nannte Eugen einen Versager, nahm ihm den Knotenstock ab und stieß mit aller Kraft nach seinem Fuß. Eine Weile sah er mit gerunzelten Brauen aus dem Fenster, dann fragte er, wann seine Tochter endlich heiraten werde. Warum wolle die denn keiner, wo sei das Problem?

Eugen strich sich die langen Haare zurück, knetete mit beiden Händen seine rote Mütze und wollte nicht antworten.

Raus mit der Sprache, sagte Gauß.

Um ehrlich zu sein, sagte Eugen, die Schwester sei nicht eben hübsch.

Gauß nickte, die Antwort kam ihm plausibel vor. Er verlangte ein Buch.

Eugen gab ihm das, welches er gerade aufgeschlagen hatte: Friedrich Jahns Deutsche Turnkunst. Es war eines seiner Lieblingsbücher.

Gauß versuchte zu lesen, sah jedoch schon Sekunden später auf und beklagte sich über die neumodische Lederfederung der Kutsche; da werde einem ja noch übler, als man es gewohnt sei. Bald, erklärte er, würden Maschinen die Menschen mit der Geschwindigkeit eines abgeschossenen Projektils von Stadt zu Stadt tragen. Dann komme man von Göttingen in einer halben Stunde nach Berlin.

Eugen wiegte zweifelnd den Kopf.

Seltsam sei es und ungerecht, sagte Gauß, so recht ein Beispiel für die erbärmliche Zufälligkeit der Existenz, daß man in einer bestimmten Zeit geboren und ihr verhaftet sei, ob man wolle oder nicht. Es verschaffe einem einen unziemlichen Vorteil vor der Vergangenheit und mache einen zum Clown der Zukunft.

Eugen nickte schläfrig.

Sogar ein Verstand wie der seine, sagte Gauß, hätte in frühen Menschheitsaltern oder an den Ufern des Orinoko nichts zu leisten vermocht, wohingegen jeder Dummkopf in zweihundert Jahren sich über ihn lustig machen und absurden Unsinn über seine Person erfinden könne. Er überlegte, nannte Eugen noch einmal einen Versager und widmete sich dem Buch. Während er las, starrte Eugen angestrengt aus dem Kutschenfenster, um sein vor Kränkung und Wut verzerrtes Gesicht zu verbergen.

In der Deutschen Turnkunst ging es um Gymnastikgeräte. Ausführlich beschrieb der Autor Vorrichtungen, die er sich ausgedacht hatte, damit man auf ihnen herumklimmen könne. Eines nannte er Pferd, ein anderes den Balken, wieder ein anderes den Bock.

Der Kerl sei von Sinnen, sagte Gauß, öffnete das Fenster und warf das Buch hinaus.

Das sei seines gewesen, rief Eugen.

Genauso sei es ihm vorgekommen, sagte Gauß, schlief ein und wachte bis zum abendlichen Pferdewechsel an der Grenzstation nicht mehr auf.

Während die alten Pferde ab- und neue angeschirrt wurden, aßen sie Kartoffelsuppe in einer Gastwirtschaft. Ein dünner Mann mit langem Bart und hohlen Wangen, der einzige Gast außer ihnen, musterte sie verstohlen vom Nebentisch aus. Das Körperliche, sagte Gauß, der zu seinem Ärger von Turngeräten geträumt hatte, sei wahrhaftig die Quelle aller Erniedrigung. Er habe es immer bezeichnend für Gottes bösen Humor gefunden, daß ein Geist wie seiner in einen kränklichen Körper eingesperrt sei, während ein Durchschnittskopf wie Eugen praktisch nie krank werde.

Als Kind habe er schwere Pocken gehabt, sagte Eugen. Er habe es fast nicht überlebt. Hier sehe man noch die Narben!

Ja richtig, sagte Gauß, das habe er vergessen. Er wies auf die Postpferde vor dem Fenster. Eigentlich sei es nicht ohne Witz, daß reiche Leute für eine Reise doppelt so lange bräuchten wie arme. Wer die Tiere der Post verwende, könne sie nach jeder Etappe austauschen. Wer seine eigenen habe, müsse warten, bis sie sich erholt hätten.

Na und, fragte Eugen.

Natürlich, sagte Gauß, komme das einem, der nicht ans Denken gewohnt sei, selbstverständlich vor. Ebenso wie der Umstand, daß man als junger Mann einen Stock trage und als alter keinen.

Ein Student führe einen Knotenstock mit, sagte Eugen. Das sei immer so gewesen, und das werde so bleiben.

Vermutlich, sagte Gauß und lächelte.

Sie löffelten schweigend, bis der Gendarm von der Grenzstation hereinkam und ihre Pässe verlangte.

Prüfungsaufgaben bewältigen

Eugen gab ihm seinen Passierschein: ein Zertifikat des Hofes, in dem stand, daß er, wiewohl Student, unbedenklich sei und in Begleitung des Vaters preußischen Boden betreten dürfe. Der Gendarm betrachtete ihn mißtrauisch, prüfte den Paß, nickte und wandte sich Gauß zu. Der hatte nichts.

Gar keinen Paß, fragte der Gendarm überrascht, keinen Zettel, keinen Stempel, nichts?

Er habe so etwas noch nie gebraucht, sagte Gauß. Zum letztenmal habe er Hannovers Grenzen vor zwanzig Jahren überschritten. Damals habe er keine Probleme gehabt.

Eugen versuchte zu erklären, wer sie seien, wohin sie führen und auf wessen Wunsch. Die Naturforscherversammlung finde unter Schirmherrschaft der Krone statt. Als ihr Ehrengast sei sein Vater gewissermaßen vom König eingeladen.

Der Gendarm wollte einen Paß.

Er könne das ja nicht wissen, sagte Eugen, aber sein Vater werde verehrt in entferntesten Ländern, sei Mitglied aller Akademien, werde seit frühester Jugend Fürst der Mathematiker genannt.

Gauß nickte. Man sage, Napoleon habe seinetwegen auf den Beschuß Göttingens verzichtet.

Eugen wurde blaß.

Napoleon, wiederholte der Gendarm.

Allerdings, sagte Gauß.

Der Gendarm verlangte, etwas lauter als zuvor, einen Paß.

Lösungsansatz

Zu Aufgabe 1:
Inhalt und Aufbau

Bereits die ersten drei Sätze konfrontieren den Leser mit der in diesem Roman durchgängigen Dekonstruktion des heldenhaften Forscher- und Entdecker-Typus, den man möglicherweise erwartet hätte. Der als herausragender Wissenschaftler vorgestellte Mann, dessen Name noch nicht verraten wird, wird umgehend als einer dargestellt, der wider Erwarten kein Interesse an wissenschaftlichen Zusammenkünften hat, der sich jedoch gleichzeitig wider Willen von einem anderen berühmten Forscher dazu nötigen lässt, an einer solchen teilzunehmen.

Darauf folgt die Beschreibung einer familiären Szene vor der Abfahrt, in der der nun namentlich genannte Mathematiker Gauß auf eine skurrile Weise versucht, sich um die bevorstehende Reise zu drücken und sich dabei benimmt wie ein kleines Kind: Er versteckt sich unter der Bettdecke, beleidigt seine Frau, hat einen trotzigen Wutanfall und lässt sich dann von seiner Mutter behandeln wie ein Junge, reagiert sogar noch positiv darauf.

Der nächste Abschnitt schildert die Fahrt in der Kutsche nach Berlin zum Naturforscherkongress. Neben Gauß tritt nun auch dessen Sohn Eugen auf:

- negative Einstellung von Gauß gegenüber seinem Sohn
- ohnmächtige Wut bzw. Verletztheit Eugens
- Gauß' Einstellung zu seiner Zeit; Beispiel »Turnvater Jahn«; Eugens gegenteilige Überzeugung
- Gespräch Eugen – Gauß beim Essen
- nebensächlich erscheinende, aber scharfsinnige Beobachtungen des Vaters (Pferde, Stock)
- Desinteresse am Sohn, negative Beurteilung
- dagegen großes Selbstbewusstsein hinsichtlich des eigenen Geistes
- monologisierendes Sprechen Gauß'
- Begegnung mit dem Gendarm
- Ausweitung der Beobachtung von Gauß' Verhalten vom Innerfamiliären auf Fremde
- Eugens Vermittlungsversuch im Kontrast zu Gauß' Verhandlungsunfähigkeit bzw. -unwilligkeit; Gauß' verzerrte Wirklichkeitswahrnehmung (Napoleon)
- Gendarm zeigt sich unbeeindruckt; Verschärfung der Situation

Erzählerische Mittel

Ebenso wie über die Handlung der Forscher-Held dekonstruiert wird, wird eine Identifikation mit dem Protagonisten bzw. eine Einfühlung in die Handlung durch einen zwar scheinbar neutralen, jedoch letztlich ironisch-distanzierten Erzähler verhindert:

- auktorialer Erzähler, der sich jedoch weitgehend auf die Außensicht beschränkt; scheinbar neutrales Erzählverhalten
- auffällig hoher Anteil von Figurenrede, indirekt wiedergegeben: Distanzschaffung durch den beständigen Konjunktiv
- teilweise sehr betonte Außenperspektive: Wutanfall Gauß' nur anhand seiner Taten beschrieben (Aufstampfen, Zerschlagen von Gegenständen) →

kein Mitempfinden möglich, wirkt wenig nachvollziehbar (zusätzlich zum wunderlichen Verhalten)
- kleine, unauffällige Einschübe von Erzählerkommentaren: *Selbstverständlich ...* (Z. 4); *schon Sekunden später* (Z. 53 f.) → ironisch-distanzierter Grundton, der jedoch zunächst sachlich-neutral klingt
- Zeitgestaltung: fast szenisch, viel Figurenrede, wenig Erzählerbericht; Erzählzeit in manchen Abschnitten nur wenig kürzer als erzählte Zeit, dazwischen Lücken → ausschnittartiges Erzählen
- uneindeutige Darstellung: *Die Fahrt war qualvoll.* (Z. 35), davor Darstellung von Gauß' Unlust, nach Berlin zu fahren, danach sein nicht nachvollziehbares Verhalten gegenüber Eugen

Sprache

Der Romananfang zeichnet sich aus durch einen sehr nüchternen Stil, der dadurch, dass Gauß' unhöfliches Verhalten genauso wie Alltäglichkeiten und mehrere skurrile, überraschende Ereignisse im gleichen prosaischen Tonfall dargestellt werden, zur Ironie beiträgt. Außerdem fällt in der indirekten Rede auf, dass sich Gauß auch sprachlich von seiner Umwelt abhebt.

- auffällig nüchterner, beschreibender Stil; Beschreibung fast ausschließlich der äußeren Handlung (vgl. Erzähler), beobachtbares Verhalten; Darstellung von außergewöhnlichen Ereignissen ohne Kommentierung oder Ausschmückung (z. B. *Buch aus dem Fenster* Z. 85); aufzählender Stil ohne Wertung oder Beschreibung (*Turngeräte* Z. 80 f.) → zeigt Distanz bzw. verweigert den Dingen die Wertschätzung; entspricht Gauß' Einstellung
- Parataxen; kurze Sätze und Satzreihen, außerdem große Teile in Form der indirekten Rede (→ Konjunktiv); oft thematisch unverbunden nebeneinander (z. B. Tochter + Buch oder Sohn + Pferde); entspricht Gauß' Gesprächsverhalten, Unvermögen oder Unwillen, auf das Gegenüber einzugehen
- Gauß' Stil wirkt leicht gekünstelt bzw. veraltet; *seltsam sei es und ungerecht* Z. 61, *unziemlichen Vorteil ... Clown der Zukunft* Z. 66, *wahrhaftig die Quelle aller Erniedrigung* Z. 96, *nicht ohne Witz* Z. 109; im Gegensatz zu Gauß' kindischem Verhalten (Wutanfall Z. 107); hypotaktischer Satzbau
- Gauß spricht ständig in Vergleichen (Er und Eugen; Vergangenheit, Gegenwart und Zukunft; alte und junge Leute; Geist und Körper; arme und reiche Leute; jetzige Reise mit der vor 20 Jahren); zeigt gleichzeitig seine Verachtung gegenüber vielem wie auch seinen Forschergeist
- Wiederholungen (*Versager* Z. 35/74; *Gendarm verlangte einen Paß* Z. 122, 140, 150) → Betonung der Festgefahrenheit, der unsinnigen Kommunikation

Zu Aufgabe 2:
Checkliste: Dekonstruktion des Helden

- Auswahl eines geeigneten Vergleichstextes: Textkenntnis? Vergleichbarkeit der Figuren?
  1. möglichst gute Darstellbarkeit des Helden, ohne zu genau auf die Handlung des Werks, andere Figuren o. Ä. eingehen zu müssen
  2. Figuren weisen sowohl Gemeinsamkeiten als auch Unterschiede auf.
- mögliche Aspekte des Vergleichs:
  1. Dekonstruktion auf inhaltlicher Ebene:
     - anti-heldenhafte Handlungsweise oder Charakteristik (kindisches Verhalten Gauß', beständiges Kritisieren von Umfeld und Zeit)
     - verwandte/vergleichbare Motive oder Situationen, in denen Dekonstruktion des Helden betrieben wird (z. B. Kommunikationsprobleme, Umgang mit Pflichten/Kongress)
  2. Figurenkonstellation:
     - Stellung innerhalb des Figurengeflechts im Werk (Verhältnisse in der Familie Gauß; Verhalten dem Gendarm gegenüber)
     - Sicht anderer Figuren auf den (Nicht-)Helden (Einschätzung Eugens, der Mutter)
  3. Einschätzung und Darstellung durch den Erzähler (distanzierte Außensicht, Ironie)
  4. Dekonstruktion durch sprachliche Mittel (sprachliche Abhebung Gauß' vom Umfeld)

Prüfungsaufgaben bewältigen

Aufgabenart I A: Analyse eines literarischen Textes (Gedicht)

A ▪ Bearbeiten Sie diese Aufgabe und überprüfen Sie Ihr Ergebnis mit der nachfolgenden Checkliste.	**Aufgabe 1** Analysieren Sie das folgende Gedicht, indem Sie – das Thema beschreiben, – den Aufbau darstellen, – den Sprachgebrauch analysieren.

▪ **Text 219**

Mit Haut und Haar (1981)   *Ulla Hahn*

Ich zog dich aus der Senke deiner Jahre
und tauchte dich in meinen Sommer ein
ich leckte dir die Hand und Haut und Haare
und schwor dir ewig mein und dein zu sein.

5 Du wendetest mich um. Du branntest mir dein Zeichen
mit sanftem Feuer in das dünne Fell.
Da ließ ich von mir ab. Und schnell
begann ich vor mir selbst zurückzuweichen

und meinem Schwur. Anfangs blieb noch Erinnern
ein schöner Überrest der nach mir rief.   10
Da aber war ich schon in deinem Innern

vor mir verborgen. Du verbargst mich tief.
Bis ich ganz in dir aufgegangen war:
da spucktest du mich aus mit Haut und Haar.

Checkliste »Gedichtanalyse«   INFO

Inhaltliche Sicherung
Ich habe ...
- das Thema des Gedichts benannt: Das lyrische Ich erinnert sich (Präteritum!) an eine intensive Liebesbeziehung, in der es sich selbst verliert/aufgibt, um schließlich vom Partner sehr aggressiv zurückgewiesen zu werden,
- den Aufbau des Textes kurz und übersichtlich wiedergegeben: Entwicklung der Beziehung; Verlagerung der Aktivität vom Ich zum Du (Str. 1 vs. Str. 2; Vers 14), Spannungsbogen bis zur Pointe/überraschenden Wende in V. 13/14,
- eine angemessene Textbeschreibung vorgenommen: Strophenform: 4 Strophen, Verse wie im Sonett; Reimschema: wechselnd: 1. Str. Kreuzreim, 2. Str. umarmender Reim: Wechsel der Aktivität vom Ich zum Du, 3. Str. Kreuzreim, 4. Str. Paarreim; Metrum: Jambus, wechselnde Hebungen; Enjambements entgegen Leserhythmus, vor allem auffällig von V. 8 zu V. 9; ungewöhnliche Interpunktion; Wortfeld: aus dem Tierreich (V. 3, V. 5, V. 6, V. 14); Bildsprache (V. 1, 2, 3, 5, 6, 8, 11/12, 13),
- die Entwicklung einer Beziehung als Thema bestimmt (Ich-Du-Positionen wechseln in den Strophen, Rede von der Selbstaufgabe des lyrischen Ichs) und im Zusammenhang mit dem Titel erläutert (klingt fast märchenhaft, Anspielung auf Redewendung, z. B. jemanden mit Haut und Haaren fressen),
- den Aufbau wie folgt beschrieben und erläutert:
  1. Strophe: Stürmischer Anfang einer Beziehung: Ich = jünger als Du (Metapher: Senke deiner Jahre [V. 1] – meinen Sommer [V. 2v]). Parallelismus (V. 1–4; Anapher, V. 1/3). Anhand der Verben und der Subjektstellung des Ichs = Aktivität/Initiative des Ichs. Du = Objekt. Harmoniestreben des Ichs, leidenschaftliche Hingabe an das Du, Ewigkeitsschwur, Alliteration unterstreicht die voll-

kommene Hingabe (V. 3). Noch keine Selbstaufgabe, da »mein und dein« (V. 4);

2. Strophe: Durch Änderung des Reimschemas Hinweis auf Änderung im Inhalt: Du wird aktiv, in Subjektstellung, lyr. Ich in Objektstellung (V. 5,6). Wende auch im Verb »wenden« (V. 5); Bilder aus dem Tierreich: Man brennt Rindern Besitzzeichen ins Fell; brutales, aggressives In-Besitz-Nehmen des Ichs. Zurücknahme/Euphemismus der Tätigkeit »mit sanftem Feuer« (V. 6); ab V. 7 Bruch/Wende: Konzentration des Ichs auf sich selbst, Beginn des Prozesses der Selbstaufgabe, Zunahme der Disharmonie/Unausgeglichenheit der Beziehung; syntaktische Einschnitte der Satzenden mitten im Vers, Sprechpausen werden künstlich erzwungen (V. 5,7);

3. Strophe: Ungewöhnlicher Beginn: Satz wird aus V. 8 weitergeführt (Enjambement); besondere Betonung des Schwurs: Aufgabe der angestrebten Harmonie / ewigen Treue seitens des Ichs. Rückblick (Präteritum) auf äußere Harmonie der Beziehung (s. Str. 1). Veränderung des Ichs hat schon unwiderruflich stattgefunden, kann sich nur noch an »Überrest« seines Ichs erinnern (V. 10); ab V. 11 wird deutlich, dass das Ich sich vollständig angepasst hat, »verborgen«, »tief«; Aktivität von beiden Seiten: Selbstauflösung der Ich-Identität, Besitznahme des Dus;

4. Strophe: Elliptischer Satz (V. 13), Weiterführung von V. 12. Völlige Selbstaufgabe; Bruch/Wendung durch »da« (V. 14): überraschendes Ende: Das Du will das Ich nicht mehr, akzeptiert die verlorene Identität nicht. »Brutales« Verb »spucktest« wirkt, als ob das Du Ekel empfindet. Aggressivität wird unterstützt durch männliche Kadenzen in V. 13 und 14; Höhepunkt/Pointe des Gedichts.

Darstellungsweise

Ich habe ...

- einen vollständigen Einleitungssatz formuliert,
- Autorin, Textsorte, Erscheinungsjahr, Titel benannt und den Aufbau der Untersuchung skizziert,
- meinen Text schlüssig strukturiert,
- meine Aussagen durch angemessenes und sachgerechtes Zitieren abgesichert,
- Ergebnisse zusammengefasst bzw. meine Arbeitshypothese überprüft,
- beschreibende und deutende Aussagen begründet aufeinander bezogen,
- angemessen (präzise und differenziert) formuliert unter Verwendung entsprechender Fachbegriffe,
- syntaktisch sicher, variabel und komplex formuliert,
- Rechtschreibung und Orthografie beachtet.

Prüfungsaufgaben bewältigen

Aufgabenart I B: Vergleichende Analyse literarischer Texte

A ■ Bearbeiten Sie die beiden Aufgaben und vergleichen Sie Ihre Ergebnisse mit der Beispiellösung.

Aufgabe 1
Analysieren Sie das Gedicht »Berliner Bälle« von Kurt Tucholsky im Hinblick auf seinen Aufbau, die agierenden Figuren, das Motiv sowie die sprachlich-formale Gestaltung.

Aufgabe 2
Vergleichen Sie anschließend Ernst Stadlers Gedicht »Ballhaus« mit Tucholskys Gedicht hinsichtlich der oben genannten Aspekte. Beurteilen Sie anschließend beide Textauszüge vor dem Hintergrund ihres Entstehungskontextes.

■ **Text 220**

Berliner Bälle (1927)   *Kurt Tucholsky*

»Mit dir – mit dir – möchte ich mal sonntags angeln gehen –
Yes, Sir, that's my baby!
Mit dir – mit dir – da denk ich mir das wunderschön! –
I wonder, where my baby is to night –«
Junge Rechtsanwälte biegen sich im Boston[1] –
5   Dies Mädchen ist nicht von hier; dies ist aus dem Osten!
Kleine Modezeichner schlenkern viel zu viel mit die Beine –
Ein dubioser Kerl tanzt im Rund seinen Charleston alleine.
Der Saal kocht in Farben, Musik, Lärm, Staub und Gebraus –
Die Frauen schwimmen im Tanzmeer, das spült sie aus den Logen heraus –
10   In dreißig Sälen dieselben schwarzen Jüdinnen, in Silber eingewickelt
wie die Zigarren, beturbant; dieselben Melodien …
Heute Nacht tanzen sechzigtausend Menschen in Berlin.

»Wo
sind deine Haare –
15   What did I kiss that girl,
du musst nach Berlin,
Barcelona - Parlez-vous français?"
In allen Ateliers näseln die Grammophone;
weinrot stehn die Lampions in der grauen Luft – die Frau ist gar
20   nicht so ohne –
Kein Licht machen! Treten Sie nicht auf die Paare!
Wo sind deine Haare –?
August …
Jetzt sinkt das Fest sachte zu Boden wie ein müdes Blatt,
25   Gehst du schon? Wohl dem, der jetzt eine bunte kleine Wohnung hat.
In allen nächtlichen Hauswürfeln dieselben Neckrufe, Gelächter,
ratschenden Nadeln, Seufzer, feinen Melancholien.
Heute Nacht tanzen sechzigtausend Menschen in Berlin

1   *Boston:* amerikanischer Tanz, der ab 1927 Mode wurde

Sachliche Liebe, die du mit ohne Seele blühst;
30 Berliner Knabe, der du dich kaum noch bemühst!
Das Wo ist meistens schwieriger als das Ob –
Aphrodite mit dem Berliner Kopp!
Aphrodite, schaumgeborne, lass mal sehn,
wie sie alle, alle mit dir angeln gehen!
35 »Hallo? Wie is Ihn denn gestern bekomm? Gut? Ja?
Ausgeschlafen?
Hach! Daran kann ich mich gahnich erinnern. Nein.
Der hat doch
Soja das Chinesenkostüm geliehn ...!«

40 Als wär nie nichts gewesen
telefonieren dreißigtausend Paare in Berlin.

▪ Text 221

Ballhaus (1912)   *Ernst Stadler*

Farbe prallt in Farbe wie die Strahlen von Fontänen, die ihr Feuer ineinanderschießen,
Im Geflitter hochgeraffter Röcke und dem Bausch der bunten Sommerblusen.
                                                                  Rings von allen Wänden, hundertfältig[1]
Ausgeteilt, strömt Licht. Die Flammen, die sich zuckend in den Wirbel gießen,
Stehen, höher, eingesammelt, in den goldgefaßten Spiegeln, fremd und hinterhältig,
5 Wie erstarrt und Regung doch in grenzenlose Tiefen weiterleitend, Leben, abgelöst und
                                                                  fern und wieder eins und einig mit den Paaren,
Die im Bann der immer gleichen Melodien, engverschmiegt, mit losgelassnen Gliedern schreitend,
Durcheinanderquirlen: Frauen, die geschminkten Wangen rot behaucht, mit halb gelösten Haaren,
Taumelnd, nur die Augen ganz im Grund ein wenig matt, die in das Dunkel leerer Stunden laden,
Während ihre Körper sich im Takt unkeuscher Gesten ineinanderneigen,
10 Ernsthaft und voll Andacht: und sie tanzen, gläubig blickend, die Balladen
Müd gebrannter Herzen, lüstern und verspielt, und vom Geplärr der Geigen
Wie von einer zähen lauen Flut umschwemmt. Zuweilen kreischt ein Schrei. Ein Lachen gellt. Die Schwebe,
In der die Paare, unsichtbar gehalten, schaukeln, schwankt. Doch immer, wie in traumhaft irrem Schwung
Schnurrt der Rhythmus weiter durch den überhitzten Saal ... Dass nur kein Windzug jetzt die roten
                                                                  Samtportieren hebe
15 Hinter denen schon der Morgen wartet, grau, hager, fahl ... bereit, in kaltem Sprung,
Die Brüstung übergreifend, ins Parkett zu gleiten, dass die heißgetanzten Reihen jählings stocken,
                                                                  Traum und Tanz zerbricht,
Und während noch die Walzerweise sinnlos leiernd weitertönt,
Tag einströmt und die dicke Luft von Schweiß, Parfum und umgegossnem Wein zerreißt,
                                                                  und durch das harte Licht,
Fernher rollend, ehern, stark und klar, das Arbeitslied der großen Stadt durch plötzlich
                                                                  aufgerissene Fenster dröhnt.

1 Diese Verse nennt man Langverse

Beispiellösung in Stichworten

Zu Aufgabe 1:
Einleitung/Thematik/Titelassoziationen
Die vorliegenden Gedichte von Kurt Tucholsky »Berliner Bälle« (1927) sowie von Ernst Stadler »Ballhaus« (1912) entstammen, dem Erscheinungsdatum nach, aus der literarischen Strömung der Neuen Sachlichkeit bzw. des Expressionismus und markieren damit wesentliche formale und inhaltliche Veränderungen innerhalb der Gesellschaft des beginnenden 20. Jahrhunderts. Sie gestalten, wie der Titel jeweils andeutet, dasselbe Motiv: einen Ball.

Die Titelassoziationen lassen an Vergnügungskultur, moderne Tanzkultur, Momentaufnahmen – möglicherweise im Kontrast zur eher monotonen Alltagswelt – denken. Der Schauplatz bei Tucholsky wird ausdrücklich genannt: Berlin. Aber auch Stadlers Gedicht, das der Epoche des Expressionismus mit dem literarischen Schwerpunkt Berlin entstammt, greift die heutzutage in Berlin wieder belebte und beliebte Institution des Ballhauses auf. Der Leser erwartet die Darstellung eines vergnüglichen Abend-Erlebnisses innerhalb der sozial und kulturell heterogenen Berliner Großstadtgesellschaft, evtl. bekommt er den Spiegel einer hedonistischen Gruppe innerhalb der Gesellschaft vorgeführt. Die »Berliner Bälle« oder das »Ballhaus« können ein Bild der allgemeinen Erlebniskultur ihrer jeweiligen Zeit sein.

Textbeschreibung
Das Gedicht »Berliner Bälle« ist sehr unkonventionell gestaltet. Es besteht aus drei Strophen mit unterschiedlicher Verslänge und einem zweizeiligen Schlusssatz. Die erste und zweite Strophe weisen einen Refrain auf: »Heute Nacht tanzen sechzigtausend Menschen in Berlin«, der in den Schlusszeilen variiert wird, wobei die Variation »telefonieren dreißigtausend Paare in Berlin« auf eine zeitliche Entwicklung, auf einen Zeitsprung vom Ballgeschehen auf den Morgen danach, hinweist.

Ein durchgängiges Metrum ist nicht auszumachen; auch liegt kein festes Reimschema vor, jedoch lassen sich in Teilen der Strophen (V. 5–10, V. 19–23, V. 25–26, V. 30–35) traditionelle Paarreime feststellen. Auffällig ist die in den Texten der Neuen Sachlichkeit häufig aufzufindende Montagetechnik: 1) Schlagertitel der 20er-Jahre (vgl. V. 1–4, V. 34–35) in Deutsch und Englisch werden ineinander montiert; 2) dazwischen stehen, übergangslos in die Beschreibung der Bälle integriert und unkommentiert, Äußerungen der Tanzenden als wörtliche Rede in Deutsch, Englisch und Französisch; 3) auch umgangssprachliche Wendungen sowie Berliner Regionalismen (vgl. V. 20–24, V. 26, V. 30, V. 34, V. 36–38) lassen sich finden. Diese Technik erweckt den Eindruck, als befinde sich der Leser mitten im Geschehen, als sei er »live« dabei. Die Montagetechnik soll Authentizität und Zeitkolorit evozieren. Dieser Eindruck des unmittelbaren Erlebens der zeittypischen Atmosphäre wird unterstrichen durch die Nennung zeitgenössischer Begriffe wie »Charleston« (V. 8), »Grammophone« (V. 19) und den Verweis auf eine telefonische Kommunikation (vgl. V. 36–38, V. 40).

Ansonsten weist das Gedicht mehrere Metaphern, Aufzählungen, Vergleiche, Personifizierungen sowie einen Neologismus (V. 12) auf, d. h., es ist ausgesprochen bildreich und anschaulich gestaltet.

Die Perspektive des lyrischen Sprechers ist verwirrend, denn sie wechselt ständig wie die Tanzenden auf dem Ball: Mal scheint er sich mitten im Gewimmel der Tanzenden zu befinden (z. B. V. 1–4, 14–18), mal scheint er aus der Distanz von außen dem Geschehen zuzusehen (z. B. V. 5–13), mal spricht er einzelne Ballbesucher direkt an (z. B. V. 30–34); die Refrains fassen die Handlung zusammen; sie wirken wie die Überschrift eines Zeitungsartikels, die ein besonderes Erlebnis ankündigt. Insgesamt ist der lyrische Sprecher eher ein Beobachter, der amüsiert, teils distanziert, teils wertend/kommentierend das Treiben im Ballsaal beschreibt.

Gliederung/Phasierung des Gedichts:
Innerhalb der Strophen lässt sich eine zeitliche Entwicklung feststellen: Von den Momentaufnahmen auf unterschiedlichen Bällen bis zu deren Ende (vgl. V. 25 ff.) über das gemeinsame Nachhause-Gehen (vgl. V. 25 ff.) bis zu den Telefongesprächen über die Feste am nächsten Morgen (vgl. V. 36 ff.). Die die Strophen abschließenden refrainartigen Zeilen stellen verallgemeinernde Zusammenfassungen des Geschehens dar.
Detailanalyse:
Das Gedicht Tucholskys ist eine anschauliche Illustration des nächtlichen Berliner Großstadtlebens der so genannten »Goldenen Zwanziger«, einer Szenerie des oberflächlichen Vergnügens mit der ihr eigenen

Vergnügungskultur der Clubs, Bars und Ballhäuser der zu Ende gehenden Weimarer Republik. Das Gedicht setzt abrupt mit zwei ineinander verwobenen Zitaten zweier völlig unterschiedlicher zeitgenössischer Musikrichtungen (deutscher Schlager versus amerikanischer Jazz) ein und wirkt dadurch provozierend, aktuell und authentisch. Der Heterogenität und Internationalität des Ball-Publikums wird bereits in den ersten Versen durch die Montage der beiden unterschiedlichen Musiktitel Rechnung getragen. Die Aktualität und scheinbare Wiedergabe der Realität wird aufgegriffen durch Verweis auf einen amerikanischen Modetanz, den »Boston Waltz«, der seit 1927 in Deutschland populär wurde (V. 5) und deutet gleichfalls die Amerika-Vorliebe der Deutschen in den zwanziger Jahren an. In den nachfolgenden drei Zeilen werden sowohl die beruflichen, sozialen und auch regionalen Unterschiede individueller Tanzbesucher, die repräsentativ für die vielen tausend anderen stehen, verdeutlicht: Rechtsanwälte, Mädchen aus dem Osten, kleine Modezeichner, dubioser Kerl; Zeitkolorit vermittelt auch der Name des damaligen Modetanzes »Charleston« (ebenfalls amerikanisches Vorbild). Die nachfolgenden zusammenfassenden Bilder sind aus der distanzierten Vogelperspektive gewählt und geben durch die Personifikationen als auch durch die Akkumulation von Nomen (vgl. V. 9) die bunte und emotionsgeladene Atmosphäre der Ballsäle wieder. Von den Individuen wird abstrahiert, die Masse (typischer Terminus der Großstadtgesellschaft ab 1910) wird fokussiert: »Die Frauen schwimmen im Tanzmeer« […] »in dreißig Sälen dieselben schwarzen Jüdinnen« (V. 10 ff.). Die Uniformität und die Verdinglichung des Einzelnen dieser Massengesellschaft wird durch den Vergleich »in Silber eingewickelt wie die Zigarren […], »dieselben Melodien« (V. 11 ff.) verdeutlicht.

Die zweite Strophe beginnt analog zur ersten mit Zitaten; dieses Mal handelt es sich allerdings scheinbar um Fragmente aus Gesprächen, die der lyrische Sprecher dem kosmopolitischen Publikum abgelauscht zu haben scheint; neben dem Englischen treten jetzt auch noch das Spanische und das Französische: »Barcelona – Parlez-vous français?« (V. 18). Einerseits erweitert sich die Perspektive hinsichtlich der Sprachen, andrerseits findet ein Perspektivwechsel, wenn nicht eine Perspektivverengung von den Ballsälen in die intimeren Ateliers (vgl. V. 19) statt. Die privatere Atmosphäre bzw. die vorgerückte Stunde wird durch das Näseln der Grammophone (vgl. V. 19), die durch die Personifizierung schon ermüdet wirken oder einfach langsamere Musik spielen sowie die weinroten Lampions (vgl. V. 20), die ein vertraut-plüschiges Ambiente vorgaukeln sowie den schneidenden Zigaretten- und Zigarrenrauch »in der grauen Luft« (V. 20) unterstrichen. Das nahende Ende des Abends kann ebenfalls anhand der Imperative: »Kein Licht machen! Treten Sie nicht auf die Paare!« assoziiert werden: Die Tanzenden bewegen sich langsamer, haben sich gefunden, umschlungen, sind zu Boden gesunken. Die nachfolgende Frage ist mit einer Parenthese versehen (vgl. V. 23), der Ausruf oder das hin gehauchte »August …« (V. 24) lassen schon keine Antwort mehr erhoffen, man verstummt. Der anschließende bildliche Vergleich unterstützt diesen Eindruck des nahenden Endes. Die zweite Strophe schließt mit einer erneuten Aufbruchstimmung, einer wieder erwachten, hektischen Aktivität, unterstrichen durch die asyndetische Akkumulation von Begriffen.

Die dritte Strophe abstrahiert vom vorher chronologisch geschilderten, subjektiven Ballgeschehen und trifft allgemeine Aussagen hinsichtlich des flüchtigen Amüsements dieser Großstadtbälle. Hier wird eindeutig auf zeittypische Aspekte verwiesen: auf die »sachliche Liebe« (V. 30), die »ohne Seele« blüht (V. 30), auf die Lockerheit der Beziehungen (vgl. V. 31), auf die räumliche Enge bzw. die schwierige Wohnsituation der einfachen Menschen (vgl. V. 32), auf den Typus der so genannten neuen Frau (vgl. V. 3) auf die veränderten Rollenzuweisungen und Rollenmuster (vgl. V. 34 ff.). Das bekannte Bild von der »schaumgeborenen Aphrodite [auf Zypern]« als Verherrlichung der schönsten aller Göttinnen wird hier ironisch gebrochen in Kombination mit dem jargonhaften Ausdruck »Berliner Kopp« (V. 33) sowie mit der einen Rahmen schaffenden Verbindung zu dem Berliner Schlager »Mit dir, mit dir, möchte ich mal sonntags angeln gehen« (vgl. V. 1). Wenn auch nur implizit durch den bildhaften Vergleich wird die spöttische Betrachtungsweise des lyrischen Sprechers hier greifbar, unterstrichen a) durch die direkt anschließenden banalen Äußerungen schläfriger, gelangweilter und nicht ganz nüchtern erscheinender Telefonpartner am nächsten Morgen (vgl. V. 36ff.) und b) durch die lapidare Berliner Redensart der doppelten Verneinung: »als wär nie nichts gewesen« (V. 39).

Prüfungsaufgaben bewältigen

Zusammenfassung und literarhistorische Kontextualisierung:

Das Gedicht »Berliner Bälle« von Kurt Tucholsky ist nicht nur auf Grund seines Erscheinungsdatums von 1929 der literarischen Strömung der »Neuen Sachlichkeit« zuzuordnen. Wie die Analyse gezeigt hat, verweisen sowohl formal-sprachliche wie inhaltliche Aspekte eindeutig auf die end Zwanzigerjahre in Berlin. Formal auffällig ist die schnoddrige Alltagssprache, die idiomatisch und regional geprägt ist und deren Einfachheit und Verständlichkeit mit der so genannten »Gebrauchslyrik« Bertolt Brechts, u.a. zu finden in der Anthologie »Hauspostille«, zu vergleichen ist. Wenngleich Tucholsky den Stil mischt mit poetisch-bildhaften Vergleichen, ist gerade der Stilmix ein Indiz für die Technik der Collage, der Montage, der den Texten der »Neuen Sachlichkeit« eigen ist und Ausdruck für Authentizität und Anschaulichkeit. Inhaltliche Themen, die angesprochen werden, sind die Vergnügungskultur als ein eigenständiger, boomender Wirtschaftsfaktor des Berlins der späten Zwanziger, kurz vor der Weltwirtschaftskrise, auch mit dem Bild des »Tanz[es] auf dem Vulkan« belegt, orientiert am neuen Musik- und Tanzstil des Amerika der »roaring twenties«. Weitere im Gedicht präsente Aspekte sind die heterogener werdende, sich sozial mischende Großstadtgesellschaft (Stichwort: Angestelltenkultur), die Veränderung der Beziehungen der Geschlechter untereinander, hier vor allem die Lockerung der Sitten, auch festzumachen an dem neuen Frauentypus, der die Haare kurz trägt, Zigaretten raucht, öffentlich tanzen geht und kurze Charleston-Kleider trägt. Das Gedicht entwirft ein beeindruckendes Szenario verschiedenster, aber repräsentativer Momentaufnahmen einer hedonistischen Großstadt-Massengesellschaft.

Zu Aufgabe 2:
Überleitung:

Auch das expressionistische Gedicht »Ballhaus« von Ernst Stadler thematisiert, wie der Titel andeutet, das nächtliche Großstadtleben beim Tanzen. Wenn man auf bereits erwähnten Titelassoziationen zurückgreift, wird deutlich, dass das in diesem Gedicht dargestellte Ballhaus – im Gegensatz zu Tucholsky – als ein höhlenartiger Bau, als ein gewalttätiger, gefährlicher Schauplatz dargestellt wird. Die farbenfrohe, ausgelassene und glamouröse Scheinwelt der Nacht wird mit der grauen, monotonen Arbeitswelt des Tages kontrastiert. Der lyrische Sprecher bleibt nicht reiner Beobachter der Ballhausatmosphäre, sondern bewertet die Großstadtgesellschaft der Jahrhundertwende als verdorben.

Textbeschreibung:

Es liegt keine traditionelle Gedichtform vor, sondern eine einzige Strophe mit etlichen Langversen, was wie ein Prosatext wirkt. Das vorherrschende, wenn auch nicht durchgängig exakt eingehaltene Reimschema ist der Kreuzreim, der die unterschiedlichen Sinneseindrücke miteinander verwebt. Als typisch expressionistisches Gedicht fallen – im Gegensatz zu der eher schlichten Gestaltung des Tucholsky-Gedichts – die vielen rhetorischen wie sprachlichen Mittel der Veranschaulichung und der Provokation auf: eine Akkumulation von (Farb-)Adjektiven, Personifikationen und Vergleichen, Trikola und Klimax', sehr dynamische, stark evaluative Verben, auch Paradoxa, wodurch der Eindruck der Ballung, der Verdichtung, des Rauschhaften und Ekstatischen entsteht. Diese emotionsgeladene Atmosphäre sowie der Rhythmus und die Schnelligkeit des Geschehens werden unterstrichen durch den teils elliptischen Satzbau, durch den asyndetischen Reihungsstil sowie etliche Synästhesien, die die Intensität und Simultaneität unterschiedlicher, positiv wie negativ konnotierter Sinneswahrnehmungen bewirken.

Gliederung/Phasierung des Gedichts:

Analog zu der zeitlichen Entwicklung der im Gedicht dargestellten Momentaufnahmen lässt sich der Text grob in drei Abschnitte unterteilen: 1) Einführung in das abendliche Szenario eines Ballhauses, das als sinnlich-erotischer Farbenrausch dargestellt wird (V. 1–6); 2) Beschreibung der Menschen, der Paare, vor allem der Frauen, auf dem Parkett (V. 7–16); 3) der Ausblick in die Realität des frühen (Arbeits-) Morgens. In diesem Gedicht werden – im Vergleich zum Tucholsky-Gedicht – gleich mehrere Entwicklungen sichtbar gemacht, die kunstvoll miteinander verwoben werden und gleichzeitig sowohl analog zueinander stehen als auch kontrastiv sind: a) eine zeitliche Chronologie vom Abend über die Nacht zum Morgen; b) eine räumliche Perspektivverengung und -erweiterung, ein »Zoom« von außen/oben auf einige Gruppen, auf einzelne Paare, auf nicht näher benannte Individuen, dann sich wieder lösend ins Allgemeine, vom Inneren des Ballhauses nach draußen in die Stadt; die räumliche Entwicklung geht einher mit der zeitlichen; c) die Stimmung wechselt von positiven

Eindrücken bis zu negativen, sobald der Morgen naht, die rauschhafte Atmosphäre wird nüchtern mit der hereinbrechenden Realität des Arbeitsalltags; d) Veränderung der farblichen Gestaltung: Die übersteigerte, z. T. schrille Farbigkeit des Balls löst sich auf in graue, leblose Farben des herannahenden Morgens. Alle Entwicklungen sind kunstvoll miteinander kombiniert: Der sinnliche Erlebnishunger der Menschen endet in ihrer Ernüchterung am frühen Morgen.

Detailanalyse:
Auch dieses Gedicht beginnt abrupt; hier mit einer Visualisierung der durch Personifikation und Vergleich mit dem Feuer unterstützten Farbsymphonie der Kleider, der Accessoires, der Lichter, die sich in Spiegeln vervielfältigen, sich entfernen und wieder fokussieren. Befremdlich erscheinen dem Leser in diesem Zusammenhang die negativen Adjektive »fremd und hinterhältig« (V. 5), die vorausdeutend die Bedrohlichkeit und das Scheinhafte dieser vordergründig faszinierenden Ballhauswelt charakterisieren. Diese anfängliche Widersprüchlichkeit des Ambientes setzt sich zunehmend bei der Beschreibung der Menschen fort: wie im Rausch erscheinen die Paare, die fast mechanisch-ritualisiert an- und ineinander hängen, äußerlich auffallend (stark geschminkt, gelöste Haare, vgl. V. 9), innerlich ausgebrannt und leer, was die Augen – als Spiegel der Seele – ausdrücken (vgl. V. 10, V. 13). Das Verhalten der Tanzenden wird vom lyrischen Sprecher mit negativen Attributen belegt: »taumelnd« (V. 10), »unkeusch« (V. 11), »lüstern« (V. 13), »schaukelnd« (V. 16), schwankend (vgl. V. 16). Auch die Geräusche wirken dissonant: »Geplärr der Geigen« (V. 13), »zähe[n] laue[n] Flut«, »kreischt ein Schrei«, »Ein Lachen gellt«. Die Stimmung ist »traumhaft irre[n]« (V. 16) im »überhitzten Saal« (V. 17). Die Darstellung der Menschen entbehrt jeder Individualität; sie wirken verdinglicht wie Marionetten an einer Schnur, »unsichtbar gehalten« (V. 16). Sie suchen fast krampfhaft nach einer Veränderung, nach einem Ausbruch aus ihrer offenbar als beengend empfundenen Wirklichkeit. Die Befürchtung aller Tanzenden wird ausgedrückt in dem flehentlichen Gedanken, der im Konjunktiv I als Wunsch formuliert ist: »Dass nur kein Windzug jetzt die roten Samtportieren hebe, hinter denen schon der Morgen wartet« (V. 17 ff.). Der Kontrast der Traumwelt der Nacht mit der als bedrückend empfundenen Alltagswelt der Arbeit wird abrupt hergestellt; die Brutalität des nicht aufzuhaltenden neuen Tages wird durch die Personifizierungen des Morgens wie durch die ihm zugeordneten dynamischen Verben (Sprung, übergreifen, stocken, zerbrechen) besonders markiert. Das jähe Ende der Traumwelt (vgl. V. 21) wird durch das Bild des aufgerissenen Fensters (vgl. V. 25 ff.), durch das ein anderer Rhythmus, eine andere Melodie in die Ballhaushöhle dringt, deutlich.

Zusammenfassung und literarhistorische Kontextualisierung:
Dieses Gedicht ist auf Grund seiner formal-sprachlichen Gestaltung sowie der angesprochenen Themen eindeutig als ein expressionistisches Gedicht zu klassifizieren. Ganz anders als in Tucholskys Gedicht desselben Motivs ist die Intention des Autors, der sich hinter den negativen Wertungen des lyrischen Sprechers verbirgt, zu verstehen:

Allein in der Darstellung der Menschen als entindividualisierte, dissoziative Masse lässt sich deutlich die weit verbreitete Kritik der Expressionisten an der bürgerlichen Großstadtgesellschaft wiederfinden. Das Ballhaus steht stellvertretend für eine Höhle, ein Nest, in die/das man sich vor der Realität zu flüchten versucht. Das Scheitern dieser Flucht wird durch die drohende Überwältigung durch das nicht aufzuhaltende »Arbeitslied der großen Stadt« (V. 25) verbildlicht. Die Kompensation einer als sinnentleert, brüchig und überholt empfundenen Gesellschaft in einer als rauschhaft erlebten Scheinwelt, in der auch nur übertünchte Oberflächlichkeit, laszive Triebhaftigkeit und Entfremdung trotz aller körperlicher Nähe gelten, wird immer wieder in den Gedichten der Vorkriegszeit thematisiert.

Zusammenfassender Vergleich beider Gedichte
Wie bereits in den einzelnen Zusammenfassungen deutlich wird, behandeln beide Gedichte dasselbe Motiv: Ein Tanzvergnügen als Spiegel der gesellschaftlichen Wirklichkeit ihrer Entstehungszeit. Beiden Gedichten ist das Endzeit-Moment wichtig: Das Gedicht Stadlers entstand kurz vor Ausbruch des Ersten Weltkriegs, das Gedicht Tucholskys kurz vor der Weltwirtschaftskrise. Die krisenhafte, zugespitzte Atmosphäre lässt sich in beiden Gedichten nachweisen. Unterschiede betreffen vor allem die formalsprachliche Gestaltung (wie oben bereits ausgeführt), die jeweils stellvertretend für ihre literarhistorische Epoche ist. Aber auch inhaltlich sind Unterschiede aufzuzeigen: Die Kritik an einer dem Untergang geweihten Gesellschaft wird in dem Gedicht »Ballhaus« durch den Kontrast mit der Alltagswelt viel direkter,

deutlicher ausgesprochen und entspricht damit weitgehend dem Zukunftspessimismus und der negativen Großstadt-Darstellung vieler Expressionisten. Das Gedicht »Berliner Bälle« geht eher humorvoll-ironisch mit dem Massenvergnügen der Gesellschaft um, was dem Zeitgefühl der »goldenen Zwanziger« entspricht: Der Wunsch der Menschen nach Ablenkung und Amüsement wird als legitim und »normal« angesehen, ihr Verhalten auf den Bällen wird nicht negativ-abwertend dargestellt wie bei Stadler. Schließlich war Berlin berühmt-berüchtigt für seine internationale Atmosphäre sowie seine vielen Amüsierbetriebe, das Frauenbild hatte sich innerhalb weniger Jahre grundlegend verändert und damit auch die Beziehungen der Geschlechter zueinander.

Aufgabenart II A: Analyse eines Sachtextes mit weiterführendem Schreibauftrag

A ■ Bearbeiten Sie die beiden Aufgaben und vergleichen Sie Ihre Ergebnisse mit der Beispiellösung.

Aufgabe 1
Analysieren Sie den Text, indem Sie die zentrale These bestimmen, die Argumentationsstruktur beschreiben und die Kernaussagen zusammenfassen.

Aufgabe 2
Erklären Sie, wie Hofmannsthal die beginnende Sprachkrise um 1900 im Brief des Lord Chandos, den die Verfasserin in ihrer Vorlesung direkt anspricht, zum Ausdruck bringt und setzen Sie sich mit möglichen Ursachen für die aufkommende Sprachskepsis/Sprachnot dieser Zeit auseinander.

■ Text 222
Frankfurter Vorlesungen: Probleme zeitgenössischer Dichtung [Auszug]
(1959/60)   *Ingeborg Bachmann*

Die Schriftstellerin Ingeborg Bachmann (1926–1973) hielt im Wintersemester 1959/60 als erste Dozentin im Rahmen einer Vortragsreihe, die von der Frankfurter Universität initiiert wurde, fünf Vorlesungen zu Fragen der Poetik. Der ausgewählte Auszug ist dem Anfang der ersten Vorlesung zum Thema Probleme zeitgenössischer Dichtung entnommen.

In unserem Jahrhundert scheinen mir diese Stürze ins Schweigen, die Motive dafür und für die Wiederkehr aus dem Schweigen darum von großer Wichtigkeit für das Verständnis der sprachlichen Leistungen, die ihm vorausgehen oder folgen, weil sich die Lage noch verschärft hat. Der Fragwürdigkeit der dichterischen Existenz steht nun zum ersten Mal eine Unsicherheit der gesamten Verhältnisse gegenüber. Die Realitäten von Raum und Zeit sind aufgelöst, die Wirklichkeit harrt ständig einer neuen Definition, weil die Wissenschaft sie gänzlich verformelt hat. Das Vertrauensverhältnis zwischen Ich und Sprache und Ding ist schwer erschüttert. Das erste Dokument, in dem Selbstbezweiflung, Sprachverzweiflung und die Verzweiflung über die fremde Übermacht der Dinge, die nicht mehr zu fassen sind, in einem Thema angeschlagen sind, ist der berühmte ›Brief des Lord Chandos‹ von Hugo von Hofmannsthal. […]

Bei sehr verschiedenen Heimsuchungen zeugen von ähnlichen Erfahrungen der ›Malte Laurids Brigge‹ von Rilke, einige Novellen von Musil und Benns ›Rönne, Aufzeichnungen eines Arztes‹. Und doch darf man dabei nicht an Korrespondenzen in der Literatur denken, sondern muß sich vor Augen halten, dass es sich um einzelne revolutionäre Stöße handelt. Es heißt immer, die Dinge lägen in der Luft. Ich glaube nicht, dass sie einfach in der Luft liegen, dass jeder sie greifen und in Besitz nehmen kann. Denn eine neue Erfahrung wird gemacht und nicht aus der Luft geholt. Aus der Luft oder bei den anderen holen sich nur diejenigen, die selber keine Erfahrung gemacht haben. Und ich glaube, dass, wo diese immer neuen, keinem erspart bleibenden Wozu- und Warumfragen und alle die Fragen, die sich daran schließen (und die Schuldfragen, wenn Sie wollen), nicht erhoben werden, dass, wo kein Verdacht und somit keine wirkliche Problematik in dem Produzierenden selbst vorliegt, keine neue Dichtung entsteht. Es mag paradox klingen, weil vorhin vom Verstummen und Schweigen die Rede war als Folge dieser Not des Schriftstellers mit sich und der Wirklichkeit – einer Not, die heute nur andere Formen angenommen hat. Religiöse und metaphysische Konflikte sind abgelöst worden durch soziale, mitmenschliche und politische. Und sie alle münden für den Schriftsteller in den Konflikt mit der Sprache. Denn die wirklich großen Leistungen dieser letzten fünfzig Jahre, die eine neue Literatur sichtbar gemacht haben, sind nicht entstanden, weil Stile durchexperimentiert werden wollten, weil man sich bald so, bald so auszudrücken versuchte, weil man modern sein wollte, sondern immer dort, wo vor jeder Erkenntnis ein neues Denken wie ein Sprengstoff den Anstoß gab – wo, vor jeder formulierbaren Moral, ein moralischer Trieb groß genug war, eine neue sittliche Möglichkeit zu begreifen und zu entwerfen.

Mit einer neuen Sprache wird der Wirklichkeit immer dort begegnet, wo ein moralischer, erkenntnishafter Ruck geschieht, und nicht, wo man versucht, die Sprache an sich neu zu machen, als könnte die Sprache selber die Erkenntnis eintreiben und die Erfahrung kundtun, die man nie gehabt hat. Wo nur mit ihr hantiert wird, damit sie sich neuartig anfühlt, rächt sie sich bald und entlarvt die Absicht. Eine neue Sprache muss eine neue Gangart haben, und diese Gangart hat sie nur, wenn ein neuer Geist sie bewohnt. Wir meinen, wir kennen sie doch alle, die Sprache, wir gehen doch mit ihr um; nur der Schriftsteller nicht, er kann nicht mit ihr umgehen. Sie erschreckt ihn, ist ihm nicht selbstverständlich, sie ist ja auch vor der Literatur da, bewegt und in einem Prozess, zum Gebrauch bestimmt, von dem er keinen Gebrauch machen kann. Sie ist ja für ihn kein unerschöpflicher Materialvorrat, aus dem er sich nehmen kann, ist nicht das soziale Objekt, das ungeteilte Eigentum aller Menschen. Für das, was er will, mit der Sprache will, hat sie sich noch nicht bewährt; er muss im Rahmen der ihm gezogenen Grenzen ihre Zeichen fixieren und sie unter einem Ritual wieder lebendig machen, ihr eine Gangart geben, die sie nirgendwo sonst erhält außer im sprachlichen Kunstwerk. Da mag sie uns freilich erlauben, auf ihre Schönheit zu achten, Schönheit zu empfinden, aber sie gehorcht einer Veränderung, die weder zuerst noch zuletzt ästhetische Befriedigung will, sondern neue Fassungskraft.

Erwartungshorizont

Zu Aufgabe 1:
1. Eine aufgabenbezogene Einleitung unter Berücksichtigung der äußeren Textmerkmale formulieren
- Bei dem Text handelt es sich um einen kurzen Auszug aus der 1. von 5 Vorlesungen, die Ingeborg Bachmann (1926 – 1973) im Rahmen einer Vortragsreihe an der Frankfurter Universität im Wintersemester 1959/60 gehalten hat.
- Der Text setzt sich mit der Sprachnot von Schriftstellern in der Vergangenheit und Gegenwart auseinander, wobei die spezifische Qualität der Sprachskepsis/Sprachnot der zeitgenössischen Schriftsteller erläutert wird.

2. Den Text erfassen
Bachmann stellt dar,
- dass sich ihr Interesse am Thema Sprachskepsis/Sprachnot von Schriftstellern durch die Verschärfung der gegenwärtigen Situation für die Schriftsteller begründe, da das »Vertrauensverhältnis zwischen Ich und Sprache/Ding« vor allem durch die Entwicklung der Wissenschaften verloren gegangen sei.
- dass der berühmte »Brief des Lord Chandos« von Hugo von Hofmannsthal das erste literarische Zeugnis für Selbstzweifel und Sprachverzeiflung im Hinblick auf die Leistungsfähigkeit der eigenen Sprache sei.
- dass das in der Folgezeit in Literatur des Öfteren thematisierte Problem mit der Sprache nicht durch das Aufgreifen eines Stoffes, sondern als Ausdruck einzelner revolutionäre Stöße zu begreifen sei.
- dass wirklich neue Dichtung nur entstehe, wenn eine Problematik im Produzierenden (Schriftstel-

ler) selbst vorliege und Gegenstand seiner eigenen Erfahrung sei.
- dass die Probleme der zeitgenössischen Schriftsteller mit sich selbst und ihrer Sprache nicht mehr durch religiöse und metaphysische Konflikte, sondern durch soziale, mitmenschliche und politische Konflikte ausgelöst würden.
- dass neue Literatur in den letzten 50 Jahren nicht Ausdruck des Experimentierens mit verschiedenen Stilen, sondern Ergebnis eines neuen Denkens gewesen sei, das wie ein »Sprengstoff« gewirkt habe.
- dass die Entstehung einer wirklich neuen Sprache bei der Auseinandersetzung mit der Wirklichkeit nicht Ergebnis handwerklichen Bemühens, sondern Ausdruck einer gravierenden moralischen oder erkenntnishaften Veränderung sei.
- dass der Umgang des Schriftstellers mit der Sprache sich von dem des Menschen im Allgemeinen dadurch unterscheide, dass der Umgang mit ihr dem Schriftsteller nicht vertraut und selbstverständlich sei, sondern dass er versuche, ihr eine spezifische »Gangart« zu geben, die nur in sprachlichen Kunstwerken vorhanden sei. Veränderungen der Sprache seien von daher weniger bestimmt durch Kriterien ästhetischer Schönheit, sondern durch das Bemühen, Veränderungen der Wirklichkeit in Worte zu fassen (»neue Fassungskraft«).

3. Darstellung der argumentativen Struktur

Einleitung: Probleme der Schriftsteller mit der Sprache in der Vergangenheit und Gegenwart.
These: Zeitgenössische Probleme der Schriftsteller mit der Sprache als spezifischer Reflex auf gravierende Veränderungen der Realität.
Argument: Auflösung der Realitäten von Raum und Zeit durch die Entwicklung der Wissenschaften führt in der zeitgenössischen Literatur zu einer starken Erschütterung des Vertrauens in die Leistungsfähigkeit der eigenen Sprache.
Beispiel: Hofmannsthals Brief des Lord Chandos aus dem Jahr 1901/02 als erstes literarisches Zeugnis für die Grundproblematik (Sprachskepsis/Sprachnot des Schriftstellers).
Argument: Probleme der Schriftsteller mit ihrer Sprache sind nicht literarischen Vorbildern verpflichtet, sondern Ausdruck eigener Erfahrungen (»einzelne revolutionärer Stöße«), da neue Dichtung nur entsteht, wenn eine Problematik im Schriftsteller selbst vorliegt, wodurch Verdacht und Fragen ausgelöst werden.

Argument: Die Not der Schriftsteller mit sich und der Wirklichkeit hat sich nicht grundsätzlich verändert, sondern nur eine andere Form bekommen, da an die Stelle religiöser und metaphysischer Konflikte soziale, mitmenschliche und politische getreten sind, wobei sich alle diese Konflikte in Problemen des Schriftstellers mit seiner Sprache äußern.
Argument: Die großen Leistungen der Literatur der letzen 50 Jahre sind Ausdruck eines neuen Denkens, das zu einer spezifischen Ausdrucksweise geführt hat.
Argument: Eine wirkliche neue Sprache zur Auseinandersetzung mit der Wirklichkeit entsteht nur vor dem Hintergrund gravierender moralischer bzw. erkenntnishafter Veränderungen. Die Ergebnisse ihrer Beobachtungen zur Literatur der letzten 50 Jahre verallgemeinernd, verdeutlicht sie dabei ihren literarischen Anspruch an gegenwärtige und zukünftige Literatur. Literatur als »Sprachspielerei«, die in erster Linie der ästhetischen Befriedigung dient, wird implizit kritisiert.
Argument: Das Verhältnis des Schriftstellers zur Sprache unterscheidet sich von dem des Menschen im Allgemeinen, da er sie nicht wie ein vorhandenes Werkzeug benutzt, sondern sich darum bemüht, ihr eine spezifische »Gangart« zu geben, um Veränderungen der Wirklicht fassen zu können. Ästhetische Qualität der Sprache spielt dabei nur eine untergeordnete Rolle.

4. Die pragmatische Struktur des Textes unter besonderer Berücksichtigung der Argumentationsweise bestimmen

- Literarische Verweise, hypotaktischer Satzbau und die Komplexität der Gedankenführung sind Elemente des fachwissenschaftlich anspruchsvollen Stils der Vorlesung.
- Die zentrale These wird durch mehrere Argumente erläutert, wobei nur einzelne konkrete Beispiele angeführt werden, da ansonsten entsprechendes Hintergrundwissen beim fachkundigen Publikum (Vorlesung in der Frankfurter Universität) vorausgesetzt wird.
- Bachmann stellt durch Verweis auf andere literarische Zeugnisse (speziell Hofmannsthal Brief des Lord Chandos) zunächst heraus, dass Sprachskepsis/Sprachnot bei Schriftstellern kein grundsätzlich neues Thema in der Literatur ist, um im weiteren Verlauf die spezifische Bedeutung für zeitgenössische Sprachkunstwerke herauszuarbeiten.
- Das Entstehen einer neuen Sprache als Reflex auf gravierende Veränderungen der Realität wird durch variierende Sprachbilder (»revolutionäre Stöße«,

»wie ein Sprengstoff den Anstoß« und »moralisch, erkenntnishafter Ruck«) als ein explosionsartiger Vorgang charakterisiert, der durch spezifische Erfahrungen des Schriftstellers ausgelöst wird. Dadurch soll verdeutlicht werden, dass die besondere Leistung zeitgenössischer Literatur in erster Linie zeitbedingt ist und nicht durch handwerkliches Experimentieren mit der Sprache oder das überarbeitende Aufgreifen literarisch bekannter Stoffe zu erklären ist.

- Die gravierenden Veränderungen der gegenwärtigen Realität, die für Bachmann zu einer Verschärfung der Situation für die Schriftsteller geführt haben, werden nicht explizit genannt, da die Vortragende von einer entsprechende Zuordnung der Begriffe »soziale«, »mitmenschliche« und »politische« Konflikte beim zeitgenössischen Publikum ausgehen kann. Gemeint sind u.a. soziale Konflikte aufgrund der Veränderung der wirtschaftlichen Strukturen in der ersten Hälfte des 20. Jahrhunderts sowie Probleme im Bereich der zwischenmenschlichen Kommunikation in der aufkommenden Massengesellschaft. Mit der Verwendung des kollektiven »Wir« stellt sich Bachmann auf eine Stufe mit dem Publikum, das wahrscheinlich zum großen Teil nicht aus Schriftstellern besteht, wobei sie ihre eigene Tätigkeit als engagierte Schriftstellerin bewusst in Form des Understatements ausklammert.

5. Ergebnisse/Schlussbemerkung

Bachmann will die spezifische Leistung zeitgenössischer Sprachkunstwerke herausstellen. Unter Rückgriff auf ältere literarische Zeugnisse, die die Sprachnot des Schriftstellers bereits thematisiert haben, stellt sie dazu zwar heraus, dass das Empfinden von Sprachskepsis bzw. Sprachnot bei Schriftstellern immer eine Reaktion auf gravierende Veränderungen der Realität darstellt, betont aber gleichzeitig, dass Besonderheiten der sprachlichen Gestaltung in zeitgenössischer Literatur nicht auf das Aufgreifen literarischer Traditionen, handwerkliche Experimente oder ästhetische Erwägungen zurückzuführen sind, sondern einen spezifischen Ausdruck bei der Erfassung der eigenen, als problematisch empfundenen Wirklichkeit darstellen.

Zu Aufgabe 2:

1. Eine aufgabenbezogene Einleitung unter Berücksichtigung der äußeren Textmerkmale formulieren

Bachmann bezieht sich in dem Auszug ihrer 1. Vorlesung zum Thema Probleme zeitgenössischer Dichtung direkt auf den Chandos-Brief Hofmannsthals (vgl. S. 145 f.) und bezeichnet ihn als erstes Dokument, in dem Selbstzweifel und Skepsis gegenüber der eigenen Sprache in der Literatur thematisiert werden. Eine entsprechende Einschätzung findet sich auch in der Literaturwissenschaft, da der bekannte Brief Hofmannsthals als bedeutsamer literarischer Ausdruck der Sprachkrise um 1900 bewertet wird.

2. Inhaltliche und formale Besonderheiten beschreiben und erklären

- Der zwischen 1901/02 entstandene fiktive Brief des Lord Chandos an den Philosophen Francis Bacon wird in der Literaturwissenschaft mit dem Beginn der Sprachkrise im Übergang vom 19. auf das 20. Jahrhundert gleichgesetzt.

- *Inhaltliche Darstellung/Reaktivierung des Vorwissens:* Der 26 Jahre alte Lord Chandos beschreibt im Brief seinen seelischen Zustand, um damit zu rechtfertigen, dass er auf eine Fortsetzung seiner schriftstellerischen Tätigkeiten zukünftig verzichten will. Seine Sprachskepsis bzw. Sprachnot wird metaphorisch ausgeschmückt als Krankheit dargestellt, die sich seit der Zeit, als das Dasein noch als eine Einheit von Natur und Welt empfunden wurde, in drei Phasen entwickelt: In der ersten Phasen (»zuerst«/»allmählich«) beklagt er den Verlust von religiösen Begriffen, Abstrakta und damit den Verlust der Fähigkeit, moralische Urteile zu fällen. Das Erkennen und Beschreiben der Wirklichkeit wird zunehmend unmöglich, da die Sprache mit Mehrdeutigkeiten und Ungenauigkeiten überhäuft ist. In der zweiten Phase schildert Lord Chandos das aus dieser Wahrnehmungs- und Sprachkrise resultierende geistlose Dasein, das er führt, um daraus die Begründung für seinen Verzicht auf eine Fortsetzung seiner schriftstellerische Tätigkeit herzuleiten (3. Phase – »in Zukunft«).

- Auswertung vor dem Hintergrund des Themas Sprachskepsis/Sprachnot: Insgesamt beschreibt der Brief weniger ein individuelles Problem mit der Sprache – zumal die kunstvolle Ausdrucksweise des Schreibenden im Widerspruch zur Aussage des Briefs steht –, sondern vielmehr ein grundsätzliches Problem der Schriftsteller am Übergang vom 19. auf das 20. Jahrhundert.

3. Sachlich und argumentativ schlüssige Begründungen entwickeln

Als auslösende Ursachen der Sprachkrise um die Jahrhundertwende vom 19. auf das 20. Jahrhundert sind neben den gravierenden gesellschaftlichen Veränderungen (Schnelligkeit der Veränderungen im wirtschaftlich-technischen Bereich, Veränderungen der gesellschaftliche Struktur durch einschneidende Ereignisse wie Verstädterung, Ausbildung eines Proletariats mit einsetzender Industrialisierung; zunehmende politische Spannungen, die zum 1. Weltkrieg führen usw.) vor allem auch einschneidende Veränderungen in der Literatur herauszustellen:

- Aufkommen der Massen-/Kitschliteratur mit trivialisierten stilistischen und ideologischen Versatzstücken der klassischen Literatur
- Zunehmende Bedeutung des Journalismus und der Printmedien: Anfang des 19. Jahrhunderts ging man noch von der objektiven Beschreibung der Fakten aus, doch durch die Massenauflagen ab der 2. Hälfte des 19. Jahrhunderts erreichten die Medien ein Meinungs-, Bildungs- und Sprachmonopol (Sensationsjournalismus)
- Scheitern des Naturalismus
- Nach Meinung vieler Schriftsteller reichte der perfektionierte bürgerliche Sprachstil nicht mehr aus, um die veränderte Wirklichkeit zu beschreiben

4. Ergebnisse/Schlussbemerkung

- Zusammenfassend sollte herausgestellt werden, dass Hofmannsthals Chandos-Brief eine literarische Schaffenskrise als Ausdruck der beginnenden Moderne thematisiert. Diese literarische Schaffenskrise muss in Bezug zu den gesellschaftlichen und kulturellen Veränderungen der Zeit gesetzt werden (siehe 3.).
- Vor dem Hintergrund der Ergebnisse aus 3. könnte ansatzweise diskutiert werden, worin die Verschärfung der Situation für die zeitgenössischen Schriftsteller besteht, die Bachmann in ihrem Text herausstellt. In diesem Zusammenhang müsste vor allem auf die Probleme der Schriftsteller eingegangen werden, die sich aus den fundamentalen Erfahrungen des 2. Weltkrieges sowie dessen Verarbeitung ergaben.

Aufgabenart II B: Vergleichende Analyse von Sachtexten

A ■ Bearbeiten Sie die beiden Aufgaben und vergleichen Sie Ihre Ergebnisse mit der Beispiellösung.

Aufgabe 1
Analysieren Sie den Inszenierungsansatz von Goethes Drama »Iphigenie auf Tauris« am Stuttgarter Schauspielhaus unter der Regie von Claus Peymann aus dem Jahr 1977, wie ihn R. Michaelis in seiner Rezension »Der schöne Mut zur Menschlichkeit« beschreibt. Gehen Sie dabei auf die Leitgedanken der Inszenierung, die Inszenierung selbst sowie das Urteil des Rezensenten ein.

Aufgabe 2
Vergleichen Sie die Stuttgarter Inszenierung mit der Inszenierung Jossi Wielers an der Berliner Schaubühne in der Spielzeit 2009/10 anhand der Rezension »Iphigenie als Rasenschach« von A. Schäfer im Tagesspiegel. Orientieren Sie sich dabei an den in Teilaufgabe 1 genannten Untersuchungskriterien.

■ Text 223

Der schöne Mut zur Menschlichkeit (1977) *Rolf Michaelis*
Notizen aus Stuttgart: Claus Peymann inszeniert Goethes »Iphigenie«

Im langen, weißen Mantel einer Labor-Arbeiterin betritt Kirsten Dene als Iphigenie die Szene. Sie streift vorbei an ihren drei Staffeleien, auf denen große Schreibtafeln stehen, schaut auf die Notizzettel und Karteikarten, die sie sich an die Wand gepinnt hat, beugt sich über ihr anderes Arbeitsinstrument, den Plattenspieler. Erster Ton in dieser Aufführung: kein Wort, sondern reiner Klang, das »Adagio«[1] aus dem ersten der drei Rasumowsky-Quartette Beethovens. [...] Damit ist, vor jedem Wort, Peymanns Inszenierung bestimmt. Wie kann man dies als idealistisches Humanitäts-Märchen einst gepriesene, heute geschmähte Stück spielen, in dem vor zweihundert Jahren ein noch nicht vierzigjähriger Dichter – in Frankreich bereitet sich die Revolution vor – seiner Titelheldin solche Worte in den Mund legt: »O lass den reinen Hauch der Liebe dir / Die Glut des Busens leise wehend kühlen … / Um Guts zu tun, braucht's keiner Überlegung … / Der Zweifel ist's, der Gutes böse macht./ Bedenke nicht; gewähre, wie du's fühlst«? [...]

Jetzt setzt sich die Stuttgarter Iphigenie, eine junge Frau, wie wir ihr in jedem Büro, jeder Disco begegnen könnten, an die Rampe, baumelt mit den Beinen selbstsicher-verlegen und spricht die ersten Worte: »Heraus in eure Schatten, rege Wipfel / Des alten, heiligen, dichtbelaubten Haines … / Tret ich noch jetzt mit schauderndem Gefühl, / Als wenn ich sie zum ersten Mal beträte, / Und es gewöhnt sich nicht mein Geist hierher.« Ein Mensch im Exil. Fremd unter Fremden. Auch dies ein Thema, das während der zwei Jahrhunderte, seit denen es Goethes Schauspiel gibt, immer aktueller geworden ist. Aus einer Fremde kommt die Bühnenbildnerin Ilona Freyer, die in der DDR nicht so arbeiten durfte, wie es ihr Verständnis von Kunst verlangt. Sie isoliert die Priesterin Iphigenie, das aus einer Hochkultur in die Barbarei verschlagene Königskind, am vorderen Bühnenrand. Zwischen Stapeln von Manuskripten, alten Fotos, Briefen, Zetteln, Schreibtafeln, einer altertümlichen Schreibmaschine, einem Plattenspieler haust Iphigenie wie in einer Oase der Kultur inmitten einer Gemeinschaft archaischer[2] Blutrache.

Symbol der skythischen Fremde, in der Iphigenie zu leben seit fünfzehn Jahren gezwungen ist: der rohe Tempel der Diana, deren Priesterin sie ist. Über zwei krummen Ästen ein schmales Brett, darauf ein großer »echter« Vogelflügel und ein künstlicher. Feldsteine und ein aus der Asche geopferter Menschen geschichtetes, wenige Zentimeter hohes Mäuerchen scheiden den Tempelbezirk von der sonst kahlen [...] Bühne, die im Hintergrund abgeschlossen wird von zwei großen schwarzen Tüchern, zwischen deren schmalem Schlitz Licht auf die Szene fällt.

Kultur in der Barbarei, Bildung unter Menschenfressern, Menschlichkeit im Terror: vom ersten Augenblick an sind die beiden Pole fixiert, zwischen denen sich die Inszenierung spannt, wenn Kirsten Dene, als Priesterin zum Menschenopfer befohlen, vor Verzweiflung weinend die Göttin anfleht: »O enthalte vom Blut meine Hände!« oder sich jene Frage stellt, die Peymann aus dem (frühesten) Prosa-Entwurf in die (endgültige) Versfassung übernimmt: »Wenn ich mit Betrug und Raub beginn, wie will ich Segen bringen und wo will ich enden?« Solche Ehrlichkeit (und Bescheidenheit) gegenüber einem Entwurf idealer Menschlichkeit prägt die Inszenierung der »Iphigenie«. Zu vermitteln ist nicht das zu Lebensregeln verfestigte Spruchgut dieses Dramas, sondern der Zweifel an diesem in unmenschlicher Zeit erträumten und formulierten Appell zu Menschlichkeit.

Nichts anderes leistet diese Aufführung drei Stunden lang, vom verstörenden Beginn mit der Schallplatten hörenden Iphigenie, bis zum – ratlosen – Ende: Zwar schüttelt der Barbaren-König (Branko Samarovski) der jungen Frau, die er vom Altar gern ins Ehebett geführt hätte, mit beiden Händen die Rechte, wünscht auch, ohne allzu viel Kummer in der Kehle »Lebt wohl!« – aber Peymann wendet die kritische Haltung gegenüber der Mitwelt auch auf Goethe an: Das darf's doch nicht gewesen sein, dass die Humanitäts-Arien gesungen werden von zivilisierten Menschen – auf Kosten des Barbaren, der als geprellter Mann einsam zurückbleibt. [...]

Dass Menschlichkeit nichts ist, was man drei Stunden lang einem Publikum vorsingen darf, dass die Botschaft schon beim Weg in die Tiefgarage wieder vergisst; dass Menschlichkeit etwas ist, worüber niemand von vornherein verfügt – von Aggressionen überflutet, von den Zumutungen anderer bedrängt: diese Nachricht ist im Augenblick wichtiger: Über vier Fassungen arbeitete sich Goethe acht Jahre lang zur endgültigen Form seines Spiels durch. Auch die Stuttgarter Inszenierung lädt ein zu einem Weg. Sie konfrontiert den Betrachter nicht mit einem Endergebnis, sondern lässt ihn teilhaben an einem Prozess der allmählichen Vergewisserung. Lernen kann man: den schönen Mut zur Menschlichkeit.

Anmerkung zur Inszenierung:
Die Proben zur Inszenierung des Dramas fanden vor dem Hintergrund der Terroranschläge der RAF (Rote Armee Fraktion) in Deutschland statt. Während der Proben wurde der damalige Arbeitgeberpräsident Hans Martin Schleyer von Mitgliedern der RAF entführt und ermordet.

1 *Adagio*: Tempobezeichnung in der Musik, langsamer ruhiger Satz
2 *archaisch*: urzeitlich

Iphigenie als Rasenschach (2009)   *Andreas Schäfer*

Jossi Wieler inszeniert Goethes »Iphigenie auf Tauris« an der Schaubühne. Man fragt sich: Wann fängt denn nun das Stück an? Da sind die Hälfte der Goethe-Verse fast unbemerkt vorbeigerauscht.

Weshalb man diesen Abend so ratlos verlässt, weiß vielleicht Johann Wolfgang von Goethe. Gegenüber Eckermann sagte er über sein Stück »Iphigenie auf Tauris«, das er am Weimarer Hof ursprünglich zum Kirchgang der Herzogin Luise verfasst hatte: »Es ist reich an innerem Leben, aber arm an äußerem.« Ein Kammerspiel[1] auf einer Insel also, fünf Figuren, zwei Männerpaare und in der Mitte Iphigenie, Tochter des Agamemnon und der Klytämnestra, vom Vater geopfert, von der Göttin Diana gerettet und als Priesterin auf die Insel Tauris gezaubert, wo sie den barbarischen König Thoas – immer wieder unterbrochen von langen Selbsterkundungsmonologen über das Taumeln zwischen Pflicht und Neigung – Drehung um Drehung das Herz aufschließt, bis er sie und ihren Bruder Orest ziehen lässt und Iphigenie damit den Familienkreislauf aus Schuld und Rache beendet.

Der Mensch als Mensch und nicht als Opfer der Götter. Freiheit, Wahrheit, Selbstbestimmung. »Verteufelt human«, schrieb Goethe an Schiller. Was die äußere Handlung betrifft, tritt das Stück auf der Stelle – während innerlich die eine Welt krachend zusammenstürzt und eine andere hell erstrahlt.

Bei Jossi Wieler an der Berliner Schaubühne ist von dem inneren Reichtum nicht viel zu spüren – dafür ist äußerlich mächtig was los. Natürlich hat Wieler, sonst einer der stillsten und genauesten Regisseure, dem Text nichts Dramatisches hinzugefügt. Aber er hat die Schauspieler mit albernen Gewändern aus Marotten und Ticks behängt, hinter deren Aufdringlichkeit der Text nahezu verschwindet. Drei Stunden schaut man auf eine große, quadratische Rasenfläche, die Jens Kilian in der Mitte einer edelschwarz verschalten Gruft steil ansteigen lässt, und Burghart Klaußner als Thoas dabei zu, wie er sich unablässig die Anzughose hochwurschtelt oder die Krawatte zurechtzupft oder vulgär in einen Ausfallschritt fällt oder barfuß über die Böschung stolpert, kurz: wie er sich mit der Körpersprache eines windigen und unbeherrschten Vertreters an Judith Engel heranmacht. Die gibt Iphigenie über weite Strecken als naives Mädchen, das sich das babyblaue Kleidchen über die Knie zuppelt, auf flachen, barbiegrellen[2] Schuhen mit trotzigem Schritt und abwesendem Gesichtsausdruck hin und her stapft, immer entrückt, weil immer umgeben von den rührenden, aber harmlosen Gespenstern des Kinderzimmers – statt von den schrecklichen Dämonen einer archaischen Welt.

Oder Thomas Bading als Arkas, Thoas pragmatischer Diener, der Iphigenie dringend rät, das Werben des taurischen Königs zu erhören: Er ist hauptsächlich damit beschäftigt, die Klischeekonturen eines devoten Höflings nachzuzeichnen, zuckt nervös mit den Fingern und streicht superneurotisch den Rasen glatt, um die Halme im nächsten Moment wieder auszureißen. Man staunt über so viel Äußerlichkeits- und Ablenkungsgetue, fragt sich: Wann fängt denn nun das Stück an? Da sind die Hälfte der Goethe-Verse fast unbemerkt vorbeigerauscht.

Die Schauspieler akzentuieren zwar ihre Macken, aber nicht die Konflikte und Metamorphosen. Es gibt einige geschmackvoll hingetupfte und mit Bedeutung aufgeladene Bilder – Judith Engel, verträumt auf der Wiese liegend, während entfernt das Geräusch eines über die Insel hinweg fliegenden Flugzeugs zu hören ist –, gleichzeitig jedoch liegt eine unschlüssige Scheu vor dem Pathos über den Szenen, die die Wendepunkte, auf die alles hinausläuft, nivelliert. Ernst Stötzner, der als todessehnsüchtiger Orest eben noch sterben wollte und nun, mit den Göttern und sich versöhnt, gut gelaunt im Gras sitzt – wie ist das denn passiert? Iphigenie, die eben noch mit ihrem Bruder das Bildnis der Diana klauen wollte und sich nun aufrichtig Thoas offenbart – hat nichts von der Wandlung mitbekommen.

Bei Goethe wünscht Thoas dem Geschwisterpaar »Leb wohl« und bleibt allein zurück, humanisiert, aber todeinsam. Bei Jossi Wieler stürzt Thoas am Ende von der Bühne und verlässt türenschlagend den Raum, während Iphigenie und Orest sich an den Händen halten – wie Hänsel und Gretel, die aus dem Wald herausgefunden haben. Eine Interpretation! Nur, was hat sie zu bedeuten?

---

1 *Kammerspiel*: Schauspiel mit wenigen Personen
2 *Barbiegrell*: Ausdruck bezieht sich auf die »Barbiepuppe«

Erwartungshorizont

Zu Aufgabe 1:
Formulierung einer aufgabenbezogenen Einleitung unter Berücksichtigung der äußeren Textmerkmale

- Goethes Drama »Iphigenie auf Tauris« fordert bis heute zu immer neuen Inszenierungen heraus. Dabei setzen die Regisseure sowohl individuelle als auch zeittypische Akzente.
- Rolf Michaelis beschreibt 1977 in der Wochenzeitung »Die Zeit« die Inszenierung des Dramas im Stuttgarter Schauspielhaus unter der Regie von Claus Peymann. Die Rezension trägt den Titel »Der schöne Mut zur Menschlichkeit«.
- Die Inszenierung entstand vor dem Hintergrund der Bedrohung der Bundesrepublik durch den Terror der »Rote Armee Fraktion« im »Deutschen Herbst 1977« (Ermordung des Arbeitgeberpräsidenten H.M. Schleyer während der Proben).

Erschließung der Leitgedanken des Inszenierungsansatzes

Die Inszenierung stellt nach R. Michaelis folgende Gedanken in den Mittelpunkt:

- Das Spannungsfeld zwischen Zivilisation und Kultur einerseits und Gewalt und Terror andererseits durchzieht die Inszenierung wie ein roter Faden. Michaelis spricht von »Kultur in der Barbarei, Bildung unter Menschenfressern, Menschlichkeit im Terror«.
- Humanes Verhalten ist nicht eine Fähigkeit, über die der Mensch voraussetzungslos verfügt. Humanes Verhalten muss mühsam erlernt werden und verlangt vom Einzelnen gerade in existentiell bedrohlichen Situationen entsprechend mutiges Verhalten. Damit stellt sich die Frage, inwieweit das Humanitätsideal in einer von Gewalt geprägten Gesellschaft erfolgreich gelebt werden kann.
- Die Inszenierung kritisiert aber zugleich ein Humanitätsverständnis, das einseitig von einer Gruppe Zugeständnisse erfordert (hier: die Barbaren), während die anderen nur Vorteile daraus ziehen (hier: die Griechen). Michaelis sieht hierin zugleich eine Kritik an der Position Goethes.

Anlage des Bühnenbildes

In der Theaterkritik werden folgende Aspekte hervorgehoben:

- Die Bühne ist in zwei Bereiche getrennt: Iphigenies Welt, der Tempelbezirk, wird vom Gebiet der Skythen abgetrennt.
- Das Tempelinnere zeigt die (nach heutigem westlichen Verständnis) sogenannte zivilisierte Welt: Staffeleien, Schreibtafeln, Notizzettel, Karteikarten, eine Schreibmaschine und ein Plattenspieler dienen als Symbole für Bildung und Kultur.
- Klassische Musik, »das Adagio aus einem der drei Rasumowsky-Quartette Beethovens«, verstärkt diesen Eindruck.
- Feldsteine und vor allem ein »aus Asche geopferter Menschen« errichteter niedriger Wall verweisen auf die barbarischen Rituale der Skythen.
- Die Welt der Skythen ist nicht sichtbar, bleibt dunkel, wird durch »zwei große schwarze Tücher« abgetrennt.
- Iphigenies Position als Mittlerin zwischen den Welten wird durch ein Schild im Eingangsbezirk des Tempels veranschaulicht. Es zeigt einen echten und einen künstlichen Vogelflügel.
- Michaelis interpretiert das »Bühnenbild als Ausdruck der Kultur in der Barbarei, Bildung unter Menschen, Menschlichkeit im Terror«.
- Die Bühnenbildnerin Ilona Freyer hat die Bühne erstellt. Sie hat die DDR verlassen, um in der Bundesrepublik zu arbeiten. Das heißt, sie befindet sich wie Iphigenie in einer Exilsituation und kann Iphigenies Situation nachvollziehen. Auch ihr ist die Rückkehr in die Heimat verwehrt.

Die Figurendarstellung (Iphigenie)

Die Rezension konzentriert sich vor allem auf die Darstellung Iphigenies:

- Kirsten Dene spielt Iphigenie als junge Intellektuelle. Der »Ärztekittel«, den sie trägt, verleiht ihr die Aura einer (Natur-)Wissenschaftlerin. Dieser Eindruck wird durch ihre Arbeitsinstrumente (Schreibtafeln, Notizzettel, Karteikarten) unterstützt. Auch ist sie mit den Kulturgütern der Zivilisation vertraut (Plattenspieler, Musik von Beethoven).
- Kirsten Dene zeigt eine Iphigenie mit mehreren Facetten: Zum einen begegnet der Zuschauer einer jungen durchaus selbstbewussten Frau, die sich in der Exilsituation eingerichtet hat und konsequent ihrer Arbeit nachgeht. Zum anderen erlebt er einen zutiefst verunsicherte verzweifelte Person, die ihr eigenes Verhalten offen in Frage stellt: Kann ein Mensch, der verbrecherisch gehandelt hat (Raub,

Betrug), humanes Verhalten durchsetzen? Iphigenie entscheidet sich in einem verzweifelten inneren Kampf für die Wahrheit.
- Michaelis sieht in dieser Figurendarstellung den Anspruch der Inszenierung sowohl »Zweifel an diesem in unmenschlicher Zeit erträumten und formulierten Appell zur Menschlichkeit« zu vermitteln al aber auch an dem Anspruch als Leitlinie ethischen Handelns festzuhalten.

Die Position des Theaterkritikers
Rolf Michaelis sieht in der Stuttgarter Inszenierung einen gelungenen aktuellen Ansatz, Goethes »idealistisches Humanitäts-Märchen« auf der Bühne umzusetzen.
- Er lobt die Nachhaltigkeit der Inszenierung. Die Frage »Was macht Menschlichkeit aus?« wird das Publikum über den Theaterabend hinaus beschäftigen. Der Zuschauer sieht nach Auffassung von Michaelis nicht das Endergebnis, sondern nimmt an diesem Lernprozess teil. Entsprechend formuliert er: »Lernen kann man: den schönen Mut zur Menschlichkeit«. Er hebt hervor, dass der Gedanke der Humanität nicht realitätsfern idealisiert, sondern an der Umsetzung in der Realität gemessen wird. Humanes Verhalten werde hier als das Ergebnis eines schwierigen Lernprozesses dargestellt, der für den Einzelnen eine existentielle Krise bedeuten kann.
- Die Aktualität der Inszenierung zeigt sich seiner Meinung nach in der Darstellung der Exilsituation »Ein Mensch im Exil. [...] Auch dies ein Thema, das während der letzten zwei Jahrhunderte [...] immer aktueller geworden ist.« Das gilt auch für das zu dieser Zeit geteilte Deutschland, was Michaelis mit seinem Hinweis auf die Herkunft der Bühnenbildnerin verdeutlicht.

Zu Aufgabe 2:
Aufgabenbezogene Überleitung zur 2. Teilaufgabe
Überleitung durch Hinweise auf …
- den zeitlichen Abstand der Inszenierungen (30 Jahre).
- evtl. die veränderte gesellschaftspolitische Lage (wieder vereintes Deutschland; die Bedrohung des Staates von innen ist einer schwer fassbaren globalen Bedrohung von außen gewichen, Stichwörter: 11. September, El Kaida).
- die Grundkonzeption der Inszenierung: Reduktion des Dramas auf die äußere Handlung, d. h. Verzicht auf eine Auseinandersetzung mit den inneren Konflikten und Krisen der Figuren.

Vergleich der Leitgedanken der Inszenierungen
- Claus Peymann konzentriert sich auf den verzweifelten Versuch Iphigenies, sich im Spannungsfeld zwischen Zivilisation und Barbarei human zu verhalten, und stellt den Anspruch des Humanitätsideals in Frage.
- Aus der Rezension der Berliner Aufführung lassen sich folgende Leitgedanken entnehmen:
  – Jossi Wieler entidealisiert den Anspruch den Humanitätsanspruch des Dramas und das humane Verhalten seiner Figuren. Humanes Denken ist Teil einer naiven Weltsicht, wie sie Iphigenie in der Inszenierung verkörpert. Das Humanitätsideal ist damit Teil einer ästhetisierten Welt mit märchenhaften Zügen (Iphigenie und Orest als Hänsel und Gretel), fernab jeder Realität.
  – Die Grenzen zwischen Kultur und Gewalt sind nicht mehr eindeutig zu erkennen.
  – Ähnlich wie in der Stuttgarter Inszenierung widmet auch Jossi Wieler Thoas am Ende der Handlung besondere Aufmerksamkeit. Thoas ist bei Wieler nicht mehr der stumme Dulder, sondern er wird aktiv. Als Verlierer verlässt er wütend die Bühne und knallt dazu als hörbares Zeichen mit der Tür. A. Schäfer weiß diesen Eingriff in den Originaltext allerdings nicht zu deuten.

Vergleich der Figurendarstellung
- Kirsten Denes Iphigenie in der Stuttgarter Inszenierung ist eine erwachsene gebildete selbstbewusste Frau, die trotz aller Zweifel grundsätzlich an ihrem Humanitätsanspruch festhält.
- Schäfer stellt folgende Grundzüge der Figurendarstellung in seiner Rezension heraus:
  – Judith Engel in Berlin spielt Iphigenie als junges naives Mädchen ohne intellektuelles Niveau. Das »babyblaue«, offensichtlich zu kurz geratene »Kleidchen« unterstützt das kindliche Bild. Dem Zuschauer begegnet einer Figur, die in ihrer Kinderwelt verhaftet ist. Entsprechend nimmt Iphigenie die psychischen Veränderungen ihres Bruders kaum wahr.
  – Statt der »schrecklichen Dämonen einer archaischen Welt« werden Iphigenies Gedanken »von den rührenden, aber harmlosen Gespenstern des Kinderzimmers« bestimmt, interpretiert

der Theaterkritiker. Existentielle Probleme haben hier keinen Raum.
- Auch die anderen Figuren werden ohne psychologische Tiefe gekennzeichnet. Reduziert auf äußerliche »Marotten und Tricks« können sie laut Schäfer nicht als Vorbilder für humanes Denken und Handeln stehen. Thoas zeichnet sich im Wesentlichen durch obszöne Körpersprache aus, Arkas entspricht dem Bild eines ergebenen Dieners und auch Orest nimmt man die Todessehnsucht kaum ab.

Vergleich der Bühnenbilder

Das Bühnenbild der Stuttgarter Inszenierung stellt das Spannungsfeld zwischen Zivilisation und Barbarei visuell dar. A. Schäfer hebt folgende Aspekte des Bühnenbildes hervor:

- Das Bühnenbild der Berliner Schaubühne klammert den Gegensatz der Welten dagegen weitgehend aus bzw. verzichtet auf Anspielungen auf die archaische Welt. Ein großer Rasenplatz, in dessen Mitte sich eine edle schwarze Gruft befindet, dient den Figuren als Spielwiese. Daran anknüpfend A. Schäfer der Kritik den Titel »Iphigenie als Rasenschach«.
- Die Exilsituation, in der Iphigenie sich befindet, wird durch ein Flugzeuggeräusch ins Bewusstsein gerufen.
- Das Bühnenbild setzt – so A. Schäfer – auf schöne Bilder. Bedrohliche Akzente, wie sie die Stuttgarter Inszenierung setzt, werden ausgespart. Das Geschehen wird ästhetisiert und verliert sein Grauen.

Vergleich der Position des Theaterkritikers

- R. Michaelis hält die Stuttgarter Inszenierung von Goethes Iphigenie für insgesamt gelungen.
- Schäfer steht der Berliner Inszenierung kritisch gegenüber. Für ihn hat sich der Interpretationsansatz nicht erschlossen. »Ratlos« verlässt er das Theater. »Eine Interpretation!« schreibt er »Nur was hat sie zu bedeuten?« Folgende Kritikpunkte werden deutlich:
  - Reduktion der Inszenierung auf die äußere Handlung und damit verbunden: der Verzicht auf das mit dem Drama verbundene Menschenbild (»Freiheit, Wahrheit, Selbstbestimmung«);
  - Ablenkung vom Kern des Dramas (Humanitätsgedanke) durch Konzentration auf Äußerlichkeiten, ohne dass der dahinter stehende Interpretationsansatz erkennbar ist (Zeichnung der Figuren);
  - Eingriff in das Original ohne plausibles Deutungsangebot. (Thoas' Verhalten am Ende des Geschehens).
- Die negative Haltung zeigt sich auch in der Ausdrucksweise des Theaterkritikers: Schäfer spricht von Äußerlichkeits- und Ablenkungsgetue der Figuren, er spricht von »albernen Gewändern«, charakterisiert die Handlungen der Figuren mit umgangssprachlichen Begriffen wie »hochwursteln« und »zuppeln«. Auch zieht er immer wieder Bilder aus der Spielzeugwelt heran: »Rasenschach, babyblaues Kleidchen, auf flachen barbiegrellen Schuhen.« Er vermisst die Nachhaltigkeit der Inszenierung und bemerkt, dass die Verse »fast unbemerkt vorbeigerauscht« sind, ohne den Zuschauer wirklich zu packen. Er stellt wiederholt Fragen, auf die ihm der Inszenierungsansatz keine Antwort gibt »– wie ist das passiert?«.

Schlussbemerkung

C. Peymann und J. Wieler setzen in ihren Inszenierungen von Goethes Drama »Iphigenie auf Tauris« unterschiedliche Schwerpunkte.

Peymann greift 1977 den Humanitätsanspruch des Dramas auf. Er fragt: Was heißt Humanität? Wie kann man in einer durch Gewalt bestimmten Gesellschaft zu humanen Verhalten finden? Damit greift er ein Thema auf, das die bundesrepublikanische Gesellschaft in jener Zeit angesichts des Terrors der ›Rote Armee Fraktion‹ intensiv beschäftigte. Dementsprechend betont R. Michaelis die Nachhaltigkeit und die Aktualität der Inszenierung.

Wieler beschränkt sich in seiner Inszenierung von 2009 auf die Darstellung der äußeren Handlung. Er entidealisiert den Humanitätsanspruch. Der innere Kampf um die Frage nach den Möglichkeiten humanen Verhaltens ist an den Rand gerückt. Die Figuren sind vordergründig gezeichnet. Sie durchleben keine existenziellen Krisen. Der Gegensatz zwischen Barbarei und Zivilisation scheint verwischt. 2009 gibt es keine innenpolitische Bedrohung Deutschlands. Die Bedrohung hat spätestens seit dem 11. September 2001 globalen Charakter angenommen, Zivilisation und Barbarei sind nicht mehr eindeutig zu trennen. Das Humanitätsideal – so stellt es Wieler dar – ist etwas für Kinder, die an Märchen glauben.

Aufgabenart III A: Erörterung von Sachtexten

A ■ Bearbeiten Sie die beiden Aufgaben und vergleichen Sie Ihre Ergebnisse mit der Beispiellösung.

Aufgabe 1
Analysieren Sie den Zeitungsartikel »Denglisch in der Werbung« von Jochen Leffers.

Aufgabe 2
Erörtern Sie im Anschluss an die Analyse die Frage, ob die deutsche Sprache vor der Vermischung mit anderen Sprachen geschützt werden muss.

■ Text 225
Denglisch in der Werbung
Komm rein und finde wieder raus (2004)   *Jochen Leffers*

Bei »Nothing between us« oder »Come in and find out« versteht der Durchschnittsdeutsche nur Railway Station, also wenig bis nichts. Bei Messungen des Hautwiderstands fand eine Dortmunder Diplomandin heraus, dass Werbung auf Englisch einfach nicht ankommt. Ihr Professor weiß das schon lange.

Anglizismen in der Werbung sind deutschen Konsumenten nicht nur oft unverständlich, sondern lassen sie auch kalt. Das hat die Dortmunder Statistikerin Isabel Kick in ihrer Diplomarbeit herausgefunden. Ihren Ergebnissen zufolge sollten Marketingprofis häufiger auf ihre gute alte Muttersprache zurückgreifen, statt das Publikum mit englischen Slogans zu piesacken.

Bei der Untersuchung testete Isabel Kick zehn Werbesprüche, indem sie den Hautwiderstand von 24 Probanden beim Abspielen maß – ganz ähnlich wie beim Lügendetektor. Deutlich stärkere Gefühlsreaktionen beobachtete sie bei den fünf deutschen Slogans. Dazu zählten »Wir sind da«, »Ganz schön clever«, »Wenn's um Geld geht«, »Geiz ist geil« sowie »Wohnst du noch oder lebst du schon?«. Die beiden letzten Sprüche lösten die stärksten Reaktionen aus.
Ein paar englische Brocken reichen nicht
Dagegen perlten die englischen Werbetexte an den Teilnehmern meist ab. Getestet wurden »Fly high, pay low«, »Nothing between us«, »Designed to make a difference«, »Come in and find out« und »Have a break, have a kitkat«.

An erster Stelle vermutet Isabel Kick schlichte Verständnisprobleme: »Eine aktuelle Studie der Beratungsfirma Endmark zeigt, dass weniger als die Hälfte der Deutschen englische Werbesprüche richtig übersetzen können«, so die Diplomandin. Wenn sie schon nicht korrekt verstanden wird, sollte englischsprachige Werbung wenigstens Aufmerksamkeit erregen, so ihre Arbeitshypothese. Doch die emotionale Bindung gelingt offenbar kaum. [...]
»Überleben Sie die Fahrt in unserem Auto«
Die Kölner Endmark AG hatte 2003 in einer repräsentativen Studie untersucht, ob englische »Claims« überhaupt verstanden werden. Das Ergebnis verblüffte selbst eingefleischte Sprachpuristen: So scheiterten 85 Prozent der Befragten am kurzen Slogan »Be inspired« (Siemens mobile), sogar 92 Prozent an »One Group. Multi Utilities« (RWE). Annähernd korrekt übersetzen konnte die Hälfte »Every time a good time« (McDonald's) und »There's no better way to fly« (Lufthansa). [...]

Die Dortmunder Diplomarbeit ist jetzt Wasser auf die Mühlen der deutschen Sprachschützer – kein Wunder, sie entstand am Lehrstuhl von Walter Krämer, der sich in seinem Einsatz für das Reinheitsgebot der deutschen Sprache nur ungern übertrumpfen lässt. Krämer ist Professor für Wirtschafts- und Sozialstatistik an der Universität Dortmund und seit Jahren Vorsitzender des Vereins Deutsche Sprache.
Diplom bei Walter Krämer, König der Sprachwächter
Im Internet führt der Club eine schier endlose Anglizismen-Liste, nennt die Homepage konsequent »Leitseite« und versteigerte die deutsche Sprache im letzten Jahr symbolisch bei Ebay; beim Höchstgebot von zehn Millionen Euro wurde das Angebot aus dem Netz genommen. Auch einen »Sprachpanscher«-Preis lobt der Verein regelmäßig aus – und hat für

dieses Jahr Bundesbildungsministerin Edelgard Bulmahn ins Visier genommen, die ihren Wettbewerb für Elite-Universitäten »Brain up!« nannte. Dass sich ganz schnell am Kopf stößt, wer sein Hirn zu schnell hebt, zeigte die Pressemitteilung einer Universität, die sich für Spitzenklasse hält: »Köln beteiligt sich am Brain ub«.

»Ein alberner Anglizismus und eine ärgerliche Flucht aus der deutschen Sprache«, zürnt der Vizevorsitzende Gerd Schrammen, »Engländer und Amerikaner lachen sich kaputt über den deutschen Drang zum Englischen.« Wenn Bulmahn den Sprachpanscher-Preis gewinnt, hat sie allerdings keine Trophäe zu erwarten: »Früher haben wir mal eine Art Panschbesteck vergeben, diesmal gibt's nur Spott«, so der pensionierte Philologe in der »Jungen Karriere«.

Immerhin entdeckt der Verein in der Werbung inzwischen einen Trend weg vom hässlichen »Denglisch«, zum Beispiel bei McDonald's: Auf »Every time a good time« ließen die Klopsbrater »Ich liebe es« folgen. C & A wirbt statt mit »Fashion for Living« jetzt mit dem Motto »Preise gut, alles gut«. Und Sat.1 wirbt für sein Programm künftig nicht mehr mit »Powered by emotion«, sondern mit »Sat.1 zeigt's allen«.

Erwartungshorizont

Zu Aufgabe 1:
Einleitung:
Nennung der äußeren Textmerkmale:
- Autor: Jochen Leffers
- Titel: Denglisch in der Werbung. Komm rein und finde wieder raus
- Textart: Zeitungsartikel – Kritik/Renzension
- Erscheinungsort und -jahr: Spiegel Online 28.06.2004

Thema des Kommentars
Während im Vordergrund des Zeitungstextes der Bericht über eine neue Diplomarbeit zu Anglizismen in der Werbung steht, kritisiert der Verfasser durch seine verbale Kommentierung das sprachkritische Engagement des VDS (Verein Deutsche Sprache e. V.) und vergleichbarer Organisationen.

Sachgemäße Darstellung der Kerngedanken
- Diplomarbeit der Dortmunder Statistikerin Isabel Kick kommt zu dem Ergebnis, dass Anglizismen in der Werbung häufig nicht verstanden werden und kaum die Aufmerksamkeit der Konsumenten erregen.
- Ergebnisse der Diplomarbeit stärken die Position des VDS im Kampf gegen Anglizismen in der deutschen Sprache.
- Zweifel an der Objektivität der Ergebnisse wegen der Voreingenommenheit des betreuenden Professors.

Beschreibung des argumentativen Aufbaus
1. Abschnitt – Einleitung/Lead (Z. 1–8)
2. Abschnitt – Grundinformationen zur Diplomarbeit (Z. 9–32)
3. Abschnitt – Stützung des Ansatzes der Diplomarbeit durch eine repräsentative Studie (Z. 33–43)
4. Abschnitt – Kritik an der Objektivität der Diplomarbeit (Z. 44–66)
5. Abschnitt – Polemische Abschlussbewertung (Z. 67–Ende)

Auseinandersetzung mit einzelnen Aspekten der Kritik/Rezension
Textart: Zeitungstext – Kritik/Rezension, da typische Formmerkmale zu erkennen sind (Lead, doppelte Überschrift, Zwischenüberschriften, Nennung des Autors, mittleres Anspruchsniveaus des Sprachstils, informierende und meinungsäußernde Textpassagen);
Gedanklicher Aufbau:
Einleitung/Lead (Z. 1–8): wenig informativ, da nicht konkret in den erwähnten Details, stattdessen sprachliche Anspielungen auf Einzelheiten, die erst später im Artikel präzisiert werden;
1. Abschnitt (Z. 9–32): Grundinformationen zur Diplomarbeit werden benannt (Verfasserin = Dortmunder Statistikerin Isabel Kick; Thema der Diplomarbeit = Wirkung von Anglizismen in deutscher Werbung; Adressaten der gewählten Thematik: ›Marketingprofis‹; zentrales Testverfahren = Messung des Hautwiderstandes; Andeutung des Gesamtergebnisses = Anglizismen in der Werbung sind häufig unverständlich und kommen beim Verbraucher nicht gut an; Vermutungen der Verfasserin zu den Ursachen (Verständnisprobleme, fehlende emotionale Bindung).
2. Abschnitt (Z. 33–43): Stützung der zentralen Ergebnisse der Diplomarbeit durch Hinweis auf die Ergeb-

nisse einer Studie der Kölner Endmark AG aus dem Jahr 2003 (Anglizismen in bekannten Werbesprüche werden falsch übersetzt).

3. *Abschnitt (Z. 44–66):* Kritik an der Objektivität der Diplomarbeit und an der möglichen Auswertung der Ergebnisse durch den VDS (indirekter Vorwurf der Voreingenommenheit: Professor Walter Krämer, an dessen Lehrstuhl die Arbeit geschrieben wurde, ist langjähriger Vorsitzender des VDS (Zwischenüberschrift Z. 52: »Diplom bei Walter Krämer, König der Sprachwächter«); Kritik an den Aktivitäten des VDS (Internetauftritt, Anglizismen-Liste, Sprachpanscher-Preis usw.); Kritik wirkt durch die Wortwahl stellenweise polemisch (siehe TK 6).

4. *Abschnitt (Z. 67–Ende):* Haltung des VDS zum ›Denglisch‹ wird durch ›immerhin‹ (Z. 76) polemisch bewertet.

Sprachliche Mittel und ihre Funktion
- Witzig und komisch gemeinte Formulierungen (z. B. Z. Einleitung: »Bei ›Nothing between us‹ oder ›Come in and find out‹ versteht der Durchschnittsdeutsche nur Railway Station …«; Z. 19: »Dagegen perlten die englischen Werbetexte an den Teilnehmern meist ab.« oder Z. 62: »Dass sich ganz schnell am Kopf stößt, wer sein Hirn zu schnell hebt …«) fördern von Anfang an den Eindruck, dass Leffers die Ergebnisse der Diplomarbeit nicht sonderlich ernst nimmt.
- Vielzahl zitierter englisch- und deutschsprachiger Werbesprüche soll Anschaulichkeit fördern und der Unterhaltung dienen.
- In der Regel hypotaktischer Satzbau und verwendete Anspielungen (z. B. ›Sprachpanscher-Preis‹ für Bundesbildungsministerin Edelgard Bulmahn, Wettbewerb für Elite-Universitäten »Brain up!« kennzeichnen intellektuelles Anspruchsniveau des Textes.
- Vermischung von Information und Meinungsäußerung bewirkt starke Abwertung (Polemik) der Ergebnisse der Diplomarbeit und der Position des VDS: z. B. »eingefleischte Puristen« (Z. 37), »Wasser auf die Mühlen der deutschen Sprachschützer« (Z. 44 f.), »Diplom bei Walter Krämer, König der Sprachwächter« (Z. 52), der »Club« (Z. 53.) usw.

Zusammenfassung der Ergebnisse/Schlussbemerkung
- Information über die Ergebnisse einer neuen Diplomarbeit zu Anglizismen in der Werbung wird zur polemischen Kritik am Engagement deutscher Sprachgesellschaften (spez. VDS) genutzt.

- Gegenposition (bewusster Verzicht auf jeden Eingriff in die Sprache) wird im gedanklichen Aufbau des Artikels und in Polemik der Sprache indirekt deutlich.

Zu Aufgabe 2:
Benennung der eigenen Position mit Bezug auf den Ausgangstext

Anknüpfend an die Ergebnisse der Textanalyse muss die persönliche Stellungnahme zwei Ebenen des Textes berücksichtigen: Auf der Sachebene kann die Zustimmung oder auch die Ablehnung zur Kritik des Verfassers an der Haltung und den Aktivitäten des VDS zum Ausdruck gebracht werden; auf der Ebene der Bewertung der Darstellungsweise sollte eine kritische Position zur Polemik des Verfassers angedeutet werden.

Pro- und Kontra-Argumente zu Leffers Argumentationsansatz

Kontra-Argumente (Befürwortung des Engagements der Sprachgesellschaften):

- Sprachpflege hat in Deutschland und anderen Ländern eine lange Tradition; Engagement der Sprachgesellschaften für die Kultivierung der deutschen Sprache findet Anerkennung.
- Engagement der Sprachgesellschaften ist Ausdruck der Wertschätzung der eigenen Sprache und leistet einen Beitrag zur Förderung des Nationalstolzes, der in Deutschland nicht besonders ausgeprägt ist (Fußballweltmeisterschaft 2006 in Deutschland wurde wegen der Förderung des Nationalstolzes ausdrücklich gelobt).
- Im Gegensatz zu den Anfängen der Sprachkritik verstehen sich heutige Sprachgesellschaften nicht als Sprachpuristen, sondern als Sprachpfleger, sie treten nicht für Verordnungen ein, sondern beschreiben Problemstellen und wollen Empfehlungen geben.

Pro-Argumente (Ablehnung des Engagements der Sprachgesellschaften):

- Jeder Eingriff in die Sprache ›von oben‹ ist Ausdruck einer sprachpuristische Position, auch wenn heutige Sprachgesellschaften offiziell das Gegenteil behaupten, um gegnerische Argumente schon im Vorfeld zu entkräften.
- Ergebnisse der Diplomarbeit bestätigen im Wesentlichen das Vertrauen, das die Gegner der Sprachpuristen in die selbstregulierenden Kräfte der Sprache setzen, da die Werbefachleute bereits

aus eigener Einsicht wieder vermehrt auf Anglizismen zu verzichten scheinen (vgl. Beispiele im Ausgangstext).
- Zunehmende Globalisierung und die Zuwanderung von Ausländern führen zwangsläufig zu interlingualen Entwicklungsprozessen, die nicht verhindert, sondern positiv genutzt werden sollten (Förderung der Mehrsprachigkeit).
- Medienwirksame Aktionen wie z. B. die Anglizismen-Liste im Internet oder die Verleihung des ›Sprachpanschers‹ werden von anderen schnell als überzogener Nationalpatriotismus bewertet.

Kritische Bewertung der Darstellungsweise:
- Darstellungsweise entspricht nicht den Erwartungen an die Textsorte Kritik/Rezension, wegen der Abwertung der Ergebnisse der Diplomarbeit durch witzig und komisch gemeinte Formulierungen.
- Vermischung von Information und Polemik.
- Polemik in der Bewertung der Position des VDS.

Synthese
Im Anschluss an die systematisch gegliederte Darstellung der Einzelargumente der Pro- und Kontra-Seite ist in Form der Synthese die eigene Position zu verdeutlichen, wobei ein Rückbezug auf zentrale Pro- und Kontra-Argumente stattfindet und die Einzelargumente in ihrer Bedeutung für die eigene Position gewichtet werden.

Abschließende Beurteilung der Ausgangsfrage
Im Schlussteil kann die Erörterung durch die Vertiefung eines Gedankens bzw. durch die Ergänzung eines weiterführenden Aspekts abgeschlossen werden (z. B. Überlegungen zu den Chancen und Möglichkeit der Mehrsprachigkeit in einer zunehmend multikulturell gestalteten Gesellschaft/in der Schule).

Aufgabenart III B: Erörterung von Sachtexten mit Bezug auf einen literarischen Text

A ■ Bearbeiten Sie diese Aufgaben und überprüfen Sie Ihr Ergebnis mit den folgenden Lösungshinweisen.

Aufgabe 1
Analysieren Sie Inhalt, Aufbau und Darstellungsweise dieses Textes aus der Internetseite eines Fernsehsenders.

Aufgabe 2
Nehmen Sie zu der Diskussion um Schlinks Roman Stellung, indem Sie die verschiedenen Argumente prüfen und Ihre eigene Einschätzung der Kritiken mit Ihren Lektüreerfahrungen begründen.

■ Text 226

Ankündigung einer Diskussion um Bernhard Schlinks »Der Vorleser« in der »kulturzeit« des Senders 3sat

Wer in englischen Buchhandlungen stöbert, wird wenige Bücher finden, die aus dem Deutschen übersetzt worden sind. Eine der Ausnahmen bildet eine Liebesgeschichte, ein Roman über deutsche Vergangenheitsbewältigung, 1995 ist er erschienen, übersetzt, hochgelobt und viel gelesen worden: »Der Vorleser« des Juraprofessors Bernhard Schlink.

Auf den berüchtigten Leserbriefseiten des Times Literary Supplement ist der gerühmte Roman nun in das Schussfeld erbitterter Kritik geraten. Britische Publizisten werfen Schlink Kulturpornografie, schlechte Schreibe und moralisch fragwürdigen Umgang mit dem Holocaust vor. Haben also alle womöglich bis jetzt etwas überlesen? In einem unterhaltsamen Roman, dessen Handlung in Heidelberg in den späten 50ern einsetzt – und der nicht nur auf Geschichte, sondern auch auf Erinnerungen des Autors nach dessen Umzug nach Berlin 1990 beruht. Die grauen Häuser, die kaputten Straßen, die Zäune, all diese Eindrücke erinnerten Schlink an seine Kindheit und Jugend

Prüfungsaufgaben bewältigen

in den 50er Jahren: »Da kam ganz vieles hoch, einfach atmosphärisch vom Heidelberg der damaligen Zeit«.

Das Buch schlägt einen Bogen über lange Jahre, von der pubertären Liebesgeschichte zwischen einem 15-jährigen Schüler und einer 35-jährigen Straßenbahn-Schaffnerin, bis über die Auschwitz-Prozesse der späten 60er-Jahre hinaus. Als die Frau als Täterin auf der Anklagebank sitzt und der Junge, mittlerweile Jura-Student, ihr Schicksal verfolgt – nicht nur aus fachlichem Interesse, sondern weil die einstigen Gefühle in anderer Gestalt weiterleben.

Schlink hat das Problem der Vergangenheitsbewältigung nicht in der Eltern-Kind-Perspektive literarisch zu erfassen versucht, sondern als Liebesgeschichte. Die Täter-Opfer-Beziehung ist auch in dieser Konstellation ein Moment, in dem sich die Beziehung aber nicht erschöpfe, so Schlink, »darin geht sie nicht auf, sondern sie ist eine Liebesbeziehung mit ihrem eigenen Recht«.

Dieses »eigene Recht der Liebe« ist der Ansatzpunkt für die Kritik. Der »Spiegel« fragt, ob Bernhard Schlink neben anderen Autoren für einen neuen deutschen Revisionismus stehe? In der »Süddeutschen Zeitung« erläutert Jeremy Adler, Germanist aus London, dass Schlink durch seinen Roman geradezu Mitleid mit den Tätern erzwingt. Und Lawrence Norfolk erklärt in der gleichen Zeitung den Roman für schlecht, spekuliert über die Sehnsucht nach ungeschehener Geschichte und fragt nach dem tieferen Sinn des phänomenalen Erfolges.

Die Opfer kommen in dem Buch nicht vor, und – das ist der zentrale Einwand – genau das habe Tradition in der deutschen Literatur. Reaktionen aus deutschsprachigem Munde sind bislang eher selten. Erstaunlich, trotz aller Debatten über deutsche Geschichte und über engagierte Literatur.

Lösungshinweise

Zu Aufgabe 1:
- Es geht um die Rezeption und Kritik des Romans »Der Vorleser« von Bernhard Schlink.
- Berichtet wird von dem Erfolg des Romans, der sich u. a. in der Übersetzung ins Englische äußert.
- Kritische Reaktionen auf den Roman in England werden referiert.
- Der Autor wird mit seinem Hinweis auf die Liebesgeschichte, die der Roman erzähle, zitiert.
- Die Verkürzung auf eine Liebesgeschichte wird als Hauptvorwurf herausgestellt.
- Aufbau und Stil entsprechen einem berichtenden Zeitungsartikel.
- mit reportageähnlichen Elementen
- mit einem konkreten Aufmacher (Stöbern in englischen Buchhandlungen)
- einem Bericht von kritischen Leserbriefen
- einer Hintergrundinformation
- der Darstellung verschiedener Positionen und Argumente ohne eigene Wertung
- Der Text bleibt insgesamt neutral und soll mit der Darstellung der Kontroverse Interesse an der Sendung zu diesem Thema wecken.
- Der Text wendet sich an literarisch bzw. kulturell Interessierte.

Zu Aufgabe 2:
- Pro- und Kontra-Argumente erfassen und ordnen (Kritik an Inhalten des Romans, an der Erzählweise und der Darstellung zeitgeschichtlicher Zusammenhänge [NS-Diktatur, Holocaust, Aufarbeitung der NS-Verbrechen])
- Für und Wider der Argumente kritisch prüfen
- anhand von Beispielen, Textstellen und der Wirkung von Textstrukturen
- u. a. Darstellung des Verhältnisses von Hanna und dem Ich-Erzähler als Literaturpornographie oder Schilderung einer Liebesgeschichte, individuelle Geschichte der Hauptfiguren und verharmlosende Darstellung zeitgeschichtlicher Zusammenhänge (Vernichtung der Juden nur durch die Bomben eines alliierten Flugzeuges repräsentiert, Hanna als Täterin im Holocaust wird durch Analphabetismus entlastet ...), Erzählperspektive und Erzählhaltung bewirken Leserlenkung mit der Tendenz zur Sympathie mit den Hauptfiguren

Aufgabenart IV: Materialgestütztes Verfassen eines Textes mit fachspezifischem Bezug

A ■ In Ihrem Deutschkurs ist die Überlegung aufgekommen, gemeinsam ins Theater zu gehen, und Ihnen ist von Ihrem Deutschkurs aufgetragen worden, über beide zur Auswahl stehenden Stücke »Faust« von Johann Wolfgang Goethe und eine Inszenierung des Romans »Tschick« von Wolfgang Herrndorf zu recherchieren und Ihre Ergebnisse in einer kommentierten Zusammenstellung dem Kurs zu präsentieren. Ziel ist die Auswahl des Stücks für den gemeinsamen Theaterbesuch.

Aufgabe 1

Verfassen Sie auf Grundlage der Materialien 227 bis 233 und unter Einbezug Ihres fachlichen Wissens eine kommentierte Zusammenstellung der recherchierten Sachinformationen zu beiden Stücken, indem Sie …
– in Ihre Fragestellung einleiten,
– die beiden Stücke kurz vorstellen,
– die Argumente für und gegen den Besuch des jeweiligen Stücks gegeneinander abwägen,
– ein persönliches Fazit aus Ihrer Darstellung ziehen.

■ Text 227
Herrndorf überholt Goethe und Schiller (2014)

»Tschick« begeistert nicht nur Kulturstaatsministerin Monika Grütters, die es zu ihrem »absoluten Lieblingsbuch« erklärte. Die Ausreißergeschichte ist auch auf deutschen Bühnen inzwischen der große Renner.

Das Jugendstück nach dem Roman des vor gut einem Jahr verstorbenen Autors Wolfgang Herrndorf sei in der Saison 2012/13 in 29 Inszenierungen 764 Mal gespielt worden, teilte der Deutsche Bühnenverein (DBV) am Montag (08.09.2014) mit. Goethes »Faust« steht zwar bei der Zahl der Inszenierungen, insgesamt 43, weiterhin an der Spitze, kam aber nur auf 380 Aufführungen. Die meisten Besucher, rund 122.000, hatten die bundesweit 24 Inszenierungen von Schillers »Kabale und Liebe«.

»Es zeigt sich, dass ein gut erzähltes Stück zum Überraschungserfolg werden kann, was auch erkennen lässt, dass das Publikum an bewegenden Geschichten immer noch ein großes Interesse hat. Wir sind gespannt, wie es mit ›Tschick‹ weitergeht«, so DBV-Direktor Rolf Bolwin. Der Deutsche Bühnenverein ist der Bundesverband der öffentlichen und privaten Träger der deutschen Theater und Orchester.

Trotz der zahlreichen Aufführungen kam »Tschick« bundesweit nur auf knapp 99.000 Besucher, was aber daran liegt, dass es eher auf kleinen Studiobühnen gespielt wird. Das Werk erzählt die Geschichte zweier 14-jähriger Jugendlicher, die in einem Auto gemeinsam Berlin in Richtung Walachei verlassen und dabei zahlreiche Abenteuer erleben.

Der Jugendroman wurde 2010 veröffentlicht und schon bald zum Bestseller: »Tschick« ging alleine in Deutschland über eine Million Mal über den Ladentisch. Das Werk wurde in 24 Sprachen übersetzt, sein Autor mit verschiedenen Buchpreisen ausgezeichnet. Wolfgang Herrndorf tötete sich am 26. August 2013 in Berlin selbst; er hatte seit 2010 unter einem bösartigen Hirntumor gelitten und seine letzten Lebensjahre in einem Internetblog festgehalten.

Prüfungsaufgaben bewältigen

■ Text 228

Eine Inszenierung von Wolfgang Herrndorfs »Tschick«

Bühnenbearbeitung von Robert Koall in Koproduktion mit der Schauspielschule der Keller

Maik ist 14 und in der Klasse so ziemlich der Uncoolste. Wenn die »superporno« aussehende Tatjana zu ihren Parties einlädt, ist er sicher nicht dabei. Tschick auch nicht. Aber Tschick ist cool. Er kommt besoffen zum Unterricht, man sagt ihm Kontakte zur Mafia nach, und als er mit einem geklauten Lada vor Maiks Haus hält und ihn auf eine Spritztour mitnimmt, beginnt für Maik der Sommer seines Lebens.

Die diesjährige Abschlussproduktion mit Absolventen der »Schauspielschule der Keller« zeigt zum ersten Mal in Köln den vielgespielten Bestseller von Wolfgang Herrndorf: eine Roadstory, die um Freundschaft, Liebe und das Leben geht und – je nachdem, von welcher Seite man es sieht – um das Erwachsenwerden oder Jungsein.

■ Text 229

> **Pressestimmen**
> Anna Lena Kühner weiß den Roman mit Tempo, Witz und Gespür für jugendliche Befindlichkeiten zu inszenieren [...] der Roman steckt voller großer Gefühle – und die springen einen von der Bühne des Theaters der Keller mit der ersten Minute ins Gesicht.
> »Dieser ›Tschick‹ ist Rock'n Roll, und das nicht nur, weil die drei Studierenden der hauseigenen Schauspielschule ab und zu in die Saiten greifen. [...] Eine wilde, sehr lebendige und junge Komödie mit Tiefgang.« (*Kölner Stadtanzeiger, 6.11.14*)

■ Text 230

Goethe, Faust I. Das grandiose Schauspielsolo mit Peter Vogt

Goethes *Faust I* ist keine Tragödie der Vergangenheit, es ist ein Drama um die Kernfragen menschlicher Existenz und hat in seiner Aktualität bis heute nichts eingebüßt. Es geht um Sinn-, Glaubens- und Machtfragen ebenso wie um die Position von Frau und Mann im Innern wie im Äußeren, um Liebe, Leid und Mitleid.

J. W. v. Goethe stellt seiner Tragödie *Faust I* die Zueignung voraus, einen Monolog, in dem der Autor sein Leben und seine Arbeit Revue passieren lässt. In der zweiten Szene, dem Vorspiel auf dem Theater, befinden sich der Theaterdirektor, sein Dichter und die lustige Person in der vorbereitenden Planung ihres Theaterbetriebes. Die folgende Szene ist gekennzeichnet als Prolog im Himmel und geprägt durch einen Dialog zwischen Mephisto und dem Herrn des Himmels. Die Figur des Faust wird zum Gegenstand einer Wette zwischen den Protagonisten. Faust ist ein bereits in die Jahre gekommener Wissenschaftler, der trotz seiner Studien von Philosophie, Juristerei, Medizin und Theologie letztendlich befürchten muss, gescheitert zu sein. In seiner Einsamkeit und Verzweiflung sowie der Erkenntnis, dass ihm alle Freud' entrissen ist, droht er sich selbst zu töten, nimmt davon jedoch Abstand. In dieser verzweifelten Lage erscheint dem Faust der Mephisto als des Pudels Kern – der Teufel als Hoffnungsträger, als Verführer und Jungbrunnen. Faust macht sich den Teufel zum Diener.

Nun ist Mephisto die treibende, den Faust verführende Kraft, der es gelingt, den Faust mit einem Zaubertrank erheblich zu verjüngen und in das Alter des stattlichen jungen Mannes zurückzuversetzen. Prompt tritt – wie zufällig – das junge Fräulein Gretchen auf, streng gläubig, naiv und abhängig von ihrer Mutter. Und natürlich begegnet jenes Gretchen dem Faust, der sie betört, alle Seelenlieb' ihr schwört und sie ins Unglück stürzt. Von Faust verlassen landet Gretchen schließlich im Kerker, hilflos dem lieben Gott vertrauend und dem geistigen Wahn ausgeliefert. Dass Faust mit letztendlich untauglichen Mitteln nun doch versucht, sein Gretchen zu retten, kann kaum darüber hinweg täuschen, dass hier ein Mann in egoistischer Manier, auf der Suche nach Erfüllung, über Leichen geht. Gretchens Bruder Valentin wird erstochen, die Mutter vergiftet und Gretchen als Kindsmörderin gerichtet. So jedenfalls beendet Goethe seine Tragödie.

■ Text 231

Pressestimmen
Goethes Faust in einer Stimme ... Das Zitaten-Schatzkästlein von Goethes »Faust« war weit geöffnet, als Peter Vogt seine »Strichfassung für einen Schauspieler« im Theatersaal des Augustinums Bad Neuenahr präsentierte. Auch bei Einkürzung auf zwei Stunden ist es eine gewaltige Gedächtnis- und Konzentrationsleistung ... Peter Vogt leistet das mit bewunderungswürdiger Leichtigkeit und beachtlicher Kondition. Als Faust agiert er pathetisch nach der alten Schauspielschule, in Bassbaritonlage mit Tragödentimbre, gönnt sich zwischendurch aber auch aufgeräumtere Tonlagen. Den Mephistopheles lässt er im quecksilbrigen, schmierigen Tenor lebendig werden. Später, bei den Stellen mit Gretchen, vernimmt das Publikum ... sogar noch höheren Sprachgesang ... Zur Faszination gehört der sprachliche Hochgenuss, das gute Goethe-Deutsch mit seinen vielen geflügelten Worten gut und engagiert gesprochen zu erleben. Mit Wonne kann man sich persönlichen Erinnerungen hingeben, ... an exemplarische Aufführungen deutscher Bühnen oder an filmische Muster-Interpretationen wie die mit Gustav Gründgens. Dazu kommt die ausgesprochen musikantische Art, in der Vogt seinen Text gestaltet ... Live ist live, und »Faust« ist einfach toll!
(RHEIN-ZEITUNG vom 21. April 2007)

■ Text 232

»Tschick« wird verfilmt (2014)

Wolfgang Herrndorfs Roman »Tschick« wird verfilmt. Das teilt der Rowohlt Verlag mit. Das Drehbuch schreibt Lars Hubrich, von Wolfgang Herrndorf selbst noch mit dieser Aufgabe betraut, zusammen mit David Wnendt, der auch die Regie übernehmen wird. Produzent ist Marco Mehlitz, Lago Film. Die Dreharbeiten sind für nächstes Jahr im Sommer vorgesehen.

David Wnendts Film »Kriegerin« wurde von Wolfgang Herrndorf, der letztes Jahr im August verstorben ist, besonders geschätzt.
Seit Erscheinen bei Rowohlt. Berlin im Herbst 2010 sind von dem Roman knapp zwei Millionen Exemplare verkauft worden. Er wurde mit zahlreichen Preisen ausgezeichnet und zählt zu einem der größten literarischen Erfolge der vergangenen Jahre. Der Roman ist in knapp 30 Ländern erschienen und wurde an über 50 Theaterbühnen inszeniert.

Prüfungsaufgaben bewältigen

- Text 233

Schule, Jugend und Theater (2013)

Eine Studie im Auftrag der Arbeitnehmerkammer Bremen

Betrachtet man die Prozentzahl, die sich aus der Einstufung wichtig oder sehr wichtig für die einzelnen Items ergibt, lässt sich folgende Rangliste für die Items feststellen:

Interesse an Theaterereignis	%
Überraschende Ideen	78,6
Leicht zu verstehende Sprache	73
Niedrige Kosten	56,2
Junger Style	55,1
Etwas Neues lernen	51,7
Schauspiel mit Multimedia	49,5
Alltagsnahe Themen	49,4
Impro-Theater	42,7
Schauspiel mit Live-Musik	41,6
gesellschaftlich relevante Themen	41,6
Schauspiel mit Tanz	39,3
Bars, Cafés in der Nähe	34,8
Ungewohnter Aufführungsort	32,6
Vorherige Besprechung	22,5
Anschließende Diskussion	16,9

Tabelle: Was ist an einem Theaterbesuch wichtig?

Beispiellösung in Stichworten

Einleitung:
- Anlass: Planung eines Theaterbesuchs
- Thema: Auswertung zweier Stücke (Johann Wolfgang Goethes Drama »Faust« und Wolfgang Herrndorfs Roman »Tschick« in der Bühnenbearbeitung von Robert Koall)
- Textsorte: kommentierte Zusammenstellung recherchierter Sachinformationen
- Adressaten: Mitschülerinnen und Mitschüler in meinem Deutschkurs, mein(e) Deutschlehrer(in)
- Funktion: Information über beide Stücke und ihren Gehalt für unseren Deutschkurs
- Ziel: Auswahl eines Stücks

Bei der Diskussion des gewünschten Theaterbesuchs unseres Deutschkurses bekam ich den Auftrag von Ihnen, Frau Müller, und von euch, liebe Mitschülerinnen und Mitschüler, mich über die beiden Stücke »Faust« von Johann Wolfgang Goethe und »Tschick« von Robert Koall nach dem Roman von Wolfgang Herrndorf zu informieren und aus meinen Rechercheergebnissen eine kommentierte Zusammenstellung hinsichtlich des Gehalts beider Stücke für uns als Adressaten zu erstellen. Im Folgenden werde ich die beiden Stücke kurz vorstellen, Argumente für und gegen einen Besuch des jeweiligen Stücks gegeneinander abwägen und mein persönliches Fazit darlegen.

Prüfungsaufgaben bewältigen

Vorstellung der beiden Stücke:

»Faust I« von Johann Wolfgang Goethe:
- Klassiker, 1788 verfasst, 1790 gedruckt
- Zueignung: Monolog über sein Leben und seine Arbeit als Autor
- Vorspiel: Gespräch zwischen dem Theaterdirektor, dem Dichter und der lustigen Person über ihren Theaterbetrieb und den Sinn eines Stücks
- zwei Handlungsstränge:
  - **Gelehrtentragödie:** Faust ist ein sehr gelehrter älterer Wissenschaftler, der mit seinem Leben, seiner Leistung und seinem begrenzten Wissen sehr unzufrieden ist und sogar überlegt, seinem Leben selbst ein Ende zu setzen. In diesem Zustand der Verzweiflung bekommt er Besuch von Mephisto, dem Teufel in Gestalt eines Pudels, der zuvor im »Prolog im Himmel« eine Wette mit dem Herrn bezüglich Faust eingegangen ist und nun Faust vom rechten Weg abbringen möchte. Faust schließt mit ihm einen Pakt, in dem er Mephisto sein Seele verspricht, wenn er ihn von seiner Unzufriedenheit erlösen und ihm ständige Abwechslung beschaffen könne.
  - **Gretchentragödie:** Durch einen Zaubertrank verjüngt trifft Faust auf Gretchen, die sehr gläubig und naiv ist. Faust, von Lust gepackt, erobert sie mithilfe Mephistos und bringt sie so ins Unglück. Ihr Bruder und ihre Mutter werden getötet, sie selbst endet im Kerker.
- zentrale Themen: »Sinn-, Glaubens- und Machtfragen«, »Position von Frau und Mann«, »Liebe, Leid, Mitleid« (Theaterszene Köln)

»Tschick« von Robert Koall:
- Jugendstück nach dem 2010 von Wolfgang Herrndorf veröffentlichten Roman und Bestseller
- Roman: fast zwei Millionen mal verkauft, in knapp 30 Ländern erschienen, prämiert durch Buchpreise, eine »Roadstory« (Theater der Keller)
- Inhalt: zwei 14-Jährige, beide Außenseiter in ihrer Klasse, Tschick, ein russischer Spätaussiedler, und Maik, Sohn vermögender, aber mit eigenen Problemen beschäftigter Eltern, verlassen in einem von Tschick geklauten Lada Berlin und möchten in die Walachei fahren, auf ihrem Weg erleben sie gemeinsam sehr viele Abenteuer, bis ein Unfall ihrer Fahrt ein Ende macht.
- zentrale Themen: Freundschaft, Liebe, Erwachsenwerden, Jungsein (Theater der Keller)

Argumente für und gegen das jeweilige Stück:

Faust:
Pro:
- Kulturgut, Klassiker
- mögliches Abiturthema
- Spitzenreiter bei der »Zahl der Inszenierungen« (DW)
- »Drama um die Kernfragen menschlicher Existenz« (Theaterszene Köln)
- »gesellschaftlich relevante Themen« (vgl. Tabelle von 41,6 % der befragten Nichtbesucher deutscher Theater benannt als wichtiges Kriterium für einen Theaterbesuch)
- Quelle vieler Zitate, die sich bis heute in unserer Sprache finden, »gutes […] Goethe-Deutsch« (Theaterszene Köln)

Kontra:
- sehr anspruchsvoller Stoff
- »alte« Sprache (vgl. Tabelle: von 73% der befragten Nichtbesucher deutscher Theater wurde »leicht zu verstehende Sprecke« als wichtiges Kriterium für einen Theaterbesuch benannt)

Tschick:
Pro:
- Bestseller mit enormen Erfolg
- »in der Saison 2012/13 in 29 Inszenierungen 746 mal gespielt« (DW), mehr als die Stücke »Kabale und Liebe« von Friedrich Schiller und »Faust« von Johann Wolfgang Goethe
- »gut erzählt«, ein »Überraschungserfolg« (Der Deutsche Bühnenverein-Direktor Rolf Bolwin zur DW)
- Alltags-, Lebensnähe (vgl. Tabelle: »junger Style« von 55,1% und »alltagsnahe Themen« von 49,4% der befragten Nichtbesucher deutscher Theater benannt als wichtiges Kriterium für einen Theaterbesuch)
- »voll […] großer Gefühle«, eine »wilde, sehr lebendige und junge Komödie« mit Tiefgang (Kölner Stadtanzeiger)
- »leicht zu verstehende Sprache« (vgl. Tabelle: von 73% der befragten Nichtbesucher deutscher Theater benannt als wichtiges Kriterium für einen Theaterbesuch)

Kontra:
- bald kommende Verfilmung
- eher ein Text, der in der Sekundarstufe I gelesen wird

persönliches Fazit:

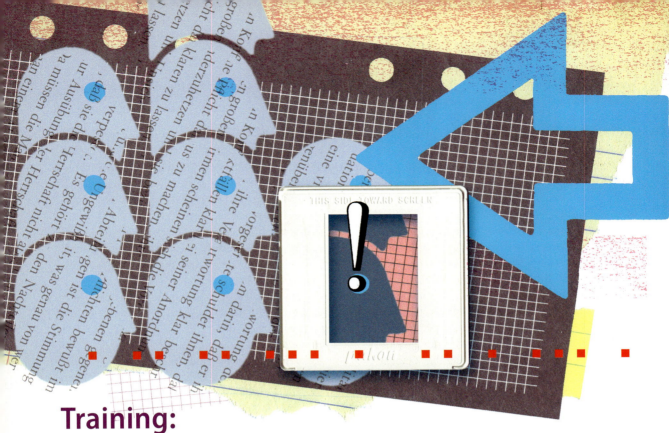

Training: Mündliche Prüfung und Präsentation

Die mündliche Abiturprüfung

Die mündliche Abiturprüfung besteht aus zwei Teilen:

1. Teil: *Analyse eines vorgegebenen literarischen Textes oder eines Sachtextes unter Angabe eines bestimmten Bearbeitungsschwerpunktes, der in der Aufgabenstellung formuliert ist*

Der Prüfling erhält eine Vorbereitungszeit von ca. 30 Minuten, in der er sich mit der Aufgabe auseinandersetzen kann. Erwartet wird, dass der Prüfling die Aufgabe selbstständig löst und die Lösung – gestützt auf stichwortartige Notizen – in einem zusammenhängenden Vortrag von ca. 10–15 Minuten vorträgt. Dabei dienen die Notizen nur als Gedächtnisstütze und dürfen nicht im Sinne eines zusammenhängenden Textes abgelesen werden.

2. Teil: *Prüfungsgespräch, in dem insbesondere die Kenntnis größerer fachlicher Zusammenhänge und der problemorientierte Umgang mit ihnen überprüft werden soll*

Erwartet wird, dass der Prüfling auf der Grundlage seiner Kenntnisse Zusammenhänge innerhalb größerer Sachbereiche und fachlicher Fragestellungen herzustellen weiß. Dabei kann es sich um einen Vergleich verschiedener Texte im Hinblick auf bestimmte Fragestellungen handeln (z. B. auf Figurendarstellung, Problementwicklung, Gattungsfragen etc.), um literaturhistorische oder literatursoziologische Fragestellungen handeln (z. B. Zuordnung zu einer bestimmten Epoche). Auch können Beziehungen zwischen sprachtheoretischen Fragestellungen und/oder literaturtheoretischen Fragestellungen aufgeworfen werden. Dementsprechend müssen die Inhalte verschiedener Kurshalbjahre im Prüfungsgespräch abgedeckt werden.

Das Prüfungsgespräch ist keine Aneinanderreihung einzelner unzusammenhängender Fragen, sondern durch einen entsprechenden roten Faden gekennzeichnet, der dem Prüfling Raum zur Beantwortung gibt. Es dauert etwa die Hälfte der Gesamtprüfungszeit, d. h. 10–15 Minuten.

Beispiel für eine Prüfungsaufgabe und ein Prüfungsgespräch in der mündlichen Abiturprüfung

Die einzelnen Bundesländer machen unterschiedliche Vorgaben für die inhaltlich-thematische Gestaltung der Prüfungsgespräche im Rahmen der Abiturprüfung:

Typ A: Das Prüfungsgespräch im 2. Teil der Prüfung kann dazu dienen, die im 1. Teil vom Prüfling durchgeführte Textanalyse durch weitere Aspekte, die sich auf die im Text angesprochenen Thematik beziehen, zu erweitern, zu problematisieren und Verbindungen zu ähnlichen Themenkomplexen herzustellen.

Typ B: Im Prüfungsgespräch werden auf der Basis der Ergebnisse des 1. Prüfungsteils thematische, strukturelle oder literarhistorische Zusammenhänge zu Texten anderer Autorinnen und Autoren und Epochen hergestellt. Dementsprechend wird hierbei auf Unterrichtsgegenstände aus unterschiedlichen Kurshalbjahren der Qualifizierungsphase zurückgegriffen

Das folgende Beispiel zeigt ein Prüfungsgespräch im Sinne von Typ B.

1. Teil Aufgabenart: Analyse eines literarischen Textes
Aufgabenstellung: Analysieren Sie den Text. Gehen Sie dabei besonders auf das Todesmotiv ein.

■ Text 234
Die Leiden des jungen Werthers (1772) *Johann Wolfgang von Goethe*

Es ist beschlossen, Lotte, ich will sterben, und das schreibe ich dir ohne romantische Überspannung, gelassen, an dem Morgen des Tages, an dem ich dich zum letzten Male sehen werde. Wenn du dieses liesest, meine Beste, deckt schon das kühle Grab die erstarrten Reste des Unruhigen, Unglücklichen, der für die letzten Augenblicke seines Lebens keine größere Süßigkeit weiß, als sich mit dir zu unterhalten. Ich habe eine schreckliche Nacht gehabt und, ach, eine wohltätige Nacht. Sie ist es, die meinen Entschluss befestiget, bestimmt hat: Ich will sterben! Wie ich mich gestern von dir riss, in der fürchterlichen Empörung meiner Sinne, wie sich alles das nach meinem Herzen drängte und mein hoffnungsloses, freudeloses Dasein neben dir in grässlicher Kälte mich anpackte – ich erreichte kaum mein Zimmer, ich warf mich außer mir auf meine Knie, und o Gott! du gewährtest mir das letzte Labsal der bittersten Tränen! Tausend Anschläge, tausend Aussichten wüteten durch meine Seele, und zuletzt stand er da, fest, ganz, der letzte, einzige Gedanke: Ich will sterben! – Ich legte mich nieder und morgens, in der Ruhe des Erwachens, steht er noch fest, noch ganz stark in meinem Herzen: ich will sterben! – Es ist nicht Verzweiflung, es ist Gewissheit, dass ich ausgetragen habe, und daß ich mich opfere für dich. Ja, Lotte! warum sollte ich es verschweigen? Eins von uns dreien muss hinweg, und das will ich sein! O meine Beste! in diesem zerrissenen Herzen ist es wütend herumgeschlichen, oft – deinen Mann zu ermorden! – dich! – mich! – So sei es denn! – Wenn du hinaufsteigst auf den Berg, an einem schönen Sommerabende, dann erinnere dich meiner, wie ich so oft das Tal heraufkam, und dann blicke nach dem Kirchhofe hinüber nach meinem Grabe, wie der Wind das hohe Gras im Scheine der sinkenden Sonne hin und her wiegt. – Ich war ruhig, da ich anfing, nun, nun weine ich wie ein Kind, da alles das so lebhaft um mich wird. – «

Albert, Charlotte und Werther, Kupferstich von C. Knight, 1784

1. Prüfungsteil: Konkrete Beschreibung der zu erwartenden Schülerleistung

Erwartet wird im Hinblick auf die Verstehensleistung:
- Klärung der äußeren Textmerkmale sowie des literarhistorischen Kontextes (insbes. Briefroman / Adressatin hier ausnahmsweise Lotte nicht Wilhelm, Epoche des Sturm und Drang);
- Einordnung des Briefes in den Handlungszusammenhang des Romans (insbes. Werthers Beziehung zu Lotte, die seine Briefe von Anfang durchziehende Todessehnsucht, die zeitliche Nähe zum eigentlichen Selbstmord / Brief selbst ist undatiert);
- textbezogene Analyse des Briefes unter besonderer Berücksichtigung des Todesmotivs: Der Entschluss zum Selbstmord wird einerseits als rationaler Akt hingestellt, die Darstellung der Selbstmordabsicht ist anderseits von hoher Emotionalität getragen:
- Selbstmord selbst als Opfer für Lotte deklariert;
- Selbstmord als Lösung für den Ausweg aus einer problematischen Personenkonstellation: Albert, Lotte, Werther; eine Fortführung dieser Dreierbeziehung scheint Werther unmöglich;
- Selbstmord als Problemlösung;
- Todesbild verknüpft mit dem Bild der trauernden Lotte (Witwenbild);
- Todesbild als solches wird ausgespart (Verdrängung), statt dessen Idyllisierung der möglichen Grabstätte;
- Todeswunsch und Auseinandersetzung mit den damit verbundenen Gefühlen für Werther, zugleich Rückkehr ins Leben, Selbstwahrnehmung des eigenen Schmerzes, der Trauer zeigt ihm, dass er lebt;
- Widerspiegelung der psychischen Verfassung Werthers (insbes. hohe Emotionalität) in seiner sprachlichen Darstellung: Satzbau, Wortwahl, Imperative, Gedankenstriche, Wort und Satzwiederholungen, Gebrauch gefühlsbetonter Verben, Substantive und Adjektive etc.).

Besonders beachtenswert: Reflexion über Absicht und Wirkung des Briefes (Anforderungsbereiche I, II, III).

Erwartet wird in Bezug auf die Darstellungsleistung:
Inhaltlich klar strukturierter Vortrag, der unter Bezugnahme auf den Ausgangstext sowie unter Verwendung des entsprechenden Fachvokabulars angemessen vorgetragen wird.

2. Prüfungsteil: Prüfungsgespräch

Mögliche Leitgedanken könnten je nach individueller Schwerpunktsetzung des Prüflings sein:
- Paarbeziehungen in der Literatur verschiedener Epochen
- Romanformen vom Barock bis zur Gegenwart
- Das Todesthema in der Literatur

Das folgende Beispiel geht davon aus, dass der Prüfling das Thema »Tod in der Literatur« wählt. Mögliche inhaltliche Schwerpunkte im 2. Prüfungsteil:
- »Auseinandersetzung mit Mord und Selbstmord in Büchners Drama ›Woyzeck‹«
- »Darstellung des Todesmotivs in Robert Schneiders Roman ›Schlafes Bruder‹ sowie in der gleichnamigen Literaturverfilmung«
- evtl. »Mord und Selbstmord als Lösung von Autoritätskonflikte im bürgerlichen Trauerspiel ›Emila Galotti‹ von G. E. Lessing«
- »Todesmotiv in der Lyrik des Barock bzw. der Romantik«

Ein möglicher Verlauf des Prüfungsgesprächs (Auszug):

Prüfer Wenn Sie einen Blick auf die Themen, literarischen Formen oder auch die literaturgeschichtlichen Schwerpunkte werfen, die im Laufe der Qualifikationsphase angesprochen worden sind, welche Vernetzungsmöglichkeiten sehen Sie bzw. möchten Sie behandeln?

Erwartete Schülerleistung thematische Vernetzungsmöglichkeiten: Paarbeziehungen in anderen literarischen Texten, z. B. Liebeslyrik, Bernhard Schlink: »Der Vorleser« oder die Darstellung dieses Themas in Lessings »Emilia Galotti«, Büchners »Woyzeck«, der Lyrik des Barock etc. [...]

Prüfer Das Todesthema ist ein zentrales Thema quer durch die Gattungen der Literaturgeschichte. Lassen Sie uns zunächst einen Blick auf Büchners »Woyzeck« werfen. Führen Sie zunächst kurz in den Inhalt des Dramas ein und zeigen Sie dann, wie hier das Todesmotiv entwickelt wird.

Erwartete Schülerleistung knappe Darstellung des Drameninhalts; Hinweis darauf, dass das Todesmotiv hier im Vergleich zu Goethes »Werther« eine zusätzliche Ausweitung erfährt. Es geht nicht mehr in erster Linie um Selbstmord, sondern um den Mord an Marie, der Geliebten des Protagonisten Woyzeck. Motive für den Mord an Marie sind
- die Eifersucht auf den Tambourmajor, der Woyzeck Marie ausgespannt hat,
- der Verlust seines Lebensinhalts (Marie)
- die psychische Situation und physische Verfassung Woyzecks (Folgen der Behandlung durch den Doktor und den Hauptmann)
- fehlende soziale Kontakte, die Woyzeck als Ventil für seine Probleme gelten könnten.

(Falls der Prüfling keine so umfassende Antwort gibt, sind hier von Seiten des Prüfers Zwischenfragen möglich.)

Prüfer Woyzeck wählt in seiner Situation den Weg, Marie zu töten. Welche Alternativen sehen Sie, warum nutzt Woyzeck diese Wege nicht?

Erwartete Schülerleistung
- Gespräch mit seinem Rivalen, dem Tambourmajor: Mittel der Auseinandersetzung in dieser gesellschaftlichen Schicht nicht das Gespräch, sondern körperliche Kraft, d. h. Gewalt; Woyzeck erlebt gerade auch in diesem Bereich seine Unterlegenheit gegenüber dem Tambourmajor;
- Gespräch mit Marie: Zwischen Marie und Woyzeck findet keine Kommunikation im eigentlichen Sinne statt, sie können die Kommunikation nicht zur Problemlösung nutzen;
- Hilfe durch Hauptmann oder Tambourmajor: Beide nutzen Woyzeck aus, diskriminieren ihn, betrachten ihn nicht als gleichwertig, erkennen die existenzielle Bedeutung für Woyzeck nicht;
- Woyzeck kennt ebenso wie die Gesellschaft, in der er lebt (vom Militär geprägte Garnisonsstadt), keine adäquaten Mittel der Problemlösung. Büchner übt hier Gesellschaftskritik.

Prüfer Wie beurteilen Sie die Schuldfrage? Halten Sie Woyzeck vor diesem Hintergrund für schuldfähig?

Erwartete Schülerleistung Definition: Was heißt Schuld? Herausstellung juristischer und persönlicher Aspekte. Falls im Unterricht behandelt: Heranziehung des Clarus-Gutachten bezogen auf den realen Woyzeck.

Prüfer Vergleichen Sie die Darstellung des Todesmotivs in Büchners Woyzeck mit dem in Goethes Werther. Gehen Sie dabei insbesondere auf die beiden Protagonisten ein.

Erwartete Schülerleistung Vergleich der Protagonisten im Hinblick auf ihre soziale Stellung, ihre persönliche Entwicklung etc. Angesprochen werden müssten die unterschiedliche Kommunikationsfähigkeit, die Formen der Selbstauseinandersetzung, die Intellektualität, die sozialen Kontakte etc. auch unter Berücksichtigung der jeweiligen literarhistorischen Hintergründe (Selbstfindung in der Epoche der Empfindsamkeit, Auseinandersetzung mit Missständen der Gesellschaft in der Literatur vor 1848). […]

Prüfer Lassen Sie uns nun noch einen Blick auf Lessings Theaterstück »Emilia Galotti« werfen. Geben Sie auch hier zunächst einen kurzen Überblick über den Inhalt und zeigen Sie auf, wie das Todesmotiv hier entfaltet wird. […]

Prüfer Betrachten wir die Todesszene im letzten Aufzug noch einmal genauer, welche Hintergründe gibt es für den Tod »Emilias«? […]

Prüfer Emilia hätte die Möglichkeit, dem Tod zu entgehen, indem sie auf dem Schloss der Grimaldis bleibt. Warum lehnt sie ab? […]

Prüfer Auf Werthers Nachttisch hat man nach seinem Tod eine Ausgabe von Lessings »Emilia Galotti« gefunden. Vergleichen Sie die Darstellung des Todesmotivs in Lessings »Emilias Galotti« mit der Darstellung in Goethes Werther. […]

Prüfer Auch in der Lyrik des Barock war das Todesmotiv ein zentrales Thema, mit dem sich die Autoren immer wieder auseinander gesetzt haben. Ordnen Sie die Lyrik des Barock kurz in den politisch-historischen Kontext der Zeit ein und entwickeln Sie daraus die Bedeutung des Todesmotivs für diese Epoche. […]

Tipps für die Vorbereitung auf die mündliche Abiturprüfung

Arbeit in Lerngruppen:
Bilden Sie Lerngruppen. Die Prüfungsvorbereitung in einer Lerngruppe macht nicht nur mehr Spaß, sie ist auch effektiver. Folgende Vorteile können u. a. erwähnt werden:
- Man arbeitet zu festgesetzten Zeiten zu festgelegten Themen.
- Die zur Verfügung stehenden Materialien sind umfangreicher, Lücken lassen sich auffüllen, Fehler leichter erkennen.
- Jeder übernimmt die Rolle des Prüfenden und des Prüflings, dadurch wird u. a. die Kommunikationskompetenz für das Prüfungsgespräch geschult.

Vorbereitung auf den 1. Teil der Prüfung:
- Wählen Sie aus alten Klausuren oder Hausaufgaben Aufgaben aus, die Sie für einen Vortrag vorbereiten.
- Nehmen Sie sich für die Vorbereitung der Aufgabe 30 Minuten Zeit.
- Machen Sie sich für den Vortrag entsprechend Notizen.
- In der Zeit, in der Sie die Aufgabenstellung vorbereiten, klären die anderen Mitglieder des Lernteams die Erwartungen.
- Halten Sie mit Hilfe Ihrer Notizen einen Vortrag von ca. 10–15 Minuten.
- Wiederholen Sie zunächst die Aufgabenstellung und geben Sie an, welchen Text Sie bearbeiten sollten.
- Legen Sie dann Ihre Lösung der Aufgabe vor.
- Stellen sie bei Ihrem Vortrag stets Verbindungen zur Textgrundlage her.
- Achten Sie darauf, flüssig zu sprechen und Augenkontakt mit den anderen zu halten.
- Werten Sie gemeinsam den Vortrag aus: Gleichen Sie Ihre Ausführungen mit den Erwartungen Ihres Lernteams ab. Sprechen Sie darüber, was Ihnen gut gelungen ist bzw. was Sie noch verbessern sollten. Beziehen Sie Inhalt und Art des Vortrags in die Feedback-Runde ein.

Vorbereitung auf den 2. Teil der Prüfung:
Zusammenstellung von möglichen Themen für das Prüfungsgespräch – möglichst in Form einer Mind-Map: Erstellen Sie eine Liste der Themen, die Sie im Unterricht der Qualifizierungsphase behandelt haben.

Hauptzweige: Ordnen Sie den Themen Fragestellungen zu, die im Rahmen der Besprechung bearbeitet wurden.

Nebenzweige: Stellen Sie anhand der Fragestellungen Vernetzungen zwischen den einzelnen Themen her (Verbindungen zwischen verschiedenen Zweigen).

Durchführung möglicher Prüfungsgespräche:
- Wählen Sie reihum in Ihrer Lerngruppe eine Fragestellung aus der Mind-Map aus und stellen Sie die Problematik im Hinblick auf die verschiedenen Themen den anderen dar. Die anderen ergänzen im Anschluss an Ihre Darstellung weitere Aspekte.
- Simulieren Sie ein Prüfungsgespräch zu einer ausgewählten Fragestellung. Ein Mitglied der Lerngruppe ist der Prüfling, die anderen stellen die Prüfungskommission dar.
- Bitten Sie Ihre Fachlehrerin / Ihren Fachlehrer, eine mündliche Prüfung im Unterricht vorab ausprobieren zu können.
- Gestalten sie die Prüfungssituation möglichst naturgetreu nach: Der Prüfling sitzt allein am Pult, vor ihm sitzt eine Prüfungskommission, die Fachlehrerin / der Fachlehrer stellt entsprechende Fragen.
- Gestalten Sie gemeinsam mit der Fachlehrerin / dem Fachlehrer eine Prüfungssituation, in der Sie selbst als Prüfer agieren. Machen Sie sich Ihre Erwartungen an den Prüfling klar.
- Werten Sie das Prüfungsgespräch durch eine Feedback-Runde aus: Was war gelungen, was müsste noch optimiert werden?

Präsentieren

Was sind Präsentationen?

INFO

Präsentieren – eine Definition

Präsentieren bedeutet im Sprachgebrauch, etwas in einer besonderen, möglichst gar augenfälligen Weise vorzuzeigen oder aufzuführen. Die Übersetzung des (spätlat.) Verbs praesentare als »gegenwärtig machen« oder »zeigen« verweist auf Funktion und Wirkungsabsicht, die Wendung vom Sitzen auf dem Präsentierteller hingegen auf das möglicherweise Unangenehme der exponierten Situation. Offen bleiben dabei die Gestaltungsmittel.

Präsentationskompetenz im Alltag

Das überwiegend mündliche Darbieten eines Sachverhalts durch eine oder mehrere Personen fordert den/die Präsentierenden bei Planung und Durchführung.

Er/Sie bzw. sie soll(en) bedeutsame Informationen anregend und in angemessenem Zeitrahmen vortragen, dabei auch noch einen thematischen Zusammenhang bzw. ein Problem im Blick behalten. Präsentationskompetenz gehört inzwischen zu den in Schule, Universität und Wirtschaft geforderten Basisfähigkeiten und -fertigkeiten.

Präsentationen sind mittlerweile in ganz unterschiedlichen Zusammenhängen denkbar und üblich – bei Konzeptdarstellungen bis hin zu Planungsentscheidungen in mittleren und größeren Betrieben, beim Bewerben um Aufträge, in Prüfungen jeder Art. Zwar stellt jeder Vortrag (z. B. der einer Hausaufgabe) eine Präsentation dar, wird aber bei geringem Umfang nicht als solche bezeichnet.

Von der Struktur zur anschaulichen Präsentation

In der Regel folgt eine Präsentation dem Schema der antiken Rhetorik mit den Schritten Stoffsammlung, Gliederung, (sprachliche) Gestaltung, Memorieren (Einüben) und Vortrag. Heute gehört zu einer vollständigen Präsentation auch das Feedback.

Mit Präsentationstechnik ist die Handhabung und der gezielte Einsatz von Medien gemeint – oft werden Präsentationen als »multimedial« bezeichnet, wenn mehrere (neue) Medien gemeinsam angewendet werden. Eine Art Interaktion – im Internet würde man von interaktivem Dialog sprechen – zwischen Präsentator(en) und Publikum soll damit angestrebt werden. Der Medieneinsatz dient vordringlich der Veranschaulichung (siehe Visualisierungsmöglichkeiten, S. 393 f.).

A ■ Überlegen Sie, welche Inhalte und Themen Ihnen für eine Präsentation besonders geeignet scheinen.

B ■ Erinnern Sie sich an bisher von Ihnen zu bearbeitende Referatthemen und benennen Sie Schwierigkeiten bei Erarbeitung und Präsentation.

Training: Mündliche Prüfung und Präsentation

Vom Gegenstand zum Thema – problem- und adressatenbezogenes Präsentieren

Im schulischen Kontext sind Präsentationen in der Regel mediengestützte Weiterentwicklungen des vertrauten Referats. Die Mitschüler verstehen sich dabei zunächst als Publikum, das interessiert und gewonnen werden muss. Entscheidend für den Erfolg der Präsentation sind gründliche Überlegungen und Ausführungen aller Schritte, beginnend mit der Auswahl des Inhalts.

Hier drei Varianten zu einem Präsentationsinhalt:

> Daniel Kehlmanns Roman »Die Vermessung der Welt«

> Daniel Kehlmanns Roman »Die Vermessung der Welt« – was hat den überraschenden Erfolg auf dem Buchmarkt bewirkt?

> Ein Bestseller? Eigentlich unerklärlich! Daniel Kehlmanns Roman »Die Vermessung der Welt«

A ■ Ermitteln Sie die Leistung der jeweiligen Variante.
B ■ Diskutieren Sie, welche Variante den Zuhörer am ehesten gewinnen kann.

Gegenstand – Thema – Adressat   INFO

Der Gegenstand allein reicht nicht

In vielen Präsentationen wird ohne weitere thematische Klärung ein Gegenstand zum Inhalt bestimmt. Damit gerät die Präsentation in die Gefahr der bloßen Sachinformation ohne die Dimension der Problematisierung. Die Präsentationsaufgabe lautet dann »Vorstellen des Romans XY von Z«.

Für die Adressaten ist eine Vorstellung unter dieser Aufgabenstellung eine Aufforderung zum bloßen Zuhören; allenfalls Sachfragen bleiben noch offen. Eine bloße Buchvorstellung im Sinne eines erweiterten Klappentextes könnte das Ergebnis einer solchen Aufgabe sein. Sinnvoll für eine Präsentation ist dagegen ein Arbeitsauftrag, der einen »roten Faden« enthält, also ein Thema, genauer: eine leitende Fragestellung bzw. ein Problem.

Statt der Buchvorstellung ohne leitenden Aspekt sollte es in der Präsentation um eine in der Romanrezeption besonders strittig diskutierte Frage gehen, z. B. um »Das Geschichtsbild in Günter Grass' Roman ›Im Krebsgang‹«. Probleme, die mehrere Thesen als Antwort möglich erscheinen lassen, sind besonders geeignete Präsentationsthemen, z. B. »Analphabetismus in Bernhard Schlinks Roman ›Der Vorleser‹ – Entschuldigung einer Täterin des Holocaust?«

An den Adressaten denken

Nicht allein dieser sichtbare »rote Faden« und die Möglichkeit zur Stellungnahme sind Chancen, die Adressaten einer Präsentation einzubeziehen. Die im Info-Kasten (s. S. 396) benannten Möglichkeiten sollten mitgedacht werden, wenn eine Präsentation entsteht. Bei der Themenformulierung kann der Problemgehalt schon durch eine zugespitzte Formulierung für die Adressaten anregend dargeboten werden: »Nur schöne Leichen? Das Frauenbild in Patrick Süskinds Roman ›Das Parfum‹«.

Training: Mündliche Prüfung und Präsentation

Das Thema steht fest:
Von der Recherche zur Gliederung

Für Präsentationen gilt die Vorbereitung als entscheidend. Wenn die Themenwahl abgeschlossen ist, sind die Vorarbeiten zu leisten. Bei einer Gruppenpräsentation sollte die Recherche aufgeteilt sein, wobei regelmäßige »Konferenzen« zum Abgleich der Informationen und zum Sichern der Ergebnisse einzuplanen sind.

Orientieren – Recherchieren – Verarbeiten – (vorläufig) Gliedern

INFO

Die folgenden Schritte bieten sich an, um im gegebenen Zeitrahmen zielorientiert auf die Präsentation hin zu arbeiten. Sie werden an einem vorgegebenen Thema erläutert, dem Vergleich von Männer- und Frauensprache.

- **Gezieltes Befragen des Themas** *(Gibt es Definitionsbedarf? Sind z. B. Stereotypen des Männlichen und Weiblichen Voraussetzung für den Vergleich?)*
- **Erstes Entwerfen** von zentraler **Leitfrage**, rotem Faden bzw. Problemstellung *(Soll das Thema eher den Vergleich von Männer- und Frauensprache hierzulande oder im interkulturellen Bereich in den Blick nehmen? Sollen aus der – angenommenen – Unterschiedlichkeit womöglich resultierende Kommunikationsprobleme einbezogen werden?)*
- **Informationsquellen** zur auch kritischen Recherche **nutzen**, u. a. Lexika, Befragung von Experten, das Internet, Bibliotheken und Archive, Zeitungen und Zeitschriften, v. a. Feuilletons, Fernsehen, Radio, aber auch Buchhandlungen und Verlage besonders bei Recherchen zu aktuellen Büchern *(Kann eine Frauenzeitschrift mit gesellschaftspolitischem Anspruch wie EMMA eine gute Quelle sein? Wie wahre ich kritische Distanz zu besonders engagierten Veröffentlichungen?)*
- **Logische Reihenfolge entwickeln** – chronologisch, vergleichend oder untergliedert *(Sollte zunächst eine Darstellung allgemeiner Befunde zu Männer- und Frauensprache stattfinden? Oder könnten Beispiele den Vergleich direkter einleiten? Kann an einzelnen Sprachphänomenen wie Frageverhalten entlang gegliedert werden oder müssten zunächst übergreifende Sprachmuster dargestellt werden?)*

Empfehlenswert ist ein **Arbeitsplan**, der die Bearbeitung (Themenbefragung, erste Problementwicklung, Recherchen, vorläufige Gliederung) zu strukturieren hilft.

A ■ Skizzieren Sie einen Arbeitsplan zu einem Präsentationsthema, …
- … das Ihnen gestellt worden ist.
- … in dem es um den Vergleich von Männer- und Frauensprache geht.

B ■ Tauschen Sie Ihre Erfahrungen zur Verarbeitung von Rechercheergebnissen aus (Techniken des Markierens, Notizen, Exzerpte, Konspekte etc.).

C ■ Diskutieren Sie Ihre individuellen Wege von der Verarbeitung zur vorläufigen Gliederung bzw. ersten Strukturierung der Präsentation.

Training: Mündliche Prüfung und Präsentation

Darbietungsformen und Präsentationsmedien

Die grundsätzliche Anlage der Präsentation nennt man Darbietungsform. Nicht immer trennscharf sind die Begriffe Darbietungsform und Medium. So kann eine PowerPoint-Präsentation als Ganzes die Präsentation prägen, aber auch nur ein Element, ein Medium der Veranschaulichung, im Rahmen einer Präsentation sein.

Die Entscheidung für eine Darbietungsform als mediales Grundkonzept der gesamten Präsentation geht davon aus, dass visuelle Wahrnehmung uns – und damit auch unseren Adressaten – vielfältige Informationen zur Orientierung bietet. Visualisierung ergänzt, erweitert oder ersetzt sprachlich Übermitteltes.

A ▪ Welche Erfahrungen haben Sie mit den im Info-Kasten benannten Darbietungsformen gesammelt? Tauschen Sie sich darüber aus und berücksichtigen Sie dabei die Frage, welche Sinne durch welche Präsentationsformen angesprochen werden.

Mögliche Darbietungsformen einer Präsentation   INFO

PowerPoint-Präsentation
Das Programm, im Office-Softwarepaket von Microsoft enthalten, bietet die Vorlage für eine über Laptop und Beamer sukzessive abzurufende Präsentation mit einer Fülle von Effekten.

Videoclip
Eine filmische Präsentation ist zwar technisch anspruchsvoll, ermöglicht aber für Gruppen eine Mischung aus Dokumentation in Bild und Ton (Sprechtext/Musik), z. B. mit Spielszenen.

Expertengespräch
Mindestens zwei Präsentierende entwickeln eine Art Interview zum Thema, das zur Expertenrunde, zur Befragung ausgeweitet werden kann.

Einzelvortrag mit Medienunterstützung
Diese ans »klassische« Referat angelehnte Form nutzt unterschiedliche Medien zu Visualisierung und Auflockerung während der Rede.

Museumsgang
Eine Präsentationsgruppe baut an verschiedenen Stationen im Raum oder in mehreren Räumen Objekte auf, erläutert durch Plakate, Informationsblätter o. Ä.; die Gruppenmitglieder sind an den Stationen als Experten mit vorbereiteten Einführungen präsent.

Szenische Präsentation
Eine Collage aus verschiedenen szenischen Elementen dient z. B. zur Vorstellung einer Biografie. Vortrag, Dialogszene oder »lebende Skulptur« können durch Musikeinspielungen o. Ä. verbunden werden. Die Entwicklungs- und Darstellungsmöglichkeiten einer Gruppe sind dabei zentral.

Radio-Feature
Diese vorproduzierte Audio-Präsentation zu einem Thema kann mit Primär- und Sekundärliteratur, selbst formuliertem Text, Originaltönen und Musik bzw. Geräuschen eine lebendige Aufarbeitung als Hörfunk-Beitrag einer Gruppe sein.

Talkshow
Eine Runde mehrerer Experten, die zum gleichen Thema unterschiedliche Aspekte und/oder Meinungen vertreten, wird durch einen Moderator ins Gespräch gebracht. Die Zuschauer können in die Debatte nach einer oder mehreren Expertenrunden einbezogen werden (Fragen/Wortbeiträge).

Visualisierung und Präsentationsmedien

Jede Präsentation sollte im Blick haben, dass Bilder stellvertretend für reale Objekte stehen können und abstrakte Sachverhalte z. B. durch Diagramme veranschaulicht werden sollten.

Präsentationsmedien
INFO

Unter den während einer Präsentation eingesetzten Medien sind Folien, Plakate, Dias, Karikaturen, Film(ausschnitte), v. a. in den Naturwissenschaften Modelle, aber auch kleine Spielszenen, rollenverteilte Lesungen etc. besonders häufig anzutreffen.

Außerdem können Kärtchen, aus denen nach und nach eine Struktur an der Wand entsteht, sowie vorgefertigte Anschriebe auf einer Flipchart bzw. – traditionell – an der Tafel dem Visualisierungszweck dienen.

Hier zwei mögliche Einstiege in eine Präsentation zum Thema »Daniel Kehlmanns Roman *Die Vermessung der Welt* – was hat den überraschenden Erfolg auf dem Buchmarkt bewirkt?«

Daniel Kehlmanns Roman
Die Vermessung der Welt

Was hat den überraschenden Erfolg auf dem Buchmarkt bewirkt?

Gliederung der Präsentation:
- Zwei Roman-»Helden«: Alexander von Humboldt – Carl Friedrich Gauß
- Fiktion und Fakten – was »stimmt« an diesem historischen Roman?
- Der Romanautor Daniel Kehlmann – Erfolge vor der »Vermessung«?
- Die Rezeption des Romans: Rezensionen als Spiegel des Erfolgs
- Auflage und Verkaufserfolg
- Thesen zur »Vermessung« als Bestseller

Beispiel 1: Einstiegsseiten in Powerpoint

Mit dem so genannten Hype des ebenso raffiniert anspruchsvollen wie wundersam schwerelosen Humboldt-Gauß-Romans ... hatte ... niemand gerechnet.
Ulrich Weinzierl in: Die Welt vom 28.02.2006

Daniel Kehlmann hat den komischsten deutschen Roman dieses Jahres geschrieben. Das sei, wird man einwenden, nicht sehr schwer. Stimmt, es gelingt hier aber auch in den absoluten Maßstäben brillant.
Ijoma Mangold in: Süddeutsche Zeitung vom 24.9.2005

Beispiel 2: Zitate aus zwei Rezensionen (als Folie), zusätzlich vorgelesen

A ■ Beschreiben Sie zunächst den jeweiligen Ansatz des Einstiegs in die Präsentation mit Blick auf die Visualisierung.

B ■ Beurteilen Sie die zwei Einstiege im Hinblick auf Informationsgehalt, Erkennbarkeit des »roten Fadens« und Qualität als »Aufmacher«.

C ■ Entwickeln Sie eine Art Regelkatalog, wie sich Inhalte mit Bildern, Farben, Überschriften veranschaulichen lassen, ohne dass die Präsentation überladen wirkt.

Training: Mündliche Prüfung und Präsentation

Den Einstieg in die Präsentation als Lernhilfe nutzen

Ein Einstiegsmodell: Der »Advance Organizer« — INFO

Die Zuhörer als Publikum zu gewinnen, Interesse zu wecken und eine motivierende Basis für die gesamte Präsentation zu schaffen, ist vor allem Aufgabe des **Einstiegs**. Neben den gezeigten Varianten zum Einstieg (s. S. 183) bietet sich ein so genannter »Advance Organizer« an, ein im angloamerikanischen Raum entwickeltes Konzept, für das sich noch kein angemessener deutschsprachiger Begriff durchgesetzt hat. Zur Übersetzung werden u. a. »vorbereitende Organisationshilfe«, »Luftaufnahme« oder »Inhalte aus der Vogelperspektive« angeboten.

Es geht um eine Art Begriffsnetz, das als Lernhilfe der eigentlichen Stoffvermittlung vorausgeht. Der Präsentationsstoff wird dabei in seiner begrifflichen und inhaltlichen Struktur anschaulich dargeboten.

Ein solches Netz sollte …
- Oberbegriffe hervorheben und Verbindungen zwischen den Begriffen zeigen,
- Hilfen für das gedankliche Speichern und Verbinden von Wissen bieten,
- genutzte Begriffe möglichst visualisieren.

Es empfiehlt sich, ein großes Format zu wählen. Die zentralen Begriffe müssen deutlich abgehoben werden; Problemstellungen sollen herausgearbeitet sein, damit nicht nur eine kurzfristige Motivation, sondern eine tragende Fragehaltung entwickelt werden kann. Während der Präsentation ist immer wieder die Verbindung zum »Advance Organizer« herzustellen.

»Advance Organizer« zu **Daniel Kehlmann:** *Die Vermessung der Welt* – Ein Bestseller? Unerklärlich!

Wiederentdeckung
A. v. Humboldts durch
H. M. Enzensberger

Der Autor als literarisches Wunderkind

Ein Roman als Teil von Popkultur

Historische Romane – ein
Erfolgsrezept (z. B. K. Follett:
»Die Säulen der Erde«)

Roman als leichtes *und* intellektuelles Lesevergnügen
(Seltene) Ironie im deutschen Roman
Originelle, »schräge« Typen

Carl Friedrich Gauß,
Mathematiker, Zeitgenosse A. v. Humboldts

A ■ Erweitern Sie den hier abgebildeten »Advance Organizer« oder entwickeln Sie einen »Advance Organizer« für Ihr Präsentationsthema.

B ■ Denken Sie darüber nach, wann und in welcher Form ein »Advance Organizer« als Einstieg in die Präsentation geeignet scheint.

Begleitmaterial adressatengerecht erstellen

Bei umfangreichen Referaten und Präsentationen ist es üblich, als »Service« für die Zuhörer ein Hand-out vorzubereiten. Es kann folgende Funktionen haben:
- Vorstellen zentraler Informationen (Gliederung, wesentliche Themenaspekte, neue Fachbegriffe, Definitionen, Angabe benutzter Quellen/Literatur)
- Zusammenfassen von Ergebnissen (als Strukturskizze bzw. in Merksätzen)
- Dokumentieren von Bildmaterial, Tabellen etc., die während der Präsentation eingesetzt werden
- Abdrucken von Thesen für die Anschlussdiskussion zur Präsentation

Ein Hand-out, das die Gliederung und im Lauf der Präsentation eingesetztes Arbeitsmaterial dokumentiert, sollte vorab ausgeteilt werden. Ein Ergebnispapier oder eines, das Diskussionsthesen im Anschluss an die Präsentation enthält, kann eher im Anschluss an die Zuhörer verteilt werden. Bei PowerPoint-Präsentationen wird häufig der Ausdruck der Präsentationsseiten als Hand-out eingesetzt.

Daniel Kehlmanns Roman *Die Vermessung der Welt* **– was hat den überraschenden Erfolg auf dem Buchmarkt bewirkt?**
(bei Bedarf: Stichwörter zum Inhalt)

- **Die historischen Vorbilder** der Romanfiguren:
Alexander von Humboldt (1769–1859), Naturforscher und Geograf, verfasste über seine Amerika-Expedition den größten privaten Reisebericht der Geschichte (34 Bände);
Carl Friedrich Gauß (1777–1855), Mathematiker und Astronom, begründete u. a. die moderne Zahlentheorie
- **Der Autor** Daniel Kehlmann (geb. 1975), veröffentlichte mit »Beerholms Vorstellungen« 1997 seinen ersten Roman und feierte seinen Durchbruch in der Literaturszene mit »Ich und Kaminski« 2003 (Verkauf von 30 000 Exemplaren).
- **Der Verkaufserfolg** von 400 000 Exemplaren bis Februar 2006 wurde durch einen Spitzenplatz auf der SPIEGEL-Bestsellerliste über mehr als ein Jahr bestätigt.

Thesen zum Erfolg des Romans

- Historische Romane haben Konjunktur. Sichtbar ist dies am Erfolg von Rebecca Gables »Das Lächeln der Fortuna« oder an den Auflagen der Romane von Tanja Kinkel.
- Der Autor Kehlmann wird durch das Image vom Wunderkind zu einem eher popkulturellen Ereignis. Sein Roman wird deshalb über traditionelle Leserschichten hinaus attraktiv.
- Der Roman verbindet zwei außergewöhnliche, geniale, aber auch mit absonderlichen »Macken« behaftete Wissenschaftlerfiguren, die – unabhängig von ihrer historischen Bedeutung und gesicherten Fakten zur Person – originell dargestellt sind.
- Kehlmanns Roman verbindet die selten zusammenkommenden Ansprüche, humorvoll und gehaltvoll zu sein.
- Professionelle Kritiker und Lesepublikum sind sich in der Bewertung des Romans als Leseerlebnis einig. Damit steigert sich das Interesse bisheriger Nicht-Leser.
- Der Roman bietet mit dem Angebot verschiedener Lesarten ein Vergnügen für solche, die außergewöhnliche Geschichten mögen, und für solche, die an Anspielungen und intellektuellen Herausforderungen Spaß haben.
- Der Roman, sein Autor und der Verlag haben das Glück gehabt, dass H. M. Enzensberger wenige Monate vor dem Erscheinen des Romans Alexander v. Humboldt wieder populär gemacht hat (u. a. mit einer SPIEGEL-Titelgeschichte).

Literaturhinweise: (Beispiel) Kehlmann, Daniel: Wo ist Carlos Montúfar? Über Bücher. Reinbek bei Hamburg: Rowohlt TB 2005

A ■ Formulieren Sie in Stichwörtern, was das obenstehende Hand-out zur Präsentation des genannten Themas leistet.

B ■ Diskutieren Sie, was Ihnen an Aufbau und Gestaltung dieses Hand-outs gelungen oder weniger gelungen erscheint. Entwickeln Sie mögliche Verbesserungen.

Training: Mündliche Prüfung und Präsentation

Die Präsentation üben, durchführen und Adressaten gewinnen

Vor jeder Präsentation sind zumindest ein inhaltsbezogener sowie ein technischer Kontrolldurchgang (neudeutsch: Check) erforderlich. Beim Inhalt muss der »rote Faden« auch nach der Ausarbeitung sichtbar sein und man sollte sich vergewissern, ob die Medien funktional eingesetzt sind. Außerdem empfiehlt sich ein Test, ob auf mögliche Rückfragen zu verwendetem Vokabular oder zu Zusammenhängen jeweils eine Antwort parat ist. Bei der Technik steht die Einsatzfähigkeit der technischen Medien im Vordergrund. Vor allem dafür eignet sich der Einsatz einer sog. Checkliste, was im Vorfeld und am Tag der Präsentation selbst zu organisieren bzw. zu überprüfen ist.

Das mehrfache Simulieren der gesamten Präsentation empfiehlt sich – bis freies Sprechen (gestützt auf immer weniger Stichwörter auf einem Spickzettel) möglich ist! Dabei sollte kontrolliert werden, ob der Zeitrahmen ausreicht.

> ## Feedback INFO
>
> Zu jeder guten Präsentation gehört die Chance der Zuhörer, **Rückmeldungen** zum Vorgetragenen zu geben. Damit sind nicht sachbezogene Nachfragen während der oder im Anschluss an die Präsentation gemeint, sondern eine Einschätzung zu Qualität und Erfolg der Präsentation. Mit der angloamerikanischen Terminologie, die in Hochschulen und anderen Seminarkulturen vorherrscht, nennt man eine solche Rückmeldung Feedback.
>
> Ein Feedback ist für den Präsentierenden / die Präsentierende(n) wichtig, um gezielt zu überprüfen, ob die dargebotenen Informationen in ihrem Inhalt und in der Art der Aufbereitung »angekommen« sind. Die Rückmeldung ist nicht nur geeignet, den **Erfolg der Präsentation** zu ermitteln, sondern auch eine **Lerngelegenheit** für den oder die, die präsentiert haben, als Chance sich weiterzuentwickeln.
>
> ### Mögliche Instrumente zur Rückmeldung
> **Satzergänzung:** Satzanfänge sind vorgegeben, die von den Zuhörern ergänzt werden. (An der Präsentation hat mir gefallen, dass ... / Als Optimierung kann ich mir vorstellen, dass ...)
> **Zielscheibe:** Aspekte zur Präsentation sind in einem aufgeteilten Kreis zu finden. Beim Herausgehen oder in einer kurzen Pause werden die Tortenstücke (außen: negativ / innen: positiv) von den Zuhörern mit Punkten versehen.
> **Bienenkorb:** Das Publikum setzt sich in Kleingruppen zusammen, kann noch Fragen entwickeln und Rückmeldungen zur Präsentation austauschen, die ein Gruppensprecher mitteilt oder schriftlich fixiert.
> **Blitzlicht:** Jeder Zuhörer äußert sich mit einem Satz zur Präsentation.
> **Checkliste:** Spezifische Elemente einer Präsentation werden mit einer Art Fragebogen abgefragt, z. B. mit einer Fragengruppe zu den eingesetzten Medien und deren Wirkung.
> **Quiz:** Wesentliche Informationen aus der Präsentation werden abgefragt; in schriftlicher Form zum Beispiel mit vier Antwortmöglichkeiten als »multiple choice«.

A ■ Diskutieren Sie Vor- und Nachteile der genannten Feedback-Instrumente. Berücksichtigen Sie Aspekte wie Aufwand, Präzision der Rückmeldungen oder Nutzung bei einer späteren Auswertung.

Training: Mündliche Prüfung und Präsentation

Entwickeln und Vorstellen einer Präsentation

Aufgabeninsel

Erproben Sie erworbenes Wissen und Können zum Präsentieren an unterschiedlichen Themen. Die Arbeitshinweise verdeutlichen Aspekte des Vorgehens und gliedern sich in die folgenden Schritte (am ersten nachfolgenden Auswahlthema werden jeweils die Aufträge konkretisiert):

Themenwahl (nur beim Fehlen einer Themenvorgabe) und Themenpräzisierung

A ■ Wählen Sie aus einem der folgenden Angebote Ihr Präsentationsthema aus:
- Carpe diem – nur ein Barockmotiv? Gedichte von Autorinnen und Autoren des 20. Jahrhunderts und deren Verarbeitung des Motivs (z. B. Rose Ausländer, Bertolt Brecht …)
- Medien verändern unseren Umgang mit Wissen – sind wir Opfer oder Gestalter dieser Entwicklung?

B ■ Befragen Sie Ihr Thema nach Erläuterungsbedürftigem, nach tatsächlichen oder vermeintlichen Eingrenzungen, notwendigen Vertiefungen und Beschränkungen und entwickeln Sie es zur zentralen Leitfrage weiter, der als roter Faden die gesamte Präsentation prägt.

Vorbereitende Arbeiten bis zur ersten Gliederung

A ■ Nutzen Sie zuerst Quellen, die Ihnen unmittelbar zur Verfügung stehen (z. B.: Reicht das Material im Lehrwerk für die Darstellung des Motivs im Barock hin? Gibt es Standardwerke zur Lyrik des 17. und des 20. Jahrhunderts, die einen Überblick ermöglichen?).

B ■ [Bei vorgegebenem Thema] Bearbeiten Sie vorgegebenes Material.

C ■ Erweitern Sie Ihre Quellenbasis. Nutzen Sie Internet, Schulbibliothek, evtl. Lesesaal der Universitätsbibliothek oder des Historischen Seminars, Buch- und Zeitschriftenhandel etc.

D ■ Schätzen Sie die Qualität Ihrer Quellen ein. Unterscheiden Sie zwischen wissenschaftlich Gesichertem und ggf. Fragwürdigem.

E ■ Entwickeln Sie eine logische Reihenfolge für Ihre Präsentation. Wählen Sie zwischen chronologischem Aufbau (z. B. Verarbeitung des Motivs in der historischen Reihenfolge nach Ersterscheinen), vergleichender Anlage oder untergliedertem Aufbau.

F ■ Skizzieren Sie einen Arbeitsplan auf der Basis dieser Überlegungen.

Wahl von Darbietungsform und Visualisierung(en)

A ■ Versetzen Sie sich in die Adressaten Ihrer Präsentation. Wählen Sie vor diesem Hintergrund eine Ihnen geeignet erscheinende Präsentationsform (Kann z. B. ein Museumsgang mit Plakaten oder eine PowerPoint-Präsentation durch Einbeziehen von bildlichen Darstellungen des Motivs carpe diem im Barock und im 20. Jahrhundert die Zuhörer, die auch Zuschauer sind, für das Thema interessieren?).

B ■ Überlegen Sie, wie sich der Inhalt mit Farben oder Überschriften veranschaulichen lässt, ohne dabei überladen zu wirken.

Materialaufbereitung für die Adressaten und Einüben

A ■ Entwerfen Sie eine Liste mit wesentlichen Inhalten (Begriffe, Wissen, Zusammenhänge) Ihres Themas. Markieren Sie, was Ihre Zuhörer davon als Kernbestand brauchen. Entscheiden Sie sich für ein Begleitmaterial (z. B. Hand-out mit Thesen, Glossar zu wesentlichen Begriffen wie z. B. für Barockliteratur Emblem/Emblematik).

B ■ Halten Sie Ihren Vortrag vor jemandem zur Probe.

Auswertung der Präsentation

A ■ Erstellen Sie eine Liste, in der Sie notieren, welche Stärken und Schwächen Sie in Ihrer Präsentation (inkl. Vortrag) sehen, nachdem Sie ihn gehalten haben.

Training: Mündliche Prüfung und Präsentation

Den Vortrag üben

Tipps für den guten Vortrag

INFO

Die **fünf Phasen**, die schon in der antiken Rhetorik unterschieden wurden, beschreiben den Prozess von Themenstellung/-findung bis zum Halten des Referats und sind auch heute noch gültig:

1. Die *Ideen-Sammlung (inventio)* beschreibt das Sammeln von Material und dessen Aufarbeitung.
2. Die *Gliederung (dispositio)* ordnet das Material, reduziert es auf Adressatenkreis und Informationszweck hin, erbringt also die Struktur des Referats.
3. Die *Sprachgestaltung (elocutio)* leistet das Ausformulieren des Vortrags, wobei auf sach-und adressatenangemäße Wortwahl zu achten ist. Hier fallen auch Entscheidungen zum begleitenden Medieneinsatz.
4. Die *Merkphase (memoria)* dient dazu, den Vortrag einzuüben. Als günstige Mittel, um nicht zu sehr am formulierten Text zu »kleben«, gelten sog. Spickzettel oder Karteikärtchen. Ein besonderes Augenmerk muss dabei einerseits der Einleitung und ersten Anrede gelten, die für die Konzentration der Zuhörer wesentlich sind, andererseits gezielten – rhetorisch ausgearbeiteten – Höhepunkten und dem Schluss, der eine pointierte Zusammenfassung und Anregungen zur Weiterbeschäftigung mit dem Thema bieten sollte.
5. Das *Probesprechen (actio),* das vor einem Spiegel stattfinden kann, hat Lautstärke, Betonung, Pausentechnik – viele reden zu schnell – sowie Gestik, Mimik und Haltung als Hauptaspekte. Eine gezielte Zeitkontrolle gehört ebenso dazu wie der Medien-Test.

Hier einige **Tipps,** die dem Vortrag weiter zum Erfolg verhelfen können:
- Der Einstieg in den Vortrag muss motivierend sein! Ein originelles Zitat, eine provozierende These, ein Bild- oder Karikaturimpuls oder eine Meinungsabfrage (die zum Vortragsende wiederholt werden kann) erscheinen geeignet.
- Auf dem Spickzettel nur wenige, auf Karteikärtchen nur ein Stichwort in größerer Schrift notieren! (Einsatz von Medien rot markieren, um nichts zu verpassen.)
- Rechtzeitig die Vorbereitungen am Ort des Geschehens treffen und überprüfen! (Z. B.: Ist die Folienschrift, die ich verwende, in der letzten Reihe zu entziffern?)
- Zuhörer begrüßen (Rundblick) und auch während des Vortrags Blickkontakt halten!
- Beim Vortrag ruhig auf beiden Beinen stehen und Gestik/Mimik weder übertrieben noch zu sparsam einsetzen!
- Beim Verlust des »Fadens« Wiederholen des letzten Satzes oder kurzes Zusammenfassen der letzten Aussagen!
- Zwischenfragen nicht verärgert wahrnehmen, sondern in das eigene Konzept einbauen! (»… möchte ich gern den Gedankengang zu Ende führen und komme dann auf die Frage zurück.«) Konkrete Sachfragen etwa zur Bedeutung eines Begriffs können direkt beantwortet werden. Weiterführende oder Diskussionsfragen können auf einem freien Kärtchen notiert und im Anschluss an das Referat besprochen werden.

Ein Vortrag sollte die Möglichkeit zur *Rückmeldung* (neudeutsch: *Feedback*) gezielt vorsehen. Dabei kann das Feedback zu Sachaspekten oder zur rhetorischen Gestaltung eingeholt werden. Leitthesen des Vortrags können eine inhaltsbezogene Diskussion einleiten.

A ■ Simulieren Sie für Ihr Präsentationsthema den Vortrag und beachten Sie dabei mindestens fünf der Tipps für einen guten Vortrag.

B ■ Schätzen Sie die »Tipps für einen guten Vortrag« danach ein, ob Ihnen als Zuhörer und Zuschauer damit ein besseres Verständnis des Vorgetragenen möglich erscheint.

Bewerten von Präsentationen

Präsentationen zu bewerten, in ökonomischen und zunehmend auch in pädagogischen Zusammenhängen spricht man auch vom Evaluieren, gehört inzwischen zu den Standards des Umgangs. Dabei können ganz unterschiedliche Kriterien an eine Präsentation angelegt werden, die vorher bekannt, für Akteure wie Adressaten transparent sein sollten. Eine Möglichkeit stellt das hier abgedruckte Bewertungsraster dar.

Bewertungsraster für Präsentationen	
Kriterien	Punkte
Sachliche Angemessenheit ▪ Durchgängige Erkennbarkeit des »roten Fadens« und der Kernaussagen ▪ Betonen von Wesentlichem, Beantworten der Leitfrage (Themenstellung) ▪ Qualität und Umfang der fachlichen Informationen ▪ Präzision der Aussagen und deren Nachvollziehbarkeit	
Aufbau und Strukturierung ▪ Schlüssige Gliederung ▪ Transparenz der Einzelschritte beim Vorgehen für die Adressaten	
Sprache/Kommunikation ▪ Rhetorische Durchbildung des Präsentierten ▪ Angemessene Wortwahl und vortragsgeeignete Sprachgestaltung ▪ Kontakt mit den Adressaten und Gesprächs- bzw. Diskussionsangebote	
Medieneinsatz ▪ Einsatz von Medien zur Visualisierung ▪ Sachgerechte Mediennutzung	
Reflexion über die gewählte Darbietungsform bzw. Präsentationsmethode	

A ▪ Vergleichen Sie die Kriterien im Bewertungsraster mit Blick auf deren Bedeutung, Trennschärfe und Vollständigkeit.

B ▪ Entwickeln Sie eine Punkteverteilung und wenden Sie diese bei einem Vortrag als Zuhörer an.

C ▪ Diskutieren Sie über ein Raster, das den überwiegenden oder ausschließlichen Akzent auf die rhetorisch-kommunikative Leistung setzt, also auf Merkmale wie Körpersprache, souveränes Auftreten, rhetorische Effekte und Diskussionsfähigkeit des/der Präsentierenden.

Training: Literaturgeschichtlich arbeiten

Die Kenntnis literaturhistorischer Epochen erleichtert das Verständnis literarischer Texte. Literaturhistorische Kenntnisse ermöglichen es Ihnen, einen literarischen Text historisch einzuordnen und ihn als Ausdruck bestimmter Zeitumstände zu deuten. Sie können Parallelen zu anderen Texten herstellen und natürlich auch der Frage nachgehen, was – über den Epochenbezug hinausgehend – den besonderen individuellen Charakter eines Textes ausmacht.

Auf den folgenden Seiten finden Sie Anregungen, wie Sie sich selbstständig ein Verständnis einer literarischen Epoche erarbeiten können.

Dabei werden Ihnen verschiedene Wege aufgezeigt, sich eine eigene Vorstellung einer Epoche wissenschaftlich fundiert zu erarbeiten.

Die Epochen Barock, Expressionismus sowie Nachkriegszeit und Wirtschaftswunder werden in einem Fließtext im Hinblick auf Ihre zentralen Merkmale dargestellt. Der Verweis auf Textbeispiele hilft Ihnen, die genannten Aspekte konkret nachzuvollziehen. Ihre Aufgabe ist es, diese Darstellungen in eine für Sie übersichtliche Form zu übertragen – sei es eine Mind-Map, ein Lernplakat, einen Spickzettel oder eine andere Übersichtsform.

Für die anderen Epochen werden Angebote gemacht, das eigene Wissen über eine bestimmte Epoche zusammenzustellen und für sich selbst abrufbar zu machen. Formen wie Mind-Map, Lernkartei, Lernplakat oder Strukturlegetechnik ermöglichen es Ihnen, Ihr Verständnis der jeweiligen Epoche zu entwickeln. Dafür müssen Sie die Vorgaben ergänzen. Hierzu können Sie sowohl auf Hintergrundwissen und Beispieltexte aus dem Lehrbuch zurückgreifen als auch in Bibliotheken oder im Internet nach weiteren Informationen suchen.

Die Übersicht über die Epochen, die Sie auf diese Weise erstellen, hilft Ihnen bei der Vorbereitung auf Klausuren und die Abiturprüfung.

Training: Literaturgeschichtlich arbeiten

Barock

Das 17. Jahrhundert, in der Literatur- und Kunstgeschichte wird es als Barockzeitalter genannt (vgl. Info), scheint für uns heute weit entfernt zu sein. Und doch hat diese Epoche ihre Spuren hinterlassen. Wir finden sie in der bildenden Kunst, in der Architektur und in der Musik. Bestaunt werden die prunkvollen Schlösser und Kirchen mit ihrem Formenreichtum, wie z. B. der Petersdom und die Dresdener Frauenkirche. Nach wie vor faszinieren die virtuosen Kompositionen eines Johann Sebastian Bach und Georg Friedrich Händel. Sie sind Ausdruck einer repräsentativen höfischen und geistlichen Kultur, die – bei allem Hang zu Pomp und Luxus – vor allem nach Ordnung strebt. Im scharfen Kontrast dazu stehen die Bilder, die vom Chaos und der existenziellen Not der Menschen in dieser Zeit, von Krieg, Krankheit und Tod zeugen. Das 17. Jahrhundert ist ein Zeitalter der Krisen und Kriege. Nicht nur der Dreißigjährige Krieg, (1618–1648), der mit seinen Zerstörungen und Verwüstungen die erste Hälfte des Jahrhunderts prägte, auch die vielen militärischen Auseinandersetzungen in den nachfolgenden Jahrzehnten, etwa die Rheinkriege Frankreichs und der Kampf gegen die Türken, brachten vielen Menschen unsägliches Leid und materielles Elend. Verstärkt wurde dieses durch Pest und Hungersnot, so dass man sagen kann, dass in diesem turbulenten Jahrhundert das Bewusstsein der Vergänglichkeit aller Dinge, nachgerade die Gewalt des Todes allerorten spürbar war. In den Liedern, die gegenwärtig noch Sonntag für Sonntag im christlichen Gottesdienst gesungen werden, hallen solche Leiderfahrungen und die tiefe Jenseitssehnsucht der Menschen aus dieser Zeit nach.

Barock INFO

Der Begriff »Barock« geht auf das portugiesische Wort *barucca* zurück. Es bezeichnete eine unregelmäßig geformte Perle, bedeutet »schiefrund« oder »merkwürdig« und wurde Ende der 1880er-Jahre als wissenschaftliche Zeitbestimmung in den Sprachgebrauch eingeführt. Aus der Kunstgeschichte wurde der Begriff damit auf die Musik und Literatur des 20. Jahrhunderts übertragen und wird heute als allgemeiner historischer Epochenbegriff verwendet.

Das folgende Bild und seine Unterschrift machen diese Gegensätze sinnfällig. In ihnen drücken sich diametral unterschiedliche Erfahrungen und Lebensgefühle der Menschen der Zeit aus, die gleichwohl aufeinander verweisen und einander bedingen: Diesseits und Jenseits, Lebensgenuss und Todesbewusstsein, Erscheinung und Wesen Der Betrachter soll in der Dualität des Bildes bzw. in der kontrastiven Gestaltung erkennen, dass er ein sterbliches Wesen ist (»**memento mori**« = »Gedenke, dass du sterblich bist!«). Dem Leben ist von Beginn an der Tod eingeschrieben. Die prächtige Kleidung verhüllt ihn nur. Daraus resultieren für den Menschen im Barockzeitalter zwei zentrale Einstellungen. Angesichts der Vergänglichkeit des Lebens und der Zerbrechlichkeit der Welt (»**vanitas vanitatum**« = »Es ist alles eitel«) hofft er auf ein himmlisches Jenseits, das das Jammertal des Diesseits kompensiert, für die Entsagungen im Leben reich entschädigt; zum anderen kann er aber auch, soweit dies möglich ist, einen intensiven Lebensgenuss anstreben, d. h. jeden Tag sinnvoll und mit Freude nutzen (»**carpe diem**« = »Nutze den Tag!«).

Im Wissen um die Hinfälligkeit der Verhältnisse und Unberechenbarkeit des Lebens mit seinen Höhen und Tiefen (»**fortuna**« = Schicksal) gilt für beide Einstellungen der Ruf nach Beständigkeit als einem Leitfaden des Handelns (»**constantia**«).

Training: Literaturgeschichtlich arbeiten

Nicht nur in Bildern, sondern auch in den Texten der Zeit werden die das Jahrhundert bewegenden Themen und Kontraste deutlich. Zu den Autoren, die diese am nachdrücklichsten in ihren Werken zum Ausdruck gebracht haben, zählen die Dichter Andreas Gryphius, Marin Opitz, Paul Fleming, Friedrich Logau und Jacob Christoph von Grimmelshausen. Der schlesische Dichter Andreas Gryphius ist der herausragende literarische Repräsentant der Epoche. Mit seinem Namen verbindet sich vielleicht am stärksten die Sonettkunst der Zeit. Ohne Zweifel haben einzelne seiner Sonette, wie z. B. »Menschliches Elende«, »Tränen des Vaterlandes«, »Es ist alles eitel«, in der deutschen Literaturgeschichte überzeitliche Geltung erlangt. Dazu gehört auch das folgende Gedicht: »Ebenbild unseres Lebens«.

Paul Fleming

Andreas Gryphius

Martin Opitz

Jacob Christoph von Grimmelshausen

Vergänglichkeit des Lebens

■ Text 235

Ebenbild unseres Lebens (1637) *Andreas Gryphius*

Auf das gewöhnliche Königs-Spiel

Der Mensch, das Spiel der Zeit, spielt, weil er allhie lebt
im Schauplatz dieser Welt; er sitzt, und doch nicht feste.
Der steigt, und jener fällt, der suchet die Paläste
5 und der ein schlechtes Dach; der herrscht, und jener webt.

Was gestern war, ist hin; was itzt das Glück erhebt,
wird morgen untergehn; die vorhin grüne Äste
sind nunmehr dürr und tot; wir Armen sind nur Gäste,
ob den' ein scharfes Schwert an zarter Seide schwebt.

10 Wir sind zwar gleich am Fleisch, doch nicht vom gleichem Stande:
Der trägt ein Purpurkleid, und jener gräbt im Sande,
bis nach entraubtem Schmuck der Tod uns gleiche macht.

Spielt denn dies ernste Spiel, weil es die Zeit noch leidet,
und lernt, dass wenn man vom Bankett des Lebens scheidet,
15 Kron, Weisheit, Stärk und Gut sei eine leere Pracht!

Franz Francken, der Jüngere: Memento mori, um 1635

Titel und Untertitel des Gedichtes stehen im Anspielungshorizont der Großmetapher vom »theatrum mundi«. In mannigfaltigen Varianten und Facetten taucht dieses wirkungsmächtige Bild im Barockzeitalter immer wieder auf. Es macht deutlich, dass das menschliche Leben nichts anderes als ein Bühnenspiel ist, in dem der Mensch nur eine bestimmte Rolle zu spielen hat. Wie der Mensch nur Schauspieler im Großen Welttheater ist, ist er – im Bild des Schachspiels – nur eine passive Figur, die gespielt wird und bestimmten Spielregeln unterworfen ist. Das »Königsspiel« ist Ebenbild des menschlichen Lebens. Mit seinem Figurenensemble, dem König, der Dame, den »Offizieren« und den Bauern spiegelt es die hierarchische Gliederung der ständischen Gesellschaft und den Rollenstatus des Einzelnen in ihr wider. Angesichts des Todes sind aber alle Figuren ohne Unterschiede: Ist erst einmal das vergängliche Spiel des Lebens gespielt, so lautet das Fazit, dann droht allen das gleiche Schicksal, dann werden sie, gleichviel welchen Ranges sie sind, wie Schachfiguren abgeräumt. Der Tod, so konkretisiert Gryphius in mannigfaltigen Bildern, macht alle Menschen, ob arm oder reich, ob hoch oder niedrig, ob sie ein kirchliches »Purpurkleid« tragen oder profan im »Sande« (V. 11) graben, alle gleich (V. 8). Vor ihm hat nichts Bestand. Alles das, was dem menschlichen Leben äußeren und inneren Wert verleiht, ist nur geborgt, muss zurückgegeben werden (V. 14).

Training: Literaturgeschichtlich arbeiten

Diese Erkenntnis vom Spielcharakter des Lebens verbindet den Dichter mit vielen seiner literarischen Zeitgenossen. Sie verdankt sich auch ihren Kenntnissen von Emblembüchern, und diese konnten sie auch bei ihren gebildeten Lesern voraussetzen. Das Gedicht verweist auf ein wichtiges Emblem bzw. Sinnbild der Zeit:

»Solange das Schachspiel dauert, ist der König seinen Untertanen durchaus überlegen. Setzt man ihn matt, muss er dulden, dass man ihn rücksichtslos in den Beutel steckt. Dies beweist uns deutlich, dass – ist einmal das vergängliche Spiel des Lebens gespielt und hat uns der Tod auf seine Liste gesetzt – die Könige nicht mehr sind als die Vasallen. Den im Beutel haben, wie bekannt, Könige und Bauern die gleichen Ehren.«

Analog zum Bild ist das Gedicht selbst emblematisch gefügt. Sein Titel fungiert als Inscriptio, der Untertitel und die Quartette als pictura und die Terzette als subscriptio. Das, was uns alle angeht, unser Leben in dieser Welt, wird konkretisiert und veranschaulicht in und mit dem Bild des Schachspiels und zum Schluss einem Reflexionsprozess unterworfen.

Solchem Bedeutungsgehalt des Gedichtes korrespondieren Aufbau und poetische Komposition des Gedichtes: Die metrische Gestaltung der Verse und die Reimorganisation des Sonettstruktur (*abba*, *abba*, *ccdeed*) orientieren sich an den Regeln der Opitzschen Poetik mit der Übereinstimmung von metrischer und natürlicher Betonung, mit der Verwendung des Alexandriners, dessen Zäsur nach der dritten Hebung die antithetische gedankliche Fügung der Verse und die dem menschlichen Leben eigene Fallhöhe sinnfällig macht.

Aufgelöst werden die Gegensätze im Schlussappell des Gedichtes, der Konklusion und Lehre miteinander verbindet: »Und lernt: dass, wenn man vom Bankett des Lebens scheidet, / Kron, Weisheit, Stärk und Gut bleibt ein geborgter Pracht.« (V. 14 f.)

Emblem   INFO

Das Emblem gliedert sich in drei Teile: eine **Überschrift (inscriptio)**, ein **Bild (pictura)** und einen **Kommentar** zum Bild, vielfach in der Form eines **Epigramms.**

Die Funktion der Bilder, oft sind es Darstellungen von Orten, Tieren, Pflanzen und mythologischen Figuren oder Szenen, besteht in ihrer Veranschaulichung von abstrakten Wahrheiten; in dieser Hinsicht sind sie Denkbilder. Zugleich bedeuten sie mehr, als sie vorstellen.

Zahlreiche Anspielungen und Redensarten in der Gegenwartssprache gehen auf Embleme zurück. So bedeuten Krokodilstränen heute noch Unaufrichtigkeit und geheuchelten Schmerz.

Vergänglichkeit und Lebenslauf

Wie eng die Lebenshaltung des »memento mori« und des »carpe diem« miteinander verknüpft sind, zeigt das Liebesgedicht von Martin Opitz, dem zweiten bedeutenden Dichter der Epoche:

■ Text 236
Ach Liebste, lass uns eilen (1624)   *Martin Opitz*

Ach Liebste, lass uns eilen,
Wir haben Zeit: *Zeit: geeigneter Zeitpunkt*
Es schadet das Verweilen
Uns beiderseit.
5 Der schönen Schönheit Gaben
Fliehn Fuß für Fuß,
Dass alles, was wir haben,
Verschwinden muss.
Der Wangen Zier verbleichet, Das Haar wird greis,   *greis: greisenhaft*
10 Der Äuglein Feuer weichet,
Die Flamm wird Eis.
Das Mündlein von Korallen
Wird ungestalt,   *ungestalt: verliert seine Gestalt*
Die Händ als Schnee verfallen,   *als: hier: wie*
15 Und du wirst alt.
Drumb lass uns jetzt genießen
Der Jugend Frucht.
Eh dann wir folgen müssen
Der Jahre Flucht.
20 Wo du dich selber liebest,
So liebe mich,
Gib mir, dass, wann du gibest,   *dass, wann: dass, wenn du gibst*
Verlier auch ich.

Das Gedicht gehört zu den scherzhaften erotischen Liedern des Barockzeitalters, in dem die Vergnügungen des Lebens und der Liebe gepriesen werden. Es ist in der Art einer Rede konzipiert, der ein bestimmtes Argumentationsschema zugrunde liegt. Die Geliebte, an die das Sprecher-Ich zu Beginn appelliert, soll davon überzeugt werden, dass es höchste Zeit ist, gemeinsam die Liebesfreuden zu genießen. Die Gegenwart und Vergänglichkeit der Schönheit sollen die Bereitschaft zum Liebesgenuss wecken. Die Liebe erfüllt sich für den Autor – darauf verweist der pointierte Schluss – im Gleichgewicht von gegenseitigem Geben und Nehmen.

Poetik

Martin Opitz ist nicht nur ein repräsentativer Dichter, sondern auch bedeutender Dichtungstheoretiker der Barockliteratur. In seinem »Buch von der Deutschen Poeterey« skizzierte er Gedanken für die Grundlegung der Poesie und formulierte Regeln und Beispiele für die Entwicklung von Metrik und Reim, Vers- und Strophenformen. Herzstück seiner Poetik ist seine Versreform, die das konventionelle Prinzip der Silbenzählung durch regelmäßiges Alternieren von betonten und unbetonten Silben, etwa beim Jambus oder Trochäus ablöst. Anders als in der antiken Metrik sollen die Silben nicht in einem quantitativen Sinne nach ihrer Dauer, sondern aus den »Acenten und dem thone« gemessen werden.

Sprachgesellschaften

Geistigen und sozialen Zusammenhalt fanden die Autoren der Zeit in den so genannten Sprachgesellschaften. Diese boten ihnen Möglichkeiten des kulturellen und literarischen Austausches. Ihre wichtigsten Ziele bestanden darin, den Gebrauch der deutschen Volkssprache in der Dichtkunst zu pflegen und zu fördern und in dieser Hinsicht die Etablierung einer nationalen deutschen Literatur und mit ihr – angesichts der politischen Zerrissenheit des Reiches und der konfessionellen Streitigkeiten – die Herausbildung und Festigung eines deutschen Nationalbewusstseins voranzutreiben. Die Dichter sollten, so ihre programmatischen Forderungen, das Unreine und Rohe meiden, Fremdwörter nur dann gebrauchen, wenn sie verständlich waren und nicht durch deutsche Wörter ersetzt werden konnten.

Darüber hinaus entwickelte man in lebendigen Gesprächen umfassende Lebenskonzepte und Tugendvorstellungen als Ausdruck einer humanistischen Gesinnung und suchte so zur Verfeinerung der Sitten beizutragen. Die bekannteste und ambitionierteste Gesellschaft unter ihnen war die »Fruchtbringende Gesellschaft«, mit Bezug auf das Gruppenemblem auch Palmenorden genannt. Sie wurde 1617 nach dem Vorbild der italienischen Akademie von dem Fürsten Ludwig von Anhalt-Köthen in Weimar gegründet. Ihr gehörten z. B. auch Gryphius und Opitz an. Zutritt zu dieser Gesellschaft hatten vor allem Adlige. Gleichwohl strebte die Gesellschaft im Sinne eines gemeinsamen Bildungsideals eine Überwindung der Standesgrenzen an. Geburtsadel und bürgerlicher Geistesadel sollten im geselligen Miteinander, in Reden und Gesprächen zusammenfinden, Ideen für die Entwicklung einer deutschen Nationalliteratur und Konzepte für deren Verbreitung beisteuern. Frauen waren – sieht man einmal von der bekanntesten Barockdichterin Catharina von Greiffenberg ab – in der Regel nicht zugelassen.

Kenntnisse überprüfen und sichern

1. Was bedeutet für Sie das Eigenschaftswort »barock«?
2. Kennzeichnen Sie die metrische Form des Alexandriners. Erläutern Sie Möglichkeiten, wie er inhaltlich genutzt werden kann. Belegen Sie Ihre Erkenntnis durch Beispiele.
3. Erläutern Sie die folgenden Begriffe und kennzeichnen Sie die Lebenshaltungen, die mit ihnen verbunden sind: (a) *fortuna*, (b) *constantia*, (c) *vanitas*, (d) *carpe diem*, (e) *memento mori*!
4. Was versteht man unter Petrarkismus?
5. Charakterisieren Sie in knapper Form die politischen Verhältnisse im 17. Jahrhundert. Stellen Sie die ständischen Verhältnisse der Zeit grafisch dar.
6. Bestimmen Sie die rhetorischen Figuren in den folgenden Versen und erläutern Sie deren Funktion:

»Ihr Lichter / die ich nicht auff Erden satt kann schauen /
Ihr Fackeln / die ihr Nacht und schwartze Wolcken trennt
Als Diamanten spilt / und ohn Auffhören brennt;
Ihr Blumen / die ihr schmückt des grossen Himmels Auen:«

7. Typische Stilmittel der Barocklyrik sind die Häufung und Antithese. Belegen Sie deren Bedeutung und Funktion an konkreten Beispielen.
8. Im 17. Jahrhundert wurden in Deutschland Sprachgesellschaften gegründet bzw. bildeten sich literarische Kreise. Charakterisieren Sie deren Personal und Organisationsformen. Welche Ziele verfolgten diese Gruppen?

Aufklärung

Aufklärung INFO

Aufklärung wird eine **geistige und kulturelle Strömung** genannt, die das 18. Jahrhundert in ganz Europa geprägt hat. Dabei wurden überkommene Vorstellungen von der Welt, den Menschen und der Religion kritisch beleuchtet und neu bestimmt. Dabei hat das Bild, dass sich das **Licht der Vernunft** in der Dunkelheit des Aberglaubens und der Vorurteile verbreite, eine besondere Bedeutung, wie die Bezeichnungen in vielen europäischen Ländern zeigen: »Enlightenment«, »Lumières«, »Illuminismo« oder »Ilustración«. In Deutschland wird seit einer Debatte, die in der »Berlinischen Monatsschrift« geführt wurde, von Aufklärung gesprochen. Immanuel Kants Beitrag zu dieser Debatte beginnt mit dem Satz: »Aufklärung ist der Ausgang des Menschen aus seiner selbst verschuldeten Unmündigkeit.« Gemäß den Grundsätzen der Vernunft sollten sich die gesellschaftlichen, kulturellen und politischen Verhältnisse neu ordnen lassen. Die Fortschritte in der wissenschaftlichen Erkenntnis und der technischen Naturbeherrschung gaben den Grund für den Optimismus der Aufklärer in Zeiten der Um- und Aufbrüche am Ende des 18. Jahrhunderts.

A ■ Daniel Chodowiecki (1726 – 1801), ein aus Frankreich vertriebener Protestant und Einwanderer im Preußen Friedrich des Großen (1712 – 1786), stellt die Bewegung der Aufklärung in dem linken Bild dar. In der Inschrift heißt es, dass man hier sehe, wie über Deutschland die Sonne der Aufklärung aufgeht. Nutzen Sie diese Darstellung, um sich Ihr aktuelles Wissen über die Aufklärung (vgl. S. 158 ff.) zu vergegenwärtigen.

B ■ Das zweite Bild von Francisco Goya (1746 – 1828) heißt im spanischen Original: »El sueño de la razón produce monstruos« (1799). Das Wort »sueño« kann dabei sowohl mit Schlaf oder Traum übersetzt werden. Es heißt also entweder: »Der Schlaf der Vernunft gebiert Ungeheuer« oder »Der Traum der Vernunft gebiert Ungeheuer«. Das Werk von Goya wurde deshalb unterschiedlich gedeutet. Versuchen Sie, die unterschiedlichen Deutungen je nach Übersetzung mit Blick auf die Vernunft bzw. Aufklärung nachzuvollziehen.

C ■ Entwerfen und gestalten Sie ein Lernplakat zu dem Thema »Aufklärung«, indem Sie
– eine entsprechend große Darstellung wählen (mind. A 3),
– im Zentrum einen »Blickfang« stellen (ein Bild oder ein prägendes Zitat),
– zentrale Begriffe und ihren Zusammenhang visualisieren,
– Text-Bild-Kombinationen nutzen,
– Ihr Verständnis von »Aufklärung« für sich, aber auch für andere mit der Darstellung präsentieren.

Training: Literaturgeschichtlich arbeiten

Sturm und Drang

Um einen Überblick über die Epoche des Sturm und Drang zu gewinnen, hat Felix einen Spickzettel entworfen:

Sturm und Drang (1767–1785)

benannt nach einem Schauspiel Maximilian Klingers

gegen die Überbetonung des Rationalismus in der Aufklärung : ❤ Gefühl, Kraft und Leidenschaft sind alles

das ICH / Subjektivität, Selbstverwirklichung als das Zentrum von allem

Prometheus als Schöpfer neben Gott – der, der aufbegehrt / Ganymed als der, der sich sehnt und verzehrt das Genie als Norm, gesetzgebende Instanz

Naturmensch gegen Kulturmensch unschuldige Kinder, Landbevölkerung etc. als Maßstab

Vergöttlichung der Natur: Pantheismus, Ideal: Leben mit und in der Natur

Bibel, Homer, ...

Bewegung gegen das „tintenklecksende Säkulum" – Kampf um Freiheit in der Gesellschaft, Kunst, Liebe, Politik, Religion, eine natürliche Gesellschaftsordnung etc., hohe Bedeutung von Liebe und Freundschaft

Kunst = Offenbarung (keine Einengung durch poetologische Vorgaben – natürliche, reine, ursprüngliche Dichtung) – Vorbild: Volkslieder, ... – Findung einer neuen Sprache (Bilder, freie Rhythmen, ...)

Vorbilder	wichtige Vertreter
Homer / Die Bibel / W. Shakespeare	J. W. Goethe / J. M. R. Lenz / F. Schiller

Höhepunkt: »Götz von Berlichingen« (1773) – »Kabale und Liebe« (1784)

A ■ Überprüfen Sie, ob Sie den Spickzettel entschlüsseln können und ob er in Ihren Augen alle zentralen Aspekte der Epoche erfasst. Lesen Sie gegebenenfalls Sachverhalte nach und überarbeiten Sie den Spickzettel so, dass er für Sie eine Hilfe darstellt. Ein Spickzettel sollte möglichst wenige Wörter enthalten und mehr Symbole und Bilder nutzen. Er dient als Gedächtnisstütze.

Klassik

In der Literaturgeschichte sind »Klassiker« jene Texte und Autoren, denen besondere Wirkungen auf Kunst und Kultur zugesprochen werden. Jede Geschichte kennt zudem einen Zeitabschnitt, dem für die kulturelle Entwicklung ganz besondere Bedeutung zugesprochen wird: eine Epoche der Klassik. In England wird die Zeit Shakespeares und Elisabeth I. (um 1600), in Frankreich die Zeit Molières und Corneilles (17. Jh.) und in Deutschland die Zeit Schillers und Goethes als Epoche der Klassik begriffen. Der Begriff »Weimarer Klassik« bezieht sich vor allem auf die Zeit von Goethes Italienreise 1786 bis zu Schillers Tod 1805. Neben Goethe und Schiller ist Herder ein wichtiger Autor der Weimarer Klassik. Ein Kernbegriff der deutschen Klassik ist Humanität. Damit werden Anlagen und Möglichkeiten des Menschen benannt, die es zu entwickeln und zu kultivieren gilt. Die Konzentration auf das Individuum und dessen Bildung teilt sie mit der Aufklärung, an der sie aber eine abstrakte Vernünftigkeit kritisiert.

Der obenstehende Text erläutert den Begriff »Klassik in der Literaturgeschichte«. In einer **Lernkartei** werden die wichtigsten Informationen zu Bedeutung und Verwendung eines Begriffs in der Weise aufgeführt, dass man sie sich bei der Wiederholung gut einprägen und merken kann. Hier müssen die Lernenden selbst die für sie beste Form der Darstellung finden – ob als Fließtext (so wie oben) oder in der Auflistung (Spiegelstriche o. Ä.) oder in einer Visualisierung (Bilder oder Skizzen). Als Karten sind die Formate A5 geeignet, wobei auf der Vorderseite der Begriff und auf der Rückseite die jeweilige Erläuterung geschrieben wird. Beim wiederholenden Lernen kann dann das, was man sich gemerkt hat, gesprochen oder notiert werden. Die Erläuterung auf der Rückseite dient dann zur (Selbst-)Kontrolle. Dies kann allein oder mit Partnern geschehen.

A ■ Erstellen Sie zunächst ihre persönlichen Lernkarten zu »Klassik in der Literaturgeschichte« und zu »Klassiker allgemein«. Dazu können Sie auch das Klassiker-Spiel zur Vorbereitung nutzen.

> **Das Klassiker-Spiel**
> Man überlegt, welche drei Filme, Musiktitel oder Erzählungen man kennen sollte. Diese Bestenliste wird vorgestellt, und es wird begründet, warum die genannten Titel heute jeder kennen muss. Man bestimmt, welche Bestenliste gelten soll.

B ■ Erstellen Sie Lernkarten zu *Humanität, Autonomie der Kunst, Idealisierung, Bildung und Entwicklung, Ästhetik, Rückgriff auf die Antike* sowie weiteren wichtigen Begriffen, die in eine Lernkartei zur Epoche der Klassik für Sie gehören. Nutzen Sie dazu das Teilkapitel »Rezeption und Wirkung der Klassik« (vgl. S. 182ff.).

C ■ Wenden Sie die Begriffe auf die Skulptur des dänischen Bildhauers Bertel Thorvaldsen (1770 – 1844) an. Beschreiben Sie dazu die Gestaltung dieser Skulptur als Beispiel der Kunst der Klassik. Die hier abgebildete Statue stellt Hebe dar, eine Figur der griechischen Mythologie. Als Tochter von Hera und Zeus verkörpert sie Jugendlichkeit, sie reicht den Göttern auf dem Olymp den Nektar. In der Gestaltung von Thorvaldsen hier wird sie mit den Attributen (Getränke-)Schale und Krug gezeigt.

Romantik

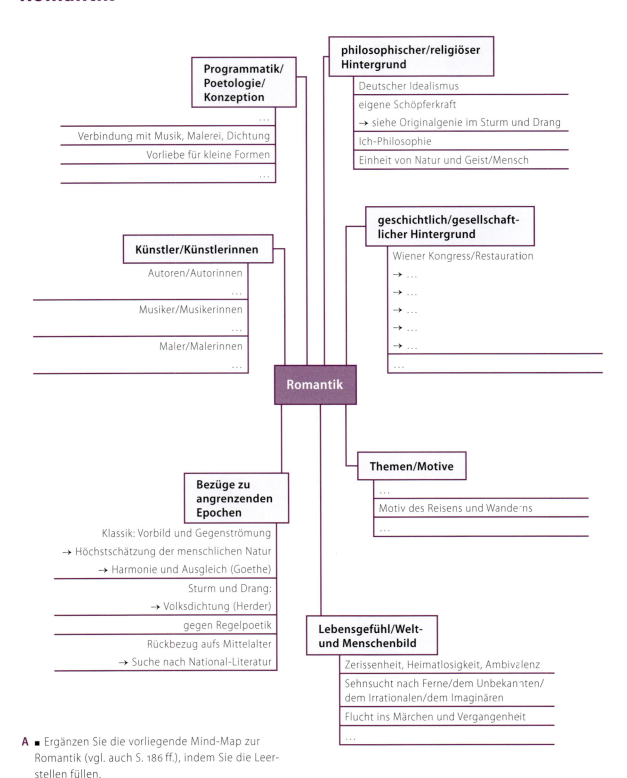

A ■ Ergänzen Sie die vorliegende Mind-Map zur Romantik (vgl. auch S. 186 ff.), indem Sie die Leerstellen füllen.

Training: Literaturgeschichtlich arbeiten

Realismus

Autoren/Autorinnen

Theodor Fontane (1819 – 1998): Romane: *Effi Briest; Frau Jenny Treibel; Irrungen, Wirrungen; Der Stechlin*. Lyrik: Balladen, z. B. *Die Brücke am Tay*, ….
…

Geistesgeschichtlicher Hintergrund

Basis der Denkweise: deutscher Idealismus

Vermeidung idealistischer Spekulationen, aber Festhalten an einer idealistischen Grundhaltung, d. h. Vermeidung des Extremen, des Hässlichen

Welt- und Menschenbild

große Veränderungen durch technischen und medizinischen Fortschritt, aufkommende Naturwissenschaften: Fortschrittglauben sowie Orientierungslosigkeit durch Verlust traditioneller Werte und Normen
…

Themen/Motive

Auseinandersetzung: Individuum – Gesellschaft
…

Literarische Gattungen

…
…

Erzähltechnik/Darstellungsweise

gehobene Sprache, aber natürliche Sprechweise; auch regionaler und/oder sozialer Sprechduktus der Figuren

detailgetreue Beschreibungen, z. B. genaue topografische Angaben
…

Bezüge zu zeitnahen Epochen

Romantik: …
Junges Deutschland/Vormärz: …
Naturalismus: …

Programmatik/Poetologie

keine verbindliche, einheitliche Theorie, aber Aufstellung ästhetischer Normen, z. B.
- detaillierte Abbildung der zeitgenössischen Wirklichkeit
- Konzentration auf das Wesentliche, das Typische, das Menschliche als Ausdruck des Wahrhaftigen
- Überhöhung und Verklärung in der Kunst (»poetischer« Realismus)

Geschichtlicher/gesellschaftlicher Hintergrund

1848:	gescheiterte Revolution in Deutschland
ab 1864:	Aufstieg Preußens
1870/71:	deutsch-französischer Krieg
ab 1871:	Deutsches Kaiserreich: der preußische König Wilhelm I. wird zum deutschen Kaiser ausgerufen: Einigung des Reichs, Bismarck Reichskanzler („Gründerzeit")
1878:	Sozialistengesetze: Unterdrückung sozialdemokratischer Gruppen
1888 – 1918:	Wilhelm II. wird deutscher Kaiser: Beginn des »Wilhelminismus«, Beginn des deutschen Imperialismus; Vorrangstellung des Militärischen

→ zunehmende Technisierung, Industrialisierung; Urbanisierung (z. B. Großstadt Berlin), Beschleunigung der Lebensverhältnisse; Proletarisierung der Arbeiterschicht, soziale Probleme (Klassengegensätze); Bildungs- und Besitzbürgertum (Bourgeoisie); wirtschaftliche Prosperität, sichtbar u. a. an der so gen. Gründerzeitarchitektur

→ Beginn der weiblichen Emanzipation: Frauen im Erwerbsleben, Zugang zu höherer Bildung; zunehmendes Infragestellen traditioneller Rollenbilder

A ▪ Ergänzen Sie die Äste der Mind-Map zum Realismus (vgl. auch S. 214ff.). Bei den Dichtern sollten Sie deren Lebensdaten sowie wichtigsten Werke aufführen.

B ▪ Vergleichen Sie anschließend mit Ihrem Lernpartner Ihre Stichworte. Sie müssen in der Lage sein, anhand Ihrer Stichworte einen Vortrag zu einem Aspekt des Realismus zu halten, z. B. den Stil- bzw. Epochenbegriff Realismus präzise zu erläutern. Wichtig ist es, Vernetzungen zwischen den einzelnen Zweigen/Ästen der Mind-Map vorzunehmen, z. B. die Frage zu klären, inwieweit die Thematik der Romane mit dem zeitgeschichtlichen Hintergrund zusammenhängt.

Literaturgeschichtliche Vielfalt um 1900

Stilvielfalt: Literarische Strömungen um 1900 — INFO

Decadence (frz.: »Verfall«): literarische Erscheinung vor allem Ende des 19. Jahrhunderts, häufig »Dekadenzdichtung« genannt. Gewann Anregungen aus dem in der zweiten Hälfte des 19. Jahrhunderts entstehenden allgemeinen europäischen Bewusstsein einer verfallenden Kultur. Kennzeichnend: Verfeinerung und Vertiefung des Geistes und des Blickes in die Fülle wie die Abgründe der menschlichen Seele. Entstehung eines »Ich-Kults« als Folge des Zerfalls natürlicher und sozialer Ordnungen. Vertreter: im deutschen Sprachraum in ihren frühen Werken Rilke, Hofmannsthal, Thomas Mann.

Impressionismus (frz: *impression:* »Eindruck«): Der Impressionismus kam zwischen 1860 und 1870 in der französischen Malerei auf. Der Name geht auf Claude Monets Landschaftsbild »Impression, soleillevant« aus dem Jahre 1872 zurück. Bestreben des Impressionismus' war es, nicht mehr die Gegenstände in den Vordergrund zu stellen, sondern den Eindruck, den diese hervorriefen. Übertragung des Begriffs auf die Literatur zur Kennzeichnung von Stileigentümlichkeiten der Zeit in den beiden Dekaden vor und nach 1900. Betonte Subjektivität: Schilderung persönlicher Eindrücke in größtmöglicher Differenzierung, dadurch Bereitstellung neuer sprachlicher Ausdrucksformen (»Lautmalereien«). Vertreter der impressionistischen Lyrik: Rilke, Hofmannsthal; des impressionistischen Dramas: Arthur Schnitzler (1862–1931); des impressionistischen Romans: Thomas Mann (»Buddenbrooks«).

Jugendstil: Stilrichtung zunächst in den angewandten Künsten und in der Architektur, verwandte Strömungen in allen anderen Kunstsparten. Name »Jugendstil« in Anlehnung an die seit 1896 in München erscheinende Zeitschrift *Jugend,* die zu einem der wichtigsten publizistischen Organe der Bewegung wurde. Forderung nach Einklang zwischen »hoher« und »angewandter« Kunst. Übertragung des Begriffs in die Literaturwissenschaft zur Kennzeichnung einer Gegenbewegung zum als desillusionierend empfundenen Naturalismus. Ähnlich wie der bildnerische Jugendstil (Otto Eckmann, 1865–1902; Gustav Klimt, 1862–1918) wurde die Kunst zur gestalt- und sinngebenden Macht des Lebens erhoben (George-Kreis).

Neuklassik: Zusammenfassung einer Reihe von deutschsprachigen Schriftstellern um 1900. Ausgesprochener Gegensatz zum Naturalismus wie bei der Neuromantik, aber Betonung strenger, »klassischer« Formen. Betonung des ideellen Gehalts in der Dichtung und Besinnung auf die Gattungs-»Gesetze«: Zucht der Sprache, Pflege des Verses. Vertreter: z. B. Ernst, 1866–1933.

Neuromantik: seit etwa 1890 beobachtete Wiederaufnahme von Inhalten und Bestrebungen der Romantik: Thematisierung des Nichtalltäglichen in der Dichtung, Wendung zur Geschichte und bes. zum Mittelalter, Darstellung des »Wunderbaren« und »Magischen«.

Symbolismus: geistige, künstlerische Bewegung, die Anregungen aus der deutschen Romantik (Novalis) und des angelsächsischen Schrifttums (Edgar Allan Poe) aufgreift und sich bewusst vom Positivismus und vom naturalistischen Roman absetzt. Das Manifest des Symbolismus erschien 1886 im *Figaro* und verarbeitete bereits vorliegende Dichtungen der französischen Symbolisten. Der Symbolismus wendet sich gegen das »Belehren« in der Kunst, gegen objektive Beschreibungen und gegen »Empfindelei«. Versucht, die Geheimnishaftigkeit von Welt und Seele wahrnehmbar zu machen. Dabei wird die Kunst aus allen Verflechtungen mit Zweck und Anlass befreit, sodass die Idee des »reinen Gedichts« (»poésie pure«; Mallarmé) aufkam. Inhalte wurden nur angedeutet und zielten weniger auf das Verstehen als auf die suggestive Empfänglichkeit des Lesers.

A ■ Entwickeln Sie ein Lernplakat zu den literarischen Strömungen um 1900. Nutzen Sie die Oberbegriffe und ordnen Sie diese nach Übereinstimmungen bzw. Nähe zu. Benennen Sie das Besondere der Strömung und wählen Sie ein bis drei Vertreter aus.

Expressionismus und Dadaismus

Expressionismus

Unter den vielfältigen Kunst- und Literaturrichtungen um die Jahrhundertwende und nach 1900 haben sich insbesondere Künstler und Literaten des so genannten Expressionismus (verstärkt nach 1910) mit dem Erlebnisraum der Großstadt, mit den neuen anonymen Verkehrs- und Kommunikationsformen, mit der Welt der Maschinen, mit einer arbeitsteiligen Gesellschaft, die zunehmend nach kapitalistischen Verwertungsprinzipien funktionierte, mit Institutionen, die einen Untertanengeist zu installieren und zu befestigen suchten, kritisch auseinandergesetzt; in ihren Bildern, Gedichten, Dramen und Manifesten haben sie ihren Erfahrungen von Isolation Ohnmacht, Zerrissenheit und Entfremdung künstlerischen Ausdruck verliehen. Der Wirklichkeit, die stetig anonymer, mechanischer und unübersichtlicher wurde, und dem eigenen Selbst entfremdet, reagierten sie mit expressiven Bildern des Ausgeliefertseins, des Persönlichkeitszerfalls oder gar -verlustes. Als unerträglich empfanden sie den Widerspruch zwischen der rasanten Entwicklung der Technik und der Unterdrückung der eigenen Wünsche nach Unabhängigkeit und wahrer Gemeinschaft. In der künstlerischen Produktion versuchten sie sich von dem Druck der Verhältnisse zu befreien. Das Leid, die Spannung und die Irritation einer Zeit, in der man nicht mehr zu Hause war, die man für abgeschmackt, verdorben, wesenlos hielt, war der Ausgangspunkt der neuen künstlerisch-literarischen Bewegung. Um unmittelbar zum Wesen, zur Wahrheit, zu einem gesteigerten Lebensgefühl, ja zu einem neuen Menschsein vorzudringen, musste die junge Generation in ihren Gedichten den Kulissenschwindel der bürgerlichen Gesellschaft entlarven, ihre schillernde Erscheinungswelt verfremden, deren Fassaden zerschlagen. Charakteristisch für diese ist der Groteskstil und die Simultantechnik, vor allem aber der Reihungsstil, das unverbundene Nebeneinander von Satzfragmenten, Wörtern, sprachlichen Neuschöpfungen und visionären Bildern, mythologischen Projektionen des Bedrohlichen und der Gewalt – allesamt sprachliche Reflexe einer Wirklichkeit, die nicht mehr als stimmig erfahren bzw. gedacht werden kann.

Expressionismus — INFO

Der Begriff (von lateinisch *expressio* = Ausdruck) entstammt der **Kunstgeschichte**. Er wird 1911 erstmals von dem Schriftsteller und Verleger Herwarth Walden geprägt und bezeichnet als Sammelbegriff von unterschiedlichen Strömungen eine Stilrichtung nach 1900, die sich rigoros gegen naturalistische Tendenzen in der Kunst und Literatur, aber auch gegen den lebensfernen Kunstgenuss der impressionistischen und symbolistischen Ästhetik wandte. Nicht die nuancierte Darstellung der Wirklichkeit war das Ziel der Expressionisten, sondern deren **Erleben in ausdrucksstarken Farben und Formen**. Die expressionistische Bewegung wurde von einer Generation von Dichtern getragen, die fast alle im Zeitraum zwischen 1985 und 1895 geboren waren. Sie entstammten vor allem aus bürgerlichen Verhältnissen. Zu ihnen gehören vor allem die Lyriker Georg Heym, Gottfried Benn, Georg Trakl, Jakob van Hoddis und August Stramm sowie die Dramatiker Walter Hasenclever, Ernst Toller und Oskar Kokoschka. So unterschiedliche politische und ästhetische Interessen diese jungen Intellektuellen auch hatten, allen gemeinsam war eine spezifische Frontstellung: Sie brachen mit den Wertorientierungen der Väterwelt, begehren auf gegen ein konservatives saturiertes Bürgertum, das sich in der Wilhelminischen Gesellschaft eingerichtet hatte und deren Probleme und Widersprüche durch einen pompösen Repräsentationsstil zu verschleiern suchte. Nicht zuletzt zeigt sich in den plakativen Titeln der expressionistischen Zeitschriften und Anthologien, wie »Die Aktion«, »Der Sturm«, »Der jüngste Tag« und »Menschheitsdämmerung« solches Pathos des Aufbegehrens.

> **Training: Literaturgeschichtlich arbeiten**

Das pathetisch geäußerte Verlangen expressionistischer Dichter und Maler, den Menschen und die Gesellschaft zu erneuern, setzt tiefgreifende Erfahrungen von sozialen Verhältnissen voraus, in denen der Mensch sich unfrei, verunsichert und isoliert fühlt, denen er sich ausgeliefert sieht. Empfindungen des Verlorenseins, des Ekels und der Angst, das Bewusstsein der Verdinglichung des Subjekts und der Abhängigkeit von einer fremden, übermächtigen Dingwelt, aus solchen und ähnlichen Erfahrungen entspringt das leidenschaftliche Verlangen expressionisiischer Künstler, den Untergang dieser inhumanen lWelt heraufzubeschwören und ein neues geistiges Zeitalter herbeizuführen. Dieses Empfinden und Denken bricht sich etwa Bahn in der expressiven Zeichensprache von Ludwig Meidners Bild »Apokalyptische Landschaft«. Kennzeichnend für das Bild des Berliner Künstlers ist der dynamische Stil. Es stellt in stürzender Perspektive ein Katastrophenszenarium dar, eine dem Zusammenbruch und Untergang geweihte zerborstene Stadt mit wankenden Häusern, von der Natur aufgebrochenen Straßen und eine schon an den Bildrand gedrückte Gruppe von Menschen mit panischen Gesichtern, die angstvoll auf ihr Ende warten. Weiteres Unheil verkündend ist im Hintergrund als scharfer optischer Kontrast zum schwer über der Stast lastenden Himmel ein Blitz bzw. ein Feuerstrahl erkennbar, der die Stadt in ein Inferno zu verwandeln droht. Gegen dieses grelle apokalyptische kosmische Szenarium verblasst der der rötliche Glanz der Sonne.

Schon zwei Jahre, bevor Ludwig Meidner seine »Apokalyptischen Landschaften« malte, hatte sein literarisches Pendant, der Lyriker Jakob van Hoddis – der Name ist ein Anagramm von Hans Davidsohn – ein Gedicht mit dem Titel »Weltuntergang« (1911) veröffentlicht. Dieses wurde zu einer Art literarischem Banner, um das sich die expressiuonistischen Dichter scharten.

■ Text 237

Weltuntergang (1911)   *Jakob van Hoddis*

Dem Bürger fliegt vom spitzen Kopf der Hut,
In allen Lüften hallt es wie Geschrei.
Dachdecker stürzen ab und gehen entzwei
Und an den Küsten – liest man – steigt die Flut.

5   Der Sturm ist da, die wilden Meere hupfen
An Land, um dicke Dämme zu zerdrücken.
Die meisten Menschen haben einen Schnupfen.
Die Eisenbahnen fallen von den Brücken.

Training: Literaturgeschichtlich arbeiten

Edvard Munch:
Der Schrei, 1893

»Diese zwei Strophen«, so erinnerte sich Johannes R. Becher, der literarische Mitstreiter des Autors, »o diese acht Zeilen schienen uns in andere Menschen verwandelt zu haben, uns emporgehoben zu haben aus einer Welt stumpfer Bürgerlichkäit, die wir verachteten und von der wir nicht wussten, wie wir sie verlassen sollten.« Die Dynamik des Gedichtes resultiert aus der nüchternen Reihung heterogener Einzelbilder, die simultan eine aus den Fugen geratene bürgerliche Welt vergegenwärtigen. Dessen poetische Form – der umarmende Reim in der ersten und der Kreuzeim in der zweiten Strophe – versucht das zusammenzuhalten, was inhaltlich schon längst auseinander gerissen, zerborten, dissoziiert ist. Abgesehen von den beiden Anfangsversen taucht in jedem vers ein neues Subjekt auf, das entweder verdinglicht (»Dachdecker … gehn entzwei«) oder im kabarettistischen Spiel verfremdet wird (»Die wilden Meere hupfen«). Noch können Autor und imaginerter Leser das Katastrophenszenarium auf Abstand halten, es in den Schlagzeilen der Zeitung nur zur Kenntnis nehmen (»liest man«). Doch nur wenige Jahre später bricht der Erste Weltkrieg (1914 – 1918) mit aller Gewalt in die Denkschonungen der saturierten bürgerlichen Welt und ihre zivilisatorischen Errungenschaften ein.

Krieg

Das Bewusstsein, am Ende einer Epoche zu stehen, die dumpfen Untertanengeist und selbstgefälliges Philistertum hervorgebracht hatte, teilt sich aber auch in vielen anderen Texten der expressionistischen Bewegung mit, vor allem in den Gedichten, die sich mit der Urkatastrophe des 20. Jahrhunderts, dem Ersten Weltkrieg literarisch auseinandersetzen. Das allgemeine apokalyptische Bewußtsein vieler expressionistischer Lyriker konkrerisierte sich bei Einzelnen von ihnen in der Vorahnung eines kommenden Krieges. Überdrüssig des unfreien, lethargischen Lebens in einer als banal und öd empfundenen Zer, erwartete man sehnlichst den radikalen Umsturz aller Verhältnisse. Der Krieg sollte die alte, erstarrte Welt vernichten, damit die Gesellschaft grundlegend erneuert werden konnte. Das, was die Expressionisten in visionären Bildern antizipierten, wurde dann mit dem Kriegsausbruch im Jahr 1914 zur historischen Tatsache. Die kollektive Euphorie zu Beginn des Krieges aber, der sich auch einzelne Expressionisten nicht entziehen konnten, schlug angesichts der grauenvollen Realität des mörderischen Stellungs- und Grabenkampfes bald in Ernüchterung, Schrecken und schiere Angst um. Dies veranschaulicht das folgende kurze Gedicht von August Stramm, das die Empfindungen des Sprecher-Ich bei einem Sturmangriff widerspiegelt

■ Text 238

Sturmangriff (1914) *August Stramm*

Aus allen Winkeln gellen Fürchte Wollen
Kreisch
Peitscht
Das Leben
5 Vor
Sich
Her
Den keuchen Tod
Die Himmel fetzen.
10 Blinde schlächtert wildum das Entsetzen

Stramm, der 1915 als Hauptmann an der Osfront fiel, gilt heute als Vertreter expressionistischer Wortkunst. Weitgehend befreit er das Wort in seinen Gedichten von syntaktischen Zwängen und verschafft ihm damit einen sprachlichen Eigenwert. Die vom Autor verwendete Sprache geht auch im Gedicht »Sturmangriff« zunehmend ihrer Darstellungs- und Ordnungsfunktion verlustig, verkürzt sich in den die Verse dominierenden Einzelwörter zur bloßen Ausdrucksgebärde. Zur Wortkunst gehören das von Stramm verwendete neuartige Wortmaterial, die Neologismen, die kühne Bildlichkeit sowie die von ihm betriebene Auflösung der Syntax, die sich auch in der radikalen Zurücknahme der Interpunktion zeigt.

Dadaismus

Auch wenn sich die Dadaisten von den Expressionisten strikt abzugrenzen versuchten, teilten sie mit diesen doch die krassen anti-bürgerlichen Affekte. Von den ästhetischen Möglichkeiten des Varietés inspiriert, machten sie ihre Lautgedichte und Unsinnspoesie zum »Tummelplatz verrückter Emotionen« (Ball), um gegen den »Wahnsinn der Zeit« (Arp) zu protestieren, den Kulissenschwindel bürgerlicher Verständigungs- und Ordnungssysteme zu entlarven. Stramms experimentelle Versuche, die grammatischen Strukturen der Sprache aufzulösen, wird von ihnen auf die Spitze getrieben. Sie zerstören in ihren Texten mutwillig Sinnzusammenhänge, kombinieren zufällig Wort und Bildelemente zu neuen irritierenden, Collagen, reduzieren die Sprache, wie das folgende Lautgedicht von Hugo Ball deutlich macht, auf ihre Materialität.

■ Text 239

KARAWANE

jolifanto bambla ô falli bambla
grossiga m'pfa habla horem
égiga goramen
higo bloiko russula huju
hollaka hollala
anlogo bung
blago bung
blago bung
bosso fataka
ü üü ü
schampa wulla wussa ólobo
hej tatta gôrem
eschige zunbada
wulubu ssubudu uluwu ssubudu
tumba ba- umf
kusagauma
ba - umf

(1917)
Hugo Ball

Der Autor selbst hat dieses Gedicht 1916 in dem von ihm mitbegründeten »Cabaret Voltaire« in Zürich vorgetragen. Es ist sein Protest gegen die vom »Journalismus verdorbene« Sprache. Die lautmalerischen und rhythmischen Elemente des Gedichts fügen sich im Bewusstsein des Lesers zum Vorstellungsbild einer schwerfällig dahinziehenden Karawane, das seine akustische Präsenz durch den Anruf ihres Treibers (»hollaka hollala«) gewinnt.

Training: Literaturgeschichtlich arbeiten

Kenntnisse überprüfen und sichern

1. Was verstehen Sie unter Expressionismus?
2. Welcher Generation gehörten die expressionistischen Künstler an?
   Wogegen wandten sie sich?
3. Wie sehen die expressionistischen Dichter Menschen und Dinge?
   Wie erfahren die neuen sozialen und technischen Verkehrsformen in der Stadt?
   Zeigen Sie auf, mit welchen literarischen Mitteln sie ihre Wahrnehmungen, Empfindungen und Vorstellungen ausdrücken. Achten Sie dabei auf Metaphorik, Vers- und Satzgestaltung.
4. Im Arbeitsbuch finden Sie eine Anzahl von weiteren expressionistischen Gedichten (vgl. S. 195 ff.). Stellen Sie diese zusammen. Bestimmen Sie deren Gemeinsamkeiten. Wählen Sie einen Text aus und zeigen Sie an ihm typische expressionistische Merkmale auf.
5. Bestimmen Sie die rhetorischen Figuren und deren Funktion in den beiden Quartetten von Georg Heyms Gedicht »Printemps«.

   Ein Feldweg, der in weißen Blüten träumt,
   In Kirschenblüten, zieht fern über Feld.
   Die hellen Zweige, feierlich erhellt
   Zittern im Abend, wo die Wolke säumt.

   Ein düstrer Berg, den Tag mit goldnem Grat,
   Ganz hinten, wo ein kleiner Kirchturm blinkt
   Des Glöckchen sanft im lichten Winde klingt
   Herüber goldnen Tons auf grüner Saat.

6. Was versteht man unter expressionistischer Wortkunst?
7. Worin bestehen die Gemeinsamkeiten zwischen dem Expressionismus und Dadaismus, worin unterscheiden sie sich?
8. Wie gehen die Dadaisten mit der Sprache um?

August Stramm

Georg Heym

Gottfried Benn

Training: Literaturgeschichtlich arbeiten

Neue Sachlichkeit

Neue Sachlichkeit im historischen Kontext

1918 Ende des 1. Weltkriegs, Novemberrevolution
Bürgerkriegsähnliche Situation
Gründung der Weimarer Republik: Verfassung
Versailler Vertrag

1923 Inflation
Hitler-Putsch

1924 Beginn der Stabilisierungsphase

1929 Börsenkrach in New York, Weltwirtschaftskrise

Marieluise Fleißer: Mehlreisende Frieda Geier. Roman vom Rauchen, Sporteln, Lieben und Verkaufen (1931)
Irmgard Keun: Gilgi – eine von uns (1931)
Erich Kästner: Fabian. Die Geschichte eines Moralisten (1931)
Hans Fallada: Bauern, Bonzen und Bomben (1931)
Irmgard Keun: Das kunstseidene Mädchen (1932)
Hans Fallada: Kleiner Mann – was nun? (1932)

1933 NS-»Machtergreifung«

A ■ Erläutern Sie – ggf. durch Recherche – die historischen Ereignisse, die in diesem Advance Organizer auftauchen, und fügen Sie Ergebnisse hinzu.

B ■ Bei den erwähnten Romanen der Neuen Sachlichkeit sehen Sie deren Erscheinungsdaten und Titel. Stellen Sie Überlegungen an, was an Themen bzw. Inhalten zu erwarten ist.

C ■ Recherchieren Sie zur Strömung und Literatur der Neuen Sachlichkeit (vgl. S. 234 ff.). Fügen Sie für den Zeitraum ab 1925 weitere bis zu fünf Werke aus dieser Strömung dem Advance Organizer hinzu.

D ■ Entwickeln Sie aus dem Advance Organizer einen Lexikonartikel zur Neuen Sachlichkeit als literarisch-künstlerischer Strömung (vgl. T 151, S. 230 ff.).

Training: Literaturgeschichtlich arbeiten

Literatur im Exil

A ■ Entwickeln Sie einen Advance Organizer (vgl. S. 394) zur Exilliteratur deutschsprachiger Autorinnen und Autoren. Berücksichtigen Sie dabei, dass …
- Gründe der Schriftstellerinnen und Schriftsteller für das Exil (Herkunft, politische Haltung etc.) benannt werden,
- die politische Situation in Deutschland von 1933 bis 1945 dargestellt ist,
- die Lebens- und Arbeitssituationen von Exilierten deutlich werden und
- kein einheitliches Verständnis von Literatur bzw. Epoche, aber ein gemeinsames Thema die Autorinnen und Autoren eint.

Als Anregung kann Ihnen die Übersicht prominenter Namen im Kasten »Exilautorinnen und -autoren 1933 – 1945« dienen.

Exilautorinnen und -autoren 1933–1945

Franz Hessel
Joseph Roth
Erika Mann
Stefan Heym
Hans Sahl
Hilde Domin
Bertolt Brecht
Berthold Viertel
Heinrich Mann
Thomas Mann
Lion Feuchtwanger
Peter Weiss
Irmgard Keun
Carl Zuckmayer
Alfred Kerr
Theodor Lessing
Mascha Kaléko
Egon Erwin Kisch
Franz Werfel
Stefan Zweig
Oskar Maria Graf
Walter Hasenclever
Emil Ludwig
Kurt Tucholsky
Soma Morgenstern
Nelly Sachs
Leonhard Frank
Arnold Zweig
Anna Seghers
Walter Mehring
Ernst Toller
Klaus Mann
Alfred Kantorowicz
Elias Canetti
Else Lasker-Schüler
Franz Molnár
Arthur Koestler
Johannes R. Becher
Alfred Döblin
Alfred Polgar
Max Herrman-Neiße
Rose Ausländer

Nachkriegszeit und Wirtschaftswunder

Die bedingungslose Kapitulation Deutschlands am 8. Mai 1945 war eine historische Zäsur in der deutschen Geschichte; sie brachte das Ende des Zweiten Weltkrieges und mit ihm den Untergang des verbrecherischen Nazi-Regimes. Mit ihr verbanden sich Erfahrungen einer ruinösen Wirklichkeit. Deutschland war eine Trümmerwüste; die Städte lagen in Schutt und Asche. Diese Erfahrungen spiegeln sich in der Literatur der Nachkriegsjahre wider. Diese wird als »Trümmerliteratur« bezeichnet, geschrieben von »Männern des Kahlschlags« (Wolfgang Weyrauch).

Diese Metaphern für Zerbrochenes, Zerstörtes enthalten aber auch die Forderung nach inhaltlichem, sprachlichem und formalem Neuanfang, denn Trümmer musste man beiseiteräumen, nach einem Kahlschlag sollte Neues wachsen.

Voraussetzung für solchen Neuanfang war die Bereitschaft der Menschen, die gerade aus den Trümmern gerettet worden waren und überlebt hatten, aus der historischen Katastrophe zu lernen. Die Sorge darüber, ob dies gelingt, reflektiert ein Gedicht von Günter Kunert (*1929), der seine Kindheit und Jugend im Dritten Reich verlebt hatte:

■ Text 240
Über einige Davongekommene
(1950) *Günter Kunert*

Als der Mensch
unter den Trümmern
seines
bombardierten Hauses
hervorgezogen wurde,
schüttelte er sich
und sagte:
Nie wieder.

Jedenfalls nicht gleich.

421

Training: Literaturgeschichtlich arbeiten

Nach der Entwertung der Sprache durch das propagandistische Pathos des Nationalsozialismus galt es darüber heraus, neue sprachliche und literarische Ausdrucksformen zu finden, mit denen sich die neuen Erfahrungen realistisch und authentisch wiedergeben ließen Zahlreiche Autoren, vor allem diejenigen, die schon vor dem Krieg literarisch tätig waren, schrieben jedoch weiterhin in traditionellen Formen wie Elegie und Sonett, scheuten vor den Problemen der Gegenwart zurück. Das lyrische Weltbild der Nachkriegsdeutschen war zunächst auf andere poetische Töne gestimmt: auf Naturlyrik. Die deutschen Naturkriegslyriker flüchteten sich vielfach in den geschichts-, gesellschafts- und politikfernen Raum der Natur, um Gegenwelten zur trostlosen Trümmer-Wirklichkeit aufzubauen. Dagegen verwahrte sich entschieden der früh verstorbene Wolfgang Borchert, einer der bedeutendsten Nachkriegsdichter (1921–1947). »Wir brauchen«, so forderte er kategorisch in seinem »Manifest«, »keine Dichter mit guter Grammatik. Zu guter Grammatik fehlt uns die Geduld. Wir brauchen die mit dem heißen heiser geschluchzten Gefühl. Die zu Baum Baum und zu Weib Weib sagen und ja sagen und nein sagen: laut und deutlich und dreifach und ohne Konjunktiv.« Was er darunter verstand, zeigte er in seinen einfachen, häufig in Umgangssprache formulierten »Lesebuchgeschichten«, die pointiert und lakonisch die Leiderfahrungen im Krieg, das materielle Elend in der Nachkriegszeit und mit ihnen existenzielle Grenzerfahrungen des Menschen thematisieren:

■ Text 241
Lesebuchgeschichten (1947)
Wolfgang Borchert

Als der Krieg aus war, kam der Soldat nach Haus. Aber er hatte kein Brot. Da sah er einen, der hatte Brot. Den schlug er tot.

Du darfst doch keinen totschlagen, sagte der Richter.

Warum nicht, fragte der Soldat.

Wolfgang Weyrauch

Wolfgang Borchert

Die Not der Zeit verlangte nicht nach Romanen, sondern, bedingt auch durch die Papierknappheit und die geringe Lesezeit, die den Menschen zur Verfügung stand, nach kurzen epischen Formen, die die Probleme der Zeit direkt ansprachen. So erklärt sich auch die große Popularität von Kurzgeschichten des späteren Nobelpreisträgers Heinrich Böll (1917–1985), die er in dieser Zeit veröffentlichte. Als Vorbild diente ihm die amerikanische *short story*, deren bekanntester Vertreter Ernest Hemingway war. Zentrale Themen seiner Texte sind die Erfahrung des Krieges und gesellschaftliche Fehlentwicklungen der Nachkriegszeit in Deutschland.

Günter Eich

Heinrich Böll

Neue Formen für das Ausdrücken individueller und kollektiver Erfahrungen suchte und fand auch Günter Eich (1907–1972) in und mit seinem schon bald kanonisierten Gedicht »Inventur«:

■ Text 242

Inventur (1948)   *Günter Eich*

Dies ist meine Mütze,
dies ist mein Mantel,
hier mein Rasierzeug
im Beutel aus Leinen.

5 Konservenbüchse:
Mein Teller, mein Becher,
ich hab in das Weißblech
den Namen geritzt.

Geritzt hier mit diesem
10 kostbaren Nagel,
den vor begehrlichen
Augen ich berge.

Im Brotbeutel sind
ein Paar wollene Socken
15 und einiges, was ich
niemand verrate,

so dient es als Kissen
nachts meinem Kopf.
Die Pappe hier liegt
20 zwischen mir und der Erde.

Die Bleistiftmine
lieb ich am meisten:
Tags schreibt sie mir Verse,
die nachts ich erdacht.

25 Dies ist mein Notizbuch,
dies meine Zeltbahn,
dies ist mein Handtuch,
dies ist mein Zwirn.

Angesichts der schweren Hypotheken der Vergangenheit zieht das Sprecher-Ich in diesem siebenstrophigen Gedicht eine lebensgeschichtliche Bilanz, macht Inventur. In karger und nüchterner Sprache, in einfacher Wortwahl und parataktisch, anaphorisch gefügten Kurzzeilen, hält es gestisch das fest, was ihm in der Situation der Gefangenschaft geblieben ist (»Dies ist mein ...«). Im Aufzählen der vorhandenen lebensnotwendigen Dinge (Mütze, Mantel, Rasierzeug etc.) soll Ordnung geschaffen werden. Das Gedicht thematisiert in dieser Form den auf sich selbst zurückgeworfenen Menschen und dessen Grenzerfahrungen, zugleich ist es aber auch selbstbezüglich, ein Gedicht über das Schreiben von Gedichten. Dazu ist die Bleistiftmine notwendig. Sie ermöglicht über das Aufzählen materieller Dinge hinauszugehen, sie ist die Voraussetzung für das Erzählen, für das Nachdenken über den eigenen Standort.

Wirtschaftswunder und Krisenbewusstsein

Für die Entwicklung der Nachkriegsliteratur kommt vor allem den Autoren Bertolt Brecht und Gottfried Benn eine besondere Bedeutung als Wegbereiter für die jüngere Generation der Nachkriegsautoren zu. Beide hatten schon vor Beginn der Nazi-Diktatur geschrieben. Mit ihren Gedichten, Dramen und ihrer Prosa konnten sie in den Fünfzigerjahren, der eine in der DDR, der andere in der BRD, an die literarische Moderne anknüpfen. Sie beeinflussten vor allem jene Dichterinnen und Dichter, die als »literarische Nachgeborene« nach 1950 zu schreiben begannen, wie z. B. H. Magnus Enzensberger, Peter Rühmkorf, Ingeborg Bachmann, Marieluise Kaschnitz und Günter Grass. Diese verfolgten mit Argusaugen die gesellschaftspolitischen Entwicklungen, die sich im Laufe der Fünfzigerjahre in der Bundesrepublik abspielten: das Wirtschaftswunder, das denjenigen wieder Macht und Besitz gebracht hatte, die vor und während der Naziherrschaft schon über diese verfügten; der restaurative politische Kurs in der Adenauer-Zeit; die Wiederbewaffnung; der Kalte Krieg; die Monopolisierung der Medien. Ihre Texte reflektieren ihre Auseinandersetzung mit zentralen historischen Ereignissen (z. B. Hiroshima) und den Versäumnissen im gesellschaftspolitischen Strukturwandel, sind aber auch Dokumente ihrer Betroffenheit, Ängste und Hoffnungen. Mit ihren Texten forderten sie das sich in der Nachkriegszeit verfestigende »Restauratorium« heraus und suchten ohne Rücksicht auf öffentliche Illusionen nach radikalen poetischen Antworten auf eine Welt, deren soziale Widersprüche und Verwerfungen nur notdürftig durch die Wonnen des »Wirtschaftswunders« kaschiert wurden. Ausdruck von Krise und Kritik ist z. B. das Gedicht »Bildzeitung« von Hans Magnus Enzensberger:

■ Text 243

Bildzeitung (1957) *Hans Magnus Enzensberger*

Du wirst reich sein
Markenstecher Uhrenkleber:
wenn der Mittelstürmer will
wird um eine Mark geköpft
5 ein ganzes Heer beschmutzter Prinzen
Turandots Mitgift unfehlbarer Tip
Tischlein deck dich:
Du wirst reich sein.

Manitypistin Stenoküre
10 du wirst schön sein:
wenn der Produzent will
wird dich Druckerschwärze salben
zwischen Schenkeln grober Raster
missgewählter Wechselbalg
15 Eselin streck dich:
du wirst schön sein.

Sozialvieh Stimmenpartner
du wirst stark sein:
wenn der Präsident will
20 Boxhandschuh am Innenlenker
Blitzlicht auf das Henkerlächeln
gib doch Zunder gib doch Gas
Knüppel aus dem Sack:
du wirst stark sein.

25 Auch du auch du auch du
wirst langsam eingehn
an Lohnstreifen und Lügen
reich, stark erniedrigt
durch Musterungen und Malzkaffee,
30 schön besudelt mit Strafzetteln, Schweiß,
atomarem Dreck:
deine Lungen ein gelbes Riff
aus Nikotin und Verleumdung
möge die Erde dir leicht sein
35 wie das Leichentuch
aus Rotation und Betrug
das du dir täglich kaufst
in das du dich täglich wickelst.

Im Gedicht werden drei repräsentative Rezipientengruppen der Zeitung angesprochen: der Mann in seinem sozialen Status als Arbeiter oder potenzieller Rentner; die Frau in beruflichen Abhängigkeitsverhältnissen als Stenotypistin und Maniküre; schließlich Männer und Frauen im größeren anonymen Kollektiv, in der Menge als Stimmenvieh und Sozialpartner. Thematisch geklammert werden die Strophen durch die abstrakten und hohlen Glücksversprechungen, die Tag für Tag den Lesern der Boulevardpresse vorgegaukelt werden: Reichtum, Schönheit und Stärke. Die Schlussstrophe kontrastiert diese dem Märchen entlehnten Glücksverheißungen mit der schmutzigen Realität und entlarvt sie durch Kontextverfremdung als Illusionen. Wird dieser verhängnisvolle, durch den täglichen Verkauf der Zeitung verlängerte Zirkel (»Rotation«) von diffuser Bedürfnisweckung und -hemmung nicht aufgebrochen, so ist dieses Du – so die Konsequenz Enzensbergers – schon zu Lebzeiten tot.

Kenntnisse überprüfen und sichern

1. Was verstehen Sie unter dem Begriff »Trümmerliteratur«?
2. Mit welchen Themen und Problemen setzten sich die Autoren in der unmittelbaren Nachkriegszeit auseinander?
3. Wie erklären Sie die große Popularität der Kurzgeschichte in der Nachkriegszeit?
4. In Abgrenzung von dem Pathos der nationalsozialistischen Propaganda-Sprache fordert der Dichter Wolfgang Borchert nach dem Krieg eine neue Sprache. Welche Merkmale und Funktionen sollte diese haben?
5. Im amerikanischen Exil schrieb der Dichter Bertolt Brecht folgendes Gedicht: Klären Sie den biografischen Hintergrund des Textes. Wann ist Brecht zurückgekehrt? Wo und was hat er in der Nachkriegszeit geschrieben? Vergleichen Sie seinen Text mit dem Gedicht von Günter Kunert (T 239).
6. Die 1950er-Jahre in der Geschichte der Bundesrepublik hat man mit dem Begriff »Wirtschaftswunder« charakterisiert. Was ist damit gemeint?
7. Zeigen Sie exemplarisch anhand des Gedichtes »Reklame« von Ingeborg Bachmann auf, mit welchen sprachlichen und poetischen Mitteln sich die Autorin mit den sozialen und wirtschaftlichen Verhältnissen auseinandersetzt.

■ Text 244

Die Rückkehr (1943/1949)
Bertolt Brecht

Die Vaterstadt, wie find ich sie doch?
Folgend den Bombenschwärmen
Komm ich nach Haus.
Wo denn liegt sie? Wo die ungeheueren
5   Gebirge von Rauch stehn.
Das in den Feuern.
Dort ist sie.

Die Vaterstadt, wie empfängt sie mich wohl?
Vor mir kommen die Bomber. Tödliche Schwärme
10   Melden euch meine Rückkehr. Feuersbrünste
Gehen dem Sohn voraus.

■ Text 245

Reklame (1956)
Ingeborg Bachmann

Wohin aber gehen wir
  ohne sorge sei ohne sorge
wenn es dunkel und wenn es kalt wird
  sei ohne sorge
5   aber
  mit musik
was sollen wir tun
  heiter und mit musik
und denken
10   *heiter*
angesichts eines Endes
  mit musik
und wohin tragen wir
  am besten
15   unsre Fragen und den Schauer aller Jahre
  in der Traumwäscherei ohne sorge sei ohne sorge
was aber geschieht
  am besten
wenn Totenstille

20   eintritt.

Sachregister

A
Abiturprüfung 384
Adressat 390
Advance Organizer 394
Aktives Zuhören 24
Allegorie 96
Anforderungsbereiche 347
Argument 21
Aufklärung 158, 407

B
Barock 401
Begleitmaterial 395
Begriffsnetzwerke 341
Bildergeschichten erzählen 240
Bildspur 252
Brainstorming 33

C
Charakteristik 60
Chiffre 96, 191

D
Dadaismus 417
Decadence 412
Deutungshypothese 66
Dialekt 270
Dialogführung 350
diaphasisch 270
diastratisch 270
diatopisch 270
diskontinuierliche Texte 102
Dramaturgie 179

E
Einstieg 393
Enjambement 92
Erlebte Rede 58
Exil, Literatur im 420
Expertengespräch 392
Expressionismus 413

F
Figuren 69
Figurenkonstellation 69
Freewriting 33
Freie Rhythmen 94

G
Gattungen 341
Gespräch 17

H
Haupttext 72
Hörer 242

I
Impressionismus 412
innerer Monolog 58
Inszenierung 181

J
Jugendstil 412

K
Kadenzen 92
Kiezdeutsch 275
Klassik 182, 409
kontinuierliche Texte 102

L
Leistungserwartung 347
Lernkartei 341
Lerntagebuch 344
Leserbrief 39
Lied 94
Literaturverfilmung 253

M
Metrum 90, 92
Museumsgang 392

N
Nachkriegszeit 421
Nebentext 72
Neue Sachlichkeit 234, 419
Neuklassik 412
Neuromantik 412
nonverbal 11, 238

O
Oberbegriffe finden 240

P
Pareto-Prinzip 343
Partnerinterview 341
Personifizierung 96
Portfolio 344
PowerPoint-Präsentation 392
Proben 97
Prüfungsgespräch 385

Q
Quartette 94

R
Realismus 214, 411
Radio-Feature 392
Redeformen 21
Redekonstellationen 16
Regieanweisung 350

Reim 92
Reimschema 92
Rhythmus 90
Romantik 186, 410

S
Schreibfunktionen 29
Schreibkonferenz 41
Schreibprozess 32
Sequenzprotokoll 252
Sonett 94
Sprachgeschichte 137
Sprachgesellschaften 406
Sprechakte 18
Storyboard 252
Strukturdiagramm 103
Sturm und Drang 408
Symbolismus 412
Szenenprotokoll 220
Szenische Präsentation 392

T
Talkshow 392
Terzette 94
Tonspur 252

V
verbal 11
Videoclip 392
Vortrag 20
Vortragsphasen 398

W
Wirtschaftswunder 421

Z
Zeitdeckung 58
Zeitdehnung 58
Zeitraffung 58
Zeitmanagement 343

Textsortenverzeichnis

Brief
F. Kafka: Brief an den Vater 323

Dramen/Dramatische Texte
H. Müller: Kleinbürger-hochzeit 70
G. E. Lessing: Nathan der Weise 73, 160
Sophokles: Antigone 76
G. Büchner: Woyzeck 79
B. Brecht: Leben des Galilei 82
F. Dürrenmatt: Die Physiker 86
F. Schiller: Die Räuber 170
J. W. v. Goethe: Iphigenie auf Tauris 172
F. Schiller: Maria Stuart 177
J. W. v. Goethe: Faust. Zweiter Teil 287
G. E. Lessing: Emilia Galotti 310
W. Hasenclever: Der Sohn 322
H. v. Kleist: Der Prinz von Homburg 348

Drehbuchauszug
A. Döblin/H. Wilhelm: Berlin Alexanderplatz 201

Erzählungen/Novellen
A. Schnitzler: Leutnant Gustl 61
F. Kafka: Das Urteil 62
F. C. Delius: Der Sonntag, an dem … 65
F. Kafka: Die Verwandlung 250
G. Keller: Ein Naturforscher 289
B. Vanderbeke: Das Muschelessen 329

Essays
H. v. Kleist: Empfindungen vor Friedrichs Seelandschaft 188
U. Gaier: Fausts Modernität 268

Fabeln
G. Anders: Der Löwe 10
G. E. Lessing: Der Besitzer des Bogens 164
G. E. Lessing: Der Esel mit dem Löwen 164
G. E. Lessing: Der Löwe mit dem Esel 164

Filmkritik
U. Grund: Franz Kafka 250

Gedichte / lyrische Texte
J. v. Eichendorff: Der Abend 88
B. Oleschinski: »Wie eng; wie leicht« 88
U. Hahn: Ars poetica 91
C. Brentano: Sprich aus der Ferne 91
A. Gryphius: Abend 93
S. Kirsch: Die Luft riecht schon nach Schnee 93
C. Brentano: Wiegenlied 94
J. v. Eichendorff: Mondnacht 95
L. C. H. Hölty: Die Mainacht 95
E. Mörike: Um Mitternacht 96
G. Heym: Die Stadt 97
A. Lichtenstein: Der Winter 97
S. Jacobs: Begegnung 99
B. Köhler: Guten Tag 99
H. Heine: Wahrhaftig 125
Dietmar von Aist: »Slafest du, friedel ziere?« 136
R. M. Rilke: Ich fürcht mich so … 145
H. Bender: Heimkehr 151
N. Sachs: Der Chor der Geretteten 153
F. Schiller: Der Handschuh 154
J. v. Eichendorff: Wünschelrute 190
J. v. Eichendorff: Sehnsucht 186
Novalis: Wenn nicht mehr Zahlen und Figuren 190
J. v. Eichendorff: Waldgespräch 192
H. Heine: Ich weiß nicht, … 192
C. Brentano: Zu Bacharach am Rheine 193
G. Heym: Der Gott der Stadt 198
H. v. Hofmannsthal: Siehst du die Stadt 198
A. Wolfenstein: Städter 199
P. Boldt: Auf der Terrasse des Café Josty 203
R. Gernhardt: Erich Kästner – Wiedergelesen … 204
S. Kirsch: Naturschutzgebiet 204
R. Malkowski: Schöne seltene Weide 205
E. Mörike: Im Park 205
R. M. Rilke: Herbst 205
B. Brecht: Der Rauch 206
R. D. Brinkmann: Landschaft 207
I. Bachmann: Freies Geleit 208
S. Scheuermann: Die Ausgestorbenen 209
D. Grünbein: Robinson in der Stadt 210
S. Kirsch: Bei den weißen … 211
F. Roth: Mimosen 211
U. Hahn: Mit Haut und Haar 356
K. Tucholsky: Berliner Bälle 358
E. Stadler: Ballhaus 359
A. Gryphius: Ebenbild unseres Lebens 403
M. Opitz: »Ach Liebste, …« 405
A. Stramm: Sturmangriff 416
H. Ball: Karawane 425
B. Brecht: Die Rückkehr 433
J. v. Hoddis: Weltuntergang 414
G. Kunert: Über einige Davongekommene 421
G. Eich: Inventur 423
H. M. Enzensberger: Bildzeitung 424
I. Bachmann: Reklame 425
B. Brecht: Die Rückkehr 425

Historischer Text
Die Grundrechte von Virginia 163

Internettexte
Auszug aus einem Chat 129
Sprache im Netz 279

Interview
Interview mit Frank Schirrmacher 113

Kurzprosa
F. Kafka: Großer Lärm **53**
W. Borchert: Lesebuchgeschichten **430**

Lexikontext
Stilvielfalt **412**

Novelle
J. v. Eichendorff: Aus dem Leben eines Taugenichts **186**

(Sprach-)Philosophische Texte
O. Bollnow: Die Sprache als Weltansicht **139**
G. P. Harsdörffer: Ziele für eine »Teutsche Spracharbeit« **148**
V. Klemperer: Zur Sprache des Dritten Reichs **152**
G. C. Lichtenberg: Errungenschaften ... **158**
I. Kant: Beantwortung der Frage ... **162**
F. Nietzsche: Unzeitgemäße Betrachtungen **182**
F. Schiller: Über die ästhetische Erziehung ... **224**
J. G. Herder: Über den Ursprung der Sprache **256**

Poetologische Texte
Th. Fontane: Was soll ein Roman? **67**
K. Migner: Theorie des modernen Romans **68**
Aristoteles: Tragödientheorie **78**
B. Brecht: Was ist mit dem epischen Theater gewonnen? **81**
F. Dürrenmatt: Theaterprobleme **85**
H. Schlaffer: Geschichte der Literatur **120**
B. Jeßing/R. Köhnen: Epochenbegriffe **122**
E. R. Curtius: Rhetorische Naturschilderung im Mittelalter **136**
Übersetzer brauchen auch Gefühl ... **141**
H. v. Hofmannsthal: Brief des Lord Chandos **145**
W. Borchert: Das Letzte **151**
G. Eich: Der Schriftsteller vor der Realität **151**
Lyrik nach 1945 **153**
G. E. Lessing: Von einem besonderen Nutzen ... **165**
K. O. Conrady: Anmerkungen zum Konzept der Klassik **182**
F. Schlegel: 116. Athenäumsfragment **190**
K. Edschmid: Die Aufgabe der Kunst **202**
N. Mecklenburg: Naturlyrik und Gesellschaft **206**
T. Trunk: »Weiber weiblich, Männer männlich« ... **217**
B. Jürgs: Die Kunstbewegung der Neuen Sachlichkeit **230**
F.-M. Wohlers: Die Volksbücher vom Doktor Faust **284**
C. Gansel: Jugend- und Adoleszenzroman **328**
K. M. Bogdal: Generationskonflikte in der Literatur **336**
I. Bachmann: Frankfurter Vorlesungen **364**

Reden
J. Gauck: Weihnachtsansprache **106**
Rede des Medizin-Nobelpreisträgers ... **308**

Rezensionen
Herrndorf überholt Goethe und Schiller **379**
Eine Inszenierung ... **380**
Goethe, Faust I **380**

Romane
Th. Fontane: Effi Briest **54, 214**
H.-U. Treichel: Der Verlorene **57**
Th. Mann: Buddenbrooks **58, 317, 319**
R. Schneider: Schlafes Bruder **62**
Th. Fontane: Irrungen, Wirrungen **63**
R. M. Rilke: Die Aufzeichnungen des ... **125**
G. Orwell: Kleine Grammatik **130**
J. G. Schnabel: Insel Felsenburg **167**
Novalis: Heinrich von Ofterdingen **189**
Novalis: Die Lehrlinge zu Sais **191**
W. Bölsche: Die Mittagsgöttin **195**
A. Döblin: Berlin Alexanderplatz **200**
I. Keun: Das kunstseidene Mädchen **226**
E. Kästner: Fräulein Battenberg **227**
M. Fleißer: Mehlreisende Frieda Geier **228**
K. Mann: Mephisto **290**
Th. Mann: Doktor Faustus **292**
M. Frisch: Homo faber **294**
G. Ruebenstrunk: Das Wörterbuch des Viktor Vau **302**
D. Kehlmann: Die Vermessung der Welt **300, 352**
B. Schlink: Der Vorleser **327**
W. Herrndorf: Tschick **329**
Z. Jenny: Das Blütenstaubzimmer **330**
J. W. v. Goethe: Die Leiden des jungen Werthers **385**

Sachbücher/Sachtexte/Informationstexte
Gespräch im Büro **13**
Gesprächstypen **16**
Beratungsgespräch in der Schule I, II **26**
G. Lehnert: Mit dem Handy ... **27**
J. Bisky: Angefressen vom Analogkäse **45**
R. Erlinger: Die Gewissensfrage **50**
Plastikmüll und seine Folgen **103**
K. Dämon: So bringen Sie Ihr Gehirn auf Zack **117**
D. Crystal: Sprache und Denken **131**
B. L. Whorf: Die Strukturverschiedenheit ... **132**
U. Schmitz: Kompetente Sprecher ... **133** ... und Denker **134**
P. Eisenberg u. a.: Der Begriff »Frau« ... **138**
J. Macheiner: Übersetzen **140**
H. Sagawe: Translatogie **142**
Sprachkritik **143**
W. Petschko: Sprachkritik ... **144**
J. Wittke: Sprachpflege – Sprachkultur **147**
Grundlagen der neuen Deutschen Rechtschreibung **149**
Satzung der Gesellschaft ... **149**
S. Greif: Klassik als Moderne **183**
F. Opitz: Speed **184**
T. Denecken: Die traditionelle Geschlechterrolle ... **212**
N. Pauer: Geschlechterrolle **233**
Strategien zur Beeinflussung der Hörer **242**
B. Brecht: Der Rundfunk als Kommunikationsapparat **243**
H. M. Enzensberger: Baukasten zu einer Theorie der Medien **244**
P. Kruse: Wie verändern die neuen Medien ... **248**
M. Schlesewsky: Sprache **259**
Geschwätzige Zebrafinken **261**
H. Leuninger: Reden ist Schweigen **262**
F. Mens: Die Stufen des Spracherwerbs **265**
F. Mens: Das A und O den neuen Lebens **266**
M. Spitzer: Robuste Kinder und Spracherwerb **267**
D. E. Zimmer: RedensArten **273**
Mehrsprachig in der Kita **278**
Medizinische Terminologie **306**
Medizinische Fachsprache **307**
A. Kekulé: Die Welt als Schulhof **308**

H. Scheuer: Väter und Töchter … **316**
Ankündigung … **377**
»Tschick« wird verfilmt **381**

Songtext
Brings: Kölsche Jung **269**

Soziologischer Text
G. Simmel: Die Großstädte und das Geistesleben **197**

Szenenprotokolle
Szenenprotokolle **220**

Zeitungstexte/Zeitschriftentexte
M. T. Weber: Warum Fernsehen unglücklich … **47**

A. Kreye: Die Ich-Erschöpfung **110**
Ältere Menschen … **116**
K. Pinthus: Die Überfülle … **196**
H. Martenstein: Ein Macho zieht sein Ding durch **235**
N. v. Festenberg: Mutter Beimers News … **246**
L. Schnabl: »Griaß di …« **271**
M. Heine: Zwei Germanistinnen … **274**
J. Friedmann: »Das Gehirn …« **276**
Sprachkenntnisse … **279**
Englische Schule … **281**
S. Offergeld: Muss Wissenschaft alles dürfen? **304**
P. Fischer: Sprache der Wissenschaft … **308**
R. Michaelis: Der schöne Mut zur Menschlichkeit **368**
J. Leffers: Denglisch in der Werbung **374**

Autoren- und Quellenverzeichnis

Anders, Günther: *Der Löwe*, S. 128. Aus: W. Ulrich. Linguistik für den Deutschunterricht. Braunschweig: Westermann 1980. S. 275. In: Die Zeit vom 4.3.1966.
Aristoteles (384 – 322 v. Chr.): *Tragödientheorie*, S. 78. Aus: Poetik. Übersetzt und hrsg. von Manfred Fuhrmann. Stuttgart: Reclam 1982. S. 19 ff.
Bachmann, Ingeborg (1926 – 1973): *Frankfurter Vorlesungen. Probleme zeitgenössischer Dichtung*, S. 364. Aus: Frankfurter Vorlesungen: Probleme zeitgenössischer Dichtung. München und Zürich: Piper Verlag 1980, S. 12 f. und S. 16; *Freies Geleit (Aria II)*, S. 208. Aus: Werke. Erster Band. 2. Aufl. München (Piper) 1982. S. 161. © Ingeborg Bachmanns Erben Dr. Christian Moser Wien; *Reklame*, S. 427. Aus: Werke. Hrsg. von Christine Koschel u. a. Bd. 1. München: Piper 1982. S. 114.
Ball, Hugo (1886 – 1927): *Karawane*, S. 419. Aus: http://gutenberg.spiegel.de/buch/hugo-ball-gedichte-4680/42; aufgerufen am 15.12.2014.
Bender, Hans (1919): *Heimkehr*, S. 151. Aus: Hilde Domin (Hrsg.): Nachkrieg und Unfrieden. Gedichte als Index 1945 – 1970. Neuwied und Berlin: Luchterhand Verlag 1970. S. 22.
Bisky, Jens: *Angefressen vom Analogkäse – 100. Todestag von Konrad Duden*, S. 45. Aus: Süddeutsche Zeitung vom 01.08.2011; www.sueddeutsche.de/kultur/-todestag-von-konrad-duden-angefressen-vom-analogkaese-1.1126691
Bogdal, Klaus Michael: *Generationskonflikte in der Literatur*, S. 336. Aus: Der Deutschunterricht 5/2000. Generationenkonflikt. Velber: Friedrich Verlag 2000. S. 3 ff.
Bölsche, Wilhelm (1861 – 1939): *Die Mittagsgöttin*, S. 195. Aus: Traum und Wirklichkeit. Malerei – Musik – Literatur der Jahrhundertwende. Hrsg. von Ulrich Hamm und Gerhard Pick. Stuttgart: Klett 1995. S. 11.
Boldt, Paul (1885 – 1921): *Auf der Terrasse des Café Josty*, S. 203. Aus: Das Gesamtwerk. Lyrik, Prosa, Dokumente. Hrsg. von Wolfgang Minaty. Olten / Freiburg: Walter 1979. S. 70.
Bollnow, Otto (1925 – 1982): *Die Sprache als Weltansicht*, S. 139. Aus: Otto Friedrich Bollnow: Die Macht des Wortes – Sprachphilosophische Überlegungen aus pädagogischer Perspektive. Essen: Neue Deutsche Schule 1964.
Borchert, Wolfgang (1921 – 1947): *Das Letzte*, S. 151. Aus: W. Borchert: Im Mai, im Mai schrie der Kuckuck. In: W. Borchert: Das Gesamtwerk. Reinbek bei Hamburg: Rowohlt Verlag 1949; *Lesebuchgeschichten*, S. 430. Aus: Das Gesamtwerk. Reinbek: Rowohlt 1949.
Brecht, Bertolt (1898 – 1956): *Der Rauch*, S. 206. Aus: Gesammelte Werke. Bd. 12. Berlin/Frankfurt a. M.: Aufbau/Suhrkamp 1988; *Der Rundfunk als Kommunikationsapparat*, S. 243. Aus: Gesammelte Werke, Bd. 18. Schriften zur Literatur und Kunst, Bd. 1. Frankfurt/Main. S. 127 ff.; *Die Rückkehr*, S. 425. Aus: Gesammelte Werke. Berlin/Frankfurt a. M.: Aufbau/Suhrkamp; *Leben des Galilei*, S. 82. Aus: Leben des Galilei. Frankfurt a. M.: Suhrkamp 1998; *Was ist mit dem epischen Theater gewonnen?*, S. 81. Aus: Schriften zum Theater 3. 1933 – 1947. Frankfurt a. M.: Suhrkamp 1963. S. 102. [R]
Brentano, Clemens (1778 – 1842): *Sprich aus der Ferne*, S. 91. Aus: Werke. Hamburg: Hoffmann und Campe o. J. S. 24 f.; *Wiegenlied*, S 94. Aus: Formen der Lyrik. Stuttgart: Reclam 2000. S. 137; *Zu Bacharach am Rheine*, S. 193. Aus: Werke. Hamburg: Hoffmann und Campe o. J. S. 65 ff.
Brings: *Kölsche Jung*, S. 269. Text Brings, Peter/Brings, Stefan; © Gothic Musikverlag GmbH, Hennef; Kasalla Musikverlag
Brinkmann, Rolf Dieter (1940 – 1975): *Landschaft*, S. 207. Aus: Westwärts 1 & 2. Gedichte. Reinbek: Rowohlt 1975. S. 99.
Büchner, Georg (1813 – 1837): *Woyzeck*, S. 79. Aus: Woyzeck. Ein Fragment. Stuttgart: Philipp Reclam jun. 2001. S. 16 – 17; 24 f f., 60 ff.
Conrady, Karl Otto (1926): *Anmerkungen zum Konzept der Klassik*, S. 182. Aus: Deutsche Literatur zur Zeit der Klassik. Hrsg. von K. O. Conrady. Stuttgart: Reclam 1977, S. 22 ff.
Crystal, David: *Sprache und Denken*, S. 131. Aus: Die Cambridge Enzyklopädie der Sprache. Übersetzung von Stefan Röhrich. Darmstadt: Wissenschaftliche Buchgesellschaft 1995. S. 263.
Curtius, Ernst Robert (1886 – 1950): *Rhetorische Naturschilderung im Mittelalter*, S. 136. Aus: Rhetorische Naturschilderung im Mittelalter. In: Landschaft und Raum in der Erzählkunst. Darmstadt: Wissenschaftliche Buchgesellschaft 1975.
Dämon, Kerstin: *So bringen Sie Ihr Gehirn auf Zack*, S. 117. Aus: www.wiwo.de/erfolg/trends/gedaechtnistraining-so-bringen-sie-ihr-gehirn-auf-zack/10303008.html; aufgerufen am 25.11.2014
Delius, Christian Friedrich (1943): *Der Sonntag, an dem ich Weltmeister wurde*, S. 65. Aus: Der Sonntag, an dem ich Weltmeister wurde. © 1994 by Rowohlt Verlag GmbH, Reinbek b. Hamburg
Denecken, Tina: *Die traditionelle Geschlechterrolle im Wandel der Zeit*, S. 212. Aus: www.swp.de/ulm/nachrichten/wissen/mensch/Die-traditionelle-Geschlechterrolle-im-Wandel-der-Zeit;art1185449,1720378; erschienen: 13.11.2012; aufgerufen am 02.11.2014.
Dietmar von Aist (1139 – 1171): *»Slafest du, friedel ziere?«*, S. 136. Aus: Echtermeyer. Deutsche Gedichte. Düsseldorf: Cornelsen Verlag-Schwann-Girardet 1990. S. 31.
Döblin, Alfred (1878 – 1957) / Wilhelm, Hans [nur Drehbuchauszug]: *Berlin Alexanderplatz*, S. 200. Aus: Berlin Alexanderplatz. München: dtv 1970. © Walter-Verlag, Olten; *Berlin Alexanderplatz (Drehbuchauszug)*, S. 201. Aus: Berlin Alexanderplatz. Drehbuch zu Phil Jutzis Film von 1931. München: edition text + kritik 1996. S. 25 ff.
Dürrenmatt, Friedrich (1921 – 1990): *Die Physiker*, S. 86. Aus: Die Physiker. Zürich: Diogenes 1962. S. 63 ff; *Theaterprobleme*, S. 85. Aus: Theater, Schriften und Reden. Zürich: Arche 1966. S. 120 – 131 (Auszug). [R]
Edschmid, Kasimir (1890 – 1966): *Die Aufgabe der Kunst*, S. 202. Aus: Frühe Manifeste, Epoche des Expressionismus. Hamburg: Wegner 1957. S. 31 ff. (Erstveröffentlichung in »Tribüne und Zeit«, Berlin 1919.
Eich, Günter (1907 – 1972): *Der Schriftsteller vor der Realität*, S. 151. Aus: Gesammelte Werke in vier Bänden. Band 4. Frankfurt a. M.: Suhrkamp Verlag 1991, S. 613 f.; *Inventur*, S. 423. Aus: Karl Otto Conrady (Hrsg.), Das große deutsche

Gedichtbuch: von 1500 bis zur Gegenwart. München: Artemis & Winkler (3. Aufl.) 1994. S. 617.

Eichendorff, Joseph von (1788 – 1857): *Aus dem Leben eines Taugenichts, S. 186.* Aus: Werke in fünf Bänden. Hrsg. von Wolfgang Frühwald, Brigitte Schillbach und Hartwig Schultz. Band 2. Frankfurt a. M.: Deutscher Klassiker-Verlag 1985; *Der Abend, S. 88.* Aus: Gedichte der Romantik. Stuttgart: Reclam 2005. S. 51; *Mondnacht, S. 95.* Aus: Werke. Hrsg. von Wolfdietrich Rasch. München: Hanser Verlag 1966. S. 444; *Sehnsucht, S. 186.* Aus: Gedichte und Interpretationen Band 3 Klassik und Romantik herausgegeben von Wulf Segebrecht, Stuttgart: Philipp Reclam jun. Stuttgart. S. 380; *Wünschelrute, S. 190.* Aus: Deutscher Musenalmanach für das Jahr 1838. Hrsg. v. A. v. Chamisso und G. Schwab. Neunter Jahrgang. Mit Uhlands Bildnis. Leipzig S. 287; *Waldgespräch, S. 192.* Aus: Formen der Lyrik. Stuttgart: Reclam 2000.S. 159 f.

Eisenberg, Paul / Dominik Weidert, Vanessa Lang, Thomas Busch: *Der Begriff »Frau« im Wandel der Zeiten, S. 138.* Aus: www.cll.uni-trier.de/CLL/Schulprojekt%20II/frau; aufgerufen am 01.12.14

Enzensberger, Hans Magnus (1929): *Baukasten zu einer Theorie der Medien, S. 244.* Aus: Hans Magnus Enzensberger: Baukasten zu einer Theorie der Medien. In: Kursbuch 20/1970, S. 159 ff.; *Bildzeitung, S. 424.* Aus: Verteidigung der Wölfe. Gedichte. Nachwort von Reinhold Grimm. © Suhrkamp Verlag, Frankfurt a. M. 1957. [R]

Erlinger, Rainer: *Die Gewissensfrage, S. 50.* Aus: Süddeutsche Zeitung Magazin, Heft 30/2011

Festenberg, Nikolaus von: *Mutter Beimers News – Niklas Luhmann entdeckt »Die Realität der Massenmedien«, S. 246.* Aus: Der Spiegel, 41/1996.

Festenberg, Nikolaus von: *Mutter Beimers News – Niklas Luhmann entdeckt »Die Realität der Massenmedien«, S. 246.* Aus: Der Spiegel, 41/1996.

Finger, Evelyn: *Jede Zeit macht sich ihren Faust …, S. 282.* Aus: E. Finger: Vorwärts zu Goethe! Aus: DIE ZEIT Nr. 13 2008.

Fleißer, Marieluise (1901 – 1974): *Mehlreisende Frieda Geier, S. 228.* Aus: Eine Zierde für den Verein. Roman vom Rauchen, Sporteln, Lieben und Verkaufen. Frankfurt a. M.: Suhrkamp 1975. Erschienen 1931 unter dem Titel »Mehlreisende Frieda Geier«

Fontane, Theodor (1819 – 1898): *Effi Briest, S. 54, S. 214.* Aus: Effi Briest. Frankfurt a. M: Ullstein Verlag. 1983. S. 7 ff.; *Irrungen, Wirrungen, S. 63.* Aus: Irrungen, Wirrungen. Frankfurt a. M: Ullstein Verlag 1977. S. 7 ff.; *Was soll ein Roman?, S. 67.* Aus: Sämtliche Werke. Hrsg. Von Walter Keitel. Aufsätze, Kritiken, Erinnerungen. München: Carl Hanser Verlag 1969. S. 316 ff.; S. 568 ff.

Friedmann, Jan: *»Das Gehirn lernt mehrere Sprachen gleichzeitig«, S. 276.* Aus: www.spiegel.de/schulspiegel/wissen/deutsch-tuerkisch-streit-das-gehirn-lernt-mehrere-sprachengleichzeitig-a-748786.html; aufgerufen am 25.11.2014.

Frisch, Max (1911 – 1991): *Homo faber, S. 294 ff.* Aus: Homo faber. Frankfurt a. M.: Suhrkamp 1980.

Gaier, Ulrich: *Fausts Modernität, S. 268.* Aus: Fausts Modernität. Essays von Urlich Gaier. Stuttgart: Reclam 2000. S. 11.

Gansel, Carsten: *Jugend- und Adoleszenzroman, S. 328.* Aus: Moderne Kinder- und Jugendliteratur. Berlin 1999. S. 112 ff.

Gernhardt, Robert (1937 – 2006): *Erich Kästner – Wiedergelesen: »Besuch vom Lande«, S. 204.* Aus: In Zungen reden., Stimmenimitationen von Gott bis Jandl. Frankfurt a. M.: Fischer 2006. S. 152 f.

Goethe, Johann Wolfgang von (1749 – 1832): *Die Leiden des jungen Werthers, S. 385.* Aus: Goethes Werke. Hamburger Ausgabe hrsg. v. E. Trunz. Bd. 6. München: Beck 1981; *Faust. Der Tragödie Zweiter Teil, S. 287.* Herausgegeben und kommentiert von Erich Trunz. München: C. H. Beck [16]1996, S. 205 ff.; *Iphigenie auf Tauris, S. 172.* Aus: Iphigenie auf Tauris. Goethes Werke. Hamburger Ausgabe Bd. 5. S. 7 ff.

Greif, Stefan: *Klassik als Moderne, S. 183.* Aus: Arbeitsbuch Deutsche Klassik. Paderborn: Fink Verlag 2008. S. 20 ff.

Grünbein, Durs (1962): *Robinson in der Stadt, S. 210.* Aus: Nach den Satiren. Frankfurt/M.: Suhrkamp 1991. S. 85.

Grund, Uwe (1939): *Franz Kafka, Die Verwandlung: Vergleichende Beobachtungen zu Erzähltext und Film, S. 250.* Aus: Medien und Deutschunterricht. Tübingen: Niemeyer 1981. S. 153 ff.

Gryphius, Andreas (1616 – 1664): *Abend, S. 93; Ebenbild unseres Lebens, S. 403.* Aus: Werke in einem Band. Berlin / Weimar: Aufbau Verlag 1969.

Hahn, Ulla (1946): *Ars poetica, S. 91; Mit Haut und Haar, S. 356.* Aus: Herz über Kopf – Gedichte. Stuttgart: Deutsche Verlagsanstalt 1981; *Schöne Landschaft, S. 206.* Aus: Freudenfeuer. Stuttgart: Deutsche Verlags-Anstalt 1985. S. 71.

Harsdörffer, Georg Philipp (1607 – 1658): *Ziele für eine »Teutsche Spracharbeit«, S. 148.* Aus: Arbeitstexte für den Unterricht. Deutsche Sprachgeschichte. Stuttgart: Reclam 1984. S. 125 ff.

Hasenclever, Walter (1890 – 1940): *Der Sohn, S. 322.* Aus: Der Sohn. Ein Drama in fünf Akten. Nachwort v. Michael Schulz. © 2001, 2006 Philip Reclam jun., Stuttgart

Heine, Heinrich (1797 – 1856): *Ich weiß nicht, was soll es bedeuten, S. 192.* Aus: Werke. Band 1. Frankfurt a. M.: Insel-Verlag 1968. S. 49; *Wahrhaftig, S.125.* Aus: Sämtliche Schriften in zwölf Bänden. Bd. 1. Hrsg. von Klaus Briegleb. München: Hanser 1976. S. 95 f.; 88; 64.

Heine, Matthias: *Zwei Germanistinnen versuchen uns einzureden, Kiezdeutsch sei der Standardsprache gleichrangig und jeder, der auf korrektem Deutsch beharre, sei ein Rassist. Türkische Aufsteiger wissen es besser, S. 274.* Aus: In Wahrheit ist Kiezdeutsch rassistisch; In: www.welt.de/kultur/article129522721/In-Wahrheit-ist-Kiezdeutsch-rassistisch.html; aufgerufen am 25.11.2014.

Herder, Johann Gottfried: *Über den Ursprung der Sprache, S. 256.* Aus: http://gutenberg.spiegel.de/buch/2013/1.

Herrndorf, Wolfgang (1965 – 2013): *Tschick, S. 329.* Aus: Tschick. Reinbek bei Hamburg: Rowohlt 2010.

Hesse, Heinrich: *Unterm Rad, S. 321.* Aus: H. Hesse: Unterm Rad. Frankfurt a. M.: Suhrkamp 1972. S. 108 ff.

Heym, Georg (1887 – 1912): *Der Gott der Stadt, S. 198.* Aus: Dichtungen und Schriften. Hrsg. von Karl Ludwig Schneider. Bd. 1 Lyrik. München: Heinrich Ellermann 1964. S. 192; *Die Stadt, S. 97.* Aus: Werke. Ausgew. Von Karl Ludwig Schneider u. Gunter Martens. München: Nymphenburger Verlagshandlung 1971. S. 83.

Hoddis, Jakob von (1887 – 1942): *Weltuntergang, S. 414.* Aus: Dichtungen und Briefe. Hrsgg. v. Regina Nörtemann. Zürich: Arche Verlag AG, Raabe + Vitali 1987. S. 15.

Hölty, Ludwig Christoph Heinrich (1748 – 1776): *Die Mainacht, S. 95.* Aus: Motivgleiche Gedichte. Hrsg. von Andreas Siekmann, Stuttgart: Reclam 2003. S. 79.

Hofmannsthal, Hugo von (1874 – 1929): *Brief des Lord Chandos, S. 145.* Aus: Gesammelte Werke. Hrsg. von Bernd Schoeller. Frankfurt a. Main: Fischer Verlag 1979. *Siehst du die Stadt, S. 198.* Aus: Gedichte – Dramen I, 1891 – 1898. Hrsg. v. Bernd Schoeller, Bd. 1. Frankfurt a. M.: Fischer 1979 S. 92

Jacobs, Steffen (1968): *Begegnung, S. 99.* Aus: Der Alltag des Abenteurers. Gedichte. Frankfurt a. M.: Fischer 1996. S. 17.

Jenny, Zoe (1974): *Das Blütenstaubzimmer, S. 330.* Aus: Das Blütenstaubzimmer. Frankfurt a. M.: Frankfurter Verlagsanstalt 1997.

Jeßing, Benedikt / Köhnen, Ralph: *Epochenbegriffe, S. 122.* Aus: Einführung in die Neuere deutsche Literaturwissenschaft. Stuttgart, Weimar: Metzler 2003. S. 11 f.

Jürgs, Britta: *Die Kunstbewegung der Neuen Sachlichkeit, S. 230.* Aus: Leider hab ich's Fliegen ganz verlernt. Portraits von Künstlerinnen und Schriftstellerinnen der Neuen Sachlichkeit. Berlin: AvivA 2000, S. 7 – 13.

Kästner, Erich (1899 – 1974): *Fräulein Battenberg, S. 227.* Aus: Fabian. Die Geschichte eines Moralisten. Mpnchen: dtv 2007. © Atrium Verlag. Zürich

Kafka, Franz (1883 – 1924): *Brief an den Vater, S. 323.* Aus: Gesammelte Werke. Hrsg. von H.-G. Koch. Frankfurt a. M.: S. Fischer 2008; *Das Urteil, S. 62.* Aus: Das Urteil. Die Erzählungen. Frankfurt a. M.: Fischer Taschenbuch 1996. S. 47; *Großer Lärm, S. 53.* Aus: Gesammelte Werke. Hrsg. von H.-G. Koch. Frankfurt a. M.: S. Fischer 2008; *Die Verwandlung, S. 250.* Aus: Erzählungen. Hrsg. von Max Brod. Frankfurt a. M.: S. Fischer 1986. S. 57.

Kant, Immanuel (1724 – 1804): *Beantwortung der Frage: Was ist Aufklärung, S. 162.* Aus: Werke in 6 Bänden. Hrsg. von W. Weischedel. Schriften zur Anthropologie, Geschichtsphilosophie, Politik und Pädagogik. Darmstadt: Wissenschaftliche Buchgesellschaft 1998. S. 11 f.

Kehlmann, Daniel (1975): *Die Vermessung der Welt, S. 300, S. 352.* Aus: Die Vermessung der Welt. Reinbek: Rowohlt 2005.

Kekulé, Alexander S.: *Die Welt als Schulhof – Warum wir Englisch zur Zweitsprache machen sollten, S. 128.* Aus: http://www.museumsmagazin.com/speicher/archiv/5-2008/titel/part11.php; aufgerufen am 15.12.2014.

Keller, Gottfried (1819 – 1890): *Ein Naturforscher, S. 289.* Aus: Das Sinngedicht. Abdruck in: Sämtliche Werke und ausgewählte Briefe. Zweiter Band. Darmstadt: Wissenschaftliche Buchgesellschaft 1970. S. 935 – 938.

Keun, Irmgard (1905 – 1982): *Das kunstseidene Mädchen, S.226.* Aus: Das kunstseidene Mädchen. Düsseldorf: Claassen 1979.

Keyserling, Eduard von (1855 – 1918): *Schwüle Tage, S. 146.* Aus: Schwüle Tage. Zürich: Manesse 2005.

Kirsch, Sarah (1935 – 2013): *Bei den weißen Stiefmütterchen, S. 211.* Aus: Landaufenthalt. Gedichte. Berlin / Weimar: Aufbau-Verlag 1967. S. 11 f.; *Die Luft riecht schon nach Schnee, S. 93.* Aus: Formen der Lyrik. Stuttgart: Reclam 2000. S. 104; *Naturschutzgebiet, S. 204.* Aus: Erdreich. Gedichte. Stuttgart: Deutsche Verlagsanstalt 1982. S. 48 [R]

Kleist, Heinrich von (1777 – 1811): *Der Prinz von Homburg, S. 348.* Aus: Kleists Werke in zwei Bänden. Berlin / Weimar: Aufbau 1983. S. 355 – 359; *Empfindungen vor Friedrichs Seelandschaft, S. 188.* Aus: Berliner Abendblätter. Hrsg. von Heinrich von Kleist. Nachwort und Quellenregister von Helmut Sembdner, Wiesbaden: VMA-Verlag o. J., S. 47 f.

Klemperer, Viktor (1881 – 1960): *Zur Sprache des Dritten Reichs, S. 152.* Aus: LTI. Notizbuch eines Philologen. Leipzig: Philipp Reclam jun. 1982, S. 12 f. und Klappentext.

Köhler, Barbara (1959): *Guten Tag, S. 99.* Aus: Blue Box. Gedichte. Frankfurt a. M.: Suhrkamp 1995. S. 28.

Kreye, Adrian: *Die Ich-Erschöpfung, S. 110.* Aus: Süddeutsche Zeitung vom 19.11.2009.

Kruse, Peter: *Wie verändern die neuen Medien die gesellschaftliche Wirklichkeit?, S. 248.* Aus: http://stifterverband.info/meinung_und_debatte/2011/kruse_neue_medien_gesellschaft/index.html; aufgerufen am 22.11.14

Kunert, Günter (1929): *Über einige Davongekommene*, S. 421. Aus: Wegschilder und Mauerninschriften. Gedichte. Berlin: Aufbau Verlag 1950.
Leffers, Jochen: *Denglisch in der Werbung. Komm rein und finde wieder raus*, S. 374. Aus: Spiegel Online vom 28.06.04; www.spiegel.de/unispiegel/wunderbar/0,1518,310548,00.html; aufgerufen am 15.11.2014.
Lehnert, Gertrud: *Mit dem Handy in die Peepshow – Die Inszenierung des Privaten im öffentlichen Raum*, S. 27. Aus: Mit dem Handy in der Peepshow. Die Inszenierung des Privaten im öffentlichen Raum. Berlin: Aufbau Verlag 1999. S. 13 – 17.
Lessing, Gotthold Ephraim (1729 – 1781): *Der Besitzer des Bogens*, S. 164. Aus: Werke. Band I (1979). Hrsg. Von H. G. Göpfert. München: Hanser 1971. S. 259; *Der Esel mit dem Löwen, Der Löwe mit dem Esel*, S. 164. Aus: Sämtliche Schriften. Hrsg. von Karl Lachmann. 3. Auflage besorgt durch Franz Muncker, Stuttgart/Berlin: de Gruyter 1968, Bd. 1, S. 209; *Emila Galotti*, S. 310 ff. Aus: Emilia Galotti. Ein Trauerspiel in 5 Aufzügen. 4. Aufzug, 7. Auftritt. Stuttgart: Philipp Reclam jun.1970/94; *Nathan der Weise*, S. 73, S. 160. Aus: Nathan der Weise. Erarbeitet von Volker Frederking und Günter Heine. Hannover: Schroedel 2003. S. 11 ff.; *Von einem besonderen Nutzen der Fabeln in den Schulen*, S. 165. Aus: Von dem Wesen der Fabel. Werke. Band V (1973). Hrsg. von H. G. Göpfert. München: Hanser 1973. S. 415 – 418.
Leuniger, Helen: *Reden ist Schweigen, Silber ist Gold*, S. 262. Aus: Reden ist Schweigen, Silber ist Gold. Gesammelte Versprecher. München: dtv 2001. S. 79 f.
Lichtenberg, Georg Christoph (1742 – 1799): *Errungenschaften des 18. Jahrhunderts*, S. 158. Aus: Was ist Aufklärung? Thesen, Definitionen, Dokumente. Hrsg. von Barbara Stollberg-Rilinger, Stuttgart: Reclam 2010. S. 21 f.
Lichtenstein, Alfred (1889 – 1914): *Der Winter*, S. 97. Aus: Expressionismus: Lyrik. Stuttgart: Klett 1984. S. 45.
Macheiner, Judith (1939): *Übersetzen*, S. 140. Aus: Übersetzen. Ein Vademecum. Frankfurt a. M.: Eichborn Verlag 1995. S. 6 ff.
Malkowski, Rainer (1939 – 2003): *Schöne seltene Weide*, S. 205. Aus: Carl Otto Conrady: Das Buch der Gedichte. Frankfurt a. M.: Hirschgraben 1997.
Mangold, Ijoma: *Daniel Kehlmann hat den komischen deutschen Roman*, S. 393. Aus: Süddeutsche Zeitung vom 24.09.2005.
Mann, Klaus (1906 – 1949): *Mephisto. Roman einer Karriere*. S. 290. Reinbek bei Hamburg: Rowohlt 1999. S. 282 – 285.
Mann, Thomas (1875 – 1955): *Buddenbrooks*, S. 58, S. 317, S. 319. Aus: Buddenbrooks. Frankfurt a. M.: Fischer 1989; *Doktor Faustus*, S. 292. Aus: Doktor Faustus. Das Leben des deutschen Tonsetzers Adrian Leverkühn, erzählt von einem Freunde. Frankfurt a. M.: Fischer 2008. S. 332 – 335. [R]
Martenstein, Harald: *Ein Macho zieht sein Ding durch und lässt sich nicht reinreden*, S. 235. Aus: DIE ZEIT 02/2012; aufgerufen am 25.11.2014.
Mecklenburg, Norbert: *Naturlyrik und Gesellschaft*, S. 206. Aus: Naturlyrik und Gesellschaft. Hrsg. v. N. Mecklenburg. Stuttgart: Klett-Cotta 1977. S. 9 f.
Mens, Fenja: *Das A und O des neuen Lebens*, S. 266; *Die Stufen des Spracherwerbs*, S. 265. Aus: Fenja Mens: Das A und O des neuen Lebens. In: Geowissen, Heft Nr. 40, 2007. S. 40.
Michaelis, Rolf: *Der schöne Mut zur Menschlichkeit*, S. 368. Aus: Die ZEIT Nr. 48 (1977)
Migner, Karl: *Theorie des modernen Romans*, S. 68. Aus: Theorie des modernen Romans. Eine Einführung. Kröners Taschenbuchausgabe Band 395, Stuttgart: Alfred Kröner, 1970. S. 38 – 41, 69 f.
Mörike, Eduard (1804 – 1875): *Im Park*, S. 205. Aus: Gedichte. Ausgew. V. B. Zeller. Stuttgart: Reclam 1977; *Um Mitternacht*, S. 96. Aus: Motivgleiche Gedichte. Hrsg. von Andreas Siekmann, Stuttgart: Reclam 2003, S. 82.
Müller, Heiner (1929 – 1995): *Kleinbürgerhochzeit*, S. 70. Aus: Die Umsiedlerin oder das Leben auf dem Lande. Berlin: Rotbuch Verlag 1975. S. 10 f. [R]
Nietzsche, Friedrich (1844 – 1900): *Unzeitgemäße Betrachtungen*, S. 182. Aus: Werke. Hrsg. von Karl Schlechta. Bd. 1. München-Wien: Hanser Verlag 1980. S. 144.
Novalis, eigentlich Friedrich von Hardenberg (1772 – 1801): *Die Lehrlinge zu Sais*, S. 191. Aus: Schriften. Die Werke Friedrich von Hardenbergs. Hrsg. von Paul Kluckhohn und Richard Samuel, 1. Band: 3., nach den Handschriften ergänzte, erw. und verb. Auflage, 2. – 4. Band: 2., nach den Handschriften ergänzte, erw. und verb. Auflage. Stuttgart: Kohlhammer, 1960 – 1977. Hier: 1. Band, S. 79.; *Heinrich von Ofterdingen*, S. 189; *Wenn nicht mehr Zahlen und Figuren*, S. 190. Aus: Schriften. Die Werke Friedrich von Hardenbergs. Hrsg. von Paul Kluckhohn und Richard Samuel, 1. Band: 3., nach den Handschriften ergänzte, erw. und verb. Auflage, 2.-4. Band: 2., nach den Handschriften ergänzte, erw. und verb. Auflage. Stuttgart: Kohlhammer, 1960 – 1977. Hier: 1. Band, S. 195 – 197.
Offergeld, Silke: *Muss Wissenschaft alles dürfen?*, S. 304. Aus: Kölner Stadt-Anzeiger vom 25.08.2014.
Oleschinski, Brigitte (1955): *»Wie eng; wie leicht«*, S. 88. Aus: Your passport is not guilty. Gedichte. Reinbek: Rowohlt 1997.
Opitz, Florian: *Speed – Auf der Suche nach der verlorenen Zeit*, S. 184. Aus: Speed – Auf der Suche nach der verlorenen Zeit. München: Riemann 2011.
Opitz, Martin (1597 – 1639): *»Ach Liebste, laß uns eilen«*, S. 405. Aus: Gedichte und Interpretationen: Renaissance und Barock. Stuttgart: Reclam 2001. S. 136.
Orwell, George (1903 – 1950): *Kleine Grammatik*, S. 130. Aus: 1984. Übersetzt von Michael Walter. Frankfurt a. M. / Berlin / Wien: Ullstein 2000. S. 361.

Pauer, Nina: *Geschlechterrollen: Die Schmerzensmänner*, S. 233. Aus: DIE ZEIT 02/2012; aufgerufen am 25.11.2014.
Petschko, Werner: *Sprachkritik – die Rettung vor semantischer Umweltverschmutzung*, S. 144. Aus: © Werner Petschko (www.gleichsatz.de)
Pinthus, Kurt (1886 – 1975): *Die Überfülle des Erlebens*, S. 196. Aus: Berliner Illustrierte vom 28.2.1925. © Tübingen: Max Niemeyer Verlag 1976.
Rilke, Rainer Maria (1875 – 1926): *Die Aufzeichnungen des Malte Laurids Brigge*, S. 125; *Herbst*, S. 205, *Ich fürcht mich so vor der Menschen Wort*, S. 145. Aus: Sämtliche Werke 11. Insel Werkausgabe. Hrsg. vom Rilke Archiv. Frankfurt a. M.: Insel 1975. S. 709 f.
Roth, Friederike (1948): *Mimosen*, S. 211. Aus: Schattige Gärten. Gedichte. Frankfurt a. M.: Suhrkamp Verlag 1987.
Ruebenstrunk, Gerd (1951): *Das Wörterbuch des Viktor Vau*, S. 302 ff. Aus: Das Wörterbuch des Viktor Vau. München: Piper 2011.
Sachs, Nelly (1891 – 1970): *Der Chor der Geretteten*, S. 153. Aus: Werke. Kommentierte Ausgabe in vier Bänden. Hrsg. von Matthias Weichelt. Frankfurt a. M.: Suhrkamp 2010.
Sagawe, Helmuth: *Translatologie oder Übersetzungswissenschaft*, S. 142. Aus: http://www.uebersetzungswissenschaft.de. Stand 20.04.06
Schäfer, Andreas: *Iphigenie als Rasenschach*, S. 370. Aus: Tagesspiegel vom 16.05.2009.
Scheuer, Helmut: *Väter und Töchter – Konfliktmodelle im Familiendrama des 18. und 19. Jahrhunderts*, S. 316. Aus: Der Deutschunterricht 1/1994. Literatur und Lebenswelt: Familie. Velber: Friedrich Verlag 1994. S. 20 ff.
Scheuermann, Silke (1973): *Die Ausgestorbenen*, S. 209. Aus: skizze aus gras. Gedichte. Frankfurt/M.: Schöffling&Co 2014. S. 7.
Schiller, Friedrich (1759 – 1805): *Der Handschuh*, S. 154. Aus: Werke. Hrsg. von Herbert G. Göpfert, Bd. 2. München: Hanser 1976. S. 783 f.; *Maria Stuart*, S. 177. Aus: Maria Stuart. Ein Trauerspiel, Stuttgart: Reclam 2003, S. 5 ff.; *Die Räuber*, S. 170; *Über die ästhetische Erziehung des Menschen in einer Reihe von Briefen*, S. 224. Aus: F. Schiller. Werke. Bd. 1 und 2. München: Hanser 1976. S. 113 ff. bzw. 445 ff.
Schlaffer, Heinz (1939): *Geschichte der Literatur*, S. 120. Aus: Die kurze Geschichte der deutschen Literatur. München: Hanser 2002. S. 153 ff.
Schlegel, Friedrich (1772 – 1829): *116. Athenäumsfragment*, S. 190. Aus: Athenäums-Fragmente und andere Schriften. Auswahl und Nachwort von Andreas Huyssen. Reclam: Stuttgart 1978, erg. 2005. S. 90 f.
Schlesewsky, Matthias: *Sprache – Bioprogramm oder kulturelle Errungenschaft.*, S. 259. Aus: »Sprache – Bioprogramm oder kulturelle Errungenschaft«. In: Sprache und Denken. Neue Perspektiven. Der Deutschunterricht. Heft 5/2004.Velber: Friedrich Verlag. S. 28 f.
Schmitz, Ulrich: *Kompetente Sprecher …*, S. 133; *… und Denker*, S. 134. Aus: Warum geht die Sonne auf? Sprachlicher Relativismus gibt zu denken. In: Sprache und Denken. Neue Perspektiven. Der Deutschunterricht. Heft 5/2004. Velber: Friedrich Verlag. S. 12 f. und S. 13 f.
Schnabel, Johann Gottfired (1692 – 1758): *Insel Felsenburg*, S. 167. Aus: Insel Felsenburg (Wunderliche Fata einiger see-Fahrer), Stuttgart: Reclam 1994.
Schnabl, Lena: *»Griaß di, griaß di. Mei di mog I gean«*, S. 271. Aus: www.spiegel.de/schulspiegel/bayrisch-kurs-fuer-kinder-in-muenchen-a-940122.html; aufgerufen am 25.11.2014
Schneider, Robert (1961): *Schlafes Bruder*, S. 62. Aus: Schlafes Bruder. Leipzig: Reclam 1994. S. 9.
Schnitzler, Arthur (1862 – 1931): *Leutnant Gustl*, S. 61. Aus: Leutnant Gustl. http://gutenberg.spiegel.de/schnitzl/gustl/gustl.htm
Simmel, Georg (1858 – 1918): *Die Großstädte und das Geistesleben*, S. 197. Aus: Die Berliner Moderne. 1885 – 1914. Hrsg. von Jürgen Schutte und Peter Sprengel. Stuttgart: Reclam 1987. S. 124 f.; 128.
Sophokles (496 – 406): *Antigone*, S. 76. Aus: Antigone. Hrsg. und übertragen von Wolfgang Schadewaldt. Frankfurt a. M.: Insel 1974.
Spitzer, Manfred: *Robuste Kinder und Spracherwerb*, S. 267. Aus: Lernen. Gehirnforschung und die Schule des Lebens. München: Elsevier GmbH 2007. S. 235 ff.
Stadler, Ernst (1883 – 1914): *Ballhaus*, S. 359. Aus: http://gutenberg.spiegel.de/buch/ernst-stadler-gedichte-2086/4; aufgerufen am 25.11.2014.
Steinbauer, Anna: *Oh Mann*, S. 236. Aus: Süddeutsche Zeitung vom 07.10.2014.
Stramm, August (1874 – 1915): *Sturmangriff*, S. 416. Aus: http://gutenberg.spiegel.de/buch/august-stramm-gedichte-152/71; aufgerufen am 15.12.2014.
Treichel, Hans Ulrich (1952): *Der Verlorene*, S. 57. Aus: Der Verlorene. Frankfurt a. M.: Suhrkamp Verlag 1999. S. 7 ff.
Trunk, Trude: *»Weiber weiblich, Männer männlich« Frauen in der Welt Fontanes*, S. 217. Aus: Fontane und sein Jahrhundert. Hrsg. von der Stiftung Stadtmuseum Berlin. Berlin: Henschel Verlag 1998.
Tucholsky, Kurt (1890 – 1935): *Berliner Bälle*, S. 358. Aus: Gesammelte Werke. Bd. 4: 1925 – 1926. Reinbek bei Hamburg: Rowohlt 1975. [R]
Vanderbeke, Birgit (1956): *Das Muschelessen*, S. 329. Aus: Das Muschelessen. Berlin: Rotbuch Verlag 1990.
Weber, Martin T.: *Warum Fernsehen unglücklich macht*, S. 47. Aus: Kölner Stadt-Anzeiger vom 07.08.11.

Weinzierl, Ulrich: *Mit dem so genannten Hype …, S. 393.* Aus: U. Weinzierl: Wenigstens einmal richtig gefeuert. In: Die Welt vom 28.02.2006.

Whorf, Benjamin Lee (1897 – 1941): *Die Strukturverschiedenheit der Sprachen und ihre Folgen, S. 132.* Aus: Sprache, Denken, Wirklichkeit. Hrsg. und übersetzt von Peter Krauser. Reinbek: Rowohlt 2003. S. 20 f.

Wittke, Julia: *Sprachpflege – Sprachkultur, S. 147.* Aus: Sprachkultur – Sprachpflege – Sprachloyalität – Grundzüge und Kritik verschiedener Einstellungen zur Sprache. München: GRIN Verlag GmbH; http://www.grin.com/de/e-book/2044/sprachkultur-sprachpflege-sprachloyalitaet-grundzuege-und-kritik

Wohlers, Frank-Michael: *Die Volksbücher vom Doctor Faust: 1587 – 1725. S. 284,* Aus: Frank Möbus u. a. (Hrsg.): Faust. Annäherung an einen Mythos. Göttingen: Wallstein 1996. S. 59 – 62.

Wolfenstein, Alfred (1883 – 1945): *Städter, S. 199.* Aus: Kurt Pinthus: Menschheitsdämmerung. Symphonie jüngster Dichtung. Reinbek bei Hamburg: Rowohlt 1959.

Zimmer, Dieter E. (1934): *RedensArten – ein Auszug zur Jugendsprache, S. 273.* Aus: RedensArten über Trends und Tollheiten im neudeutschen Sprachgebrauch. Zürich: Haffmans 1988. S. 19 f.

[R] Die so gekennzeichneten Autoren haben Einspruch gegen die Umsetzung ihrer Texte nach der Rechtschreibreform erhoben.

Texte ohne Verfasserangabe und Texte unbekannter Verfasser

Ältere Menschen sind mit Informationsflut überfordert, S. 116. Aus: www.welt.de/fernsehen/article13027269/Aeltere-Menschen-sind-mit-Informationsflut-ueberfordert.html?config=print; AFP/cd; aufgerufen am 15.09.2014

Ankündigung einer Diskussion um Bernhard Schlinks »Der Vorleser« in der »kulturzeit« des Senders 3sat, S. 377. Aus: www.3sat.de; aufgerufen am 2.08.2006.

Auszug aus einem Chat, S. 129. Aus: www.uni-protokolle.de/foren/viewt/170799,0.html; aufgerufen am 25.11.2014

Beratungsgespräch in der Schule (Variante I), S. 26. Aus: SchulVerwaltung NRW. Nr. 3/2003.

Beratungsgespräch in der Schule (Variante II), S. 26. Aus: SchulVerwaltung NRW. Nr. 3/2003.

Eine Inszenierung von Wolfgang Herrndorfs »Tschick«, S. 380. Aus: www.theater-der-keller.de/tschick.html; aufgerufen am 15.12.2014.

Englische Schule schafft slangfreie Zonen, S. 281. Aus: www.spiegel.de/schulspiegel/london-englische-schule-schafft-slangfreie-zonen-a-928106.html; aufgerufen am 15.12.2014.

Geschwätzige Zebrafinken, S. 261. Aus: Max-Planck-Gesellschaft. Presseinformation. 18 / 2004 (45) vom 31. März 2004.

Gespräch im Büro, S. 13; Interpretation zum Bürogespräch, S. 13. Aus: Gespräche im beruflichen Alltag. Konflikt. W. Kowalewsky und B. Noeth. © Bayer AG, Leverkusen

Gesprächstypen, S. 16. Nach [verändert]: http://www.teachsam.de/deutsch/d_lingu/gespraechsanalyse/gespraech_6_2_2.htm.

Goethe, Faust I. Das grandiose Schauspielsolo mit Peter Vogt, S. 380. Aus: www.theaterszene-koeln.de/stueck.php?id=20216; aufgerufen am 15.12.2014.

Grundlagen der neuen Deutschen Rechtschreibung, S. 149. Aus: http://recht.schreibrat.ids-mannheim.de/rat/; aufgerufen am 1.12.2014.

Herrndorf überholt Goethe und Schiller, S. 379. Aus: www.dw.de/herrndorf-überholt-goethe-und-schiller/a-17908417; aufgerufen am 25.11.2014.

Informationsflut, S. 112. Grafik nach: nach: www.SoziologischeBeratung.de; aufgerufen am 15.09.2014

Interview mit Frank Schirrmacher, S. 113. Aus: www.rhein-zeitung.de/nachrichten/magazin/newsundleute_art…cher-Wie-die-Computer-uns-das-Denken-austreiben-_arid,71094.html; aufgerufen am 15.09.2014

Lyrik nach 1945, S. 153. Aus: www.br.de/telekolleg/faecher/deutsch/literatur/09-literatur-zusammen-100.html; aufgerufen am 11.01.2013.

Medizinische Fachsprache für DaF-Dozenten, S. 307. Aus: Aus: Medizinische Fachsprache für DaF-Dozenten. Train the Trainer – Kurs für Sprachlehrer. Aus: http://www.ekaplus.de/loesungen/medizinische-fachsprache-fuer-daf-dozenten/index.php; aufgerufen am 15.12.2014.

Medizinische Terminologie, S. 306. Aus: Aus: Medizinische Terminologie. Skript für das Praktikum der Medizinischen Terminologie. Charité Universitätsmedizin Berlin. Institut für Geschichte der Medizin. 10. Auflage 2008; http://medizingeschichte.charite.de/fileadmin/user_upload/microsites/m_cc01/medizingeschichte/kopfbilder/Terminologie-Skript-inkl-Uebungen-Aufl10.pdf; aufgerufen am 15.12.2014

Mehrsprachig in der Kita, S. 278. Aus: www1.wdr.de/themen/panorama/sp_zahlderwoche/zdw248.html; aufgerufen am 25.11.2014

Plastikmüll und seine Folgen, S. 103. Aus: www.nabu.de/themen/meere/plastik/muellkippemeer.html; aufgerufen am 15.09.2014

Pressestimmen, S. 380 und 381. Aus: Kölner Stadt-Anzeiger vom 6.11.14; S. 381. Aus: RHEIN-ZEITUNG vom 21. April 2007 (Autor: Thomas Rohde)

Rede des Medizin-Nobelpreisträgers Prof. Dr. Thomas Südhof, S. 308. Aus: www.fu-berlin.de/campusleben/videos/2014/201401-suedhof/index.html; aufgerufen am 15.12.2014.

Rede von Bundespräsident Gauck, S. 106. Aus: http://www.bundespraesident.de/SharedDocs/Reden/DE/Joachim-Gauck/Reden/2012/03/120323-Vereidigung-des-Bundespraesidenten.html; aufgerufen am 25.11.2014

Satzung der Gesellschaft für deutsche Sprache, S. 149. Aus: http://www.gfds.de/satzung_2.html. Stand: 20.04.06.

Schule, Jugend und Theater, S. 383. www.arbeitnehmerkammer.de; aufgerufen am 15.12.2014

Sprache im Netz, S. 279. Aus: Manuel Grebing, Stephan Scheler: Lolst du noch oder roflst du schon? Die Feränderung der deutschen Sprache Mit den skurrilsten Clips und Kommentaren aus YouTube. Kronberg im Taunus: Metronom Verlag 2012. S. 22 f.

Sprachkenntnisse halten Gehirn länger fit, S. 279. Aus: www.spiegel.de/wissenschaft/medizin/sprachkenntnisse-koennen-alterndes-gehirn-schuetzen-a-972810.html; aufgerufen am 15.12.2014.

Sprachkritik, S. 143. Originalbeitrag

Strategien zur Beeinflussung der Hörer, S. 242. Nach: A. Edmüller/T. Wilhelm: Manipulationstechniken: Erkennen und abwehren. © 2006, Rudolf Haufe Verlag, Planegg/München

Streitgespräch zur Wirkung der Medien, S. 240. Originalbeitrag

Szenenprotokolle, S. 220. Aus: Texte im Kontext. Theodor Fontane: Effi Briest. Braunschweig: Bildungshaus Schulbuchverlage 2010.

»Tschick« wird verfilmt, S. 381. Aus: www.boersenblatt.net/813066/; aufgerufen am 15.12.2014.

Übersetzer brauchen auch Gefühl für Sprache und Kultur, S. 141. Aus: http://www.jobber.de/studenten/tmn-100901-11-gms_60118.nitf.htm. Stand: 17.04.06.

Zitate, S. 254. Aus: Johann Peter Süßmilch: Versuch eines Beweises, daß die erste Sprache ihren Ursprung nicht vom Menschen, sondern allein vom Schöpfer erhalten habe. Nachdruck: Köln: ehmen. 1998. S. 17; Wiebke Ziegler: www.planet-wissen.de/alltag_gesundheit/lernen/sprache/spracherwerb.jsp; aufgerufen am 25.11.2014; Steven Pinker: Der Sprachinstinkt. Wie der Geist die Sprache bildet. Aus dem Amerikanischen von Martina Wiese. München: Kindler 1996. S. 21.

Zitate, S. 255. Aus: Marc Wechselberger; www.marcwechselberger.npage.de; aufgerufen am 25.11.2014; Petra Schulz. www.spiegel.de/schulspiegel/wissen/deutsch-tuerkisch-streit-das-gehirn-lernt-mehrere-sprachengleichzeitig-a-748786.html; aufgerufen am 25.11.2014; Ulrich Greiner. Aus: DIE ZEIT Nr.27 vom 28.06.2007; Patricia Kuhl. Aus: http://www.spiegel.de/wissenschaft/mensch/hirnforschung-babys-ueben-sprechen-lange-vor-erstemwort-a-981089.html; aufgerufen am 25.11.2014

Bildquellenverzeichnis

11 l. o.: mauritius images GmbH, Mittenwald (Heidi Velten); **11 l. u.:** alamy images, Abingdon/Oxfordshire (Bill Bachmann); **11 r. o.:** action press, Hamburg (Thomas Grabka); **11 r. u.:** Picture-Alliance GmbH, Frankfurt/M. (dpa / Ronald Wittek); **15 l.:** Picture-Alliance GmbH, Frankfurt/M. (dpa / Maurizio Gambarini); **15 r.:** mauritius images GmbH, Mittenwald (age fotostock); **17:** fotolia.com, New York; **19:** Picture-Alliance GmbH, Frankfurt/M.; **26:** allesalltag, Hamburg; **28:** Baaske Cartoons, Müllheim (Heinz Wildi); **31:** Visum Foto GmbH, Hamburg (Thomas Langreder); **44:** F1online digitale Bildagentur GmbH, Frankfurt/M.; **48:** ullstein bild, Berlin (Brill); **56:** alamy images, Abingdon/Oxfordshire (Justin Kasezfourz); **59:** Picture-Alliance GmbH, Frankfurt/M. (dpa); **62:** ddp images GmbH, Hamburg; **67:** ullstein bild, Berlin; **69:** akg-images GmbH, Berlin; **71:** Aurin, Thomas, Berlin; **72:** Deutsches Historisches Museum, Berlin; **74:** Picture-Alliance GmbH, Frankfurt/M. (dpa/Hannes Bessermann); **75:** Burgtheater Wien (Wolfgang Michael (Sultan Saladin), Klaus Maria Brandauer (Nathan) Copyrigth: Georg Soulek); **78:** Picture-Alliance GmbH, Frankfurt/M. (Sven Simon); **81:** Tamme, Andreas; **85:** ullstein bild, Berlin; **93 o.:** Artothek, Weilheim; **93 u.:** Getty Images, München; **94:** Astrofoto, Sörth; **95:** wikimedia.commons; **104 l. o.:** Technisch-Grafische Abteilung Westermann; **104 r. o.:** Picture-Alliance GmbH, Frankfurt/M. (Reinhard Kungel); **109:** Picture-Alliance GmbH, Frankfurt/M. (Sven Simon); **114 o.:** Schneider, Lothar, Lübben; **114 u.:** Mohr, Burkhard, Königswinter; **115 o., m.:** mpfs – Medienpädagogischer Forschungsverbund Südwest c/o Landesanstalt für Kommunikation Baden-Württemberg (LFK), Stuttgart; **115 u.:** Baaske Cartoons, Müllheim (Jan Tomaschoff); **116:** Baaske Cartoons, Müllheim (Michael Ammann); **118:** Corbis, Berlin (© Bruno Barbier/Robert Harding World Imagery); **119 1:** H. Th. Wenner GmbH & Co. KG., Osnabrück; **119 2:** Ullstein Buchverlage GmbH, Berlin; **119 3:** akg-images GmbH, Berlin; **119 4:** Verlag Friedrich Oetinger GmbH, Hamburg; **119 5:** akg-images GmbH, Berlin; **119 6:** Karl Rauch Verlag, Düsseldorf (Antoine de Saint-Exupéry: Der kleine Prinz, Düsseldorf, Rauch, 1998); **119 7:** Cecilie Dressler Verlag GmbH, Hamburg (Funke, Cornelia: Herr der Diebe, Dressler, 2003); **119 8:** S. Fischer Verlag GmbH, Frankfurt/Main; **121:** Image & Design – Agentur für Kommunikation, Braunschweig; **123:** Sakurai, Heiko, Köln (aus: Walther Keim, Hans Dollinger: Hotline. Karikaturisten sehen unsere schöne, neue Medienwelt. Bruckmann KG, München 1996, S. 46); **124 Goethe, Gryphius, Fontane:** akg-images GmbH, Berlin; **124 Novalis:** Picture-Alliance GmbH, Frankfurt/M. (ZB / Waltraud Grubitzsch); **124 Trakl:** ullstein bild, Berlin; **126:** Jüdisches Museum der Stadt Frankfurt am Main, Frankfurt/M.; **135 l.:** Corbis, Berlin (Summerfield Press/); **135 r.:** wikimedia.commons; **139:** akg-images GmbH, Berlin; **142:** Böning. Haube Nerger Werbeagentur GmbH; **146:** Gehrmann, Katja, Hamburg; **147:** Plaßmann, Thomas, Essen; **149:** fotolia.com, New York; **151:** Picture-Alliance GmbH, Frankfurt/M.; **152:** Süddeutsche Zeitung Photo, München (Scherl); **164:** INTERFOTO, München (SuperStock); **165:** Ensslin & Laiblin Verlag, Eningen; **166:** iStockphoto.com, Calgary; **170:** Picture-Alliance GmbH, Frankfurt/M.; **177:** Picture-Alliance GmbH, Frankfurt/M. (dpa); **181:** Picture-Alliance GmbH, Frankfurt/M. (ZB/Jan Woitas); **183:** Städel Museum / Städelsches Kunstinstitut, Frankfurt/Main; **185 Auto:** alimdi.net, Deisenhofen (Michael Dietrich); **185 Fallschirm:** mauritius images GmbH, Mittenwald; **185 Motorkutsche:** BASF, Ludwigshafen; **185 Totes Meer:** mauritius images GmbH, Mittenwald (AGE); **188 l.:** Picture-Alliance GmbH, Frankfurt/M. (akg-images); **188 r.:** akg-images GmbH, Berlin; **191:** akg-images GmbH, Berlin; **192:** ullstein bild, Berlin (AKG Pressebild); **195:** akg-images GmbH, Berlin; **196:** Picture-Alliance GmbH, Frankfurt/M. (akg-images); **198:** akg-images GmbH, Berlin (© Estate of George Grosz, Princeton, N.J. / VG Bild-Kunst, Bonn 2014); **199 o.:** Berlin Museum; **199 u., 203:** ullstein bild, Berlin; **204:** ullstein bild, Berlin (Engelke); **205:** fotolia.com, New York (Gerisch); **207 l. u.:** adpic Bildagentur, Bonn (W. Quirtmair); **207 r. o.:** Picture-Alliance GmbH, Frankfurt/M. (dpa); **207 r. u.:** mauritius images GmbH, Mittenwald; **208:** Lüddecke, Liselotte, Hannover; **209:** Bildagentur Geduldig, Maulbronn; **210:** Caro Fotoagentur GmbH, Berlin; **211:** akg-images GmbH, Berlin (© VG Bild-Kunst, Bonn 2014); **214:** ullstein bild, Berlin; **215:** Picture-Alliance GmbH, Frankfurt/M.; **216:** INTERFOTO, München (NG Collection); **218:** akg-images GmbH, Berlin; **224 l.:** Picture-Alliance GmbH, Frankfurt/M. (akg-images); **224 r.:** Picture-Alliance GmbH, Frankfurt/M. (akg-images); **229:** bpk – Bildagentur für Kunst, Kultur und Geschichte, Berlin (© Christian Schad Stiftung Aschaffenburg / VG Bild-Kunst, Bonn 2012); **231 l.:** akg-images GmbH, Berlin (Album); **231 r.:** ullstein bild, Berlin (Fotografisches Atelier Ullstein); **232:** akg-images GmbH, Berlin; **239:** Schönauer-Kornek, Sabine, Wolfenbüttel; **243:** Picture-Alliance GmbH, Frankfurt/M. (akg-images/E. Bohr); **245:** Focus Photo- u. Presseagentur GmbH, Hamburg (J.Wischmann); **247 o.:** Baaske Cartoons, Müllheim (Erich Rauschenbach); **247 u.:** Ebert, Nik, Mönchengladbach; **249 o.:** Mester, Gerhard, Wiesbaden; **249 u.:** Hanel, Walter, Bergisch Gladbach; **252 o.:** Breitschuh, Eckart, Hamburg; **252 u.:** Belleville Verlag, München; **255:** Picture-Alliance GmbH, Frankfurt/M. (dpa / Waltraud Grubitzsch); **256:** H. Th. Wenner GmbH & Co. KG., Osnabrück; **258 l.:** Blickwinkel, Witten (B. Lamm); **258 r.:** Murschetz, Luis , München; **261:** OKAPIA KG – Michael Grzimek & Co., Frankfurt/M. (Patrick Da-Costa); **264:** Beltz & Gelberg in der Verlagsgruppe Beltz, Weinheim (© 2006 / Gisela Szagun, Spracherwerb beim Kind); **266:** Häberle, Eva; **268:** Picture-Alliance GmbH, Frankfurt/M. (ZB / Jörg Lange); **271 l.:** argus Fotoagentur GbR, Hamburg (P. Frischmuth); **271 r.:** fotolia.com, New York (Karin Jähne); **272:** Deutscher Taschenbuch Verlag GmbH & Co. KG, München (© 2005 / Werker König/Manfred Renn: Kleiner Bayerischer Sprachatlas.); **275:** Universität Potsdam (Prof. Dr. Heike Wiese); **278:** Picture-Alliance GmbH, Frankfurt/M.; **286 l.:** akg-images GmbH, Berlin (Moenkebild); **295:** Schöningh Verlag, Paderborn (Veronika Wypior); **297:** INTERFOTO, München; **300:** wikimedia.commons (Bernd Bader: Die Handschriften und historischen Buchbestände der Universitätsbibliothek Gießen, Gießener Universitätsblätter, 38/2005, S. 63); **302:** Skala, Marlene, Lennestadt; **311:** akg-images GmbH, Berlin; **321:** Picture-Alliance GmbH, Frankfurt/M. (akg-images/Florian Profitlich); **326:** akg-images GmbH, Berlin (Archiv K. Wagenbach); **334:** Picture-Alliance GmbH, Frankfurt/M. (BSIP/LEMOINE); **340:** OKAPIA KG – Michael Grzimek & Co., Frankfurt/M. (CNRI); **381 o.:** ullstein bild, Berlin; **381 u.:** Declair, Arno, Berlin; **385:** Goethe-Museum – Anton-und-Katharina-Kippenberg-Stiftung, Düsseldorf; **387:** ddp images GmbH, Hamburg (Roland Magunia); **389 l.:** mauritius images GmbH, Mittenwald (Image Source); **389 r.:** mauritius images GmbH, Mittenwald (Pixtal); **390, 393:** Rowohlt Verlag, Reinbek; **394 l.:** bpk – Bildagentur für Kunst, Kultur und Geschichte, Berlin (Nationalgalerie, SMB / Jürgen Liepe); **394 m.:** Picture-Alliance GmbH, Frankfurt/M. (dpa); **394 r.:** Picture-Alliance GmbH, Frankfurt/M. (akg-images); **399:** Image & Design – Agentur für Kommunikation, Braunschweig; **402 Fleming:** bpk – Bildagentur für Kunst, Kultur und Geschichte, Berlin; **402 Grimmelshausen, Gryphius, Opitz:** akg-images GmbH, Berlin; **402 l. o.:** Trux, Stefan, Großkarolinenfeld; **403:** Bridgeman Art Library Ltd. Berlin (© Rafael Valls Gallery, London, UK); **404 o.:** aus: Emblem: Schachspiel. In: Handbuch zur Sinnbildkunst des XVI. und XVII Jh. Hrsg. V. Arthur Henkel und Albrecht Schöne. Metzlersche Verlagsbuchhandlung, Stuttgart 1978, S. 671; **404 u.:** aus: Devorat et plorat. In: Emblemata. Handbuch zur Sinnbildkunst des XVI und XVII Jh. Hrsg. V. Arthur Henkel und Albrecht Schöne. Metzlersche Verlagsbuchhandlung, Stuttgart 1978, S. 671; **407:** akg-images GmbH, Berlin; **408 1 u.:** akg-images GmbH, Berlin (E. Lessing); **408 2 u.:** Picture-Alliance GmbH, Frankfurt/M. (akg-images/British Library); **408 3 u.:** ullstein bild, Berlin (AISA); **408 4 u., 6 u.:** akg-images GmbH, Berlin; **408 5 u.:** INTERFOTO, München (Sammlung Rauch); **408 o.:** akg-images GmbH, Berlin (E. Lessing); **409:** Thorvaldsens Museum, Kopenhagen; **414:** Jüdisches Museum der Stadt Frankfurt am Main, Frankfurt am Main (akg-images); **415:** akg-images GmbH, Berlin; **416:** Deutsches Historisches Museum, Berlin; **417 l.:** Verlagsarchiv, Braunschweig; **417 r.:** akg-images GmbH, Berlin; **418 l.:** bpk – Bildagentur für Kunst, Kultur und Geschichte, Berlin; **418 r.:** INTERFOTO, München; **419 1, 2:** Süddeutsche Zeitung Photo, München; **419 3:** ullstein bild, Berlin; **419 4:** Picture-Alliance GmbH, Frankfurt/M. (united archives); **419 5, 420, 421:** ullstein bild, Berlin; **422 Borchert:** ullstein bild, Berlin (Rosemarie Clausen); **422 Böll:** ullstein bild, Berlin (Würth GmbH/Swiridoff); **422 Eich:** Picture-Alliance GmbH, Frankfurt/M. (dpa); **422 Weyrauch:** Picture-Alliance GmbH, Frankfurt/M.; alle übrigen Illustrationen: Grauert, Christiane, Milwaukee, WI.

Es war uns nicht in allen Fällen möglich, die Inhaber der Rechte ausfindig zu machen und um Abdruckgenehmigung zu bitten. Berechtigte Ansprüche werden selbstverständlich im Rahmen der üblichen Konditionen abgegolten.